は し が き

行政書士の役割と現代的意義

　現代社会においては，各種許認可申請などのさまざまな権利を行使したり義務を果たしたりするうえで，国や自治体の行政機関と深くかかわることがあります。それらの行政事務は，すべて法律に基づいて行われており，行政書士は，これらの行政事務と関連する法律問題を処理する専門家です。国民や企業の法務コンサルタントとして，行政書士は重要な職責を担っているのです。

行政書士試験受験にあたっての過去問学習の目的

　行政書士試験に合格するためには，過去問学習は必須です。

　しかし，やみくもに過去問を解くだけでは有効とはいえません。過去問を解くことの目的は，①行政書士試験の出題傾向を探ること，②自己の弱点を把握することです。本書を利用する場合には，常にこの２点を念頭においてください。

　本書は，過去問10年分を科目別，体系別に編集したうえで，上記の①②の目的を達成するための工夫を随所に凝らしています。具体的には，次ページの＜本書の特長＞を参照してください。

　本書をおおいに活用し，１人でも多くの受験生が見事行政書士試験に合格されることを祈念しております。

※本書の内容は，2021年12月15日現在，2022年4月1日の時点において施行されると考えられる法令に基づいています。

2021年12月吉日

株式会社　東京リーガルマインド
LEC総合研究所　行政書士試験部

本 書 の 特 長

❶ 10年分の過去問を項目ごとに分類

過去の10年分（2012～2021年度）の本試験問題を分析し，各科目の体系項目ごとに分類しました。今後の出題の可能性という観点から，A，B，Cの3段階で重要度を示してあります。また，問題ごとの受験者正答率も示しました。重要度と合わせて学習の際に利用してください。

❷ 1ページ1問の見やすいレイアウト

原則として，1問ごとに，表に問題を，裏に解答・解説を載せ，学習したい項目ごとに演習できるようにしました。

❸ 「チェック欄」つき

「チェック欄」を設け，自分の弱点・誤った問題を絞り込むことができるようにしました。

❹ 専任講師がアドバイス

各科目ごとに，「専任講師が教える合格テクニック」をつけ，超合理的勉強方法のヒントを記しました。

❺ 法改正に対応

学習上の便宜を考慮し，法改正に応じて，問題文・解説を見直しました。該当問題については，「本試験○○年問○改題」と表記しています。なお，法改正等により「正解なし」や「複数解」となっている問題もあります。

❻ 「ワンポイント・アドバイス」

問題に関連して確認しておきたい知識を掲載しています。知識を整理することによって実力をアップすることができます。

❼ 「出る順行政書士 合格基本書」とリンク

試験問題を『2022年版出る順行政書士 合格基本書』の項目にあわせて分類・掲載するとともに，解説ページに『合格基本書』の該当ページを掲載しているので，調べたいことがある場合などに大変便利です。

5大特長

1 持ち歩きに便利！「3分冊セパレート方式」！

　本書は必要なところだけを持ち歩きやすいように，3分冊に分解できる「3分冊セパレート方式」を採用しています。

　また，持ち歩きに便利なハンディサイズと，薄手の紙の採用により，一層の使いやすさを実現しました。

　どこへ行くにも持ち歩き，電車の中でも，待ち時間でも，細切れの時間を効率的に使用し，合格へ向けて前進してください。

【セパレートの手順】
①各冊子を区切っている水色の紙を本体に残し，冊子をつまんでください。
②冊子をしっかりとつかんで手前に引っ張り，取り外してください。

※水色の紙と冊子は，のりで接着されていますので，丁寧に取り外してください。なお，取り外しの際の破損等による返品・交換には応じられませんのでご注意ください。

「チェック欄」を縦横無尽に活用する！

　問題文の上に「チェック欄」がありますので，ご自由に工夫してお使いください。

　演習を行った日付を記入したり，どの問題を間違えたのかを記録したりする○×チェック欄として使うことができます。チェックすることにより，学習の進捗状況や自分の弱点を把握することができ，復習する際の目安となります。

　本書に収録された本試験問題を反復練習することで，本試験突破の実力が身につきます。

　「チェック！チェック！再チェック！」合格の秘訣は反復練習にあります。徹底的にチェック欄を活用しましょう！

3 最近10年分の出題傾向の分析から導き出された重要度を表示！

　各問題文の見出しに重要度をA，B，Cの3段階で表示し，特に出題される可能性の高い問題がひと目でわかるようにしました。

　重要度を確認することで，自分がどの問題から手をつけるべきかがわかり，直前期でも確実に点数アップの対策をとることができます。

　なお，問題の文末には「本試験○○年問○」と表示しています。また，最近の法改正等に合わせて，本試験問題を改めたものは，問題の文末に「本試験○○年問○改題」と表示しています。

受験者正答率の表示で難易度がわかる

　LECでは，毎年，LECの講座を受講していない方も含めて，多くの受験者の方から本試験での解答を教えていただいて，独自に採点した結果を集計する「無料成績診断」を実施しています。

　本書では，その際に集計した受験者正答率（無料成績診断を利用した受験者のうちの何パーセントが正解したか）のデータを表示して，各問題の難易度がわかるようにしました。法改正等により現在では「正解なし」や「複数解」となっている問題についても，出題当時の受験者正答率のデータを表示しています。

　本試験を突破するためには，やさしい問題は全部とる，難しい問題はできればとる，中間の問題は半分以上とる，このようなスタンスで問題を解く実力をつける必要があります。

　ふだんの学習から「これはやさしい問題だから，絶対正解する必要があるぞ」などと問題ごとの難易度を常に意識しながら学習を進めましょう。「とれる問題をとりこぼさない」ことが合格を勝ち取るための必須条件なのです。

専任講師がアドバイス！

　本書では，科目ごとに「専任講師が教える合格テクニック」を掲載しました。各科目の本試験における出題のウェイトも一目でわかるようにグラフにしたうえで，合理的な勉強方法のヒントをわかりやすくアドバイスしていますので，学習を進めるにあたって，参考にしてください。

　出題範囲の広い行政書士試験において，メリハリをつけて学習することは非常に重要ですから，ぜひ効率的な学習方法を身に付け，合格を勝ち取りましょう！！

本書の効果的使い方

チェック欄

●憲 法

統治／財政

重要度 A

問47 財政に関する次の記述のうち、妥当なものはどれか。

第1編 憲法

1 国費の支出は国会の議決に基づくことを要するが、国による債務の負担は直ちに支出を伴うものではないので、必ずしも国会の議決に基づく必要はない。

2 問題をテーマ別に分類・整理。 み認められているので、国会は予算を して承認するか不承認とするかについて議決を行う。

3 予見し難い予算の不足に充てるため、内閣は国会の議決に基づき予備費を設けることができるが、すべての予備費の支出について事後に国会の承認が必要である。

問題を解くごとに結果を記入することができます。また、学習日をチェックすることも可能です。

・法律・政令・条約の公布と同様に、憲れている。
計検査院の検査を受けなければならない
ぎない歳入の決算については、会計検査

院の検査を受ける必要はない。

(本試験2015年問7)

本試験の出題傾向を分析し、重要度を表示！

重要度 A ……最重要

重要度 B ……重要

重要度 C ……参考程度

131

※本書は表が問題，裏が解答・解説という形式です。
　問題を解いている際に，裏面の正誤等が気になる方は，各分冊を抜き取った後に残る水色の紙にある「裏抜け防止シート」をハサミ等で切り取り，下敷きとしてご利用ください。

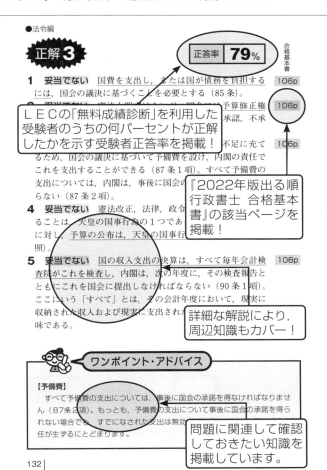

C O N T E N T S

はしがき ／ 本書の特長 ／ ５大特長 ／ 本書の効果的使い方
行政書士試験ガイダンス ／ 本試験問題・ウォーク問対照表

第１分冊

第１編　憲　　法

専任講師が教える合格テクニック ………………………………… 2
憲法総論………………………………………………………………… 5
人権……………………………………………………………………… 7
統治…………………………………………………………………… 97

第２編　民　　法

専任講師が教える合格テクニック ……………………………… 140
総則…………………………………………………………………… 143
物権…………………………………………………………………… 191
債権総論……………………………………………………………… 247
債権各論……………………………………………………………… 277
家族法………………………………………………………………… 359
民法全般……………………………………………………………… 393

第２分冊

第３編　行　政　法

専任講師が教える合格テクニック ………………………………… 2
行政法総論……………………………………………………………… 5
行政手続法…………………………………………………………… 103

行政不服審査法	173
行政事件訴訟法	221
国家賠償法	313
損失補償	369
地方自治法	379
行政法／総合	450

第3分冊

第4編　商法・会社法

専任講師が教える合格テクニック	2
商法	5
会社法	25

第5編　基礎法学

専任講師が教える合格テクニック合格テクニック	116
法とは何か	119
紛争解決	133
司法制度改革	147
法令用語等	151

第6編　多肢選択式・記述式

専任講師が教える合格テクニック	164
多肢選択式	166
記述式	275

行政書士試験ガイダンス

1　行政書士の業務内容

1　書類作成業務

　例えば，みなさんが「建設業をやりたい」「喫茶店をやりたい」などと考えたとします。この場合，「建設業の許可」「飲食店の営業許可」といったものがなければ営業をすることはできません。では，これらの許可はいったいどこでもらえるのでしょうか？それは「官公署」（いわゆる「役所」です。「行政」と考えてもよいでしょう）です。官公署に申請書を提出して要件をみたしていれば許可がもらえるのです。しかし，ここで問題となるのは，許認可を得るための申請に際して提出する各種書類や添付書類はとても複雑であり，法律的な専門知識を要するものが多いということです。そこで，依頼人に代わって専門知識のある行政書士が業務として申請書類を作成することになるのです。行政書士の作成できる書類は，数千から1万点以上ともいわれています。

2　提出代理業務

　行政書士の仕事は，書類作成だけではありません。依頼人に代わって官公署に提出するところまで仕事とすることができるのです。むしろ，「書類作成業務」と「提出代理業務」をセットで受注するケースのほうが多いといえるでしょう。実は数年前までは，提出「代行」しかできませんでした。しかし，法改正で業務の幅が広がり，提出「代理」が可能となったのです。

3 相談業務

作成可能な書類に関して，相談に応じることも業務として行うことができます。例えば，相続問題等においては特に依頼人の要望を詳しく聴くことが不可欠です。そして，相談者に対してどのような提案が可能なのかを判断するのは，プロフェッショナルとしての知識や経験が問われる場面でもあります。相談者の疑問に答えることは当然であり，求められるのはプラスアルファのアドバイスです。

4 その他新しい業務

「契約書等の作成代理業務」もできるようになりました。このことは，官公署との業務（タテの関係）だけでなく，市民間（ヨコの関係）における活躍の場がいっそう広がったことを意味します。また，国の重要政策の1つである電子政府化の中に，行政の分野も含まれており，電子申請等に必要な「電磁的記録の作成」も業務として行うことができるようになりました。

2 平成26年行政書士法改正

2014（平成26）年6月の行政書士法改正により，行政書士は，行政書士が作成した官公署に提出する書類に係る審査請求等行政庁に対する不服申立ての手続について代理し，およびその手続について官公署に提出する書類を作成することを業とすることができるようになりました。この改正により，行政書士の社会的使命が高まることが期待されます。

【行政書士の主要業務】

分　野	主な内容
国際法務	外国人が日本に在留するために必要な在留資格の変更・更新申請，帰化許可申請，国籍取得届出などに関する業務 （※入管関係の書類の提出代行にあたっては，申請取次者の資格が必要です）
建設・宅建	・建築，大工，土木など建設業法で規定されている業種の営業を営むために必要な建設業許可に関する業務 ・公共事業の入札に参加する場合に必要な各種申請手続業務 ・宅地建物取引業（不動産業）の免許に関する業務 ・開発許可，農地の移転や宅地への転用に関する業務
法人設立	各種法人（株式会社などの営利法人・学校法人や宗教法人などの公益法人・商工組合などの中間法人）の設立に関する業務
風俗営業	バー・スナック・パチンコ店など風俗営業を営むために必要とされる風俗営業許可に関する業務
会計・経営	会計帳簿の記帳，財務諸表の作成，一定の税務書類の作成など会計や経営に関する業務
相　続	遺言書の起案作成，相続財産や相続人の調査，遺産分割協議書の作成など相続に関する業務
著作権	・文芸・学術・美術・音楽など著作権の登録に関する業務 ・著作権の譲渡や貸与に関する契約書の作成業務

3 行政書士試験のガイド

1 試験日　例年11月の第２日曜日

2 試験時間　午後１時〜４時（３時間）

3 受験資格　特になし

4 受験手続　受験願書の配布・受験願書の受付　例年８月

5 合格発表　例年１月の第５週に属する日

6 問合せ先　一般財団法人　行政書士試験研究センター

　　　　　　〒102-0082

　　　　　　東京都千代田区一番町25番地　全国町村議員会館３階

　　　　　　電話番号（試験専用）：03-3263-7700

7 試験科目

①法令等〔択一式（５肢択一式／多肢選択式）・記述式〕　46問
　●憲法　●行政法（行政法の一般的な法理論・行政手続法・行政不服審査法・行政事件訴訟法・国家賠償法・地方自治法を中心とする）　●民法　●商法（会社法）　●基礎法学
②一般知識等〔択一式〕　14問
　●政治・経済・社会　●情報通信・個人情報保護　●文章理解

【受験者数と合格率の推移】

年　度	2014	2015	2016	2017	2018	2019	2020
受験者	48,869	44,366	41,053	40,449	39,105	39,821	41,681
合格者	4,043	5,820	4,084	6,360	4,968	4,571	4,470
合格率	8.27％	13.12％	9.95％	15.72％	12.70％	11.47％	10.72％

本試験問題・ウォーク問対照表

問＼年	2012	2013	2014	2015	2016
1	390	387	393	385	395
2	397	394	398	389	396
3	41	15	9	4	43
4	49	6	24	2	11
5	46	31	13	7	35
6	14	36	40	42	18
7	30	23	50	47	16
8	141	157	166	172	162
9	174	164	154	145	158
10	165	143	173	153	230
11	182	183	184	193	201
12	194	179	178	177	202
13	205	185	200	181	203
14	223	264	243	221	208
15	218	207	222	212	215
16	248	250	249	244	220
17	233	257	234	246	239
18	231	242	236	260	261
19	276	281	273	267	232
20	278	272	282	277	274
21	315	299	293	301	284
22	286	321	303	288	309
23	292	287	308	307	316
24	319	298	152	148	312
25	320	147	189	265	327
26	156	150	326	151	238
27	53	60	55	51	69
28	63	73	61	58	65
29	80	106	79	77	78
30	90	96	87	83	84
31	110	107	98	103	89
32	117	115	100	105	95
33	113	116	102	108	93
34	124	120	125	123	126
35	138	129	135	130	133
36	338	337	335	339	331
37	342	351	345	343	346
38	377	361	353	355	350
39	369	366	362	367	370
40	374	356	378	376	380
41	407	403	409	402	404
42	412	415	424	421	417
43	411	427	430	419	425
44	455	456	458	453	449
45	439	433	438	435	—
46	448	436	—	447	446

※表内の数字は本書の問題番号です。なお、「—」とある問題は、法改正などの関係から掲載していません。

問 \ 年	2017	2018	2019	2020	2021
1	399	383	384	392	400
2	382	381	388	391	386
3	3	8	38	5	10
4	25	20	17	21	12
5	39	29	28	37	19
6	45	27	22	48	34
7	1	33	44	26	32
8	161	169	171	317	142
9	167	144	149	163	159
10	170	168	146	313	155
11	175	197	191	176	196
12	198	190	186	188	199
13	187	195	204	180	192
14	206	225	219	227	217
15	211	213	214	210	209
16	216	224	229	226	228
17	255	245	247	237	263
18	256	254	240	258	241
19	253	252	259	251	235
20	266	268	285	269	280
21	279	283	275	270	271
22	304	289	291	297	306
23	295	310	305	314	311
24	300	290	296	302	294
25	160	323	328	325	318
26	262	322	329	324	330
27	54	56	68	52	62
28	59	66	64	76	57
29	70	74	75	88	71
30	67	86	81	91	82
31	72	101	85	99	92
32	97	111	114	104	94
33	140	127	119	112	109
34	121	131	128	118	122
35	139	136	132	134	137
36	333	334	336	340	332
37	341	348	347	344	349
38	357	352	354	358	359
39	365	363	364	360	371
40	375	372	368	379	373
41	405	401	406	408	410
42	413	423	422	418	416
43	428	414	426	429	420
44	452	457	451	454	450
45	440	431	437	432	441
46	444	443	442	434	445

セパレートの手順

①この色紙を本体に残し、冊子をつまんでください。
②冊子をしっかりとつかんで手前に引っ張り、取り外してください。

色紙

※色紙と冊子は、のりで接着されてますので、丁寧に取り外してください。なお、取り外しの際の破損等による返品・交換には応じられませんのでご注意ください。

合格の**LEC**

2022年版
Deru jun
Gyouseishoshi

出る順
行政書士
ウォーク問 **過去問題集**
①法令編

第1分冊

第1編　　第2編
憲法、民法

LEC東京リーガルマインド 編著

CONTENTS

第1分冊

第1編 憲　法

専任講師が教える合格テクニック ……………………………………… 2

憲法総論……………………………………………………………………… 5

人権／人権総論……………………………………………………………… 7

人権／人権享有主体性……………………………………………………… 9

人権／公権力と特殊な関係にある者の人権……………………………… 13

人権／私人間の人権保障…………………………………………………… 17

人権／包括的基本権………………………………………………………… 27

人権／法の下の平等………………………………………………………… 39

人権／精神的自由…………………………………………………………… 55

人権／経済的自由…………………………………………………………… 74

人権／人身の自由…………………………………………………………… 79

人権／参政権………………………………………………………………… 83

人権／社会権………………………………………………………………… 89

統治／統治総論……………………………………………………………… 97

統治／国会…………………………………………………………………… 103

統治／内閣…………………………………………………………………… 113

統治／裁判所………………………………………………………………… 119

統治／財政…………………………………………………………………… 127

統治／総合…………………………………………………………………… 133

第2編　民　法

専任講師が教える合格テクニック ……………………………… 140
総則／私権の主体 ……………………………………………… 143
総則／法律行為の有効要件 …………………………………… 153
総則／不在者の財産管理・失踪宣告 ………………………… 155
総則／意思表示 ………………………………………………… 157
総則／代理 ……………………………………………………… 169
総則／条件・期限・期間 ……………………………………… 179
総則／時効 ……………………………………………………… 181
物権／総説 ……………………………………………………… 191
物権／物権変動 ………………………………………………… 199
物権／所有権 …………………………………………………… 211
物権／用益物権 ………………………………………………… 219
物権／担保物権 ………………………………………………… 225
債権総論／債権の種類 ………………………………………… 247
債権総論／債権の効力 ………………………………………… 250
債権総論／多数当事者間の債権債務関係 …………………… 261
債権総論／債権譲渡・債務引受 ……………………………… 265
債権総論／債権の消滅 ………………………………………… 269
債権各論／契約総論 …………………………………………… 277
債権各論／契約各論 …………………………………………… 289
債権各論／委任・事務管理 …………………………………… 325
債権各論／不当利得 …………………………………………… 327
債権各論／不法行為 …………………………………………… 331
家族法／親族法 ………………………………………………… 359
家族法／相続法 ………………………………………………… 382
民法全般 ………………………………………………………… 393

第1編

憲法

●法令編

専任講師が教える
合格テクニック
憲法

野畑淳史 LEC専任講師

出題のウェイト
＊2021年本試験実績。多肢選択式・記述式を含む。

憲法	民法	行政法	商法会社法	基礎法学	一般知識
9.3%	25.3%	37.3%	6.7%	2.7%	18.7%

❶憲法の出題数

「憲法」については例年，5肢択一式が5問，多肢選択式が1問出題されています。

法令科目の中では配点が高いとはいえませんが，他の受験生に差をつけられないようにするためにも，しっかり学習する必要があります。

また，問題1・2「基礎法学」，問題3～7「憲法」となっていることから，問題1から順番に解いていく受験生にとっては，試験開始後すぐに解き始める科目となります。

「憲法」で調子を崩してしまうと，そのあとの「行政法」や「民法」にも響きかねませんから，「憲法」を苦手科目とすることは避けたいところです。

●憲 法

❷憲法の出題傾向および対策

　「憲法」は，正答率が高い問題と低い問題の差が大きい科目です。正答率が50％以上となっている問題は，確実に正解を導けるようにする必要があります。特に，「統治」の分野に関する問題は，数字や手続の流れを正確に覚えておけば解きやすいものが多いですから，しっかり学習しておきましょう。

　これに対し，正答率が50％未満となっている問題については深入りしすぎないようにしましょう。ここ数年の傾向として，かなり難易度の高い問題が1問ほど出題されています。しかも，「憲法」の最初の方に出題されることが多いため，本試験の序盤で解答のペースが乱れて，結局，本来の実力を発揮することができないという場合が少なくありません。

　しかし，それらの問題には，学習経験を積んだ受験生でも正解できないようなものも含まれていますから，解けなくても気にする必要はありません。それよりも，平均的な難易度の問題を確実に解く実力を身につけることが重要です。「自分にわからない問題は，他の受験生にもわからない」と思えるようになれば，本試験でもあせらずに本来の実力を発揮することができます。

●憲 法

憲法総論

問 1 憲法の概念に関する次の記述のうち，妥当なものはどれか。

1 通常の法律より改正手続が困難な憲法を硬性憲法，法律と同等の手続で改正できる憲法を軟性憲法という。ドイツやフランスの場合のように頻繁に改正される憲法は，法律より改正が困難であっても軟性憲法に分類される。

2 憲法の定義をめぐっては，成文の憲法典という法形式だけでなく，国家統治の基本形態など規定内容に着目する場合があり，後者は実質的意味の憲法と呼ばれる。実質的意味の憲法は，成文の憲法典以外の形式をとって存在することもある。

3 憲法は，公権力担当者を拘束する規範であると同時に，主権者が自らを拘束する規範でもある。日本国憲法においても，公務員のみならず国民もまた，憲法を尊重し擁護する義務を負うと明文で規定されている。

4 憲法には最高法規として，国内の法秩序において最上位の強い効力が認められることも多い。日本国憲法も最高法規としての性格を備えるが，判例によれば，国際協調主義がとられているため，条約は国内法として憲法より強い効力を有する。

5 憲法には通常前文が付されるが，その内容・性格は憲法によって様々に異なっている。日本国憲法の前文の場合は，政治的宣言にすぎず，法規範性を有しないと一般に解されている。

（本試験2017年問7）

●法令編

正解 2

正答率 **71**%

合格基本書

1　妥当でない　通常の法律より改正手続が困難な憲法を「硬性憲法」といい，通常の立法手続と同じ要件で改正できる憲法を「軟性憲法」という。頻繁に改正されていても，法律より改正手続が困難である憲法は，「硬性憲法」である。

112p

2　妥当である　そのとおり。ある特定の内容をもった法を憲法と呼ぶ場合，その憲法は「実質的意味の憲法」と呼ばれる。「実質的意味の憲法」は，成文であると不文であるとを問わない。

3　妥当でない　天皇または摂政および国務大臣，国会議員，裁判官その他の公務員は，憲法を尊重し擁護する義務を負う（99条）。日本国憲法においては，国民が憲法尊重擁護義務を負うとは明文で規定されていない。

113p

4　妥当でない　判例（砂川事件／最大判昭34.12.16）は，憲法が条約に優越するという立場（憲法優位説）を前提とする。

113p

5　妥当でない　日本国憲法の前文は，憲法の一部をなし，法規範的性格を有すると一般に解されている。

10p

ワンポイント・アドバイス

　憲法の概念は多義的ですが，内容を問わず，憲法という名で呼ばれる成文法を指す場合を「形式的意味の憲法」といいます。これに対し，ある特定の内容をもつ法（不文法も含む）を指す場合を「実質的意味の憲法」といいます。「実質的意味の憲法」のうち，国家統治の基本法であることを指す場合を「固有の意味の憲法」，自由主義に基づいて制定された基礎法を指す場合を「立憲的意味の憲法」といいます。

6

●憲法

人権／人権総論

問2 次の文章は，基本的人権の分類についてかつて有力であったある考え方を整理・要約したものである。1〜5は，この分類ではいずれも「生存権的基本権」と関係があるが，その本来的な特徴を備えているとはいえないものが一つだけ含まれている。それはどれか。

我妻栄は，基本的人権を，大きく，「自由権的基本権」と「生存権的基本権」に二分し，憲法25条から28条までの権利を生存権的基本権に分類するとともに，自由権的基本権には，各種の自由権や法の下の平等のほか，請願権，国家賠償請求権，刑事補償請求権，公務員の選定・罷免権などが，「自由権的基本権を確保するための諸権利」として一緒に分類されている。「自由権的基本権」と「生存権的基本権」とを区別するにあたっては，基本的人権の歴史的推移に着目し，第一に，基本的人権の内容について，前者が「自由」という色調をもつのに対して，後者は「生存」という色調をもつという差異があること，第二に，基本的人権の保障の方法について，前者が「国家権力の消極的な規制・制限」であるのに対して，後者は「国家権力の積極的な配慮・関与」であることを指摘している。

（中略）

我妻説が，19世紀的自由権的基本権と20世紀的生存権的基本権とを截然と二分し，両者が異質の権利であるという面を強調したのに対して，今日では，社会権と自由権との区分の有用性を認めたうえで，社会権と自由権の区別が相対的であり，社会権に自由権的な側面が存在することは，一般的に認められるに至っている。

（中村睦男『社会権の解釈』（1983年）4－9頁）

1 国による生活保護の給付
2 無償による義務教育の提供
3 勤労条件の法律による保障
4 争議行為の刑事免責
5 社会保障制度の充実

（本試験2015年問4）

●法令編

正解 **4**

正答率 **77**%

本問の文章の考え方によれば，憲法25条から28条までの権利を生存権的基本権に分類し，「生存権的基本権」は，①その内容について，「生存」という色調をもち，②その保障の方法について，「国家権力の積極的な配慮・関与」であることが指摘されている。また，「社会権と自由権の区別が相対的であり，社会権に自由権的な側面が存在することは，一般的に認められるに至っている」と述べられている。

1 生存権的基本権の本来的な特徴を備えている　国による生活保護の給付は，「国家権力の積極的な配慮・関与」により生存権（25条1項）を保障するものといえる。

2 生存権的基本権の本来的な特徴を備えている　無償による義務教育の提供は「国家権力の積極的な配慮・関与」により教育を受ける権利（26条1項）を保障するものといえる。

3 生存権的基本権の本来的な特徴を備えている　勤労条件の法律による保障は，「国家権力の積極的な配慮・関与」により勤労の権利（27条1項）を保障するものといえる。

4 生存権的基本権の本来的な特徴を備えているとはいえない　争議行為の刑事免責は，労働基本権（28条）に関するものであるが，労働基本権の自由権的側面に関するものである。

5 生存権的基本権の本来的な特徴を備えている　社会保障制度の充実は，「国家権力の積極的な配慮・関与」により生存権（25条）を保障するものといえる。

●憲 法

人権／人権享有主体性

重要度 A

問3 人権の享有主体性をめぐる最高裁判所の判例に関する次の記述のうち，妥当でないものはどれか。

1 わが国の政治的意思決定またはその実施に影響を及ぼすなど，外国人の地位に照らして認めるのが相当でないと解されるものを除き，外国人にも政治活動の自由の保障が及ぶ。

2 会社は，自然人と同様，国や政党の特定の政策を支持，推進し，または反対するなどの政治的行為をなす自由を有する。

3 公務員は政治的行為を制約されているが，処罰対象となり得る政治的行為は，公務員としての職務遂行の政治的中立性を害するおそれが，実質的に認められるものに限られる。

4 憲法上の象徴としての天皇には民事裁判権は及ばないが，私人としての天皇については当然に民事裁判権が及ぶ。

5 憲法が保障する教育を受ける権利の背後には，子どもは，その学習要求を充足するための教育を施すことを，大人一般に対して要求する権利を有する，との観念がある。

（本試験2017年問3）

●法令編

正解 **4**

正答率 **78**%

1 妥当である そのとおり。判例は，「政治活動の自由について，わが国の政治的意思決定又はその実施に影響を及ぼす活動等外国人の地位にかんがみこれを認めることが相当でないと解されるものを除き，その保障が及ぶものと解するのが，相当である。」としている（マクリーン事件／最大判昭53.10.4）。

2 妥当である そのとおり。判例は，「会社は，自然人たる国民と同様，国や政党の特定の政策を支持，推進または反対するなどの政治的行為をなす自由を有する」としている（八幡製鉄政治献金事件／最大判昭45.6.24）。

3 妥当である そのとおり。判例は，国家公務員法102条1項「にいう『政治的行為』とは，公務員の職務の遂行の政治的中立性を損なうおそれが，観念的なものにとどまらず，現実的に起こり得るものとして実質的に認められるものを指」すとしている（目黒事件・世田谷事件／最判平24.12.7）。

4 妥当でない 判例は，「天皇は日本国の象徴であり日本国民統合の象徴であることにかんがみ，天皇には民事裁判権が及ばないものと解するのが相当である。」としている（最判平元.11.20）。

5 妥当である そのとおり。判例は，教育を受ける権利を定めた26条の「規定の背後には，国民各自が，一個の人間として，また，一市民として，成長，発達し，自己の人格を完成，実現するために必要な学習をする固有の権利を有すること，特に，みずから学習することのできない子どもは，その学習要求を充足するための教育を自己に施すことを大人一般に対して要求する権利を有するとの観念が存在していると考えられる。」としている（旭川学テ事件／最大判昭51.5.21）。

●憲　法

人権／人権享有主体性

問4 外国人の人権に関する次の文章のうち，最高裁判所の判例の趣旨に照らし，妥当でないものはどれか。

1 国家機関が国民に対して正当な理由なく指紋の押捺を強制することは，憲法13条の趣旨に反するが，この自由の保障はわが国に在留する外国人にまで及ぶものではない。

2 わが国に在留する外国人は，憲法上，外国に一時旅行する自由を保障されているものではない。

3 政治活動の自由は，わが国の政治的意思決定またはその実施に影響を及ぼす活動等，外国人の地位にかんがみこれを認めることが相当でないと解されるものを除き，その保障が及ぶ。

4 国の統治のあり方については国民が最終的な責任を負うべきものである以上，外国人が公権力の行使等を行う地方公務員に就任することはわが国の法体系の想定するところではない。

5 社会保障上の施策において在留外国人をどのように処遇するかについては，国は，特別の条約の存しない限り，その政治的判断によってこれを決定することができる。

（本試験2015年問3）

●法令編

正解 **1**

正答率 **83**%

合格基本書

1 妥当でない　判例は、「憲法13条は、国民の私生活上の自由が国家権力の行使に対して保護されるべきことを規定していると解されるので、個人の私生活上の自由の一つとして、何人もみだりに指紋の押なつを強制されない自由を有するものというべきであり、国家機関が正当な理由もなく指紋の押なつを強制することは、同条の趣旨に反して許されず、また、右の自由の保障は我が国に在留する外国人にも等しく及ぶ」としている（指紋押捺拒否事件／最判平7.12.15）。

23p

2 妥当である　そのとおり。判例は、「我が国に在留する外国人は、憲法上、外国へ一時旅行する自由を保障されているものではない」としている（森川キャサリーン事件／最判平4.11.16）。

3 妥当である　そのとおり。判例は、「政治活動の自由についても、わが国の政治的意思決定又はその実施に影響を及ぼす活動等外国人の地位にかんがみこれを認めることが相当でないと解されるものを除き、その保障が及ぶ」としている（マクリーン事件／最大判昭53.10.4）。

14p

4 妥当である　そのとおり。判例は、「外国人が公権力行使等地方公務員に就任することは、本来我が国の法体系の想定するところではない」としている（東京都保健婦管理職選考受験資格確認等請求事件／最大判平17.1.26）。

14p

5 妥当である　そのとおり。判例は、「社会保障上の施策において在留外国人をどのように処遇するかについては、国は、特別の条約の存しない限り、……その政治的判断によりこれを決定することができる」としている（塩見訴訟／最判平元.3.2）。

15p

●憲　法

人権／公権力と特殊な関係にある者の人権

重要度 A

問5 次の文章の空欄　ア　〜　オ　に当てはまる語句の組合せとして，妥当なものはどれか。

　未決勾留は，刑事訴訟法の規定に基づき，逃亡又は罪証隠滅の防止を目的として，被疑者又は被告人の　ア　を監獄内に限定するものであつて，右の勾留により拘禁された者は，その限度で　イ　的行動の自由を制限されるのみならず，前記逃亡又は罪証隠滅の防止の目的のために必要かつ　ウ　的な範囲において，それ以外の行為の自由をも制限されることを免れない……。また，監獄は，多数の被拘禁者を外部から　エ　して収容する施設であり，右施設内でこれらの者を集団として管理するにあたつては，内部における規律及び秩序を維持し，その正常な状態を保持する必要があるから，……この面からその者の　イ　的自由及びその他の行為の自由に一定の制限が加えられることは，やむをえないところというべきである……被拘禁者の新聞紙，図書等の閲読の自由を制限する場合……具体的事情のもとにおいて，その閲読を許すことにより監獄内の規律及び秩序の維持上放置することのできない程度の障害が生ずる相当の　オ　性があると認められることが必要であり，かつ，……制限の程度は，右の障害発生の防止のために必要かつ　ウ　的な範囲にとどまるべきものと解するのが相当である。

（最大判昭和58年6月22日民集第37巻5号793頁）

	ア	イ	ウ	エ	オ
1	居住	身体	合理	隔離	蓋然
2	活動	身体	蓋然	遮断	合理
3	居住	日常	合理	遮断	蓋然
4	活動	日常	蓋然	隔離	合理
5	居住	身体	合理	遮断	蓋然

（本試験2020年問3）

●法令編

正答率 **62**%

本問は、よど号ハイジャック新聞記事抹消事件（最大判昭58.6.22）を素材としたものである。

「未決勾留は、刑事訴訟法の規定に基づき、逃亡又は罪証隠滅の防止を目的として、被疑者又は被告人の(ア)居住を監獄内に限定するものであつて、右の勾留により拘禁された者は、その限度で(イ)身体的行動の自由を制限されるのみならず、前記逃亡又は罪証隠滅の防止の目的のために必要かつ(ウ)合理的な範囲において、それ以外の行為の自由をも制限されることを免れないのであり、このことは、未決勾留そのものの予定するところでもある。また、監獄は、多数の被拘禁者を外部から(エ)隔離して収容する施設であり、右施設内でこれらの者を集団として管理するにあたつては、内部における規律及び秩序を維持し、その正常な状態を保持する必要があるから、この目的のために必要がある場合には、未決勾留によつて拘禁された者についても、この面からその者の(イ)身体的自由及びその他の行為の自由に一定の制限が加えられることは、やむをえないところというべきである……」

「未決勾留は、前記刑事司法上の目的のために必要やむをえない措置として一定の範囲で個人の自由を拘束するものであり、他方、これにより拘禁される者は、当該拘禁関係に伴う制約の範囲外においては、原則として一般市民としての自由を保障されるべき者であるから、監獄内の規律及び秩序の維持のためにこれら被拘禁者の新聞紙、図書等の閲読の自由を制限する場合においても、それは、右の目的を達するために真に必要と認められる限度にとどめられるべきものである。したがつて、右の制限が許されるためには、当該閲読を許すことにより右の規律及び秩序が害される一般的、抽象的なおそれがあるというだけでは足りず、被拘禁者の性向、行状、監獄内の管理、保安

●憲　法

の状況，当該新聞紙，図書等の内容その他の具体的事情のもとにおいて，その閲読を許すことにより監獄内の規律及び秩序の維持上放置することのできない程度の障害が生ずる相当の(オ)蓋然性があると認められることが必要であり，かつ，その場合においても，右の制限の程度は，右の障害発生の防止のために必要かつ(ウ)合理的な範囲にとどまるべきものと解するのが相当である。」

以上より，アには「居住」，イには「身体」，ウには「合理」，エには「隔離」，オには「蓋然」が入り，正解は **1** である。

ワンポイント・アドバイス

　判例は，「意見，知識，情報の伝達の媒体である新聞紙，図書等の閲読の自由が憲法上保障されるべきことは，思想及び良心の自由の不可侵を定めた憲法19条の規定や，表現の自由を保障した憲法21条の規定の趣旨，目的から，いわばその派生原理として当然に導かれるところである」るとしたうえで，未決勾留者にも「新聞紙，図書等の閲読の自由」が保障されることを前提として，判断をしています（よど号ハイジャック新聞記事抹消事件／最大判昭58.6.22）。

●憲 法

人権／私人間の人権保障

問6 私法上の法律関係における憲法の効力に関する次の記述のうち、最高裁判所の判例に照らし、正しいものはどれか。

1 私人間においては、一方が他方より優越的地位にある場合には私法の一般規定を通じ憲法の効力を直接及ぼすことができるが、それ以外の場合は、私的自治の原則によって問題の解決が図られるべきである。

2 私立学校は、建学の精神に基づく独自の教育方針を立て、学則を制定することができるが、学生の政治活動を理由に退学処分を行うことは憲法19条に反し許されない。

3 性別による差別を禁止する憲法14条1項の効力は労働関係に直接及ぶことになるので、男女間で定年に差異を設けることについて経営上の合理性が認められるとしても、女性を不利益に扱うことは許されない。

4 自衛隊基地建設に関連して、国が私人と対等な立場で締結する私法上の契約は、実質的に公権力の発動と同視できるような特段の事情がない限り、憲法9条の直接適用を受けない。

5 企業者が、労働者の思想信条を理由に雇い入れを拒むことは、思想信条の自由の重要性に鑑み許されないが、いったん雇い入れた後は、思想信条を理由に不利益な取り扱いがなされてもこれを当然に違法とすることはできない。

（本試験2013年問4）

●法令編

正解 **4**

正答率 **74**%

合格基本書

1 **誤** 判例は，私人間の関係において「一方が他方に優越し，事実上後者が前者の意思に服従せざるをえない場合」について，「このような場合に限り憲法の基本権保障規定の適用ないしは類推適用を認めるべきであるとする見解も……採用することはできない」として，憲法の効力を直接及ぼすことを否定したうえで，「場合によつては，私的自治に対する一般的制限規定である民法1条，90条や不法行為に関する諸規定等の適切な運用によつて，一面で私的自治の原則を尊重しながら，他面で社会的許容性の限度を超える侵害に対し基本的な自由や平等の利益を保護し，その間の適切な調整を図る方途も存する」として，間接適用説に立っている（三菱樹脂事件／最大判昭48.12.12）。

21p

2 **誤** 判例は，「憲法19条，21条，23条等のいわゆる自由権的基本権の保障規定は，……私人相互間の関係について当然に適用ないし類推適用されるものでない」としたうえで，私立学校が学生の政治活動を理由に退学処分を行ったことは，「社会通念上合理性を欠くものであるとはいいがたく，結局，本件退学処分は，懲戒権者に認められた裁量権の範囲内にあるものとして，その効力を是認すべきである」としている（昭和女子大事件／最判昭49.7.19）。

21p

3 **誤** 判例は，「会社の企業経営上の観点から定年年齢において女子を差別しなければならない合理的理由」が認められない場合において，「会社の就業規則中女子の定年年齢を男子より低く定めた部分は，専ら女子であることのみを理由として差別したことに帰着するものであり，性別のみによる不合理な差別を定めたものとして民法90条の規定により無効である」としている（日産自動車事件／最判昭56.3.24）。憲法14条1項の効力が労働関係に「直接」及ぶとはしていない。

21p

18

●憲　法

4　正　そのとおり。判例は，「国が行政の主体としてでなく私人と対等の立場に立つて，私人との間で個々的に締結する私法上の契約は，当該契約がその成立の経緯及び内容において実質的にみて公権力の発動たる行為となんら変わりがないといえるような特段の事情のない限り，憲法９条の直接適用を受けず，私人間の利害関係の公平な調整を目的とする私法の適用を受けるにすぎない」としている（百里基地訴訟／最判平元.6.20）。

5　誤　判例は，「企業者は，……経済活動の一環としてする契約締結の自由を有し，自己の営業のために労働者を雇傭するにあたり，いかなる者を雇い入れるか，いかなる条件でこれを雇うかについて，法律その他による特別の制限がない限り，原則として自由にこれを決定することができるのであつて，企業者が特定の思想，信条を有する者をそのゆえをもつて雇い入れることを拒んでも，それを当然に違法とすることはできない」としたうえで，労働基準法が「労働者の信条によつて賃金その他の労働条件につき差別することを禁じているが，これは，雇入れ後における労働条件についての制限であつて，雇入れそのものを制約する規定ではない」としている（三菱樹脂事件／最大判昭48.12.12）。

21p

第1編

憲法

ワンポイント・アドバイス

　「間接適用説」に立っても私人間に直接適用される条文として，15条４項（秘密投票・投票の無答責），18条（奴隷的拘束および苦役からの自由），24条（家族生活における個人の尊厳と両性の平等），27条３項（児童酷使の禁止），28条（労働基本権）があります。

| チェック欄 | | | |

人権／私人間の人権保障

問7 次の文章は，自衛隊基地建設のために必要な土地の売買契約を含む土地取得行為と憲法9条の関係を論じた，ある最高裁判所判決の一部である（原文を一部修正した。）。ア〜オの本来の論理的な順序に即した並び順として，正しいものはどれか。

ア 憲法9条の宣明する国際平和主義，戦争の放棄，戦力の不保持などの国家の統治活動に対する規範は，私法的な価値秩序とは本来関係のない優れて公法的な性格を有する規範である。

イ 私法的な価値秩序において，憲法9条の宣明する国際平和主義，戦争の放棄，戦力の不保持などの国家の統治活動に対する規範が，そのままの内容で民法90条にいう「公ノ秩序」の内容を形成し，それに反する私法上の行為の効力を一律に否定する法的作用を営むということはない。

ウ 憲法9条の宣明する国際平和主義，戦争の放棄，戦力の不保持などの国家の統治活動に対する規範は，私法的な価値秩序のもとで確立された私的自治の原則，契約における信義則，取引の安全等の私法上の規範によつて相対化され，民法90条にいう「公ノ秩序」の内容の一部を形成する。

エ 憲法9条の宣明する国際平和主義，戦争の放棄，戦力の不保持などの国家の統治活動に対する規範にかかわる私法上の行為については，私法的な価値秩序のもとにおいて，社会的に許容されない反社会的な行為であるとの認識が，社会の一般的な観念として確立しているか否かが，私法上の行為の効力の有無を判断する基準になるものというべきである。

オ 憲法9条は，人権規定と同様，国の基本的な法秩序を宣示した規定であるから，憲法より下位の法形式によるすべての法規の解釈適用に当たつて，その指導原理となりうるものであることはいうまでもない。

●憲 法

1	ア	イ	ウ	エ	オ
2	イ	ウ	エ	オ	ア
3	ウ	エ	オ	ア	イ
4	エ	オ	ア	イ	ウ
5	オ	ア	イ	ウ	エ

（本試験2015年問5）

●法令編

正解 **5**

正答率 **67**%

合格基本書

本問は，百里基地訴訟（最判平元 .6.20）を素材としたものである。

21p

「(ｵ)憲法9条は，人権規定と同様，国の基本的な法秩序を宣示した規定であるから，憲法より下位の法形式によるすべての法規の解釈適用に当たつて，その指導原理となりうるものであることはいうまでもないが，……(ｱ)憲法9条の宣明する国際平和主義，戦争の放棄，戦力の不保持などの国家の統治活動に対する規範は，私法的な価値秩序とは本来関係のない優れて公法的な性格を有する規範であるから，(ｲ)私法的な価値秩序において，右規範が，そのままの内容で民法90条にいう『公ノ秩序』の内容を形成し，それに反する私法上の行為の効力を一律に否定する法的作用を営むということはないのであつて，(ｳ)右の規範は，私法的な価値秩序のもとで確立された私的自治の原則，契約における信義則，取引の安全等の私法上の規範によつて相対化され，民法90条にいう『公ノ秩序』の内容の一部を形成するのであり，したがつて(ｴ)私法的な価値秩序のもとにおいて，社会的に許容されない反社会的な行為であるとの認識が，社会の一般的な観念として確立しているか否かが，私法上の行為の効力の有無を判断する基準になるものというべきである。」

以上より，本来の論理的な順序に即した並び順はオーアーイーウーエであり，正解は**5**である。

22

MEMO

第1編 憲法

| チェック欄 | | |

人権／私人間の人権保障

問8 次の文章は、最高裁判所の判例（百里基地訴訟）の一節である。空欄　　　に当てはまる文章として、妥当なものはどれか。

　憲法九八条一項は、憲法が国の最高法規であること、すなわち、憲法が成文法の国法形式として最も強い形式的効力を有し、憲法に違反するその余の法形式の全部又は一部はその違反する限度において法規範としての本来の効力を有しないことを定めた規定であるから、同条項にいう「国務に関するその他の行為」とは、同条項に列挙された法律、命令、詔勅と同一の性質を有する国の行為、言い換えれば、公権力を行使して法規範を定立する国の行為を意味し、したがって、行政処分、裁判などの国の行為は、個別的・具体的ながらも公権力を行使して法規範を定立する国の行為であるから、かかる法規範を定立する限りにおいて国務に関する行為に該当するものというべきであるが、国の行為であっても、私人と対等の立場で行う国の行為は、右のような法規範の定立を伴わないから憲法九八条一項にいう「国務に関するその他の行為」に該当しないものと解すべきである。……原審の適法に確定した事実関係のもとでは、本件売買契約は、　　　

（最三小判平成元年6月20日民集43巻6号385頁）

1　国が行った行為であって、私人と対等の立場で行った単なる私法上の行為とはいえず、右のような法規範の定立を伴うことが明らかであるから、憲法九八条一項にいう「国務に関するその他の行為」には該当するというべきである。
2　私人と対等の立場で行った私法上の行為とはいえ、行政目的のために選択された行政手段の一つであり、国の行為と同視さるべき行為であるから、憲法九八条一項にいう「国務に関するその他の行為」には該当するというべきである。

3 私人と対等の立場で行った私法上の行為とはいえ，そこにおける法規範の定立が社会法的修正を受けていることを考慮すると，憲法九八条一項にいう「国務に関するその他の行為」には該当するというべきである。

4 国が行った法規範の定立ではあるが，一見極めて明白に違憲とは到底いえないため，憲法九八条一項にいう「国務に関するその他の行為」には該当しないものというべきである。

5 国が行った行為ではあるが，私人と対等の立場で行った私法上の行為であり，右のような法規範の定立を伴わないことが明らかであるから，憲法九八条一項にいう「国務に関するその他の行為」には該当しないものというべきである。

(本試験2018年問3)

●法令編

正解 **5**

正答率 **89**%

合格基本書

　本問は，百里基地訴訟（最判平元.6.20）を素材としたものである。

21p

　「憲法九八条一項は，憲法が国の最高法規であること，すなわち，憲法が成文法の国法形式として最も強い形式的効力を有し，憲法に違反するその余の法形式の全部又は一部はその違反する限度において法規範としての本来の効力を有しないことを定めた規定であるから，同条項にいう『国務に関するその他の行為』とは，同条項に列挙された法律，命令，詔勅と同一の性質を有する国の行為，言い換えれば，公権力を行使して法規範を定立する国の行為を意味し，したがつて，行政処分，裁判などの国の行為は，個別的・具体的ながらも公権力を行使して法規範を定立する国の行為であるから，かかる法規範を定立する限りにおいて国務に関する行為に該当するものというべきであるが，国の行為であつても，私人と対等の立場で行う国の行為は，右のような法規範の定立を伴わないから憲法九八条一項にいう『国務に関するその他の行為』に該当しないものと解すべきである。……原審の適法に確定した事実関係のもとでは，本件売買契約は，国が行つた行為ではあるが，私人と対等の立場で行つた私法上の行為であり，右のような法規範の定立を伴わないことが明らかであるから，憲法九八条一項にいう『国務に関するその他の行為』には該当しないものというべきである。」

　以上より，空欄には，「国が行つた行為ではあるが，私人と対等の立場で行つた私法上の行為であり，右のような法規範の定立を伴わないことが明らかであるから，憲法九八条一項にいう『国務に関するその他の行為』には該当しないものというべきである。」が入り，正解は**5**である。

●憲　法

人権／包括的基本権

重要度 A

問9 憲法13条に関する次の記述のうち、正しいものはどれか。

1 幸福追求権について、学説は憲法に列挙されていない新しい人権の根拠となる一般的かつ包括的な権利であると解するが、判例は立法による具体化を必要とするプログラム規定だという立場をとる。

2 幸福追求権の内容について、個人の人格的生存に必要不可欠な行為を行う自由を一般的に保障するものと解する見解があり、これを「一般的行為自由説」という。

3 プライバシーの権利について、個人の私的領域に他者を無断で立ち入らせないという消極的側面と並んで、積極的に自己に関する情報をコントロールする権利という側面も認める見解が有力である。

4 プライバシーの権利が、私法上、他者の侵害から私的領域を防御するという性格をもつのに対して、自己決定権は、公法上、国公立の学校や病院などにおける社会的な共同生活の中で生じる問題を取り扱う。

5 憲法13条が幸福追求権を保障したことをうけ、人権規定の私人間効力が判例上確立された1970年代以降、生命・身体、名誉・プライバシー、氏名・肖像等に関する私法上の人格権が初めて認められるようになった。

（本試験2014年問3）

●法令編

正解 3

正答率 **68**%

合格基本書

1 **誤** 個人の尊重原理に基づく幸福追求権は，憲法に列挙 22p
されていない新しい人権の根拠となる一般的かつ包括的な権
利である。幸福追求権によって基礎づけられる個々の権利
は，裁判上の救済を受けることができる具体的権利であると
一般的に理解されている。判例も，幸福追求権の具体的権利
性を肯定している（京都府学連事件／最大判昭 44.12.24）。

2 **誤** 幸福追求権の内容について，個人の人格的生存に必 22p
要不可欠な行為を行う自由を一般的に保障するものと解する
見解があり，これを「人格的利益説」という。

3 **正** そのとおり。プライバシー権について，「個人の私的 22p
領域に他者を無断で立ち入らせない」という消極的側面（自
由権的側面）のみならず，「自己に関する情報をコントロー
ルする権利（情報プライバシー権）」と捉えて，プライバシ
ーの保護を公権力に対して積極的に請求していくという側面
を重視する見解が有力である。

4 **誤** プライバシーの権利は，私法上，他者の侵害から私
的領域を防御するという性格を持つ。これに対し，自己決定
権とは，個人の重要な私的事項（例えば，家族のあり方，ラ
イフスタイル，自己の生命・身体の処分など）を公権力の介
入・干渉なしに各自が自律的に決定できる自由をいう。

5 **誤** 幸福追求権の保障と人権規定の私人間効力は直接に 20, 22p
関連しないし，私人間効力と私法上の人格権も直接には関連
しない。また，私人間効力について初めて間接適用説の立場
を示した三菱樹脂事件判決（最大判昭 48.12.12）以前に，
「個人の私生活上の自由の一つとして，何人も，その承諾な
しに，みだりにその容ぼう・姿態……を撮影されない自由を
有するものというべきである」として肖像権を認めたと解さ
れている京都府学連事件判決（最大判昭 44.12.24）がある。

28

●憲法

人権／包括的基本権

問10 インフルエンザウイルス感染症まん延防止のため，政府の行政指導により集団的な予防接種が実施されたところ，それに伴う重篤な副反応により死亡したXの遺族が，国を相手取り損害賠償もしくは損失補償を請求する訴訟を提起した（予防接種と副反応の因果関係は確認済み）場合に，これまで裁判例や学説において主張された憲法解釈論の例として，妥当でないものはどれか。

1 予防接種に伴う特別な犠牲については，財産権の特別犠牲に比べて不利に扱う理由はなく，後者の法理を類推適用すべきである。

2 予防接種自体は，結果として違法だったとしても無過失である場合には，いわゆる谷間の問題であり，立法による解決が必要である。

3 予防接種に伴い，公共の利益のために，生命・身体に対する特別な犠牲を被った者は，人格的自律権の一環として，損失補償を請求できる。

4 予防接種による違法な結果について，過失を認定することは原理的に不可能なため，損害賠償を請求する余地はないというべきである。

5 財産権の侵害に対して損失補償が出され得る以上，予防接種がひき起こした生命・身体への侵害についても同様に扱うのは当然である。

（本試験2021年問３）

●法令編

正答率 **85%**

1 **妥当である** このような解釈論を主張している裁判例がある（東京地判昭 59.5.18）。
2 **妥当である** このような解釈論を主張している学説がある。
3 **妥当である** このような解釈論を主張している学説がある。
4 **妥当でない** このような解釈論が主張されているとはいえない。
5 **妥当である** このような解釈論を主張している裁判例がある（大阪地判昭 62.9.30）。

ワンポイント・アドバイス

　判例は，「予防接種によって……後遺障害が発生した場合には，禁忌者〔接種を受けることが適当でない者〕を識別するために必要とされる予診が尽くされたが禁忌者に該当すると認められる事由を発見することができなかったこと，被接種者が……個人的素因を有していたこと等の特段の事情が認められない限り，被接種者は禁忌者に該当していたと推定するのが相当である」としたうえで，接種実施者の過失についての審理を尽くすべきであるとして，国家賠償法に基づく損害賠償（国家賠償）による救済を図っています（最判平3.4.19）。

●憲 法

人権／包括的基本権

問 11 最高裁判所は，平成11年に導入された住民基本台帳ネットワークシステム（以下「住基ネット」という。）について，これが憲法13条の保障する自由を侵害するものではない旨を判示している（最一小判平成20年3月6日民集62巻3号665頁）。次の記述のうち，判決の論旨に含まれていないものはどれか。

1 憲法13条は，国民の私生活上の自由が公権力の行使に対しても保護されるべきことを規定しており，何人も個人に関する情報をみだりに第三者に開示または公表されない自由を有する。

2 自己に関する情報をコントロールする個人の憲法上の権利は，私生活の平穏を侵害されないという消極的な自由に加えて，自己の情報について閲覧・訂正ないし抹消を公権力に対して積極的に請求する権利をも包含している。

3 氏名・生年月日・性別・住所という4情報は，人が社会生活を営む上で一定の範囲の他者には当然開示されることが予定されている個人識別情報であり，個人の内面に関わるような秘匿性の高い情報とはいえない。

4 住基ネットによる本人確認情報の管理，利用等は，法令等の根拠に基づき，住民サービスの向上および行政事務の効率化という正当な行政目的の範囲内で行われているものということができる。

5 住基ネットにおけるシステム技術上・法制度上の不備のために，本人確認情報が法令等の根拠に基づかずにまたは正当な行政目的の範囲を逸脱して第三者に開示・公表される具体的な危険が生じているということはできない。

（本試験2016年問4）

●法令編

正解2

正答率 **45**%

合格基本書

1 含まれている そのとおり。判例は，「憲法13条は，国民の私生活上の自由が公権力の行使に対しても保護されるべきことを規定しているものであり，個人の私生活上の自由の一つとして，何人も，個人に関する情報をみだりに第三者に開示又は公表されない自由を有するものと解される」としている（最判平20.3.6）。

23p

2 含まれていない 判例は，自己に関する情報をコントロールする個人の憲法上の権利が自己の情報について閲覧・訂正ないし抹消を公権力に対して積極的に請求する権利をも包含していることについて述べていない。

3 含まれている そのとおり。判例は，「住基ネットによって管理，利用等される本人確認情報は，氏名，生年月日，性別及び住所から成る4情報に，住民票コード及び変更情報を加えたものにすぎない。このうち4情報は，人が社会生活を営む上で一定の範囲の他者には当然開示されることが予定されている個人識別情報であり，変更情報も，転入，転出等の異動事由，異動年月日及び異動前の本人確認情報にとどまるもので，これらはいずれも，個人の内面に関わるような秘匿性の高い情報とはいえない」としている（最判平20.3.6）。なお，マイナンバー制度の導入に伴い，2016（平成28）年1月から，本人確認情報に「個人番号」が追加された。

23p

4 含まれている そのとおり。判例は，「住基ネットによる本人確認情報の管理，利用等は，法令等の根拠に基づき，住民サービスの向上及び行政事務の効率化という正当な行政目的の範囲内で行われているものということができる」としている（最判平20.3.6）。

32

5 含まれている そのとおり。判例は,「住基ネットのシステム上の欠陥等により外部から不当にアクセスされるなどして本人確認情報が容易に漏えいする具体的な危険はないこと,受領者による本人確認情報の目的外利用又は本人確認情報に関する秘密の漏えい等は,懲戒処分又は刑罰をもって禁止されていること,住基法は,都道府県に本人確認情報の保護に関する審議会を,指定情報処理機関に本人確認情報保護委員会を設置することとして,本人確認情報の適切な取扱いを担保するための制度的措置を講じていることなどに照らせば,住基ネットにシステム技術上又は法制度上の不備があり,そのために本人確認情報が法令等の根拠に基づかずに又は正当な行政目的の範囲を逸脱して第三者に開示又は公表される具体的な危険が生じているということもできない」としている(最判平 20.3.6)。

ワンポイント・アドバイス

判例は,住民基本台帳ネットワークシステム(住基ネット)によって管理,利用等される本人確認情報は,「いずれも,個人の内面に関わるような秘匿性の高い情報とはいえない」としたうえで,「住基ネットにシステム技術上又は法制度上の不備があり,そのために本人確認情報が法令等の根拠に基づかずに又は正当な行政目的の範囲を逸脱して第三者に開示又は公表される具体的な危険が生じているということもできない」として,「行政機関が住基ネットにより住民……の本人確認情報を管理,利用等する行為は,個人に関する情報をみだりに第三者に開示又は公表するものということはできず,当該個人がこれに同意していないとしても,憲法13条により保障された上記の自由を侵害するものではない」としています(住基ネット訴訟/最判平20.3.6)。

●憲 法

人権／包括的基本権

問12 捜査とプライバシーに関する次の記述のうち，最高裁判所の判例に照らし，妥当なものはどれか。

1 個人の容ぼうや姿態は公道上などで誰もが容易に確認できるものであるから，個人の私生活上の自由の一つとして，警察官によって本人の承諾なしにみだりにその容ぼう・姿態を撮影されない自由を認めることはできない。

2 憲法は，住居，書類および所持品について侵入，捜索および押収を受けることのない権利を定めるが，その保障対象には，住居，書類および所持品に限らずこれらに準ずる私的領域に侵入されることのない権利が含まれる。

3 電話傍受は，通信の秘密や個人のプライバシーを侵害するが，必要性や緊急性が認められれば，電話傍受以外の方法によって当該犯罪に関する重要かつ必要な証拠を得ることが可能な場合であっても，これを行うことが憲法上広く許容される。

4 速度違反車両の自動撮影を行う装置により運転者本人の容ぼうを写真撮影することは憲法上許容されるが，運転者の近くにいるため除外できないことを理由としてであっても，同乗者の容ぼうまで撮影することは許されない。

5 ＧＰＳ端末を秘かに車両に装着する捜査手法は，車両使用者の行動を継続的・網羅的に把握するものであるが，公道上の所在を肉眼で把握したりカメラで撮影したりする手法と本質的に異ならず，憲法が保障する私的領域を侵害するものではない。

（本試験2021年問4）

●法令編

正解 **2**

正答率 **91**%

合格基本書

22p

1　妥当でない　判例は，「個人の私生活上の自由の一つとして，何人も，その承諾なしに，みだりにその容ぼう・姿態（以下「容ぼう等」という。）を撮影されない自由を有するものというべきである。」としている（京都府学連事件／最大判昭 44.12.24）。

2　妥当である　そのとおり。判例は，「憲法 35 条は，『住居，書類及び所持品について，侵入，捜索及び押収を受けることのない権利』を規定しているところ，この規定の保障対象には，『住居，書類及び所持品』に限らずこれらに準ずる私的領域に『侵入』されることのない権利が含まれるものと解するのが相当である。」としている（最大判平 29.3.15）。

3　妥当でない　判例は，「重大な犯罪に係る被疑事件について，被疑者が罪を犯したと疑うに足りる十分な理由があり，かつ，当該電話により被疑事実に関連する通話の行われる蓋然性があるとともに，電話傍受以外の方法によってはその罪に関する重要かつ必要な証拠を得ることが著しく困難であるなどの事情が存する場合において，電話傍受により侵害される利益の内容，程度を慎重に考慮した上で，なお電話傍受を行うことが犯罪の捜査上真にやむを得ないと認められるときには，法律の定める手続に従ってこれを行うことも憲法上許されると解するのが相当である。」としている（最決平 11.12.16）。

●憲　法

4　妥当でない　判例は，「速度違反車両の自動撮影を行う本件自動速度監視装置による運転者の容ぼうの写真撮影は，現に犯罪が行われている場合になされ，犯罪の性質，態様からいつて緊急に証拠保全をする必要性があり，その方法も一般的に許容される限度を超えない相当なものであるから，憲法13条に違反せず，また，右写真撮影の際，運転者の近くにいるため除外できない状況にある同乗者の容ぼうを撮影することになつても，憲法13条，21条に違反しない」としている（肖像権オービスⅡ事件／最判昭61.2.14）。

5　妥当でない　判例は，「このような捜査手法は，個人の行動を継続的，網羅的に把握することを必然的に伴うから，個人のプライバシーを侵害し得るものであり，また，そのような侵害を可能とする機器を個人の所持品に秘かに装着することによって行う点において，公道上の所在を肉眼で把握したりカメラで撮影したりするような手法とは異なり，公権力による私的領域への侵入を伴うものというべきである。」としている（最大判平29.3.15）。

第**1**編

憲法

ワンポイント・アドバイス

　判例は，「個人の私生活上の自由の一つとして，何人も，その承諾なしに，みだりにその容ぼう・姿態（以下「容ぼう等」という。）を撮影されない自由を有するものというべきである。」としたうえで，「……しかしながら，個人の有する右自由も，……公共の福祉のため必要のある場合には相当の制限を受ける……。犯罪を捜査することは，公共の福祉のため警察に与えられた国家作用の一つであり，……警察官が犯罪捜査の必要上写真を撮影する際，その対象の中に犯人のみならず第三者である個人の容ぼう等が含まれても，これが許容される場合がありうるものといわなければならない。」としています（京都府学連事件／最大判昭44.12.24）。

●憲 法

人権／法の下の平等

問 13 投票価値の平等に関する次の記述のうち，判例に照らし，妥当なものはどれか。

1 議員定数配分規定は，その性質上不可分の一体をなすものと解すべきであり，憲法に違反する不平等を生ぜしめている部分のみならず，全体として違憲の瑕疵を帯びるものと解すべきである。

2 投票価値の不平等が，国会の合理的裁量の範囲を超えると判断される場合には，選挙は違憲・違法となるが，不均衡の是正のために国会に認められる合理的是正期間を経過していなければ，事情判決の法理により選挙を有効とすることも許される。

3 衆議院議員選挙については，的確に民意を反映する要請が強く働くので，議員1人当たりの人口が平等に保たれることが重視されるべきであり，国会がそれ以外の要素を考慮することは許されない。

4 参議院議員選挙区選挙は，参議院に第二院としての独自性を発揮させることを期待して，参議院議員に都道府県代表としての地位を付与したものであるから，かかる仕組みのもとでは投票価値の平等の要求は譲歩・後退を免れない。

5 地方公共団体の議会の議員の定数配分については，地方自治の本旨にもとづき各地方公共団体が地方の実情に応じ条例で定めることができるので，人口比例が基本的な基準として適用されるわけではない。

(本試験2014年問5)

●法令編

正答率 **27**%

1 妥当である そのとおり。判例は、「選挙区割及び議員定数の配分は、議員総数と関連させながら、前述のような複雑、微妙な考慮の下で決定されるのであつて、一旦このようにして決定されたものは、一定の議員総数の各選挙区への配分として、相互に有機的に関連し、一の部分における変動は他の部分にも波動的に影響を及ぼすべき性質を有するものと認められ、その意味において不可分の一体をなすと考えられるから、右配分規定は、単に憲法に違反する不平等を招来している部分のみでなく、全体として違憲の瑕疵を帯びるものと解すべきである」としている（最大判昭51.4.14）。

2 妥当でない 合理的是正期間を経過していなければ選挙は違憲・違法とまではいえないから、違憲・違法の際に問題となる事情判決の法理（最大判昭51.4.14参照）を持ち出すまでもなく、選挙は有効である。

3 妥当でない 判例は、人口数と定数との比率の平等を「最も重要かつ基本的な基準」としつつも、人口比以外の要素（非人口的要素）の役割を大きく認め、立法府の裁量を広く認めている（最大判昭51.4.14）。

4 妥当でない 判例は、参議院議員に都道府県代表としての地位を付与したとまでは述べておらず、「参議院地方選出議員の選挙の仕組みについて事実上都道府県代表的な意義ないし機能を有する要素を加味したからといつて、これによつて選出された議員が全国民の代表であるという性格と矛盾抵触することになるものということもできない。」としている（最大判昭58.4.27）。

5 妥当でない 判例は、「公選法15条7項は、……都道府県議会の議員の定数配分につき、人口比例を最も重要かつ基本的な要素とし、各選挙人の投票価値が平等であるべきことを強く要求しているものと解される」としている（最判平元.12.18）。

合格基本書

27p

MEMO

第1編　憲法

| チェック欄 | | |

人権／法の下の平等

問 14 次の文章は，ある最高裁判所判決において，国籍取得の際の取り扱いの区別が憲法14条に違反するか否かにつき，審査するに当たっての基本的考え方を示した部分である。次の記述のうち，この文章から読み取れない内容を述べているものはどれか。

憲法10条は，「日本国民たる要件は，法律でこれを定める。」と規定し，これを受けて，国籍法は，日本国籍の得喪に関する要件を規定している。憲法10条の規定は，国籍は国家の構成員としての資格であり，国籍の得喪に関する要件を定めるに当たってはそれぞれの国の歴史的事情，伝統，政治的，社会的及び経済的環境等，種々の要因を考慮する必要があることから，これをどのように定めるかについて，立法府の裁量判断にゆだねる趣旨のものであると解される。しかしながら，このようにして定められた日本国籍の取得に関する法律の要件によって生じた区別が，合理的理由のない差別的取扱いとなるときは，憲法14条1項違反の問題を生ずることはいうまでもない。すなわち，立法府に与えられた上記のような裁量権を考慮しても，なおそのような区別をすることの立法目的に合理的な根拠が認められない場合，又はその具体的な区別と上記の立法目的との間に合理的関連性が認められない場合には，当該区別は，合理的な理由のない差別として，同項に違反するものと解されることになる。

日本国籍は，我が国の構成員としての資格であるとともに，我が国において基本的人権の保障，公的資格の付与，公的給付等を受ける上で意味を持つ重要な法的地位でもある。一方，父母の婚姻により嫡出子たる身分を取得するか否かということは，子にとっては自らの意思や努力によっては変えることのできない父母の身分行為に係る事柄である。したがって，このような事柄をもって日本国籍取得の要件に関して区別を生じさせることに合理的な理由があるか否かについては，慎重に検討することが必要である。

（最大判平成20年6月4日民集62巻6号1367頁）

●憲法

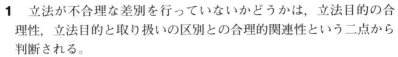

1 立法が不合理な差別を行っていないかどうかは，立法目的の合理性，立法目的と取り扱いの区別との合理的関連性という二点から判断される。

2 憲法が国籍法制の内容を立法者の裁量判断に委ねていることに鑑みれば，この裁量権を考慮してもなお区別の合理性が認められない場合に憲法違反の問題が生じる。

3 憲法の基礎にある個人主義と民主主義の理念に照らせば，人種差別など個人の尊厳が問題になる場合や，選挙権や表現の自由が問題となる場合には，厳格な審査が要求される。

4 本件で取り扱いの区別の対象となる国籍が社会生活の様々な側面に強い影響を与える重要な法的地位である以上，区別の合理性を判断する際には慎重な検討が必要となる。

5 取り扱いの区別が，本人の意思や努力によって左右できない事項に基づいて人を不利益に扱うものである以上，区別の合理性を判断する際には慎重な検討が必要となる。

（本試験2012年問6）

●法令編

正答率 **91**%

本問は，国籍法3条1項違憲判決（最大判平20.6.4）を素材としたものである。

1 読み取れる内容である これは，第4文の「立法目的に合理的な根拠が認められない場合，又はその具体的な区別と上記の立法目的との間に合理的関連性が認められない場合には，当該区別は，合理的な理由のない差別として，同項に違反する」という記述から読み取れる内容である。

2 読み取れる内容である これは，①第2文の「これをどのように定めるかについて，立法府の裁量判断にゆだねる趣旨のものである」という記述と，②第4文の「立法府に与えられた上記のような裁量権を考慮しても，なおそのような区別をすることの……場合には，当該区別は，合理的な理由のない差別として，同項に違反する」という記述から読み取れる内容である。

3 読み取れない内容である 「憲法の基礎にある個人主義と民主主義の理念に照らせば，人種差別など個人の尊厳が問題になる場合や，選挙権や表現の自由が問題となる場合には，厳格な審査が要求される」という記述は，本問の文章から読み取れない内容である。

4 読み取れる内容である これは，①第5文の「日本国籍は，……重要な法的地位でもある」という記述と，②第7文の「このような事柄をもって日本国籍取得の要件に関して区別を生じさせることに合理的な理由があるか否かについては，慎重に検討することが必要である」という記述から読み取れる内容である。

5 読み取れる内容である これは，①第6文の「父母の婚姻により嫡出子たる身分を取得するか否かということは，子にとっては自らの意思や努力によっては変えることのできない父母の身分行為に係る事柄である」という記述と，②第7文の「このような事柄をもって日本国籍取得の要件に関して区別を生じさせることに合理的な理由があるか否かについては，慎重に検討することが必要である」という記述から読み取れる内容である。

●憲　法

人権／法の下の平等

重要度 A

問 15 次の文章は，ある最高裁判所判決の意見の一節である。空欄 ア ～ ウ に入る語句の組合せとして，正しいものはどれか。

　一般に，立法府が違憲な ア 状態を続けているとき，その解消は第一次的に立法府の手に委ねられるべきであって，とりわけ本件におけるように，問題が，その性質上本来立法府の広範な裁量に委ねられるべき国籍取得の要件と手続に関するものであり，かつ，問題となる違憲が イ 原則違反であるような場合には，司法権がその ア に介入し得る余地は極めて限られているということ自体は否定できない。しかし，立法府が既に一定の立法政策に立った判断を下しており，また，その判断が示している基本的な方向に沿って考えるならば，未だ具体的な立法がされていない部分においても合理的な選択の余地は極めて限られていると考えられる場合において，著しく不合理な差別を受けている者を個別的な訴訟の範囲内で救済するために，立法府が既に示している基本的判断に抵触しない範囲で，司法権が現行法の合理的 ウ 解釈により違憲状態の解消を目指すことは，全く許されないことではないと考える。

（最大判平成20年6月4日民集62巻6号1367頁以下における
藤田宙靖意見）

	ア	イ	ウ
1	不作為	比例	限定
2	作為	比例	限定
3	不作為	相互主義	有権
4	作為	法の下の平等	拡張
5	不作為	法の下の平等	拡張

（本試験2013年問3）

●法令編

正解 **5**

正答率 **54**%

合格基本書

本問は，国籍法における非嫡出子を差別する規定を違憲無効と判断した最高裁判決（国籍法 3 条 1 項違憲判決／最大判平 20.6.4）における藤田宙靖裁判官の意見を素材としたものである。

まず，アを検討する。一つめのアの前後をみると，「一般に，立法府が違憲な ［ ア ］状態を続けているとき」とある。一般に，立法府が違憲な「作為」を続けているという事態は観念しにくい。よって，アには「不作為」が入る。

次に，イを検討する。本事案が「著しく不合理な差別を受けている者を……救済する」との記載があり，本事例で問題となっているのは平等原則（憲法 14 条）違反ということが分かる。よって，イには「法の下の平等」が入る。

26p

最後に，ウを検討する。「未だ具体的な立法がなされていない部分において」との記述があり，問題となっているのは立法権が具体的な判断を示していない事案ということが分かる。そのうえで，「司法権が……違憲状態の解消を目指すことは，全く許されないことではない」との結論を導くために必要なのは，現行法を拡張解釈することだと考えられる。よって，ウには「拡張」が入る。

以上より，アには「不作為」，イには「法の下の平等」，ウには「拡張」が入り，正解は**5**である。

46

●憲 法

人権／法の下の平等

重要度 A

問 16 法の下の平等に関する次の記述のうち，最高裁判所の判例に照らし，妥当でないものはどれか。

1 憲法が条例制定権を認める以上，条例の内容をめぐり地域間で差異が生じることは当然に予期されることであるから，一定の行為の規制につき，ある地域でのみ罰則規定が置かれている場合でも，地域差のゆえに違憲ということはできない。

2 選挙制度を政党本位のものにすることも国会の裁量に含まれるので，衆議院選挙において小選挙区選挙と比例代表選挙に重複立候補できる者を，一定要件を満たした政党等に所属するものに限ることは，憲法に違反しない。

3 法定相続分について嫡出性の有無により差異を設ける規定は，相続時の補充的な規定であることを考慮しても，もはや合理性を有するとはいえず，憲法に違反する。

4 尊属に対する殺人を，高度の社会的非難に当たるものとして一般殺人とは区別して類型化し，法律上刑の加重要件とする規定を設けることは，それ自体が不合理な差別として憲法に違反する。

5 父性の推定の重複を回避し父子関係をめぐる紛争を未然に防止するために，女性にのみ100日を超える再婚禁止期間を設けることは，立法目的との関係で合理性を欠き，憲法に違反する。

（本試験2016年問7）

●法令編

正解 **4**

正答率 **69**%

合格基本書

1　妥当である　そのとおり。判例は，「憲法が各地方公共団体の条例制定権を認める以上，地域によつて差別を生ずることは当然に予期されることであるから，かかる差別は憲法みずから容認するところであると解すべきである。それ故，地方公共団体が売春の取締について各別に条例を制定する結果，その取扱に差別を生ずることがあつても，所論のように地域差の故をもつて違憲ということはできない。」としている（最大判昭 33.10.15）。

2　妥当である　そのとおり。判例は，「政策本位，政党本位の選挙制度というべき比例代表選挙と小選挙区選挙とに重複して立候補することができる者が候補者届出政党の要件と衆議院名簿届出政党等の要件の両方を充足する政党等に所属する者に限定されていることには，相応の合理性が認められるのであって，不当に立候補の自由や選挙権の行使を制限するとはいえず，これが国会の裁量権の限界を超えるものとは解されない。」としている（最大判平 11.11.10）。

3　妥当である　そのとおり。判例は，本件規定（民法 900 条 4 号ただし書の規定のうち嫡出でない子の相続分を嫡出子の相続分の 2 分の 1 とする部分）を含む法定相続分の定めが遺言による相続分の指定等がない場合などにおいて「補充的に機能する規定であることは，その合理性判断において重要性を有しないというべきである」とし，「遅くとも……平成 13 年 7 月当時においては立法府の裁量権を考慮しても，嫡出子と嫡出でない子の法定相続分を区別する合理的な根拠は失われていたというべき」であり，「本件規定は，遅くとも平成 13 年 7 月当時において，憲法 14 条 1 項に違反していたものというべきである。」としている（非嫡出子法定相続分違憲決定／最大決平 25.9.4）。

26p

48

●憲　法

4　妥当でない　判例は,「尊属の殺害は通常の殺人に比して一般に高度の社会的道義的非難を受けて然るべきであるとして, このことをその処罰に反映させても, あながち不合理であるとはいえない」としつつ,「刑法200条は, 尊属殺の法定刑を死刑または無期懲役刑のみに限つている点において, その立法目的達成のため必要な限度を遥かに超え, 普通殺に関する刑法199条の法定刑に比し著しく不合理な差別的取扱いをするものと認められ, 憲法14条1項に違反して無効である」としている(尊属殺事件／最大判昭48.4.4)。

26p

5　妥当である　そのとおり。判例は, 女性について6カ月の再婚禁止期間を定める民法733条1項の規定のうち,「100日超過部分については, 民法772条の定める父性の推定の重複を回避するために必要な期間ということはできない」とし,「100日超過部分は, 遅くとも上告人が前婚を解消した日から100日を経過した時点までには, 婚姻及び家族に関する事項について国会に認められる合理的な立法裁量の範囲を超えるものとして, その立法目的との関連において合理性を欠くものになっていたと解される。」として,「上記当時において, 同部分は, 憲法14条1項に違反するとともに, 憲法24条2項にも違反するに至っていたというべきである」としている(再婚禁止期間違憲訴訟／最大判平27.12.16)。

26p

第**1**編　憲法

ワンポイント・アドバイス

　民法733条1項の規定のうち100日を超えて再婚禁止期間を設ける部分は2008年当時において「憲法14条1項に違反するとともに, 憲法24条2項にも違反するに至っていた」とした2015年12月の最高裁判決(再婚禁止期間違憲訴訟／最大判平27.12.16)を受けて, 民法733条の再婚禁止期間を100日に改めるとともに, 女性が前婚の解消・取消しの時に懐胎していなかった場合または前婚の解消・取消しの後に出産した場合には再婚禁止期間の規定を適用しないものとする改正がなされました(2016年6月7日公布・施行)。

●憲　法

人権／法の下の平等

問 17 家族・婚姻に関する次の記述のうち、最高裁判所の判例に照らし、妥当なものはどれか。

1 嫡出でない子の法定相続分を嫡出子の2分の1とする民法の規定は、当該規定が補充的に機能する規定であることから本来は立法裁量が広く認められる事柄であるが、法律婚の保護という立法目的に照らすと著しく不合理であり、憲法に違反する。

2 国籍法が血統主義を採用することには合理性があるが、日本国民との法律上の親子関係の存否に加え、日本との密接な結びつきの指標として一定の要件を設け、これを満たす場合に限り出生後の国籍取得を認めるとする立法目的には、合理的な根拠がないため不合理な差別に当たる。

3 出生届に嫡出子または嫡出でない子の別を記載すべきものとする戸籍法の規定は、嫡出でない子について嫡出子との関係で不合理な差別的取扱いを定めたものであり、憲法に違反する。

4 厳密に父性の推定が重複することを回避するための期間（100日）を超えて女性の再婚を禁止する民法の規定は、婚姻および家族に関する事項について国会に認められる合理的な立法裁量の範囲を超え、憲法に違反するに至った。

5 夫婦となろうとする者の間の個々の協議の結果として夫の氏を選択する夫婦が圧倒的多数を占める状況は実質的に法の下の平等に違反する状態といいうるが、婚姻前の氏の通称使用が広く定着していることからすると、直ちに違憲とまではいえない。

（本試験2019年問4）

●法令編

正解 **4**

正答率 **67**%

合格基本書

1　妥当でない　判例は,「法律婚という制度自体は我が国に定着しているとしても,……認識の変化に伴い,上記制度の下で父母が婚姻関係になかったという,子にとっては自ら選択ないし修正する余地のない事柄を理由としてその子に不利益を及ぼすことは許されず,子を個人として尊重し,その権利を保障すべきであるという考えが確立されてきているものということができる。」としたうえで,「遅くともAの相続が開始した平成13年7月当時においては,立法府の裁量権を考慮しても,嫡出子と嫡出でない子の法定相続分を区別する合理的な根拠は失われていた」として,「本件規定は,遅くとも平成13年7月当時において,憲法14条1項に違反していたものというべきである。」としている(非嫡出子法定相続分違憲決定／最大決平25.9.4)。法律婚の保護という立法目的に照らして著しく不合理であるか否かという判断基準を用いているわけではない。

26p

2　妥当でない　判例は,「国籍法3条1項は,同法の基本的な原則である血統主義を基調としつつ,日本国民との法律上の親子関係の存在に加え我が国との密接な結び付きの指標となる一定の要件を設けて,これらを満たす場合に限り出生後における日本国籍の取得を認めることとしたものと解される。このような目的を達成するため準正その他の要件が設けられ,これにより本件区別が生じたのであるが,本件区別を生じさせた上記の立法目的自体には,合理的な根拠があるというべきである。」としている(国籍法3条1項違憲判決／最大判平20.6.4)。

26p

3　妥当でない　判例は「本件規定は,嫡出でない子について嫡出子との関係で不合理な差別的取扱いを定めたものとはいえず,憲法14条1項に違反するものではない。」としている(最判平25.9.26)。

52

●憲　法

4　妥当である　そのとおり。判例は，女性について6カ月 26p
の再婚禁止期間を定める民法733条1項の規定のうち，
「100日超過部分については，……父性の推定の重複を回避
するために必要な期間ということはできない」として，
「100日超過部分は，遅くとも上告人が前婚を解消した日か
ら100日を経過した時点までには，婚姻及び家族に関する
事項について国会に認められる合理的な立法裁量の範囲を超
えるものとして，その立法目的との関連において合理性を欠
くものになっていた」として，「上記当時において，同部分
は，憲法14条1項に違反するとともに，憲法24条2項に
も違反するに至っていたというべきである」としている（再
婚禁止期間違憲訴訟／最大判平27.12.16）。

5　妥当でない　判例は，夫婦同氏を定める民法750条の規 27p
定について，「我が国において，夫婦となろうとする者の間
の個々の協議の結果として夫の氏を選択する夫婦が圧倒的多
数を占めることが認められるとしても，それが，本件規定の
在り方自体から生じた結果であるということはできない。」
（夫婦別姓訴訟／最大判平27.12.16）としているが，夫の氏
を選択する夫婦が圧倒的多数を占める状況が実質的に法の下
の平等に違反する状態といいうるとしているわけではない。

第1編

憲法

53

●憲 法

人権／精神的自由

問 18 信教の自由・政教分離に関する次の記述のうち，最高裁判所の判例に照らし，最も妥当なものはどれか。

1 憲法が国およびその機関に対し禁ずる宗教的活動とは，その目的・効果が宗教に対する援助，助長，圧迫，干渉に当たるような行為，あるいは宗教と過度のかかわり合いをもつ行為のいずれかをいう。

2 憲法は，宗教と何らかのかかわり合いのある行為を行っている組織ないし団体であれば，これに対する公金の支出を禁じていると解されるが，宗教活動を本来の目的としない組織はこれに該当しない。

3 神社が主催する行事に際し，県が公費から比較的低額の玉串料等を奉納することは，慣習化した社会的儀礼であると見ることができるので，当然に憲法に違反するとはいえない。

4 信仰の自由の保障は私人間にも間接的に及ぶので，自己の信仰上の静謐を他者の宗教上の行為によって害された場合，原則として，かかる宗教上の感情を被侵害利益として損害賠償や差止めを請求するなど，法的救済を求めることができる。

5 解散命令などの宗教法人に関する法的規制が，信者の宗教上の行為を法的に制約する効果を伴わないとしてもそこに何らかの支障を生じさせるならば，信教の自由の重要性に配慮し，規制が憲法上許容されるか慎重に吟味しなければならない。

（本試験2016年問6）

●法令編

正解5

正答率 **50**%

合格基本書

1　妥当でない　判例は，「宗教的活動とは，……政教分離原則の意義に照らしてこれをみれば，およそ国及びその機関の活動で宗教とのかかわり合いをもつすべての行為を指すものではなく，そのかかわり合いが右にいう相当とされる限度を超えるものに限られるというべきであつて，当該行為の目的が宗教的意義をもち，その効果が宗教に対する援助，助長，促進又は圧迫，干渉等になるような行為をいうものと解すべきである。」としている（津地鎮祭事件／最大判昭 52.7.13）。

44p

2　妥当でない　判例は，「憲法 20 条 1 項後段にいう『宗教団体』，憲法 89 条にいう『宗教上の組織若しくは団体』とは，宗教と何らかのかかわり合いのある行為を行っている組織ないし団体のすべてを意味するものではなく，国家が当該組織ないし団体に対し特権を付与したり，また，当該組織ないし団体の使用，便益若しくは維持のため，公金その他の公の財産を支出し又はその利用に供したりすることが，特定の宗教に対する援助，助長，促進又は圧迫，干渉等になり，憲法上の政教分離原則に反すると解されるものをいうのであり，換言すると，特定の宗教の信仰，礼拝又は普及等の宗教的活動を行うことを本来の目的とする組織ないし団体を指すものと解するのが相当である。」としている（箕面忠魂碑事件／最判平 5.2.16）。

45p

3　妥当でない　判例は，「一般に，神社自体がその境内において挙行する恒例の重要な祭祀に際して……玉串料等を奉納することは，建築主が主催して建築現場において土地の平安堅固，工事の無事安全等を祈願するために行う儀式である起工式の場合とは異なり，時代の推移によって既にその宗教的意義が希薄化し，慣習化した社会的儀礼にすぎないものになっているとまでは到底いうことができず，一般人が本件の玉串料等の奉納を社会的儀礼の一つにすぎないと評価している

45p

56

●憲　法

とは考え難いところである。」としている（愛媛玉串料事件／最大判平 9.4.2）。

4　妥当でない　判例は，「人が自己の信仰生活の静謐を他者の宗教上の行為によつて害されたとし，そのことに不快の感情を持ち，そのようなことがないよう望むことのあるのは，その心情として当然であるとしても，かかる宗教上の感情を被侵害利益として，直ちに損害賠償を請求し，又は差止めを請求するなどの法的救済を求めることができるとするならば，かえつて相手方の信教の自由を妨げる結果となるに至ることは，見易いところである。」として，損害賠償や差止めを請求するなどの法的救済を否定している（自衛隊合祀事件／最大判昭 63.6.1）。　43p

5　妥当である　そのとおり。判例は，「宗教法人に関する法的規制が，信者の宗教上の行為を法的に制約する効果を伴わないとしても，これに何らかの支障を生じさせることがあるとするならば，憲法の保障する精神的自由の一つとしての信教の自由の重要性に思いを致し，憲法がそのような規制を許容するものであるかどうかを慎重に吟味しなければならない。」としている（宗教法人オウム真理教解散命令事件／最決平 8.1.30）。　43p

ワンポイント・アドバイス

　判例は，憲法89条にいう「宗教上の組織若しくは団体」とは，「特定の宗教の信仰，礼拝又は普及等の宗教的活動を行うことを本来の目的とする組織ないし団体を指す」としたうえで，郷土出身の戦没者遺族の相互扶助・福祉向上，英霊の顕彰といった世俗目的のために神式または仏式の慰霊祭といった宗教的行事を主催する団体はこれにあたらないとしています（箕面忠魂碑事件／最判平5.2.16）。

●憲 法

人権／精神的自由

重要度 A

問 19 地方公共団体がその土地を神社の敷地として無償で提供することの合憲性に関連して，最高裁判所判決で考慮要素とされたものの例として，妥当でないものはどれか。

1 国または地方公共団体が国公有地を無償で宗教的施設の敷地として提供する行為は，一般に，当該宗教的施設を設置する宗教団体等に対する便宜の供与として，憲法89条*との抵触が問題となる行為であるといわなければならない。

2 一般的には宗教的施設としての性格を有する施設であっても，同時に歴史的，文化財的な保護の対象となったり，観光資源，国際親善，地域の親睦の場としての意義を有するなど，文化的・社会的な価値に着目して国公有地に設置されている場合もあり得る。

3 日本では，多くの国民に宗教意識の雑居性が認められ，国民の宗教的関心が必ずしも高いとはいえない一方，神社神道には，祭祀儀礼に専念し，他の宗教にみられる積極的な布教・伝道などの対外活動をほとんど行わないという特色がみられる。

4 明治初期以来，一定の社寺領を国等に上知（上地）させ，官有地に編入し，または寄附により受け入れるなどの施策が広く採られたこともあって，国公有地が無償で社寺等の敷地として供される事例が多数生じており，これが解消されないまま残存している例もある。

5 当該神社を管理する氏子集団が，宗教的行事等を行うことを主たる目的とする宗教団体であり，寄附等を集めて当該神社の祭事を行っている場合，憲法89条*の「宗教上の組織若しくは団体」に該当するものと解される。

（注） ＊ 憲法89条
公金その他の公の財産は，宗教上の組織若しくは団体の使用，便益若しくは維持のため，又は公の支配に属しない慈善，教育若しくは博愛の事業に対し，これを支出し，又はその利用に供してはならない。

（本試験2021年問5）

●法令編

正解 **3**

正答率 **62**%

合格基本書

45p

1 **妥当である** そのとおり。判例は、「国又は地方公共団体が国公有地を無償で宗教的施設の敷地としての用に供する行為は、一般的には、当該宗教的施設を設置する宗教団体等に対する便宜の供与として、憲法89条との抵触が問題となる行為であるといわなければならない。」としている（砂川（空知太神社）政教分離原則違反事件／最大判平22.1.20）。

2 **妥当である** そのとおり。判例は、「一般的には宗教的施設としての性格を有する施設であっても、同時に歴史的、文化財的な建造物として保護の対象となるものであったり、観光資源、国際親善、地域の親睦の場などといった他の意義を有していたりすることも少なくなく、それらの文化的あるいは社会的な価値や意義に着目して当該施設が国公有地に設置されている場合もあり得よう。」としている（砂川（空知太神社）政教分離原則違反事件／最大判平22.1.20）。

3 **妥当でない** これは、地方公共団体の土地を神社の敷地として無償提供することの合憲性に関連して考慮要素とされたものではない。なお、判例は、市が主催し神式に則り挙行された市体育館の起工式の合憲性に関連して、「元来、わが国においては、多くの国民は、地域社会の一員としては神道を、個人としては仏教を信仰するなどし、冠婚葬祭に際しても異なる宗教を使いわけてさしたる矛盾を感ずることがないというような宗教意識の雑居性が認められ、国民一般の宗教的関心度は必ずしも高いものとはいいがたい。他方、神社神道自体については、祭祀儀礼に専念し、他の宗教にみられる積極的な布教・伝道のような対外活動がほとんど行われることがないという特色がみられる。」としている（津地鎮祭事件／最大判昭和52.7.13）。

60

●憲　法

4　妥当である　そのとおり。判例は，「我が国においては，明治初期以来，一定の社寺領を国等に上知（上地）させ，官有地に編入し，又は寄附により受け入れるなどの施策が広く採られたこともあって，国公有地が無償で社寺等の敷地として供される事例が多数生じた。このような事例については，戦後，国有地につき『社寺等に無償で貸し付けてある国有財産の処分に関する法律』（昭和 22 年法律第 53 号）が公布され，公有地についても同法と同様に譲与等の処分をすべきものとする内務文部次官通牒が発出された上，これらによる譲与の申請期間が経過した後も，譲与，売払い，貸付け等の措置が講じられてきたが，それにもかかわらず，現在に至っても，なおそのような措置を講ずることができないまま社寺等の敷地となっている国公有地が相当数残存していることがうかがわれるところである。」としている（砂川（空知太神社）政教分離原則違反事件／最大判平 22.1.20)。

5　妥当である　そのとおり。判例は，「この氏子集団は，宗教的行事等を行うことを主たる目的としている宗教団体であって，寄附を集めて本件神社の祭事を行っており，憲法 89条にいう『宗教上の組織若しくは団体』に当たるものと解される。」としている（砂川（空知太神社）政教分離原則違反事件／最大判平 22.1.20)。

ワンポイント・アドバイス

　判例は，「国公有地が無償で宗教的施設の敷地としての用に供されている状態が，……信教の自由の保障の確保という制度の根本目的との関係で相当とされる限度を超えて憲法89条に違反するか否かを判断するに当たっては，当該宗教的施設の性格，当該土地が無償で当該施設の敷地としての用に供されるに至った経緯，当該無償提供の態様，これらに対する一般人の評価等，諸般の事情を考慮し，社会通念に照らして総合的に判断すべきものと解するのが相当である。」としています（砂川（空知太神社）政教分離原則違反事件／最大判平22.1.20)。

●憲法

人権／精神的自由

問20 学問の自由に関する次の記述のうち，妥当でないものはどれか。

1 学問研究を使命とする人や施設による研究は，真理探究のためのものであるとの推定が働くと，学説上考えられてきた。
2 先端科学技術をめぐる研究は，その特性上一定の制約に服する場合もあるが，学問の自由の一環である点に留意して，日本では罰則によって特定の種類の研究活動を規制することまではしていない。
3 判例によれば，大学の学生が学問の自由を享有し，また大学当局の自治的管理による施設を利用できるのは，大学の本質に基づき，大学の教授その他の研究者の有する特別な学問の自由と自治の効果としてである。
4 判例によれば，学生の集会が，実社会の政治的社会的活動に当たる行為をする場合には，大学の有する特別の学問の自由と自治は享有しない。
5 判例によれば，普通教育において児童生徒の教育に当たる教師にも教授の自由が一定の範囲で保障されるとしても，完全な教授の自由を認めることは，到底許されない。

（本試験2018年問4）

●法令編

正解 **2**

正答率 **60**%

合格基本書

　学問の自由は，これを保障する（23 条）。学問の自由には，①学問研究の自由，②研究発表の自由，③教授の自由が含まれる。

1 **妥当である**　そのとおり。学問研究を使命とする人や施設による研究は，真理探究のためのものであるとの推定が働くと，学説上考えられている。

2 **妥当でない**　先端生命科学研究については，①学会など専門家集団の自主規制，②監督官庁による行政指導，③法律による規制の 3 つの類型がある。法律による規制の例として，ヒトに関するクローン技術等の規制に関する法律がある。同法は，人クローン胚，ヒト動物交雑胚，ヒト性融合胚またはヒト性集合胚を人または動物の体内に移植することを禁止し（3 条），これに違反する者に対して 10 年以下の懲役もしくは 1000 万円以下の罰金を処し，またはこれを併科すること（16 条）を定めている。

3 **妥当である**　そのとおり。判例は，「憲法 23 条の学問の自由は，学生も一般の国民と同じように享有する。しかし，大学の学生としてそれ以上に学問の自由を享有し，また大学当局の自治的管理による施設を利用できるのは，大学の本質に基づき，大学の教授その他の研究者の有する特別な学問の自由と自治の効果としてである。」としている（東大ポポロ事件／最大判昭 38.5.22）。

47p

4 **妥当である**　そのとおり。判例は，「学生の集会が真に学問的な研究またはその結果の発表のためのものでなく，実社会の政治的社会的活動に当る行為をする場合には，大学の有する特別の学問の自由と自治は享有しないといわなければならない。」としている（東大ポポロ事件／最大判昭 38.5.22）。

47p

64

●憲法

5　妥当である　そのとおり。判例は、「確かに、憲法の保障する学問の自由は、単に学問研究の自由ばかりでなく、その結果を教授する自由をも含むと解されるし、更にまた、専ら自由な学問的探求と勉学を旨とする大学教育に比してむしろ知識の伝達と能力の開発を主とする普通教育の場においても、例えば教師が公権力によつて特定の意見のみを教授することを強制されないという意味において、また、子どもの教育が教師と子どもとの間の直接の人格的接触を通じ、その個性に応じて行われなければならないという本質的要請に照らし、教授の具体的内容及び方法につきある程度自由な裁量が認められなければならないという意味においては、一定の範囲における教授の自由が保障されるべきことを肯定できないではない。しかし、大学教育の場合には、学生が一応教授内容を批判する能力を備えていると考えられるのに対し、普通教育においては、児童生徒にこのような能力がなく、教師が児童生徒に対して強い影響力、支配力を有することを考え、また、普通教育においては、子どもの側に学校や教師を選択する余地が乏しく、教育の機会均等をはかる上からも全国的に一定の水準を確保すべき強い要請があること等に思いをいたすときは、普通教育における教師に完全な教授の自由を認めることは、とうてい許されないところといわなければならない。」としている（旭川学テ事件／最大判昭51.5.21）。

46p

第1編 憲法

ワンポイント・アドバイス

　判例は、「大学における学問の自由を保障するために、伝統的に大学の自治が認められている。この自治は、とくに大学の教授その他の研究者の人事に関して認められ、大学の学長、教授その他の研究者が大学の自主的判断に基づいて選任される。また、大学の施設と学生の管理についてもある程度で認められ、これらについてある程度で大学に自主的な秩序維持の権能が認められている。」としています（東大ポポロ事件／最大判昭38.5.22）。

●憲 法

人権／精神的自由

問 21 表現の自由の規制に関する次の記述のうち，妥当でないものはどれか。

1 表現の内容規制とは，ある表現が伝達しようとするメッセージを理由とした規制であり，政府の転覆を煽動する文書の禁止，国家機密に属する情報の公表の禁止などがその例である。

2 表現の内容を理由とした規制であっても，高い価値の表現でないことを理由に通常の内容規制よりも緩やかに審査され，規制が許されるべきだとされる場合があり，営利を目的とした表現や，人種的憎悪をあおる表現などがその例である。

3 表現内容中立規制とは，表現が伝達しようとするメッセージの内容には直接関係なく行われる規制であり，学校近くでの騒音の制限，一定の選挙運動の制限などがその例である。

4 表現行為を事前に規制することは原則として許されないとされ，検閲は判例によれば絶対的に禁じられるが，裁判所による表現行為の事前差し止めは厳格な要件のもとで許容される場合がある。

5 表現行為の規制には明確性が求められるため，表現行為を規制する刑罰法規の法文が漠然不明確であったり，過度に広汎であったりする場合には，そうした文言の射程を限定的に解釈し合憲とすることは，判例によれば許されない。

（本試験2020年問4）

●法令編

正解 **5**

正答率 **40**%

合格基本書

1 **妥当である** そのとおり。表現の内容規制とは，ある表現が伝達しようとするメッセージを理由とした規制である。 38p

2 **妥当である** そのとおり。表現の内容を理由とした規制であっても，高い価値の表現でないことを理由に通常の内容規制よりも緩やかに審査され，規制が許されるべきだとされる場合（例えば，営利を目的とした表現や，人種的憎悪をあおる表現など）がある。 36p

3 **妥当である** そのとおり。表現内容中立規制とは，表現が伝達しようとするメッセージの内容には直接関係なく行われる規制である。 38p

4 **妥当である** そのとおり。判例は，憲法21条2項前段の「検閲」の禁止は，「公共の福祉を理由とする例外の許容……をも認めない趣旨を明らかにしたものと解すべきである。」としている（税関検査事件／最大判昭59.12.12）。これに対し，裁判所による表現行為の事前差止めは，厳格な要件のもとで許容される場合がある。例えば，判例は，出版物の頒布等の事前差止めの対象が「公務員又は公職選挙の候補者に対する評価，批判等の表現行為」に関するものであっても，「その表現内容が真実でなく，又はそれが専ら公益を図る目的のものでないことが明白であつて，かつ，被害者が重大にして著しく回復困難な損害を被る」おそれがあるときは，例外的に事前差止めが許されるとしている（北方ジャーナル事件／最大判昭61.6.11）。 40, 41p

5 **妥当でない** 表現行為を規制する刑罰法規の法文が漠然不明確であったり，過度に広汎であったりするときに，そうした文言の射程を限定的に解釈し合憲とすること（合憲限定解釈）が許される場合がある（徳島市公安条例事件／最大判昭50.9.10，広島市暴走族追放条例事件／最判平19.9.18）。

●憲　法

人権／精神的自由

重要度 A

問22 教科書検定制度の合憲性に関する次の記述のうち，最高裁判所の判例に照らし，**妥当でないもの**はどれか。

1 国は，広く適切な教育政策を樹立，実施すべき者として，また，子供自身の利益を擁護し，子供の成長に対する社会公共の利益と関心にこたえるため，必要かつ相当な範囲で教育内容についてもこれを決定する権能を有する。

2 教科書検定による不合格処分は，発表前の審査によって一般図書としての発行を制限するため，表現の自由の事前抑制に該当するが，思想内容の禁止が目的ではないから，検閲には当たらず，憲法21条2項前段の規定に違反するものではない。

3 教育の中立・公正，教育水準の確保などを実現するための必要性，教科書という特殊な形態での発行を禁ずるにすぎないという制限の程度などを考慮すると，ここでの表現の自由の制限は合理的で必要やむを得ない限度のものというべきである。

4 教科書は学術研究の結果の発表を目的とするものではなく，検定制度は一定の場合に教科書の形態における研究結果の発表を制限するにすぎないから，学問の自由を保障した憲法23条の規定に違反しない。

5 行政処分には，憲法31条による法定手続の保障が及ぶと解すべき場合があるにしても，行政手続は行政目的に応じて多種多様であるから，常に必ず行政処分の相手方に告知，弁解，防御の機会を与える必要はなく，教科書検定の手続は憲法31条に違反しない。

（本試験2019年問6）

●法令編

正解 **2**

正答率 **77**%

合格基本書

1　妥当である　そのとおり。判例は,「一般に社会公共的な問題について国民全体の意思を組織的に決定,実現すべき立場にある国は,国政の一部として広く適切な教育政策を樹立,実施すべく,また,しうる者として,憲法上は,あるいは子ども自身の利益の擁護のため,あるいは子どもの成長に対する社会公共の利益と関心にこたえるため,必要かつ相当と認められる範囲において,教育内容についてもこれを決定する権能を有する」としている（旭川学テ事件／最大判昭51.5.21）。

67p

2　妥当でない　判例は,教科書検定は,「一般図書としての発行を何ら妨げるものではなく,発表禁止目的や発表前の審査などの特質がないから,検閲に当たら」ないとしている（第1次家永教科書事件／最判平5.3.16）。

41p

3　妥当である　そのとおり。教育の中立・公正,教育水準の確保などを実現するための必要性,教科書という特殊な形態での発行を禁ずるにすぎないという制限の程度などを考慮すると,ここでの表現の自由の制限は合理的で必要やむを得ない限度のものというべきである（第1次家永教科書事件／最判平5.3.16）。

4　妥当である　そのとおり。教科書は学術研究の結果の発表を目的とするものではなく,検定制度は一定の場合に教科書の形態における研究結果の発表を制限するにすぎないから,学問の自由を保障した憲法23条の規定に違反しない（第1次家永教科書事件／最判平5.3.16）。

5　妥当である　そのとおり。行政処分には,憲法31条による法定手続の保障が及ぶと解すべき場合があるにしても,行政手続は行政目的に応じて多種多様であるから,常に必ず行政処分の相手方に告知,弁解,防御の機会を与える必要はなく,教科書検定の手続は憲法31条に違反しない（第1次家永教科書事件／最判平5.3.16）。

57p

70

●憲　法

人権／精神的自由

重要度 B

問 23　次の**1〜5**は，法廷内における傍聴人のメモ採取を禁止することが憲法に違反しないかが争われた事件の最高裁判所判決に関する文章である。判決の趣旨と異なるものはどれか。

1　報道機関の取材の自由は憲法 21 条 1 項の規定の保障の下にあることはいうまでもないが，この自由は他の国民一般にも平等に保障されるものであり，司法記者クラブ所属の報道機関の記者に対してのみ法廷内でのメモ採取を許可することが許されるかは，それが表現の自由に関わることに鑑みても，法の下の平等との関係で慎重な審査を必要とする。

2　憲法 82 条 1 項は，裁判の対審及び判決が公開の法廷で行われるべきことを定めているが，その趣旨は，裁判を一般に公開して裁判が公正に行われることを制度として保障し，ひいては裁判に対する国民の信頼を確保しようとすることにある。

3　憲法 21 条 1 項は表現の自由を保障しており，各人が自由にさまざまな意見，知識，情報に接し，これを摂取する機会をもつことは，個人の人格発展にも民主主義社会にとっても必要不可欠であるから，情報を摂取する自由は，右規定の趣旨，目的から，いわばその派生原理として当然に導かれる。

4　さまざまな意見，知識，情報に接し，これを摂取することを補助するものとしてなされる限り，筆記行為の自由は，憲法 21 条 1 項の規定の精神に照らして尊重されるべきであるが，これは憲法 21 条 1 項の規定によって直接保障される表現の自由そのものとは異なるから，その制限又は禁止には，表現の自由に制約を加える場合に一般に必要とされる厳格な基準が要求されるものではない。

5　傍聴人のメモを取る行為が公正かつ円滑な訴訟の運営を妨げるに至ることは通常はあり得ないのであって，特段の事情のない限り，これを傍聴人の自由に任せるべきであり，それが憲法 21 条 1 項の規定の精神に合致する。

（本試験2013年問 7 ）

●法令編

正解 **1**

正答率 **48**%

合格基本書

本問は，法廷内における傍聴人のメモ採取を禁止することが憲法に違反しないと判断したレペタ訴訟最高裁判決（最大判平元.3.8）を素材としたものである。

1 判決の趣旨と異なる 判例は，①「事実の報道の自由は，表現の自由を規定した憲法21条の保障のもとにある」としたうえで，②報道機関の報道が正しい内容をもつためには「報道のための取材の自由も，憲法21条の精神に照らし，十分尊重に値いする」（博多駅事件／最大決昭44.11.26）としており，レペタ訴訟でもこれを引用している（最大判平元.3.8）。すなわち，②報道機関の「取材」の自由については，憲法21条1項の「保障の下にある」とはしていない。

33p

2 判決の趣旨と異なるものではない 判例は，82条1項の裁判の公開は，制度として保障されたものであるとしている（レペタ訴訟／最大判平元.3.8）。

103p

3 判決の趣旨と異なるものではない 判例は，情報を摂取する自由は，21条1項の趣旨等から，その派生原理として当然に導かれるとしている（レペタ訴訟／最大判平元.3.8）。

4 判決の趣旨と異なるものではない 判例は，筆記行為の自由は，21条1項で直接保障される表現の自由そのものとは異なるため，厳格な審査基準は要求されていないとしている（レペタ訴訟／最大判平元.3.8）。

5 判決の趣旨と異なるものではない 判例は，メモ行為については，原則として傍聴人の自由に任せることが21条1項の精神に合致するとしている（レペタ訴訟／最大判平元.3.8）。

35p

72

MEMO

第1編 憲法

| チェック欄 | | |

人権／経済的自由

問24 行政書士をめざすA君は，いくつかの最高裁判所判決を読みながら，その重要な部分を書き取ったカードを作成し，判例の論理をたどろうとしていたところ，うっかりしてカードをばらまいてしまった。その際に，要約ミスのため捨てるはずだった失敗カードが1枚混ざってしまったため，全体としてつじつまがあわなくなった。以下の**1～5**のうち，捨てるはずだった失敗カードの上に書かれていた文章はどれか。

1 一般に，国民生活上不可欠な役務の提供の中には，当該役務のもつ高度の公共性にかんがみ，その適正な提供の確保のために，法令によって，提供すべき役務の内容及び対価等を厳格に規制するとともに，更に役務の提供自体を提供者に義務づける等のつよい規制を施す反面，これとの均衡上，役務提供者に対してある種の独占的地位を与え，その経営の安定をはかる措置がとられる場合がある。

2 憲法22条1項は，国民の基本的人権の一つとして，職業選択の自由を保障しており，そこで職業選択の自由を保障するというなかには，広く一般に，いわゆる営業の自由を保障する趣旨を包含しているものと解すべきであり，ひいては，憲法が，個人の自由な経済活動を基調とする経済体制を一応予定しているものということができる。

3 しかし，憲法は，個人の経済活動につき，その絶対かつ無制限の自由を保障する趣旨ではなく，各人は，「公共の福祉に反しない限り」において，その自由を享有することができるにとどまり，公共の福祉の要請に基づき，その自由に制限が加えられることのあることは，右条項自体の明示するところである。

●憲　法

4　のみならず，憲法の他の条項をあわせ考察すると，憲法は，全体として，福祉国家的理想のもとに，社会経済の均衡のとれた調和的発展を企図しており，その見地から，すべての国民にいわゆる生存権を保障し，その一環として，国民の勤労権を保障する等，経済的劣位に立つ者に対する適切な保護政策を要請していることは明らかである。

5　おもうに，右条項に基づく個人の経済活動に対する法的規制は，個人の自由な経済活動からもたらされる諸々の弊害が社会公共の安全と秩序の維持の見地から看過することができないような場合に，消極的に，かような弊害を除去ないし緩和するために必要かつ合理的な規制である限りにおいてのみ許されるべきである。

（本試験2014年問4）

●法令編

正解 **5**

正答率 **27**%

合格基本書

1 **失敗カードの上に書かれていた文章ではない** 薬事法距　51p
離制限事件判決は，このように判示している（最大判昭
50.4.30）。ここでは，高度の公共性を有する役務の安定的な
提供確保を理由とする積極目的規制を正当化する論理が提示
されている。

2 **失敗カードの上に書かれていた文章ではない** 小売市場　51p
判決は，このように判示して，営業の自由を憲法22条1項
が保障していることを述べている（最大判昭47.11.22）。

3 **失敗カードの上に書かれていた文章ではない** 小売市場　51p
判決は，このように判示して，営業の自由に対して，公共の
福祉による制約がありうることを述べている（最大判昭
47.11.22）。

4 **失敗カードの上に書かれていた文章ではない** 小売市場　51p
判決は，このように判示して，経済的弱者の救済のための積
極目的規制が許されることを述べている（最大判昭
47.11.22）。

5 **失敗カードの上に書かれていた文章である** 判例は，「お　51p
もうに，右条項に基づく個人の経済活動に対する法的規制
は，個人の自由な経済活動からもたらされる諸々の弊害が社
会公共の安全と秩序の維持の見地から看過することができな
いような場合に，消極的に，かような弊害を除去ないし緩和
するために必要かつ合理的な規制である限りにおいて許され
るべきことはいうまでもない」（小売市場距離制限事件／最
大判昭47.11.22）としているのに対し，本記述は，「……限
りにおいてのみ許されるべきである」としている。そうする
と，憲法22条1項に基づく法的規制が，消極目的規制の場
合のみ許されるべきことになり，積極目的規制は許容されな
いことになる。このように解すると，肢**1**や肢**4**で述べられ
ている積極目的規制を正当化する論理と相容れない。

76

●憲 法

人権／経済的自由

問25 次の記述は，ため池の堤とう（堤塘）の使用規制を行う条例により「ため池の堤とうを使用する財産上の権利を有する者は，ため池の破損，決かい等に因る災害を未然に防止するため，その財産権の行使を殆んど全面的に禁止される」ことになった事件についての最高裁判所判決に関するものである。**判決の論旨として妥当でないものはどれか**。

1 社会生活上のやむを得ない必要のゆえに，ため池の堤とうを使用する財産上の権利を有する者は何人も，条例による制約を受忍する責務を負うというべきである。

2 ため池の破損，決かいの原因となるため池の堤とうの使用行為は，憲法でも，民法でも適法な財産権の行使として保障されていない。

3 憲法，民法の保障する財産権の行使の埒外にある行為を条例をもって禁止，処罰しても憲法および法律に抵触またはこれを逸脱するものとはいえない。

4 事柄によっては，国において法律で一律に定めることが困難または不適当なことがあり，その地方公共団体ごとに条例で定めることが容易かつ適切である。

5 憲法29条2項は，財産権の内容を条例で定めることを禁じているが，その行使については条例で規制しても許される。

（本試験2017年問4）

●法令編

正答率 **49**%

1 妥当である そのとおり。判例は,「災害を未然に防止するという社会生活上の已むを得ない必要から来ることであつて,ため池の堤とうを使用する財産上の権利を有する者は何人も,公共の福祉のため,当然これを受忍しなければならない責務を負う」としている(奈良県ため池条例事件／最大判昭 38.6.26)。

2 妥当である そのとおり。判例は,「ため池の破損,決かいの原因となるため池の堤とうの使用行為は,憲法でも,民法でも適法な財産権の行使として保障されていない」としている(奈良県ため池条例事件／最大判昭 38.6.26)。

53p

3 妥当である そのとおり。判例は,「憲法,民法の保障する財産権の行使の埒外にあるものというべく,従つて,これらの行為を条例をもつて禁止,処罰しても憲法および法律に牴触またはこれを逸脱するものとはいえない」としている(奈良県ため池条例事件／最大判昭 38.6.26)。

53p

4 妥当である そのとおり。判例は,「事柄によつては,特定または若干の地方公共団体の特殊な事情により,国において法律で一律に定めることが困難または不適当なことがあり,その地方公共団体ごとに,その条例で定めることが,容易且つ適切なことがある」としている(奈良県ため池条例事件／最大判昭 38.6.26)。

5 妥当でない 奈良県ため池条例事件(最大判昭 38.6.26)の判決には,このような記載はない。

| チェック欄 | | | ●憲法

人権／人身の自由

問 26 憲法訴訟における違憲性の主張適格が問題となった第三者没収に関する最高裁判所判決*について，次のア〜オの記述のうち，法廷意見の見解として，正しいものをすべて挙げた組合せはどれか。

ア 第三者の所有物の没収は，所有物を没収される第三者にも告知，弁解，防禦の機会を与えることが必要であり，これなしに没収することは，適正な法律手続によらないで財産権を侵害することになる。

イ かかる没収の言渡を受けた被告人は，たとえ第三者の所有物に関する場合であっても，それが被告人に対する附加刑である以上，没収の裁判の違憲を理由として上告をすることができる。

ウ 被告人としても，その物の占有権を剥奪され，これを使用・収益できない状態におかれ，所有権を剥奪された第三者から賠償請求権等を行使される危険に曝される等，利害関係を有することが明らかであるから，上告により救済を求めることができるものと解すべきである。

エ 被告人自身は本件没収によって現実の具体的不利益を蒙ってはいないから，現実の具体的不利益を蒙っていない被告人の申立に基づき没収の違憲性に判断を加えることは，将来を予想した抽象的判断を下すものに外ならず，憲法81条が付与する違憲審査権の範囲を逸脱する。

オ 刑事訴訟法では，被告人に対して言い渡される判決の直接の効力が被告人以外の第三者に及ぶことは認められていない以上，本件の没収の裁判によって第三者の所有権は侵害されていない。

（注） ＊ 最大判昭和37年11月28日刑集16巻11号1593頁

1 ア・イ
2 ア・エ
3 イ・オ
4 ア・イ・ウ
5 ア・エ・オ

（本試験2020年問7）

●法令編

正解 4

正答率 **60**%

合格基本書

本問は，第三者所有物没収事件（最大判昭 37.11.28）を素材
としたものである。

ア **正** そのとおり。法廷意見では，「第三者の所有物の没収
は，被告人に対する附加刑として言い渡され，その刑事処分
の効果が第三者に及ぶものであるから，所有物を没収せられ
る第三者についても，告知，弁解，防禦の機会を与えること
が必要であつて，これなくして第三者の所有物を没収するこ
とは，適正な法律手続によらないで，財産権を侵害する制裁
を科するに外ならない」としている。

57p

イ **正** そのとおり。法廷意見では，「かかる没収の言渡を受
けた被告人は，たとえ第三者の所有物に関する場合であつて
も，被告人に対する附加刑である以上，没収の裁判の違憲を
理由として上告をなしうることは，当然である。」としてい
る。

ウ **正** そのとおり。法廷意見では，「被告人としても没収に
係る物の占有権を剥奪され，またはこれが使用，収益をなし
えない状態におかれ，更には所有権を剥奪された第三者から
賠償請求権等を行使される危険に曝される等，利害関係を有
することが明らかであるから，上告によりこれが救済を求め
ることができるものと解すべきである。」としている。

エ **誤** 下飯坂潤夫裁判官の反対意見では，「違憲審査の対象
となる法令等により当事者が現実の具体的不利益を蒙つてい
ない場合に，その違憲性についての争点に判断を加えること
は，将来を予想して疑義論争に抽象的判断を下すことに外な
らず，司法権行使の範囲を逸脱するものである。」としたう
えで，「被告人は本件没収の裁判により現実的には何ら具体
的不利益を蒙つているわけではないのである。」としている。

80

●憲　法

オ　**誤**　法廷意見では，「関税法118条1項の規定による没収は，同項所定の犯罪に関係ある船舶，貨物等で同項但書に該当しないものにつき，被告人の所有に属すると否とを問わず，その所有権を剥奪して国庫に帰属せしめる処分であつて，被告人以外の第三者が所有者である場合においても，被告人に対する附加刑としての没収の言渡により，当該第三者の所有権剥奪の効果を生ずる趣旨であると解するのが相当である。」としている。これに対し，山田作之助裁判官の意見では，「刑事訴訟法では，被告人に対して言い渡される判決の直接の効力が，被告人以外の第三者に及ぶと言うことは認められていない。」としたうえで，「新憲法のもとでは，……被告人に対する判決の効力が直接第三者にも及び，その判決より第三者の有する権利を剥奪するが如きことが行われると言うが如きことはあり得ないと考えられるのである。」としている。

以上より，正しいものはア・イ・ウであり，正解は**4**である。

ワンポイント・アドバイス

　最高裁判所においては，裁判書には，各裁判官の意見を表示しなければなりません（裁判所法11条）。そのうち，「多数意見」（法廷意見）とは，論点の判断において多数（過半数）を占めた意見です。「反対意見」とは，多数意見の結論に反対する意見です。「意見」とは，多数意見の結論に賛成するけれども理由付けを異にする意見です。「補足意見」とは，多数意見に加わった裁判官がさらに自分だけの意見を付け足して述べる意見です。

●憲　法

| チェック欄 | | |

人権／参政権

問27　デモクラシーの刷新を綱領に掲げる政党Ｘは，衆議院議員選挙の際の選挙公約として，次のア〜エのような内容を含む公職選挙法改正を提案した。

ア　有権者の投票を容易にするために，自宅からインターネットで投票できる仕組みを導入する。家族や友人とお茶の間で話し合いながら同じ端末から投票することもでき，身近な人々の間での政治的な議論が活性化することが期待される。
イ　有権者の投票率を高めるため，選挙期間中はいつでも投票できるようにするとともに，それでも3回続けて棄権した有権者には罰則を科するようにする。
ウ　過疎に苦しむ地方の利害をより強く国政に代表させるため，参議院が都道府県代表としての性格をもつことを明文で定める。
エ　地方自治と国民主権を有機的に連動させるため，都道府県の知事や議会議長が自動的に参議院議員となり，国会で地方の立場を主張できるようにする。

この提案はいくつか憲法上論議となり得る点を含んでいる。以下の諸原則のうち，この提案による抵触が問題となり得ないものはどれか。

1　普通選挙
2　直接選挙
3　自由選挙
4　平等選挙
5　秘密選挙

（本試験2018年問6）

●法令編

正答率 **54**%

合格基本書

1 問題となり得ない 普通選挙とは，財力を選挙権の要件 63p
としない制度をいう。ア〜エの提案は，普通選挙とは抵触し
ない。

2 問題となり得る 直接選挙とは，選挙人が公務員を直接 63p
に選挙する制度をいう。エは，国民が直接に参議院議員を選
挙することなく「都道府県の知事や議会議長が自動的に参議
院議員とな」るものであるから，直接選挙と抵触する。

3 問題となり得る 自由選挙とは，棄権しても罰金，公民 63p
権停止，氏名の公表などの制裁を受けない制度をいう。イ
は，「3回続けて棄権した有権者には罰則を科するようにす
る」ものであるから，自由選挙と抵触する。

4 問題となり得る 平等選挙とは，複数選挙や，等級選挙 63p
を否定し，選挙権の価値は平等，すなわち1人1票を原則と
する制度をいう。ウは，「参議院が都道府県代表としての性
格をもつことを明文で定める」ものであり，投票価値の不平
等を生じうるから，平等選挙と抵触する。

5 問題となり得る 秘密選挙とは，誰に投票したかを秘密 63p
にする制度をいう。アは，「家族や友人とお茶の間で話し合
いながら同じ端末から投票すること」を可能とするものであ
り，誰に投票したかが他者に知られるおそれがあるから，秘
密選挙と抵触する。

84

●憲　法

人権／参政権

問 28 選挙権・選挙制度に関する次の記述のうち，最高裁判所の判例に照らし，妥当でないものはどれか。

1 国民の選挙権それ自体を制限することは原則として許されず，制約が正当化されるためにはやむを得ない事由がなければならないが，選挙権を行使するための条件は立法府が選択する選挙制度によって具体化されるものであるから，選挙権行使の制約をめぐっては国会の広い裁量が認められる。

2 立候補の自由は，選挙権の自由な行使と表裏の関係にあり，自由かつ公正な選挙を維持する上で，きわめて重要な基本的人権であることに鑑みれば，これに対する制約は特に慎重でなければならない。

3 一定の要件を満たした政党にも選挙運動を認めることが是認される以上，そうした政党に所属する候補者とそれ以外の候補者との間に選挙運動上の差異が生じても，それが一般的に合理性を有するとは到底考えられない程度に達している場合に，はじめて国会の裁量の範囲を逸脱し，平等原則に違反することになる。

4 小選挙区制は，死票を多く生む可能性のある制度であることは否定し難いが，死票はいかなる制度でも生ずるものであり，特定の政党のみを優遇する制度とはいえないのであって，選挙を通じて国民の総意を議席に反映させる一つの合理的方法といい得る。

5 比例代表選挙において，選挙人が政党等を選択して投票し，各政党等の得票数の多寡に応じて，政党等があらかじめ定めた当該名簿の順位に従って当選人を決定する方式は，投票の結果，すなわち選挙人の総意により当選人が決定される点で選挙人が候補者個人を直接選択して投票する方式と異ならず，直接選挙といい得る。

（本試験2019年問5）

●法令編

正解 **1**

正答率 **52%**

合格基本書

1 **妥当でない** 判例は,「国民の選挙権又はその行使を制限することは原則として許されず,国民の選挙権又はその行使を制限するためには,そのような制限をすることがやむを得ないと認められる事由がなければならないというべきである。そして,そのような制限をすることなしには選挙の公正を確保しつつ選挙権の行使を認めることが事実上不能ないし著しく困難であると認められる場合でない限り,上記のやむを得ない事由があるとはいえず,このような事由なしに国民の選挙権の行使を制限することは,憲法15条1項及び3項,43条1項並びに44条ただし書に違反するといわざるを得ない」としている(在外日本人選挙権制限訴訟/最大判平17.9.14)。

63p

2 **妥当である** そのとおり。判例は,「立候補の自由は,選挙権の自由な行使と表裏の関係にあり,自由かつ公正な選挙を維持するうえで,きわめて重要である。」としたうえで,「公職選挙における立候補の自由は,憲法15条1項の趣旨に照らし,基本的人権の一つとして,憲法の保障する重要な権利であるから,これに対する制約は,特に慎重でなければなら」ないとしている(三井美炭鉱事件/最大判昭43.12.4)。

63p

3 **妥当である** そのとおり。判例は,「候補者と並んで候補者届出政党にも選挙運動を認めることが是認される以上,候補者届出政党に所属する候補者とこれに所属しない候補者との間に選挙運動の上で差異を生ずることは避け難いところであるから,その差異が一般的に合理性を有するとは到底考えられない程度に達している場合に,初めてそのような差異を設けることが国会の裁量の範囲を逸脱するというべきである。」としている(最大判平11.11.10)。

63p

86

●憲　法

4　妥当である　そのとおり。判例は,「小選挙区制の下においては死票を多く生む可能性があることは否定し難いが, 死票はいかなる制度でも生ずるものであり, 当選人は原則として相対多数を得ることをもって足りる点及び当選人の得票数の和よりその余の票数（死票数）の方が多いことがあり得る点において中選挙区制と異なるところはなく, 各選挙区における最高得票者をもって当選人とすることが選挙人の総意を示したものではないとはいえないから, この点をもって憲法の要請に反するということはできない。このように, 小選挙区制は, 選挙を通じて国民の総意を議席に反映させる一つの合理的方法ということができ, これによって選出された議員が全国民の代表であるという性格と矛盾抵触するものではないと考えられるから, 小選挙区制を採用したことが国会の裁量の限界を超えるということはできず, 所論の憲法の要請や各規定に違反するとは認められない。」としている（最大判平 11.11.10）。

5　妥当である　そのとおり。判例は, 比例代表選挙において,「政党等にあらかじめ候補者の氏名及び当選人となるべき順位を定めた名簿を届け出させた上, 選挙人が政党等を選択して投票し, 各政党等の得票数の多寡に応じて当該名簿の順位に従って当選人を決定する方式は, 投票の結果すなわち選挙人の総意により当選人が決定される点において, 選挙人が候補者個人を直接選択して投票する方式と異なるところはない。複数の重複立候補者の比例代表選挙における当選人となるべき順位が名簿において同一のものとされた場合には, その者の間では当選人となるべき順位が小選挙区選挙の結果を待たないと確定しないことになるが, 結局のところ当選人となるべき順位は投票の結果によって決定されるのであるから, このことをもって比例代表選挙が直接選挙に当たらないということはできず, 憲法 43 条 1 項, 15 条 1 項, 3 項に違反するとはいえない。」としている（最大判平 11.11.10）。

第 1 編

憲法

●憲 法

人権／社会権

問29 生存権に関する次の記述のうち，最高裁判所の判例に照らし，妥当なものはどれか。

1 憲法が保障する「健康で文化的な最低限度の生活」を営む権利のうち，「最低限度の生活」はある程度明確に確定できるが，「健康で文化的な生活」は抽象度の高い概念であり，その具体化に当たっては立法府・行政府の広い裁量が認められる。

2 行政府が，現実の生活条件を無視して著しく低い基準を設定する等，憲法および生活保護法の趣旨・目的に反し，法律によって与えられた裁量権の限界を越えた場合または裁量権を濫用した場合には，違法な行為として司法審査の対象となり得る。

3 憲法25条2項は，社会的立法および社会的施設の創造拡充により個々の国民の生活権を充実すべき国の一般的責務を，同条1項は，国が個々の国民に対しそうした生活権を実現すべき具体的義務を負っていることを，それぞれ定めたものと解される。

4 現になされている生活保護の減額措置を行う場合には，生存権の自由権的側面の侵害が問題となるから，減額措置の妥当性や手続の適正さについて，裁判所は通常の自由権の制約と同様の厳格な審査を行うべきである。

5 生活保護の支給額が，「最低限度の生活」を下回ることが明らかであるような場合には，特別な救済措置として，裁判所に対する直接的な金銭の給付の請求が許容される余地があると解するべきである。

（本試験2018年問5）

●法令編

正解 **2**

正答率 **82**%

合格基本書

65p

1 妥当でない すべて国民は，健康で文化的な最低限度の生活を営む権利を有する（25条1項）。判例は，憲法25条1項「にいう『健康で文化的な最低限度の生活』なるものは，きわめて抽象的・相対的な概念であつて，その具体的内容は，その時々における文化の発達の程度，経済的・社会的条件，一般的な国民生活の状況等との相関関係において判断決定されるべきものであるとともに，右規定を現実の立法として具体化するに当たつては，国の財政事情を無視することができず，また，多方面にわたる複雑多様な，しかも高度の専門技術的な考察とそれに基づいた政策的判断を必要とするものである。したがつて，憲法25条の規定の趣旨にこたえて具体的にどのような立法措置を講ずるかの選択決定は，立法府の広い裁量にゆだねられて」いるとしている（堀木訴訟／最大判昭57.7.7）。

2 妥当である そのとおり。判例は，「健康で文化的な最低限度の生活なるものは，抽象的な相対的概念であり，その具体的内容は，文化の発達，国民経済の進展に伴つて向上するのはもとより，多数の不確定的要素を綜合考量してはじめて決定できるものである。したがつて，何が健康で文化的な最低限度の生活であるかの認定判断は，いちおう，厚生大臣の合目的的な裁量に委されており，その判断は，当不当の問題として政府の政治責任が問われることはあつても，直ちに違法の問題を生ずることはない。ただ，現実の生活条件を無視して著しく低い基準を設定する等憲法および生活保護法の趣旨・目的に反し，法律によつて与えられた裁量権の限界をこえた場合または裁量権を濫用した場合には，違法な行為として司法審査の対象となることをまぬかれない。」としている（朝日訴訟／最大判昭42.5.24）。

90

●憲　法

3　妥当でない　判例は，「憲法25条1項は『すべて国民は，健康で文化的な最低限度の生活を営む権利を有する。』と規定しているが，この規定が，いわゆる福祉国家の理念に基づき，すべての国民が健康で文化的な最低限度の生活を営みうるよう国政を運営すべきことを国の責務として宣言したものであること，また，同条2項は『国は，すべての生活部面について，社会福祉，社会保障及び公衆衛生の向上及び増進に努めなければならない。』と規定しているが，この規定が，同じく福祉国家の理念に基づき，社会的立法及び社会的施設の創造拡充に努力すべきことを国の責務として宣言したものであること，そして，同条1項は，国が個々の国民に対して具体的・現実的に右のような義務を有することを規定したものではなく，同条2項によつて国の責務であるとされている社会的立法及び社会的施設の創造拡充により個々の国民の具体的・現実的な生活権が設定充実されてゆくものであると解すべき」としている（堀木訴訟／最大判昭57.7.7）。

4　妥当でない　本記述のような判例はない。

5　妥当でない　本記述のような判例はない。判例は，「憲法25条1項は，『すべて国民は，健康で文化的な最低限度の生活を営む権利を有する。』と規定している。この規定は，すべての国民が健康で文化的な最低限度の生活を営み得るように国政を運営すべきことを国の責務として宣言したにとどまり，直接個々の国民に対して具体的権利を賦与したものではない……。具体的権利としては，憲法の規定の趣旨を実現するために制定された生活保護法によつて，はじめて与えられているというべきである。」としている（朝日訴訟／最判昭42.5.24）。この判例に照らすと，本記述の場合に，特別な救済措置として，裁判所に対する直接的な金銭の給付の請求が許容される余地はないと考えられる。

65p

●憲法

人権／社会権

問30 労働組合の活動に関する次の記述のうち，最高裁判所の判例に照らし，妥当なものはどれか。

1 組合員の生活向上のために，統一候補を決定し，組合を挙げてその選挙運動を推進することなども労働組合の活動として許されるので，組合の方針に反し対立候補として立候補した組合員を統制違反者として処分することも許される。

2 労働者の権利利益に直接関係する立法や行政措置を促進し，またはこれに反対する活動は，政治活動としての一面をもち，組合員の政治的思想・見解等とも無関係ではないが，労働組合の目的の範囲内の活動とみることができるので，組合員に費用負担などを求めることも許される。

3 国民全体の奉仕者である公務員の争議行為を禁止すること自体は憲法に違反しないが，争議行為をあおる行為の処罰が憲法上許されるのは，違法性が強い争議行為に対し，争議行為に通常随伴しない態様で行われる場合に限られる。

4 公務員の争議行為は禁止されているが，政治的目的のために行われる争議行為は，表現の自由としての側面も有するので，これを規制することは許されない。

5 人事院勧告は公務員の争議行為禁止の代償措置であるから，勧告にしたがった給与改定が行われないような場合には，それに抗議して争議行為を行った公務員に対し懲戒処分を行うことは許されない。

（本試験2012年問7）

●法令編

正解 **2**

正答率 **64**%

合格基本書

1　妥当でない　判例は，統一候補以外の組合員で立候補しようとする者に対し，「勧告または説得の域を超え，<u>立候補を取りやめることを要求し，これに従わないことを理由に当該組合員を統制違反者として処分するがごときは，組合の統制権の限界を超えるものとして，違法といわなければならない</u>」としている（三井美唄炭鉱事件／最大判昭43.12.4）。

69p

2　妥当である　そのとおり。判例は，「政治的活動に参加して不利益処分を受けた組合員に対する救援」について，「労働組合の行うこのような救援そのものは，組合の主要な目的の一つである組合員に対する共済活動として当然に許されるところであるが，それは同時に，政治的活動のいわば延長としての性格を有することも否定できない」としたうえで，救援費用の「拠出を強制しても，組合員個人の政治的思想，見解，判断等に関係する程度は極めて軽微なものであつて，このような救援資金については，……政治的活動を直接の目的とする資金とは異なり，組合の徴収決議に対する組合員の協力義務を肯定することが，相当である」としている（最判昭50.11.28）。

3　妥当でない　判例は，「あおり行為等の罪として刑事制裁を科されるのはそのうち違法性の強い争議行為に対するものに限るとし，あるいはまた，あおり行為等につき，争議行為の企画，共謀，説得，慫慂，指令等を争議行為にいわゆる通常随伴するものとして，国公法上不処罰とされる争議行為自体と同一視し，かかるあおり等の行為自体の違法性の強弱または社会的許容性の有無を論ずることは，いずれも，とうてい是認することができない」として，「<u>このように不明確な限定解釈は，かえつて犯罪構成要件の保障の機能を失わせることとなり，その明確性を要請する憲法31条に違反する疑いすら存するものといわなければならない</u>」としている（全農林警職法事件／最大判昭48.4.25）。

16p

94

●憲　法

4　**妥当でない**　判例は、「使用者に対する経済的地位の向上 `16p`
の要請とは直接関係があるとはいえない警職法の改正に対す
る反対のような政治的目的のために争議行為を行なうがごと
きは、もともと憲法28条の保障とは無関係なものというべ
きである」としたうえで、「公務員は、もともと合憲である
法律によつて争議行為をすること自体が禁止されているので
あるから、勤労者たる公務員は、かかる政治的目的のために
争議行為をすることは、二重の意味で許されない」として、
あおり等の行為を処罰することは、憲法21条に違反しない
としている（全農林警職法事件／最大判昭48.4.25）。

5　**妥当でない**　判例は、人事院勧告の実施が凍結されたか
らといって「国家公務員の労働基本権の制約に対する代償措
置がその本来の機能を果たしていなかったということができ
ない」として、人事院勧告の完全凍結に抗議して争議行為を
行った公務員に対する懲戒処分を合憲としている（最判平
12.3.17）。

第**1**編

憲法

ワンポイント・アドバイス

　判例は、「公務員は、私企業の労働者とは異なり、使用者との合意によつ
て賃金その他の労働条件が決定される立場にないとはいえ、勤労者として、
自己の労務を提供することにより生活の資を得ているものである点において
一般の勤労者と異なるところはないから、憲法28条の労働基本権の保障は
公務員に対しても及ぶものと解すべきである。ただ、この労働基本権は、右
のように、勤労者の経済的地位の向上のための手段として認められたもので
あつて、それ自体が目的とされる絶対的なものではないから、おのずから勤
労者を含めた国民全体の共同利益の見地からする制約を免れない」としてい
ます（全農林警職法事件／最大判昭48.4.25）。

95

●憲 法

統治／統治総論

重要度 B

問31 権力分立に関する次の記述のうち，妥当なものはどれか。

1 アメリカでは，国会議員と執行府の長の双方が国民によって直接選挙されるが，権力分立の趣旨を徹底するために，大統領による議会の解散と議会による大統領の不信任のメカニズムが組み込まれている。

2 政党が政治において主導的役割を演じる政党国家化が進むと，議院内閣制の国では議会の多数党が内閣を組織するようになり，内閣不信任案の可決という形での議会による内閣の責任追及の仕組みが，一般には，より実効的に機能するようになった。

3 伝統的には，議会の立法権の本質は，国民に権利・利益を付与する法規範の制定であると考えられてきたが，行政国家化の進展とともに，国民の権利を制限したり義務を課したりするという側面が重視されるようになった。

4 一般性・抽象性を欠いた個別具体的な事件についての法律（処分的法律）であっても，権力分立の核心を侵さず，社会国家にふさわしい実質的・合理的な取扱いの違いを設定する趣旨のものであれば，必ずしも権力分立や平等原則の趣旨に反するものではないとの見解も有力である。

5 君主制の伝統が強く，近代憲法制定時に政府と裁判所とが反目したフランスやドイツでは，行政権を統制するために，民事・刑事を扱う裁判所が行政事件も担当してきた。

（本試験2013年問5）

●法令編

正答率 **51%**

1 **妥当でない** アメリカでは，権力分立が徹底されており，大統領による議会の解散と議会の不信任決議による大統領の辞職というメカニズムを定めた制度はない。

2 **妥当でない** 政党国家化が進むと，議院内閣制の国では議会の多数党が内閣を組織するようになり，内閣不信任案の可決という形での議会による内閣の責任追及の仕組みは，実効的に機能しなくなったと考えられる。

73p

3 **妥当でない** 伝統的には，議会の立法権の本質は，国民の権利を制限したり義務を課したりする法規範の制定であると考えられてきた。

4 **妥当である** そのとおり。立法とは，一般的・抽象的法規範であると一般に解されているが，一般性・抽象性を欠いた処分的法律であっても，権力分立の核心を侵さず，社会国家にふさわしい実質的・合理的な取扱いの違いを設定する趣旨のものであれば認められるとする見解も有力である。

5 **妥当でない** フランスやドイツなどの大陸法系の国では，行政事件は，民事・刑事を扱う裁判所とは切り離された「行政裁判所」が担当してきた。

ワンポイント・アドバイス

【権力分立】

権力分立とは，本来1つである国家権力を立法・行政・司法の各権力に区別し，それらを互いに独立した異なる機関に担当させるように分離し，相互に抑制と均衡を保たせる制度です。

●憲 法

統治／統治総論

問32 次の文章の空欄 ア ～ オ に当てはまる語句の組合せとして，妥当なものはどれか。

　国民投票制には種々の方法があるが，普通にこれを ア ，イ 及び ウ の三種に大別する。 ア という言葉は，通俗には広く国民投票一般を意味するもののようにも用いられているが，その語の本来の意義は，代表者たる議会が一度議決した事柄を，主権者たる国民が確認又は否認して終局的に決定するということであって，国民表決という訳語も必ずしも正確ではない。……（中略）……。 ア が議会の為したことの過誤を是正する手段であるのに対して， イ は議会が為さないことの怠慢を補完する方法である。即ち議会が国民の要望を採り上げないで，必要な立法を怠っている場合に，国民自ら法律案を提出し国民の投票によってその可否を決する制度である。……（中略）……。

　 ウ 即ち公務員を国民の投票によって罷免する制度は，元来選挙と表裏を成して人の問題を決定するもので， エ を前提とするものであるから，厳密な意味における オ ではないけれども，その思想及び制度の歴史に於いて他の国民投票制と形影相伴って発達して来たのみならず，その実行の方法に於いても，概ね共通しているから，通常やはり国民投票制の一種として取り扱われている。

（出典　河村又介「新憲法と民主主義」1948年から
＜原文の表記の一部を改めた。＞）

	ア	イ	ウ	エ	オ
1	レファレンダム	国民発案	国民拒否	命令委任	プレビシット
2	イニシアティブ	国民拒否	不信任投票	直接民主制	代議制
3	レファレンダム	国民発案	国民拒否	代議制	直接民主制
4	イニシアティブ	国民拒否	解職投票	プレビシット	命令委任
5	レファレンダム	国民発案	解職投票	代議制	直接民主制

（本試験2021年問7）

●法令編

正答率 **88**%

合格基本書 670p

(ア)レファレンダム（国民表決）は，議会が議決した事柄を，国民が確認または否認して終局的に決定するということである。

(イ)国民発案は，国民がみずから法律案を提出する制度である。

(ウ)解職投票は，国民の投票によって公務員を罷免する制度であり，(エ)代議制を前提とするものであるから，厳密な意味における(オ)直接民主制ではない。

以上より，アには「レファレンダム」，イには「国民発案」，ウには「解職投票」，エには「代議制」，オには「直接民主制」が入り，正解は**5**である。

 ワンポイント・アドバイス

　日本国憲法の定める直接民主制的な手続には，①地方自治特別法の制定に関する住民投票（95条），②憲法の改正に関する国民投票（96条1項2項），③最高裁判所裁判官の国民審査（79条2項～4項）があります。

●憲法

統治／統治総論

問33 次の文章の空欄 ア ～ オ に当てはまる語句の組合せとして，妥当なものはどれか。

大赦，特赦，減刑，刑の執行の免除及び復権は， ア においてこれを決定し……（中略）……， イ はこれを ウ することにした。ここにあげた エ 権は，旧憲法では イ の オ に属していたが，新憲法において，その決定はこれを ア の権能とし， イ はただこれを ウ するに止まることになったのであるが，議会における審議に当って， エ は，栄典とともに イ の権能として留保すべきであるという主張があった。これに対して，政府は， エ は法の一般性又は裁判の法律に対する忠実性から生ずる不当な結果を調節する作用であり，立法権，司法権及び行政権の機械的分立から生ずる不合理を是正するための制度であって，その運用には，政治的批判を伴うものであることを理由として，その実質的責任はすべてこれを ア に集中するとともに，「それが国民にもたらす有難さを ウ の形式を以て表明する」こととしたと説明している。

（出典　法学協会編「註解日本国憲法上巻」1948年から）

	ア	イ	ウ	エ	オ
1	最高裁判所	国会	議決	免訴	自律権
2	内閣	天皇	認証	恩赦	大権
3	内閣	天皇	裁可	免訴	専権
4	内閣総理大臣	内閣	閣議決定	恩赦	専権
5	国会	天皇	認証	恩赦	大権

（本試験2018年問7）

●法令編

正解 **2**

正答率 **94**%

合格基本書

ア **内閣** 大赦，特赦，減刑，刑の執行の免除および復権は，内閣が決定する（73条7号）。 89p

イ **天皇** 大赦，特赦，減刑，刑の執行の免除および復権を認証することは，天皇の国事行為である（7条6号）。 75p

ウ **認証** 大赦，特赦，減刑，刑の執行の免除および復権を認証することは，天皇の国事行為である（7条6号）。 75p

エ **恩赦** 「大赦，特赦，減刑，刑の執行の免除及び復権」は，それぞれ恩赦の一種である。

オ **大権** 恩赦権は，明治憲法（大日本帝国憲法）では，天皇の大権に属していた（明治憲法16条）。

以上より，アには「内閣」，イには「天皇」，ウには「認証」，エには「恩赦」，オには「大権」が入り，正解は**2**である。

ワンポイント・アドバイス

【恩赦】

恩赦法によれば，大赦は，政令で罪の種類を定めて行います（恩赦法2条）。特赦は，有罪の言渡を受けた特定の者に対して行います（恩赦法4条）。減刑は，刑の言渡を受けた者に対して政令で罪もしくは刑の種類を定めて行い，または刑の言渡を受けた特定の者に対して行います（恩赦法6条）。刑の執行の免除は，刑の言渡を受けた特定の者に対して行います（恩赦法8条本文）。復権は，有罪の言渡を受けたため法令の定めるところにより資格を喪失し，または停止された者に対して政令で要件を定めて行い，または特定の者に対して行います（恩赦法9条本文）。

102

●憲 法

統治／国会

問34 次の文章の空欄 ア ・ イ に当てはまる語句の組合せとして，妥当なものはどれか。

憲法で，国会が国の「唯一の」立法機関であるとされるのは，憲法自身が定める例外を除き， ア ，かつ， イ を意味すると解されている。

	ア	イ
1	内閣の法案提出権を否定し （国会中心立法の原則）	議員立法の活性化を求めること （国会単独立法の原則）
2	国権の最高機関は国会であり （国会中心立法の原則）	内閣の独立命令は禁止されること （国会単独立法の原則）
3	法律は国会の議決のみで成立し （国会単独立法の原則）	天皇による公布を要しないこと （国会中心立法の原則）
4	国会が立法権を独占し （国会中心立法の原則）	法律は国会の議決のみで成立すること （国会単独立法の原則）
5	国権の最高機関は国会であり （国会中心立法の原則）	立法権の委任は禁止されること （国会単独立法の原則）

（本試験2021年問6）

●法令編

正解 4

正答率 **58%**

合格基本書 77p

憲法41条で、国会が国の「唯一の」立法機関であるとされるのは、憲法自身が定める例外を除き、(ア)国会が立法権を独占し（国会中心立法の原則）、かつ、(イ)法律は国会の決議のみで成立すること（国会単独立法の原則）を意味すると解されている。

以上より、正解は**4**である。

ワンポイント・アドバイス

国会は、国権の最高機関であって、国の「唯一の」立法機関である（41条）とされていますが、このうちの「唯一の」立法機関とは、①「国会中心立法」の原則と、②「国会単独立法」の原則を意味すると解されています。

①「国会中心立法」の原則は、憲法自身が定める例外（議院規則／58条2項、最高裁判所規則／77条1項）を除き、国会が立法権を独占する（国の立法にはすべて国会が関与する）という原則です。

②「国会単独立法」の原則は、憲法自身が定める例外（地方自治特別法の制定に関する住民投票／95条）を除き、法律は国会の決議のみで成立する（国の立法には国会以外の機関は関与しない）という原則です。

●憲法

統治／国会

問35 立法に関する次の記述のうち、必ずしも憲法上明文では規定されていないものはどれか。

1 出席議員の5分の1以上の要求があれば、各議員の表決は、これを会議録に記載しなければならない。
2 内閣は、法律案を作成し、国会に提出して、その審議を受け議決を経なければならない。
3 両議院の議員は、議院で行った演説、討論または表決について、院外で責任を問われない。
4 両議院は、各々その総議員の3分の1以上の出席がなければ、議事を開き議決することができない。
5 衆議院で可決し、参議院でこれと異なった議決をした法律案は、衆議院で出席議員の3分の2以上の多数で再び可決したときは、法律となる。

（本試験2016年問5）

●法令編

正答率 **64%**

合格基本書

1 規定されている 出席議員の5分の1以上の要求があれば，各議員の表決は，これを会議録に記載しなければならない（57条3項）。 79p

2 規定されていない <u>憲法上，本記述のような明文の規定はない</u>。

3 規定されている 両議院の議員は，議院で行った演説，討論または表決について，院外で責任を問われない（51条）。 84p

4 規定されている 両議院は，各々その総議員の3分の1以上の出席がなければ，議事を開き議決することができない（56条1項）。 79p

5 規定されている 衆議院で可決し，参議院でこれと異なった議決をした法律案は，衆議院で出席議員の3分の2以上の多数で再び可決したときは，法律となる（59条2項）。 79p

ワンポイント・アドバイス

内閣法5条は，「内閣総理大臣は，内閣を代表して内閣提出の法律案，予算その他の議案を国会に提出し，一般国務及び外交関係について国会に報告する。」としています。内閣が法律案を国会に提出することは，立法作用そのものには含まれず，国会を「国の唯一の立法機関」とする憲法41条に違反しないと解されています。

●憲法

| チェック欄 | | |

統治／国会

問36 次のア～オのうち、議院の権能として正しいものはいくつあるか。

ア　会期の決定
イ　議員の資格争訟
ウ　裁判官の弾劾
エ　議院規則の制定
オ　国政に関する調査

1　一つ
2　二つ
3　三つ
4　四つ
5　五つ

（本試験2013年問6）

●法令編

正解 **3**

正答率 **55**%

合格基本書

ア **議院の権能ではない** 臨時会および特別会の会期は，両議院一致の議決で，これを定める（国会法 11 条）。国会の会期は，両議院一致の議決で，これを延長することができる（国会法 12 条 1 項）。

イ **議院の権能である** 両議院は，各々その議員の資格に関する争訟を裁判する（憲法 55 条本文）。　82p

ウ **議院の権能ではない** 国会は，罷免の訴追を受けた裁判官を裁判するため，両議院の議員で組織する「弾劾裁判所」を設ける（憲法 64 条 1 項）。裁判官の弾劾は，国会によって設置された弾劾裁判所の権能である。　78p

エ **議院の権能である** 両議院は，各々その会議その他の手続および内部の規律に関する規則を定めることができる（憲法 58 条 2 項本文）。　82p

オ **議院の権能である** 両議院は，各々国政に関する調査を行うことができる（憲法 62 条）。　83p

以上より，議院の権能として正しいものはイ，エ，オの 3 つであり，正解は **3** である。

ワンポイント・アドバイス

　弾劾裁判では，①裁判官が，職務上の義務に著しく違反し，または職務を甚だしく怠ったとき（裁判官弾劾法 2 条 1 号），②その他職務の内外を問わず，裁判官としての威信を著しく失うべき非行があったとき（同法 2 条 2 号）に，国民が訴追委員会に対して罷免の訴追をするよう請求し（同法 15 条 1 項），訴追委員会が弾劾裁判所に訴追状を提出することになります（同法 14 条 1 項）。

108

●憲　法

| チェック欄 | | |

統治／国会

重要度 B

問37　次の文章の下線部の趣旨に，最も適合しないものはどれか。

　議院が独立的機関であるなら，みずからの権能について，行使・不行使をみずから決定しえなければならない。議院の権能行使は，議院の自律にまかせられるを要する。けれども，憲法典は，通常，議院が，このような自律権を有することを明文で規定しない。独立の地位をもつことの，当然の帰結だからである。これに比べれば制度上の意味の限定的な議員の不逮捕特権や免責特権がかえって憲法典に規定されるのは，それが，独立的機関の構成員とされることからする当然の帰結とは考ええないことによる。憲法典に規定されなくても，議院の自律権は，議院の存在理由を確保するために不可欠で，議員特権などより重い意味をもっている。

　しかし，日本国憲法典をじっくり味読するなら，<u>議院に自律権あることを前提とし，これあることを指示する規定がある</u>。

（出典　小嶋和司「憲法学講話」1982年から）

1　両議院は，各々その会議その他の手続及び内部の規律に関する規則を定めることができる。
2　両議院は，各々国政に関する調査を行い，これに関して，証人の出頭及び証言並びに記録の提出を要求することができる。
3　両議院は，各々その議長その他の役員を選任する。
4　両議院は，各々その議員の資格に関する争訟を裁判する。
5　両議院は，各々院内の秩序をみだした議員を懲罰することができる。

（本試験2020年問5）

●法令編

正解 2

正答率 **49**%

合格基本書

1　適合する　両議院は，各々その会議その他の手続および
内部の規律に関する規則を定めることができる（58条2項
本文）。これは，議院に自律権があることを前提とする。

82p

2　最も適合しない　両議院は，各々国政に関する調査を行
い，これに関して，証人の出頭および証言ならびに記録の提
出を要求することができる（国政調査権／62条）。国政調査
権は，明文の規定によって補助的権能として認められる権利
にすぎないから，議院に自律権があることを前提とするもの
ではない。

83p

3　適合する　両議院は，各々その議長その他の役員を選任
する（58条1項）。これは，議院に自律権があることを前提
とする。

82p

4　適合する　両議院は，各々その議員の資格に関する争訟
を裁判する（55条本文）。これは，議院に自律権があること
を前提とする。

82p

5　適合する　両議院は，各々院内の秩序をみだした議員を
懲罰することができる（58条2項本文）。これは，議院に自
律権があることを前提とする。

82p

ワンポイント・アドバイス

　国会の両議院（衆議院・参議院）には，内部の組織や運営について自主的
に決定できる権能（自律権）があります。このうち，組織についての自律権
を前提として，議員の資格争訟の裁判（55条本文），役員の選任（58条1
項）が認められます。また，運営についての自律権を前提として，議院規則
の制定（58条2項本文），議員の懲罰（58条2項本文）が認められます。

110

●憲 法

統治／国会

問38 議員の地位に関する次の記述のうち、法令および最高裁判所の判例に照らし、妥当なものはどれか。＜複数解＞

1 衆参両議院の比例代表選出議員に欠員が出た場合、当選順位に従い繰上補充が行われるが、名簿登載者のうち、除名、離党その他の事由により名簿届出政党等に所属する者でなくなった旨の届出がなされているものは、繰上補充の対象とならない。

2 両議院の議員は、国会の会期中逮捕されないとの不逮捕特権が認められ、憲法が定めるところにより、院外における現行犯の場合でも逮捕されない。

3 両議院には憲法上自律権が認められており、所属議員への懲罰については司法審査が及ばないが、除名処分については、一般市民法秩序と関連するため、裁判所は審査を行うことができる。

4 地方議会の自律権は、議院の自律権とは異なり法律上認められたものにすぎないので、裁判所は、除名に限らず、地方議会による議員への懲罰について広く審査を行うことができる。

5 地方議会の議員は、住民から直接選挙されるので、国会議員と同様に免責特権が認められ、議会で行った演説、討論または表決について議会外で責任を問われない。

（本試験2019年問3）

●法令編

正答率 **66**%

1 妥当である そのとおり。衆参両議院の比例代表選出議員に欠員が出た場合には，当選順位に従い繰上補充が行われる（公職選挙法 97 条の 2）。もっとも，名簿登載者のうち，除名，離党その他の事由により名簿届出政党等に所属する者でなくなった旨の届出がなされているものは，繰上補充の対象とならない（公職選挙法 98 条 3 項）。

2 妥当でない 各議院の議員は，院外における現行犯罪の場合を除いては，会期中その院の許諾がなければ逮捕されない（国会法 33 条）。　84p

3 妥当でない 両議院による議員への除名処分についても，司法審査は及ばないと解されている。　94p

4 妥当である そのとおり。地方議会議員の出席停止処分については，従来，裁判所の審査は及ばないとする判例（最大判昭 35.10.19）があった。しかし，2020 年 11 月 25 日に，最高裁判所は，判例変更を行って，「裁判所は，常にその適否を判断することができるというべきである。」（最大判令 2.11.25）としたので，現在では「妥当でない」とはいえない。

5 妥当でない 両議院の議員（国会議員）は，議院で行った演説，討論または表決について，院外で責任を問われない（51 条）。判例は，「憲法上，国権の最高機関たる国会について，広範な議院自律権を認め，ことに，議員の発言について，憲法 51 条に，いわゆる免責特権を与えているからといつて，その理をそのまま直ちに地方議会にあてはめ，地方議会についても，国会と同様の議会自治・議会自律の原則を認め，さらに，地方議会議員の発言についても，いわゆる免責特権を憲法上保障しているものと解すべき根拠はない。」としている（最大判昭 42.5.24）。　84p

●憲 法

統治／内閣

問39 内閣に関する次の記述のうち、憲法の規定に照らし、妥当なものはどれか。

1 内閣総理大臣は、国会の同意を得て国務大臣を任命するが、その過半数は国会議員でなければならない。

2 憲法は明文で、閣議により内閣が職務を行うべきことを定めているが、閣議の意思決定方法については規定しておらず、慣例により全員一致で閣議決定が行われてきた。

3 内閣の円滑な職務遂行を保障するために、憲法は明文で、国務大臣はその在任中逮捕されず、また在任中は内閣総理大臣の同意がなければ訴追されない、と規定した。

4 法律および政令には、その執行責任を明確にするため、全て主任の国務大臣が署名し、内閣総理大臣が連署することを必要とする。

5 内閣の存立は衆議院の信任に依存するので、内閣は行政権の行使について、参議院に対しては連帯責任を負わない。

（本試験2017年問5）

●法令編

正解 **4**

正答率 **49**%

合格基本書

1 **妥当でない** 内閣総理大臣は，国務大臣を任命する（68 86, 88, 90p
条1項本文）。ただし，その過半数は，国会議員の中から選
ばれなければならない（68条1項但書）。内閣総理大臣が国
務大臣を任命するために，国会の同意を得ることを要しな
い。

2 **妥当でない** 憲法は，明文で，閣議により内閣が職務を
行うべきことを定めていない。

3 **妥当でない** 憲法は，明文で，国務大臣は，その在任中， 91p
逮捕されないとは規定していない。なお，国務大臣は，その
在任中，内閣総理大臣の同意がなければ訴追されない（75
条本文）。

4 **妥当である** そのとおり。法律および政令には，すべて 89, 90p
主任の国務大臣が署名し，内閣総理大臣が連署することを必
要とする（74条）。

5 **妥当でない** 内閣は，行政権の行使について，国会に対 86p
し連帯して責任を負う（66条3項）。よって，内閣は，行政
権の行使について，衆議院のみならず参議院に対しても責任
を負う。

ワンポイント・アドバイス

　閣議について憲法には規定はありませんが，内閣法に規定があります。内
閣法は，「内閣がその職務を行うのは，閣議によるものとする。」（内閣法4
条1項）と規定しています。閣議の議事については内閣法にも規定がなく，
慣習に基づいて全会一致で行われています。

114

●憲 法

| チェック欄 | | |

統治／内閣

問40 内閣に関する憲法の規定の説明として正しいものはどれか。

1 内閣総理大臣は，衆議院議員の中から，国会の議決で指名する。
2 国務大臣は，内閣総理大臣の指名に基づき，天皇が任命する。
3 内閣は，衆議院で不信任の決議案が可決されたとき，直ちに総辞職しなければならない。
4 内閣は，総選挙の結果が確定すると同時に，直ちに総辞職しなければならない。
5 内閣は，総辞職の後，新たに内閣総理大臣が任命されるまで引き続き職務を行う。

（本試験2014年問6）

●法令編

正答率 **83**%

1　誤　内閣総理大臣は，<u>国会議員の中から</u>国会の議決で，これを指名する（67条1項前段）。　86p

2　誤　<u>内閣総理大臣は，国務大臣を任命する</u>（68条1項本文）。天皇は，国務大臣の任命を<u>認証する</u>（7条5号）。　90p

3　誤　内閣は，衆議院で不信任の決議案を可決し，または信任の決議案を否決したときは，<u>10日以内に衆議院が解散されない限り</u>，総辞職をしなければならない（69条）。　87p

4　誤　<u>衆議院議員総選挙の後に初めて国会の召集があったとき</u>は，内閣は，総辞職をしなければならない（70条）。　87p

5　正　そのとおり。憲法69条および70条により内閣が総辞職した場合には，内閣は，あらたに内閣総理大臣が任命されるまで引き続きその職務を行う（71条）。　87p

ワンポイント・アドバイス

　内閣が総辞職をしなければならないのは，①衆議院で不信任の決議案を可決し，または信任の決議案を否決した場合に，10日以内に衆議院が解散されなかったとき（69条），②内閣総理大臣が「欠けた」とき（70条），③衆議院議員総選挙の後に初めて国会の召集があったとき（70条）です。なお，②「欠けた」とは，死亡・失踪・亡命した場合，内閣総理大臣を辞職した場合，国会議員の資格を喪失した場合などをいいます（病気の場合などは含まれません）。

●憲 法

統治／内閣

重要度 B

問 41 内閣の「責任」について書かれた次の記述のうち，最も適切なものはどれか。

1 日本国憲法における内閣は，衆議院に対してのみ「責任」を負うのであり，参議院に対しては「責任」を負っていない。

2 日本国憲法は内閣の「連帯責任」を強調しており，特定の国務大臣に対して単独の「責任」を負わせることは認めていない。

3 明治憲法では，君主に対する内閣の「連帯責任」のみが規定されており，衆議院に対する「責任」は想定されていなかった。

4 内閣の「責任」のとり方は任意かつ多様であるべきなので，日本国憲法の下で総辞職が必要的に要求されることはない。

5 大臣に対する弾劾制度を認めない日本国憲法においては，内閣に対して問われる「責任」は，政治責任であって狭義の法的責任ではない。

（本試験2012年問3）

●法令編

正解 5

正答率 **61%**

合格基本書

1 **適切でない**　内閣は，行政権の行使について，<u>国会に対し連帯して責任を負う</u>（66条3項）。ここにいう「国会」とは，<u>衆議院および参議院</u>のことをいう。それゆえ，内閣は，<u>参議院に対しても「責任」を負う</u>と考えられる。

86p

2 **適切でない**　内閣は，行政権の行使について，国会に対し連帯して責任を負う（66条3項）。66条3項は，国務大臣の「単独」の責任については規定していないが，内閣全体に関する事柄については内閣が連帯して責任を負い，各国務大臣に関する事柄については各国務大臣が個別的に責任を負うという趣旨であると考えられる。それゆえ，<u>特定の国務大臣に対して単独の「責任」を負わせることは認められる</u>。

86p

3 **適切でない**　明治憲法では，「<u>国務各大臣ハ天皇ヲ輔弼シ其ノ責ニ任ス</u>」（大日本帝国憲法55条1項）と規定されていたが，<u>内閣については規定すらなかった</u>。

4 **適切でない**　内閣は，「<u>衆議院で不信任の決議案を可決し，又は信任の決議案を否決したとき</u>」は，10日以内に衆議院が解散されない限り，総辞職をしなければならない（69条）。また，「<u>内閣総理大臣が欠けたとき</u>」，または「<u>衆議院議員総選挙の後に初めて国会の召集があつたとき</u>」は，内閣は，総辞職をしなければならない（70条）。このように，日本国憲法の下で<u>総辞職が必要的に要求されること</u>がある。

87p

5 **最も適切である**　そのとおり。内閣は，行政権の行使について，国会に対し<u>連帯して責任を負う</u>（66条3項）。ここにいう「責任」とは，<u>政治責任</u>であると解されている。

86p

118

●憲 法

統治／裁判所

重要度 A

問42 司法権の限界に関する次の記述のうち，最高裁判所の判例の趣旨に照らし，妥当でないものはどれか。＜複数解＞

1 具体的な権利義務ないしは法律関係に関する紛争であっても，信仰対象の価値または教義に関する判断が前提問題となる場合には，法令の適用による解決には適さず，裁判所の審査は及ばない。

2 大学による単位授与行為（認定）は，純然たる大学内部の問題として大学の自律的判断にゆだねられるべきものであり，一般市民法秩序と直接の関係を有すると認めるにたる特段の事情がない限り，裁判所の審査は及ばない。

3 衆議院の解散は高度の政治性を伴う国家行為であって，その有効無効の判断は法的に不可能であるから，そもそも法律上の争訟の解決という司法権の埒外にあり，裁判所の審査は及ばない。

4 政党の結社としての自律性からすると，政党の党員に対する処分は原則として自律的運営にゆだねるべきであり，一般市民法秩序と直接の関係を有しない内部的問題にとどまる限りは，裁判所の審査は及ばない。

5 地方議会議員の出席停止処分は，除名とは異なり議員の権利行使の一時的制約にすぎず，議会の内部規律の問題として自治的措置にゆだねるべきであるから，裁判所の審査は及ばない。

（本試験2015年問6）

●法令編

正解 3,5

正答率 **60**%

合格基本書

1 **妥当である** そのとおり（板まんだら事件／最判昭 56.4.7）。　93p

2 **妥当である** そのとおり。判例は，大学は「一般市民社会　95p
とは異なる特殊な部分社会を形成している」から，「単位授与
（認定）行為は，他にそれが一般市民法秩序と直接の関係を有
するものであることを肯認するに足りる特段の事情のない限
り，純然たる大学内部の問題として大学の自主的，自律的な
判断に委ねられるべきものであって，裁判所の司法審査の対
象とならない」としている（富山大学事件／最判昭 52.3.15）。

3 **妥当でない** 判例は，「直接国家統治の基本に関する高度　95p
に政治性のある国家行為のごときはたとえそれが法律上の争
訟となり，これに対する有効無効の判断が法律上可能である
場合であっても，かかる国家行為は裁判所の審査権の外に
あ」るとしている（苫米地事件／最大判昭 35.6.8）。

4 **妥当である** そのとおり。判例は，「政党が党員に対して　95p
した処分が一般市民法秩序と直接の関係を有しない内部的な
問題にとどまる限り，裁判所の審査権は及ばない」としてい
る（共産党袴田事件／最判昭 63.12.20）。

5 **妥当でない** 地方議会議員の出席停止処分については，従
来，裁判所の審査は及ばないとする判例（最大判昭 35.10.19）
があった。しかし，2020 年 11 月 25 日に，最高裁判所は，判
例変更を行って，「出席停止の懲罰は，議会の自律的な権能
に基づいてされたものとして，議会に一定の裁量が認められ
るべきであるものの，裁判所は，常にその適否を判断するこ
とができるというべきである。」（最大判令 2.11.25）としたの
で，現在では「妥当である」とはいえない。

●憲 法

統治／裁判所

重要度 B

問43 次の文章は，最高裁判所判決の一節である。これを読んで空欄 ア ～ ウ に正しい語を入れ，その上で， ア ～ ウ を含む文章として正しいものを，選びなさい。

最高裁判所裁判官任命に関する国民審査の制度はその実質において所謂 ア の制度と見ることが出来る。それ故本来ならば イ を可とする投票が有権者の総数の過半数に達した場合に イ されるものとしてもよかつたのである。それを憲法は投票数の過半数とした処が他の ア の制度と異るけれどもそのため ア の制度でないものとする趣旨と解することは出来ない。只 イ を可とする投票数との比較の標準を投票の総数に採つただけのことであつて，根本の性質はどこ迄も ア の制度である。このことは憲法第七九条三項の規定にあらわれている。同条第二項の字句だけを見ると一見そうでない様にも見えるけれども，これを第三項の字句と照し会せて見ると，国民が イ すべきか否かを決定する趣旨であつて，所論の様に ウ そのものを完成させるか否かを審査するものでないこと明瞭である。

（最大判昭和27年2月20日民集6巻2号122頁）

1 ア は，レファレンダムと呼ばれ，地方公共団体の首長などに対しても認められる。
2 ア に入る語は罷免， ウ に入る語は任命である。
3 憲法によれば，公務員を ア し，およびこれを イ することは，国民固有の権利である。
4 憲法によれば，内閣総理大臣は，任意に国務大臣を ア することができる。
5 憲法によれば，国務大臣を ウ するのは，内閣総理大臣である。

（本試験2016年問3）

●法令編

正解 **5**

正答率 **25**%

合格基本書

本問は，最高裁判所裁判官国民審査制度の合憲性に関する最高裁判決（最大判昭27.2.20）を素材としたものである。

「最高裁判所裁判官任命に関する国民審査の制度はその実質において所謂(ア)解職の制度と見ることが出来る。それ故本来ならば(イ)罷免を可とする投票が有権者の総数の過半数に達した場合に(イ)罷免されるものとしてもよかつたのである。それを憲法は投票数の過半数とした処が他の(ア)解職の制度と異るけれどもそのため(ア)解職の制度でないものとする趣旨と解することは出来ない。只(イ)罷免を可とする投票数との比較の標準を投票の総数に採つただけのことであつて，根本の性質はどこ迄も(ア)解職の制度である。このことは憲法第七九条三項の規定にあらわれている。同条第二項の字句だけを見ると一見そうでない様にも見えるけれども，これを第三項の字句と照し会せて見ると，国民が(イ)罷免すべきか否かを決定する趣旨であつて，所論の様に(ウ)任命そのものを完成させるか否かを審査するものでないこと明瞭である。」

99p

アには「解職」，イには「罷免」，ウには「任命」が入る。

1 **誤** アに入る「解職」は，リコールと呼ばれている。なお，レファレンダムは，「国民投票」を意味する。

2 **誤** 前述のとおり，アには「解職」，ウには「任命」が入る。

3 **誤** 公務員を選定し，およびこれを罷免することは，国民固有の権利である（15条1項）。前述のとおり，アには「解職」，イには「罷免」が入る。

62p

4 **誤** 内閣総理大臣は，任意に国務大臣を罷免することができる（68条2項）。前述のとおり，アには「解職」が入る。

90p

5 **正** そのとおり。内閣総理大臣は，国務大臣を任命する（68条1項本文）。前述のとおり，ウには「任命」が入る。

90p

122

●憲　法

統治／裁判所

重要度 A

問44 動物愛護や自然保護に強い関心を持つ裁判官A氏は、毛皮の採取を目的とした野生動物の乱獲を批判するため、休日に仲間と語らって派手なボディペインティングをした風体でデモ行進を行い、その写真をソーシャルメディアに掲載したところ、賛否両論の社会的反響を呼ぶことになった。事態を重く見た裁判所は、A氏に対する懲戒手続を開始した。
このニュースに関心を持ったBさんは、事件の今後の成り行きを予測するため情報収集を試みたところ、裁判官の懲戒手続一般についてインターネット上で次の1～5の出所不明の情報を発見した。このうち、法令や最高裁判所の判例に照らし、妥当なものはどれか。

1 裁判官の身分保障を手続的に確保するため、罷免については国会に設置された弾劾裁判所が、懲戒については独立の懲戒委員会が決定を行う。

2 裁判官の懲戒の内容は、職務停止、減給、戒告または過料とされる。

3 司法権を行使する裁判官に対する政治運動禁止の要請は、一般職の国家公務員に対する政治的行為禁止の要請よりも強い。

4 政治運動を理由とした懲戒が憲法21条に違反するか否かは、当該政治運動の目的や効果、裁判官の関わり合いの程度の3点から判断されなければならない。

5 表現の自由の重要性に鑑みれば、裁判官の品位を辱める行状があったと認定される事例は、著しく品位に反する場合のみに限定されなければならない。

（本試験2019年問7）

●法令編

正解 **3**

正答率 **60**%

合格基本書
98, 99p

1 妥当でない　裁判官が罷免されるのは，①分限裁判で心身の故障のために職務を執ることができないと決定された場合（憲法78条前段），②弾劾裁判所による弾劾裁判で罷免とされた場合（憲法78条前段，64条），③最高裁判所の裁判官が国民審査で罷免とされた場合（憲法79条3項）である。また，裁判官は，「職務上の義務に違反し，若しくは職務を怠り，又は品位を辱める行状があったとき」は，分限裁判によって懲戒される（裁判所法49条）。なお，分限裁判は，(1)地方裁判所・家庭裁判所・簡易裁判所の裁判官に関するものは，その区域を管轄する高等裁判所が行い，(2)その裁判に対する抗告事件および高等裁判所・最高裁判所の裁判官に関するものは，最高裁判所が行う（裁判官分限法3条）。

2 妥当でない　裁判官分限法によれば，裁判官の懲戒は，戒告または1万円以下の過料とする（裁判官分限法2条）。

3 妥当である　そのとおり。判例は，国家公務員法および人事院規則による一般職の国家公務員に対する政治的行為の禁止は，「行政の分野における公務が，憲法の定める統治組織の構造に照らし，議会制民主主義に基づく政治過程を経て決定された政策の忠実な遂行を期し，専ら国民全体に対する奉仕を旨とし，政治的偏向を排して運営されなければならず，そのためには，個々の公務員が政治的に，一党一派に偏することなく，厳に中立の立場を堅持して，その職務の遂行に当たることが必要となることを考慮したことによるものと解される」のに対し，「裁判所法52条1号が裁判官の積極的な政治運動を禁止しているのは，……裁判官の独立及び中立・公正を確保し，裁判に対する国民の信頼を維持するとともに，三権分立主義の下における司法と立法，行政とのあるべき関係を規律することにその目的があると解されるのであり，右目的の重要性及び裁判官は単独で又は合議体の一員と

124

●憲　法

して司法権を行使する主体であることにかんがみれば，裁判官に対する政治運動禁止の要請は，一般職の国家公務員に対する政治的行為禁止の要請より強いものというべきである。」としている（寺西判事補分限裁判／最大決平 10.12.1）。

4　妥当でない　裁判所法によれば，裁判官は，在任中，国会もしくは地方公共団体の議会の議員となり，または積極的に政治運動をすることができない（裁判所法 52 条 1 号）。判例は，「裁判官に対し『積極的に政治運動をすること』を禁止することは，必然的に裁判官の表現の自由を一定範囲で制約することにはなるが，右制約が合理的で必要やむを得ない限度にとどまるものである限り，憲法の許容するところであるといわなければならず，右の禁止の目的が正当であって，その目的と禁止との間に合理的関連性があり，禁止により得られる利益と失われる利益との均衡を失するものでないなら，憲法 21 条 1 項に違反しないというべきである。」としている（寺西判事補分限裁判／最大決平 10.12.1）。

5　妥当でない　裁判所法によれば，裁判官は，職務上の義務に違反し，もしくは職務を怠り，または品位を辱める行状があったときは，別に法律で定めるところにより裁判によって懲戒される（裁判所法 49 条）。この規定を受けて，裁判官分限法の定める分限裁判によって，裁判官の懲戒が行われる（裁判官分限法 2 条以下）。判例は，「裁判官は，職務を遂行するに際してはもとより，職務を離れた私人としての生活においても，その職責と相いれないような行為をしてはならず，また，裁判所や裁判官に対する国民の信頼を傷つけることのないように，慎重に行動すべき義務を負っている」としたうえで，裁判所法 49 条にいう「『品位を辱める行状』とは，職務上の行為であると，純然たる私的行為であるとを問わず，およそ裁判官に対する国民の信頼を損ね，又は裁判の公正を疑わせるような言動をいう」としている（岡口判事分限裁判／最大決平 30.10.17）。

| チェック欄 | | | |

●憲 法

統治／財政

問45 次の文章の空欄☐に当てはまる語句（ア）と，本文末尾で述べられた考え方（イ）（現在でも通説とされる。）との組合せとして，妥当なものはどれか（旧漢字・旧仮名遣い等は適宜修正した。）。

　法の形式はその生産方法によって決定せられる。生産者を異にし，生産手続を異にするに従って異る法の形式が生ずる。国家組織は近代に至っていよいよ複雑となって来たから，国法の形式もそれに応じていよいよ多様に分化してきた…。

　すべて国庫金の支出は必ず予め定められた準則——これを実質的意味の予算または予算表と呼ぼう——にもとづいてなされることを要し，しかもその予定準則の定立には議会の同意を要することは，近代立憲政に通ずる大原則である。諸外国憲法はかくの如き予算表は「☐」の形式をとるべきものとなし，予算表の制定をもって「☐」の専属的所管に属せしめている。わが国ではこれと異り「☐」の外に「予算」という特殊な形式をみとめ，予算表の制定をもって「予算」の専属的所管に属せしめている。

（出典　宮澤俊義「憲法講義案」1936年から）

	（ア）	（イ）
1	法律	予算法形式説
2	法律	予算法律説
3	議決	予算決定説
4	命令	予算行政説
5	議決	予算決算説

（本試験2017年問6）

●法令編

正答率 **56**%

合格基本書 106p

　予算は単なる歳入歳出についての見積表ではなく，政府の行為を規律する法規範である。しかし，予算を「予算」という独自の法形式とみるか（予算法形式説），法律の一種とみるか（予算法律説）については，学説上争いがある。欧米諸国では，通常，予算と<u>法律</u>を形式上区別しない（予算法律説）が，わが国では，予算が政府を拘束するのみで，一般国民を直接拘束しないこと，予算の効力が一会計年度に限られていることなどから，予算を<u>法律</u>と異なる特殊の法形式であると解する（<u>予算法形式説</u>）のが多数説である。

　以上より，アは「法律」，イは「予算法形式説」であり，正解は **1** である。

ワンポイント・アドバイス

　予算法形式説では，予算と法律の不一致が生ずることがあります。例えば，予算が成立したがその支出を認める法律がない場合が考えられます。この場合，内閣は法律案を国会に提出し議決を求めるほかありません（なお，国会に法律制定義務はありません）。また，法律が制定されたがその執行のための予算がない場合も考えられます。この場合，内閣には法律の誠実執行義務があるので（73条1号），補正予算等で対処することが求められます。

●憲 法

統治／財政

問46 日本国憲法第7章の財政に関する次の記述のうち、誤っているものはどれか。

1 内閣は、災害救助等緊急の必要があるときは、当該年度の予算や国会が議決した予備費によることなく、閣議の決定によって財政上必要な支出をすることができる。

2 内閣は、毎会計年度の予算を作成し、国会に提出して、その審議を受け議決を経なければならない。

3 国の収入支出の決算は、すべて毎年会計検査院がこれを検査し、内閣は、次の年度に、その検査報告とともに、これを国会に提出しなければならない。

4 予見し難い予算の不足に充てるため、国会の議決に基づいて予備費を設け、内閣の責任でこれを支出することができる。

5 すべて皇室の費用は、予算に計上することを要し、かつ、国会の議決を経なければならない。

(本試験2012年問5)

●法令編

正答率 **76**%

1 **誤** 内閣は，予算（86条）や予備費（87条1項）によらないで，閲議の決定のみによって財政上必要な支出をすることはできない。

2 **正** そのとおり。内閣は，毎会計年度の予算を作成し，国会に提出して，その審議を受け議決を経なければならない（86条）。 106p

3 **正** そのとおり。国の収入支出の決算は，すべて毎年会計検査院がこれを検査し，内閣は，次の年度に，その検査報告とともに，これを国会に提出しなければならない（90条1項）。 106p

4 **正** そのとおり。予見し難い予算の不足に充てるため，国会の議決に基いて予備費を設け，内閣の責任でこれを支出することができる（87条1項）。 106p

5 **正** そのとおり。すべて皇室の費用は，予算に計上して国会の議決を経なければならない（88条後段）。 106p

 ワンポイント・アドバイス

【財政状況の報告】

　内閣は，国会および国民に対し，定期に，少なくとも毎年1回，国の財政状況について報告しなければなりません（91条）。

●憲 法

統治／財政

問47 財政に関する次の記述のうち，妥当なものはどれか。

1 国費の支出は国会の議決に基づくことを要するが，国による債務の負担は直ちに支出を伴うものではないので，必ずしも国会の議決に基づく必要はない。
2 予算の提出権は内閣にのみ認められているので，国会は予算を修正することができず，一括して承認するか不承認とするかについて議決を行う。
3 予見し難い予算の不足に充てるため，内閣は国会の議決に基づき予備費を設けることができるが，すべての予備費の支出について事後に国会の承認が必要である。
4 予算の公布は，憲法改正・法律・政令・条約の公布と同様に，憲法上，天皇の国事行為とされている。
5 国の歳出の決算は毎年会計検査院の検査を受けなければならないが，収入の見積もりにすぎない歳入の決算については，会計検査院の検査を受ける必要はない。

（本試験2015年問7）

●法令編

正解 3

正答率 **79**%

合格基本書

1 **妥当でない** 国費を支出し，または国が債務を負担する 106p
には，国会の議決に基づくことを必要とする（85条）。

2 **妥当でない** 憲法上明文はないが，国会には予算修正権 106p
が認められると解されており，国会の議決は一括承認，不承
認に限られない。

3 **妥当である** そのとおり。予見し難い予算の不足に充て 106p
るため，国会の議決に基づいて予備費を設け，内閣の責任で
これを支出することができる（87条1項）。すべて予備費の
支出については，内閣は，事後に国会の承諾を得なければな
らない（87条2項）。

4 **妥当でない** 憲法改正，法律，政令および条約を公布す 75p
ることは，天皇の国事行為の1つである（7条1号）。これ
に対し，予算の公布は，天皇の国事行為ではない（7条参
照）。

5 **妥当でない** 国の収入支出の決算は，すべて毎年会計検 106p
査院がこれを検査し，内閣は，次の年度に，その検査報告と
ともにこれを国会に提出しなければならない（90条1項）。
ここにいう「すべて」とは，その会計年度において，現実に
収納された収入および現実に支出された歳出の全部という意
味である。

ワンポイント・アドバイス

【予備費】
　すべて予備費の支出については，事後に国会の承諾を得なければなりませ
ん（87条2項）。もっとも，予備費の支出について事後に国会の承諾を得ら
れない場合でも，すでになされた支出は無効とはならないで，内閣の政治責
任が生ずるにとどまります。

132

●憲法

統治／総合

問48 衆議院の解散に関する次の記述のうち，妥当なものはどれか。

1 衆議院議員総選挙は，衆議院議員の任期が満了した場合と衆議院が解散された場合に行われるが，実際の運用では，任期満了による総選挙が過半数を占め，解散による総選挙は例外となっている。

2 内閣による衆議院の解散は，高度の政治性を有する国家行為であるから，解散が憲法の明文規定に反して行われるなど，一見極めて明白に違憲無効と認められる場合を除き，司法審査は及ばないとするのが判例である。

3 最高裁判所が衆議院議員選挙における投票価値の不均衡について憲法違反の状態にあると判断した場合にも，内閣の解散権は制約されないとするのが政府見解であるが，実際には，不均衡を是正しないまま衆議院が解散された例はない。

4 衆議院が内閣不信任案を可決し，または信任案を否決したとき，内閣は衆議院を解散できるが，この場合には，内閣によりすでに解散が決定されているので，天皇は，内閣の助言と承認を経ず，国事行為として衆議院議員選挙の公示を行うことができると解される。

5 天皇の国事行為は本来，厳密に形式的儀礼的性格のものにすぎない，と考えるならば，国事行為としての衆議院の解散の宣言について内閣が助言と承認の権能を有しているからといって，内閣が憲法上当然に解散権を有していると決めつけることはできない，という結論が導かれる。

（本試験2020年問6）

●法令編

正解 **5**

正答率 **18**%

合格基本書

1 妥当でない 衆議院議員総選挙は，衆議院議員の任期が満了した場合と，衆議院が解散された場合に行われる。実際の運用では，解散による総選挙がほとんどである。

2 妥当でない 判例は，「衆議院の解散は，極めて政治性の高い国家統治の基本に関する行為であつて，かくのごとき行為について，その法律上の有効無効を審査することは司法裁判所の権限の外にありと解すべき」であるとしている（苫米地事件／最大判昭35.6.8）。

95p

3 妥当でない 最高裁判所が投票価値の不均衡について憲法違反の状態にあると判断した場合にも，内閣の解散権は制約されないとするのが政府見解である。実際にも，2012年12月の衆議院議員総選挙のように，最高裁判所の判決（最大判平23.3.23）が憲法違反の状態にあると判断した投票価値の不均衡を是正しないまま衆議院が解散された例がある。

4 妥当でない 内閣は，衆議院で不信任の決議案を可決し，または信任の決議案を否決したときは，10日以内に衆議院が解散されない限り，総辞職をしなければならない（69条）。天皇は，内閣の助言と承認により，国事行為として国会議員の総選挙の施行を公示する（7条4号）。ここにいう「総選挙」とは，全国の選挙区で同時に行う選挙（衆議院議員総選挙・参議院議員通常選挙）のことである。よって，天皇が衆議院の解散による衆議院議員総選挙の公示を行うときも，内閣の助言と承認が必要である。

75p

5 妥当である そのとおり。天皇は，内閣の助言と承認により，国事行為として衆議院を解散する（7条3号）。天皇の国事行為は本来，厳密に形式的儀礼的性格のものにすぎない，と考えるならば，国事行為としての衆議院の解散の宣言について内閣が助言と承認の権能を有しているからといって，内閣が憲法上当然に解散権を有していると決めつけることはできない，という結論が導かれる。

75, 88p

● 憲 法

チェック欄

統治／総合

問49 次の記述のうち，憲法の規定に照らし，正しいものはどれか。

1 国務大臣は，その在任中，内閣総理大臣の同意がなければ，訴追されない。

2 両議院の議員は，法律の定める場合を除いては，国会の会期中逮捕されず，会期前に逮捕された議員は，開会後直ちにこれを釈放しなければならない。

3 両議院の議員は，すべて定期に相当額の報酬を受ける。この報酬は，在任中，これを減額することができない。

4 国務大臣は，議院で行った演説，討論又は表決について，院外で責任を問われない。

5 国務大臣は，裁判により，心身の故障のために職務を執ることができないと決定された場合を除いては，問責決議によらなければ罷免されない。

（本試験2012年問4）

●法令編

正解 1

正答率 **62**%

合格基本書

1 **正** そのとおり。国務大臣は，その在任中，内閣総理大臣の同意がなければ，訴追されない（75条本文）。

91p

2 **誤** 両議院の議員は，法律の定める場合を除いては，国会の会期中逮捕されず，会期前に逮捕された議員は，その議院の要求があれば，会期中これを釈放しなければならない（50条）。それゆえ，「会期前に逮捕された議員は，開会後直ちに釈放しなければならない」わけではない。

84p

3 **誤** 両議院の議員は，法律の定めるところにより，国庫から相当額の歳費を受ける（49条）。しかし，両議院の議員の報酬については，「在任中，これを減額することができない」とはされていない。なお，裁判官は，すべて定期に相当額の報酬を受ける（79条6項前段，80条2項前段）とされており，「在任中，これを減額することができない」とされている（79条6項後段，80条2項後段）。

84p

4 **誤** 憲法には，国務大臣について，このような規定はない。なお，「両議院の議員」は，議院で行った演説，討論または表決について，院外で責任を問われない（51条）。

84p

5 **誤** 内閣総理大臣は，任意に国務大臣を罷免することができる（68条2項）。なお，裁判官については，裁判により，心身の故障のために職務をとることができないと決定された場合を除いては，公の弾劾によらなければ罷免されないとされている（78条前段）。

90, 99p

ワンポイント・アドバイス

　両議院の議員は，「法律の定める場合」を除いては，国会の会期中逮捕されません（50条）。国会法33条は，「各議院の議員は，院外における現行犯罪の場合を除いては，会期中その院の許諾がなければ逮捕されない」としています。

●法令編

正答率 **48**%

1 妥当でない 判例は,「条例は,法律以下の法令といつても,……公選の議員をもつて組織する地方公共団体の議会の議決を経て制定される自治立法であつて,行政府の制定する命令等とは性質を異にし,むしろ国民の公選した議員をもつて組織する国会の議決を経て制定される法律に類するものであるから,条例によつて刑罰を定める場合には,法律の授権が相当な程度に具体的であり,限定されておればたりると解するのが正当である。」としている(最大判昭37.5.30)。

2 妥当でない 憲法上,条約の締結に国会の承認を必要としており,さらに,条約については誠実に遵守することが必要とされていることから,条約は法律に優位すると解されている(73条3号ただし書,98条2項参照)。

3 妥当でない 日本国憲法の下では,内閣の発する政令は,法律を執行するためのもの(執行命令)か,法律の具体的な委任に基づくもの(委任命令)でなければならない。緊急の必要がある場合,国会の事後の承認を条件に,そのような定めを政令で行うこと(独立命令)は,国会中心立法の原則(41条)に違反し許されない。

4 妥当でない 最高裁判所は,訴訟に関する手続,弁護士,裁判所の内部規律および司法事務処理に関する事項について,規則を定める権限を有する(77条1項)。 98p

5 妥当である そのとおり。憲法は両議院に対し自律権を認め,議院内部の事項について自主的に議事規則を定める権能を付与している。すなわち,両議院は,各々その会議その他の手続および内部の規律に関する規則を定めることができる(58条2項本文)。国会法は,両議院と政府等の関係や議院相互の関係にとどまらず,議院内部の事項をも規定している。 82p

138

●憲 法

統治／総合

問50 法令相互の関係に関する次の記述のうち，妥当なものはどれか。

1 刑罰の制定には法律の根拠が必要であるから，条例で罰則を定めるためには，その都度，法律による個別具体的な授権が必要である。

2 国会による条約の承認には，予算と同様の衆議院の優越が適用され，法律の議決の方がより厳格な手続を要するので，条約の国内法的効力は，法律に劣る。

3 法律の委任がなければ，政令によって国民に義務を課し，もしくはその権利を制限することはできないが，緊急の必要がある場合，国会の事後の承認を条件に，そのような定めを政令で行うことは，必ずしも違憲とはいえない。

4 最高裁判所は，裁判所の内部規律・司法事務処理に関し規則を制定することができるが，訴訟手続や弁護士に関する定めは法律事項であるから，規則で定めることはできない。

5 憲法は両議院に対し自律権を認め，議院内部の事項について自主的に議事規則を定める権能を付与しているが，国会法は，両議院と政府等の関係や議院相互の関係にとどまらず，議院内部の事項をも規定している。

（本試験2014年問7）

第2編

民法

●法令編

専任講師が教える
合格テクニック
民法

横溝慎一郎
LEC専任講師

出題のウェイト

*2021年本試験実績。多肢選択式・記述式を含む。

憲法	民法	行政法	商法会社法	基礎法学	一般知識
9.3%	25.3%	37.3%	6.7%	2.7%	18.7%

❶出題の状況

　民法は，例年，択一式9問（36点），記述式2問（40点）の出題となっています。得点にして76点，全体の約25.3％と行政法に次ぐウエイトを占めており，合格するためにはこの民法の攻略が不可欠です。択一式問題も重要ですが，民法の出題形式として注意しなければならないのは「記述式」の存在です。記述式は択一式と比べ，より本質的な力が試されます。そこで，学習は丸暗記ではなく「理解」を中心に進めましょう。なお，5肢択一式の事例問題で出た事例が，形を変えて記述式で問われる場合があります。そのため，択一式の演習においても，条文や制度趣旨を確認することを怠らないようにしましょう。

●民　法

❷学習上の注意点

（1）択一式

　民法は，改正点の出題に要注意です。

　改正点は，必ず出題されます。改正前の民法を学習したことがある方は，改正前と改正後の内容を混同しないように気をつける必要があります。一方，初めて学習する方は，どこが改正点かを意識しつつ学ぶことが大切です。

（2）記述式

　40点分ある記述式の対策も大切です。

　記述式対策の8割は「知識力の整備」です。ここでも改正点を中心に条文学習を怠らないで下さい。ふだんの学習において，「択一式の問題が記述式で出されたらどうなるか？」「学んだ分野を記述式で問われるとしたら？」ということを想定しておくことも対策として効果的です。

141

●民法

総則／私権の主体

問51 制限行為能力者に関する次の記述のうち，民法の規定に照らし，正しいものの組合せはどれか。

ア 家庭裁判所が後見開始の審判をするときには，成年被後見人に成年後見人を付するとともに，成年後見人の事務を監督する成年後見監督人を選任しなければならない。

イ 被保佐人がその保佐人の同意を得なければならない行為は，法に定められている行為に限られ，家庭裁判所は，本人や保佐人等の請求があったときでも，被保佐人が法に定められている行為以外の行為をする場合にその保佐人の同意を得なければならない旨の審判をすることはできない。

ウ 家庭裁判所は，本人や保佐人等の請求によって，被保佐人のために特定の法律行為について保佐人に代理権を付与する旨の審判をすることができるが，本人以外の者の請求によってその審判をするには，本人の同意がなければならない。

エ 家庭裁判所は，本人や配偶者等の請求により，補助開始の審判をすることができるが，本人以外の者の請求によって補助開始の審判をするには，本人の同意がなければならない。

オ 後見開始の審判をする場合において，本人が被保佐人または被補助人であるときは，家庭裁判所は，その本人に係る保佐開始または補助開始の審判を取り消す必要はないが，保佐開始の審判をする場合において，本人が成年被後見人であるときは，家庭裁判所は，その本人に係る後見開始の審判を取り消さなければならない。

1 ア・イ
2 ア・オ
3 イ・ウ
4 ウ・エ
5 エ・オ

（本試験2015年問27）

●法令編

正解 **4**

正答率 **69**%

合格基本書

ア　誤　家庭裁判所は，必要があると認めるときは，被後見人，その親族もしくは後見人の請求によりまたは職権で，<u>後見監督人を選任することができる</u>（849条）。後見開始の審判（7条）をするに際し，成年後見人の選任は必要的である（8条）が，<u>成年後見監督人の選任は必要的でない。</u>

132p

イ　誤　被保佐人が13条1項各号に掲げる行為をするには，その保佐人の同意を得なければならない（13条1項本文）。家庭裁判所は，本人や保佐人等の請求により，被保佐人が<u>13条1項各号に掲げる行為以外の行為をする場合であってもその保佐人の同意を得なければならない旨の審判をすることができる</u>（13条2項本文）。

133p

ウ　正　そのとおり。家庭裁判所は，本人や保佐人等の請求によって，被保佐人のために特定の法律行為について保佐人に代理権を付与する旨の審判をすることができる（876条の4第1項）。本人以外の者の請求によってその審判をするには，本人の同意がなければならない（876条の4第2項）。

133p

エ　正　そのとおり。本人以外の者の請求により補助開始の審判をするには，本人の同意がなければならない（15条2項）。

134p

オ　誤　後見開始の審判をする場合において，<u>本人が被保佐人または被補助人であるときは，家庭裁判所は，その本人に係る保佐開始または補助開始の審判を取り消さなければならない</u>（19条1項）。また，保佐開始の審判をする場合において，本人が成年被後見人であるときは，家庭裁判所は，その本人に係る後見開始の審判を取り消さなければならない（19条2項）。

132, 133p

以上より，正しいものはウ・エであり，正解は**4**である。

144

●民 法

総則／私権の主体

問52 制限行為能力者に関する次の記述のうち，民法の規定および判例に照らし，誤っているものはどれか。

1 未成年者について，親権を行う者が管理権を有しないときは，後見が開始する。

2 保佐人は，民法が定める被保佐人の一定の行為について同意権を有するほか，家庭裁判所が保佐人に代理権を付与する旨の審判をしたときには特定の法律行為の代理権も有する。

3 家庭裁判所は，被補助人の特定の法律行為につき補助人の同意を要する旨の審判，および補助人に代理権を付与する旨の審判をすることができる。

4 被保佐人が保佐人の同意を要する行為をその同意を得ずに行った場合において，相手方が被保佐人に対して，一定期間内に保佐人の追認を得るべき旨の催告をしたが，その期間内に回答がなかったときは，当該行為を追認したものと擬制される。

5 制限行為能力者が，相手方に制限行為能力者であることを黙秘して法律行為を行った場合であっても，それが他の言動と相まって相手方を誤信させ，または誤信を強めたものと認められるときは，詐術にあたる。

（本試験2020年問27）

●法令編

正解 **4**

正答率 **82**%

合格基本書

1 **正** そのとおり。未成年者に対して親権を行う者がない
とき，または親権を行う者が管理権を有しないときは，後見
が開始する（838条1号）。

130p

2 **正** そのとおり。被保佐人が13条1項1号〜10号に掲
げる行為をするには，その保佐人の同意を得なければならな
い（13条1項柱書本文）。家庭裁判所は，11条本文に規定
する者（本人，配偶者，4親等内の親族，後見人，後見監督
人，補助人，補助監督人または検察官）または保佐人もしく
は保佐監督人の請求によって，被保佐人のために特定の法律
行為について保佐人に代理権を付与する旨の審判をすること
ができる（876条の4第1項）。

133p

3 **正** そのとおり。補助開始の審判は，被補助人の特定の
法律行為につき補助人の同意を要する旨の審判（17条1項）
または補助人に代理権を付与する旨の審判（876条の9第1
項）とともにしなければならない（15条3項）。

134p

4 **誤** 被保佐人が保佐人の同意を要する行為をその同意を
得ずに行った場合において，相手方が被保佐人に対して，一
定期間内に保佐人の追認を得るべき旨の催告をしたが，その
被保佐人がその期間内にその追認を得た旨の通知を発しない
ときは，その行為を取り消したものとみなされる（20条4
項後段）。

135p

5 **正** そのとおり。制限行為能力者が行為能力者であるこ
とを信じさせるため詐術を用いたときは，その行為を取り消
すことができない（21条）。判例は，制限行為能力者である
ことを黙秘していた場合でも，それが，制限行為能力者の他
の言動などと相まって，相手方を誤信させ，または誤信を強
めたものと認められるときは，なお詐術に当たるというべき
であるとしている（最判昭44.2.13）。

135p

146

●民 法

総則／私権の主体

重要度 A

問53 権利能力，制限行為能力および意思能力に関する次の記述のうち，民法および判例に照らし，妥当なものはどれか。

1 胎児に対する不法行為に基づく当該胎児の損害賠償請求権については，胎児は既に生まれたものとみなされるので，胎児の母は，胎児の出生前に胎児を代理して不法行為の加害者に対し損害賠償請求をすることができる。

2 失踪の宣告を受けた者は，死亡したものとみなされ，権利能力を喪失するため，生存することの証明がなされ失踪の宣告が取り消された場合でも，失踪の宣告後その取消し前になされた行為はすべて効力を生じない。

3 成年後見人は，正当な事由があるときは，成年被後見人の許諾を得て，その任務を辞することができるが，正当な事由がないときでも，家庭裁判所の許可を得て，その任務を辞することができる。

4 成年被後見人の法律行為について，成年後見人は，これを取り消し，または追認することができるが，成年被後見人は，事理弁識能力を欠く常況にあるため，後見開始の審判が取り消されない限り，これを取り消し，または追認することはできない。

5 後見開始の審判を受ける前の法律行為については，制限行為能力を理由として当該法律行為を取り消すことはできないが，その者が当該法律行為の時に意思能力を有しないときは，意思能力の不存在を立証して当該法律行為の無効を主張することができる。

(本試験2012年問27)

●法令編

正解 5

正答率 **74**%

合格基本書

1 **妥当でない** 胎児は，損害賠償の請求権については，すでに生まれたものとみなされる（721条）。ただし，胎児は胎児のままでは権利能力を持たず，生きて生まれれば，不法行為の時点にさかのぼって権利能力を取得すると解される（停止条件説／大判昭7.10.6）。胎児中には法定代理人は存在しえないから，胎児の母は，胎児の出生前に胎児を代理して不法行為の加害者に対し損害賠償請求をすることはできない。

128p

2 **妥当でない** 失踪の宣告を受けた者は，死亡したものとみなされる（31条）。しかし，失踪宣告の効果は，失踪者の従来の住所を中心とする法律関係を清算するだけであり，その権利能力まで奪うものではない。失踪宣告が取り消されると，失踪宣告はさかのぼってその効力を失うのが原則である。もっとも，その取消しは，失踪の宣告後その取消し前に善意でした行為の効力に影響を及ぼさない（32条1項後段）。ここにいう「善意」は，失踪宣告が真実と異なっていることを知らないことを意味し，行為の当事者全員が善意でなければならない（大判昭13.2.7）。

137p

3 **妥当でない** 後見人は，正当な事由があるときは，家庭裁判所の許可を得て，その任務を辞することができる（844条）。

4 **妥当でない** 取り消すことができる行為の追認は，取消しの原因となっていた状況が消滅し，かつ，取消権を有することを知った後にしなければ，その効力を生じない（124条1項）。しかし，成年被後見人は，制限行為能力者である間も，みずからの法律行為を取り消すことができる（120条1項）。

5 **妥当である** そのとおり。後見開始の審判を受けて成年被後見人となる前の法律行為については，制限行為能力を理由として当該法律行為を取り消すことはできない。もっとも，法律行為の当事者が意思表示をした時に意思能力を有しなかったときは，その法律行為は，無効とする（3条の2）。

129p

148

● 民 法

総則／私権の主体

問54 自然人A（以下「A」という。）が団体B（以下「B」という。）に所属している場合に関する次のア～オの記述のうち、民法の規定および判例に照らし、妥当なものの組合せはどれか。

ア　Bが法人である場合に、AがBの理事として第三者と法律行為をするときは、Aは、Bの代表としてではなく、Bの構成員全員の代理人として当該法律行為を行う。

イ　Bが権利能力のない社団である場合には、Bの財産は、Bを構成するAら総社員の総有に属する。

ウ　Bが組合である場合には、Aは、いつでも組合財産についてAの共有持分に応じた分割を請求することができる。

エ　Bが組合であり、Aが組合の業務を執行する組合員である場合は、Aは、組合財産から当然に報酬を得ることができる。

オ　Bが組合であり、Aが組合の業務を執行する組合員である場合に、組合契約によりAの業務執行権限を制限しても、組合は、善意無過失の第三者には対抗できない。

1　ア・ウ
2　ア・エ
3　イ・ウ
4　イ・オ
5　エ・オ

（本試験2017年問27）

●法令編

正解 4

正答率 **83**%

合格基本書

ア **妥当でない** 一般社団法人の場合，理事は，<u>当該一般社団法人を代表</u>する（一般社団法人及び一般財団法人に関する法律77条1項本文）。

イ **妥当である** そのとおり。判例は，権利能力のない社団の財産は，実質的には社団を構成する総社員のいわゆる総有に属するとしている（最判昭32.11.14）。 **129p**

ウ **妥当でない** 組合員は，<u>清算前に組合財産の分割を求めることができない</u>（676条3項）。 **309p**

エ **妥当でない** 組合の業務を執行する組合員は，<u>特約がなければ，組合に対して報酬を請求することができない</u>（671条・648条1項）。

オ **妥当である** そのとおり。判例は，組合規約等で業務執行者の代理権限を制限しても，その制限は善意無過失の第三者に対抗することができないとしている（最判昭38.5.31）。

以上より，妥当なものはイ・オであり，正解は **4** である。

ワンポイント・アドバイス

　「総有」は，「共有」「合有」と並ぶ，物の共同所有形態の一つです。「総有」という概念は，「各人が利用することはできるが，基本的に持分や持分権の観念は否定され，分割請求も認められないもの」を意味します。「総有」は，「共有」「合有」よりも団体的色彩の強い共同所有形態です。

150

| チェック欄 | | | ●民 法

総則／私権の主体

重要度 B

問55
A，B，CおよびDは，共同で事業を営む目的で「X会」という団体を設立した。この場合に関する次の記述のうち，民法の規定および判例に照らし，誤っているものはどれか。

1 X会が権利能力なき社団であり，Aがその代表者である場合，X会の資産として不動産があるときは，その不動産の公示方法として，Aは，A個人の名義で所有権の登記をすることができる。

2 X会が民法上の組合である場合，X会の取引上の債務については，X会の組合財産がその債務のための責任財産になるとともに，組合員であるA，B，CおよびDも，各自が損失分担の割合または等しい割合で責任を負う。

3 X会が権利能力なき社団である場合，X会の取引上の債務については，その構成員全員に1個の債務として総有的に帰属し，X会の社団財産がその債務のための責任財産になるとともに，構成員であるA，B，CおよびDも各自が連帯して責任を負う。

4 X会が民法上の組合である場合，組合員であるA，B，CおよびDは，X会の組合財産につき持分権を有するが，X会が解散して清算が行われる前に組合財産の分割を求めることはできない。

5 X会が権利能力なき社団である場合，構成員であるA，B，CおよびDは，全員の同意をもって，総有の廃止その他X会の社団財産の処分に関する定めのなされない限り，X会の社団財産につき持分権を有さず，また，社団財産の分割を求めることができない。

(本試験2014年問27改題)

●法令編

正解 **3**

正答率 **30**%

合格基本書

1 **正** そのとおり。権利能力なき社団の資産である不動産
は，本来は，構成員の総有に属するものであるが，構成員全
員のため信託的に社団代表者個人の所有とされるものである
から，社団代表者は，その趣旨における受託者たる地位にお
いて当該不動産につき自己の名義をもって登記をすることが
できる（最判昭47.6.2）。

129p

2 **正** そのとおり。組合の債務は組合財産を引当てにし
（675条1項），これとは別に組合員各自の固有財産をも引当
てとすることができる（675条2項）。この場合，組合の債
権者は，その選択に従い，各組合員に対して損失分担の割合
または等しい割合でその権利を行使することができる（675
条2項本文）。ただし，組合の債権者がその債権の発生の時
に各組合員の損失分担の割合を知っていたときは，その割合
による（675条2項ただし書）。

309p

3 **誤** 権利能力なき社団の債務はその社団の構成員全員に
総有的に帰属し，社団財産のみがその責任財産となり，<u>構成
員各自は，個人的債務ないし責任を負わない</u>（最判昭
48.10.9）。

129p

4 **正** そのとおり。組合員は，組合財産につき持分権を有
するが，持分を処分することができない（676条1項参照）。
また，組合員は，清算前に組合財産の分割を求めることはで
きない（676条3項）。

309p

5 **正** そのとおり。権利能力なき社団の財産はその社団の
構成員全員に総有的に帰属し，構成員は持分権，分割請求権
を有しない（最判昭32.11.14）。

152

●民 法

総則／法律行為の有効要件

重要度 B

問56 公序良俗および強行法規等の違反に関する次の記述のうち，民法の規定および判例に照らし，妥当でないものはどれか。

1 食品の製造販売を業とする者が，有害物質の混入した食品を，食品衛生法に抵触するものであることを知りながら，あえて製造販売し取引を継続していた場合には，当該取引は，公序良俗に反して無効である。

2 債権の管理または回収の委託を受けた弁護士が，その手段として訴訟提起や保全命令の申立てをするために当該債権を譲り受ける行為は，たとえそれが弁護士法に違反するものであったとしても，司法機関を利用して不当な利益を追求することを目的として行われた等の事情がない限り，直ちにその私法上の効力が否定されるものではない。

3 組合契約において，組合員はやむを得ない事由があっても任意に脱退することができない旨の約定が存する場合であっても，組合員の脱退に関する民法の規定は強行法規ではないから，かかる約定の効力が否定されるものではない。

4 契約が公序に反することを目的とするものであるかどうかは，当該契約が成立した時点における公序に照らして判断すべきである。

5 男子の定年年齢を60歳，女子の定年年齢を55歳とする旨の会社の就業規則は，経営上の観点から男女別定年制を設けなければならない合理的理由が認められない場合，公序良俗に反して無効である。

（本試験2018年問27）

●法令編

正解 **3**

正答率 **44**%

合格基本書

1 **妥当である** そのとおり。判例は，食品の製造販売を業とする者が食品衛生法に抵触するものであることを知りながら行った取引は，公序良俗に反して無効であるとしている（最判昭 39.1.23）。

2 **妥当である** そのとおり。判例は，「債権の管理又は回収の委託を受けた弁護士が，その手段として本案訴訟の提起や保全命令の申立てをするために当該債権を譲り受ける行為は，他人間の法的紛争に介入し，司法機関を利用して不当な利益を追求することを目的として行われたなど，公序良俗に反するような事情があれば格別，仮にこれが弁護士法 28 条に違反するものであったとしても，直ちにその私法上の効力が否定されるものではない」としている（最決平 21.8.12）。

3 **妥当でない** 判例は，「民法 678 条は，組合員は，やむを得ない事由がある場合には，組合の存続期間の定めの有無にかかわらず，常に組合から任意に脱退することができる旨を規定しているものと解されるところ，同条のうち右の旨を規定する部分は，強行法規であり，これに反する組合契約における約定は効力を有しないものと解するのが相当である。」としている（最判平 11.2.23）。

309p

4 **妥当である** そのとおり。判例は，「法律行為が公序に反することを目的とするものであるとして無効になるかどうかは，法律行為がされた時点の公序に照らして判断すべきである。」としている（最判平 15.4.18）。

141p

5 **妥当である** そのとおり。判例は，男子の定年年齢を 60 歳，女子の定年年齢を 55 歳とする就業規則は，合理的理由が認められない場合，公序良俗に反して無効であるとしている（最判昭 56.3.24）。

154

●民 法

総則／不在者の財産管理・失踪宣告

重要度 A

問 57 Aが従来の住所または居所を去って行方不明となった場合に関する次の記述のうち，民法の規定に照らし，誤っているものはどれか。

1 Aは自己の財産につき管理人を置いていたが，権限について定めていなかった場合であっても，管理人は，保存行為およびその財産の性質を変えない範囲内において利用または改良を行うことができる。

2 Aが自己の財産につき管理人を置かなかったときは，利害関係人または検察官の請求により，家庭裁判所は，その財産の管理について必要な処分を命ずることができる。

3 Aが自己の財産につき管理人を置いた場合において，Aの生死が明らかでないときは，利害関係人または検察官の請求により，家庭裁判所は，管理人を改任することができる。

4 Aの生死が7年間明らかでないときは，利害関係人の請求により，家庭裁判所はAについて失踪の宣告をすることができ，これにより，Aは，失踪の宣告を受けた時に死亡したものとみなされる。

5 Aについて失踪の宣告が行われた場合，Aは死亡したものとみなされるが，Aが生存しているときの権利能力自体は，これによって消滅するものではない。

(本試験2021年問28)

●法令編

正解 **4**

正答率 **53**%

合格基本書

1 **正** そのとおり。従来の住所または居所を去った者（「不在者」）の財産の管理人が103条所定の権限内の行為（①保存行為，②財産の性質を変えない範囲内における利用または改良）をするときは，家庭裁判所の許可を得る必要はない（28条前段反対解釈）。なお，判例も，「家庭裁判所の選任した不在者財産管理人が民法103条所定の権限内の行為をするには，その行為が訴または上訴の提起という訴訟行為であつても，同法28条所定の家庭裁判所の許可を要しないものと解すべき」としている（最判昭47.9.1）。

152p

2 **正** そのとおり。従来の住所または居所を去った者（「不在者」）がその財産の管理人を置かなかったときは，家庭裁判所は，利害関係人または検察官の請求により，その財産の管理について必要な処分を命ずることができる（25条1項前段）。

3 **正** そのとおり。不在者が管理人を置いた場合において，その不在者の生死が明らかでないときは，家庭裁判所は，利害関係人または検察官の請求により，管理人を改任することができる（26条）。

4 **誤** 不在者の生死が7年間明らかでないときは，家庭裁判所は，利害関係人の請求により，失踪の宣告をすることができる（30条1項）。この規定により失踪の宣告を受けた者は，7年間の失踪期間が満了した時に死亡したものとみなされる（31条）。

136p

5 **正** そのとおり。失踪の宣告を受けた者は，死亡したものとみなされる（31条）。もっとも，その者が生存しているときの権利能力自体は，これによって消滅するものではない。

137p

●民法

総則／意思表示

問58 心裡留保および虚偽表示に関する次の記述のうち、民法の規定および判例に照らし、妥当なものはどれか。

1 養子縁組につき、当事者の一方において真に養親子関係の設定を欲する意思がない場合であっても、相手方がその真意につき善意、無過失であり、縁組の届出手続が行われたときは、その養子縁組は有効である。

2 財団法人（一般財団法人）の設立に際して、設立関係者全員の通謀に基づいて、出捐者が出捐の意思がないにもかかわらず一定の財産の出捐を仮装して虚偽の意思表示を行った場合であっても、法人設立のための当該行為は相手方のない単独行為であるから虚偽表示にあたらず、財団法人の設立の意思表示は有効である。

3 土地の仮装譲渡において、仮装譲受人が同地上に建物を建設してその建物を他に賃貸した場合、建物賃借人において土地譲渡が虚偽表示によるものであることについて善意であるときは、土地の仮装譲渡人はその建物賃借人に対して、土地譲渡の無効を理由として建物からの退去および土地の明渡しを求めることができない。

4 仮装の売買契約に基づく売買代金債権が他に譲渡された場合、債権の譲受人は第三者にあたらないため、譲受人は、譲受債権の発生原因が虚偽表示によるものであることについて善意であっても、買主に対して売買代金の支払を求めることができない。

5 金銭消費貸借契約（書面でする消費貸借等を除く。）が仮装され、借主に金銭が交付されていない場合であっても、当該契約に基づく貸金債権を譲り受けた者は、譲受債権の発生原因が虚偽表示によるものであることについて善意であるときは、借主に対して貸金の返済を求めることができる。

（本試験2015年問28改題）

●法令編

正解 5

正答率 **46%**

合格基本書

1 **妥当でない** 養子縁組は，当事者間に縁組をする意思が
ないときは，無効とする（802条1号）。判例は，真に養親
子関係の設定を欲する効果意思がない場合においては，養子
縁組は802条1号によって「無効である。そして，この無
効は絶対的なものであるから，……93条但書〔現93条1項
ただし書〕を適用する必要もなく，又適用したものでもな
い」としている（最判昭23.12.23）。

143, 340p

2 **妥当でない** 相手方のない単独行為にも94条は類推適用
されるので，仮装の財団法人設立の意思表示は無効である
（最判昭56.4.28）。

3 **妥当でない** 土地の仮装譲受人から同人が当該土地上に
建築した建物を賃借した者は94条2項の「第三者」にはあ
たらない（最判昭57.6.8）。したがって，土地の仮装譲渡人
は善意の建物賃借人に対しても，土地譲渡の無効を理由とし
て建物からの退去・土地の明渡しを求めることができる。

145p

4 **妥当でない** 仮装債権の譲受人は94条2項の「第三者」
にあたる（大判昭13.12.17）。したがって，善意の譲受人は
買主（債務者）に対して売買代金の支払いを求めることがで
きる。

145p

5 **妥当である** そのとおり。虚偽表示は，諾成契約に限ら
れず，消費貸借のような要物契約において物が授受されてい
ない場合でも成立する（大決大15.9.4）。よって，金銭消費
貸借契約（書面でする消費貸借等（587条の2）を除く。）
が仮装され，借主に金銭が交付されていない場合であって
も，当該虚偽表示につき善意で当該契約に基づく貸金債権を
譲り受けた者は，借主に対して貸金の返済を求めることがで
きる。

●民 法

総則／意思表示

問59 錯誤等に関する次の記述のうち，民法の規定および判例に照らし，妥当でないものはどれか。

1 削除

2 売買代金に関する立替金返還債務のための保証において，実際には売買契約が偽装されたものであったにもかかわらず，保証人がこれを知らずに保証契約を締結した場合，売買契約の成否は，原則として，立替金返還債務を主たる債務とする保証契約の重要な内容であるから，保証人は，当該保証契約について錯誤による取消しを主張することができる。

3 婚姻あるいは養子縁組などの身分行為は錯誤に基づく取消しの対象とならず，人違いによって当事者間に婚姻または縁組をする意思がないときであっても，やむを得ない事由がない限り，その婚姻あるいは養子縁組は無効とならない。

4 連帯保証人が，他にも連帯保証人が存在すると誤信して保証契約を締結した場合，他に連帯保証人があるかどうかは，通常は保証契約の動機にすぎないから，その存在を特に保証契約の内容とした旨の主張立証がなければ，当該保証契約について錯誤による取消しを主張することができない。

5 離婚に伴う財産分与に際して夫が自己所有の不動産を妻に譲渡した場合において，実際には分与者である夫に課税されるにもかかわらず，夫婦ともに課税負担は専ら妻が負うものと認識しており，夫において，課税負担の有無を重視するとともに，自己に課税されないことを前提とする旨を黙示的に表示していたと認められるときは，当該財産分与について錯誤による取消しを主張することができる。

（本試験2017年問28改題）

●法令編

正答率 **76**%

1 **削除** 2017（平成29）年改正により，出題の意義が失われた。

2 **妥当である** そのとおり。判例は，本記述と同様の事案において，「保証契約は，特定の主債務を保証する契約であるから，主債務がいかなるものであるかは，保証契約の重要な内容である。そして，主債務が，商品を購入する者がその代金の立替払を依頼しその立替金を分割して支払う立替払契約上の債務である場合には，商品の売買契約の成立が立替払契約の前提となるから，商品売買契約の成否は，原則として，保証契約の重要な内容であると解するのが相当である。」とし，保証人による錯誤の主張を認めている（最判平14.7.11）。

3 **妥当でない** 婚姻は，人違いその他の事由によって当事者間に婚姻をする意思がないときは，無効となる（742条1号）。また，養子縁組は，人違いその他の事由によって当事者間に縁組をする意思がないときは，無効となる（802条1号）。

4 **妥当である** そのとおり。保証契約は，保証人と債権者との間に成立する契約であって，他に連帯保証人があるかどうかは，通常は保証契約をなす単なる縁由にすぎないと解されている（最判昭32.12.19参照）。そのため，他に連帯保証人があるとの誤信は，「表意者が法律行為の基礎とした事情についてのその認識が真実に反する錯誤」（95条1項2号）にあたり，その事情が法律行為の基礎とされていることが表示されていたときでなければ，錯誤取消しをすることができない（95条2項）。

●民 法

5 妥当である そのとおり。意思表示は,「表意者が法律行 147p
為の基礎とした事情についてのその認識が真実に反する錯
誤」に基づくものであって,その錯誤が法律行為の目的およ
び取引上の社会通念に照らして重要なものであるときは,取
り消すことができる(95条1項2号)。そして,95条1項
2号の規定による意思表示の取消しは,その事情が法律行為
の基礎とされていることが表示されていたときに限り,する
ことができる(95条2項)。ここにいう「表示」には,黙示
の表示も含まれる(最判平元.9.14参照)。本記述の場合,
協議離婚に伴う財産分与につき錯誤による取消しを主張する
ことができる。

第2編 民法

ワンポイント・アドバイス

　意思表示は,①「意思表示に対応する意思を欠く錯誤」,②「表意者が法
律行為の基礎とした事情についてのその認識が真実に反する錯誤」に基づく
ものであって,その錯誤が法律行為の目的および取引上の社会通念に照らし
て重要なものであるときは,取り消すことができます(95条1項)。このう
ち,②「表意者が法律行為の基礎とした事情についてのその認識が真実に反
する錯誤」による意思表示の取消しは,その事情が法律行為の基礎とされて
いることが表示されていたときに限り,することができます(95条2項)。
　錯誤が表意者の重大な過失によるものであった場合には,(1)「相手方が
表意者に錯誤があることを知り,又は重大な過失によって知らなかったと
き」,(2)「相手方が表意者と同一の錯誤に陥っていたとき」を除き,錯誤
による意思表示の取消しをすることができません(95条3項)。
　錯誤による意思表示の取消しは,善意でかつ過失がない第三者に対抗する
ことができません(95条4項)。

●民法

総則／意思表示

問60 錯誤による意思表示に関する次のア～オの記述のうち，民法の規定および判例に照らし，妥当なものの組合せはどれか。

ア 重要な錯誤というためには，一般取引の通念にかかわりなく，当該表意者のみにとって，法律行為の主要部分につき錯誤がなければ当該意思表示をしなかったであろうということが認められれば足りる。

イ 法律行為の相手方の誤認（人違い）の錯誤については，売買においては重要な錯誤となるが，賃貸借や委任においては重要な錯誤とはならない。

ウ いわゆる動機の錯誤については，表意者が相手方にその動機を意思表示の内容に加えるものとして明示的に表示したときは，その意思表示を取り消すことができるが，動機が黙示的に表示されるにとどまるときは，その意思表示を取り消すことができない。

エ 削除

オ 表意者が錯誤に陥ったことについて重大な過失があったときは，表意者は，原則として自ら意思表示の取消しをすることができない。この場合には，相手方が，表意者に重大な過失があったことについて主張・立証しなければならない。

1 ア・イ
2 ア・ウ
3 イ
4 ウ・オ
5 オ

（本試験2013年問27改題）

●法令編

正解 **5**

正答率 **70%**

合格基本書

ア **妥当でない** 「その錯誤が法律行為の目的及び取引上の社会通念に照らして重要なものである」（95条1項柱書）といえるためには、錯誤がなければ表意者のみならず一般人もその意思表示をしなかったであろうと考えられる場合でなければならない（大判大7.10.3参照）。

イ **妥当でない** 法律行為の相手方の誤認（人違い）の錯誤は、「売買」においては重要な錯誤とならない（大判明40.2.25）のに対し、人的信頼関係が重視される「賃貸借」や「委任」においては重要な錯誤となりうると考えられる。

146p

ウ **妥当でない** いわゆる動機の錯誤（基礎事情の錯誤／95条1項2号）を理由に意思表示を取り消すことができるのは、「その事情が法律行為の基礎とされていることが表示されていたとき」に限られる（95条2項）。「その事情が法律行為の基礎とされていることが表示されていた」とは、単に法律行為の基礎とした事情（動機）が表示されていたという意味ではなく、法律行為の基礎とした事情（動機）に関する表意者の認識が相手方に対して示され、相手方に了知されて法律行為の内容となっていたという意味であると解される（最判平28.1.12参照）。動機の表示は、必ずしも明示でなくてもよく、黙示による表示であってもよい（最判平元.9.14）。

147p

エ **削除** 2017（平成29）年改正により、出題の意義が失われた。

オ **妥当である** そのとおり。錯誤が表意者の重大な過失によるものであった場合には、①相手方が表意者に錯誤があることを知り、または重大な過失によって知らなかったとき、あるいは②相手方が表意者と同一の錯誤に陥っていたときを除き、意思表示を取り消すことができない（95条3項）。表意者の重大な過失は、錯誤取消しを争う相手方がその主張・立証責任を負うと解されている（大判大7.12.3参照）。

以上より、妥当なものはオであり、正解は**5**である。

164

●民 法

総則／意思表示

問 61 Aが自己所有の甲土地をBに売却する旨の契約（以下，「本件売買契約」という。）が締結された。この場合に関する次の記述のうち，民法の規定および判例に照らし，妥当なものはどれか。＜複数解＞

1 AはBの強迫によって本件売買契約を締結したが，その後もBに対する畏怖の状態が続いたので取消しの意思表示をしないまま10年が経過した。このような場合であっても，AはBの強迫を理由として本件売買契約を取り消すことができる。

2 AがBの詐欺を理由として本件売買契約を取り消したが，甲土地はすでにCに転売されていた。この場合において，CがAに対して甲土地の所有権の取得を主張するためには，Cは，Bの詐欺につき知らず，かつ知らなかったことにつき過失がなく，また，対抗要件を備えていなければならない。

3 AがDの強迫によって本件売買契約を締結した場合，この事実をBが知らず，かつ知らなかったことにつき過失がなかったときは，AはDの強迫を理由として本件売買契約を取り消すことができない。

4 AがEの詐欺によって本件売買契約を締結した場合，この事実をBが知っていたとき，または知らなかったことにつき過失があったときは，AはEの詐欺を理由として本件売買契約を取り消すことができる。

5 Aは未成年者であったが，その旨をBに告げずに本件売買契約を締結した場合，制限行為能力者であることの黙秘は詐術にあたるため，Aは未成年者であることを理由として本件売買契約を取り消すことはできない。

（本試験2014年問28）

●法令編

正解 1, 4

正答率 **60**%

合格基本書

1 妥当である そのとおり。取消権は，追認をすることができる時から5年間行使しないときは，時効によって消滅する（126条前段）。この「追認をすることができる時」とは，取消しの原因となっていた状況が消滅した時（124条1項参照）を指す。本記述では，Bに対する畏怖の状態が続いており，Aの取消権は時効により消滅していない。よって，Aは，Bの強迫を理由に本件売買契約を取り消すことができる。 149p

2 妥当でない 詐欺による意思表示の取消しは，善意でかつ過失がない第三者に対抗することができない（96条3項）。ここにいう「第三者」は，善意無過失でさえあればよく，対抗要件を備える必要はない（最判昭49.9.26）。 148p

3 妥当でない 相手方に対する意思表示について第三者が強迫を行った場合において，相手方がその事実を知っているか否か，知ることができたか否かにかかわらず，その意思表示を取り消すことができる（96条2項反対解釈）。 149p

4 妥当である そのとおり。相手方に対する意思表示について第三者が詐欺を行った場合においては，相手方がその事実を知り，または知ることができたときに限り，その意思表示を取り消すことができる（96条2項）。 148p

5 妥当でない 制限行為能力者が行為能力者であることを信じさせるため詐術を用いたときは，その行為を取り消すことができない（21条）。制限行為能力者が，制限行為能力者であることを黙秘した場合でも，他の言動とあいまって，相手方を誤信させ，または誤信を強めたときは「詐術」に当たるが，単に制限行為能力者であることを黙秘していただけでは「詐術」に当たらないとした判例がある（最判昭44.2.13）。 135p

166

●民法

総則／意思表示

重要度 A

問62 意思表示に関する次の記述のうち，民法の規定および判例に照らし，妥当なものはどれか。

1 意思表示の相手方が，正当な理由なく意思表示の通知が到達することを妨げたときは，その通知は通常到達すべきであった時に到達したものとみなされ，相手方が通知の受領を拒絶した場合には意思表示の到達が擬制される。これに対して，意思表示を通知する内容証明郵便が不在配達されたが，受取人が不在配達通知に対応しないまま留置期間が経過して差出人に還付され，通知が受領されなかった場合には，意思表示が到達したものと認められることはない。

2 契約の取消しの意思表示をしようとする者が，相手方の所在を知ることができない場合，公示の方法によって行うことができる。この場合，当該取消しの意思表示は，最後に官報に掲載した日またはその掲載に代わる掲示を始めた日から2週間を経過した時に相手方に到達したものとみなされるが，表意者に相手方の所在を知らないことについて過失があった場合には到達の効力は生じない。

3 契約の申込みの意思表示に対して承諾の意思表示が郵送でなされた場合，当該意思表示が相手方に到達しなければ意思表示が完成せず契約が成立しないとすると取引の迅速性が損なわれることになるから，当該承諾の意思表示が発信された時点で契約が成立する。

4 意思表示は，表意者が通知を発した後に制限行為能力者となった場合でもその影響を受けないが，契約の申込者が契約の申込み後に制限行為能力者となった場合において，契約の相手方がその事実を知りつつ承諾の通知を発したときには，当該制限行為能力者は契約を取り消すことができる。

5 意思表示の相手方が，その意思表示を受けた時に意思能力を有しなかったとき，または制限行為能力者であったときは，その意思表示をもってその相手方に対抗することができない。

(本試験2021年問27)

●法令編

正解 **2**

正答率 **20**%

合格基本書

1 **妥当でない** 相手方が正当な理由なく意思表示の通知が到達することを妨げたときは，その通知は，通常到達すべきであった時に到達したものとみなされる（97条2項）。判例は，意思表示が記載された内容証明郵便が留置期間の経過により差出人に還付された場合に，「本件内容証明郵便の内容である……意思表示は，社会通念上，被上告人の了知可能な状態に置かれ，遅くとも留置期間が満了した時点で被上告人に到達したものと認めるのが相当である。」としている（最判平10.6.11）。

2 **妥当である** そのとおり。意思表示は，表意者が相手方を知ることができず，またはその所在を知ることができないときは，公示の方法によってすることができる（98条1項）。公示による意思表示は，最後に官報に掲載した日またはその掲載に代わる掲示を始めた日から2週間を経過した時に，相手方に到達したものとみなされる（98条3項本文）。ただし，表意者が相手方を知らないことまたはその所在を知らないことについて過失があったときは，到達の効力を生じない（98条3項ただし書）。

3 **妥当でない** 意思表示は，その通知が相手方に到達した時からその効力を生ずる（97条1項）。 `269p`

4 **妥当でない** 意思表示は，表意者が通知を発した後に死亡し，意思能力を喪失し，または行為能力の制限を受けたときであっても，そのためにその効力を妨げられない（97条3項）。申込者が申込みの通知を発した後に死亡し，意思能力を有しない常況にある者となり，または行為能力の制限を受けた場合において，申込者がその事実が生じたとすればその申込みは効力を有しない旨の意思を表示していたとき，またはその相手方が承諾の通知を発するまでにその事実が生じたことを知ったときは，その申込みは，その効力を有しない（526条）。 `269p`

5 **妥当でない** 意思表示の相手方がその意思表示を受けた時に意思能力を有しなかったときまたは未成年者もしくは成年被後見人であったときは，その意思表示をもってその相手方に対抗することができない（98条の2本文）。

●民 法

総則／代理

重要度 A

問63 代理人と使者の違いに関する次の記述のうち，民法の規定および判例に照らし，妥当なものはどれか。

1 代理人は本人のために法律行為を行う者であるから，代理人としての地位は，法律に基づくもののほかは必ず委任契約によらなければならないが，使者は本人の完了した意思決定を相手方に伝達する者であるから，使者の地位は，雇用契約，請負契約など多様な契約に基づく。

2 代理人は，本人のために法律行為を行う者であるから，代理権の授与のときに意思能力および行為能力を有することが必要であるのに対し，使者は，本人の完了した意思決定を相手方に伝達する者であるから，その選任のときに意思能力および行為能力を有することは必要ではない。

3 代理人は本人のために自ら法律行為を行うのであるから，代理行為の瑕疵は，代理人について決するが，使者は本人の行う法律行為を完成させるために本人の完了した意思決定を相手方に伝達するにすぎないから，当該意思表示の瑕疵は，本人について決する。

4 代理人は，与えられた権限の範囲で本人のために法律行為を行うのであるから，権限を逸脱して法律行為を行った場合には，それが有効となる余地はないのに対し，使者は，本人の完了した意思決定を相手方に伝達するのであるから，本人の真意と異なる意思を伝達した場合であってもその意思表示を取り消すことができる余地はない。

5 代理人は，法律または本人の意思に基づいて本人のために法律行為を行う者であるから，本人に無断で復代理人を選任することは認められないのに対し，使者は，単に本人の完了した意思決定を相手方に伝達するにすぎないから，本人に無断で別の者を使者に選任することも認められる。

（本試験2012年問28改題）

●法令編

正答率 **81**%

合格基本書

1 妥当でない ①代理人としての地位は、法律に基づくもの（法定代理）のほかは、通常、委任契約によるが、必ずしも委任契約による必要はなく、雇用契約、請負契約、組合契約など多様な契約に基づく。②使者としての地位も、多様な契約に基づく。

2 妥当でない ①代理人は法律行為をするので、代理行為の時に意思能力が当然に必要である。代理人の行為能力については、任意代理においては代理人が制限行為能力者であってもよい（102条本文参照）。②使者は、意思能力および行為能力を有することを要しない。

151p

3 妥当である そのとおり。①代理行為の瑕疵の有無は、原則として代理人について決する（101条1項2項）。②使者は、本人の行う法律行為を完成させるために本人の完了した意思決定を相手方に伝達するにすぎないから、当該意思表示の瑕疵の有無は、本人について決する。

4 妥当でない ①代理人が与えられた権限を逸脱して法律行為を行った場合でも、相手方が代理人にその行為をなす権限があると信ずべき正当な理由があるときは、有効な代理行為として本人が責任を負う（権限外の行為の表見代理／110条）。②使者が「本人の真意と異なる意思」を伝達した場合には、本人による錯誤の問題として取り消す（95条1項）ことが考えられる。

159p

5 妥当でない ①法律に基づいて本人のために法律行為を行う者（法定代理人）は、本人の許諾を得なくとも、自己の責任で復代理人を選任することができる（105条前段）。また、本人の意思に基づいて本人のために法律行為を行う者（任意代理人）は、本人の許諾を得たとき、またはやむを得ない事由があるときであれば、復代理人を選任することができる（104条）。②使者は、本人の完了した意思決定を相手方に伝達するにすぎないから、復任についての制限はない。

152p

●民 法

| チェック欄 | | |

総則／代理

重要度 A

問64 代理に関する次の記述のうち，民法の規定および判例に照らし，妥当でないものはどれか。＜複数解＞

1 代理人が代理行為につき，相手方に対して詐欺を行った場合，本人がその事実を知らなかったときであっても，相手方はその代理行為を取り消すことができる。

2 無権代理行為につき，相手方が本人に対し，相当の期間を定めてその期間内に追認するかどうかを確答すべき旨の催告を行った場合において，本人が確答をしないときは，追認を拒絶したものとみなされる。

3 代理人が本人になりすまして，直接本人の名において権限外の行為を行った場合に，相手方においてその代理人が本人自身であると信じ，かつ，そのように信じたことにつき正当な理由がある場合でも，権限外の行為の表見代理の規定が類推される余地はない。

4 代理人が本人の許諾を得て復代理人を選任した場合において，復代理人が代理行為の履行として相手方から目的物を受領したときは，同人はこれを代理人に対してではなく，本人に対して引き渡す義務を負う。

5 無権代理行為につき，相手方はこれを取り消すことができるが，この取消しは本人が追認しない間に行わなければならない。

（本試験2019年問28）

●法令編

正答率 　—

1　妥当である　そのとおり。詐欺による意思表示は、取り消すことができる（96条1項）。代理人が相手方に対して詐欺を行った場合における「相手方」の意思表示については、代理人の意思表示の問題ではないので、代理行為の瑕疵に関する規定（101条）は適用されない。また、実際に意思表示をする「代理人」が詐欺を行った場合と、代理人を利用して相手方と法律関係を形成する「本人」が詐欺を行った場合とを区別する必要はないので、本人とは異なる「第三者」が詐欺を行った場合に関する規定（96条2項）は適用されない。よって、代理人が相手方に対して詐欺を行った場合には、本人が知らなかったときであっても、相手方は代理行為を取り消すことができる。

2　妥当である　そのとおり。無権代理の相手方は、本人に対し、相当の期間を定めて、その期間内に追認をするかどうかを確答すべき旨の催告をすることができる（114条前段）。この場合において、本人がその期間内に確答をしないときは、追認を拒絶したものとみなされる（114条後段）。

155p

3　妥当でない　判例は、「代理人が本人の名において権限外の行為をした場合において、相手方がその行為を本人自身の行為と信じたときは、代理人の代理権を信じたものではないが、その信頼が取引上保護に値する点においては、代理人の代理権限を信頼した場合と異なるところはないから、本人自身の行為であると信じたことについて正当な理由がある場合にかぎり、<u>民法110条の規定を類推適用して、本人がその責に任ずる</u>ものと解するのが相当である。」としている（最判昭44.12.19）。

●民法

4 妥当でない 復代理人は，本人および第三者に対して，その権限の範囲内において，代理人と同一の権利を有し，義務を負う（106条2項）。判例は，「この規定のゆえに，本人又は復代理人がそれぞれ代理人と締結した委任契約に基づいて有している権利義務に消長をきたすべき理由はないから，復代理人が委任事務を処理するに当たり金銭等を受領したときは，復代理人は，特別の事情がないかぎり，本人に対して受領物を引渡す義務を負うほか，代理人に対してもこれを引渡す義務を負い，もし復代理人において代理人にこれを引渡したときは，代理人に対する受領物引渡義務は消滅し，それとともに，本人に対する受領物引渡義務もまた消滅するものと解するのが相当である。」としている（最判昭51.4.9）。

152p

5 妥当である そのとおり。代理権を有しない者がした契約は，本人が追認をしない間は，相手方が取り消すことができる（115条本文）。

155p

（※）一般財団法人行政書士試験研究センターより，本問については「選択肢3を正答とするものでしたが，選択肢4も判例に鑑み正答として取り扱うことが適当と考えられることが判明いたしました。」として「受験者全員の解答を正解として採点する」ことが発表されました。

ワンポイント・アドバイス

代理人がその権限外の行為をした場合において，第三者が代理人の権限があると信ずべき正当な理由があるときは，本人は，その行為について責任を負います（権限外の行為の表見代理／110条）。

●民法

総則／代理

問65 Aが所有する甲土地につき，Aの長男BがAに無断で同人の代理人と称してCに売却した（以下「**本件売買契約**」という。）。この場合に関する次の記述のうち，民法の規定および判例に照らし，妥当でないものはどれか。

1 Aが死亡してBが単独相続した場合，Bは本人の資格に基づいて本件売買契約につき追認を拒絶することができない。

2 Bが死亡してAの妻DがAと共に共同相続した後，Aも死亡してDが相続するに至った場合，Dは本人の資格で無権代理行為の追認を拒絶する余地はない。

3 Aが本件売買契約につき追認を拒絶した後に死亡してBが単独相続した場合，Bは本件売買契約の追認を拒絶することができないため，本件売買契約は有効となる。

4 Bが死亡してAが相続した場合，Aは本人の資格において本件売買契約の追認を拒絶することができるが，無権代理人の責任を免れることはできない。

5 Aが死亡してBがAの妻Dと共に共同相続した場合，Dの追認がなければ本件売買契約は有効とならず，Bの相続分に相当する部分においても当然に有効となるものではない。

（本試験2016年問28）

●法令編

正解 3

正答率 **79**%

合格基本書

1 **妥当である**　そのとおり。判例は，「<u>無権代理人が本人を</u>
<u>相続し本人と代理人との資格が同一人に帰するにいたつた場</u>
<u>合においては，本人が自ら法律行為をしたのと同様な法律上</u>
<u>の地位を生じたものと解するのが相当であ</u>」るとしている
（最判昭40.6.18）。よって，Bは，本人の資格に基づいて本
件売買契約につき追認を拒絶することができない。

156, 157p

2 **妥当である**　そのとおり。判例は，「<u>無権代理人を本人と</u>
<u>ともに相続した者がその後更に本人を相続した場合において</u>
<u>は，当該相続人は本人の資格で無権代理行為の追認を拒絶す</u>
<u>る余地はなく，本人が自ら法律行為をしたと同様の法律上の</u>
<u>地位ないし効果を生ずる</u>ものと解するのが相当である。」と
している（最判昭63.3.1）。

157p

3 **妥当でない**　判例は，「<u>本人が無権代理行為の追認を拒絶</u>
<u>した場合には，その後に無権代理人が本人を相続したとして</u>
<u>も，無権代理行為が有効になるものではないと解するのが相</u>
当である。けだし，無権代理人がした行為は，本人がその追
認をしなければ本人に対してその効力を生ぜず（民法113
条1項），<u>本人が追認を拒絶すれば無権代理行為の効力が本</u>
<u>人に及ばないことが確定し</u>，追認拒絶の後は本人であっても
追認によって無権代理行為を有効とすることができず，右追
認拒絶の後に無権代理人が本人を相続したとしても，右追認
拒絶の効果に何ら影響を及ぼすものではないからである。」
としている（最判平10.7.17）。

157p

4 **妥当である**　そのとおり。判例は，「<u>本人が無権代理人を</u>
<u>相続した場合……においては，相続人たる本人が被相続人の</u>
<u>無権代理行為の追認を拒絶しても，何ら信義に反するところ</u>
<u>はない</u>から，被相続人の無権代理行為は一般に本人の相続に
より当然有効となるものではないと解するのが相当である。」
として（最判昭37.4.20），「民法117条による無権代理人の

156, 157p

176

●民 法

債務が相続の対象となることは明らかであつて，このことは本人が無権代理人を相続した場合でも異ならないから，本人は相続により無権代理人の右債務を承継するのであり，本人として無権代理行為の追認を拒絶できる地位にあつたからといつて右債務を免れることはできないと解すべきである。」としている（最判昭48.7.3）。

5　妥当である　そのとおり。判例は，「無権代理人が本人を他の相続人と共に共同相続した場合において，無権代理行為を追認する権利は，その性質上相続人全員に不可分的に帰属するところ，無権代理行為の追認は，本人に対して効力を生じていなかった法律行為を本人に対する関係において有効なものにするという効果を生じさせるものであるから，共同相続人全員が共同してこれを行使しない限り，無権代理行為が有効となるものではないと解すべきである。そうすると，他の共同相続人全員が無権代理行為の追認をしている場合に無権代理人が追認を拒絶することは信義則上許されないとしても，他の共同相続人全員の追認がない限り，無権代理行為は，無権代理人の相続分に相当する部分においても，当然に有効となるものではない。」としている（最判平5.1.21）。

157p

第2編

民法

ワンポイント・アドバイス

　判例は，「無権代理人を相続した者が，その後本人を相続した場合」について，「無権代理人が本人を相続した場合」と解すべきであって，みずからが無権代理行為をしていないからといって，これを別異に解すべき根拠はないとしています（最判昭63.3.1）。

●民法

総則／条件・期限・期間

問66 A・B間で締結された契約（以下「本件契約」という。）に附款がある場合に関する次のア〜オの記述のうち、民法の規定および判例に照らし、妥当なものの組合せはどれか。

ア 本件契約に、経済情勢に一定の変動があったときには当該契約は効力を失う旨の条項が定められている場合、効力の喪失時期は当該変動の発生時が原則であるが、A・Bの合意により、効力の喪失時期を契約時に遡らせることも可能である。

イ 本件契約が売買契約であり、買主Bが品質良好と認めた場合には代金を支払うとする旨の条項が定められている場合、この条項はその条件の成就が代金債務者であるBの意思のみに係る随意条件であるから無効である。

ウ 本件契約が和解契約であり、Bは一定の行為をしないこと、もしBが当該禁止行為をした場合にはAに対して違約金を支払う旨の条項が定められている場合、Aが、第三者Cを介してBの当該禁止行為を誘発したときであっても、BはAに対して違約金支払の義務を負う。

エ 本件契約が農地の売買契約であり、所有権移転に必要な行政の許可を得られたときに効力を生じる旨の条項が定められている場合において、売主Aが当該許可を得ることを故意に妨げたときであっても、条件が成就したとみなされることはない。

オ 本件契約が金銭消費貸借契約であり、借主Bが将来社会的に成功を収めた場合に返済する旨の条項（いわゆる出世払い約款）が定められている場合、この条項は停止条件を定めたものであるから、Bは社会的な成功を収めない限り返済義務を負うものではない。

1 ア・イ
2 ア・エ
3 イ・ウ
4 ウ・オ
5 エ・オ

（本試験2018年問28）

●法令編

正解 **2**

正答率 **23**%

合格基本書

ア　妥当である　そのとおり。解除条件付法律行為は，解除条件が成就した時からその効力を失う（127条2項）。もっとも，当事者が条件が成就した場合の効果をその成就した時以前にさかのぼらせる意思を表示したときは，その意思に従う（127条3項）。

イ　妥当でない　停止条件付法律行為は，その条件が単に債務者の意思のみに係るときは，無効とする（134条）。売買契約において，買主が品質良好と認めた場合には代金を支払うとする旨の条項は，134条の「条件が単に債務者の意思のみに係る」とはいえないから，無効ではない（最判昭31.4.6）。

ウ　妥当でない　条件が成就することによって不利益を受ける当事者が故意にその条件の成就を妨げたときは，相手方は，その条件が成就したものとみなすことができる（130条1項）。条件が成就することによって利益を受ける当事者が不正にその条件を成就させたときは，相手方は，その条件が成就しなかったものとみなすことができる（130条2項）。Bは条件が成就していないものとみなして違約金の支払を免れることができる。

160p

エ　妥当である　そのとおり。判例は，農地の売買契約において，所有権移転に必要な行政の「許可を得ることを条件としたとしても，それは法律上当然必要なことを約定したに止まり，……停止条件を附したものということはできない」として，当該許可を得ることを故意に妨げる行為があったとしても，130条（現130条1項）の規定の適用によって条件が成就したものとみなすことはできないとしている（最判昭36.5.26）。

オ　妥当でない　出世払い約款は不確定期限を付したものであり，停止条件を付したものではない（大判大4.3.24）。よって，出世するか否かが確定した時点で，返済義務が生ずる。

160p

以上より，妥当なものはア・エであり，正解は**2**である。

180

●民 法

総則／時効

問67 Aは，甲不動産をその占有者Bから購入し引渡しを受けていたが，実は甲不動産はC所有の不動産であった。BおよびAの占有の態様および期間に関する次の場合のうち，民法の規定および判例に照らし，Aが，自己の占有，または自己の占有にBの占有を併せた占有を主張しても甲不動産を時効取得できないものはどれか。

1 Bが悪意で5年間，Aが善意無過失で10年間
2 Bが悪意で18年間，Aが善意無過失で2年間
3 Bが悪意で5年間，Aが善意無過失で5年間
4 Bが善意無過失で7年間，Aが悪意で3年間
5 Bが善意無過失で3年間その後悪意となり2年間，Aが善意無過失で3年間その後悪意となり3年間

（本試験2017年問30）

●法令編

正解 **3**

正答率 **87**%

合格基本書

　20年間，所有の意思をもって，平穏に，かつ，公然と他人の物を占有した者は，その所有権を取得する（162条1項）。10年間，所有の意思をもって，平穏に，かつ，公然と他人の物を占有した者は，その占有の開始の時に，善意であり，かつ，過失がなかったときは，その所有権を取得する（162条2項）。

　占有者の承継人は，その選択に従い，自己の占有のみを主張し，または自己の占有に前の占有者の占有を併せて主張することができる（187条1項）。前の占有者の占有を併せて主張する場合には，その瑕疵をも承継する（187条2項）。ここに「瑕疵」とは，悪意，過失，暴行・強迫，隠匿を意味する。

　判例は，「10年の取得時効の要件としての占有者の善意・無過失の存否については占有開始の時点においてこれを判定すべきものとする民法162条2項の規定は，時効期間を通じて占有主体に変更がなく同一人により継続された占有が主張される場合について適用されるだけではなく，占有主体に変更があつて承継された2個以上の占有が併せて主張される場合についてもまた適用されるものであり，後の場合にはその主張にかかる最初の占有者につきその占有開始の時点においてこれを判定すれば足りるものと解するのが相当である。」としている（最判昭53.3.6）。

165p

1 ｜甲不動産を時効取得できる｜　善意無過失のAは，自己の占有（10年間）のみを主張し（187条1項），162条2項により，甲不動産を時効取得することができる。

2 ｜甲不動産を時効取得できる｜　善意無過失のAは，自己の占有（2年間）のみを主張しても，甲不動産を10年間占有していないので，162条2項により，甲不動産を時効取得することができない。そこで，Aは，自己の占有（2年間）に前の占有者（悪意のB）の占有（18年間）を併せて主張す

182

●民　法

ることが考えられる（187条1項）。この場合，Aは，Bの悪意を承継する（187条2項）が，併せて20年間の占有を主張することができる。よって，Aは，162条1項により，甲不動産を時効取得することができる。

3　甲不動産を時効取得できない　善意無過失のAは，自己の占有（5年間）のみを主張しても，甲不動産を10年間占有していないので，162条2項により，甲不動産を時効取得することができない。Aは，自己の占有（5年間）に前の占有者（悪意のB）の占有（5年間）を併せて主張することが考えられる（187条1項）。この場合，Aは，Bの悪意を承継する（187条2項）。よって，Bの悪意を承継したAは，162条1項により，甲不動産を時効取得することができない。

4　甲不動産を時効取得できる　悪意のAは，自己の占有（3年間）のみを主張しても，甲不動産を20年間占有していないので，162条1項により，甲不動産を時効取得することができない。そこで，Aは，自己の占有（3年間）に前の占有者（善意無過失のB）の占有（7年間）を併せて主張することが考えられる（187条1項）。この場合，最初の占有者Bの占有開始時点において，善意無過失を判定すれば足りる（最判昭53.3.6）。よって，Aは，162条2項により，甲不動産を時効取得することができる。

5　甲不動産を時効取得できる　占有開始の時点において善意無過失のAは，自己の占有（6年間）のみを主張しても，甲不動産を10年間占有していないので，162条2項により，甲不動産を時効取得することができない。そこで，Aは，自己の占有（5年間）に前の占有者（占有開始の時点において善意無過失のB）の占有（5年間）を併せて主張することが考えられる（187条1項）。この場合，最初の占有者Bの占有開始時点において，善意無過失を判定すれば足りる（最判昭53.3.6）。よって，Aは，162条2項により，甲不動産を時効取得することができる。

●民 法

総則／時効

重要度 A

問 68 時効の援用に関する次のア～オの記述のうち，民法の規定および判例に照らし，妥当でないものの組合せはどれか。

ア 時効による債権の消滅の効果は，時効期間の経過とともに確定的に生ずるものではなく，時効が援用されたときにはじめて確定的に生ずるものである。

イ 時効の援用を裁判上行使する場合には，事実審の口頭弁論終結時までにする必要がある。

ウ 被相続人の占有により取得時効が完成していた場合に，その共同相続人の一人は，自己の相続分の限度においてのみ取得時効を援用することができる。

エ 保証人や連帯保証人は，主たる債務の消滅時効を援用することはできるが，物上保証人や抵当不動産の第三取得者は，被担保債権の消滅時効を援用することはできない。

オ 主たる債務者である破産者が免責許可決定を受けた場合であっても，その保証人は，自己の保証債務を免れるためには，免責許可決定を受けた破産者の主たる債務について，消滅時効を援用しなければならない。

1 ア・イ
2 ア・エ
3 イ・ウ
4 ウ・オ
5 エ・オ

（本試験2019年問27）

●法令編

正解 **5**

正答率 **71**%

合格基本書

ア **妥当である** そのとおり。判例は,「時効による債権消滅の効果は,時効期間の経過とともに確定的に生ずるものではなく,時効が援用されたときにはじめて確定的に生ずるものと解するのが相当であ」るとしている(最判昭 61.3.17)。

イ **妥当である** そのとおり。時効の援用を裁判上行使する場合には,事実審の口頭弁論終結時までにする必要がある(大判大 7.7.6)。

ウ **妥当である** そのとおり。判例は,「被相続人の占有により取得時効が完成した場合において,その共同相続人の一人は,自己の相続分の限度においてのみ取得時効を援用することができるにすぎないと解するのが相当である」としている(最判平 13.7.10)。

エ **妥当でない** 時効は,当事者(消滅時効にあっては,保証人,物上保証人,第三取得者その他権利の消滅について正当な利益を有する者を含む。)が援用しなければ,裁判所がこれによって裁判をすることができない(時効の援用／145条)。よって,保証人(連帯保証人を含む。)も,物上保証人や第三取得者も,被担保債権の消滅時効を援用することができる。

162p

オ **妥当でない** 判例は,「破産者が免責決定を受けた場合には,右免責決定の効力の及ぶ債務の保証人は,その債権についての消滅時効を援用することはできないと解するのが相当である。」としている(最判平 11.11.9)。

以上より,妥当でないものはエ・オであり,正解は**5**である。

●民 法

総則／時効

重要度 A

問 69 AのBに対する甲債権につき消滅時効が完成した場合における時効の援用権者に関する次のア～オの記述のうち，民法の規定および判例に照らし，誤っているものの組合せはどれか。

ア　Aが甲債権の担保としてC所有の不動産に抵当権を有している場合，物上保証人Cは，Aに対して債務を負っていないが，甲債権が消滅すれば同不動産の処分を免れる地位にあるため，甲債権につき消滅時効を援用することができる。

イ　甲債権のために保証人となったDは，甲債権が消滅すればAに対して負っている債務を免れる地位にあるため，甲債権につき消滅時効を援用することができる。

ウ　Bの詐害行為によってB所有の不動産を取得したEは，甲債権が消滅すればAによる詐害行為取消権の行使を免れる地位にあるが，このような利益は反射的なものにすぎないため，甲債権につき消滅時効を援用することができない。

エ　Aが甲債権の担保としてB所有の不動産に抵当権を有している場合，Aの後順位抵当権者Fは，Aの抵当権の被担保債権の消滅により直接利益を受ける者に該当しないため，甲債権につき消滅時効を援用することができない。

オ　Aが甲債権の担保としてB所有の不動産に抵当権を有している場合，同不動産をBから取得したGは，甲債権が消滅すれば抵当権の負担を免れる地位にあるが，このような利益は反射的なものにすぎないため，甲債権につき消滅時効を援用することができない。

1　ア・イ
2　ア・エ
3　イ・オ
4　ウ・エ
5　ウ・オ

（本試験2016年問27）

●法令編

正解 5

正答率 **80%**

合格基本書

　時効は，当事者（消滅時効にあっては，保証人，物上保証人，第三取得者その他権利の消滅について正当な利益を有する者を含む。）が援用しなければ，裁判所がこれによって裁判をすることができない（145 条）。

ア　**正**　そのとおり。物上保証人は，被担保債権の消滅時効を援用することができる（145 条かっこ書）。　　162p

イ　**正**　そのとおり。保証人は，主たる債務の消滅時効を援用することができる（145 条かっこ書）。　　162p

ウ　**誤**　判例は，「詐害行為の受益者は，詐害行為取消権行使の直接の相手方とされている上，これが行使されると債権者との間で詐害行為が取り消され，同行為によって得ていた利益を失う関係にあり，その反面，詐害行為取消権を行使する債権者の債権が消滅すれば右の利益喪失を免れることができる地位にあるから，右債権者の債権の消滅によって直接利益を受ける者に当たり，右債権について消滅時効を援用することができるものと解するのが相当である。」としている（最判平 10.6.22）。

エ　**正**　そのとおり。判例は，「民法 145 条所定の当事者として消滅時効を援用し得る者は，権利の消滅により直接利益を受ける者に限定されると解すべきである……。後順位抵当権者は，目的不動産の価格から先順位抵当権によって担保される債権額を控除した価額についてのみ優先して弁済を受ける地位を有するものである。もっとも，先順位抵当権の被担保債権が消滅すると，後順位抵当権者の抵当権の順位が上昇し，これによって被担保債権に対する配当額が増加することがあり得るが，この配当額の増加に対する期待は，抵当権の順位の上昇によってもたらされる反射的な利益にすぎないというべきである。そうすると，後順位抵当権者は，先順位抵　　162p

当権の被担保債権の消滅により直接利益を受ける者に該当するものではなく、先順位抵当権の被担保債権の消滅時効を援用することができないものと解するのが相当である。」としている（最判平 11.10.21）。

オ **誤** 抵当不動産の第三取得者は、被担保債権の消滅時効を援用することができる（145 条かっこ書）。　162p

以上より、誤っているものはウ・オであり、正解は **5** である。

　判例は、「金銭債権の債権者は、その債務者が、他の債権者に対して負担する債務、または……他人の債務のために物上保証人となっている場合にその被担保債権について、その消滅時効を援用しうる地位にあるのにこれを援用しないときは、債務者の資力が自己の債権の弁済を受けるについて十分でない事情にあるかぎり、その債権を保全するに必要な限度で、民法423条1項本文の規定により、債務者に代位して他の債権者に対する債務の消滅時効を援用することが許されるものと解するのが相当である。」としています（最判昭43.9.26）。

●民 法

物権／総説

問70 物権の成立に関する次のア～オの記述のうち，民法の規定および判例に照らし，妥当でないものの組合せはどれか。

ア 他人の土地の地下または空間の一部について，工作物を所有するため，上下の範囲を定めて地上権を設定することは認められない。

イ 一筆の土地の一部について，所有権を時効によって取得することは認められる。

ウ 構成部分の変動する集合動産について，一括して譲渡担保の目的とすることは認められない。

エ 土地に生育する樹木について，明認方法を施した上で，土地とは独立した目的物として売却することは認められる。

オ 地役権は，継続的に行使され，かつ，外形上認識することができるものに限り，時効によって取得することができる。

1 ア・イ
2 ア・ウ
3 イ・エ
4 ウ・エ
5 エ・オ

（本試験2017年問29）

●法令編

正解**2**

正答率 **84**%

合格基本書

ア **妥当でない** 地下または空間は，工作物を所有するため，上下の範囲を定めて地上権の目的とすることができる（269条の2第1項前段）。

198p

イ **妥当である** そのとおり。一筆の土地の一部についても，時効による所有権取得が認められる（大判大13.10.7）。

ウ **妥当でない** 判例は，「構成部分の変動する集合動産については，その種類，所在場所及び量的範囲を指定するなどなんらかの方法で目的物の範囲が特定される場合には，一個の集合物として譲渡担保の目的となりうるものと解するのが相当である。」としている（最判昭54.2.15）。

222p

エ **妥当である** そのとおり。立木登記をしていない土地に生育する樹木は，一般に土地の一部として取り扱われるが，土地を売らずその土地上の樹木のみを売却し，または樹木を除き土地のみを売却するときは，その生育する土地から離れた独立の物となり，単に当事者間で当該土地や樹木の所有権のみが移転する（大判大5.3.11）。ただし，当該樹木のみの処分または所有権の留保を第三者に対抗するには，明認方法（木を削って所有者名を墨書したり，立札を立てたりする方法など）と呼ばれる特別な公示方法を要する。

オ **妥当である** そのとおり。地役権は，継続的に行使され，かつ，外形上認識することができるものに限り，時効によって取得することができる（283条）。

199p

以上より，妥当でないものはア・ウであり，正解は**2**である。

●民 法

物権／総説

問71 物権的請求権に関する次の記述のうち，民法の規定および判例に照らし，妥当でないものはどれか。

1 A所有の甲土地上に権原なくB所有の登記済みの乙建物が存在し，Bが乙建物をCに譲渡した後も建物登記をB名義のままとしていた場合において，その登記がBの意思に基づいてされていたときは，Bは，Aに対して乙建物の収去および甲土地の明渡しの義務を免れない。

2 D所有の丙土地上に権原なくE所有の未登記の丁建物が存在し，Eが丁建物を未登記のままFに譲渡した場合，Eは，Dに対して丁建物の収去および丙土地の明渡しの義務を負わない。

3 工場抵当法により工場に属する建物とともに抵当権の目的とされた動産が，抵当権者に無断で同建物から搬出された場合には，第三者が即時取得しない限り，抵当権者は，目的動産をもとの備付場所である工場に戻すことを請求することができる。

4 抵当権設定登記後に設定者が抵当不動産を他人に賃貸した場合において，その賃借権の設定に抵当権の実行としての競売手続を妨害する目的が認められ，賃借人の占有により抵当不動産の交換価値の実現が妨げられて優先弁済請求権の行使が困難となるような状態があるときは，抵当権者は，賃借人に対して，抵当権に基づく妨害排除請求をすることができる。

5 動産売買につき売買代金を担保するために所有権留保がされた場合において，当該動産が第三者の土地上に存在してその土地所有権を侵害しているときは，留保所有権者は，被担保債権の弁済期到来の前後を問わず，所有者として当該動産を撤去する義務を免れない。

(本試験2021年問29)

●法令編

正解 **5**

正答率 **34**%

合格基本書

1　妥当である　そのとおり。判例は，「他人の土地上の建物 171p
の所有権を取得した者が自らの意思に基づいて所有権取得の
登記を経由した場合には，たとい建物を他に譲渡したとして
も，引き続き右登記名義を保有する限り，土地所有者に対
し，右譲渡による建物所有権の喪失を主張して建物収去・土
地明渡しの義務を免れることはできない」としている（最判
平 6.2.8)。

2　妥当である　そのとおり。判例は，土地の所有権にもと 171p
づく物権的請求権について，「現実に家屋を所有することに
よつて現実にその土地を占拠して土地の所有権を侵害してい
るものを被告としなければならない」としている（最判昭
35.6.17)。

3　妥当である　そのとおり。判例は，「工場抵当法 2 条の規 212p
定により工場に属する土地又は建物とともに抵当権の目的と
された動産が，抵当権者の同意を得ないで，備え付けられた
工場から搬出された場合には，第三者において即時取得をし
ない限りは，抵当権者は搬出された目的動産をもとの備付場
所である工場に戻すことを求めることができるものと解する
のが相当である。」としている（最判昭 57.3.12)。

4　妥当である　そのとおり。判例は，「抵当権設定登記後に 213p
抵当不動産の所有者から占有権原の設定を受けてこれを占有
する者についても，その占有権原の設定に抵当権の実行とし
ての競売手続を妨害する目的が認められ，その占有により抵
当不動産の交換価値の実現が妨げられて抵当権者の優先弁済
請求権の行使が困難となるような状態があるときは，抵当権
者は，当該占有者に対し，抵当権に基づく妨害排除請求とし
て，上記状態の排除を求めることができる」としている（最
判平 17.3.10)。

194

●民法

5 妥当でない 判例は,「動産の購入代金を立替払する者が立替金債務が完済されるまで同債務の担保として当該動産の所有権を留保する場合において,所有権を留保した者(以下,「留保所有権者」といい,留保所有権者の有する所有権を「留保所有権」という。)の有する権原が,期限の利益喪失による残債務全額の弁済期(以下「残債務弁済期」という。)の到来の前後で……異なるときは,留保所有権者は,残債務弁済期が到来するまでは,当該動産が第三者の土地上に存在して第三者の土地所有権の行使を妨害しているとしても,特段の事情がない限り,当該動産の撤去義務や不法行為責任を負うことはないが,残債務弁済期が経過した後は,留保所有権が担保権の性質を有するからといって上記撤去義務や不法行為責任を免れることはないと解するのが相当である。」としている(最判平 21.3.10)。

 ワンポイント・アドバイス

　工場抵当法によれば,工場の所有者が工場に属する土地または建物の上に設定した抵当権は,その土地または建物に備え付けた機械,器具その他工場の用に供する物に及びます(工場抵当法2条1項2項)。抵当権者は,その物が第三取得者に引き渡された後であっても,その物について抵当権を行使することができます(工場抵当法5条)。

●民法

物権／総説

問72 物権的請求権等に関する次の記述のうち，民法の規定および判例に照らし，妥当なものはどれか。

1 Aが所有する甲土地の上に，Bが権原なく乙建物を建設してこれをCに譲渡した場合，無権原で乙建物を建設することによってAの土地所有権を侵害したのはBであるから，AはBに対してのみ乙建物の収去を求めることができる。

2 第三者が抵当不動産を不法占有することによって同不動産の交換価値の実現が妨げられ，抵当権者の優先弁済権の行使が困難となるような状態があるときは，抵当権に基づく妨害排除請求権が認められるが，抵当権は占有を目的とする権利ではないため，抵当権者が占有者に対し直接自己への抵当不動産の明渡しを求めることは常にできない。

3 占有者がその占有を奪われたときは，占有回収の訴えにより，その物の返還を請求することはできるが，損害の賠償を請求することはできない。

4 第三者が賃貸不動産を不法占有している場合，賃借人は，その賃借権が対抗要件を具備しているか否かを問わず，その不法占有者に対して，当該不動産の返還請求を行うことができる。

5 Dが所有する丙土地の上に，Eが権原なく丁建物を建設し，自己所有名義で建物保存登記を行った上でこれをFに譲渡したが，建物所有権登記がE名義のままとなっていた場合，Dは登記名義人であるEに対して丁建物の収去を求めることができる。

（本試験2017年問31改題）

●法令編

正解 5

正答率 **73**%

合格基本書

1 **妥当でない** 判例は，「土地の所有権にもとづく物上請求権 171p
の訴訟においては，現実に家屋を所有することによつて現実に
その土地を占拠して土地の所有権を侵害しているものを被告と
しなければならない」としている（最判昭35.6.17）。よって，
Aは，Cに対して乙建物の収去を求めることができる。

2 **妥当でない** 判例は，①「第三者が抵当不動産を不法占 213p
有することにより抵当不動産の交換価値の実現が妨げられ抵
当権者の優先弁済請求権の行使が困難となるような状態があ
るときは，抵当権に基づく妨害排除請求として，抵当権者が
右状態の排除を求めることも許される」として（最判平
11.11.24），②「抵当権に基づく妨害排除請求権の行使に当
たり，抵当不動産の所有者において抵当権に対する侵害が生
じないように抵当不動産を適切に維持管理することが期待で
きない場合には，抵当権者は，占有者に対し，直接自己への
抵当不動産の明渡しを求めることができる」としている（最
判平17.3.10）。

3 **妥当でない** 占有者がその占有を奪われたときは，占有 193p
回収の訴えにより，その物の返還および損害の賠償を請求す
ることができる（200条1項）。

4 **妥当でない** 不動産の賃借人は，民法605条，借地借家 294p
法10条または31条その他の法令の規定により賃貸借の対
抗要件を備えた場合において，その不動産を第三者が占有し
ているときは，その第三者に対する返還の請求をすることが
できる（605条の4第2号）。

5 **妥当である** そのとおり。判例は，「他人の土地上の建物 171p
の所有権を取得した者が自らの意思に基づいて所有権取得の
登記を経由した場合には，たとい建物を他に譲渡したとして
も，引き続き右登記名義を保有する限り，土地所有者に対
し，右譲渡による建物所有権の喪失を主張して建物収去・土
地明渡しの義務を免れることはできないものと解するのが相
当である。」としている（最判平6.2.8）。よって，Dは，E
に対して丁建物の収去を求めることができる。

198

●民 法

物権／物権変動

問73
不動産の取得時効と登記に関する次の記述のうち、民法の規定および判例に照らし、妥当なものはどれか。

1 不動産の取得時効の完成後、占有者が登記をしないうちに、その不動産につき第三者のために抵当権設定登記がなされた場合であっても、その占有者が、その後さらに時効取得に必要な期間、占有を継続したときは、特段の事情がない限り、占有者はその不動産を時効により取得し、その結果、抵当権は消滅する。

2 不動産を時効により取得した占有者は、取得時効が完成する前に当該不動産を譲り受けた者に対して、登記がなければ時効取得をもって対抗することができない。

3 不動産を時効により取得した占有者は、取得時効が完成した後に当該不動産を譲り受けた者に対して、登記がなければ時効取得をもって対抗することができず、このことは、その占有者が、その後さらに時効取得に必要な期間、占有を継続したとしても、特段の事情がない限り、異ならない。

4 不動産の取得時効の完成後、占有者が、その時効が完成した後に当該不動産を譲り受けた者に対して時効を主張するにあたり、起算点を自由に選択して取得時効を援用することは妨げられない。

5 不動産を時効により取得した占有者は、取得時効が完成した後にその不動産を譲り受けて登記をした者に対して、その譲受人が背信的悪意者であるときには、登記がなくても時効取得をもって対抗することができるが、その譲受人が背信的悪意者であると認められるためには、同人が当該不動産を譲り受けた時点において、少なくとも、その占有者が取得時効の成立に必要な要件を充足していることについて認識していたことを要する。

(本試験2013年問28)

●法令編

正解 **1**

正答率 **71**%

合格基本書

1 妥当である そのとおり。判例は，不動産の取得時効の完成後，所有権の移転の登記がされることのないまま，第三者が原所有者から抵当権の設定を受けて抵当権の設定の登記を了した場合において，不動産の時効取得者である占有者が，その後引き続き時効取得に必要な期間占有を継続したときは，占有者が抵当権の存在を容認していたなど抵当権の消滅を妨げる特段の事情がない限り，占有者は，不動産を時効取得し，その結果，抵当権は消滅するとしている（最判平24.3.16）。

2 妥当でない 判例は，第三者のなした登記後に時効が完成した場合においては，その第三者に対しては，登記を経由しなくても時効取得をもってこれに対抗することができるとしている（最判昭41.11.22）。

182p

3 妥当でない 判例は，不動産の取得「時効が完成しても，その登記がなければ，その後に登記を経由した第三者に対しては時効による権利の取得を対抗しえないのに反し，第三者のなした登記後に時効が完成した場合においては，その第三者に対しては，登記を経由しなくとも時効取得をもつてこれに対抗しうる」としている（最判昭36.7.20）。

182p

4 妥当でない 判例は，「取得時効完成の時期を定めるにあたつては，取得時効の基礎たる事実が法律に定めた時効期間以上に継続した場合においても，必ず時効の基礎たる事実の開始した時を起算点として時効完成の時期を決定すべきものであつて，取得時効を援用する者において任意にその起算点を選択し，時効完成の時期を或いは早め或いは遅らせることはできない」としている（最判昭35.7.27）。

182p

200

●民法

5 妥当でない 判例は,「甲が時効取得した不動産について,その取得時効完成後に乙が当該不動産の譲渡を受けて所有権移転登記を了した場合において,乙が,当該不動産の譲渡を受けた時点において,甲が多年にわたり当該不動産を占有している事実を認識しており,甲の登記の欠缺を主張することが信義に反するものと認められる事情が存在するときは,乙は背信的悪意者に当たるというべきである。取得時効の成否については,その要件の充足の有無が容易に認識・判断することができないものであることにかんがみると,乙において,甲が取得時効の成立要件を充足していることをすべて具体的に認識していなくても,背信的悪意者と認められる場合があるというべきであるが,その場合であっても,少なくとも,乙が甲による多年にわたる占有継続の事実を認識している必要があると解すべきであるからである」としている(最判平18.1.17)。

ワンポイント・アドバイス

　判例は,「時効が完成しても,その登記がなければ,その後に登記を経由した第三者に対しては時効による権利の取得を対抗しえない(民法177条)のに反し,第三者のなした登記後に時効が完成した場合においてはその第三者に対しては,登記を経由しなくとも時効取得をもってこれに対抗しうることとなる」ことから,取得時効を援用する者において任意にその起算点を選択することはできないとしています(最判昭35.7.27)。

| チェック欄 | | | |

物権／物権変動

問74 Aが登記簿上の所有名義人である甲土地をBが買い受ける旨の契約（以下「本件売買契約」という。）をA・B間で締結した場合に関する次のア〜オの記述のうち，民法の規定および判例に照らし，妥当なものの組合せはどれか。

ア 甲土地は実際にはCの所有に属していたが，CがAに無断で甲土地の所有名義人をAとしていた場合において，Aがその事情を知らないBとの間で本件売買契約を締結したときであっても，BはCに対して甲土地の引渡しを求めることができない。

イ 甲土地はAの所有に属していたところ，Aの父であるDが，Aに無断でAの代理人と称して本件売買契約を締結し，その後Dが死亡してAがDを単独で相続したときは，Aは，Dの法律行為の追認を拒絶することができ，また，損害賠償の責任を免れる。

ウ 甲土地が相続によりAおよびEの共有に属していたところ，AがEに無断でAの単独所有名義の登記をしてBとの間で本件売買契約を締結し，Bが所有権移転登記をした場合において，Bがその事情を知らず，かつ，過失がないときは，Bは甲土地の全部について所有権を取得する。

エ 甲土地はAの所有に属していたところ，本件売買契約が締結され，B名義での所有権移転の仮登記がされた場合において，Aが甲土地をその事情を知らないFに売却し所有権移転登記をしたときは，Bは本登記をしない限りFに対して所有権の取得を対抗することができない。

オ 甲土地はAの所有に属していたところ，GがAに無断で甲土地上に建物を築造し，その建物の所有権保存登記をした場合において，本件売買契約により甲土地の所有者となったBは，Gが当該建物の所有権を他に譲渡していたとしても，登記名義がGにある限り，Gに対して当該建物の収去および土地の明渡しを求めることができる。

●民 法

1 ア・ウ
2 ア・オ
3 イ・ウ
4 イ・エ
5 エ・オ

（本試験2018年問29）

第2編

民法

203

●法令編

正解 **5**

正答率 **76**%

合格基本書

ア　妥当でない　判例は，不動産の所有者が，当該不動産につき，他人の承諾なしにその他人名義の登記を経由した場合，その他人から当該不動産をその事情を知らずに譲り受けた者は，94条2項の類推適用により保護されるとしている（最判昭45.7.24）。よって，善意のBは，Cに対して甲土地の引渡しを求めることができる。

145p

イ　妥当でない　判例は，相続人である本人が被相続人の無権代理行為の追認を拒絶することは，信義に反しない（最判昭37.4.20）としているが，無権代理人を相続した本人が追認を拒絶することができるとしても，無権代理人が負担していた無権代理人の責任（117条）を承継することになるとしている（最判昭48.7.3）。よって，Aは，117条を根拠とした損害賠償責任を免れることはできない。

157p

ウ　妥当でない　判例は，相続財産に属する不動産につき，遺産分割前に共同相続人の1人が他の共同相続人に無断で単独所有名義の登記をして第三者に譲渡した場合，他の共同相続人は自己の法定相続分について登記なくして第三者に所有権を対抗することができるとしている（最判昭38.2.22）。また，不動産については即時取得のような制度はなく，さらに，Eに帰責性がないこと等からBが94条2項の類推適用で保護されることもない。よって，Bは，甲土地の全部について所有権を取得することはできない。

エ　妥当である　そのとおり。判例は，「仮登記は本登記の順位を保全する効力があるに止まり，仮登記のままで本登記を経由したのと同一の効力があるとはいえない。したがつて，本登記手続が終るまでは，上告人（F）は被上告人（B）の右登記の欠缺を主張しうる第三者に該当し，被上告人（B）は上告人（F）に対しその所有権の取得を対抗しえない筋合である」としている（最判昭38.10.8）。

204

●民法

オ **妥当である** そのとおり。判例は,「他人の土地上の建物の所有権を取得した者が自らの意思に基づいて所有権取得の登記を経由した場合には,たとい建物を他に譲渡したとしても,引き続き右登記名義を保有する限り,土地所有者に対し,右譲渡による建物所有権の喪失を主張して建物収去・土地明渡しの義務を免れることはできないものと解するのが相当である。」としている(最判平6.2.8)。よって,Bは,登記名義がGにある限り,Gに対して当該建物の収去および土地の明渡しを求めることができる。

以上より,妥当なものはエ・オであり,正解は**5**である。

 ワンポイント・アドバイス

【仮登記】
　仮登記とは,将来なされるべき本登記の順位を保全するためになされる登記です(不動産登記法105条参照)。仮登記に基づいて本登記をした場合は,当該本登記の順位は,当該仮登記の順位によります(不動産登記法106条)。

●民法

物権／物権変動

問75 動産物権変動に関する次の記述のうち、民法等の規定および判例に照らし、妥当でないものはどれか。

1 Aは自己所有の甲機械をBに譲渡したが、その引渡しをしないうちにAの債権者であるCが甲機械に対して差押えを行った。この場合において、Bは、差押えに先立って甲機械の所有権を取得したことを理由として、Cによる強制執行の不許を求めることはできない。

2 Dは自己所有の乙機械をEに賃貸し、Eはその引渡しを受けて使用収益を開始したが、Dは賃貸借期間の途中でFに対して乙機械を譲渡した。FがEに対して所有権に基づいて乙機械の引渡しを求めた場合には、Eは乙機械の動産賃借権をもってFに対抗することができないため、D・F間において乙機械に関する指図による占有移転が行われていなかったとしても、EはFの請求に応じなければならない。

3 Gは自己所有の丙機械をHに寄託し、Hがその引渡しを受けて保管していたところ、GはIに対して丙機械を譲渡した。この場合に、HがGに代って一時丙機械を保管するに過ぎないときには、Hは、G・I間の譲渡を否認するにつき正当な利害関係を有していないので、Iの所有権に基づく引渡しの請求に応じなければならない。

4 Jは、自己所有の丁機械をKに対して負っている貸金債務の担保としてKのために譲渡担保権を設定した。動産に関する譲渡担保権の対抗要件としては占有改定による引渡しで足り、譲渡担保権設定契約の締結後もJが丁機械の直接占有を継続している事実をもって、J・K間で占有改定による引渡しが行われたものと認められる。

5 集合動産譲渡担保が認められる場合において、種類、量的範囲、場所で特定された集合物を譲渡担保の目的とする旨の譲渡担保権設定契約が締結され、占有改定による引渡しが行われたときは、集合物としての同一性が損なわれない限り、後に新たにその構成部分となった動産についても譲渡担保に関する対抗要件の効力が及ぶ。

（本試験2019年問29）

●法令編

正解 **2**

正答率 **62**%

合格基本書

1 **妥当である** そのとおり。動産に関する物権の譲渡は，その動産の引渡しがなければ，第三者に対抗することができない（178条）。178条の「第三者」とは，当事者およびその包括承継人以外の者で，「引渡しの欠缺を主張するについて正当な利益を有する第三者」をいう（最判昭33.3.14）。Bは引渡しを受けていないのに対し，Cが差押えをしていることから，Cは178条の「第三者」に当たる。

2 **妥当でない** 動産の賃借人は，178条の「第三者」に当たる（大判大8.10.16）。Fが指図による占有移転を受けていないときは，乙機械の所有権を取得したことをEに対抗することはできない。よって，Eは，Fの請求に応じる必要はない。

3 **妥当である** そのとおり。動産の寄託を受けて一時これを保管しているにすぎない者は，178条の「第三者」に該当しない（最判昭29.8.31）。

186p

4 **妥当である** そのとおり。債務者が動産を譲渡担保に供し，引き続きこれを占有する場合においては，債権者は，契約の成立と同時に，占有改定により動産の占有権を取得し，その所有権取得をもって第三者に対抗することができる（最判昭30.6.2）。

5 **妥当である** そのとおり。判例は，「債権者と債務者との間に，……集合物を目的とする譲渡担保権設定契約が締結され，債務者がその構成部分である動産の占有を取得したときは債権者が占有改定の方法によつてその占有権を取得する旨の合意に基づき，債務者が右集合物の構成部分として現に存在する動産の占有を取得した場合には，債権者は，当該集合物を目的とする譲渡担保権につき対抗要件を具備するに至つたものということができ，この対抗要件具備の効力は，その後構成部分が変動したとしても，集合物としての同一性が損なわれない限り，新たにその構成部分となつた動産を包含する集合物について及ぶものと解すべきである。」としている（最判昭62.11.10）。

222p

208

●民 法

物権／物権変動

問 76 占有改定等に関する次のア～オの記述のうち，民法の規定および判例に照らし，妥当でないものの組合せはどれか。

ア 即時取得が成立するためには占有の取得が必要であるが，この占有の取得には，外観上従来の占有事実の状態に変更を来たさない，占有改定による占有の取得は含まれない。

イ 留置権が成立するためには他人の物を占有することが必要であるが，この占有には，債務者を占有代理人とした占有は含まれない。

ウ 先取特権の目的動産が売買契約に基づいて第三取得者に引き渡されると，その後は先取特権を当該動産に対して行使できないこととなるが，この引渡しには，現実の移転を伴わない占有改定による引渡しは含まれない。

エ 質権が成立するためには目的物の引渡しが必要であるが，この引渡しには，設定者を以後，質権者の代理人として占有させる，占有改定による引渡しは含まれない。

オ 動産の譲渡担保権を第三者に対抗するためには目的物の引渡しが必要であるが，この引渡しには，公示性の乏しい占有改定による引渡しは含まれない。

1 ア・イ
2 ア・ウ
3 イ・エ
4 ウ・オ
5 エ・オ

（本試験2020年問28）

●法令編

正解 4

正答率 **59**%

合格基本書

　代理人（占有代理人）が自己の占有物を以後本人のために占有する意思を表示したときは，本人は，これによって占有権を取得する（占有改定／183条）。

ア　**妥当である**　そのとおり。取引行為によって，平穏に，かつ，公然と動産の占有を始めた者は，善意であり，かつ，過失がないときは，即時にその動産について行使する権利を取得する（即時取得／192条）。判例は，「無権利者から動産の譲渡を受けた場合において，譲受人が民法192条によりその所有権を取得しうるためには，一般外観上従来の占有状態に変更を生ずるがごとき占有を取得することを要し，かかる状態に一般外観上変更を来たさないいわゆる占有改定の方法による取得をもつては足らない」としている（最判昭35.2.11）。　　189p

イ　**妥当である**　そのとおり。他人の物の占有者は，その物に関して生じた債権を有するときは，その債権の弁済を受けるまで，その物を留置することができる（留置権／295条1項本文）。この占有には，債務者を占有代理人とした占有は含まれないと解される。　　202p

ウ　**妥当でない**　先取特権は，債務者がその目的である動産をその第三取得者に引き渡した後は，その動産について行使することができない（333条）。この引渡しには，占有改定による引渡しも含まれる（大判大6.7.26）。　　205p

エ　**妥当である**　そのとおり。質権の設定は，債権者にその目的物を引き渡すことによって，その効力を生ずる（344条）。もっとも，質権者は，質権設定者に，自己に代わって質物の占有をさせることができない（質権設定者による代理占有の禁止／345条）。すなわち，344条の「引き渡す」には，占有改定による引渡しは含まれない。　　207p

オ　**妥当でない**　動産の譲渡担保権を第三者に対抗するためには，目的物の引渡しが必要である。この引渡しには，占有改定による引渡しも含まれる（最判昭30.6.2，最判昭62.11.10）。　　222p

　以上より，妥当でないものはウ・オであり，正解は**4**である。

210

チェック欄　　　　　　　　　　　　　　　　　　　　　●民　法

物権／所有権

問77 甲土地を所有するAとその隣地の乙土地を所有するBとの間の相隣関係に関する記述のうち，民法の規定に照らし，正しいものはどれか。なお，次の各場合において，別段の慣習は存在しないものとする。

1 Aは，境界線から1メートル未満の距離*において乙土地を見通すことができる窓または縁側（ベランダも含む）を設けることができるが，その場合には，目隠しを付さなければならない。

2 甲土地に所在するAの竹木の枝が境界線を越えて乙土地に侵入した場合に，Bは，自らその枝を切除することができる。

3 甲土地に所在するAの竹木の根が境界線を越えて乙土地に侵入した場合に，Bは，その根を切除することはできず，Aにその根を切除させなければならない。

4 AおよびBが甲土地および乙土地を所有する前から甲土地と乙土地の境界に設けられていた障壁は，AとBの共有に属するものと推定されるが，その保存の費用は，A・B間に別段の約定がない限り，AとBが，甲土地と乙土地の面積の割合に応じて負担する。

5 甲土地内のAの建物の屋根から雨水が直接に乙土地に注がれる場合に，Bは，その雨水が注がれることを受忍しなければならない。

(注)　＊　その距離は，窓または縁側の最も隣地に近い点から垂直線によって境界線に至るまでを測定して算出する。

（本試験2015年問29）

●法令編

正解 1

正答率 **38%**

合格基本書

1 正 そのとおり。境界線から1メートル未満の距離にお
いて他人の宅地を見通すことができる窓または縁側（ベラン
ダを含む。）を設ける者は，目隠しを付けなければならない
（235条1項）。その距離は，窓または縁側の最も隣地に近い
点から垂直線によって境界線に至るまでを測定して算出する
（235条2項）。

195p

2 誤 隣地の竹木の「枝」が境界線を越えるときは，その
竹木の所有者に，その枝を切除させることができる（233条
1項）が，自らその枝を切り取ることはできない。

195p

3 誤 隣地の竹木の「根」が境界線を越えるときは，自ら
その根を切り取ることができる（233条2項）。

195p

4 誤 境界線上に設けた境界標，囲障，障壁，溝および堀
は，相隣者の共有に属するものと推定される（229条）。そ
して，境界線上に設けられた囲障の一種である障壁の保存の
費用は，相隣者であるAとBが等しい割合で負担する（226
条）。

5 誤 土地所有者が直接に雨水を隣地に注ぐ構造の屋根そ
の他の工作物を設置することは禁止されている（218条）。
218条の規定に違反した工作物が設けられている場合，隣地
所有者は，雨どいなどの防止設備の設置を請求することがで
き，また，損害があれば，損害賠償を請求することもできる
のであって，雨水が直接自己の土地に注がれることを受忍す
る義務はない。

195p

●民法

物権／所有権

問78 A，BおよびCが甲土地を共有し，甲土地上には乙建物が存在している。この場合に関する次のア～オの記述のうち，民法の規定および判例に照らし，正しいものの組合せはどれか。

ア　DがA，BおよびCに無断で甲土地上に乙建物を建てて甲土地を占有使用している場合，Aは，Dに対し，単独で建物の収去および土地の明渡しならびに土地の占拠により生じた損害全額の賠償を求めることができる。

イ　Eが，A，BおよびCが共有する乙建物をAの承諾のもとに賃借して居住し，甲土地を占有使用する場合，BおよびCは，Eに対し当然には乙建物の明渡しを請求することはできない。

ウ　Fが賃借権に基づいて甲土地上に乙建物を建てた場合において，A，BおよびCが甲土地の分割協議を行うとするときは，Fに対して分割協議を行う旨を通知しなければならず，通知をしないときは，A，BおよびCの間でなされた分割の合意は，Fに対抗することができない。

エ　Aが乙建物を所有し居住している場合において，Aが，BおよびCに対して甲土地の分割請求をしたときは，甲土地をAに単独所有させ，Aが，BおよびCに対して持分に相当する価格の賠償を支払う，いわゆる全面的価額賠償の方法によって分割しなければならない。

オ　A，BおよびCが乙建物を共有する場合において，Aが死亡して相続人が存在しないときは，Aの甲土地および乙建物の持分は，BおよびCに帰属する。

1　ア・イ
2　ア・ウ
3　イ・オ
4　ウ・エ
5　エ・オ

（本試験2016年問29）

●法令編

正解 3

正答率 **73**%

合格基本書

ア　誤　判例は，「共有にかかる土地が不法に占有されたこと
を理由として，共有者の全員又はその一部の者から右不法占
有者に対してその損害賠償を求める場合には，右共有者は，
それぞれその共有持分の割合に応じて請求をすべきものであ
り，その割合を超えて請求をすることは許されないものとい
わなければならない。」としている（最判昭51.9.7）。AはD
に対して単独で建物収去・土地明渡しを求めることができる
が，損害については単独で全額の賠償を求めることはできな
い。

197p

イ　正　そのとおり。判例は，「共同相続に基づく共有者は，
他の共有者との協議を経ないで当然に共有物を単独で占有す
る権原を有するものではないが，自己の持分に基づいて共有
物を占有する権原を有するので，他のすべての共有者らは，
右の自己の持分に基づいて現に共有物を占有する共有者に対
して当然には共有物の明渡しを請求することはできないとこ
ろ……，この理は，共有物を占有使用することを承認された
第三者とその余の共有者との関係にも妥当し，共有者の一部
の者から共有者の協議に基づかないで共有物を占有使用する
ことを承認された第三者は，その者の占有使用を承認しなか
つた共有者に対して共有物を排他的に占有する権原を主張す
ることはできないが，現にする占有がこれを承認した共有者
の持分に基づくものと認められる限度で共有物を占有使用す
る権原を有するので，第三者の占有使用を承認しなかつた共
有者は右第三者に対して当然には共有物の明渡しを請求する
ことはできないと解するのが相当である。」としている（最
判昭63.5.20）。よって，BおよびCは，Eに対し当然には乙
建物の明渡しを請求することはできない。

196, 197p

●民法

ウ **誤** 共有物について権利を有する者および各共有者の債権者は，自己の費用で，分割に参加することができる（260条1項）。この参加の請求があったにもかかわらず，その請求をした者を参加させないで分割をしたときは，その分割は，その請求をした者に対抗することができない（260条2項）。しかし，<u>共有者は，共有物の分割に際して，これらの利害関係人に対して通知を行う義務はない。</u>

エ **誤** <u>各共有者は，いつでも共有物の分割を請求することができる（256条1項本文）。協議によって共有物を分割する場合には，どのような方法であってもよい。</u> 197p

オ **正** そのとおり。<u>共有者の1人</u>が，その持分を放棄したとき，または死亡して相続人がない<u>とき</u>は，その持分は，他の共有者に帰属する（255条）。よって，Aの甲土地および乙建物の持分は，BおよびCに帰属する。 197p

以上より，正しいものはイ・オであり，正解は**3**である。

ワンポイント・アドバイス

【裁判による共有物の分割】

　共有物の分割について共有者間に協議が調わないときは，その分割を裁判所に請求することができます（258条1項）。この場合において，共有物の現物を分割することができないとき，または分割によってその価格を著しく減少させるおそれがあるときは，裁判所は，その競売を命ずることができます（258条2項）。

| チェック欄 | | |

物権／所有権

問79 A，BおよびCは費用を出し合って，別荘地である甲土地および同地上に築造された乙建物を購入し，持分割合を均等として共有名義での所有権移転登記を行った。この場合に関する以下の記述のうち，民法の規定および判例に照らし，妥当でないものの組合せはどれか。

ア 甲土地および乙建物にかかる管理費用について，AおよびBはそれぞれの負担部分を支払ったが，資産状況が悪化したCはその負担に応じないため，AおよびBが折半してCの負担部分を支払った。この場合，Cが負担に応ずべき時から1年以内に負担に応じない場合には，AおよびBは，相当の償金を支払ってCの持分を取得することができる。

イ Cが甲土地および乙建物にかかる自己の持分をDに譲渡し，その旨の登記がなされたが，CD間の譲渡契約は錯誤により取り消しうるものであった。この場合，AおよびBは，自己の持分が害されているわけではないので，単独でDに対してCD間の移転登記の抹消を求めることはできない。

ウ 甲土地に隣接する丙土地について，甲土地からの観望を損ねるような工作物を築造しないことを内容とする地役権が設定され，登記されていた。この場合，Aは，自己の持分については，単独で同地役権を消滅させることができるが，同地役権の全部を消滅させることはできない。

エ Cには相続人となるべき者はなく，内縁の妻Eと共に生活していたところ，Cが死亡した。この場合，甲土地および乙建物にかかるCの持分は，特別縁故者に当たるEに分与されないことが確定した後でなければ，他の共有者であるAおよびBに帰属しない。

●民 法

オ　Cの債務を担保するため，A，BおよびCが，各人の甲土地にかかる持分につき，Cの債権者Fのために共同抵当権を設定していたところ，抵当権が実行され，Gが全ての持分を競落した。この場合には，乙建物のために法定地上権が成立する。

1　ア・イ
2　ア・エ
3　ア・オ
4　イ・ウ
5　ウ・エ

（本試験2014年-問29改題）

●法令編

正答率 **59%**

ア **妥当である** そのとおり。各共有者は，その持分に応じ，管理の費用を支払い，その他共有物に関する負担を負う（253条1項）。共有者が1年以内にその義務を履行しないときは，他の共有者は，相当の償金を支払ってその者の持分を取得することができる（253条2項）。

イ **妥当でない** 不動産の共有者の一人は，その持分権に基づき，共有不動産に対する妨害排除請求ができるので，<u>当該不動産について全く実体上の権利を有しないのに持分移転登記を経由している者に対して，単独で，その抹消登記手続を求めることができる</u>（最判平15.7.11）。

ウ **妥当でない** <u>土地の共有者の一人は，その持分につき，その土地のためにまたはその土地について存する地役権を消滅させることができない</u>（地役権の不可分性／282条1項）。よって，Aは，自己の持分について，単独で，甲土地のために存する地役権を<u>消滅させることはできない</u>。

199p

エ **妥当である** そのとおり。共有者の一人が死亡し相続人がいないとき，その共有持分は特別縁故者に対する分与（958条の3）の対象となり，特別縁故者がいないことが確定したときにはじめて255条により他の共有者に帰属する（最判平元.11.24）。

197p

オ **妥当である** そのとおり。土地・建物ともA・B・Cの共有で，土地全部に抵当権が設定され，これが実行されたときは，法定地上権（388条前段）が成立する。土地と建物の共有関係が同一で，かつ，共有する両者によって抵当権が設定されている以上，同一人が土地と建物を所有している場合と同様であると考えられるからである。よって，乙建物のために法定地上権が成立する。

以上より，妥当でないものはイ・ウであり，正解は**4**である。

| チェック欄 | | | | ●民 法

物権／用益物権

問80 甲土地を所有するAは，甲土地に隣接するB所有の乙土地を通行している。この場合に関する次の記述のうち，民法の規定および判例に照らし，妥当なものはどれか。

1 甲土地が乙土地に囲まれて公道に通じていない場合，AがBに対して囲繞地通行権*を主張するためには，Aは甲土地の所有権の登記を具備していなければならない。

2 甲土地と乙土地は元々一筆の土地であったが，分筆によって他の土地に囲まれて公道に通じていない甲土地が生じ，これによりAが乙土地に対する無償の囲繞地通行権を有するに至った場合において，その後に乙土地がCに売却されたとしても，Aは当然にCに対してこの通行権を主張することができる。

3 AがBとの間の賃貸借契約に基づいて乙土地を通行している場合において，その後に甲土地がCに売却されたときは，これによりCも当然に乙土地を通行することができる。

4 Aは，少なくとも20年にわたって，自己のためにする意思をもって，平穏，かつ，公然と乙土地の一部を通行していれば，A自らが通路を開設していなくても，乙土地上に通行地役権を時効取得することができる。

5 Aが地役権に基づいて乙土地の一部を継続的に通路として使用している場合において，その後にCが通路の存在を認識しながら，または認識可能であるにもかかわらず認識しないでBから乙土地を承継取得したときは，Cは背信的悪意者にあたるので，Aの地役権設定登記がなされていなくても，AはCに対して通行地役権を主張することができる。

(注) ＊ 囲繞地通行権とは，民法210条1項に規定されている「他の土地に囲まれて公道に通じていない土地」の通行権のことをいう。

(本試験2012年問29)

●法令編

正解 **2**

正答率 **65%**

合格基本書

1 **妥当でない** 他の土地に囲まれて公道に通じない土地（袋地）の所有者は，公道に至るため，その土地を囲んでいる他の土地（囲繞地）を通行することができる（210条1項）。判例は，袋地の所有権を取得した者は，所有権取得登記を経由していなくても，囲繞地の所有者ないしこれにつき利用権を有する者に対して，囲繞地通行権を主張することができるとしている（最判昭47.4.14）。

195p

2 **妥当である** そのとおり。分割によって公道に通じない土地が生じたときは，その土地の所有者は，公道に至るため，他の分割者の所有地（残余地）のみを通行することができる（213条1項前段）。判例は，213条の規定する無償の囲繞地通行権は，「残余地自体に課せられた物権的負担」であり，残余地について特定承継が生じた場合にも消滅するものではなく，その譲受人に対しても主張することができるとしている（最判平2.11.20）。

195p

3 **妥当でない** 賃貸借契約に基づく乙土地の通行権は，契約当事者であるＡＢ間でのみ主張できるのが原則である。また，甲土地の売却に伴って乙土地の通行権が「従たる権利」としてＣに移転する（87条2項）としても，賃借権の譲渡には，賃貸人（Ｂ）の承諾が必要である（612条1項前段）から，Ｃは，当然に乙土地を通行できるわけではない。

296p

4 **妥当でない** 地役権は，継続的に行使され，かつ，外形上認識することができるものに限り，時効によって取得することができる（283条）。判例は，通行地役権の時効取得については，いわゆる「継続」の要件として，承役地たるべき他人所有の土地の上に通路を開設することを要し，その開設は要役地所有者によってなされることを要するとしている（最判昭30.12.26）。

198p

●民法

5 妥当でない 地役権も不動産に関する物権の1つであり，登記をしなければ第三者に対抗することができない（177条）。もっとも，判例は，177条の「第三者」とは，当事者もしくはその包括承継人以外の者であって，不動産に関する物権の得喪，変更の登記の欠缺を主張する正当の利益を有する者をいい（大判明41.12.15），通行地役権の承役地が譲渡された場合において，承役地が要役地の所有者によって通路として使用されていることが客観的に明らかであり，かつ，譲受人がそのことを認識していたか，または認識することが可能であったときは，譲受人は，特段の事情がない限り，地役権設定登記の欠缺を主張することについて正当な利益のある第三者にあたらないとしている（最判平10.2.13）。すなわち，Aの地役権設定登記がなされていなくても，AはCに対して通行地役権を主張することができるが，これは「背信的悪意」を理由とするものではない。

199p

ワンポイント・アドバイス

【地役権】

　地役権者は，設定行為で定めた目的に従い，他人の土地（承役地）を自己の土地（要役地）の便益に供する権利を有します（280条本文）。例えば，自己の土地（要役地）から道路に出るために，他人の土地（承役地）を「通行」する必要性から地役権（通行地役権）を取得する場合などがあります。

　地役権は，要役地から分離して譲り渡し，または他の権利の目的とすることができません（281条2項）。また，地役権は，要役地の所有権に従たるものとして，その所有権とともに移転し，または要役地について存する他の権利の目的となります（281条1項本文）。

| チェック欄 | | | |

物権／用益物権

問81 A所有の甲土地とB所有の乙土地が隣接し、甲土地の上にはC所有の丙建物が存在している。この場合における次のア～オの記述のうち、民法の規定および判例に照らし、妥当なものの組合せはどれか。

ア　Bが、甲土地に乙土地からの排水のための地役権をA・B間で設定し登記していた場合において、CがAに無断で甲土地に丙建物を築造してその建物の一部が乙土地からの排水の円滑な流れを阻害するときは、Bは、Cに対して地役権に基づき丙建物全部の収去および甲土地の明渡しを求めることができる。

イ　A・B間で、乙土地の眺望を確保するため、甲土地にいかなる工作物も築造しないことを内容とする地役権を設定し登記していた場合において、Cが賃借権に基づいて甲土地に丙建物を築造したときは、Bは地役権に基づき建物の収去を求めることができる。

ウ　甲土地が乙土地を通らなければ公道に至ることができない、いわゆる袋地である場合において、Cが、Aとの地上権設定行為に基づいて甲土地に丙建物を建築し乙土地を通行しようとするときは、Cは、甲土地の所有者でないため、Bとの間で乙土地の通行利用のため賃貸借契約を結ぶ必要がある。

エ　Aは、自己の債務の担保として甲土地に抵当権を設定したが、それ以前に賃借権に基づいて甲土地に丙建物を築造していたCからAが当該抵当権の設定後に丙建物を買い受けた場合において、抵当権が実行されたときは、丙建物のために、地上権が甲土地の上に当然に発生する。

オ　Cが、地上権設定行為に基づいて甲土地上に丙建物を築造していたところ、期間の満了により地上権が消滅した場合において、Aが時価で丙建物を買い取る旨を申し出たときは、Cは、正当な事由がない限りこれを拒むことができない。

●民　法

1　ア・ウ
2　ア・オ
3　イ・エ
4　イ・オ
5　ウ・エ

（本試験2019年問30）

第2編　民法

223

●法令編

正答率 **63**%

- ア **妥当でない** 地役権は、承役地の使用権能を含むことから、地役権に基づく妨害排除請求および妨害予防請求が認められるが、占有権能を含まないことから、地役権に基づく返還請求は認められない。Bは、地役権に基づいてCに対して丙建物の収去を求めることができるが、甲土地の明渡しを求めることはできない。
- イ **妥当である** そのとおり。Bは、Cが甲土地に丙建物を築造したことにより乙土地の眺望を害されていることから、地役権に基づいてCに対して建物の収去を求めることができる。
- ウ **妥当でない** 他の土地に囲まれて公道に通じない土地（袋地）の所有者は、公道に至るため、その土地を囲んでいる他の土地を通行することができる（210条1項）。相隣関係の規定は、地上権者と土地の所有者との間について準用される（267条本文）。甲土地の地上権者Cも、公道に至るために乙土地を通行する権利を有するから、Bとの間で賃貸借契約を結ぶ必要はない。
- エ **妥当でない** 甲土地に抵当権が設定された当時に甲土地と丙建物の所有者が異なっていることから、法定地上権（388条）は成立しない。判例も、建物に抵当権が設定された当時に土地と建物の所有者が異なっていた事案について、法定地上権は成立しないとしている（最判昭44.2.14）。なお、甲土地の上にその賃借人Cが登記された丙建物を所有して賃借権の対抗要件（借地借家法10条1項）を具備した後に、甲土地に抵当権が設定されたときは、甲土地の所有権と賃借権とが同一人Aに帰属しても、179条1項ただし書の準用により、甲土地の賃借権は消滅しない（最判昭46.10.14）。

215p

- オ **妥当である** そのとおり。地上権者は、その権利が消滅した時に、土地を原状に復してその工作物および竹木を収去することができる（269条1項本文）。ただし、土地の所有者が時価相当額を提供してこれを買い取る旨を通知したときは、地上権者は、正当な理由がなければ、これを拒むことができない（269条1項ただし書）。

以上より、妥当なものはイ・オであり、正解は**4**である。

●民法

物権／担保物権

問82 留置権に関する次の記述のうち，民法の規定および判例に照らし，妥当なものはどれか。

1 留置権者は，善良な管理者の注意をもって留置物を占有すべきであるが，善良な管理者の注意とは，自己の財産に対するのと同一の注意より軽減されたものである。

2 留置権者は，債務者の承諾を得なければ，留置物について使用・賃貸・担保供与をなすことができず，留置権者が債務者の承諾を得ずに留置物を使用した場合，留置権は直ちに消滅する。

3 建物賃借人が賃料不払いにより賃貸借契約を解除された後に当該建物につき有益費を支出した場合，賃貸人による建物明渡請求に対して，賃借人は，有益費償還請求権を被担保債権として当該建物を留置することはできない。

4 Aが自己所有建物をBに売却し登記をB名義にしたものの代金未払のためAが占有を継続していたところ，Bは，同建物をCに転売し，登記は，C名義となった。Cが所有権に基づき同建物の明渡しを求めた場合，Aは，Bに対する売買代金債権を被担保債権として当該建物を留置することはできない。

5 Dが自己所有建物をEに売却し引渡した後，Fにも同建物を売却しFが所有権移転登記を得た。FがEに対して当該建物の明渡しを求めた場合，Eは，Dに対する履行不能を理由とする損害賠償請求権を被担保債権として当該建物を留置することができる。

(本試験2021年問30)

●法令編

正答率 **87**%

他人の物の占有者は，その物に関して生じた債権を有するときは，その債権の弁済を受けるまで，その物を留置することができる（留置権／295条1項本文）。

1 妥当でない 留置権者は，善良な管理者の注意をもって，留置物を占有しなければならない（298条1項）。善良な管理者の注意とは，自己の財産に対するのと同一の注意より重いものである。　203p

2 妥当でない 留置権者は，債務者の承諾を得なければ，留置物を使用し，賃貸し，または担保に供することができない（298条2項本文）。留置権者がこの規定に違反したときは，債務者は，留置権の消滅を請求することができる（298条3項）。　203p

3 妥当である そのとおり。判例は，賃貸借契約解除後に賃借人が賃借物につき「支出した有益費の償還請求権については，民法295条2項の類推適用により，……本件建物につき，右請求権に基づく留置権を主張することができないと解すべきである」としている（最判昭46.7.16）。

4 妥当でない 判例は，「留置権が成立したのち債務者からその目的物を譲り受けた者に対しても，債権者がその留置権を主張しうることは，留置権が物権であることに照らして明らかである」としている（最判昭47.11.16）。　203p

5 妥当でない 判例は，不動産の二重売買において第二の買主〔F〕のために所有権移転登記がされた場合に，第一の買主〔E〕は，第二の買主〔F〕の不動産の所有権に基づく明渡請求に対し，売買契約不履行に基づく〔Dに対する〕損害賠償債権をもって留置権を主張することは許されないとしている（最判昭43.11.21）。

226

●民法

物権／担保物権

問83
留置権に関する次の記述のうち，民法の規定および判例に照らし，妥当でないものはどれか。

1 Aは自己所有の建物をBに売却し登記をBに移転した上で，建物の引渡しは代金と引換えにすることを約していたが，Bが代金を支払わないうちにCに当該建物を転売し移転登記を済ませてしまった場合，Aは，Cからの建物引渡請求に対して，Bに対する代金債権を保全するために留置権を行使することができる。

2 Aが自己所有の建物をBに売却し引き渡したが，登記をBに移転する前にCに二重に売却しCが先に登記を備えた場合，Bは，Cからの建物引渡請求に対して，Aに対する損害賠償債権を保全するために留置権を行使することができる。

3 AがC所有の建物をBに売却し引き渡したが，Cから所有権を取得して移転することができなかった場合，Bは，Cからの建物引渡請求に対して，Aに対する損害賠償債権を保全するために留置権を行使することはできない。

4 Aが自己所有の建物をBに賃貸したが，Bの賃料不払いがあったため賃貸借契約を解除したところ，その後も建物の占有をBが続け，有益費を支出したときは，Bは，Aからの建物明渡請求に対して，Aに対する有益費償還請求権を保全するために留置権を行使することはできない。

5 Aが自己所有の建物をBに賃貸しBからAへ敷金が交付された場合において，賃貸借契約が終了したときは，Bは，Aからの建物明渡請求に対して，Aに対する敷金返還請求権を保全するために，同時履行の抗弁権を主張することも留置権を行使することもできない。

（本試験2015年問30）

●法令編

正解 2

正答率 **76**%

合格基本書

1　妥当である　そのとおり。不動産売買における売主の買主に対する代金債権は，295条1項の「その物に関して生じた債権」に当たる。留置権は物権であるから，留置権者は債務者に対してのみでなく，目的物の譲受人など，誰に対してでも留置権を主張することができる（最判昭47.11.16）。

203p

2　妥当でない　不動産が二重売買され，第2売買の買主が先に所有権移転登記を経由したため，第1売買の買主が所有権を取得できなくなったことにより，売主に対し取得した履行不能による損害賠償債権は，295条1項の「その物に関して生じた債権」に当たらない（最判昭43.11.21）。Bは，Cからの建物引渡請求に対して，Aに対する損害賠償債権を保全するために留置権を行使することはできない。

3　妥当である　そのとおり。判例は，「他人の物の売買における買主は，その所有権を移転すべき売主の債務の履行不能による損害賠償債権をもつて，所有者の目的物返還請求に対し，留置権を主張することは許されないものと解するのが相当である。」としている（最判昭51.6.17）。

4　妥当である　そのとおり。賃貸借契約解除後に賃借人が賃借物件に有益費を支出した場合，295条2項の類推適用により，有益費償還請求権に基づく留置権を主張することができない（最判昭46.7.16）。

5　妥当である　そのとおり。賃借人の建物返還義務は，特別の約定のない限り，敷金返還債務に対して先履行の関係にあるから，家屋明渡債務と敷金返還債務とは同時履行の関係に立つものではないし（622条の2第1項1号），賃借人は敷金返還請求権をもって家屋につき留置権を行使することもできない（最判昭49.9.2）。

294p

228

●民法

物権／担保物権

問84 不動産先取特権に関する次の記述のうち，民法の規定に照らし，誤っているものはどれか。

1 不動産の保存の先取特権は，保存行為を完了後，直ちに登記をしたときはその効力が保存され，同一不動産上に登記された既存の抵当権に優先する。

2 不動産工事の先取特権は，工事によって生じた不動産の価格の増加が現存する場合に限り，その増価額についてのみ存在する。

3 不動産売買の先取特権は，売買契約と同時に，不動産の代価またはその利息の弁済がされていない旨を登記したときでも，同一不動産上に登記された既存の抵当権に優先しない。

4 債権者が不動産先取特権の登記をした後，債務者がその不動産を第三者に売却した場合，不動産先取特権者は，当該第三取得者に対して先取特権を行使することができる。

5 同一の不動産について不動産保存の先取特権と不動産工事の先取特権が互いに競合する場合，各先取特権者は，その債権額の割合に応じて弁済を受ける。

(本試験2016年問30)

●法令編

正答率 **46**%

①「不動産の保存」，②「不動産の工事」，③「不動産の売買」によって生じた債権を有する者は，債務者の特定の不動産について先取特権を有する（不動産先取特権／325条）。

1 正 そのとおり。不動産の保存の先取特権の効力を保存するためには，保存行為が完了した後直ちに登記をしなければならない（337条）。登記をした不動産の保存の先取特権は，抵当権に先立って行使することができる（339条・337条）。 205p

2 正 そのとおり。不動産の工事の先取特権は，工事によって生じた不動産の価格の増加が現存する場合に限り，その増価額についてのみ存在する（327条2項）。

3 正 そのとおり。不動産の売買の先取特権の効力を保存するためには，売買契約と同時に，不動産の代価またはその利息の弁済がされていない旨を登記しなければならない（340条）。<u>不動産売買の先取特権と抵当権との効力の優劣は，その登記の前後による</u>（341条・373条）。 205p

4 正 そのとおり。<u>不動産の先取特権については，追及効を切断する規定（333条参照）は置かれていない</u>。よって，債権者が不動産先取特権の登記をした後，債務者がその不動産を第三者に売却した場合，不動産先取特権者は，当該第三取得者に対して先取特権を行使することができる。 205p

5 誤 同一の不動産について特別の先取特権が互いに競合する場合には，その優先権の順位は，325条各号に掲げる順序に従う（331条1項）。325条は，①<u>不動産の保存</u>，②<u>不動産の工事</u>，③不動産の売買の順序で規定している。よって，<u>同一の不動産について不動産保存の先取特権と不動産工事の先取特権が互いに競合する場合，不動産保存の先取特権が不動産工事の先取特権に優先する</u>。 205p

●民 法

物権／担保物権

重要度 B

問 85 質権に関する次の記述のうち，民法の規定および判例に照らし，妥当でないものはどれか。

1 動産質権者は，継続して質物を占有しなければ，その質権をもって第三者に対抗することができず，また，質物の占有を第三者によって奪われたときは，占有回収の訴えによってのみ，その質物を回復することができる。

2 不動産質権は，目的不動産を債権者に引き渡すことによってその効力を生ずるが，不動産質権者は，質権設定登記をしなければ，その質権をもって第三者に対抗することができない。

3 債務者が他人の所有に属する動産につき質権を設定した場合であっても，債権者は，その動産が債務者の所有物であることについて過失なく信じたときは，質権を即時取得することができる。

4 不動産質権者は，設定者の承諾を得ることを要件として，目的不動産の用法に従ってその使用収益をすることができる。

5 質権は，債権などの財産権の上にこれを設定することができる。

(本試験2019年問31)

●法令編

正答率 **32**%

質権者は，その債権の担保として債務者または第三者から受け取った物を占有し，かつ，その物について他の債権者に先立って自己の債権の弁済を受ける権利を有する（<u>質権</u>／342条）。

1 妥当である　そのとおり。動産質権者は，継続して質物を占有しなければ，その質権をもって第三者に対抗することができない（352条）。動産質権者は，質物の占有を奪われたときは，占有回収の訴え（200条）によってのみ，その質物を回復することができる（353条）。 208p

2 妥当である　そのとおり。質権の設定は，債権者にその目的物を引き渡すことによって，その効力を生ずる（344条）。不動産質権者は，質権設定登記をしなければ，その質権をもって第三者に対抗することができない。 208p

3 妥当である　そのとおり。債務者が他人の所有に属する動産につき質権を設定した場合であっても，債権者は，その動産が債務者の所有物であることについて過失なく信じたときは，質権を即時取得（192条）することができる。 189p

4 妥当でない　不動産質権者は，質権の目的である不動産の用法に従い，その使用および収益をすることができる（356条）。その使用および収益については，<u>質権設定者の承諾を得ることを要しない</u>。 208p

5 妥当である　そのとおり。質権は，財産権をその目的とすることができる（362条1項）。 209p

●民 法

物権／担保物権

問86 抵当権の効力に関する次の記述のうち，民法の規定および判例に照らし，妥当なものはどれか。

1 抵当権の効力は抵当不動産の従物にも及ぶが，抵当不動産とは別個に従物について対抗要件を具備しなければ，その旨を第三者に対して対抗することができない。

2 借地上の建物に抵当権が設定された場合において，その建物の抵当権の効力は，特段の合意がない限り借地権には及ばない。

3 買戻特約付売買の買主が目的不動産について買主の債権者のために抵当権を設定し，その旨の登記がなされたところ，その後，売主が買戻権を行使した場合，買主が売主に対して有する買戻代金債権につき，上記抵当権者は物上代位権を行使することができる。

4 抵当不動産が転貸された場合，抵当権者は，原則として，転貸料債権（転貸賃料請求権）に対しても物上代位権を行使することができる。

5 抵当権者が，被担保債権について利息および遅延損害金を請求する権利を有するときは，抵当権者は，原則として，それらの全額について優先弁済権を行使することができる。

（本試験2018年問30）

●法令編

正解 **3**

正答率 **53**%

合格基本書

1 妥当でない 判例は，抵当権の効力は抵当不動産の従物にも及ぶとしている（最判平 2.4.19 等）。また，抵当不動産について抵当権の登記を具備していれば，従物について別個に対抗要件を具備しなくても，従物にも抵当権の効力が及ぶことを対抗することができるとしている（根抵当権につき最判昭 44.3.28）。　212p

2 妥当でない 判例は，借地上の建物に抵当権が設定された場合，建物の抵当権の効力は，原則として借地権（地上権または建物所有目的の敷地の賃借権）にも及ぶとしている（最判昭 40.5.4）。　212p

3 妥当である そのとおり。判例は，買戻特約付売買の目的不動産に抵当権が設定されていた場合，買主が買戻権の行使により取得した買戻代金債権についても抵当権者は物上代位権を行使することができるとしている（最判平 11.11.30）。

4 妥当でない 判例は，抵当不動産が転貸された場合の転貸料債権については，抵当不動産の賃借人を所有者と同視することを相当とする場合を除き，原則として抵当権者は物上代位権を行使することができないとしている（最決平 12.4.14）。

5 妥当でない 抵当権者は，利息その他の定期金を請求する権利を有するときは，原則として，その満期となった最後の 2 年分についてのみ，その抵当権を行使することができる（375 条 1 項本文）。この規定は，抵当権者が債務の不履行によって生じた損害の賠償を請求する権利（遅延損害金の請求権など）を有する場合におけるその最後の 2 年分についても適用される（375 条 2 項本文）。ただし，利息その他の定期金と通算して 2 年分を超えることができない（375 条 2 項ただし書）。　212p

234

●民法

物権／担保物権

問87 物上代位に関する次の記述のうち，民法の規定および判例に照らし，誤っているものはどれか。

1 対抗要件を備えた抵当権者は，物上代位の目的債権が譲渡され，譲受人が第三者に対する対抗要件を備えた後であっても，第三債務者がその譲受人に対して弁済する前であれば，自ら目的債権を差し押さえて物上代位権を行使することができる。

2 対抗要件を備えた抵当権者が，物上代位権の行使として目的債権を差し押さえた場合，第三債務者が債務者に対して反対債権を有していたとしても，それが抵当権設定登記の後に取得したものであるときは，当該第三債務者は，その反対債権を自働債権とする目的債権との相殺をもって，抵当権者に対抗することはできない。

3 動産売買の先取特権に基づく物上代位につき，動産の買主が第三取得者に対して有する転売代金債権が譲渡され，譲受人が第三者に対する対抗要件を備えた場合であっても，当該動産の元来の売主は，第三取得者がその譲受人に転売代金を弁済していない限り，当該転売代金債権を差し押さえて物上代位権を行使することができる。

4 動産売買の先取特権に基づく物上代位につき，買主がその動産を用いて第三者のために請負工事を行った場合であっても，当該動産の請負代金全体に占める価格の割合や請負人（買主）の仕事内容に照らして，請負代金債権の全部または一部をもって転売代金債権と同視するに足りる特段の事情が認められるときは，動産の売主はその請負代金債権を差し押さえて物上代位権を行使することができる。

5 抵当権者は，抵当不動産につき債務者が有する賃料債権に対して物上代位権を行使することができるが，同不動産が転貸された場合は，原則として，賃借人が転借人に対して取得した転貸賃料債権を物上代位の目的とすることはできない。

（本試験2014年問30）

●法令編

正解 3

正答率 **35**%

合格基本書

　先取特権・質権・抵当権は、「目的物の売却、賃貸、滅失又は損傷によって債務者が受けるべき金銭その他の物」および「目的物につき設定した物権の対価」に対しても、行使することができる（物上代位／304条1項2項、350条、372条）。ただし、先取特権者・質権者・抵当権者は、その払渡しまたは引渡しの前に差押えをしなければならない（304条1項ただし書、350条、372条）。例えば、先取特権の目的物が賃貸されたことにより債務者が賃料を受ける権利を有する場合には、債権者は、その賃料が債務者に支払われる前に差押えをすれば、その賃料に対して先取特権を行使することができる。

1　**正**　そのとおり。判例は、①「民法372条において準用する304条1項ただし書が抵当権者が物上代位権を行使するには払渡し又は引渡しの前に差押えをすることを要するとした趣旨目的は、……二重弁済を強いられる危険から第三債務者を保護するという点にあると解される。」としたうえで、②「右のような民法304条1項の趣旨目的に照らすと、同項の『払渡又ハ引渡』には債権譲渡は含まれず、抵当権者は、物上代位の目的債権が譲渡され第三者に対する対抗要件が備えられた後においても、自ら目的債権を差し押さえて物上代位権を行使することができるものと解するのが相当である。」としている（最判平10.1.30）。

2　**正**　そのとおり。判例は、「抵当権者が物上代位権を行使して賃料債権の差押えをした後は、抵当不動産の賃借人は、抵当権設定登記の後に賃貸人に対して取得した債権を自働債権とする賃料債権との相殺をもって、抵当権者に対抗することはできない」としている（最判平13.3.13）。

●民　法

3　**誤**　判例は，「民法304条1項ただし書は，先取特権者が物上代位権を行使するには払渡し又は引渡しの前に差押えをすることを要する旨を規定しているところ，この規定は，抵当権とは異なり公示方法が存在しない動産売買の先取特権については，物上代位の目的債権の譲受人等の第三者の利益を保護する趣旨を含むものというべきである。そうすると，<u>動産売買の先取特権者は，物上代位の目的債権が譲渡され，第三者に対する対抗要件が備えられた後においては，目的債権を差し押さえて物上代位権を行使することはできないものと</u>解するのが相当である」としている（最判平17.2.22）。

4　**正**　そのとおり。判例は，「請負工事に用いられた動産の売主は，原則として，請負人が注文者に対して有する請負代金債権に対して動産売買の先取特権に基づく物上代位権を行使することができないが，請負代金全体に占める当該動産の価額の割合や請負契約における請負人の債務の内容等に照らして請負代金債権の全部又は一部を右動産の転売による代金債権と同視するに足りる特段の事情がある場合には，右部分の請負代金債権に対して右物上代位権を行使することができると解するのが相当である。」としている（最決平10.12.18）。

5　**正**　そのとおり。判例は，「民法372条によって抵当権に準用される同法304条1項に規定する『債務者』には，原則として，抵当不動産の賃借人（転貸人）は含まれないものと解すべきである。けだし，所有者は被担保債権の履行について抵当不動産をもって物的責任を負担するものであるのに対し，抵当不動産の賃借人は，このような責任を負担するものではなく，自己に属する債権を被担保債権の弁済に供されるべき立場にはないからである。」として，「抵当権者は，抵当不動産の賃借人を所有者と同視することを相当とする場合を除き，右賃借人が取得すべき転貸賃料債権について物上代位権を行使することができない」としている（最決平12.4.14）。

第2編

民法

●民 法

物権／担保物権

問88 根抵当権に関する次の記述のうち，民法の規定に照らし，正しいものはどれか。

1 被担保債権の範囲は，確定した元本および元本確定後の利息その他の定期金の2年分である。

2 元本確定前においては，被担保債権の範囲を変更することができるが，後順位抵当権者その他の第三者の承諾を得た上で，その旨の登記をしなければ，変更がなかったものとみなされる。

3 元本確定期日は，当事者の合意のみで変更後の期日を5年以内の期日とする限りで変更することができるが，変更前の期日より前に変更の登記をしなければ，変更前の期日に元本が確定する。

4 元本確定前に根抵当権者から被担保債権を譲り受けた者は，その債権について根抵当権を行使することができないが，元本確定前に被担保債務の免責的債務引受があった場合には，根抵当権者は，引受人の債務について，その根抵当権を行使することができる。

5 根抵当権設定者は，元本確定後においては，根抵当権の極度額の一切の減額を請求することはできない。

(本試験2020年問29)

●法令編

正解 3

正答率 **28**%

合格基本書

1　誤　根抵当権者は，確定した元本ならびに利息その他の定期金および債務の不履行によって生じた損害の賠償の全部について，極度額を限度として，その根抵当権を行使することができる（398条の3第1項）。根抵当権には，抵当権の被担保債権の範囲を「利息その他の定期金を請求する権利を有するときは，その満期となった最後の2年分についてのみ」とする375条1項の規定は適用されない。

221p

2　誤　元本の確定前においては，根抵当権の担保すべき債権の範囲の変更をすることができる（398条の4第1項前段）。この変更をするには，後順位の抵当権者その他の第三者の承諾を得ることを要しない（398条の4第2項）。

221p

3　正　そのとおり。根抵当権の担保すべき元本については，その確定すべき期日を定めまたは変更することができる（398条の6第1項）。この期日は，これを定めまたは変更した日から5年以内でなければならない（398条の6第3項）。この期日の変更についてその変更前の期日より前に登記をしなかったときは，担保すべき元本は，その変更前の期日に確定する（398条の6第4項）。

4　誤　元本の確定前に根抵当権者から債権を取得した者は，その債権について根抵当権を行使することができない（398条の7第1項前段）。また，元本の確定前に債務の引受け（免責的債務引受）があったときは，根抵当権者は，引受人の債務について，その根抵当権を行使することができない（398条の7第2項）。

220p

5　誤　元本の確定後においては，根抵当権設定者は，その根抵当権の極度額を，現に存する債務の額と以後2年間に生ずべき利息その他の定期金および債務の不履行による損害賠償の額とを加えた額に減額することを請求することができる（極度額減額請求権／398条の21第1項）。

221p

240

●民 法

物権／担保物権

問89 Aは債権者Bのため、A所有の甲土地に、被担保債権の範囲をA・B間の継続的売買に係る売掛代金債権とし、その極度額を1億円とする根抵当権を設定した。この場合に関する次の記述のうち、民法の規定に照らし、誤っているものはどれか。

1 元本確定前に、A・Bは協議により、被担保債権の範囲にA・B間の金銭消費貸借取引に係る債権を加えることで合意した。A・Bがこの合意を後順位抵当権者であるCに対抗するためには、被担保債権の範囲の変更についてCの承諾が必要である。

2 元本確定前に、Bが、Aに対して有する継続的売買契約に係る売掛代金債権をDに対して譲渡した場合、Dは、その債権について甲土地に対する根抵当権を行使することはできない。

3 元本確定前においては、Bは、甲土地に対する根抵当権をAの承諾を得てEに譲り渡すことができる。

4 元本が確定し、被担保債権額が6,000万円となった場合、Aは、Bに対して甲土地に対する根抵当権の極度額1億円を、6,000万円と以後2年間に生ずべき利息その他の定期金および債務の不履行による損害賠償の額とを加えた額に減額することを請求できる。

5 元本が確定し、被担保債権額が1億2,000万円となった場合、甲土地について地上権を取得したFは、Bに対して1億円を払い渡して根抵当権の消滅を請求することができる。

(本試験2016年問31)

●法令編

正解 1

正答率 **38**%

合格基本書

1 誤 元本の確定前においては，根抵当権の担保すべき債 221p
権の範囲の変更をすることができる（398条の4第1項前
段）。この被担保債権の範囲の変更をするには，後順位の抵
当権者その他の第三者の承諾を得ることを要しない（398条
の4第2項）。よって，根抵当権の被担保債権の範囲の変更
に関するＡＢ間の合意について，Ｃの承諾を得る必要はな
い。

2 正 そのとおり。元本の確定前に根抵当権者から債権を 220p
取得した者は，その債権について根抵当権を行使することが
できない（398条の7第1項前段）。

3 正 そのとおり。元本の確定前においては，根抵当権者 221p
は，根抵当権設定者の承諾を得て，その根抵当権を譲り渡す
ことができる（398条の12第1項）。

4 正 そのとおり。元本の確定後においては，根抵当権設 221p
定者は，その根抵当権の極度額を，現に存する債務の額と以
後2年間に生ずべき利息その他の定期金および債務の不履行
による損害賠償の額とを加えた額に減額することを請求する
ことができる（極度額減額請求権／398条の21第1項）。

5 正 そのとおり。元本の確定後において現に存する債務 221p
の額が根抵当権の極度額を超えるときは，他人の債務を担保
するためその根抵当権を設定した者または抵当不動産につい
て所有権，地上権，永小作権もしくは第三者に対抗すること
ができる賃借権を取得した第三者は，その極度額に相当する
金額を払い渡しまたは供託して，その根抵当権の消滅請求を
することができる（根抵当権消滅請求権／398条の22第1
項前段）。

242

●民法

物権／担保物権

問90 譲渡担保に関する次の記述のうち，判例に照らし，誤っているものはどれか。

1 不動産の譲渡担保において，債権者はその実行に際して清算義務を負うが，清算金が支払われる前に目的不動産が債権者から第三者に譲渡された場合，原則として，債務者はもはや残債務を弁済して目的物を受け戻すことはできず，このことは譲受人が背信的悪意者にあたるときであっても異ならない。

2 集合動産の譲渡担保において，債権者が譲渡担保の設定に際して占有改定の方法により現に存する動産の占有を取得した場合，その対抗要件具備の効力は，その構成部分が変動したとしても，集合物としての同一性が損なわれない限り，新たにその構成部分となった動産についても及ぶ。

3 集合動産の譲渡担保において，設定者がその目的物である動産につき通常の営業の範囲を超える売却処分をしたときは，当該譲渡担保の目的である集合物から離脱したと認められない限り，当該処分の相手方は目的物の所有権を承継取得することはできない。

4 集合債権の譲渡担保において，それが有効と認められるためには，契約締結時において，目的債権が特定されていなければならず，かつ，将来における目的債権の発生が確実でなければならない。

5 集合債権の譲渡担保において，当該譲渡につき譲渡人から債務者に対して確定日付のある証書によって通知が行われた場合，その対抗要件具備の効力は，将来において発生する債権についても及ぶ。

（本試験2012年問30）

●法令編

正解 4

正答率 **32**%

合格基本書

1 正 そのとおり。判例は，「不動産を目的とする譲渡担保契約において，債務者が弁済期に債務の弁済をしない場合には，債権者は，右譲渡担保契約がいわゆる帰属清算型であると処分清算型であるとを問わず，目的物を処分する権能を取得するから，債権者がこの権能に基づいて目的物を第三者に譲渡したときは，原則として，譲受人は目的物の所有権を確定的に取得し，債務者は，清算金がある場合に債権者に対してその支払を求めることができるにとどまり，残債務を弁済して目的物を受け戻すことはできなくなるものと解するのが相当である……。この理は，譲渡を受けた第三者がいわゆる背信的悪意者に当たる場合であっても異なるところはない。けだし，そのように解さないと，権利関係の確定しない状態が続くばかりでなく，譲受人が背信的悪意者に当たるかどうかを確知し得る立場にあるとは限らない債権者に，不測の損害を被らせるおそれを生ずるからである。」としている（最判平 6.2.22）。

223p

2 正 そのとおり。判例は，集合動産の譲渡担保について，その種類，所在場所および量的範囲を指定するなどにより目的物の範囲が特定できるという要件の下に有効としており（最判昭 54.2.15），さらに，構成部分が変動して新しく構成部分となった動産についても，譲渡担保権者は占有改定により対抗力を取得できるとしている（最判昭 62.11.10）。

222p

3 正 そのとおり。判例は，構成部分の変動する集合動産を目的とする譲渡担保においては，集合物の内容が譲渡担保設定者の営業活動を通じて当然に変動することが予定されているのであるから，譲渡担保設定者には，その通常の営業の範囲内で，譲渡担保の目的を構成する動産を処分する権限が付与されているとし，他方，通常の営業の範囲を超える売却処分をした場合，保管場所から搬出されるなどして当該譲渡

244

●民 法

担保の目的である集合物から離脱したと認められる場合でない限り，当該処分の相手方は目的物の所有権を承継取得することはできないとしている（最判平 18.7.20）。

4 誤 将来発生する債権も譲渡することができ（466 条の6），債権発生の可能性の高低は，将来債権の譲渡の有効性を左右しない（最判平 11.1.29）。もっとも，集合債権譲渡担保の設定のためには，目的債権の範囲が特定されることを要する。そのためには，譲渡される債権の発生原因と譲渡される債権の額を明らかにし，とくに将来発生する債権の譲渡では，その発生する期間の始期・終期を定めておく必要がある（最判平 11.1.29）。　222p

5 正 そのとおり。集合債権譲渡担保設定に係る対抗要件の具備は，債権譲渡の対抗要件の方法（467 条）による（最判平 13.11.22 参照）。　222p

ワンポイント・アドバイス

【譲渡担保】

譲渡担保とは，債務者または第三者（物上保証人）が担保のために，目的物の所有権を債権者に移転する形式の非典型担保です。

設定者（債務者または物上保証人）は，債務を弁済することにより，所有権を取り戻すことができます。反対に，設定者が弁済できなければ，担保権者は，その所有権を確定的に取得し，あるいは第三者に処分することで，優先弁済権を確保することができます。

設定者の使用・収益を認めつつ，不動産以外の財産をも担保の目的にすることができる点で，譲渡担保権には，質権や抵当権と異なる独自の意義があります。また，譲渡担保権の実行において競売を要しないなど，手続の簡略化を図ることができる点でも，独自の意義があります。

●民 法

債権総論／債権の種類

重要度 B

問91 A・B間において，Aが，Bに対して，Aの所有する甲建物または乙建物のうちいずれかを売買する旨の契約が締結された。この場合に関する次の記述のうち，民法の規定に照らし，正しいものはどれか。

1 給付の目的を甲建物とするか乙建物とするかについての選択権は，A・B間に特約がない場合には，Bに帰属する。

2 A・B間の特約によってAが選択権者となった場合に，Aは，給付の目的物として甲建物を選択する旨の意思表示をBに対してした後であっても，Bの承諾を得ることなく，その意思表示を撤回して，乙建物を選択することができる。

3 A・B間の特約によってAが選択権者となった場合において，Aの過失によって甲建物が焼失したためにその給付が不能となったときは，給付の目的物は，乙建物になる。

4 A・B間の特約によって第三者Cが選択権者となった場合において，Cの選択権の行使は，AおよびBの両者に対する意思表示によってしなければならない。

5 A・B間の特約によって第三者Cが選択権者となった場合において，Cが選択をすることができないときは，選択権は，Bに移転する。

（本試験2020年問30）

●法令編

正解 3

正答率 **55**%

合格基本書

1 誤 債権の目的が数個の給付の中から選択によって定まるとき（選択債権の場合）は，特約のない限り，その選択権は，債務者（A）に属する（406条）。 227p

2 誤 選択権は，選択権者（A）から相手方（B）に対する意思表示によって行使する（407条1項）。この意思表示は，相手方（B）の承諾を得なければ，撤回することができない（407条2項）。

3 正 そのとおり。債権の目的である給付の中に不能のもの（甲建物）がある場合において，その不能が選択権を有する者（A）の過失によるものであるときは，債権は，その残存するもの（乙建物）について存在する（410条）。なお，その不能が選択権を有しない者（B）の過失によるときは，選択権を有する者（A）は，不能のもの（甲建物）を選択することも，残存するもの（乙建物）を選択することもできる。 227p

4 誤 第三者（C）が選択をすべき場合には，その選択は，債権者（B）または債務者（A）に対する意思表示によってする（409条1項）。 227p

5 誤 第三者（C）が選択をすべき場合において，第三者（C）が選択をすることができず，または選択をする意思を有しないときは，選択権は，債務者（A）に移転する（409条2項）。 227p

ワンポイント・アドバイス

選択債権が弁済期にある場合において，相手方から相当の期間を定めて催告をしても，選択権を有する当事者がその期間内に選択をしないときは，その選択権は，相手方に移転します（408条）。

248

MEMO

第2編　民法

チェック欄

債権総論／債権の効力

問92 AとBは，令和3年7月1日にAが所有する絵画をBに1000万円で売却する売買契約を締結した。同契約では，目的物は契約当日引き渡すこと，代金はその半額を目的物と引き換えに現金で，残金は後日，銀行振込の方法で支払うこと等が約定され，Bは，契約当日，約定通りに500万円をAに支払った。この契約に関する次のア～オのうち，民法の規定および判例に照らし，妥当でないものの組合せはどれか。

ア 残代金の支払期限が令和3年10月1日と定められていたところ，Bは正当な理由なく残代金500万円の支払いをしないまま2か月が徒過した。この場合，Aは，Bに対して，2か月分の遅延損害金について損害の証明をしなくとも請求することができる。

イ 残代金の支払期限が令和3年10月1日と定められていたところ，Bは正当な理由なく残代金500万円の支払いをしないまま2か月が徒過した場合，Aは，Bに対して，遅延損害金のほか弁護士費用その他取立てに要した費用等を債務不履行による損害の賠償として請求することができる。

ウ 残代金の支払期限が令和3年10月1日と定められていたところ，Bは残代金500万円の支払いをしないまま2か月が徒過した。Bは支払いの準備をしていたが，同年9月30日に発生した大規模災害の影響で振込システムに障害が発生して振込ができなくなった場合，Aは，Bに対して残代金500万円に加えて2か月分の遅延損害金を請求することができる。

エ Aの母の葬儀費用にあてられるため，残代金の支払期限が「母の死亡日」と定められていたところ，令和3年10月1日にAの母が死亡した。BがAの母の死亡の事実を知らないまま2か月が徒過した場合，Aは，Bに対して，残代金500万円に加えて2か月分の遅延損害金を請求することができる。

●民　法

オ　残代金の支払期限について特段の定めがなかったところ，令和
　　3年10月1日にAがBに対して残代金の支払いを請求した。Bが
　　正当な理由なく残代金の支払いをしないまま2か月が徒過した場
　　合，Aは，Bに対して，残代金500万円に加えて2か月分の遅延
　　損害金を請求することができる。

1　ア・イ
2　ア・オ
3　イ・エ
4　ウ・エ
5　ウ・オ

（本試験2021年問31）

●法令編

正解 3

正答率 **31**%

合格基本書

ア **妥当である**　そのとおり。金銭の給付を目的とする債務の不履行による損害賠償については，債権者は，損害の証明をすることを要しない（419条2項）。　233p

イ **妥当でない**　判例は，「民法419条によれば，金銭を目的とする債務の履行遅滞による損害賠償の額は，法律に別段の定めがある場合を除き，約定または法定の利率により，債権者はその損害の証明をする必要がないとされているが，その反面として，たとえそれ以上の損害が生じたことを立証しても，その賠償を請求することはできないものというべく，したがつて，債権者は，金銭債務の不履行による損害賠償として，債務者に対し<u>弁護士費用その他の取立費用を請求することはできないと解するのが相当である</u>。」としている（最判昭48.10.11）。

ウ **妥当である**　そのとおり。金銭の給付を目的とする債務の不履行による損害賠償については，債務者は，不可抗力をもって抗弁とすることができない（419条3項）。　233p

エ **妥当でない**　債務の履行について不確定期限があるときは，債務者は，<u>その期限の到来した後に履行の請求を受けた時またはその期限の到来したことを知った時のいずれか早い時から</u>遅滞の責任を負う（412条2項）。Bは期限の到来したことを知らないままであったことから，<u>Aは遅延損害金の請求をすることはできない</u>。　229p

オ **妥当である**　そのとおり。債務の履行について期限を定めなかったときは，債務者は，履行の請求を受けた時から遅滞の責任を負う（412条3項）。　229p

以上より，妥当でないものはイ・エであり，正解は**3**である。

252

●民 法

債権総論／債権の効力

問93 債務不履行責任に関する次の記述のうち，民法の規定および判例に照らし，妥当でないものはどれか。

1 不確定期限がある債務については，その期限が到来した時ではなく，債務者が履行期の到来を知った時から履行遅滞になる。

2 債務者が自己の債務を履行しない場合，その債務不履行が債務者の責めに帰することができない事由によるものであることを債務者の側において立証することができなければ，債務者は債務不履行責任を免れることができない。

3 削除

4 受寄者が寄託者の承諾を得て寄託物を第三者に保管させたが，当該第三者の行為により寄託物を損傷させた場合，受寄者は，寄託者に対して債務不履行責任を負うことはない。

5 特別の事情によって生じた損害につき，債務者が契約締結時においてその事情を予見できなかったとしても，債務不履行時までに予見すべきであったと認められるときは，債務者はこれを賠償しなければならない。

（本試験2016年問33改題）

●法令編

正解 **4**

正答率 **51**%

合格基本書

1 妥当である そのとおり。債務の履行について不確定期
限があるときは，債務者は，その期限の到来した後に履行の
請求を受けた時またはその期限の到来したことを知った時の
いずれか早い時から遅滞の責任を負う（412条2項）。

229p

2 妥当である そのとおり。債務者がその債務の本旨に従
った履行をしないときまたは債務の履行が不能であるとき
は，債権者は，これによって生じた損害の賠償を請求するこ
とができる（債務不履行による損害賠償／415条1項本文）。
ただし，その債務の不履行が契約その他の債務の発生原因お
よび取引上の社会通念に照らして債務者の責めに帰すること
ができない事由によるものであるときは，この限りでない
（415条1項ただし書）。債務者の責めに帰することができな
い事由の立証責任は，債務者にある。

229p

3 削除 2017（平成29）年改正により，出題の意義が失わ
れた。

4 妥当でない 債務の不履行が契約その他の債務の発生原因
および取引上の社会通念に照らして債務者の責めに帰すること
ができない事由によるものであるときは，債務不履行責任
は生じない（415条1項ただし書）。<u>債務者が自身で債務を履
行せず第三者を使用したからといって，債務不履行責任を免
れる理由にはならない</u>。よって，本記述の場合，<u>債務不履行
が受寄者の責めに帰することができない事由によるものでな
ければ，受寄者は寄託者に対して債務不履行責任を負う</u>。

5 妥当である そのとおり。特別の事情によって生じた損
害であっても，当事者がその事情を予見すべきであったとき
は，債権者は，その賠償を請求することができる（416条2
項）。判例は，416条2項の「当事者」とは債務者であり，
また，債務者による予見時期は，債務不履行時であるとして
いる（大判大7.8.27）。

232p

●民 法

債権総論／債権の効力

重要度 A

問94 債権者代位権に関する次の記述のうち，民法の規定に照らし，正しいものはどれか。

1 債権者は，債務者に属する権利（以下「被代位権利」という。）のうち，債務者の取消権については，債務者に代位して行使することはできない。

2 債権者は，債務者の相手方に対する債権の期限が到来していれば，自己の債務者に対する債権の期限が到来していなくても，被代位権利を行使することができる。

3 債権者は，被代位権利を行使する場合において，被代位権利が動産の引渡しを目的とするものであっても，債務者の相手方に対し，その引渡しを自己に対してすることを求めることはできない。

4 債権者が，被代位権利の行使に係る訴えを提起し，遅滞なく債務者に対し訴訟告知をした場合には，債務者は，被代位権利について，自ら取立てその他の処分をすることはできない。

5 債権者が，被代位権利を行使した場合であっても，債務者の相手方は，被代位権利について，債務者に対して履行をすることを妨げられない。

（本試験2021年問32）

●法令編

正解 5

正答率 **87**%

1　誤　債権者は，自己の債権を保全するため必要があるときは，債務者に属する権利（以下「被代位権利」という。）を行使することができる（423条1項本文）。債務者の取消権についても，代位行使することができる。　236p

2　誤　債権者は，その債権の期限が到来しない間は，被代位権利を行使することができない（423条2項本文）。　237p

3　誤　債権者は，被代位権利を行使する場合において，被代位権利が金銭の支払または動産の引渡しを目的とするものであるときは，相手方に対し，その支払または引渡しを自己に対してすることを求めることができる（423条の3前段）。　238p

4　誤　債権者が被代位権利を行使した場合であっても，債務者は，被代位権利について，自ら取立てその他の処分をすることを妨げられない（423条の5前段）。　238p

5　正　そのとおり。債権者が被代位権利を行使した場合においては，相手方も，被代位権利について，債務者に対して履行をすることを妨げられない（423条の5後段）。　238p

ワンポイント・アドバイス

　債権者は，自己の債権を保全するため必要があるときは，債務者に属する権利（「被代位権利」）を行使することができます（債権者代位権／423条1項本文）。金銭債権を保全するための債権者代位権の行使については，債務者が無資力であることが必要です。

　登記または登録をしなければ権利の得喪および変更を第三者に対抗することができない財産を譲り受けた者は，その譲渡人が第三者に対して有する登記手続または登録手続をすべきことを請求する権利を行使しないときは，その権利を行使することができます（423条の7前段）。登記または登録の請求権を保全するための債権者代位権の行使については，債務者が無資力である必要はありません。

●民 法

債権総論／債権の効力

問95 債権者代位権または詐害行為取消権に関する次の記述のうち，民法の規定および判例に照らし，正しいものはどれか。

1 債権者は，債権の弁済期前であっても，債務者の未登記の権利について登記の申請をすることについて，裁判所の許可を得た場合に限って，代位行使することができる。

2 債権者は，債務者に属する物権的請求権のような請求権だけでなく，債務者に属する取消権や解除権のような形成権についても代位行使することができる。

3 債権者は，債務者に属する権利を，債権者自身の権利として行使するのではなく，債務者の代理人として行使することができる。

4 甲不動産がAからB，AからCに二重に譲渡され，Cが先に登記を備えた場合には，AからCへの甲不動産の譲渡によりAが無資力になったときでも，Bは，AからCへの譲渡を詐害行為として取り消すことはできない。

5 詐害行為取消権の立証責任に関しては，債務者の悪意と同様に，受益者および転得者側の悪意についても債権者側にある。

（本試験2016年問32）

●法令編

正解 **2**

正答率 **32**%

合格基本書

1　誤　債権者は，その債権の期限が到来しない間は，被代位権利（債務者に属する権利）を行使することができない（423条2項本文）。ただし，保存行為は，この限りでない（423条2項ただし書）。ここにいう「保存行為」とは，債務者の権利の現状を維持する行為をいい，債務者の未登記の権利（例えば，抵当権）について登記の申請をすることがこれに当たる。保存行為を代位行使するのに，裁判所の許可を得る必要はない。

237p

2　正　そのとおり。債権者代位権の対象となる権利を「被代位権利」という。物権的請求権だけでなく，制限行為能力または意思の瑕疵を理由とする取消権や契約の解除権などの形成権も被代位権利となる（解除権につき大判大8.2.8）。

236p

3　誤　債権者は自己の名で債務者の権利を行使するのであって，債務者の代理人になるのではない。

236p

4　誤　判例は，詐害行為取消権は，「総債権者の共同担保の保全を目的とする制度であるが，特定物引渡請求権（以下特定物債権と略称する）といえどもその目的物を債務者が処分することにより無資力となつた場合には，該特定物債権者は右処分行為を詐害行為として取り消すことができるものと解するを相当とする。けだし，かかる債権も，窮極において損害賠償債権に変じうるのであるから，債務者の一般財産により担保されなければならないことは，金銭債権と同様だからである。」としている（最判昭36.7.19）。

240, 241p

5　誤　債務者の悪意（詐害意思）に関しては，債権者が立証責任を負う（424条1項本文参照）。転得者の悪意に関しても，債権者が立証責任を負う（424条の5参照）。これに対し，受益者の悪意に関しては，受益者がみずからの善意について立証責任を負う（424条1項ただし書参照）。

258

●民 法

債権総論／債権の効力

重要度 A

問96 詐害行為取消権に関する次の記述のうち、民法の規定および判例に照らし、妥当なものはどれか。

1 遺産分割協議は、共同相続人の間で相続財産の帰属を確定させる行為であるが、相続人の意思を尊重すべき身分行為であり、詐害行為取消権の対象となる財産権を目的とする法律行為にはあたらない。

2 相続放棄は、責任財産を積極的に減少させる行為ではなく、消極的にその増加を妨げる行為にすぎず、また、相続放棄は、身分行為であるから、他人の意思によって強制されるべきではないので、詐害行為取消権行使の対象とならない。

3 離婚における財産分与は、身分行為にともなうものではあるが、財産権を目的とする法律行為であるから、財産分与が配偶者の生活維持のためやむをえないと認められるなど特段の事情がない限り、詐害行為取消権の対象となる。

4 詐害行為取消権は、総ての債権者の利益のために債務者の責任財産を保全する目的において行使されるべき権利であるから、債権者が複数存在するときは、取消債権者は、総債権者の総債権額のうち自己が配当により弁済を受けるべき割合額でのみ取り消すことができる。

5 詐害行為取消権は、総ての債権者の利益のために債務者の責任財産を保全する目的において行使されるべき権利であるから、取消しに基づいて返還すべき財産が金銭である場合に、取消債権者は受益者に対して直接自己への引渡しを求めることはできない。

（本試験2013年問30）

●法令編

正解 **2**

正答率 **77**%

合格基本書

　債権者は，債務者が債権者を害することを知ってした法律行為の取消しを裁判所に請求することができる（詐害行為取消権／424条1項本文）。ただし，その行為によって利益を受けた者または転得者がその行為または転得の時において債権者を害すべき事実を知らなかったときは，この限りでない（424条1項ただし書）。また，424条1項の規定は，財産権を目的としない法律行為については，適用されない（424条2項）。

240, 241p

1　**妥当でない**　判例は，「共同相続人の間で成立した遺産分割協議は，詐害行為取消権行使の対象となり得る」としている（最判平11.6.11）。

2　**妥当である**　そのとおり。相続の放棄は，既得財産の増加を消極的に妨げる行為にすぎず，かつ，このような身分行為については他人の意思によってこれを強制すべきでないから，詐害行為取消権行使の対象とならない（最判昭49.9.20）。

241p

3　**妥当でない**　判例は，離婚における財産分与は，「民法768条3項の規定の趣旨に反して不相当に過大であり，財産分与に仮託してされた財産処分であると認めるに足りるような特段の事情のない限り，詐害行為として，債権者による取消の対象となりえない」としている（最判昭58.12.19）。

241p

4　**妥当でない**　取消債権者は，債権者が複数存在するときであっても，取消債権者の債権の全額について取り消すことができる（大判昭8.2.3）。

5　**妥当でない**　債権者は，受益者に対する詐害行為取消請求において，債務者がした行為の取消しとともに，その行為によって受益者に移転した財産の返還を請求することができる（424条の6第1項前段）。債権者は，424条の6第1項前段の規定により受益者に対して財産の返還を請求する場合において，その返還の請求が金銭の支払いまたは動産の引渡しを求めるものであるときは，受益者に対してその支払または引渡しを，自己に対してすることを求めることができる（424条の9第1項前段）。

242p

260

| チェック欄 | | | ●民 法

債権総論／多数当事者間の債権債務関係

重要度 B

問97 共同事業を営むAとBは，Cから事業資金の融資を受けるに際して，共に弁済期を1年後としてCに対し連帯して1,000万円の貸金債務（以下「本件貸金債務」という。）を負担した（負担部分は2分の1ずつとする。）。この事実を前提とする次の記述のうち，民法の規定および判例に照らし，妥当でないものはどれか。

1 本件貸金債務につき，融資を受けるに際してAが錯誤に陥っており，錯誤に基づく取消しを主張してこれが認められた場合であっても，これによってBが債務を免れることはない。

2 本件貸金債務につき，A・C間の更改により，AがCに対して甲建物を給付する債務に変更した場合，Bは本件貸金債務を免れる。

3 本件貸金債務につき，弁済期到来後にAがCに対して弁済の猶予を求め，その後更に期間が経過して，弁済期の到来から起算して時効期間が満了した場合に，Bは，Cに対して消滅時効を援用することはできない。

4 本件貸金債務につき，Cから履行を求められたAが，あらかじめその旨をBに通知することなくCに弁済した。その当時，BはCに対して500万円の金銭債権を有しており，既にその弁済期が到来していた場合，BはAから500万円を求償されたとしても相殺をもって対抗することができる。

5 本件貸金債務につき，AがCに弁済した後にBに対してその旨を通知しなかったため，Bは，これを知らずに，Aに対して事前に弁済する旨の通知をして，Cに弁済した。この場合に，Bは，Aの求償を拒み，自己がAに対して500万円を求償することができる。

（本試験2017年問32改題）

●法令編

正答率 **65**%

1 妥当である そのとおり。連帯債務者の一人について法律行為の無効または取消しの原因があっても，他の連帯債務者の債務は，その効力を妨げられない（437条）。

2 妥当である そのとおり。連帯債務者の一人と債権者との間に更改があったときは，債権は，すべての連帯債務者の利益のために消滅する（438条）。

3 妥当でない 債務者が弁済の猶予を求めることは，<u>時効更新事由の1つである「権利の承認」（152条）に当たる</u>（大判昭2.1.31）。連帯債務者の一人について生じた時効の更新事由は，<u>他の連帯債務者に対してその効力を生じない</u>（相対的効力の原則／441条本文）。

4 妥当である そのとおり。他の連帯債務者があることを知りながら，連帯債務者の一人が共同の免責を得ることを他の連帯債務者に通知しないで弁済をし，その他自己の財産をもって共同の免責を得た場合において，他の連帯債務者は，債権者に対抗することができる事由を有していたときは，その負担部分について，その事由をもってその免責を得た連帯債務者に対抗することができる（443条1項前段）。

5 妥当である そのとおり。弁済をし，その他自己の財産をもって共同の免責を得た連帯債務者が，他の連帯債務者があることを知りながらその免責を得たことを他の連帯債務者に通知することを怠ったため，他の連帯債務者が善意で弁済その他自己の財産をもって免責を得るための行為をしたときは，当該他の連帯債務者は，その免責を得るための行為を有効であったものとみなすことができる（443条2項）。

●民法

債権総論／多数当事者間の債権債務関係

重要度 A

問98 AがBから金1000万円を借り受けるにあたって，CおよびDがそれぞれAから委託を受けて保証人（連帯保証人ではない通常の保証人で，かつお互いに連帯しない保証人）となり，その後CがBに対して，主たる債務1000万円の全額を，同債務の弁済期日に弁済した。この場合に関する以下の記述のうち，民法の規定に照らし，正しいものはどれか。なお，CD間には負担部分に関する特段の合意がないものとする。

1 CはAおよびDに対して求償することができ，求償権の範囲は，Aに対しては，1000万円および求償権行使までに生じた利息，遅延損害金に及び，Dに対しては，500万円および求償権行使までに生じた利息，遅延損害金に及ぶ。

2 CはAおよびDに対して求償することができ，求償権の範囲は，Aに対しては，1000万円および求償権行使までに生じた利息，遅延損害金等に及び，Dに対しては，500万円である。

3 CはAに対してのみ求償することができ，求償権の範囲は，1000万円および求償権行使までに生じた利息，遅延損害金等に及ぶ。

4 CはAに対してのみ求償することができ，求償権の範囲は，500万円および求償権行使までに生じた利息，遅延損害金等に及ぶ。

5 CはDに対してのみ求償することができ，求償権の範囲は，500万円および求償権行使までに生じた利息，遅延損害金に及ぶ。

（本試験2014年問31）

●法令編

正解 2

正答率 **33**%

合格基本書

　保証人が主たる債務者の委託を受けて保証をした場合におい
て，主たる債務者に代わって弁済その他自己の財産をもって債
務を消滅させるべき行為をしたときは，その保証人は，主たる
債務者に対し，そのために支出した財産の額（その財産の額が
その債務の消滅行為によって消滅した主たる債務の額を超える
場合にあっては，その消滅した額）の求償権を有する（459条
1項）。よって，Cは，主たる債務者Aに対し，支出した1000
万円を求償することができる。

　保証人の主たる債務者に対する求償は，弁済その他免責があ
った日以後の法定利息および避けることができなかった費用そ
の他の損害の賠償を包含する（459条2項・442条2項）。本
問において，CのAに対する求償権の範囲は，求償権行使まで
に生じた利息，遅延損害金にも及ぶ。

　CとDは，共同保証人（連帯保証人ではない通常の保証人
で，かつお互いに連帯しない保証人）であるから，分別の利益
を有する（456条・427条）。共同保証人に分別の利益がある
場合，主たる債務の全額または自己の負担部分を超える額を弁
済した保証人は，委託を受けない保証人の求償権に関する規定
に従って，他の共同保証人が利益を受けた限度においてのみ求
償することができる（465条2項・462条）。本問において，
Dが利益を受けたのはその負担部分である500万円である。
よって，Cは，他の共同保証人Dに対して，500万円を求償す
ることができる。

　以上より，CはAおよびDに対して求償することができ，求
償権の範囲は，Aに対しては，1000万円および求償権行使ま
でに生じた利息，遅延損害金等に及び，Dに対しては，500万
円であるから，正解は**2**である。

264

●民法

債権総論／債権譲渡・債務引受

重要度 B

問99 Aは、Bに対して金銭債務（以下、「甲債務」という。）を負っていたが、甲債務をCが引き受ける場合（以下、「本件債務引受」という。）に関する次の記述のうち、民法の規定に照らし、誤っているものはどれか。

1 本件債務引受について、BとCとの契約によって併存的債務引受とすることができる。

2 本件債務引受について、AとCとの契約によって併存的債務引受とすることができ、この場合においては、BがCに対して承諾をした時に、その効力が生ずる。

3 本件債務引受について、BとCとの契約によって免責的債務引受とすることができ、この場合においては、BがAに対してその契約をした旨を通知した時に、その効力が生ずる。

4 本件債務引受について、AとCが契約をし、BがCに対して承諾することによって、免責的債務引受とすることができる。

5 本件債務引受については、それが免責的債務引受である場合には、Cは、Aに対して当然に求償権を取得する。

（本試験2020年問31）

●法令編

正解 5

正答率 **76%**

合格基本書

1 **正** そのとおり。併存的債務引受は，債権者（B）と引 253p
受人となる者（C）との契約によってすることができる
（470条2項）。

2 **正** そのとおり。併存的債務引受は，債務者（A）と引
受人となる者（C）との契約によってもすることができる
（470条3項前段）。この場合において，併存的債務引受は，
債権者（B）が引受人となる者（C）に対して承諾をした時
に，その効力を生ずる（470条3項後段）。なお，この承諾
は，第三者のためにする契約における受益の意思表示に相当
する。

3 **正** そのとおり。免責的債務引受は，債権者（B）と引
受人となる者（C）との契約によってすることができる
（472条2項前段）。この場合において，免責的債務引受は，
債権者（B）が債務者（A）に対してその契約をした旨を通
知した時に，その効力を生ずる（472条2項後段）。

4 **正** そのとおり。免責的債務引受は，債務者（A）と引
受人となる者（C）が契約をし，債権者（B）が引受人とな
る者（C）に対して承諾をすることによってもすることがで
きる（472条3項）。

5 **誤** 免責的債務引受の引受人（C）は，債務者（A）に 253p
対して求償権を取得しない（472条の3）。なお，債務者
（A）が求償に応じる旨の合意をすることは妨げられない。

ワンポイント・アドバイス

　併存的債務引受の引受人（C）は，債務者（A）と連帯して，債務者
（A）が債権者（B）に対して負担する債務と同一の内容の債務を負担しま
す（470条1項）。免責的債務引受の引受人（C）は債務者（A）が債権者
（B）に対して負担する債務と同一の内容の債務を負担し，債務者（A）は
自己の債務を免れます（472条1項）。

266

●民法

債権総論／債権譲渡・債務引受

重要度 B

問 100 債務引受および契約上の地位の譲渡（契約譲渡）に関する次の記述のうち，判例に照らし，妥当なものの組合せはどれか。

ア 免責的債務引受は，債権者と引受人のみの契約でなすことはできず，債務者（原債務者）を含む三者間の契約でしなければならない。

イ 併存的債務引受は，債務者（原債務者）の意思に反しても，債権者と引受人のみの契約でなすことができる。

ウ 併存的債務引受があった場合，別段の意思表示がないときは，債務者（原債務者）と引受人は，債権者に対し，それぞれ等しい割合で分割債務を負う。

エ 売主の地位や買主の地位の譲渡は，当該売買契約の相手方の承諾がないときは，その相手方に対して効力を生じない。

オ 賃貸借の目的となっている不動産の所有者がその所有権とともに賃貸人の地位を他に譲渡することは，賃貸人の義務の移転を伴うから，賃借人の承諾を必要とし，新旧所有者間の契約ですることはできない。

1 ア・ウ
2 ア・オ
3 イ・ウ
4 イ・エ
5 エ・オ

（本試験2014年問32改題）

●法令編

正解 **4**

正答率 **51**%

合格基本書

ア **妥当でない** 免責的債務引受を債権者・債務者・引受人の
三面契約ですることについては問題ない。免責的債務引受
は，債権者と引受人となる者との契約によってすることがで
きる（472条2項前段）。この場合において，免責的債務引
受は，債権者が債務者に対してその契約をした旨を通知した
時に，その効力を生ずる（472条2項後段）。なお，免責的
債務引受は，債務者と引受人となる者が契約をし，債権者が
引受人となる者に対して承諾をすることによってもすること
ができる（472条3項）。

253p

イ **妥当である** そのとおり。併存的債務引受は，債権者と引
受人のみの契約ですることができる（470条2項）。この場
合，債務者（原債務者）の意思に反してもすることができる
（大判大15.3.25）。

253p

ウ **妥当でない** 併存的債務引受の引受人は，債務者と<u>連帯し
て</u>，債務者が債権者に対して負担する債務と同一の内容の債
務を負担する（470条1項）。すなわち，債務者（原債務者）
と引受人の債務の関係は，<u>連帯債務</u>である。

253p

エ **妥当である** そのとおり。契約の当事者の一方が第三者と
の間で，契約上の地位を譲渡する旨の合意をした場合におい
て，その契約の相手方がその譲渡を承諾したときは，契約上
の地位は，その第三者に移転する（539条の2）。

オ **妥当でない** 不動産の譲渡人が賃貸人であるときは，その
賃貸人たる地位は，<u>賃借人の承諾を要しないで</u>，譲渡人と譲
受人との合意により，譲受人に移転させることができる
（605条の3前段）。これは，539条の2の規定の例外であ
る。

以上より，妥当なものはイ・エであり，正解は**4**である。

268

●民法

チェック欄

債権総論／債権の消滅

重要度 C

問 101 弁済に関する次の記述のうち，民法の規定および判例に照らし，妥当でないものはどれか。

1 債務者が元本のほか利息および費用を支払うべき場合において，弁済として給付した金銭の額がその債務の全部を消滅させるのに足りないときは，債務者による充当の指定がない限り，これを順次に費用，利息および元本に充当しなければならない。

2 同一の債権者に対して数個の金銭債務を負担する債務者が，弁済として給付した金銭の額が全ての債務を消滅させるのに足りない場合であって，債務者が充当の指定をしないときは，債権者が弁済を受領する時に充当の指定をすることができるが，債務者がその充当に対して直ちに異議を述べたときは，この限りでない。

3 金銭債務を負担した債務者が，債権者の承諾を得て金銭の支払に代えて不動産を給付する場合において，代物弁済により債務を消滅させるためには，債権者に所有権を移転させる旨の意思表示をするだけでは足りず，所有権移転登記がされなければならない。

4 債権者があらかじめ弁済の受領を拒んでいる場合，債務者は，口頭の提供をすれば債務不履行責任を免れるが，債権者において契約そのものの存在を否定する等弁済を受領しない意思が明確と認められるときは，口頭の提供をしなくても同責任を免れる。

5 債権者があらかじめ金銭債務の弁済の受領を拒んでいる場合，債務者は，口頭の提供をした上で弁済の目的物を供託することにより，債務を消滅させることができる。

（本試験2018年問31改題）

●法令編

正答率 **19**%

合格基本書

債務者が債権者に対して債務の弁済をしたときは、その債権は、消滅する（473条）。

1 妥当でない 債務者が1個または数個の債務について元本のほか利息および費用を支払うべき場合において、弁済をする者がその債務の全部を消滅させるのに足りない給付をしたときは、これを順次に費用、利息および元本に充当しなければならない（489条1項）。この「費用→利息→元本」の順序は、当事者の合意により変更することができる（490条）が、当事者の一方的な意思表示によって変更することはできない（大判大6.3.31）。よって、当事者の合意による順序の変更がない限り、順次に費用、利息および元本に充当しなければならない。

263p

2 妥当である そのとおり。弁済をする者が弁済を充当すべき債務の指定をしないときは、弁済を受領する者は、その受領の時に、その弁済を充当すべき債務を指定することができる（488条2項本文）。ただし、弁済をする者がその充当に対して直ちに異議を述べたときは、この限りでない（488条2項ただし書）。

3 妥当である 代物弁済契約は、弁済者と債権者との合意によって成立する（482条）。代物弁済契約の締結により弁済者は代物給付義務を負うが、代物給付時に本来の債務が消滅する。例えば、債務者が自己所有の不動産を代物弁済に供した場合には、①不動産の所有権移転の効果は意思主義（176条）に基づき原則として代物弁済契約成立時に生じる（最判昭57.6.4）が、②債務消滅の効果は、原則として所有権移転登記手続の完了時である（最判昭39.11.26）。

256p

●民 法

259p

4 妥当である そのとおり。弁済の提供は，債務の本旨に従って現実にしなければならない（現実の提供／493条本文）。ただし，債権者があらかじめその受領を拒み，または債務の履行について債権者の行為を要するときは，弁済の準備をしたことを通知してその受領の催告をすれば足りる（口頭の提供／493条ただし書）。さらに，判例は，「債務者が言語上の提供〔口頭の提供〕をしても，債権者が契約そのものの存在を否定する等弁済を受領しない意思が明確と認められる場合においては，債務者が形式的に弁済の準備をし且つその旨を通知することを必要とするがごときは全く無意義であつて，法はかかる無意義を要求しているものと解することはできない。それ故，かかる場合には，債務者は言語上の提供〔口頭の提供〕をしないからといつて，債務不履行の責に任ずるものということはできない」としている（最判昭32.6.5）。

5 妥当である そのとおり。弁済者は，①「弁済の提供をした場合において，債権者がその受領を拒んだとき」，②「債権者が弁済を受領することができないとき」は，債権者のために弁済の目的物を供託することができる（494条1項前段）。この場合においては，弁済者が供託をした時に，その債権は，消滅する（494条1項後段）。よって，債権者があらかじめ金銭債務の弁済の受領を拒んでいる場合には，債務者は，口頭の提供をした上で弁済の目的物を供託することにより，債務を消滅させることができる。なお，弁済者が債権者を確知することができないときも，同様とする（494条2項本文）。ただし，弁済者に過失があるときは，この限りでない（494条2項ただし書）。

第**2**編

民法

271

チェック欄

債権総論／債権の消滅

問102 受領権者としての外観を有する者に対する弁済等に関する次の記述のうち、民法の規定および判例に照らし、妥当なものはいくつあるか。

ア 他人名義の預金通帳と届出印を盗んだ者が銀行の窓口でその代理人と称して銀行から払戻しを受けた場合に、銀行が、そのことにつき善意であり、かつ過失がなければ、当該払戻しは、受領権者としての外観を有する者への弁済として有効な弁済となる。

イ 他人名義の定期預金通帳と届出印を盗んだ者が銀行の窓口で本人と称して、定期預金契約時になされた定期預金の期限前払戻特約に基づいて払戻しを受けた場合に、銀行が、そのことにつき善意であり、かつ過失がなければ、当該払戻しは、受領権者としての外観を有する者への弁済として有効な弁済となる。

ウ 他人名義の定期預金通帳と届出印を盗んだ者が銀行の窓口で本人と称して銀行から定期預金を担保に融資を受けたが、弁済がなされなかったため、銀行が当該貸金債権と定期預金債権とを相殺した場合に、銀行が、上記の事実につき善意であり、かつ過失がなければ、当該相殺は、受領権者としての外観を有する者への弁済の規定の類推適用により有効な相殺となる。

エ 債権者の被用者が債権者に無断でその印鑑を利用して受取証書を偽造して弁済を受けた場合であっても、他の事情と総合して当該被用者が受領権者としての外観を有する者と認められるときには、債務者が、上記の事実につき善意であり、かつ過失がなければ、当該弁済は、受領権者としての外観を有する者への弁済として有効な弁済となる。

●民 法

オ　債権が二重に譲渡され，一方の譲受人が第三者対抗要件を先に
具備した場合に，債務者が，その譲受人に対する弁済の有効性につ
いて疑いを抱いてもやむをえない事情があるなど，対抗要件で劣後
する譲受人を真の債権者であると信ずるにつき相当の理由があると
きに，その劣後する譲受人に弁済すれば，当該弁済は，受領権者と
しての外観を有する者への弁済として有効な弁済となる。

1　一つ
2　二つ
3　三つ
4　四つ
5　五つ

（本試験2014年問33改題）

第2編

民法

●法令編

正解 **5**

正答率 **20%**

合格基本書

　受領権者以外の者であって取引上の社会通念に照らして受
領権者としての外観を有するものに対してした弁済は，その
弁済をした者が善意であり，かつ，過失がなかったときに限
り，その効力を有する（478条）。

262p

ア　**妥当である**　そのとおり。債権者の代理人と称して債権を
　行使する者も，478条の「受領権者としての外観を有する
　者」に当たる（最判昭37.8.21参照）。

262p

イ　**妥当である**　そのとおり。定期預金債権の期限前払戻の場
　合における弁済の具体的内容が契約成立時にすでに合意によ
　り確定されているときは，当該期限前払戻は，478条にいう
　弁済に該当し，同条の適用を受ける（最判昭41.10.4）。

ウ　**妥当である**　そのとおり。銀行が預金者でない第三者を預
　金者と誤信して，第三者に対し，定期預金を担保とした貸付
　を行ったが，弁済がないため，当該貸金債権と定期預金債権
　を相殺した場合，銀行がこの事実につき善意であり，かつ過
　失がなければ，478条の類推適用により有効な相殺となる
　（最判昭59.2.23）。

263p

エ　**妥当である**　そのとおり。偽造された受取証書の持参人
　は，478条の「受領権者としての外観を有する者」に当たる
　（大判昭2.6.22参照）。

262p

オ　**妥当である**　そのとおり。債権の二重譲渡における対抗要
　件で劣後する債権譲受人は，478条の「受領権者としての外
　観を有する者」に当たる（最判昭61.4.11参照）。

262p

　以上より，妥当なものはア，イ，ウ，エ，オの5つであり，
正解は**5**である。

●民 法

債権総論／債権の消滅

重要度 A

問 103 代物弁済（担保目的の代物弁済契約によるものは除く。）に関する次の記述のうち，民法の規定および判例に照らし，妥当でないものはどれか。

1 債務者が債権者と合意して，債権者に対し本来の債務の弁済に代えて自己が所有する土地を譲渡した場合，土地所有権の移転の効果は，原則として代物弁済契約の意思表示によって生じる。

2 債務者が債権者と合意して，債権者に対し本来の債務の弁済に代えて自己が所有する土地を譲渡した場合，債務消滅の効果は，原則として移転登記の完了時に生じる。

3 債務者が債権者と合意して，債権者に対し本来の債務の弁済に代えて自己が占有する時計を引き渡した場合，当該時計が他人から借りた時計であったとしても，債権者が，善意，無過失で，平穏に，かつ，公然と占有を開始したときには，時計の所有権を取得できる。

4 債務者が債権者と合意して，債権者に対し本来の債務の弁済に代えて自己が所有する時計を引き渡した場合，その時計に品質に関する契約不適合があるときでも，債権者は，債務者に対し契約不適合責任を追及することはできない。

5 債務者が債権者と合意して，債権者に対し本来の債務の弁済に代えて手形または小切手を交付した場合，これによって債務消滅の効果が生じるので，それらの不渡りがあっても，債権者は，債務者に対し損害賠償を請求することはできない。

（本試験2015年問31改題）

●法令編

正解 **4**

正答率 **43**%

合格基本書

256p

弁済者が，債権者との間で，債務者の負担した給付に代えて他の給付をすることにより債務を消滅させる旨の契約をした場合において，その弁済者が当該他の給付をしたときは，その給付は，弁済と同一の効力を有する（代物弁済／482条）。

1　妥当である　そのとおり。代物弁済（482条）による所有権移転の効果は，意思主義（176条）に基づき，原則として代物弁済契約成立時に生じる（最判昭57.6.4）。

2　妥当である　そのとおり。土地をもって代物弁済をした場合における債務消滅の効果は，原則として所有権移転登記手続の完了時に生じる（最判昭39.11.26）。

3　妥当である　そのとおり。即時取得の制度（192条）は，動産取引の安全を保護する制度であるから，「取引行為によって」動産の占有を始めたことが必要である。代物弁済は，「取引行為」に含まれる。したがって，代物弁済を受けた債権者は，即時取得により，代物弁済の目的物の所有権を取得することができる。

189p

4　妥当でない　代物弁済は一種の有償契約であるから，売買の規定が準用される（559条）。したがって，代物弁済の目的物に品質に関する契約不適合があるときは，債権者は債務者に対して契約不適合責任（562条以下）を追及することができる。

270p

5　妥当である　そのとおり。「弁済に代えて（支払に代えて）」手形または小切手を交付した場合は代物弁済となる。したがって，これによって債務消滅の効果が生じ，不渡りがあっても債務が復活することもなく（大判大9.5.15），債権者は損害賠償請求をすることはできない。

276

債権各論／契約総論

問104 同時履行の抗弁権に関する次の記述のうち、民法の規定および判例に照らし、妥当なものはどれか。

1 双務契約が一方当事者の詐欺を理由として取り消された場合においては、詐欺を行った当事者は、当事者双方の原状回復義務の履行につき、同時履行の抗弁権を行使することができない。

2 家屋の賃貸借が終了し、賃借人が造作買取請求権を有する場合においては、賃貸人が造作代金を提供するまで、賃借人は、家屋の明渡しを拒むことができる。

3 家屋の賃貸借が終了し、賃借人が敷金返還請求権を有する場合においては、賃貸人が敷金を提供するまで、賃借人は、家屋の明渡しを拒むことができる。

4 請負契約においては仕事完成義務と報酬支払義務とが同時履行の関係に立つため、物の引渡しを要する場合であっても、特約がない限り、仕事を完成させた請負人は、目的物の引渡しに先立って報酬の支払を求めることができ、注文者はこれを拒むことができない。

5 売買契約の買主は、売主から履行の提供があっても、その提供が継続されない限り、同時履行の抗弁権を失わない。

(本試験2020年問32)

●法令編

正答率 **51**%

合格基本書

1 妥当でない 判例は，売買契約が詐欺を理由として取り消された場合における当事者双方の原状回復義務は，「民法533条の類推適用により同時履行の関係にある」としている（最判昭47.9.7）。

2 妥当でない 家屋の賃借人が造作買取請求権（借地借家法33条）を行使した場合に，賃貸人の造作代金支払債務と賃借人の造作引渡債務は同時履行の関係にあるが，賃貸人の造作代金支払債務と賃借人の家屋明渡債務は同時履行の関係にはない（大判昭7.9.30，最判昭29.7.22）。 273, 299p

3 妥当でない 賃貸人は，敷金を受け取っている場合において，①「賃貸借が終了し，かつ，賃貸物の返還を受けたとき」，②「賃借人が適法に賃借権を譲り渡したとき」は，賃借人に対し，その受け取った敷金の額から賃貸借に基づいて生じた賃借人の賃貸人に対する金銭の給付を目的とする債務の額を控除した残額を返還しなければならない（622条の2第1項）。賃貸人の敷金返還債務と賃借人の家屋明渡債務は，同時履行の関係にはない。 294p

4 妥当でない 請負において，目的物の引渡しを要するときは，報酬は，仕事の目的物の引渡しと同時に，支払わなければならない（633条本文）。よって，請負人の目的物引渡債務と注文者の報酬支払債務が同時履行の関係にある。 301p

5 妥当である そのとおり。判例は，「双務契約の当事者の一方は相手方の履行の提供があつても，その提供が継続されない限り同時履行の抗弁権を失うものでない」としている（最判昭34.5.14）。 272p

| チェック欄 | | |

●民 法

債権各論／契約総論

問 105 AがBに対して電器製品を売却する旨の売買契約（両債務に関する履行期日は同一であり、AがBのもとに電器製品を持参する旨が約されたものとする。以下、「本件売買契約」という。）に関する次の記述のうち、民法の規定および判例に照らし、誤っているものはどれか。

1 Bが履行期日を過ぎたにもかかわらず売買代金を支払わない場合であっても、Aが電器製品をBのもとに持参していないときは、Aは、Bに対して履行遅滞に基づく損害賠償責任を問うことはできない。

2 Aが履行期日に電器製品をBのもとに持参したが、Bが売買代金を準備していなかったため、Aは電器製品を持ち帰った。翌日AがBに対して、電器製品を持参せずに売買代金の支払を求めた場合、Bはこれを拒むことができる。

3 Bが予め受領を拒んだため、Aは履行期日に電器製品をBのもとに持参せず、その引渡しの準備をしたことをBに通知して受領を催告するにとどめた場合、Bは、Aに対して、電器製品の引渡しがないことを理由として履行遅滞に基づく損害賠償責任を問うことはできない。

4 履行期日にAが電器製品を持参したにもかかわらず、Bが売買代金の支払を拒んだ場合、Aは、相当期間を定めて催告した上で本件売買契約を解除することができる。

5 履行期日になってBが正当な理由なく売買代金の支払をする意思がない旨を明確に示した場合であっても、Aは、電器製品の引渡しの準備をしたことをBに通知して受領を催告しなければ、Bに対して履行遅滞に基づく損害賠償責任を問うことができない。

（本試験2015年問32改題）

●法令編

正解 5

正答率 **58%**

合格基本書

1 **正** そのとおり。売買など双務契約の当事者の一方は，相手方がその債務の履行（債務の履行に代わる損害賠償の債務の履行を含む。）を提供するまでは，自己の債務の履行を拒むことができる（同時履行の抗弁権／533条本文）。よって，Bが代金を支払わなくても違法とはならず，Aは，Bに対して履行遅滞に基づく損害賠償責任を問うことはできない。

272p

2 **正** そのとおり。判例は，「双務契約の当事者の一方は相手方の履行の提供があつても，その提供が継続されない限り同時履行の抗弁権を失うものでない」としている（最判昭34.5.14）。よって，Bは，同時履行の抗弁権を行使して，売買代金の支払を拒むことができる。

3 **正** そのとおり。弁済の提供は，債務の本旨に従って現実にしなければならない（現実の提供／493条本文）。ただし，債権者が予めその受領を拒み，または債務の履行について債権者の行為を要するときは，弁済の準備をしたことを通知してその受領の催告をすれば足りる（口頭の提供／493条ただし書）。Bは予め電器製品の受領を拒んでいるので，Aは口頭の提供をすれば足りる。よって，Aの弁済の提供の効果により履行遅滞とはならず，Bは，履行遅滞に基づく損害賠償責任を問うことはできない。

258p

4 **正** そのとおり。当事者の一方がその債務を履行しない場合において，相手方が相当の期間を定めてその履行の催告をし，その期間内に履行がないときは，相手方は，契約の解除をすることができる（541条本文）。よって，Aは，相当期間を定めて催告した上で契約の解除をすることができる。

276p

5 **誤** 債権者が契約そのものの存在を否定するなど受領拒絶の意思を明確にしたときは，債務者は口頭の提供をする必要はない（最判昭32.6.5）。よって，Aは，弁済の提供をしなくても，Bに対して履行遅滞に基づく損害賠償責任を問うことができる。

259p

●民法

債権各論／契約総論

重要度 A

問106 Aが自己所有の事務機器甲（以下、「甲」という。）をBに売却する旨の売買契約（以下、「本件売買契約」という。）が締結されたが、BはAに対して売買代金を支払わないうちに甲をCに転売してしまった。この場合に関する次の記述のうち、民法の規定および判例に照らし、妥当なものはどれか。

1 Aが甲をすでにBに引き渡しており、さらにBがこれをCに引き渡した場合であっても、Aは、Bから売買代金の支払いを受けていないときは、甲につき先取特権を行使することができる。

2 Aが甲をまだBに引き渡していない場合において、CがAに対して所有権に基づいてその引渡しを求めたとき、Aは、Bから売買代金の支払いを受けていないときは、同時履行の抗弁権を行使してこれを拒むことができる。

3 本件売買契約において所有権留保特約が存在し、AがBから売買代金の支払いを受けていない場合であったとしても、それらのことは、Cが甲の所有権を承継取得することを何ら妨げるものではない。

4 Aが甲をまだBに引き渡していない場合において、CがAに対して所有権に基づいてその引渡しを求めたとき、Aは、Bから売買代金の支払いを受けていないときは、留置権を行使してこれを拒むことができる。

5 Aが甲をまだBに引き渡していない場合において、Bが売買代金を支払わないことを理由にAが本件売買契約を解除（債務不履行解除）したとしても、Aは、Cからの所有権に基づく甲の引渡請求を拒むことはできない。

（本試験2013年問29）

●法令編

正解 4

正答率 **64**%

合格基本書

1 **妥当でない** 動産の売買によって生じた債権を有する者 205p
は，債務者の特定の動産について先取特権を有する（311条
5号）。動産の売買の先取特権は，動産の代価およびその利
息に関し，その動産について存在する（321条）。もっとも，
先取特権は，債務者がその目的である動産をその第三取得者
に引き渡した後は，その動産について行使することができな
い（333条）。BがΥをCに引き渡すと，Aは，甲につき先
取特権を行使することができない。

2 **妥当でない** 双務契約の当事者の一方は，相手方がその 273p
債務の履行を提供するまでは，自己の債務の履行を拒むこと
ができる（同時履行の抗弁権／533条本文）。同時履行の抗
弁権は，公平の見地から，双務契約の当事者間において生ず
るものである。Aは，契約当事者でないCに対して，同時履
行の抗弁権を行使することができない。

3 **妥当でない** 所有権留保とは，代金完済前に目的物を買 223p
主に引き渡す売買において，代金債権の担保のため，代金完
済まで目的物の所有権を売主が自己に留保するという担保手
段をいう。動産の所有権留保売買において，代金完済までの
間に買主の債権者が目的物に対し強制執行に及んだときは，
売主は所有権に基づいて第三者異議の訴えを提起し，その執
行の排除を求めることができるとする判例がある（最判昭
49.7.18）。Aは，代金完済までの間，甲の所有権を主張する
ことができるので，Cが甲の所有権を承継取得することの妨
げとなる。

4 **妥当である** そのとおり。他人の物の占有者は，その物 203, 273p
に関して生じた債権を有するときは，その債権の弁済を受け
るまで，その物を留置することができる（留置権／295条1
項本文）。留置権は物権であるから，第三者に対しても主張
することができる。

282

●民　法

5 妥当でない　当事者の一方がその解除権を行使したときは，各当事者は，その相手方を原状に復させる義務を負う（545条1項本文）。ただし，第三者の権利を害することはできない（545条1項ただし書）。もっとも，<u>解除前に買主Bから目的物である動産を転得した第三者Cが「引渡し」を受けていないときは，Cは，所有権の取得を解除権者Aに対抗することができない</u>（大判大10.5.17）。よって，解除権者Aは，第三者Cからの所有権に基づく甲の引渡請求を<u>拒むことができる</u>。

277p

第2編　民法

ワンポイント・アドバイス

　民事執行法によれば，強制執行の目的物について所有権その他目的物の譲渡または引渡しを妨げる権利を有する第三者は，債権者に対し，その強制執行の不許を求めるために，「第三者異議の訴え」を提起することができます（民事執行法38条1項）。判例は，「動産の割賦払約款付売買契約において，代金完済に至るまで目的物の所有権が売主に留保され，買主に対する所有権の移転は右代金完済を停止条件とする旨の合意がなされているときは，代金完済に至るまでの間に買主の債権者が目的物に対して強制執行に及んだとしても，売主あるいは右売主から目的物を買い受けた第三者は，所有権に基づいて第三者異議の訴を提起し，その執行の排除を求めることができると解するのが相当である。」としています（最判昭49.7.18）。

283

●民法

債権各論／契約総論

問 107 契約の解除に関する次のア～オの記述のうち，民法の規定および判例に照らし，妥当なものの組合せはどれか。

ア　Aが，その所有する建物をBに売却する契約を締結したが，その後，引渡しまでの間にAの火の不始末により当該建物が焼失した。Bは，引渡し期日が到来した後でなければ，当該売買契約を解除することができない。

イ　Aが，その所有する建物をBに売却する契約を締結したが，その後，引渡し期日が到来してもAはBに建物を引き渡していない。Bが，期間を定めずに催告した場合，Bは改めて相当の期間を定めて催告をしなければ，当該売買契約を解除することはできない。

ウ　AとBが，その共有する建物をCに売却する契約を締結したが，その後，AとBは，引渡し期日が到来してもCに建物を引き渡していない。Cが，当該売買契約を解除するためには，Aに対してのみ解除の意思表示をするのでは足りない。

エ　Aが，その所有する土地をBに売却する契約を締結し，その後，Bが，この土地をCに転売した。Bが，代金を支払わないため，Aが，A・B間の売買契約を解除した場合，C名義への移転登記が完了しているか否かに関わらず，Cは，この土地の所有権を主張することができる。

オ　Aが，B所有の自動車をCに売却する契約を締結し，Cが，使用していたが，その後，Bが，所有権に基づいてこの自動車をCから回収したため，Cは，A・C間の売買契約を解除した。この場合，Cは，Aに対しこの自動車の使用利益（相当額）を返還する義務を負う。

1　ア・エ
2　イ・ウ
3　イ・オ
4　ウ・エ
5　ウ・オ

（本試験2013年問31）

●法令編

正解 5

正答率 **65**%

合格基本書

ア **妥当でない** 債務の全部の履行が不能となったときには，債権者は，催告をすることなく，直ちに契約の解除をすることができる（542 条 1 項 1 号）。

イ **妥当でない** 当事者の一方がその債務を履行しない場合において，相手方が「相当の期間」を定めてその履行の催告をし，その期間内に履行がないときは，相手方は，契約の解除をすることができる（541 条本文）。債権者は，期間を定めずに催告した場合でも，催告の時から相当の期間を経過すれば，解除をすることができる（大判昭 2.2.2）。

276p

ウ **妥当である** そのとおり。当事者の一方が数人ある場合には，契約の解除は，その全員からまたはその全員に対してのみ，することができる（544 条 1 項）。

277p

エ **妥当でない** 当事者の一方がその解除権を行使したときは，各当事者は，その相手方を原状に復させる義務を負う（545 条 1 項本文）。ただし，第三者の権利を害することはできない（545 条 1 項ただし書）。545 条 1 項ただし書の「第三者」とは，解除の対象となった契約により給付された物につき権利を取得した者，すなわち，解除前の第三者をいう（大判明 42.5.14）。もっとも，判例は，解除前の第三者が「不動産の所有権を取得した場合はその所有権について不動産登記の経由されていることを必要とするものであつて，もし右登記を経由していないときは第三者として保護するを得ない」として，545 条 1 項ただし書の「第三者」として保護されるためには登記が必要であるとしている（最判昭 33.6.14）。

●民　法

オ　**妥当である**　そのとおり。他人の権利を売買の目的とした場合において，売主がその売却した権利を取得して買主に移転することができないときは，売主に権利の取得・移転義務（561条）違反があり，また，買主による追完請求ではその障害を取り除くことができないので，一般の債務不履行責任に基づいて処理される。すなわち，買主は，売主が権利を移転できないならば，契約を解除し（542条1項1号），売主に帰責事由がない場合を除いて損害賠償請求をすることができる（415条）。判例は，「売買契約が解除された場合に，目的物の引渡を受けていた買主は，原状回復義務の内容として，解除までの間目的物を使用したことによる利益を売主に返還すべき義務を負うものであり，この理は，他人の権利の売買契約において，売主が目的物の所有権を取得して買主に移転することができず，……該契約が解除された場合についても同様であると解すべきである。」としている（最判昭51.2.13）。

以上より，妥当なものはウ・オであり，正解は**5**である。

第2編 民法

ワンポイント・アドバイス

　他人の権利（権利の一部が他人に属する場合におけるその権利の一部を含む。）を売買の目的としたときは，売主は，その権利を取得して買主に移転する義務を負います（他人の権利の売買における売主の義務／561条）。

●民法

債権各論／契約各論

問108 Aは，自己所有の甲建物をBに贈与する旨を約した（以下，「本件贈与」という）。この場合に関する次の記述のうち，民法の規定および判例に照らし，妥当なものはどれか。

1 本件贈与が口頭によるものであった場合，贈与契約は諾成契約であるから契約は成立するが，書面によらない贈与につき贈与者はいつでも解除をすることができるため，甲がBに引き渡されて所有権移転登記手続が終了した後であっても，Aは本件贈与を解除することができる。

2 本件贈与が書面によるものであるというためには，Aの贈与意思の確保を図るため，AB間において贈与契約書が作成され，作成日付，目的物，移転登記手続の期日および当事者の署名押印がされていなければならない。

3 本件贈与につき書面が作成され，その書面でAが死亡した時に本件贈与の効力が生じる旨の合意がされた場合，遺言が撤回自由であることに準じて，Aはいつでも本件贈与を解除することができる。

4 本件贈与につき書面が作成され，その書面でBがAの老後の扶養を行うことが約された場合，BがAの扶養をしないときであっても，甲の引渡しおよび所有権移転登記手続が終了していれば，Aは本件贈与を解除することができない。

5 本件贈与につき書面が作成され，その書面で，BがAの老後の扶養を行えばAが死亡した時に本件贈与の効力が生じる旨の合意がされた場合，Bが上記の負担を全部またはこれに類する程度まで履行したときであっても，特段の事情がない限り，Aは本件贈与を撤回することができる。

（本試験2015年問33改題）

●法令編

正解 3

| 正答率 | **56**% |

合格基本書

1 **妥当でない** 口頭による贈与であっても，贈与契約は諾成契約であるから契約は成立する。そして，書面によらない贈与は，各当事者が解除をすることができる（550条本文）。ただし，履行の終わった部分については，解除することができない（550条ただし書）。判例は，「不動産の贈与契約において，該不動産の所有権移転登記が経由されたときは，該不動産の引渡の有無を問わず，贈与の履行を終つたものと解すべき」としている（最判昭40.3.26）。甲がBに引き渡されて所有権移転登記手続が終了した後は，Aは，本件贈与を解除することはできない。 279p

2 **妥当でない** いかなる場合に贈与が書面によってなされたといえるかについて，判例は，「贈与の意思表示自体が書面によつていることを必要としないことはもちろん，書面が贈与の当事者間で作成されたこと，又は書面に無償の趣旨の文言が記載されていることも必要とせず，書面に贈与がされたことを確実に看取しうる程度の記載があれば足りる」としている（最判昭60.11.29）。必ずしもAB間において贈与契約書が作成され，作成日付，目的物，移転登記手続の期日，当事者の署名押印などがなければならないものではない。 279p

3 **妥当である** そのとおり。贈与者の死亡によって効力を生ずる贈与（死因贈与）については，その性質に反しない限り，遺贈に関する規定が準用される（554条）。そして，判例は，死因贈与について，遺言の撤回に関する1022条がその方式に関する部分を除いて準用されるとしている（最判昭47.5.25）。よって，死因贈与契約を書面でした場合であっても，贈与者Aは，いつでも，当該死因贈与の全部または一部を解除することができる（554条・1022条）。 279p

●民 法

4 妥当でない 負担付贈与において、受贈者が、その負担である義務の履行を怠る場合には、贈与者は贈与契約の解除をなしうる（最判昭53.2.17）。よって、BがAの扶養をしないときは、Aは、本件贈与を解除することができる。

5 妥当でない ＡＢ間の贈与契約は、負担の履行期が贈与者の生前と定められた負担付死因贈与契約である。負担付死因贈与は、死因贈与の一種であるから、遺贈に関する規定が準用される（554条）。もっとも、負担付死因贈与契約に基づいて受贈者が合意に従い負担の全部またはそれに類する程度の履行をした場合に、遺言の撤回の自由を規定する1022条を準用することができるかについて、判例は、「負担付死因贈与契約に基づいて受贈者が約旨に従い負担の全部又はそれに類する程度の履行をした場合においては、贈与者の最終意思を尊重するの余り受贈者の利益を犠牲にすることは相当でない」として、特段の事情がない限り、1022条、1023条の各規定を準用するのは相当でないとしている（最判昭57.4.30）。よって、特段の事情がない限り、Aは、本件贈与を撤回することはできない。

ワンポイント・アドバイス

　遺言者は、いつでも、遺言の方式に従って、その遺言の全部または一部を撤回することができます（1022条）。
　前の遺言が後の遺言と抵触するときは、その抵触する部分については、後の遺言で前の遺言を撤回したものとみなされます（1023条1項）。また、遺言が遺言後の生前処分その他の法律行為と抵触するときは、その抵触する部分については、遺言を撤回したものとみなされます（1023条2項）

| チェック欄 | | |

●民 法

債権各論／契約各論

重要度 A

問 109 Aが甲建物（以下「甲」という。）をBに売却する旨の売買契約に関する次のア～オの記述のうち、民法の規定に照らし、誤っているものはいくつあるか。

ア 甲の引渡しの履行期の直前に震災によって甲が滅失した場合であっても、Bは、履行不能を理由として代金の支払いを拒むことができない。

イ Bに引き渡された甲が契約の内容に適合しない場合、Bは、Aに対して、履行の追完または代金の減額を請求することができるが、これにより債務不履行を理由とする損害賠償の請求は妨げられない。

ウ Bに引き渡された甲が契約の内容に適合しない場合、履行の追完が合理的に期待できるときであっても、Bは、その選択に従い、Aに対して、履行の追完の催告をすることなく、直ちに代金の減額を請求することができる。

エ Bに引き渡された甲が契約の内容に適合しない場合において、その不適合がBの過失によって生じたときであっても、対価的均衡を図るために、BがAに対して代金の減額を請求することは妨げられない。

オ Bに引き渡された甲が契約の内容に適合しない場合において、BがAに対して損害賠償を請求するためには、Bがその不適合を知った時から1年以内に、Aに対して請求権を行使しなければならない。

1 一つ
2 二つ
3 三つ
4 四つ
5 五つ

（本試験2021年問33）

●法令編

正解 **4**

正答率 **45**%

合格基本書

ア **誤** 当事者双方の責めに帰することができない事由によって債務を履行することができなくなったときは，<u>債権者は，反対給付の履行を拒むことができる</u>（536条1項）。

275p

イ **正** そのとおり。562条・563条の規定は，415条の規定による損害賠償の請求を妨げない（564条）。

284p

ウ **誤** 引き渡された目的物が種類，品質または数量に関して契約の内容に適合しないものであるときは，買主が<u>相当の期間を定めて履行の追完の催告をし，その期間内に履行の追完がないときは，買主は，その不適合の程度に応じて代金の減額を請求することができる</u>（563条1項）。563条2項1号〜4号に掲げる場合には，買主は，履行の追完の催告をすることなく，直ちに代金の減額を請求することができる（563条2項）のに対し，<u>履行の追完が合理的に期待できるときは，履行の追完の催告をすることなく代金の減額を請求することはできない</u>。

284, 285p

エ **誤** 563条1項の不適合が買主の責めに帰すべき事由によるものであるときは，<u>買主は，代金の減額の請求をすることができない</u>（563条3項）。

284p

オ **誤** 売主が種類または品質に関して契約の内容に適合しない目的物を買主に引き渡した場合において，買主が<u>その不適合を知った時から1年以内にその旨を売主に通知しないときは</u>，買主は，その不適合を理由として，履行の追完の請求，代金の減額の請求，損害賠償の請求および契約の解除をすることができない（566条本文）。よって，不適合を知った時から1年以内に通知をすれば足り，損害賠償請求権を行使する必要はない。なお，買主は，この通知をしておけば，<u>不適合を知った時から5年の消滅時効期間内に損害賠償請求権などの権利を行使することができる</u>（166条1項1号）。

285p

以上より，誤っているものはア，ウ，エ，オの4つであり，正解は**4**である。

●民法

債権各論／契約各論

問110 Aは甲土地についてその売主Bとの間で売買契約を締結したが，甲土地には権利等に関する契約不適合があった。この場合に関する次の記述のうち，民法の規定および判例に照らし，妥当なものはどれか。＜正解なし＞

1 甲土地の全部の所有権がCに属していたことを知りながらBがこれをAに売却した場合において，BがCからその所有権を取得してAに移転することができないときは，甲土地の全部の所有権がCに属していたことについて善意のAは，その事実を知った時から1年以内に限り，Bに対して，契約を解除して，損害賠償を請求することができる。

2 削除

3 甲土地の一部の所有権がCに属していた場合において，BがCからその所有権を取得してAに移転することができないときは，Aは，甲土地の一部の所有権がCに属していたことについて善意であるか悪意であるかにかかわりなく，契約の時から1年以内に限り，Bに対して，その不足する部分の割合に応じて代金の減額請求をすることができる。

4 契約の時に一定の面積を表示し，この数量を基礎として代金額を定めてBがAに甲土地を売却し，同土地を引き渡した場合において，甲土地の面積が契約時に表示された面積よりも実際には少なく，表示された面積が契約の目的を達成する上で特段の意味を有しているために実際の面積であればAがこれを買い受けなかったときは，その面積の不足について善意のAは，その事実を知った時から1年以内に限り，Bに対して，契約を解除して，損害賠償を請求することができる。

5 甲土地についてCの抵当権が設定されていた場合において，Cの抵当権が実行されてBが所有権を失ったときは，Aは，甲土地に抵当権が設定されていることについて善意であるときに限り，Bに対して，契約を解除して，損害賠償を請求することができる。

（本試験2012年問31改題）

●法令編

正解 なし

正答率 **47**%

合格基本書

1　妥当でない　他人の権利を売買の目的とした場合におい　285, 286p
て，売主がその売却した権利を取得して買主に移転すること
ができないときは，買主は，契約の解除をして，損害賠償を
請求することができる（561条，542条1項1号，415条）。
この場合，目的物の所有権が他人に属することにつき買主の
善意・悪意を問わない。また，この解除と損害賠償請求につ
いては，「その事実を知った時から1年以内」に限るとする
規定はない。

2　削除　2017（平成29）年改正により，出題の意義が失わ
れた。

3　妥当でない　売主が買主に移転した権利が権利の内容に　285, 286p
適合しないものである場合（権利の一部が他人に属する場合
においてその一部を移転しないときを含む。）において，原
則として，買主が相当の期間を定めて履行の追完の催告を
し，その期間内に履行の追完がないときは，買主は，その不
適合の程度に応じて代金の減額を請求することができる
（565条・563条1項）。この場合，目的物の種類または品質
に関する担保責任の期間制限の規定（566条）は適用され
ず，債権の消滅時効に関する一般原則（166条）が適用され
る。債権は，①「債権者が権利を行使することができること
を知った時から5年間行使しないとき」，②「権利を行使す
ることができる時から10年間行使しないとき」は，時効に
よって消滅する（166条1項）。よって，Aは，権利を行使
することができることを知った時から5年間，または権利を
行使することができる時から10年間は代金の減額請求をす
ることができる。

296

●民 法

4 妥当でない 本記述のような数量指示売買において目的
物（甲土地）の数量（面積）が不足していた場合は、「目的
物が……数量に関して契約の内容に適合しないものであると
き」（562条1項）に当たる。この場合、買主は、善意・悪
意を問わず、解除・損害賠償請求をすることができる（564
条、415条、541条、542条）。この場合、目的物の種類ま
たは品質に関する担保責任の期間制限の規定（566条）は適
用されず、債権の消滅時効に関する一般原則（166条）が適
用される。よって、Aは、権利を行使することができること
を知った時から5年間、または権利を行使することができる
時から10年間はその請求をすることができる。

284, 286p

5 妥当でない 売買の目的である不動産について存した抵
当権の行使により買主がその所有権を失ったときは、権利の
全部が買主に移転しない一事例として、買主は、契約の解除
をして、損害賠償を請求することができる（561条、542条
1項1号、415条）。この場合、目的物の所有権が他人に属
することにつき買主の善意・悪意を問わない。

285, 286p

第2編

民法

ワンポイント・アドバイス

　売主が種類または品質に関して契約の内容に適合しない目的物を買主に引
き渡した場合において、買主がその不適合を知った時から1年以内にその旨
を売主に通知しないときは、買主は、その不適合を理由として、履行の追完
の請求、代金の減額の請求、損害賠償の請求および契約の解除をすることが
できません（目的物の種類または品質に関する担保責任の期間の制限／566
条本文）。ただし、売主が引渡しの時にその不適合を知り、または重大な過
失によって知らなかったときは、期間の制限はありません（566条ただし
書）。

●民 法

債権各論／契約各論

問 111 物の貸借に関する次のア〜オの記述のうち，民法の規定に照らし，それが，使用貸借の場合にも賃貸借の場合にも当てはまるものの組合せはどれか。

ア　借主は，契約またはその目的物の性質によって定まった用法に従い，その物の使用および収益をしなければならない。
イ　借主は，目的物の使用および収益に必要な修繕費を負担しなければならない。
ウ　借主は，目的物を返還するときに，これに附属させた物を収去することはできない。
エ　貸借契約は，借主の死亡によって，その効力を失う。
オ　契約の本旨に反する使用または収益によって生じた損害の賠償および借主が支出した費用の償還は，貸主が借主から目的物の返還を受けた時から1年以内に請求しなければならない。

1 ア・イ
2 ア・オ
3 イ・ウ
4 ウ・エ
5 エ・オ

（本試験2018年問32）

●法令編

正解 **2**

正答率 **78**%

合格基本書

ア **いずれの場合にも当てはまる** 使用借主は，契約またはその目的物の性質によって定まった用法に従い，その物の使用および収益をしなければならない（594条1項）。この規定は，賃借人についても準用される（616条）。

290p

イ **使用貸借の場合のみに当てはまる** 使用借主は，借用物の通常の必要費を負担する（595条1項）。なお，特別の必要費は，196条の規定に従い，使用借主は，使用貸主に対してその償還を請求することができる（595条2項，583条2項本文）。これに対し，賃借人は，賃借物について賃貸人の負担に属する必要費を支出したときは，賃貸人に対し，直ちにその償還を請求することができる（608条1項）。よって，賃借人は，目的物の使用および収益に必要な修繕費を負担しなければならないわけではない。

291, 293p

ウ **いずれの場合にも当てはまらない** 使用借主は，借用物を受け取った後にこれに附属させた物を収去することができる（599条2項）。この規定は，賃借人についても準用される（622条）。

291, 293p

エ **使用貸借の場合のみに当てはまる** 使用貸借は，使用借主の死亡によって終了する（597条3項）。これに対し，賃貸借契約は，賃借人の死亡によって終了しない（622条は597条3項を準用していない。）。

291p

オ **いずれの場合にも当てはまる** 契約の本旨に反する使用または収益によって生じた損害の賠償および使用借主が支出した費用の償還は，使用貸主が返還を受けた時から1年以内に請求しなければならない（600条1項）。この規定は，賃借人についても準用される（622条）。

以上より，いずれの場合にも当てはまるものはア・オであり，正解は**2**である。

300

●民法

債権各論／契約各論

問 112 A所有の甲土地をBに対して建物所有の目的で賃貸する旨の賃貸借契約（以下，「本件賃貸借契約」という。）が締結され，Bが甲土地上に乙建物を建築して建物所有権保存登記をした後，AがCに甲土地を売却した。この場合に関する次の記述のうち，民法の規定および判例に照らし，妥当でないものはどれか。

1 本件賃貸借契約における賃貸人の地位は，別段の合意がない限り，AからCに移転する。

2 乙建物の所有権保存登記がBと同居する妻Dの名義であっても，Bは，Cに対して，甲土地の賃借権をもって対抗することができる。

3 Cは，甲土地について所有権移転登記を備えなければ，Bに対して，本件賃貸借契約に基づく賃料の支払を請求することができない。

4 本件賃貸借契約においてAからCに賃貸人の地位が移転した場合，Bが乙建物について賃貸人の負担に属する必要費を支出したときは，Bは，Cに対して，直ちにその償還を請求することができる。

5 本件賃貸借契約の締結にあたりBがAに対して敷金を交付していた場合において，本件賃貸借契約が期間満了によって終了したときは，Bは，甲土地を明け渡した後に，Cに対して，上記の敷金の返還を求めることができる。

（本試験2020年問33）

●法令編

正解 2

正答率 **57**%

合格基本書

1 **妥当である**　そのとおり。不動産について賃貸借の対抗　295p
要件を備えた場合において，その不動産が譲渡されたとき
は，その不動産の賃貸人たる地位は，その譲受人に移転する
（605条の2第1項）。

2 **妥当でない**　判例は，「土地の賃借人がその賃借権を第三
者に対抗しうるためには，その賃借人が借地上に自己の名義
で所有権保存登記等を経由した建物を所有していることが必
要であつて，その賃借人が他人の名義で所有権保存登記等を
経由した建物を所有しているにすぎない場合には，その賃借
権を第三者に対抗することができないものであり，そして，
この理はその他人が賃借人の妻であるときでも同様であると
解すべき」であるとしている（最判昭47.6.22）。

3 **妥当である**　そのとおり。賃貸人たる地位の移転は，賃　295p
貸物である不動産について所有権の移転の登記をしなけれ
ば，賃借人に対抗することができない（605条の2第3項）。
よって，甲土地の譲受人Cは，甲土地について所有権移転登
記を備えなければ，賃借人Bに対して賃料の支払を請求する
ことができない。

4 **妥当である**　そのとおり。賃借人は，賃借物について賃　295p
貸人の負担に属する必要費を支出したときは，賃貸人に対
し，直ちにその償還を請求することができる（608条1項）。
賃貸人たる地位が譲受人またはその承継人に移転したとき
は，費用の償還に係る債務は，譲受人またはその承継人が承
継する（605条の2第4項）。よって，賃借人Bが賃借物
（甲土地）を保存するために賃貸人の負担に属する必要費を
支出したときは，譲受人Cに対して，直ちにその償還を請求
することができる。

●民 法

5 妥当である そのとおり。賃貸人は，敷金を受け取っている場合において，①「賃貸借が終了し，かつ，賃貸物の返還を受けたとき」，②「賃借人が適法に賃借権を譲り渡したとき」は，賃借人に対し，その受け取った敷金の額から賃貸借に基づいて生じた賃借人の賃貸人に対する金銭の給付を目的とする債務の額を控除した残額を返還しなければならない（622条の2第1項）。賃貸人たる地位が譲受人またはその承継人に移転したときは，敷金の返還に係る債務は，譲受人またはその承継人が承継する（605条の2第4項）。よって，本件賃貸借契約が期間満了によって終了したときは，賃借人Bは，甲土地を明け渡した後に，譲受人Cに対して敷金の返還を求めることができる。

ワンポイント・アドバイス

　民法の規定によれば，不動産の賃貸借は，これを登記したときは，その不動産について物権を取得した者その他の第三者に対抗することができます（民法605条）。

　借地借家法の規定によれば，借地権（建物の所有を目的とする地上権または土地の賃借権／借地借家法2条1号）は，その登記がなくても，土地の上に借地権者が登記されている建物を所有するときは，これをもって第三者に対抗することができます（借地借家法10条1項）。また，建物の賃貸借は，その登記がなくても，建物の引渡しがあったときは，その後その建物について物権を取得した者に対し，その効力を生じます（借地借家法31条）。

　これらの規定による賃貸借の対抗要件を備えた場合において，その不動産が譲渡されたときは，その不動産の賃貸人たる地位は，その譲受人に移転します（民法605条の2第1項）。

チェック欄　　　　　　　　　　　　　　　　　　　　　　●民　法

債権各論／契約各論

問113　Aは自己所有の甲建物をBに賃貸し（以下，この賃貸借を「本件賃貸借」という。），その際，BがAに対して敷金（以下，「本件敷金」という。）を交付した。この場合に関する次の記述のうち，民法の規定および判例に照らし，妥当なものはどれか。

1　本件賃貸借において，Bが甲建物のために必要費および有益費を支出した場合，特約がない限り，Bはこれらの費用につき，直ちにAに対して償還請求することができる。

2　BがAの承諾を得て本件賃貸借に基づく賃借権をCに譲渡した場合，特段の事情がない限り，AはBに対して本件敷金を返還しなければならない。

3　BがAの承諾を得て甲建物をDに転貸したが，その後，A・B間の合意により本件賃貸借が解除された場合，B・D間の転貸借が期間満了前であっても，AはDに対して甲建物の明渡しを求めることができる。

4　BがAの承諾を得て甲建物をEに転貸したが，その後，Bの賃料不払いにより本件賃貸借が解除された場合，B・E間の転貸借が期間満了前であれば，AはEに対して甲建物の明渡しを求めることはできない。

5　AがFに甲建物を特段の留保なく売却した場合，甲建物の所有権の移転とともに賃貸人の地位もFに移転するが，現実にFがAから本件敷金の引渡しを受けていないときは，B・F間の賃貸借の終了時にFはBに対して本件敷金の返還義務を負わない。

（本試験2012年問33）

●法令編

正解 **2**

正答率 **54**%

合格基本書

1 **妥当でない**　賃借人が賃借物について「有益費」を支出 293p
したときは，賃貸人は，賃貸借の終了の時に，その償還をし
なければならない（608条2項本文）。なお，「必要費」につ
いては，賃借人は「直ちに」償還を請求することができる
（608条1項）。

2 **妥当である**　そのとおり。賃貸人は，敷金を受け取って 297p
いる場合において，賃貸人が適法に賃貸権を譲り渡したとき
は，賃借人に対し，その受け取った敷金の額から賃貸借に基
づいて生じた賃借人の賃貸人に対する金銭の給付を目的とす
る債務の額を控除した残額を返還しなければならない（622
条の2第1項2号）。ただし，賃借人が賃貸人との間で，敷
金を新たな賃借人の債務不履行の担保とすることを約してい
た場合や，新たな賃借人に対して敷金返還請求権を譲渡して
いた場合は，この限りでない（最判昭53.12.22）。本記述の
場合，賃貸人Aは，特段の事情がない限り，旧賃借人Bに対
して本件敷金を返還しなければならない。

3 **妥当でない**　賃借人が適法に賃借物を転貸した場合には， 297p
賃貸人は，賃借人との間の賃貸借を合意により解除したこと
をもって転借人に対抗することができない（613条3項本
文）。本記述の場合，賃貸人Aは，転借人Dに対して甲建物
の明渡しを求めることはできない。

4 **妥当でない**　賃貸借契約が賃借人の債務不履行により解 297p
除された場合には，賃貸人は債務不履行を理由とする解除を
もって転借人に対抗することができる（大判昭10.11.18）。
なお，613条3項ただし書の規定は，この判例の考え方を前
提としている。本記述の場合，転貸借の期間満了前であって
も，賃貸人Aは，転借人Eに対して甲建物の明渡しを求める
ことができる。

●民法

295p

5　妥当でない　賃貸借の目的物が譲渡され，その譲受人に賃貸人たる地位が移転したときは，実際に敷金が新・旧賃貸人間で引き継がれるか否かを問わず，敷金返還債務は，その譲受人（新賃貸人）が承継する（605条の2第4項）。ただし，承継される額は旧賃貸人に対する債務額を控除した残額である（最判昭44.7.17）。本記述の場合，新賃貸人Fは，賃借人Bに対して本件敷金の返還義務を負う。

第2編

民法

ワンポイント・アドバイス

　「敷金」とは，いかなる名目によるかを問わず，賃料債務その他の賃貸借に基づいて生ずる賃借人の賃貸人に対する金銭の給付を目的とする債務を担保する目的で，賃借人が賃貸人に交付する金銭をいいます（622条の2第1項かっこ書）。

　賃貸人は，敷金を受け取っている場合において，①「賃貸借が終了し，かつ，賃貸物の返還を受けたとき」，②「賃借人が適法に賃借権を譲り渡したとき」は，賃借人に対し，その受け取った敷金の額から賃貸借に基づいて生じた賃借人の賃貸人に対する金銭の給付を目的とする債務の額を控除した残額を返還しなければなりません（622条の2第1項）。

　賃貸人は，賃借人が賃貸借に基づいて生じた金銭の給付を目的とする債務を履行しないときは，敷金をその債務の弁済に充てることができます（622条の2第2項前段）。この場合において，賃借人は，賃貸人に対し，敷金をその債務の弁済に充てることを請求することができません（622条の2第2項後段）。

307

債権各論／契約各論

重要度 A

問114 建物が転貸された場合における賃貸人（建物の所有者），賃借人（転貸人）および転借人の法律関係に関する次のア〜オの記述のうち，民法の規定および判例に照らし，妥当なものの組合せはどれか。

ア　賃貸人の承諾がある転貸において，賃貸人が当該建物を転借人に譲渡し，賃貸人の地位と転借人の地位とが同一人に帰属したときであっても，賃借人と転借人間に転貸借関係を消滅させる特別の合意がない限り，転貸借関係は当然には消滅しない。

イ　賃貸人の承諾がある転貸において，賃借人による賃料の不払があったときは，賃貸人は，賃借人および転借人に対してその支払につき催告しなければ，原賃貸借を解除することができない。

ウ　賃貸人の承諾がある転貸であっても，これにより賃貸人と転借人間に賃貸借契約が成立するわけではないので，賃貸人は，転借人に直接に賃料の支払を請求することはできない。

エ　無断転貸であっても，賃借人と転借人間においては転貸借は有効であるので，原賃貸借を解除しなければ，賃貸人は，転借人に対して所有権に基づく建物の明渡しを請求することはできない。

オ　無断転貸において，賃貸人が転借人に建物の明渡しを請求したときは，転借人は建物を使用収益できなくなるおそれがあるので，賃借人が転借人に相当の担保を提供していない限り，転借人は，賃借人に対して転貸借の賃料の支払を拒絶できる。

1　ア・イ
2　ア・オ
3　イ・ウ
4　ウ・エ
5　エ・オ

（本試験2019年問32）

●法令編

正答率 **44**%

ア **妥当である** そのとおり。賃借人は，賃貸人の承諾を得なければ，賃借物を転貸することができない（612条1項）。賃貸人の承諾がある転貸において，賃借人が当該建物を転借人に譲渡し，賃貸人の地位と転借人の地位とが同一人に帰属したときであっても，賃借人と転借人間に転貸借関係を消滅させる特別の合意がない限り，転貸借関係は当然には消滅しない（最判昭35.6.23）。

イ **妥当でない** 適法な転貸借がある場合，賃貸人が賃料延滞を理由として賃貸借契約を解除するには，賃借人に対して催告すれば足り，転借人に対して延滞賃料の支払の機会を与えなければならないものではない（最判昭37.3.29）。

ウ **妥当でない** 賃借人が適法に賃借物を転貸したときは，転借人は，賃貸人と賃借人との間の賃貸借に基づく賃借人の債務の範囲を限度として，賃貸人に対して転貸借に基づく債務を直接履行する義務を負う（613条1項）。よって，賃貸人は，転借人に直接に賃料の支払を請求することができる。

297p

エ **妥当でない** 賃借権の譲渡または転貸を承諾しない家屋の賃貸人は，賃貸借契約を解除しなくても，譲受人または転借人に対しその明渡しを求めることができる（最判昭26.4.27）。

オ **妥当である** そのとおり。土地または建物の賃借人は，賃借物に対する権利に基づき自己に対して明渡しを請求することができる第三者からその明渡しを求められた場合には，それ以後，賃料の支払を拒絶することができる（最判昭50.4.25）。

以上より，妥当なものはア・オであり，正解は**2**である。

●民 法

債権各論／契約各論

重要度 A

問 115 Aは，B所有の甲土地上に乙建物を建てて保存登記をし，乙建物をCが使用している。この場合に関する次のア～オの記述のうち，民法の規定および判例に照らし，誤っているものはいくつあるか。

ア　Aが，甲土地についての正当な権原に基づかないで乙建物を建て，Cとの間の建物賃貸借契約に基づいて乙建物をCに使用させている場合に，乙建物建築後20年が経過したときには，Cは，Bに対して甲土地にかかるAの取得時効を援用することができる。

イ　Aが，Bとの間の土地賃貸借契約に基づいて乙建物を建て，Cとの間の建物賃貸借契約に基づいてCに乙建物を使用させている場合，乙建物の所有権をAから譲り受けたBは，乙建物についての移転登記をしないときは，Cに対して乙建物の賃料を請求することはできない。

ウ　Aが，Bとの間の土地賃貸借契約に基づいて乙建物を建て，Cとの間の建物賃貸借契約に基づいてCに乙建物を使用させている場合，Cは，Aに無断で甲土地の賃料をBに対して支払うことはできない。

エ　Aが，Bとの間の土地賃貸借契約に基づいて乙建物を建てている場合，Aが，Cに対して乙建物を売却するためには，特段の事情のない限り，甲土地にかかる賃借権を譲渡することについてBの承諾を得る必要がある。

オ　Aが，Bとの間の土地賃貸借契約に基づいて乙建物を建て，Cとの間の建物賃貸借契約に基づいてCに乙建物を使用させている場合，A・B間で当該土地賃貸借契約を合意解除したとしても，特段の事情のない限り，Bは，Cに対して建物の明渡しを求めることはできない。

1　一つ
2　二つ
3　三つ
4　四つ
5　五つ

（本試験2013年問32）

●法令編

正解 2

| 正答率 | **42**% |

合格基本書

ア　**誤**　時効は，当事者（消滅時効にあっては，保証人，物上　162p
保証人，第三取得者その他権利の消滅について正当な利益を
有する者を含む。）が援用しなければ，裁判所がこれによっ
て裁判をすることができない（145条）。判例は，<u>土地上の
建物の賃借人</u>は，「<u>土地の取得時効の完成によつて直接利益
を受ける者ではないから，右土地の所有権の取得時効を援用
することはできない</u>」としている（最判昭44.7.15）。よっ
て，甲土地上の乙建物の賃借人Cは，甲土地にかかるAの取
得時効を援用することはできない。

イ　**正**　そのとおり。不動産賃貸借の登記（605条），借地借　295p
家法10条または31条等による賃貸借の対抗要件を備えた
場合において，その不動産が譲渡されたときは，その不動産
の賃貸人たる地位は，その譲受人に移転する（605条の2第
1項）。もっとも，605条の2第1項による賃貸人たる地位
の移転は，賃貸物である不動産について所有権の移転の登記
をしなければ，賃借人に対抗することができない（605条の
2第3項）。よって，乙建物の譲受人Bは，所有権移転登記
をしないときは，賃借人Cに対して賃貸人たる地位を対抗し
て賃料を請求することはできない。

ウ　**誤**　債務の弁済は，第三者もすることができる（474条1　260p
項）。もっとも，弁済をするについて正当な利益を有する者
でない第三者は，債務者の意思に反して弁済をすることがで
きない（474条2項本文）。借地上の建物賃借人は，「<u>弁済を
するについて正当な利益</u>」を有する者に当たる（最判昭
63.7.1参照）。よって，<u>Cは，Aに無断で甲土地の賃料をB
に対して支払うことができる</u>。

●民 法

エ **正** そのとおり。賃借人は，賃貸人の承諾を得なければ，その賃借権を譲り渡すことができない（612条1項）。判例は，「賃借地上にある建物の売買契約が締結された場合においては，特別の事情のないかぎり，その売主は買主に対し建物の所有権とともにその敷地の賃借権をも譲渡したものと解すべきであり，そして，それに伴い，……特約または慣行がなくても，特別の事情のないかぎり，建物の売主は買主に対しその敷地の賃借権譲渡につき賃貸人の承諾を得る義務を負う」としている（最判昭47.3.9）。よって，甲土地の賃借人Aが，Cに対して甲土地上の乙建物を売却するためには，特段の事情のない限り，甲土地にかかる賃借権を譲渡することについて賃貸人Bの承諾を得る必要がある

オ **正** そのとおり。判例は，「建物所有を目的とする土地の賃貸借においては，土地賃貸人は，土地賃借人が，その借地上に建物を建築所有して自らこれに居住することばかりでなく，反対の特約がないかぎりは，他にこれを賃貸し，建物賃借人をしてその敷地を占有使用せしめることをも当然に予想し，かつ認容しているものとみるべきであるから，建物賃借人は，当該建物の使用に必要な範囲において，その敷地の使用収益をなす権利を有するとともに，この権利を土地賃貸人に対し主張し得るものというべく，右権利は土地賃借人がその有する借地権を放棄することによつて勝手に消滅せしめ得ないものと解するのを相当とするところ，土地賃貸人とその賃借人との合意をもつて賃貸借契約を解除した本件のような場合には賃借人において自らその借地権を放棄したことになるのであるから，これをもつて第三者たる被上告人〔建物賃借人〕に対抗し得ないものと解すべきであ」るとしている（最判昭38.2.21）。よって，A・B間で甲土地の賃貸借契約を合意解除したとしても，特段の事情のない限り，Bは，Cに対して乙建物の明渡しを求めることはできない。

以上より，誤っているものはア，ウの2つであり，正解は**2**である。

●民 法

債権各論／契約各論

重要度 A

問 116 A，B，C，D，Eの5人が，各自で出資をして共同の事業を営むことを約して組合を設立した場合に関する次の記述のうち，民法の規定および判例に照らし，正しいものはどれか。

1 Aは，組合の常務について単独で行うことはできず，総組合員の過半数の賛成が必要であるから，Aのほか2人以上の組合員の賛成を得た上で行わなければならない。

2 組合契約でA，B，Cの3人を業務執行者とした場合には，組合の業務は，A，B，C全員の合意で決しなければならず，AとBだけの合意では決することはできない。

3 組合契約で組合の存続期間を定めない場合に，Aは，やむを得ない事由があっても，組合に不利な時期に脱退することはできない。

4 やむを得ない事由があっても任意の脱退を許さない旨の組合契約がある場合に，Aは，適任者を推薦しない限り当該組合を脱退することはできない。

5 組合財産に属する特定の不動産について，第三者が不法な保存登記をした場合に，Aは，単独で当該第三者に対して抹消登記請求をすることができる。

（本試験2013年問33改題）

●法令編

正答率 **83**%

組合契約は，各当事者が出資をして共同の事業を営むことを約することによって，その効力を生ずる（667条1項）。出資は，労務をその目的とすることができる（667条2項）。

1 誤 組合契約により業務を委任された者がいない場合，組合の業務は，組合の過半数をもって決定し，各組合員がこれを執行する（670条1項）。もっとも，組合の常務は，その完了前に他の組合員が異議を述べたときを除き，各組合員が単独で行うことができる（670条5項）。ここにいう「常務」とは，日常的な軽微な業務をいう。本記述の場合，Aは，組合の常務について単独で行うことができる。 308p

2 誤 組合の業務の決定および執行は，組合契約の定めるところにより，一人または数人の組合員または第三者に委任することができる（670条2項）。この委任を受けた者（業務執行者）は，組合の業務を決定し，これを執行する（670条3項前段）。この場合において，業務執行者が数人あるときは，組合の業務は，業務執行者の過半数をもって決定し，各業務執行者がこれを執行する（670条3項後段）。本記述の場合，組合の業務は，AとBの2人だけの合意（業務執行者の過半数）で決定することができる。 308p

3 誤 組合契約で組合の存続期間を定めなかったときは，各組合員は，いつでも脱退することができる（678条1項本文）。ただし，「やむを得ない事由」がある場合を除き，組合に不利な時期に脱退することができない（678条1項ただし書）。よって，「やむを得ない事由」がある場合には，組合に不利な時期に脱退することができる。なお，組合の存続期間を定めた場合であっても，各組合員は，「やむを得ない事由」があるときは，脱退することができる（678条2項）。 309p

●民 法

4 誤 判例は，「民法678条は，組合員は，やむを得ない事由がある場合には，組合の存続期間の定めの有無にかかわらず，常に組合から任意に脱退することができる旨を規定しているものと解されるところ，同条のうち右の旨を規定する部分は，強行法規であり，これに反する組合契約における約定は効力を有しないものと解するのが相当である。けだし，やむを得ない事由があっても任意の脱退を許さない旨の組合契約は，組合員の自由を著しく制限するものであり，公の秩序に反するものというべきだからである。」としている（最判平11.2.23）。

5 正 そのとおり。各組合員の出資その他の組合財産は，総組合員の「共有」に属する（668条）。ここにいう「共有」とは，合有と解されている。判例は，「組合財産が理論上合有であるとしても，民法の法条そのものはこれを共有とする建前で規定されており，……組合財産については，民法667条以下において特別の規定のなされていない限り，民法249条以下の共有の規定が適用される」としたうえで，「ある不動産の共有権者の一人が，その持分に基き，当該不動産につき登記簿上所有名義者たるものに対して，その登記の抹消を求めることは，妨害排除の請求に外ならず，いわゆる保存行為に属するものというべきであるから，民法における組合財産の性質を前記の如く解するにおいては，その持分権者の一人は単独で右不動産に対する所有権移転登記の全部の抹消を求めることができる」としている（最判昭33.7.22）。

ワンポイント・アドバイス

　任意脱退（678条）の場合のほか，組合員は，①「死亡」，②「破産手続開始の決定を受けたこと」，③「後見開始の審判を受けたこと」，④「除名」によって脱退します（非任意脱退／679条）。

●民法

債権各論／契約各論

問 117 無償契約に関する次の記述のうち，民法の規定および判例に照らし，妥当なものはどれか。

1 定期の給付を目的とする贈与は，贈与者または受贈者の死亡によって，その効力を失う。

2 削除

3 使用貸借においては，借用物の通常の必要費については借主の負担となるのに対し，有益費については貸主の負担となり，その償還の時期は使用貸借の終了時であり，貸主の請求により裁判所は相当の期限を許与することはできない。

4 委任が無償で行われた場合，受任者は委任事務を処理するにあたり，自己の事務に対するのと同一の注意をもってこれを処理すればよい。

5 寄託が無償で行われた場合，受寄者は他人の物を管理するにあたり，善良なる管理者の注意をもって寄託物を保管しなければならない。

（本試験2012年問32改題）

●法令編

正解 **1**

正答率 **81**%

合格基本書

1 妥当である そのとおり。定期の給付を目的とする贈与 279p
は，贈与者または受贈者の死亡によって，その効力を失う
（552条）。

2 削除 2017（平成29）年改正により，出題の意義が失わ
れた。

3 妥当でない 使用貸借において，借主は，借用物の通常 291p
の必要費を負担する（595条1項）。通常の必要費以外の費
用については，196条の規定に従い，借主は，貸主に償還請
求することができる（595条2項・583条2項本文）が，有
益費については，裁判所は，貸主の請求により，その償還に
ついて相当の期限を許与することができる（595条2項・
583条2項ただし書）。

4 妥当でない 委任が無償で行われた場合でも，受任者は， 304p
委任の本旨に従い，善良な管理者の注意をもって，委任事務
を処理する義務を負う（644条）。

5 妥当でない 無報酬の受寄者は，自己の財産に対するの 307p
と同一の注意をもって，寄託物を保管する義務を負う（659
条）。

ワンポイント・アドバイス

　「無償委任」の場合でも，「有償委任」の場合でも，受任者は，委任の本旨
に従い，善良な管理者の注意をもって，委任事務を処理する義務を負います
（644条）。
　「無償寄託」の場合には，無報酬の受寄者は，自己の財産に対するのと同
一の注意をもって，寄託物を保管する義務を負います（659条）。「有償寄
託」の場合には，受寄者は，善良な管理者の注意（400条）をもって寄託
物を保管する義務を負います。

320

●民 法

債権各論／契約各論

重要度 B

問 118 医療契約に基づく医師の患者に対する義務に関する次の記述のうち，民法の規定および判例に照らし，妥当なものはどれか。

1 過失の認定における医師の注意義務の基準は，診療当時のいわゆる臨床医学の実践における医療水準であるとされるが，この臨床医学の実践における医療水準は，医療機関の特性等によって異なるべきではなく，全国一律に絶対的な基準として考えられる。

2 医療水準は，過失の認定における医師の注意義務の基準となるものであるから，平均的医師が現に行っている医療慣行とは必ずしも一致するものではなく，医師が医療慣行に従った医療行為を行ったからといって，医療水準に従った注意義務を尽くしたと直ちにいうことはできない。

3 医師は，治療法について選択の機会を患者に与える必要があるとはいえ，医療水準として未確立の療法については，その実施状況や当該患者の状況にかかわらず，説明義務を負うものではない。

4 医師は，医療水準にかなう検査および治療措置を自ら実施できない場合において，予後（今後の病状についての医学的な見通し）が一般に重篤で，予後の良否が早期治療に左右される何らかの重大で緊急性のある病気にかかっている可能性が高いことを認識できたときであっても，その病名を特定できない以上，患者を適切な医療機関に転送して適切な治療を受けさせるべき義務を負うものではない。

5 精神科医は，向精神薬を治療に用いる場合において，その使用する薬の副作用については，その薬の最新の添付文書を確認しなくても，当該医師の置かれた状況の下で情報を収集すれば足りる。

（本試験2020年問34）

●法令編

正解 **2**

正答率 **83**%

合格基本書

1　妥当でない　判例は，人の生命および健康を管理する業務に従事する者の「注意義務の基準となるべきものは，診療当時のいわゆる臨床医学の実践における医療水準である」としたうえで，「ある新規の治療法の存在を前提にして検査・診断・治療等に当たることが診療契約に基づき医療機関に要求される医療水準であるかどうかを決するについては，当該医療機関の性格，所在地域の医療環境の特性等の諸般の事情を考慮すべきであり，右の事情を捨象して，すべての医療機関について診療契約に基づき要求される医療水準を一律に解するのは相当でない。」としている（最判平 7.6.9）。

2　妥当である　そのとおり。判例は，「人の生命及び健康を管理すべき業務（医業）に従事する者は，その業務の性質に照らし，危険防止のために実験上必要とされる最善の注意義務を要求されるのであるが……，具体的な個々の案件において，債務不履行又は不法行為をもって問われる医師の注意義務の基準となるべきものは，一般的には診療当時のいわゆる臨床医学の実践における医療水準である……。そして，この臨床医学の実践における医療水準は，全国一律に絶対的な基準として考えるべきものではなく，診療に当たった当該医師の専門分野，所属する診療機関の性格，その所在する地域の医療環境の特性等の諸般の事情を考慮して決せられるべきものであるが……，医療水準は，医師の注意義務の基準（規範）となるものであるから，平均的医師が現に行っている医療慣行とは必ずしも一致するものではなく，医師が医療慣行に従った医療行為を行ったからといって，医療水準に従った注意義務を尽くしたと直ちにいうことはできない。」としている（最判平 8.1.23）。

322

●民　法

3　**妥当でない**　判例は，「<u>未確立の療法（術式）ではあって</u><u>も，医師が説明義務を負うと解される場合があることも否定</u><u>できない</u>。少なくとも，当該療法（術式）が少なからぬ医療機関において実施されており，相当数の実施例があり，これを実施した医師の間で積極的な評価もされているものについては，患者が当該療法（術式）の適応である可能性があり，かつ，患者が当該療法（術式）の自己への適応の有無，実施可能性について強い関心を有していることを医師が知った場合などにおいては，たとえ医師自身が当該療法（術式）について消極的な評価をしており，自らはそれを実施する意思を有していないときであっても，なお，患者に対して，医師の知っている範囲で，当該療法（術式）の内容，適応可能性やそれを受けた場合の利害得失，当該療法（術式）を実施している医療機関の名称や所在などを説明すべき義務があるというべきである。」としている（最判平 13.11.27）。

4　**妥当でない**　本記述のような場合には，医師は，<u>病名を</u><u>特定できなくても，診察を求められた時点で直ちに当該患者</u><u>を診断した上で，高度な医療を施すことのできる適切な医療</u><u>機関へ転送し，適切な治療を受けさせる義務を負う</u>（最判平 15.11.11）。

5　**妥当でない**　判例は，「精神科医は，向精神薬を治療に用いる場合において，その使用する向精神薬の副作用については，常にこれを念頭において治療に当たるべきであり，向精神薬の副作用についての医療上の知見については，<u>その最新</u><u>の添付文書を確認し，必要に応じて文献を参照するなど，当</u>該医師の置かれた状況の下で可能な限りの最新情報を収集する義務があるというべきである。」としている（最判平 14.11.8）。

●民法

債権各論／委任・事務管理

問 119 甲建物（以下「甲」という。）を所有するＡが不在の間に台風が襲来し，甲の窓ガラスが破損したため，隣りに住むＢがこれを取り換えた場合に関する次の記述のうち，民法の規定および判例に照らし，妥当でないものはどれか。

1 ＢがＡから甲の管理を頼まれていた場合であっても，Ａ・Ｂ間において特約がない限り，Ｂは，Ａに対して報酬を請求することができない。

2 ＢがＡから甲の管理を頼まれていなかった場合であっても，Ｂは，Ａに対して窓ガラスを取り換えるために支出した費用を請求することができる。

3 ＢがＡから甲の管理を頼まれていなかった場合であっても，Ｂが自己の名において窓ガラスの取換えを業者Ｃに発注したときは，Ｂは，Ａに対して自己に代わって代金をＣに支払うことを請求することができる。

4 ＢがＡから甲の管理を頼まれていなかった場合においては，ＢがＡの名において窓ガラスの取換えを業者Ｄに発注したとしても，Ａの追認がない限り，Ｄは，Ａに対してその請負契約に基づいて代金の支払を請求することはできない。

5 ＢがＡから甲の管理を頼まれていた場合であっても，Ａ・Ｂ間において特約がなければ，窓ガラスを取り換えるに当たって，Ｂは，Ａに対して事前にその費用の支払を請求することはできない。

（本試験2019年問33）

●法令編

正解 **5**

正答率 **32**%

合格基本書

1 妥当である そのとおり。BがAから管理を頼まれてい　304p
た場合は，準委任契約（656条）が成立する。準委任契約に
おいても，受任者は，特約がなければ，委任者に対して報酬
を請求することができない（656条・648条1項）。

2 妥当である そのとおり。BがAから管理を頼まれてい　311p
なかった場合は，Bの行為は事務管理（697条1項）に当た
る。管理者は，本人のために有益な費用を支出したときは，
本人に対し，その償還を請求することができる（702条1
項）。

3 妥当である そのとおり。BがAから管理を頼まれてい　311p
なかった場合は，Bの行為は事務管理（697条1項）に当た
る。管理者が本人のために有益な債務を負担した場合には，
本人に対し，自己に代わってその弁済をすることを請求する
ことができる（702条2項・650条2項）。

4 妥当である そのとおり。BがAから管理を頼まれてい　311p
なかった場合は，Bの行為は事務管理（697条1項）に当た
る。判例は，「事務管理は，事務管理者と本人との間の法律
関係を謂うのであつて，管理者が第三者となした法律行為の
効果が本人に及ぶ関係は事務管理関係の問題ではない。従つ
て，事務管理者が本人の名で第三者との間に法律行為をして
も，その行為の効果は，当然には本人に及ぶ筋合のものでは
なく，そのような効果の発生するためには，代理その他別個
の法律関係が伴うことを必要とするものである。」としてい
る（最判昭36.11.30）。

5 妥当でない BがAから管理を頼まれていた場合は，準　305p
委任契約（656条）が成立する。準委任契約においても，事
務を処理するについて費用を要するときは，委任者は，<u>受任
者の請求により，その前払をしなければならない</u>（656条・
649条）。

326

●民法

債権各論／不当利得

問 120 Aは，配偶者がいるにもかかわらず，配偶者以外のBと不倫関係にあり，その関係を維持する目的で，A所有の甲建物をBに贈与した。この場合に関する次の記述のうち，民法の規定および判例に照らし，正しいものはどれか。

1 甲建物がAからBに引き渡されていない場合に，A・B間の贈与が書面によってなされたときには，Aは，Bからの引渡請求を拒むことはできない。

2 甲建物が未登記建物である場合において，Aが甲建物をBに引き渡したときには，Aは，Bに対して甲建物の返還を請求することはできない。

3 甲建物が未登記建物である場合において，Aが甲建物をBに引き渡した後に同建物についてA名義の保存登記をしたときには，Aは，Bに対して甲建物の返還を請求することができる。

4 A名義の登記がなされた甲建物がBに引き渡されたときには，Aは，Bからの甲建物についての移転登記請求を拒むことはできない。

5 贈与契約のいきさつにおいて，Aの不法性がBの不法性に比してきわめて微弱なものであっても，Aが未登記建物である甲建物をBに引き渡したときには，Aは，Bに対して甲建物の返還を請求することはできない。

（本試験2013年問34）

●法令編

正解 2

正答率 **64**%

合格基本書

1 誤 公の秩序または善良の風俗（公序良俗）に反する法 141p
律行為は，無効とする（90条）。A・B間の贈与は，不倫関
係を維持する目的でなされたものであり，公序良俗に反して
無効である。よって，Aは，Bからの引渡請求を拒むことが
できる。

2 正 そのとおり。不法な原因のために給付をした者は， 315p
その給付したものの返還を請求することができない（不法原
因給付／708条本文）。ここにいう「給付」とは，債務の履
行が終局的に完了したことをいう。不法な原因による未登記
建物の贈与の場合，その引渡しは，708条にいう「給付」に
当たる（最判昭45.10.21）。本記述の場合，Aが甲建物をB
に引き渡したときには，Aは，Bに対して甲建物の返還を請
求することはできない。

3 誤 不法な原因による未登記建物の贈与の場合，その引 315p
渡しは，708条にいう「給付」にあたる（最判昭45.10.21）。
未登記建物の引渡しにより贈与者の債務は履行を完了したも
のと解されるからである。本記述の場合，甲建物の引渡しの
後に贈与者名義の保存登記をしたとしても，Aは，Bに対し
て甲建物の返還を請求することはできない。

4 誤 不法な原因により既登記建物を贈与した場合におい 315p
て，その引渡しをしただけで，登記を移転していないとき
は，708条にいう「給付」があったとはいえない（最判昭
46.10.28）。本記述の場合，甲建物がBに引き渡されたにす
ぎないので，Aは，Bからの甲建物についての移転登記請求
を拒むことができる。

328

●民法

5 誤 不法な原因のために給付をした者は，その給付した
ものの返還を請求することができない（708条本文）。ただ
し，不法な原因が受益者についてのみ存したときは，この限
りでない（708条ただし書）。判例は，給付者に多少の不法
があったとしても，その不法が甚だ微弱なもので，これを受
益者の不法に比すれば問題にならない程度のものである場合
には，「既に交付された物の返還請求に関する限り民法第90
条も第708条もその適用なきものと解する」としている（最
判昭29.8.31）。本記述の場合，Aの不法性がBの不法性に比
してきわめて微弱なものであれば，Aは，Bに対して甲建物
の返還を請求することができる。

315p

第2編

民法

ワンポイント・アドバイス

　不法な原因のために給付をした者は，その給付したものの返還を請求する
ことができません（不法原因給付／708条本文）。判例は，「民法708条に
いう不法の原因のためになされた給付とは，公の秩序若しくは善良の風俗に
反してなされた給付をさす」としています（最判昭27.3.18）。
　708条の「給付をした」というためには，相手方に終局的な利益を与えた
ことを要します。判例は，①不法な原因のために未登記の建物を贈与した場
合には，「その引渡しにより贈与者の債務は履行を完了したものと解される
から，右引渡しが民法708条本文にいわゆる給付に当たる」としています
（最判昭45.10.21）。②不法な原因のために既登記の建物を贈与した場合に
は，708条の「給付があつたとして贈与者の返還請求を拒みうるとするため
には，……その占有の移転のみでは足りず，所有権移転登記手続が履践され
ていることをも要する」としています（最判昭46.10.28）。

●民 法

債権各論／不法行為

問 121 不法行為に関する次の記述のうち，民法の規定および判例に照らし，妥当なものはどれか。

1 景観の良否についての判断は個々人によって異なる主観的かつ多様性のあるものであることから，個々人が良好な景観の恵沢を享受する利益は，法律上保護される利益ではなく，当該利益を侵害しても，不法行為は成立しない。

2 人がその品性，徳行，名声，信用などについて社会から受けるべき客観的な社会的評価が低下させられた場合だけではなく，人が自己自身に対して与えている主観的な名誉感情が侵害された場合にも，名誉毀損による不法行為が成立し，損害賠償の方法として原状回復も認められる。

3 宗教上の理由から輸血拒否の意思表示を明確にしている患者に対して，輸血以外に救命手段がない場合には輸血することがある旨を医療機関が説明しないで手術を行い輸血をしてしまったときでも，患者が宗教上の信念に基づいて当該手術を受けるか否かを意思決定する権利はそもそも人格権の一内容として法的に保護に値するものではないので，不法行為は成立しない。

4 医師の過失により医療水準に適った医療行為が行われず患者が死亡した場合において，医療行為と患者の死亡との間の因果関係が証明されなくても，医療水準に適った医療行為が行われていたならば患者がその死亡の時点においてなお生存していた相当程度の可能性の存在が証明されるときは，不法行為が成立する。

5 交通事故の被害者が後遺症のために身体的機能の一部を喪失した場合には，その後遺症の程度が軽微であって被害者の現在または将来における収入の減少が認められないときでも，労働能力の一部喪失を理由とする財産上の損害が認められる。

（本試験2017年問34）

●法令編

正答率 **41**%

1 **妥当でない** 判例は、「良好な景観に近接する地域内に居住し、その恵沢を日常的に享受している者は、良好な景観が有する客観的な価値の侵害に対して密接な利害関係を有するものというべきであり、これらの者が有する良好な景観の恵沢を享受する利益……は、法律上保護に値するものと解するのが相当である。……民法上の不法行為は、私法上の権利が侵害された場合だけではなく、法律上保護される利益が侵害された場合にも成立し得るものである」としている（最判平18.3.30）。よって、良好な景観の恵沢を享受する利益を侵害された場合には、不法行為が成立する余地がある。

2 **妥当でない** 判例は、「民法723条にいう名誉とは、人がその品性、徳行、名声、信用等の人格的価値について社会から受ける客観的な評価、すなわち社会的名誉を指すものであつて、人が自己自身の人格的価値について有する主観的な評価、すなわち名誉感情は含まないものと解するのが相当である。」とし、「原状回復処分をもつて救済するに適するのは、人の社会的名誉が毀損された場合であり、かつ、その場合にかぎられると解するのが相当であるからである。」としている（最判昭45.12.18）。よって、主観的な名誉感情が侵害された場合は、名誉毀損による不法行為（723条）には当たらず、損害賠償の方法として原状回復を求めることはできない。

3 **妥当でない** 判例は、「患者が、輸血を受けることは自己の宗教上の信念に反するとして、輸血を伴う医療行為を拒否するとの明確な意思を有している場合、このような意思決定をする権利は、人格権の一内容として尊重されなければならない。」としている（「エホバの証人」信者輸血拒否事件／最判平12.2.29）。よって、患者が宗教上の信念に基づいて手術を受けるか否かを意思決定する権利を侵害した場合には、不法行為が成立する余地がある。

●民　法

4　妥当である　そのとおり。判例は，「疾病のため死亡した患者の診療に当たった医師の医療行為が，その過失により，当時の医療水準にかなったものでなかった場合において，右医療行為と患者の死亡との間の因果関係の存在は証明されないけれども，医療水準にかなった医療が行われていたならば患者がその死亡の時点においてなお生存していた相当程度の可能性の存在が証明されるときは，医師は，患者に対し，不法行為による損害を賠償する責任を負うものと解するのが相当である。」としている（最判平 12.9.22）。よって，上記相当程度の可能性の存在が証明されたときは，因果関係が証明されなくても，不法行為が成立する余地がある。

5　妥当でない　判例は，「かりに交通事故の被害者が事故に起因する後遺症のために身体的機能の一部を喪失したこと自体を損害と観念することができるとしても，その後遺症の程度が比較的軽微であつて，しかも被害者が従事する職業の性質からみて現在又は将来における収入の減少も認められないという場合においては，特段の事情のない限り，労働能力の一部喪失を理由とする財産上の損害を認める余地はないというべきである。」としている（最判昭 56.12.22）。よって，後遺症の程度が比較的軽微であって，被害者が従事する職業の性質からみて現在または将来における収入の減少も認められないという場合には，原則として不法行為は成立しない。

ワンポイント・アドバイス

他人の名誉を毀損した者に対しては，裁判所は，被害者の請求により，損害賠償に代えて，または損害賠償とともに，「名誉を回復するのに適当な処分」を命ずることができます（名誉毀損における原状回復／723条）。具体例としては，新聞紙上の取消広告や謝罪広告があります。

●民 法

債権各論／不法行為

重要度 A

問122 不法行為に関する次の記述のうち，民法の規定および判例に照らし，妥当でないものはどれか。

1 訴訟上の因果関係の立証は，一点の疑義も許されない自然科学的証明ではなく，経験則に照らして全証拠を総合検討し，特定の事実が特定の結果発生を招来した関係を是認しうる高度の蓋然性を証明することであり，その判定は，通常人が疑いを差し挟まない程度に真実性の確信を持ちうるものであることを必要とし，かつ，それで足りる。

2 損害賠償の額を定めるにあたり，被害者が平均的な体格ないし通常の体質と異なる身体的特徴を有していたとしても，身体的特徴が疾患に当たらない場合には，特段の事情の存しない限り，被害者の身体的特徴を斟酌することはできない。

3 過失相殺において，被害者たる未成年の過失を斟酌する場合には，未成年者に事理を弁識するに足る知能が具わっていれば足りる。

4 不法行為の被侵害利益としての名誉とは，人の品性，徳行，名声，信用等の人格的価値について社会から受ける客観的評価であり，名誉毀損とは，この客観的な社会的評価を低下させる行為をいう。

5 不法行為における故意・過失を認定するにあたり，医療過誤事件では診療当時のいわゆる臨床医学の実践における医療水準をもって，どの医療機関であっても一律に判断される。

（本試験2021年問34）

●法令編

正答率 **85**%

1 妥当である そのとおり。判例は、「訴訟上の因果関係の立証は、一点の疑義も許されない自然科学的証明ではなく、経験則に照らして全証拠を総合検討し、特定の事実が特定の結果発生を招来した関係を是認しうる高度の蓋然性を証明することであり、その判定は、通常人が疑いを差し挟まない程度に真実性の確信を持ちうるものであることを必要とし、かつ、それで足りるものである。」としている（最判昭50.10.24）。

2 妥当である そのとおり。不法行為において、被害者に過失があったときは、裁判所は、これを考慮して、損害賠償の額を定めることができる（不法行為における過失相殺／722条2項）。判例は、「被害者が平均的な体格ないし通常の体質と異なる身体的特徴を有していたとしても、それが疾患に当たらない場合には、特段の事情の存しない限り、被害者の右身体的特徴を損害賠償の額を定めるに当たり斟酌することはできないと解すべきである。」としている（最判平8.10.29）。

3 妥当である そのとおり。判例は「未成年者が他人に加えた損害につき、その不法行為上の賠償責任を問うには、未成年者がその行為の責任を弁識するに足る知能を具えていることを要することは民法712条の規定するところであるが、……民法722条2項の過失相殺の問題は、不法行為者に対し積極的に損害賠償責任を負わせる問題とは趣を異にし、不法行為者が責任を負うべき損害賠償の額を定めるにつき、公平の見地から、損害発生についての被害者の不注意をいかにしんしゃくするかの問題に過ぎないのであるから、被害者たる未成年者の過失をしんしゃくする場合においても、未成年者に事理を弁識するに足る知能〔事理弁識能力〕が具わっていれば足り、未成年者に対し不法行為責任を負わせる場合のごとく、行為の責任を弁識するに足る知能〔責任能力〕が具わっていることを要しないものと解するのが相当である。」としている（最判昭39.6.24）。

●民　法

4　妥当である　そのとおり。判例は,「人の品性,徳行,名声,信用等の人格的価値について社会から受ける客観的評価である名誉を違法に侵害された者は,損害賠償（民法710条）又は名誉回復のための処分（同法723条）を求めることができる」としている（最判昭61.6.11）。また,判例は,「民法723条にいう名誉とは,人がその品性,徳行,名声,信用等の人格的価値について社会から受ける客観的な評価,すなわち社会的名誉を指すものであつて,人が自己自身の人格的価値について有する主観的な評価,すなわち名誉感情は含まないものと解するのが相当である。」としている（最判昭45.12.18）。

5　妥当でない　判例は,人の生命および健康を管理する業務に従事する者の「注意義務の基準となるべきものは,診療当時のいわゆる臨床医学の実践における医療水準である」としたうえで,「ある新規の治療法の存在を前提にして検査・診断・治療等に当たることが診療契約に基づき医療機関に要求される医療水準であるかどうかを決するについては,当該医療機関の性格,所在地域の医療環境の特性等の諸般の事情を考慮すべきであり,右の事情を捨象して,すべての医療機関について診療契約に基づき要求される医療水準を一律に解するのは相当でない。」としている（最判平7.6.9）。

第2編　民法

ワンポイント・アドバイス

　故意または過失によって他人の権利または法律上保護される利益を侵害した者は,これによって生じた損害を賠償する責任を負います（不法行為による損害賠償／709条）。

　他人の身体,自由もしくは名誉を侵害した場合または他人の財産権を侵害した場合のいずれであるかを問わず,709条の規定により損害賠償の責任を負う者は,財産以外の損害に対しても,その賠償をしなければなりません（710条）。

　他人の名誉を毀損した者に対しては,裁判所は,被害者の請求により,損害賠償に代えて,または損害賠償とともに,名誉を回復するのに適当な処分を命ずることができます（723条）。

337

●民 法

債権各論／不法行為

問123 A（3歳）は母親Bが目を離した隙に，急に道路へ飛び出し，Cの運転するスピード違反の自動車に轢かれて死亡した。CがAに対して負うべき損害賠償額（以下，「本件損害賠償額」という。）に関する次の記述のうち，民法の規定および判例に照らし，妥当なものはどれか。

1 本件損害賠償額を定めるにあたって，A自身の過失を考慮して過失相殺するには，Aに責任能力があることが必要であるので，本件ではAの過失を斟酌することはできない。

2 本件損害賠償額を定めるにあたって，A自身の過失を考慮して過失相殺するには，Aに事理弁識能力があることは必要でなく，それゆえ，本件ではAの過失を斟酌することができる。

3 本件損害賠償額を定めるにあたって，BとAとは親子関係にあるが，BとAとは別人格なので，Bが目を離した点についてのBの過失を斟酌することはできない。

4 本件損害賠償額を定めるにあたって，Aが罹患していた疾患も一因となって死亡した場合，疾患は過失とはいえないので，当該疾患の態様，程度のいかんにかかわらずAの疾患を斟酌することはできない。

5 本件損害賠償額を定めるにあたって，Aの死亡によって親が支出を免れた養育費をAの逸失利益から控除することはできない。

（本試験2015年問34）

●法令編

正解 **5**

正答率 **54**%

合格基本書

318p

不法行為において，被害者に過失があったときは，裁判所は，これを考慮して，損害賠償の額を定めることができる（<u>不法行為における過失相殺</u>／722条2項）。

1　妥当でない　過失相殺（722条2項）の前提となる被害者の能力について，判例は，「被害者たる未成年者の過失をしんしゃくする場合においても，<u>未成年者に事理を弁識するに足る知能〔事理弁識能力〕が具わっていれば足り，</u>未成年者に対し不法行為責任を負わせる場合のごとく，<u>行為の責任を弁識するに足る知能〔責任能力〕が具わっていることを要しないものと解するのが相当である。</u>」としている（最判昭39.6.24）。よって，A自身の過失を考慮して過失相殺をするためには，<u>Aに責任能力があることは不要である。</u>

318p

2　妥当でない　過失相殺（722条2項）の前提となる被害者の能力について，判例は，「被害者たる未成年者の過失をしんしゃくする場合においても，<u>未成年者に事理を弁識するに足る知能〔事理弁識能力〕が具わっていれば足り</u>」るとしている（最判昭39.6.24）。よって，A自身の過失を考慮して過失相殺をするためには，<u>Aに事理弁識能力があることが必要であり</u>，事理弁識能力を欠いている3歳のAの過失を<u>斟酌</u>することはできない。

318p

3　妥当でない　過失相殺（722条2項）において被害者本人以外の者の過失（被害者側の過失）を斟酌することができるかについて，判例は，民法722条にいう「いわゆる過失とは単に被害者本人の過失のみでなく，<u>ひろく被害者側の過失をも包含する</u>趣旨と解するを相当とする」（最判昭34.11.26）として，交通事故の事案において，幼児の父母の監督上の過失を被害者側の過失として斟酌することを認めている（最判昭44.2.28）。よって，Bが目を離した点についてのBの過失を<u>斟酌することができる</u>。

340

●民 法

4 妥当でない 過失相殺（722条2項）において被害者が罹患していた疾患を斟酌することができるかについて，判例は，「当該疾患の態様，程度などに照らし，加害者に損害の全部を賠償させるのが公平を失するときは，裁判所は，損害賠償の額を定めるに当たり，民法722条2項の過失相殺の規定を類推適用して，被害者の当該疾患をしんしゃくすることができるものと解するのが相当である」としている（最判平4.6.25）。よって，Aが罹患していた疾患の態様，程度のいかんによっては，Aの疾患を斟酌することができる。

5 妥当である そのとおり。不法行為の被害者が損害を受けると同時に利益も受ける場合に，損害の額から利益の額を控除した残額を賠償額とすることを，損益相殺という。損害賠償額を定めるにあたり，被害者である子（幼児）の死亡によって親が支出を免れた養育費を子の逸失利益から控除することができるかについて，判例は，「交通事故により死亡した幼児の損害賠償債権を相続した者が一方で幼児の養育費の支出を必要としなくなつた場合においても，右養育費と幼児の将来得べかりし収入との間には前者を後者から損益相殺の法理又はその類推適用により控除すべき損失と利得との同質性がなく，よって，幼児の財産上の損害賠償額の算定にあたりその将来得べかりし収入額から養育費を控除すべきものではないと解するのが相当である」としている（最判昭53.10.20）。よって，Aの死亡によって親が支出を免れた養育費をAの逸失利益から控除することはできない。

第2編

民法

341

●民法

チェック欄

債権各論／不法行為

重要度 A

問124 不法行為に基づく損害賠償に関する次のア〜オの記述のうち，民法の規定および判例に照らし，妥当なものの組合せはどれか。

ア　Aの運転する自動車がAの前方不注意によりBの運転する自動車と衝突して，Bの自動車の助手席に乗っていたBの妻Cを負傷させ損害を生じさせた。CがAに対して損害賠償請求をする場合には，原則としてBの過失も考慮される。

イ　Aの運転する自動車と，Bの運転する自動車が，それぞれの運転ミスにより衝突し，歩行中のCを巻き込んで負傷させ損害を生じさせた。CがBに対して損害賠償債務の一部を免除しても，原則としてAの損害賠償債務に影響はない。

ウ　A社の従業員Bが，A社所有の配達用トラックを運転中，運転操作を誤って歩行中のCをはねて負傷させ損害を生じさせた。A社がCに対して損害の全額を賠償した場合，A社は，Bに対し，事情のいかんにかかわらずCに賠償した全額を求償することができる。

エ　Aの運転する自動車が，見通しが悪く遮断機のない踏切を通過中にB鉄道会社の運行する列車と接触し，Aが負傷して損害が生じた。この場合，線路は土地工作物にはあたらないから，AがB鉄道会社に対して土地工作物責任に基づく損害賠償を請求することはできない。

オ　Aの運転する自動車がAの前方不注意によりBの運転する自動車に追突してBを負傷させ損害を生じさせた。BのAに対する損害賠償請求権は，Bの負傷の程度にかかわりなく，また，症状について現実に認識できなくても，事故により直ちに発生し，5年で消滅時効にかかる。

1　ア・イ
2　ア・エ
3　イ・オ
4　ウ・エ
5　ウ・オ

（本試験2012年問34改題）

343

●法令編

正解 1

正答率 **79**%

合格基本書

ア **妥当である**　そのとおり。判例は、「民法722条2項が不　318p
法行為による損害賠償の額を定めるにつき被害者の過失を斟
酌することができる旨を定めたのは、不法行為によつて発生
した損害を加害者と被害者との間において公平に分担させる
という公平の理念に基づくものであると考えられるから、右
被害者の過失には、被害者本人と身分上、生活関係上、一体
をなすとみられるような関係にある者の過失、すなわちいわ
ゆる被害者側の過失をも包含する」としている（最判昭
51.3.25）。よって、原則として被害者Cの夫であるBの過失
も考慮される。

イ **妥当である**　そのとおり。2017（平成29）年民法改正前　324p
において、共同不法行為者が負担する損害賠償債務は「いわ
ゆる不真正連帯債務である」とした判例がある（最判平
10.9.10）。連帯債務の絶対的効力事由を広く認めていた改正
前民法の下、不真正連帯債務の特徴の1つとして、弁済およ
びこれと同視すべき事由以外の事由について絶対的効力がな
いことが挙げられていた。しかし、2017（平成29）年民法
改正により、連帯債務の絶対的効力事由が大幅に制限された
ため、この点につき不真正連帯債務を認める意義は失われて
いる。本記述の場合、共同不法行為者の1人であるBに対す
る債務の免除は、他の共同不法行為者Aに対してその効力を
生じない（441条本文）。なお、判例は、その被害者が共同
不法行為者の1人に対してした免除の意思表示が共同不法行
為者全員の損害賠償債務を免除する意思でされたものである
ときは、その限りで他の共同不法行為者の損害賠償債務も消
滅するとしている（最判平10.9.10）。

344

●民 法

ウ **妥当でない** 判例は，使用者が，その事業の執行につきな
された被用者の加害行為により使用者としての損害賠償責任
を負担した場合には，使用者は，その事業の性格その他諸般
の事情に照らし，損害の公平な分担という見地から信義則上
相当と認められる限度において，被用者に対し求償の請求を
することができるとしている（最判昭51.7.8）。事情のいか
んにかかわらず全額を求償することができるわけではない。

321p

エ **妥当でない** 判例は，鉄道の軌道施設（線路）も，民法
717条1項にいう「土地の工作物」にあたるとしている（最
判昭46.4.23）。

322p

オ **妥当でない** 人の生命または身体を害する不法行為による
損害賠償の請求権は，①被害者またはその法定代理人が損害
および加害者を知った時から5年間行使しないとき，あるい
は②不法行為の時から20年間行使しないときには，時効に
よって消滅する（724条，724条の2）。よって，損害を認
識できなくても，事故の発生時から5年で消滅時効にかかる
わけではない。

319p

第2編
民法

以上より，妥当なものはア・イであり，正解は**1**である。

ワンポイント・アドバイス

　不法行為による損害賠償の請求権は，原則として，被害者またはその法定
代理人が損害および加害者を知った時から「3年間」行使しないときは，時
効によって消滅します（724条1号）。ただし，人の「生命」または「身
体」を害する不法行為による損害賠償請求権は，被害者またはその法定代理
人が損害および加害者を知った時から「5年間」行使しないときは，時効に
よって消滅します（724条の2）。

345

●民 法

債権各論／不法行為

問 125 生命侵害等に対する近親者の損害賠償請求権に関する次の記述のうち、民法の規定および判例に照らし、妥当なものはどれか。

1 他人の不法行為により夫が即死した場合には、その妻は、相続によって夫の逸失利益について損害賠償請求権を行使することはできない。

2 他人の不法行為により夫が死亡した場合には、その妻は、相続によって夫本人の慰謝料請求権を行使できるので、妻には固有の慰謝料請求権は認められていない。

3 他人の不法行為により、夫が慰謝料請求権を行使する意思を表明しないまま死亡した場合には、その妻は、相続によって夫の慰謝料請求権を行使することはできない。

4 他人の不法行為により死亡した被害者の父母、配偶者、子以外の者であっても、被害者との間にそれらの親族と実質的に同視し得る身分関係が存在するため被害者の死亡により甚大な精神的苦痛を受けた場合には、その者は、加害者に対して直接固有の慰謝料請求をすることができる。

5 他人の不法行為により子が重い傷害を受けたために、当該子が死亡したときにも比肩しうべき精神上の苦痛をその両親が受けた場合でも、被害者本人は生存しており本人に慰謝料請求権が認められるので、両親には固有の慰謝料請求権は認められていない。

(本試験2014年問34)

●法令編

正解 **4**

正答率 **88**%

1 **妥当でない** 被害者が即死した場合でも，傷害と死亡との間に観念上時間の間隔があるから，被害者には受傷の瞬間に賠償請求権が発生し，これが被害者の死亡によって相続人に承継される（大判大 15.2.16）。よって，被害者の妻は，夫（被害者）の逸失利益について損害賠償請求権を行使することができる。　317p

2 **妥当でない** 他人の生命を侵害した者は，被害者の父母，配偶者および子に対しては，その財産権が侵害されなかった場合においても，損害の賠償をしなければならない（近親者に対する損害の賠償／711 条）。よって，被害者の妻（配偶者）には，固有の慰謝料請求権が認められる。　317p

3 **妥当でない** 他人の不法行為によって財産以外の損害を被った者は，損害の発生と同時に慰謝料請求権を取得し，この請求権を放棄したものと解しうる特別の事情がない限り，その相続人は当然に慰謝料請求権を相続する（最判昭 42.11.1）。よって，被害者の妻は，当然に夫（被害者）の慰謝料請求権を行使することができる。　317p

4 **妥当である** そのとおり。711 条に掲げられていない者（他人の不法行為により死亡した被害者の父母，配偶者，子以外の者／肢 2 の解説参照）であっても，被害者との間に711 条所定の者と実質的に同視できる身分関係が存在し，被害者の死亡により甚大な精神的苦痛を受けた者には，711 条が類推適用される（最判昭 49.12.17）。　317p

5 **妥当でない** 不法行為により身体に傷害を受けた者の母が，そのために被害者の生命侵害の場合にも比肩しうべき精神上の苦痛を受けたときは，709 条，710 条に基づいて自己の権利として慰謝料を請求することができる（最判昭 33.8.5）。　317p

●民 法

債権各論／不法行為

問126 不法行為に基づく損害賠償に関する次のア〜オの記述のうち，民法の規定および判例に照らし，正しいものの組合せはどれか。

ア 使用者Aが，その事業の執行につき行った被用者Bの加害行為について，Cに対して使用者責任に基づき損害賠償金の全額を支払った場合には，AはBに対してその全額を求償することができる。

イ Dの飼育する猛犬がE社製の飼育檻から逃げ出して通行人Fに噛みつき怪我を負わせる事故が生じた場合において，Dが猛犬を相当の注意をもって管理をしたことを証明できなかったとしても，犬が逃げ出した原因がE社製の飼育檻の強度不足にあることを証明したときは，Dは，Fに対する損害賠償の責任を免れることができる。

ウ Gがその所有する庭に植栽した樹木が倒れて通行人Hに怪我を負わせる事故が生じた場合において，GがHに損害を賠償したときは，植栽工事を担当した請負業者Iの作業に瑕疵があったことが明らかな場合には，GはIに対して求償することができる。

エ 運送業者Jの従業員Kが業務として運転するトラックとLの運転する自家用車が双方の過失により衝突して，通行人Mを受傷させ損害を与えた場合において，LがMに対して損害の全額を賠償したときは，Lは，Kがその過失割合に応じて負担すべき部分について，Jに対して求償することができる。

オ タクシー会社Nの従業員Oが乗客Pを乗せて移動中に，Qの運転する自家用車と双方の過失により衝突して，Pを受傷させ損害を与えた場合において，NがPに対して損害の全額を賠償したときは，NはOに対して求償することはできるが，Qに求償することはできない。

1 ア・イ
2 ア・ウ
3 イ・ウ
4 ウ・エ
5 エ・オ

（本試験2016年問34）

●法令編

正解 **4**

正答率 **94**%

合格基本書

ア **誤** 判例は,「使用者が,その事業の執行につきなされた
被用者の加害行為により,直接損害を被り又は使用者として
の損害賠償責任を負担したことに基づき損害を被つた場合に
は,使用者は,その事業の性格,規模,施設の状況,被用者
の業務の内容,労働条件,勤務態度,加害行為の態様,加害
行為の予防若しくは損失の分散についての使用者の配慮の程
度その他諸般の事情に照らし,損害の公平な分担という見地
から信義則上相当と認められる限度において,被用者に対し
右損害の賠償又は求償の請求をすることができるものと解す
べきである。」としている（最判昭51.7.8）。よって,Aは,
Bに対してその全額を求償することができるとは限らない。

321p

イ **誤** 動物の占有者は,その動物が他人に加えた損害を賠償
する責任を負う（718条1項本文）。ただし,動物の種類お
よび性質に従い相当の注意をもってその管理をしたときは,
この限りでない（718条1項ただし書）。本記述の場合,D
は,猛犬を相当の注意をもって管理をしたことを証明できな
かった。よって,Dは,Fに対する損害賠償の責任を免れる
ことはできない。

323p

ウ **正** そのとおり。竹木の栽植または支持に瑕疵があること
によって他人に損害を生じたときは,その竹木の占有者は,
被害者に対してその損害を賠償する責任を負う（717条2
項・同条1項本文）。ただし,占有者が損害の発生を防止す
るのに必要な注意をしたときは,所有者がその損害を賠償し
なければならない（717条2項・同条1項ただし書）。この
場合において,損害の原因について他にその責任を負う者が
あるときは,占有者または所有者は,その者に対して求償権
を行使することができる（717条3項）。よって,Gは,I
に対して求償することができる。

322p

350

●民法

321p

エ　**正**　そのとおり。「被用者がその使用者の事業の執行につき第三者との共同の不法行為により他人に損害を加えた場合において，右第三者が自己と被用者との過失割合に従つて定められるべき自己の負担部分を超えて被害者に損害を賠償したときは，右第三者は，被用者の負担部分について使用者に対し求償することができる」とした判例（最判昭 63.7.1）がある。現行民法の下，この判例をどう扱うかについて議論がある。2017（平成 29）年民法改正により，求償権に関する 442 条 1 項がこの場合に適用されるとする見解（ただし，求償関係における「負担部分」をどのようなものと解するかは別途問題となる。）がある（見解 1）。これによると，負担部分を超えない一部賠償の場合にも求償することができる。他方，この場合には 442 条 1 項の適用を否定し，前記判例によって形成されたルールによって処理するという見解がある（見解 2）。これによると，負担部分を超えた賠償をしないと，求償は認められない。もっとも，見解 1・見解 2 のいずれに立っても，第三者が損害を全額賠償した場合には結論に違いはない。本記述の場合，L は，K が負担すべき部分について，J に対して求償することができる。

321p

オ　**誤**　判例は，被用者と第三者の共同過失によって引き起こされた交通事故によって生じた損害について，使用者が被害者に対して損害を賠償した場合には，その使用者は，被用者と第三者の過失割合に従って定められる第三者の負担部分について第三者に対して求償権を行使することができるとしている（最判昭 41.11.18）。よって，N は，Q に対しても求償することができる。

以上より，正しいものはウ・エであり，正解は **4** である。

チェック欄　　　　　　　　　　　　　　　　　　　　　　　●民法

債権各論／不法行為

問 127 Aに雇われているBの運転する車が，Aの事業の執行中に，Cの車と衝突して歩行者Dを負傷させた場合に関する次の記述のうち，民法の規定および判例に照らし，妥当なものはどれか。なお，Aには使用者責任，BおよびCには共同不法行為責任が成立するものとする。

1 AがDに対して損害を全額賠償した場合，Aは，Bに故意または重大な過失があったときに限ってBに対して求償することができる。

2 AがDに対して損害を全額賠償した場合，Aは，損害の公平な分担という見地から均等の割合に限ってCに対して求償することができる。

3 CがDに対して損害を全額賠償した場合，Cは，Bに対してはB・C間の過失の割合によるBの負担部分について求償することができるが，共同不法行為者でないAに対しては求償することができない。

4 Cにも使用者Eがおり，その事業の執行中に起きた衝突事故であった場合に，AがDに対して損害を全額賠償したときは，Aは，AとEがそれぞれ指揮監督するBとCの過失の割合によるCの負担部分についてEに対して求償することができる。

5 BがAのほかFの指揮監督にも服しており，BがAとFの事業の執行中に起きた衝突事故であった場合に，AがDに対して損害を全額賠償したときは，Aは，損害の公平な分担という見地から均等の割合に限ってFに対して求償することができる。

（本試験2018年問33）

●法令編

正解 4

正答率 **87**%

合格基本書

1 **妥当でない** ある事業のために他人を使用する者は，被用者がその事業の執行について第三者に加えた損害を賠償する責任を負う（715条1項本文）。被害者に損害賠償をした使用者は，被用者に対して求償することができる（715条3項）。使用者の求償権の行使は，国家賠償法1条2項のように，被用者の故意または重大な過失がある場合に限られない。よって，Aは，Bに故意または重大な過失がなくても，Bに対して求償することができる。

321p

2 **妥当でない** 判例は，被用者と第三者との共同不法行為において，使用者責任に基づき損害を賠償した使用者は，第三者に対して，第三者の負担部分について求償権を行使することができるとしている（最判昭41.11.18）。よって，Aは，Cの負担部分について求償することができる。

321p

3 **妥当でない** 「被用者がその使用者の事業の執行につき第三者との共同の不法行為により他人に損害を加えた場合において，右第三者が自己と被用者との過失割合に従つて定められるべき自己の負担部分を超えて被害者に損害を賠償したときは，右第三者は，被用者の負担部分について使用者に対し求償することができる」とした判例（最判昭63.7.1）がある。現行民法の下，この判例をどう扱うかについて議論がある。2017（平成29）年民法改正により，求償権に関する442条1項がこの場合に適用されるとする見解（ただし，求償関係における「負担部分」をどのようなものと解するかは別途問題となる。）がある（見解1）。これによると，負担部分を超えない一部賠償の場合にも求償することができる。他方，この場合には442条1項の適用を否定し，前記判例によって形成されたルールによって処理するという見解がある（見解2）。これによると，負担部分を超えた賠償をしないと求償は認められない。もっとも，見解1・見解2のいずれに立っても，第三者Cが損害を全額賠償した場合には，Bの使用者Aに対して求償することができる。

321p

354

●民　法

4　妥当である　そのとおり。「複数の加害者の共同不法行為につき，各加害者を指揮監督する使用者がそれぞれ損害賠償責任を負う場合においては，一方の加害者の使用者と他方の加害者の使用者との間の責任の内部的な分担の公平を図るため，求償が認められるべきであるが，その求償の前提となる各使用者の責任の割合は，それぞれが指揮監督する各加害者の過失割合に従って定めるべきものであって，一方の加害者の使用者は，当該加害者の過失割合に従って定められる自己の負担部分を超えて損害を賠償したときは，その超える部分につき，他方の加害者の使用者に対し，当該加害者の過失割合に従って定められる負担部分の限度で，右の全額を求償することができる」とする判例がある（最判平 3.10.25）。現行民法下，この判例についても肢3で述べたのと同様の議論があるが，見解1・見解2のいずれに立っても，Aが損害を全額賠償した場合には，Cの負担部分について，他方の使用者Eに対して求償することができる。

5　妥当でない　「一方の加害者を指揮監督する複数の使用者がそれぞれ損害賠償責任を負う場合においても，各使用者間の責任の内部的な分担の公平を図るため，求償が認められるべきであるが，その求償の前提となる各使用者の責任の割合は，被用者である加害者の加害行為の態様及びこれと各使用者の事業の執行との関連性の程度，加害者に対する各使用者の指揮監督の強弱などを考慮して定めるべきものであって，使用者の一方は，当該加害者の前記過失割合に従って定められる負担部分のうち，右の責任の割合に従って定められる自己の負担部分を超えて損害を賠償したときは，その超える部分につき，使用者の他方に対して右の責任の割合に従って定められる負担部分の限度で求償することができる」とする判例がある（最判平 3.10.25）。現行民法下，この判例についても肢3で述べたのと同様の議論があるが，見解1・見解2のいずれに立っても，Aが損害を全額賠償した場合には，他の使用者Fに対して，均等の割合ではなく，Fの負担部分の限度で求償することができる。

チェック欄

債権各論／不法行為

問 128 不法行為に関する次の記述のうち、民法の規定および判例に照らし、妥当でないものはどれか。

1 精神障害者と同居する配偶者は法定の監督義務者に該当しないが、責任無能力者との身分関係や日常生活における接触状況に照らし、第三者に対する加害行為の防止に向けてその者が当該責任無能力者の監督を現に行い、その態様が単なる事実上の監督を超えているなどその監督義務を引き受けたとみるべき特段の事情が認められる場合には、当該配偶者は法定の監督義務者に準ずべき者として責任無能力者の監督者責任を負う。

2 兄が自己所有の自動車を弟に運転させて迎えに来させた上、弟に自動車の運転を継続させ、これに同乗して自宅に戻る途中に、弟の過失により追突事故が惹起された。その際、兄の同乗後は運転経験の長い兄が助手席に座って、運転経験の浅い弟の運転に気を配り、事故発生の直前にも弟に対して発進の指示をしていたときには、一時的にせよ兄と弟との間に使用関係が肯定され、兄は使用者責任を負う。

3 宅地の崖地部分に設けられたコンクリートの擁壁の設置または保存による瑕疵が前所有者の所有していた際に生じていた場合に、現所有者が当該擁壁には瑕疵がないと過失なく信じて当該宅地を買い受けて占有していたとしても、現所有者は土地の工作物責任を負う。

4 犬の飼主がその雇人に犬の散歩をさせていたところ、当該犬が幼児に噛みついて負傷させた場合には、雇人が占有補助者であるときでも、当該雇人は、現実に犬の散歩を行っていた以上、動物占有者の責任を負う。

●民 法

5 交通事故によりそのまま放置すれば死亡に至る傷害を負った被害者が，搬入された病院において通常期待されるべき適切な治療が施されていれば，高度の蓋然性をもって救命されていたときには，当該交通事故と当該医療事故とのいずれもが，その者の死亡という不可分の一個の結果を招来し，この結果について相当因果関係がある。したがって，当該交通事故における運転行為と当該医療事故における医療行為とは共同不法行為に当たり，各不法行為者は共同不法行為の責任を負う。

（本試験2019年問34）

●法令編

正答率 **16**%

1 **妥当である** そのとおり。法定の監督義務者に該当しない者であっても，責任無能力者との身分関係や日常生活における接触状況に照らし，第三者に対する加害行為の防止に向けてその者が当該責任無能力者の監督を現に行いその態様が単なる事実上の監督を超えているなどその監督義務を引き受けたとみるべき特段の事情が認められる場合には，法定の監督義務者に準ずべき者として，責任無能力者の監督者責任を負う（最判平 28.3.1）。

2 **妥当である** そのとおり。本記述の場合には，兄と弟との間には，事故当時，兄を自動車により自宅に送り届けるという仕事につき，使用者責任における使用者・被用者の関係が成立していたと解するのが相当である（最判昭 56.11.27）。

3 **妥当である** そのとおり。土地の所有者は，工作物に瑕疵がないと過失なく信じて土地を買い受けて占有していたとしても，土地の工作物責任を負う（大判昭 3.6.7）。

4 **妥当でない** 動物の占有者は，その動物が他人に加えた損害を賠償する責任を負う（718条1項本文）。占有者に代わって動物を管理する者も，この責任を負う（718条2項）。占有補助者は，ここにいう「動物の占有者」にも「占有者に代わって動物を管理する者」にも当たらない（大判大 10.12.15）。

5 **妥当である** そのとおり。本記述の場合には，交通事故と医療事故とのいずれもが，その者の死亡という不可分の一個の結果を招来し，この結果について相当因果関係があることから，運転行為と医療行為とは共同不法行為に当たり，各不法行為者は共同不法行為の責任を負う（最判平 13.3.13）。

● 民 法

家族法／親族法

問 129 婚姻および離婚に関する次のア〜オの記述のうち，民法の規定に照らし，正しいものはどれか。

ア　削除

イ　削除

ウ　養親子関係にあった者どうしが婚姻をしようとする場合，離縁により養子縁組を解消することによって，婚姻をすることができる。

エ　離婚をした場合には，配偶者の親族との間にあった親族関係は当然に終了するが，夫婦の一方が死亡した場合には，生存配偶者と死亡した配偶者の親族との間にあった親族関係は，当然には終了しない。

オ　協議離婚をしようとする夫婦に未成年の子がある場合においては，協議の上，家庭裁判所の許可を得て，第三者を親権者とすることを定めることができる。

1　削除
2　削除
3　オ
4　ウ
5　エ

（本試験2013年問35改題）

●法令編

正解 **5**

正答率 **84**%

ア **削除** 2018（平成30）年改正により，出題の意義が失われた。

イ **削除** 2018（平成30）年改正により，出題の意義が失われた。

ウ **誤** 養子と養親との間では，離縁により親族関係が終了した後でも，婚姻をすることができない（736条）。　331p

エ **正** そのとおり。姻族関係は，離婚によって終了する（728条1項）。夫婦の一方が死亡した場合には，「生存配偶者が姻族関係を終了させる意思を表示したとき」に，姻族関係が終了する（728条2項）。　334, 335p

オ **誤** 成年に達しない子は，父母の親権に服する（818条1項）。父母が協議上の離婚をするときは，その協議で，「その一方」を親権者と定めなければならない（819条1項）。この協議が調わないとき，または協議をすることができないときは，家庭裁判所は，父または母の請求によって，協議に代わる審判をすることができる（819条5項）。父母以外の「第三者」を親権者とすることができるとはされていない。　335p

以上より，正しいものはエであり，正解は **5** である。

ワンポイント・アドバイス

　2018年6月の民法改正（2022年4月1日施行）により，成年年齢が20歳から18歳に引き下げられました（4条）。また，女性の婚姻開始年齢が16歳から18歳に引き上げられ（731条），男女の婚姻開始年齢が18歳に統一されました。未成年者は婚姻をすることができなくなり，未成年者の婚姻についての父母の同意を定めていた改正前737条や，未成年者の婚姻による成年擬制を定めていた改正前753条が削除されました。

360

MEMO

第2編 民法

| チェック欄 | | |

家族法／親族法

問 130
婚約，婚姻および離婚に関する以下の相談に対する回答のうち，民法の規定および判例に照らし，妥当なものの組合せはどれか。

ア ＜相談＞　私はAとの婚約にあたりAに対して結納金100万円を贈与したのですが，結局は婚姻に至りませんでした。私はAに対して結納金100万円の返還を請求できるでしょうか。

　＜回答＞　結納は婚姻の成立を確証し，併せて当事者間の情宜を厚くする目的で授受される一種の贈与とされています。婚姻が解消された場合には原則として返還すべきものですので，あなたには結納金の返還を請求できる権利があります。

イ ＜相談＞　私は事実婚状態にあったBと合意のうえ入籍することにして婚姻届を作成しましたが，提出前にBは交通事故に遭い，現在昏睡状態にあります。こうした状態でも先に作成した婚姻届を提出すれば，私はBと正式に婚姻できるのでしょうか。

　＜回答＞　判例によれば，婚姻が有効に成立するためには，届出時点における当事者の婚姻意思が必要です。婚姻届作成後に翻意したというような特段の事情がないとしても，現在Bは意思能力を欠いた状態ですので，婚姻届を提出したとしても婚姻の効力は生じません。

ウ ＜相談＞　私は配偶者Cとの間に子がいますが，Cは5年前に家を出て他で生活しており，子の養育費はすべて私が負担しています。Cに対して離婚訴訟を提起するにあたり，併せてこの間の養育費の支払いを求めることができるでしょうか。

●民 法

<回答>　子の監護に要する費用は，婚姻から生じる費用です。婚姻費用の請求は婚姻の継続を前提とする請求であるのに対して，離婚訴訟は婚姻の解消を目指す訴訟ですから，このように性質が異なる訴訟を一緒に行うことはできません。離婚を申し立てる前に，監護費用の支払いを求める訴えを別途提起する必要があります。

エ　<相談>　私と配偶者であるDとの婚姻関係は既に破綻しており，離婚にむけて協議を進めています。D名義のマンションを私に贈与することをDと私とは書面により合意したのですが，離婚届を提出する前日になって，Dは，この贈与契約を取り消すと言ってきました。Dの取り消しは認められるのでしょうか。

<回答>　民法の規定によれば夫婦間の契約は婚姻中いつでも取り消すことができますが，その趣旨は，夫婦間の約束事に法は介入すべきではなく，当事者の道義に委ねるべきだというものです。婚姻が実質的に破綻しているような場合にはこの趣旨は妥当しませんので，Dはマンションの贈与契約を取り消すことができません。

1　ア・イ
2　ア・エ
3　イ・ウ
4　イ・エ
5　ウ・エ

（本試験2015年問35）

第2編 民法

363

●法令編

正解 2

正答率 **76%**

合格基本書

ア **妥当である** そのとおり。結納は，婚約の成立を確証し， 331p
あわせて婚姻が成立した場合に当事者ないし当事者両家間の
情誼を厚くする目的で授受される一種の贈与である（最判昭
39.9.4）。婚約を解消した場合，結納金は不当利得として返
還する必要がある（大判大 6.2.28）。

イ **妥当でない** 婚姻届作成後，届出前に昏睡状態になった場 330p
合の婚姻届の効力について，判例は，「本件婚姻届がBの意
思に基づいて作成され，同人がその作成当時婚姻意思を有し
ていて，同人と上告人との間に事実上の夫婦共同生活関係が
存続していたとすれば，その届書が当該係官に受理されるま
での間に同人が完全に昏睡状態に陥り，意識を失つたとして
も，届書受理前に死亡した場合と異なり，届出書受理以前に
翻意するなど婚姻の意思を失う特段の事情のないかぎり，右
届書の受理によつて，本件婚姻は，有効に成立したものと解
すべきである」としている（最判昭 44.4.3）。

ウ **妥当でない** 判例は，「離婚の訴えにおいて，別居後単独
で子の監護に当たっている当事者から他方の当事者に対し，
別居後離婚までの期間における子の監護費用の支払を求める
旨の申立てがあった場合には，裁判所は，離婚請求を認容す
るに際し，民法 771 条，766 条 1 項を類推適用し，(旧) 人事
訴訟手続法 15 条 1 項により，右申立てに係る子の監護費用
の支払を命ずることができる」としている（最判平 9.4.10）。
監護費用の支払いを求める訴えを別途提起する必要はない。

エ **妥当である** そのとおり。夫婦間でした契約は，婚姻中， 333p
いつでも，夫婦の一方からこれを取り消すことができる
（754 条本文）。もっとも，判例は，「夫婦関係が破綻に瀕し
ているような場合になされた夫婦間の贈与はこれを取り消し
えない」としている（最判昭 33.3.6）。

以上より，妥当なものはア・エであり，正解は**2**である。

●民 法

家族法／親族法

問 131 離婚に関する次のア～オの記述のうち，民法の規定および判例に照らし，妥当なものの組合せはどれか。

ア　離婚における財産分与は，離婚に伴う精神的苦痛に対する損害の賠償も当然に含む趣旨であるから，離婚に際し財産分与があった場合においては，別途，離婚を理由とする慰謝料の請求をすることは許されない。

イ　離婚に際して親権者とならず子の監護教育を行わない親には，子と面会・交流するためのいわゆる面接交渉権があり，この権利は親子という身分関係から当然に認められる自然権であるから，裁判所がこれを認めない判断をすることは憲法13条の定める幸福追求権の侵害に当たる。

ウ　父母が協議上の離婚をする場合に，その協議でその一方を親権者として定めなかったにもかかわらず，誤って離婚届が受理されたときであっても，当該離婚は有効に成立する。

エ　民法の定める離婚原因がある場合には，当事者の一方は，その事実を主張して直ちに家庭裁判所に対して離婚の訴えを提起することができ，訴えが提起されたときは，家庭裁判所は直ちに訴訟手続を開始しなければならない。

オ　夫婦の別居が両当事者の年齢および同居期間との対比において相当の長期間に及び，その夫婦の間に未成熟の子が存在しない場合には，相手方配偶者が離婚により極めて苛酷な状態に置かれる等著しく社会的正義に反するといえるような特段の事情のない限り，有責配偶者からの離婚請求であるとの一事をもって離婚が許されないとすることはできない。

1　ア・イ
2　ア・ウ
3　イ・エ
4　ウ・オ
5　エ・オ

（本試験2018年問34）

●法令編

正解 **4**　　　　正答率 **80**%

合格基本書

ア　**妥当でない**　判例は，離婚による「財産分与がなされて
も，それが損害賠償の要素を含めた趣旨とは解せられないか，
そうでないとしても，その額および方法において，請求者の
精神的苦痛を慰藉するには足りないと認められるものである
ときには，すでに財産分与を得たという一事によつて慰藉料
請求権がすべて消滅するものではなく，別個に不法行為を理
由として離婚による慰藉料を請求することを妨げられないも
のと解するのが相当である。」としている（最判昭 46.7.23）。

イ　**妥当でない**　判例は，協議離婚をした際に親権者とされな
かった親に子との面接交渉を認めるかどうかは，子の監護に
関する処分について定める民法 766 条 1 項または 2 項の解
釈適用の問題であって，憲法 13 条に違背するかどうかの問
題にあたらないとしている（最決昭 59.7.6）。よって，裁判
所が面接交渉権を認めない判断をしても，憲法 13 条の幸福
追求権の侵害には当たらない。

ウ　**妥当である**　そのとおり。離婚の届出は，その離婚が 739
条 2 項の規定および 819 条 1 項の規定（協議上の離婚の際
の親権者の指定）その他の法令の規定に違反しないことを認
めた後でなければ，受理することができない（765 条 1 項）。
もっとも，離婚の届出がこの規定に違反して受理されたとき
であっても，離婚は，そのためにその効力を妨げられない
（765 条 2 項）。

エ　**妥当でない**　離婚事件など調停を行うことができる事件に
ついて訴えを提起しようとする者は，まず家庭裁判所に家事
調停の申立てをしなければならず（調停前置主義／家事事件
手続法 257 条 1 項），その事件について家事調停の申立てを
することなく訴えを提起した場合には，裁判所は，原則とし
て職権でその事件を家事調停に付さなければならない（家事
事件手続法 257 条 2 項）。

366

●民法

オ **妥当である** そのとおり。判例は,「有責配偶者からされた離婚請求であつても,夫婦の別居が両当事者の年齢及び同居期間との対比において相当の長期間に及び,その間に未成熟の子が存在しない場合には,相手方配偶者が離婚により精神的・社会的・経済的に極めて苛酷な状態におかれる等離婚請求を認容することが著しく社会正義に反するといえるような特段の事情の認められない限り,当該請求は,有責配偶者からの請求であるとの一事をもつて許されないとすることはできないものと解するのが相当である。」としている(最判昭62.9.2)。

以上より,妥当なものはウ・オであり,正解は**4**である。

ワンポイント・アドバイス

【離婚意思】
　協議離婚の届出が法律上の婚姻関係を解消する意思の合致に基づいてされたものであれば,離婚の意思が認められます。夫婦が事実上の婚姻関係を継続しつつ,①債権者の強制執行を免れるため(最判昭44.11.14),②夫に戸主の地位を与えるため(最判昭38.11.28),③生活扶助を受けるため(最判昭57.3.26)の方便として協議離婚の届出をした場合でも,離婚は有効です。

●民法

家族法／親族法

問 132 氏に関する次のア～オの記述のうち，民法の規定および判例に照らし，妥当なものの組合せはどれか。

ア 甲山太郎と乙川花子が婚姻届に署名捺印した場合において，慣れ親しんだ呼称として婚姻後もそれぞれ甲山，乙川の氏を引き続き称したいと考え，婚姻後の氏を定めずに婚姻届を提出したときは，この婚姻届は受理されない。

イ 夫婦である乙川太郎と乙川花子が離婚届を提出し受理されたが，太郎が慣れ親しんだ呼称として，離婚後も婚姻前の氏である甲山でなく乙川の氏を引き続き称したいと考えたとしても，離婚により復氏が確定し，離婚前の氏を称することができない。

ウ 甲山太郎を夫とする妻甲山花子は，夫が死亡した場合において，戸籍法の定めるところにより届け出ることによって婚姻前の氏である乙川を称することができる。

エ 夫婦である甲山花子と甲山太郎の間に出生した子である一郎は，両親が離婚をして，母花子が復氏により婚姻前の氏である乙川を称するようになった場合には，届け出ることで母と同じ乙川の氏を称することができる。

オ 甲山花子と，婚姻により改氏した甲山太郎の夫婦において，太郎が縁組により丙谷二郎の養子となったときは，太郎および花子は養親の氏である丙谷を称する。

1 ア・イ
2 ア・ウ
3 イ・エ
4 ウ・オ
5 エ・オ

（本試験2019年問35）

369

●法令編

正解 **2**

正答率 **62**%

合格基本書

ア **妥当である** そのとおり。夫婦は，婚姻の際に定めるところに従い，夫または妻の氏を称する（750条）。婚姻をしようとする者は，「夫婦が称する氏」を届書に記載して，その旨を届け出なければならない（戸籍法74条1号）。

イ **妥当でない** 婚姻によって氏を改めた夫または妻は，協議上の離婚によって婚姻前の氏に復する（767条1項）。これにより婚姻前の氏に復した夫または妻は，離婚の日から3カ月以内に戸籍法の定めるところにより届け出ることによって，離婚の際に称していた氏を称することができる（767条2項）。 `335p`

ウ **妥当である** そのとおり。夫婦の一方が死亡したときは，生存配偶者は，婚姻前の氏に復することができる（751条1項）。この規定によって婚姻前の氏に復しようとする者は，その旨を届け出なければならない（戸籍法95条）。 `334, 335p`

エ **妥当でない** 子が父または母と氏を異にする場合には，子は，家庭裁判所の許可を得て，戸籍法の定めるところにより届け出ることによって，その父または母の氏を称することができる（791条1項）。

オ **妥当でない** 養子は，養親の氏を称する（810条本文）。ただし，婚姻によって氏を改めた者については，婚姻の際に定めた氏を称すべき間は，この限りでない（810条ただし書）。 `341p`

以上より，妥当なものはア・ウであり，正解は**2**である。

家族法／親族法

問133 養子に関する次の記述のうち、民法の規定に照らし、正しいものはどれか。

1 家庭裁判所の審判により後見に付されているAは、認知をするには後見人の同意が必要であるが、養子縁組をするには後見人の同意は必要でない。

2 16歳のBを養子とする場合には、原則として家庭裁判所の許可が必要であるが、この場合には、Bの法定代理人が養子縁組の承諾をしなければならない。

3 C・Dが夫婦である場合に、Cが、成年者Eを自己のみの養子とするときには、Dが同意について意思を表示することができないときを除いて、Dの同意を得なければならない。

4 F（70歳）およびG（55歳）は夫婦であったところ、子がいないことからFの弟であるH（58歳）を養子とした場合に、この養子縁組の効力は無効である。

5 I・J夫婦が、K・L夫婦の子M（10歳）を普通養子とする旨の縁組をし、その届出が完了した場合、MとK・L夫婦との実親子関係は終了する。

（本試験2016年問35改題）

●法令編

正解 3

正答率 **39**%

1 誤 認知をするには，父または母が未成年者または成年被後見人であるときであっても，その法定代理人の同意を要しない（780条）。成年被後見人が養子縁組をするには，その成年後見人の同意を要しない（799条・738条）。

338, 340p

2 誤 未成年者を養子とするには，原則として，家庭裁判所の許可を得なければならない（798条本文）。養子となる者が15歳未満であるときは，その法定代理人が，これに代わって，縁組の承諾をすることができる（797条1項）。よって，16歳のBを養子とする場合には，家庭裁判所の許可を得れば足り，Bの法定代理人が養子縁組の承諾をする必要はない。

340, 341p

3 正 そのとおり。配偶者のある者が縁組をするには，その配偶者の同意を得なければならない（796条本文）。ただし，配偶者とともに縁組をする場合または配偶者がその意思を表示することができない場合は，同意を得る必要はない（796条ただし書）。

340p

4 誤 尊属または年長者は，これを養子とすることができない（793条）。793条の規定に違反した縁組は，各当事者またはその親族から，取消しを家庭裁判所に請求することができる（805条）。すなわち，793条に違反した縁組は取消しを請求できるのであって，無効ではない。なお，判例は，「届出された夫婦養子縁組において，養子夫婦の一方が養親夫婦の一方より年長であることを理由に，民法793条，805条の規定によつて養子縁組全部の取消しの請求がされた場合には，年長の養子と年少の養親との間の縁組だけを取り消せば足りるものと解するのが相当である。」としている（最判昭53.7.17）。また，養子縁組の無効は，①人違いその他の事由によって当事者間に縁組をする意思がないとき，②当事者が縁組の届出をしないときに限られる（802条）。

合格基本書

372

●民法

5 **誤** 養子は、縁組の日から、養親の嫡出子の身分を取得し（809条）、未成年者である場合は、養親の親権に服する（818条2項）。これに付随して、養子と養親の血族との間に法定血族関係を生ずる（727条）。特別養子縁組の場合には、養子と実方の父母およびその血族との親族関係は終了するが（817条の9本文）、普通養子縁組の場合には養子は実方の親族関係から離脱するものではないから、養子と実親子関係に何らの影響もない。よって、MとK・L夫婦との実親子関係は終了しない。

 ワンポイント・アドバイス

【未成年者を養子とする縁組】
　未成年者を養子とするには、家庭裁判所の許可を得なければなりません（798条本文）。ただし、自己または配偶者の直系卑属を養子とする場合は、この限りでないとされています（798条ただし書）。

●民 法

家族法／親族法

問 134 特別養子制度に関する次のア〜オの記述のうち，民法の規定に照らし，正しいものの組合せはどれか。

ア 特別養子は，実父母と養父母の間の合意を家庭裁判所に届け出ることによって成立する。

イ 特別養子縁組において養親となる者は，配偶者のある者であって，夫婦いずれもが20歳以上であり，かつ，そのいずれかは25歳以上でなければならない。

ウ すべての特別養子縁組の成立には，特別養子となる者の同意が要件であり，同意のない特別養子縁組は認められない。

エ 特別養子縁組が成立した場合，実父母及びその血族との親族関係は原則として終了し，特別養子は実父母の相続人となる資格を失う。

オ 特別養子縁組の解消は原則として認められないが，養親による虐待，悪意の遺棄その他養子の利益を著しく害する事由がある場合，または，実父母が相当の監護をすることができる場合には，家庭裁判所が離縁の審判を下すことができる。

1 ア・ウ
2 ア・オ
3 イ・ウ
4 イ・エ
5 ウ・オ

（本試験2020年問35）

●法令編

正解 **4**

正答率 **80**%

合格基本書

ア **誤** 特別養子縁組は，養親となる者の請求（817条の2第 344, 345p
1項）に基づく家庭裁判所の審判によって成立する。

イ **正** そのとおり。特別養子縁組の養親となる者は，配偶者 344, 345p
のある者でなければならない（817条の3第1項）。また，
特別養子縁組では，25歳に達しない者は，養親となること
ができない（817条の4本文）。ただし，養親となる夫婦の
一方が25歳に達していない場合においても，その者が20
歳に達しているときは，この限りでない（817条の4ただし
書）。

ウ **誤** 養子となる者が15歳に達している場合においては， 344, 345p
特別養子縁組の成立には，その者の同意がなければならない
（817条の5第3項）。

エ **正** そのとおり。養子と実方の父母およびその血族との親 344, 345p
族関係は，特別養子縁組によって終了する（817条の9本
文）。よって，特別養子は実父母の相続人となる資格を失う。

オ **誤** ①「養親による虐待，悪意の遺棄その他養子の利益を 344, 345p
著しく害する事由があること」，②「実父母が相当の監護を
することができること」のいずれにも該当する場合におい
て，養子の利益のため特に必要があると認めるときは，家庭
裁判所は，養子，実父母または検察官の請求により，特別養
子縁組の当事者を離縁させることができる（817条の10第
1項）。これらの場合のほかは，特別養子縁組の解消は認め
られない（817条の10第2項）。

以上より，正しいものはイ・エであり，正解は**4**である。

376

●民法

家族法／親族法

問135 利益相反行為に関する以下の記述のうち，民法の規定および判例に照らし，妥当なものの組合せはどれか。

ア　親権者が，共同相続人である数人の子を代理して遺産分割協議をすることは，その結果，数人の子の間の利害の対立が現実化しない限り，利益相反行為にはあたらない。

イ　親権者である母が，その子の継父が銀行から借り入れを行うにあたり，子の所有の不動産に抵当権を設定する行為は，利益相反行為にあたる。

ウ　親権者が，自己の財産を，子に対して有償で譲渡する行為は当該財産の価額の大小にかかわらず利益相反行為にあたるから，その子の成年に達した後の追認の有無にかかわらず無効である。

エ　親権者が，自らが債務者となって銀行から借り入れを行うにあたって，子の所有名義である土地に抵当権を設定する行為は，当該行為がどのような目的で行なわれたかに関わりなく利益相反行為にあたる。

オ　親権者が，他人の金銭債務について，連帯保証人になるとともに，子を代理して，子を連帯保証人とする契約を締結し，また，親権者と子の共有名義の不動産に抵当権を設定する行為は，利益相反行為にあたる。

1　ア・イ
2　ア・エ
3　イ・ウ
4　ウ・エ
5　エ・オ

（本試験2014年問35）

●法令編

正解 **5**

正答率 **58**%

合格基本書

親権を行う父または母とその子との利益が相反する行為（<u>利</u> 347p
<u>益相反行為</u>）については，親権を行う者は，その子のために特
別代理人を選任することを家庭裁判所に請求しなければならな
い（826条1項）。

ア　**妥当でない**　<u>親権者が共同相続人である数人の子を代理し</u>
<u>て遺産分割協議をすることは，利益相反行為に当たる</u>（最判
昭48.4.24）。

イ　**妥当でない**　<u>親権者である母が子の継父である夫の債務の</u>
<u>ために子の不動産に抵当権を設定する行為は，利益相反行為</u>
<u>に当たらない</u>（最判昭35.7.15）。

ウ　**妥当でない**　<u>親権者の代理行為が利益相反行為に当たる場</u> 347p
<u>合，その行為は無権代理行為となり</u>（大判昭11.8.7），子が
成年に達した後，追認をすれば有効となる。

エ　**妥当である**　そのとおり。養育費に充てるためであって
も，親権者自身が金員を借り受け，その債務につき子の所有
不動産に抵当権を設定する行為は利益相反行為に当たるとし
た判例がある（最判昭37.10.2）。

オ　**妥当である**　そのとおり。第三者の負担する債務につい
て，親権者がみずから連帯保証をするとともに子の代理人と
して同一債務について連帯保証をなし，かつ親権者と子が共
有する不動産に抵当権を設定する行為は，利益相反行為に当
たる（最判昭43.10.8）。

以上より，妥当なものはエ・オであり，正解は**5**である。

378

●民法

家族法／親族法

問 136 後見に関する次の記述のうち，民法の規定および判例に照らし，妥当なものはどれか。

1 未成年後見は，未成年者に対して親権を行う者がないときに限り，開始する。

2 未成年後見人は自然人でなければならず，家庭裁判所は法人を未成年後見人に選任することはできない。

3 成年後見は，精神上の障害により事理を弁識する能力が著しく不十分である者について，家庭裁判所の審判によって開始する。

4 成年後見人は，成年被後見人の生活，療養看護および財産管理に関する事務を行う義務のほか，成年被後見人が他人に損害を加えた場合において当然に法定の監督義務者として責任を負う。

5 後見人の配偶者，直系血族および兄弟姉妹は，後見監督人となることができない。

（本試験2018年-問35）

●法令編

正答率 **37**%

1 **妥当でない** 未成年後見は，未成年者に対して親権を行う者がないとき，または親権を行う者が管理権を有しないときに開始する（838条1号）。

2 **妥当でない** 2011年改正により，法人であっても未成年後見人になることができるようになった。現行の民法840条3項は，法人が未成年後見人になることができることを前提としている。

3 **妥当でない** 精神上の障害により事理を弁識する能力を欠く常況にある者について，後見開始の審判をすることができる（7条）。

4 **妥当でない** 成年後見人は，成年被後見人の生活，療養看護および財産の管理に関する事務を行う（858条参照）。712条・713条により責任無能力者がその責任を負わない場合において，その責任無能力者が監督する法定の義務を負う者は，その責任無能力者が第三者に加えた損害を賠償する責任を負う（714条1項本文）。ただし，監督義務者がその義務を怠らなかったとき，またはその義務を怠らなくても損害が生ずべきであったときは，この限りでない（714条1項ただし書）。判例は，民法858条のいわゆる身上配慮義務は，成年後見人が契約等の法律行為を行う際に成年被後見人の身上について配慮すべきことを求めるものであって，成年後見人に対し事実行為として成年被後見人の現実の介護を行うことや成年被後見人の行動を監督することを求めるものと解することはできず，保護者や成年後見人であることだけでは直ちに法定の監督義務者に該当するということはできないとしている（最判平28.3.1）。

5 **妥当である** そのとおり。後見人の配偶者，直系血族および兄弟姉妹は，後見監督人となることができない（850条）。

MEMO

第2編　民法

チェック欄

家族法／相続法

問137
Aが死亡し，Aの妻B，A・B間の子CおよびDを共同相続人として相続が開始した。相続財産にはAが亡くなるまでAとBが居住していた甲建物がある。この場合に関する次のア〜オの記述のうち，民法の規定に照らし，正しいものの組合せはどれか。なお，次の各記述はそれぞれが独立した設例であり相互に関連しない。

ア　Aが，Aの死後，甲建物をBに相続させる旨の遺言をしていたところ，Cが相続開始後，法定相続分を持分とする共同相続登記をしたうえで，自己の持分4分の1を第三者Eに譲渡して登記を了した。この場合，Bは，Eに対し，登記なくして甲建物の全部が自己の属することを対抗することができる。

イ　Aの死後，遺産分割協議が調わない間に，Bが無償で甲建物の単独での居住を継続している場合，CおよびDは自己の持分権に基づき，Bに対して甲建物を明け渡すよう請求することができるとともに，Bの居住による使用利益等について，不当利得返還請求権を有する。

ウ　Aが遺言において，遺産分割協議の結果にかかわらずBには甲建物を無償で使用および収益させることを認めるとしていた場合，Bは，原則として終身にわたり甲建物に無償で居住することができるが，甲建物が相続開始時にAとAの兄Fとの共有であった場合には，Bは配偶者居住権を取得しない。

エ　家庭裁判所に遺産分割の請求がなされた場合において，Bが甲建物に従前通り無償で居住し続けることを望むときには，Bは，家庭裁判所に対し配偶者居住権の取得を希望する旨を申し出ることができ，裁判所は甲建物の所有者となる者の不利益を考慮してもなおBの生活を維持するために特に必要があると認めるときには，審判によってBに配偶者居住権を与えることができる。

●民 法

オ　遺産分割の結果，Dが甲建物の所有者と定まった場合において，Bが配偶者居住権を取得したときには，Bは，単独で同権利を登記することができる。

1　ア・イ
2　ア・オ
3　イ・エ
4　ウ・エ
5　ウ・オ

(本試験2021年問35)

●法令編

正解 **4**

正答率 **53**%

合格基本書

ア **誤** 〔Bの〕相続による権利の承継は，遺産の分割による　185p
ものかどうかにかかわらず，〔Bの〕法定相続分を超える部
分については，登記，登録その他の対抗要件を備えなけれ
ば，第三者〔E〕に対抗することができない（899条の2第
1項）。

イ **誤** 被相続人の配偶者〔B〕は，被相続人〔A〕の財産に　355p
属した建物に相続開始の時に無償で居住していた場合には，
その居住していた建物〔居住建物〕について配偶者を含む共
同相続人〔BCD〕間で遺産の分割をすべきときには，遺産
の分割により居住建物の帰属が確定した日または相続開始の
時から6カ月を経過する日のいずれか遅い日までの間，居住
建物の所有権を相続または遺贈により取得した者〔居住建物
取得者〕に対し，居住建物について無償で使用する権利〔配
偶者短期居住権〕を有する（1037条1項1号）。

ウ **正** そのとおり。被相続人の配偶者〔B〕は，被相続人　355p
〔A〕の財産に属した建物に相続開始の時に居住していた場
合において，配偶者居住権が遺贈の目的とされたときは，そ
の居住していた建物の全部について無償で使用および収益を
する権利〔配偶者居住権〕を取得する（1028条1項2号）。
ただし，被相続人〔A〕が相続開始の時に居住建物を配偶者
以外の者〔F〕と共有していた場合にあっては，この限りで
ない（1028条1項ただし書）。

エ **正** そのとおり。遺産の分割の請求を受けた家庭裁判所
は，被相続人の配偶者〔B〕が家庭裁判所に対して配偶者居
住権の取得を希望する旨を申し出た場合において，居住建物
の所有者の受ける不利益の程度を考慮してもなお配偶者
〔B〕の生活を維持するために特に必要があると認めるとき
は，配偶者〔B〕が配偶者居住権を取得する旨を定めること
ができる（1029条2号）。

384

オ **誤** 居住建物の所有者〔D〕は，配偶者居住権を取得した配偶者〔B〕に対し，<u>配偶者居住権の設定の登記を備えさせる義務を負う</u>（1031条1項）。配偶者居住権の設定の登記の申請は，居住建物の所有者〔D〕を登記義務者とし，配偶者居住権を取得した配偶者〔B〕を登記権利者とする<u>共同申請</u>による（令和2年3月30日法務省民二第324号通達）。よって，<u>Bが単独で登記することはできない</u>。

以上より，正しいものはウ・エであり，正解は**4**である。

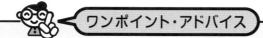

ワンポイント・アドバイス

①被相続人の配偶者は，被相続人の財産に属した建物に相続開始の時に居住していた場合において，(1)遺産の分割によって配偶者居住権を取得するものとされたとき，(2)配偶者居住権が遺贈の目的とされたとき，(3)配偶者居住権が死因贈与の目的とされたときは，その居住していた建物の全部について無償で使用および収益をする権利〔配偶者居住権〕を取得します（1028条1項本文，554条）。ただし，被相続人が相続開始の時に居住建物を配偶者以外の者と共有していた場合にあっては，この限りでない（1028条1項ただし書）とされています。

②被相続人の配偶者は，被相続人の財産に属した建物に相続開始の時に無償で居住していた場合には，(1)その居住していた建物〔居住建物〕について配偶者を含む共同相続人間で遺産の分割をすべき場合には，遺産の分割により居住建物の帰属が確定した日または相続開始の時から6カ月を経過する日のいずれか遅い日までの間，(2)それ以外の場合には，配偶者短期居住権の消滅の申入れの日から6カ月を経過する日までの間，居住建物の所有権を相続または遺贈により取得した者〔居住建物取得者〕に対し，居住建物について無償で使用する権利〔配偶者短期居住権〕を有します（1037条1項本文）。ただし，配偶者が，相続開始の時において居住建物に係る配偶者居住権を取得したとき，または相続人の欠格事由に該当しもしくは廃除によってその相続権を失ったときは，この限りでない（1037条1項ただし書）とされています。

●民 法

家族法／相続法

問 138 Aは2020年10月1日に死亡したが，Aには，Dに対する遺贈以外の遺言はなく，その死亡時に妻B，長男C，長女Dおよび次男Eがいた。この場合についての次のア～オの記述のうち，民法の規定および判例に照らし，誤っているものはいくつあるか。

ア　Bが2020年10月1日にAの死亡を知った場合において，Bは，その時から3ヶ月以内に単独で限定承認をすることができ，相続人全員で共同してする必要はない。

イ　Cの相続権が侵害された場合に，CがAの死亡の時から5年以内に相続回復請求権を行使しないときは，同請求権は，時効によって消滅する。

ウ　DがAから遺贈を受けた場合には，Aが死亡の時において有した財産の価額に遺贈の価額を加えたものを相続財産とみなし，Dの法定相続分の中からその遺贈の価額を控除した残額をもってDの相続分とする。

エ　Eが，生前Aに対して虐待をし，またはAに重大な侮辱を加えた場合には，Eは，欠格者として相続人となることができない。

オ　Aの死亡の時から5年以内にB，C，D，Eの協議により遺産分割がなされない場合には，B，C，D，Eは，全員で家庭裁判所に対し遺産分割を申し立てなければならない。

1　一つ
2　二つ
3　三つ
4　四つ
5　五つ

（本試験2012年問35改題）

●法令編

正解 **5**

正答率 **16**%

合格基本書

ア **誤** 相続人が数人あるときは，限定承認は，<u>共同相続人の</u>
<u>全員が共同してのみ</u>これをすることができる（923条）。

357p

イ **誤** 相続回復の請求権は，<u>相続人またはその法定代理人が</u>
「相続権を侵害された事実を知った時」から<u>5年間行使しな</u>
<u>い</u>ときは，時効によって消滅する（884条前段）。

349p

ウ **誤** 共同相続人中に，被相続人から，遺贈を受け，または
婚姻もしくは養子縁組のためもしくは生計の資本として贈与
を受けた者があるときは，<u>被相続人が相続開始の時において</u>
<u>有した財産の価額にその贈与の価額を加えたものを相続財産</u>
<u>とみなし</u>，900条〜902条の規定により算定した相続分の中
からその遺贈または贈与の価額を控除した残額をもってその
者の相続分とする（903条1項）。<u>遺贈された財産は「被相</u>
<u>続人が相続開始の時において有した財産」に含まれているか</u>
<u>ら，遺贈の価額を加える必要はない。</u>

353p

エ **誤** 遺留分を有する推定相続人（相続が開始した場合に相
続人となるべき者）が，被相続人に対して虐待をし，もしく
はこれに重大な侮辱を加えたときは，被相続人は，その推定
相続人の「<u>廃除</u>」を家庭裁判所に請求することができる
（892条）。これらの事情は，相続人の「<u>欠格</u>」事由（891
条）ではない。

351p

オ **誤** 共同相続人は，被相続人が遺言で禁じた場合を除き，
いつでも，その協議で，遺産の分割をすることができる
（907条1項）。また，遺産の分割について，共同相続人間に
協議が調わないとき，または協議をすることができないとき
は，<u>各共同相続人は，その分割を家庭裁判所に請求すること</u>
<u>ができる</u>（907条2項）。よって，遺産分割を<u>5年以内にす</u>
<u>る必要はなく</u>，また，家庭裁判所に対する分割の請求につい
ても「<u>全員で</u>」申し立てなければならないわけではない。

354p

以上より，誤っているものはすべてであり，正解は**5**であ
る。

388

●民法

家族法／相続法

問 139 遺言に関する次のア～オの記述のうち，民法の規定に照らし，正しいものの組合せはどれか。

ア　15歳に達した者は，遺言をすることができるが，遺言の証人または立会人となることはできない。

イ　自筆証書によって遺言をするには，遺言者が，その全文，日付および氏名を自書してこれに押印しなければならず，遺言を変更する場合には，変更の場所を指示し，変更内容を付記して署名するか，または変更の場所に押印しなければ効力を生じない。

ウ　公正証書によって遺言をするには，遺言者が遺言の趣旨を公証人に口授しなければならないが，遺言者が障害等により口頭で述べることができない場合には，公証人の質問に対してうなずくこと，または首を左右に振ること等の動作で口授があったものとみなす。

エ　秘密証書によって遺言をするには，遺言者が，証書に署名，押印した上，その証書を証書に用いた印章により封印し，公証人一人および証人二人以上の面前で，当該封書が自己の遺言書である旨ならびにその筆者の氏名および住所を申述する必要があるが，証書は自書によらず，ワープロ等の機械により作成されたものであってもよい。

オ　成年被後見人は，事理弁識能力を欠いている場合には遺言をすることができないが，一時的に事理弁識能力を回復した場合には遺言をすることができ，その場合，法定代理人または3親等内の親族二人の立会いのもとで遺言書を作成しなければならない。

1 ア・ウ
2 ア・エ
3 イ・ウ
4 イ・オ
5 エ・オ

（本試験2017年問35）

●法令編

正解 **2**

正答率 **38**%

合格基本書

ア **正** そのとおり。15歳に達した者は，遺言をすることができる（961条）。未成年者は，遺言の証人または立会人となることができない（974条1号）。

358p

イ **誤** 自筆証書によって遺言をするには，遺言者が，その全文，日付および氏名を自書し，これに印を押さなければならない（968条1項）。もっとも，自筆証書にこれと一体のものとして相続財産の全部または一部の目録を添付する場合には，その目録（財産目録）については，自書することを要しない（968条2項前段）。この場合において，遺言者は，その目録の毎葉に署名し，印を押さなければならない（968条2項後段）。自筆証書（財産目録を含む。）中の加除その他の変更は，遺言者が，その場所を指示し，これを変更した旨を付記して特にこれに署名し，かつ，その変更の場所に印を押さなければ，その効力を生じない（968条3項）。

358p

ウ **誤** 公正証書によって遺言をするには，遺言者が遺言の趣旨を公証人に口授する必要がある（969条2号）。ここにいう「口授」とは，遺言の内容を口頭で述べることをいう。公証人の質問に対する肯定・否定の挙動は，「口授」とはいえない（最判昭51.1.16）。また，口がきけない者の動作で口授があったものとみなすという規定はない。なお，口がきけない者が公正証書によって遺言をする場合には，遺言者は，公証人および証人の前で，遺言の趣旨を通訳人の通訳により申述し，または自書して，口授に代えなければならない（969条の2第1項前段）。

358p

390

●民法

エ **正** そのとおり。秘密証書によって遺言をするには，①遺言者が，その証書に署名し，印を押すこと，②遺言者がその証書を封じ，証書を用いた印章をもってこれに封印すること，③遺言者が，公証人1人および証人2人以上の前に封書を提出して，自己の遺言書である旨ならびにその筆者の氏名および住所を申述すること，④公証人が，その証書を提出した日付および遺言者の申述を封紙に記載した後，遺言者および証人とともにこれに署名し，印を押すことが必要である（970条1項）。証書は自書によって作成する必要はなく，ワープロ等の機械によることもできる。 358p

オ **誤** 成年被後見人が事理を弁識する能力を一時回復した時において遺言をするには，<u>医師2人以上の立会い</u>がなければならない（973条1項）。 358p

以上より，正しいものはア・エであり，正解は**2**である。

ワンポイント・アドバイス

2018年の民法改正により，自筆証書遺言の方式が緩和され，自筆証書遺言に添付する財産目録については自書でなくてもよいものとされました（968条2項／2019年1月13日施行）。この改正は，自筆証書に，パソコン等で作成した目録を添付したり，銀行通帳のコピーや不動産の登記事項証明書等を目録として添付したりして遺言を作成することができるようにしたものです。

●民 法

民法全般

問140 Aは自己所有の甲機械(以下「甲」という。)をBに賃貸し(以下,これを「本件賃貸借契約」という。),その後,本件賃貸借契約の期間中にCがBから甲の修理を請け負い,Cによる修理が終了した。この事実を前提とする次の記述のうち,民法の規定および判例に照らし,妥当なものはどれか。

1 Bは,本件賃貸借契約において,Aの負担に属するとされる甲の修理費用について直ちに償還請求することができる旨の特約がない限り,契約終了時でなければ,Aに対して償還を求めることはできない。

2 CがBに対して甲を返還しようとしたところ,Bから修理代金の提供がなかったため,Cは甲を保管することとした。Cが甲を留置している間は留置権の行使が認められるため,修理代金債権に関する消滅時効は進行しない。

3 CはBに対して甲を返還したが,Bが修理代金を支払わない場合,Cは,Bが占有する甲につき,動産保存の先取特権を行使することができる。

4 CはBに対して甲を返還したが,Bは修理代金を支払わないまま無資力となり,本件賃貸借契約が解除されたことにより甲はAに返還された。本件賃貸借契約において,甲の修理費用をBの負担とする旨の特約が存するとともに,これに相応して賃料が減額されていた場合,CはAに対して,事務管理に基づいて修理費用相当額の支払を求めることができる。

5 CはBに対して甲を返還したが,Bは修理代金を支払わないまま無資力となり,本件賃貸借契約が解除されたことにより甲はAに返還された。本件賃貸借契約において,甲の修理費用をBの負担とする旨の特約が存するとともに,これに相応して賃料が減額されていた場合,CはAに対して,不当利得に基づいて修理費用相当額の支払を求めることはできない。

(本試験2017年問33)

●法令編

正解 **5**

正答率 **54**%

合格基本書

1　妥当でない　賃借人は，賃借物について賃貸人の負担に
属する必要費を支出したときは，賃貸人に対し，<u>直ちにその
償還を請求することができる</u>（608条1項）。よって，Bは，
Aに対して，<u>直ちに</u>，支出した修理費用の償還を請求するこ
とができる。なお，賃借人が賃借物について「有益費」を支
出したときは，賃貸借の終了の時に，その価格の増加が現存
する場合に限り，賃貸人の選択に従い，その支出した金額ま
たは増価額を償還させることができる（608条2項本文・
196条2項）。

293p

2　妥当でない　留置権の行使は，<u>債権の消滅時効の進行を
妨げない</u>（300条）。よって，修理代金債権に関する消滅時
効は進行する。

203p

3　妥当でない　先取特権者は，民法その他の法律の規定に
従い，<u>その債務者の財産</u>について，他の債権者に先立って自
己の債権の弁済を受ける権利を有する（303条）。すなわち，
<u>先取特権は債務者の所有物についてのみ成立する</u>。なお，不
動産賃貸の先取特権，旅館宿泊の先取特権，運輸の先取特権
には，債務者以外の所有物について先取特権の即時取得が認
められている（319条）。しかし，<u>動産保存の先取特権には，
即時取得は認められていない</u>。よって，Cは，Aが所有する
甲機械につき，動産保存の先取特権（311条4号，320条）
を行使することができない。

4　妥当でない　請負人Cが賃借人Bとの間の請負契約に基
づき賃借物の修理をしたところ，その後賃借人Bが無資力に
なったため，請負人Cの賃借人Bに対する請負代金債権の全
部または一部が無価値である場合に，請負人Cが，賃貸人A
（賃借物の所有者）に対して修理費用相当額の<u>不当利得返還
請求をした事案</u>について，判例は，賃貸人A（賃借物の所有
者）が<u>法律上の原因なくして</u>修理に要した財産および労務の

311, 313p

394

●民　法

提供に相当する利益を受けたということができるのは，賃貸人Ａ（賃借物の所有者）と賃借人Ｂとの間の賃貸借契約を全体としてみて，賃貸人Ａ（賃借物の所有者）が対価関係なしにその利益を受けたときに限られるとしている（最判平7.9.19）。すなわち，判例は，事務管理の問題ではなく，不当利得返還請求の問題として取り扱っている。なお，本記述の事案においては，請負人Ｃは賃借人Ｂとの請負契約に基づき修理を行っている等の事情から，義務なく他人の事務を管理したものとはいえないので，事務管理（697条1項）は成立しないと考えられる。

5　妥当である　そのとおり。請負人Ｃが賃借人Ｂとの間の請負契約に基づき賃借物の修理をしたところ，その後賃借人Ｂが無資力になったため，請負人Ｃの賃借人Ｂに対する請負代金債権の全部または一部が無価値である場合に，請負人Ｃが，賃貸人Ａ（賃借物の所有者）に対して，修理費用相当額の不当利得返還請求をした事案について，判例は，賃貸人Ａ（賃借物の所有者）が法律上の原因なくして修理に要した財産および労務の提供に相当する利益を受けたということができるのは，賃貸人Ａ（賃借物の所有者）と賃借人Ｂとの間の賃貸借契約を全体としてみて，賃貸人Ａ（賃借物の所有者）が対価関係なしにその利益を受けたときに限られるものと解するのが相当であるとしている（最判平7.9.19）。本件賃貸借契約においては，甲の修理費用を賃借人Ｂの負担とする旨の特約が存在するとともに，これに相応して賃料が減額されていたことから，賃貸人Ａ（賃借物である甲の所有者）は対価関係なしに利益を得たものとはいえない。よって，Ｃは，Ａに対して，不当利得に基づいて修理費用相当額の支払を求めることができない。

313p

MEMO

第2編 民法

CONTENTS

第2分冊

第3編　行 政 法

専任講師が教える合格テクニック ……………………………… 2
行政法総論／総説 ………………………………………………… 5
行政法総論／行政組織 …………………………………………… 25
行政法総論／公務員 ……………………………………………… 29
行政法総論／行政立法 …………………………………………… 35
行政法総論／行政行為 …………………………………………… 47
行政法総論／行政上の強制手段 ………………………………… 89
行政法総論／行政調査 …………………………………………… 97
行政法総論／行政契約 …………………………………………… 99
行政手続法／総説 ………………………………………………… 103
行政手続法／申請に対する処分手続 …………………………… 109
行政手続法／不利益処分手続 …………………………………… 121
行政手続法／行政指導手続 ……………………………………… 139
行政手続法／命令等を定める手続 ……………………………… 145
行政手続法／総合 ………………………………………………… 153
行政不服審査法／総説 …………………………………………… 173
行政不服審査法／不服申立ての審理手続 ……………………… 185
行政不服審査法／執行停止 ……………………………………… 193
行政不服審査法／裁決 …………………………………………… 197
行政不服審査法／教示制度 ……………………………………… 205
行政不服審査法／総合 …………………………………………… 207
行政事件訴訟法／総説 …………………………………………… 221
行政事件訴訟法／取消訴訟の訴訟要件 ………………………… 223
行政事件訴訟法／取消訴訟の審理 ……………………………… 259
行政事件訴訟法／取消訴訟の終了 ……………………………… 263
行政事件訴訟法／執行停止 ……………………………………… 267

行政事件訴訟法／無効等確認の訴え ……………………… 271

行政事件訴訟法／不作為の違法確認の訴え ……………… 273

行政事件訴訟法／義務付けの訴え ………………………… 275

行政事件訴訟法／差止めの訴え …………………………… 280

行政事件訴訟法／客観訴訟 ………………………………… 285

行政事件訴訟法／総合 ……………………………………… 287

国家賠償法 …………………………………………………… 313

損失補償 ……………………………………………………… 369

地方自治法／総説 …………………………………………… 379

地方自治法／地方公共団体の機関 ………………………… 389

地方自治法／住民の権利・義務 …………………………… 401

地方自治法／条例および規則 ……………………………… 421

地方自治法／地方公共団体の財務 ………………………… 435

地方自治法／関与・係争処理手続 ………………………… 441

行政法／総合 ………………………………………………… 450

第3編

行政法

●法令編

専任講師が教える
合格テクニック
行政法

横溝慎一郎
LEC専任講師

出題のウェイト

*2021年本試験実績。多肢選択式・記述式を含む。

憲法	民法	行政法	商法・会社法	基礎法学	一般知識
9.3%	25.3%	37.3%	6.7%	2.7%	18.7%

❶「行政法」を攻略できなければ合格なし

　行政法の分野からは，全60問中22問（択一式19問，多肢選択式2問，記述式1問）が出題されています。得点にして112点，全体の37.3%を占めています。名実ともに行政書士試験における最重要科目です。

❷過去問を通じて出題傾向を分析しよう

（1）行政法総論

　行政作用法分野については，「行政行為」と「行政上の強制手段」を軸に，これらとの関係を意識して学習するとすっき

●行政法

り整理できます。本試験でこれまで問われてきた内容をきちんと把握し，同じような内容が問われたときに確実に正解できるようにする。ここが第一歩です。また，行政組織法分野についても，忘れずに学習しておきましょう。

（2）行政手続法・行政不服審査法

　条文知識を問う問題がほとんどですので，本試験の出題パターンをしっかり把握することで得点源にすることができます。また，行政不服審査法と行政事件訴訟法は相互に比較しておくと，双方の理解に役立ちます。

（3）行政事件訴訟法・国家賠償法

　行政事件訴訟法は，条文知識を問う問題が多く出されています。記述式で問われている頻度が高いのも行政事件訴訟法です。準用関係まで含めて条文知識をしっかり整理しておきましょう。

　また，行政事件訴訟法の訴訟要件に関する判例や国家賠償法の判例知識を問う問題，損失補償にかかわる判例知識を問う問題も出題されています。本試験で問われている判例をまずしっかりと理解することから始めましょう。

（4）地方自治法

　「食わず嫌い」の受験生が多く存在する分野です。ただ身近な内容を多く含んでいるので，わかるようになると楽しい分野でもあります。まずは本試験で問われている内容について，きちんと理解していくことが重要であるのは，他分野と同じです。

3

●行政法

行政法総論／総説

重要度 A

問 141 行政法における信頼保護に関する次の記述のうち，最高裁判所の判例に照らし，正しいものはどれか。

1 地方公共団体が，将来にわたって継続すべき一定内容の施策を決定した後に，社会情勢の変動等が生じたとしても，決定された施策に応じた特定の者の信頼を保護すべき特段の事情がある場合には，当該地方公共団体は，信義衡平の原則により一度なされた当該決定を変更できない。

2 公務員として採用された者が有罪判決を受け，その時点で失職していたはずのところ，有罪判決の事実を秘匿して相当長期にわたり勤務し給与を受けていた場合には，そのような長期にわたり事実上勤務してきたことを理由に，信義誠実の原則に基づき，新たな任用関係ないし雇用関係が形成される。

3 課税処分において信義則の法理の適用により当該課税処分が違法なものとして取り消されるのは，租税法規の適用における納税者間の平等，公平という要請を犠牲にしてもなお，当該課税処分に係る課税を免れしめて納税者の信頼を保護しなければ正義に反するといえるような特別の事情が存する場合に限られる。

4 課税庁が課税上の取扱いを変更した場合において，それを通達の発出などにより納税者に周知する措置をとらなかったとしても，そのような事情は，過少申告加算税が課されない場合の要件として国税通則法に規定されている「正当な理由があると認められる」場合についての判断において考慮の対象とならない。

5 従来課税の対象となっていなかった一定の物品について，課税の根拠となる法律所定の課税品目に当たるとする通達の発出により新たに課税の対象とすることは，仮に通達の内容が根拠法律の解釈として正しいものであったとしても，租税法律主義及び信義誠実の原則に照らし，違法である。

（本試験2012年問8）

●法令編

正解 3

正答率 **75%**

合格基本書

1 **誤** 判例は，「地方公共団体の施策を住民の意思に基づい 403p
て行うべきものとするいわゆる住民自治の原則は地方公共団
体の組織及び運営に関する基本原則であり，また，<u>地方公共
団体のような行政主体が一定内容の将来にわたって継続すべ
き施策を決定した場合でも，右施策が社会情勢の変動等に伴
って変更されることがあることはもとより当然であって，地
方公共団体は原則として右決定に拘束されるものではない。」</u>
としつつ，工場誘致を受けた者と地方公共団体の間に契約が
締結されていなくても，<u>「信義衡平の原則に照らし，その施
策の変更にあたってはかかる信頼に対して法的保護が与えら
れなければならないものというべきである。」</u>とし，「社会観
念上看過することのできない程度の積極的損害を被る場合
に，地方公共団体において右損害を補償するなどの代償的措
置を講ずることなく施策を変更することは，それがやむをえ
ない客観的事情によるのでない限り，当事者間に形成された
信頼関係を不当に破壊するものとして違法性を帯び，地方公
共団体の不法行為責任を生ぜしめるものといわなければなら
ない」としている（最判昭56.1.27）。

2 **誤** 判例は，<u>有罪判決を受けた公務員はその時点で失職
していたはずであるが，刑事事件で有罪判決を受けたことを
隠し，ほぼ27年にわたって郵便局に勤務した者（当時は
「公務員」）に対して『有罪判決時に失職した』と主張するこ
とについて，信義則に反し権利の濫用に当たるものというこ
とはできない</u>としている（最判平19.12.13）。

3 **正** そのとおり（最判昭62.10.30）。 375p

4 **誤** 判例は，「課税上の取扱いを変更したにもかかわら
ず，<u>その変更をした時点では通達によりこれを明示すること
なく……</u>」という事情の下において，国税通則法にいう<u>「正
当な理由」があるものというべきである</u>としている（最判平
18.10.24）。

5 **誤** 判例は，「課税がたまたま所論通達を機縁として行わ
れたものであつても，<u>通達の内容が法の正しい解釈に合致す
るものである以上，本件課税処分は法の根拠に基く処分と解
するに妨げがなく……</u>」としている（最判昭33.3.28）。

MEMO

第3編 行政法

行政法総論／総説

問142 法の一般原則に関わる最高裁判所の判決に関する次の記述のうち、妥当なものはどれか。

1 地方公共団体が、将来にわたって継続すべき一定内容の施策を決定した場合、その後社会情勢が変動したとしても、当該施策を変更することは住民や関係者の信頼保護の観点から許されないから、当該施策の変更は、当事者間に形成された信頼関係を不当に破壊するものとして、それにより損害を被る者との関係においては、違法となる。

2 租税法律主義の原則が貫かれるべき租税法律関係においては、租税法規に適合する課税処分について、法の一般原則である信義則の法理の適用がなされることはなく、租税法規の適用における納税者の平等、公平という要請を犠牲にしてもなお保護しなければ正義に反するといえるような特別の事情が存する場合であっても、課税処分が信義則の法理に反するものとして違法となることはない。

3 法の一般原則として権利濫用の禁止が行政上の法律関係において例外的に適用されることがあるとしても、その適用は慎重であるべきであるから、町からの申請に基づき知事がなした児童遊園設置認可処分が行政権の著しい濫用によるものであっても、それが、地域環境を守るという公益上の要請から生じたものである場合には、当該処分が違法とされることはない。

●行政法

4 地方自治法により，金銭の給付を目的とする普通地方公共団体の権利につきその時効消滅については援用を要しないとされているのは，当該権利の性質上，法令に従い適正かつ画一的にこれを処理することが地方公共団体の事務処理上の便宜および住民の平等的取扱の理念に資するものであり，当該権利について時効援用の制度を適用する必要がないと判断されたことによるものと解されるから，普通地方公共団体に対する債権に関する消滅時効の主張が信義則に反し許されないとされる場合は，極めて限定されるものというべきである。

5 国家公務員の雇傭関係は，私人間の関係とは異なる特別の法律関係において結ばれるものであり，国には，公務の管理にあたって公務員の生命および健康等を危険から保護するよう配慮する義務が認められるとしても，それは一般的かつ抽象的なものにとどまるものであって，国家公務員の公務上の死亡について，国は，法律に規定された補償等の支給を行うことで足り，それ以上に，上記の配慮義務違反に基づく損害賠償義務を負うことはない。

（本試験2021年問8）

●法令編

正解 4

正答率 **84**%

合格基本書

1 妥当でない 判例は、「地方公共団体のような行政主体が一定内容の将来にわたつて継続すべき施策を決定した場合でも、<u>右施策が社会情勢の変動等に伴つて変更されることがあることはもとより当然であつて、地方公共団体は原則として右決定に拘束されるものではない。</u>」としている（宜野座村工場誘致政策変更事件／最判昭 56.1.27）。

403p

2 妥当でない 判例は、「租税法規に適合する課税処分について、<u>法の一般原理である信義則の法理の適用により、右課税処分を違法なものとして取り消すことができる場合がある</u>としても、法律による行政の原理なかんずく租税法律主義の原則が貫かれるべき租税法律関係においては、右法理の適用については慎重でなければならず、租税法規の適用における納税者間の平等、公平という要請を犠牲にしてもなお当該課税処分に係る課税を免れしめて納税者の信頼を保護しなければ正義に反するといえるような特別の事情が存する場合に、<u>初めて右法理の適用の是非を考えるべき</u>ものである。」としている（青色申告承認申請懈怠事件／最判昭 62.10.30）。

3 妥当でない 判例は、個室付浴場業の開業を阻止することを主たる目的としてなされた都道府県知事の「児童遊園設置認可処分は行政権の著しい濫用によるものとして違法であ」るとしている（個室付浴場事件／最判昭 53.5.26）。

391p

4 妥当である そのとおり。判例は、「普通地方公共団体に対する債権に関する消滅時効の主張が信義則に反し許されないとされる場合は、極めて限定されるものというべきである。」としている（在ブラジル被爆者健康管理手当等請求事件／最判平 19.2.6）。

5 妥当でない 判例は、「国は、公務員に対し、国が公務遂行のために設置すべき場所、施設もしくは器具等の設置管理又は公務員が国もしくは上司の指示のもとに遂行する公務の管理にあたつて、公務員の生命及び健康等を危険から保護するよう配慮すべき義務（以下「安全配慮義務」という。）を負つている」としたうえで、「<u>国が、公務員に対する安全配慮義務を懈怠し違法に公務員の生命、健康等を侵害して損害を受けた公務員に対し損害賠償の義務を負う事態</u>」もありうるとしている（最判昭 50.2.25）。

231p

10

行政法総論／総説

問 143 公法と私法に関する次の記述のうち，法令または最高裁判所の判例に照らし，正しいものはどれか。

1 公立病院において行われる診療に関する法律関係は，本質上私法関係と解されるので，公立病院の診療に関する債権の消滅時効は，地方自治法の規定ではなく，民法の規定に基づいて判断される。

2 一般職の地方公務員については，その勤務関係が公法的規律に服する公法上の関係であるので，私法的規律である労働三法（労働基準法，労働組合法，労働関係調整法）はすべて適用されない。

3 地方公共団体が事業者との間で締結する公害防止協定については，公法上の契約に該当すると解されるので，根拠となる条例の定めがない限り，当該協定に法的拘束力は生じない。

4 公営住宅の使用関係については，原則として公法関係と解されるので，法令に特別の定めがない限り，民法の規定は適用されない。

5 国の金銭債権は，私法上のものであっても，その消滅時効については，法令に特別の定めがない限り，すべて会計法の規定に基づいて判断される。

(本試験2013年問10)

●法令編

正答率 **86%**

1 正 そのとおり。判例は，公立病院の診療に関する消滅時効期間について，「公立病院において行われる診療は，私立病院において行われる診療と本質的な差異はなく，その診療に関する法律関係は本質上私法関係というべきである」として，地方自治法236条1項所定の「これを行使することができる時から5年間」ではなく，民法の規定に基づいて判断されるとしている（最判平17.11.21）。

2 誤 一般職の地方公務員については，労働組合法，労働関係調整法は適用されない（地方公務員法58条1項）が，労働基準法は原則として適用される（同法58条3項）。

3 誤 判例は，公害防止協定の法的性質が行政契約であることを前提として，公害防止協定による産業廃棄物処理施設の使用期限の定めが廃棄物処理法の趣旨に反するものではなく，当該公害防止協定に法的拘束力があることを否定することができないとしている（最判平21.7.10）。

4 誤 判例は，「公営住宅の使用関係については，公営住宅法及びこれに基づく条例が特別法として民法及び借家法に優先して適用されるが，法及び条例に特別の定めがない限り，原則として一般法である民法及び借家法の適用があ」るとしている（最判昭59.12.13）。

5 誤 判例は，国が公務員に対して安全配慮義務を負い，安全配慮義務違反として損害賠償請求が可能であるとしたうえで，国に対する損害賠償請求権の消滅時効期間は，会計法30条所定の「これを行使することができる時から5年間」と解すべきではなく，民法の規定に基づいて判断されるとしている（最判昭50.2.25）。

行政法総論／総説

問144 行政上の法律関係に関する次の記述のうち、最高裁判所の判例に照らし、妥当なものはどれか。

1 公営住宅の使用関係については、一般法である民法および借家法（当時）が、特別法である公営住宅法およびこれに基づく条例に優先して適用されることから、その契約関係を規律するについては、信頼関係の法理の適用があるものと解すべきである。

2 食品衛生法に基づく食肉販売の営業許可は、当該営業に関する一般的禁止を個別に解除する処分であり、同許可を受けない者は、売買契約の締結も含め、当該営業を行うことが禁止された状態にあるから、その者が行った食肉の買入契約は当然に無効である。

3 租税滞納処分は、国家が公権力を発動して財産所有者の意思いかんにかかわらず一方的に処分の効果を発生させる行為であるという点で、自作農創設特別措置法（当時）所定の農地買収処分に類似するものであるから、物権変動の対抗要件に関する民法の規定の適用はない。

4 建築基準法において、防火地域または準防火地域内にある建築物で外壁が耐火構造のものについては、その外壁を隣地境界線に接して設けることができるとされているところ、この規定が適用される場合、建物を築造するには、境界線から一定以上の距離を保たなければならないとする民法の規定は適用されない。

5 公営住宅を使用する権利は、入居者本人にのみ認められた一身専属の権利であるが、住宅に困窮する低額所得者に対して低廉な家賃で住宅を賃貸することにより、国民生活の安定と社会福祉の増進に寄与するという公営住宅法の目的にかんがみ、入居者が死亡した場合、その同居の相続人がその使用権を当然に承継することが認められる。

（本試験2018年問9）

●法令編

正解 **4**

正答率 **79**%

合格基本書

1 妥当でない 判例は,「公営住宅の使用関係については, 公営住宅法及びこれに基づく条例が特別法として民法及び借家法に優先して適用されるが, 法及び条例に特別の定めがない限り, 原則として一般法である民法及び借家法の適用があり, その契約関係を規律するについては, 信頼関係の法理の適用があるものと解すべきである。」としている(公営住宅増築事件／最判昭 59.12.13)。

377p

2 妥当でない 判例は, 食品衛生「法は単なる取締法規にすぎないものと解するのが相当であるから, 上告人が食肉販売業の許可を受けていないとしても, 右法律により本件取引の効力が否定される理由はない。それ故右許可の有無は本件取引の私法上の効力に消長を及ぼすものではない」としている(最判昭 35.3.18)。

3 妥当でない 判例は,「国税滞納処分においては, 国は, その有する租税債権につき, 自ら執行機関として, 強制執行の方法により, その満足を得ようとするものであつて, 滞納者の財産を差し押えた国の地位は, あたかも, 民事訴訟法上の強制執行における差押債権者の地位に類するものであり, 租税債権がたまたま公法上のものであることは, この関係において, 国が一般私法上の債権者より不利益の取扱を受ける理由となるものではない。それ故, 滞納処分による差押の関係においても, 民法 177 条の適用があるものと解するのが相当である。」としている(最判昭 31.4.24)。国税滞納処分において国が不動産を差し押えた場合には, 国は民法 177 条の「第三者」に当たることから, その差押えの前に不動産を譲り受けていた者も, 登記がなければ, 国に対して所有権を主張することができない。

377p

14

●行政法

377p

4　妥当である　そのとおり。判例は、「建築基準法65条は、防火地域又は準防火地域内にある外壁が耐火構造の建築物について、その外壁を隣地境界線に接して設けることができる旨規定しているが、これは、同条所定の建築物に限り、その建築については民法234条1項の規定の適用が排除される旨を定めたものと解するのが相当である。」としている（最判平元.9.19）。よって、建築基準法65条の規定が適用される場合には、民法236条1項の「建物を築造するには、境界線から50センチメートル以上の距離を保たなければならない」という規定は適用されない。

377p

5　妥当でない　判例は、「公営住宅法は、住宅に困窮する低額所得者に対して低廉な家賃で住宅を賃貸することにより、国民生活の安定と社会福祉の増進に寄与することを目的とするものであって（1条）、そのために、公営住宅の入居者を一定の条件を具備するものに限定し（17条）、政令の定める選考基準に従い、条例で定めるところにより、公正な方法で選考して、入居者を決定しなければならないものとした上（18条）、さらに入居者の収入が政令で定める基準を超えることになった場合には、その入居年数に応じて、入居者については、当該公営住宅を明け渡すように努めなければならない旨（21条の2第1項）、事業主体の長については、当該公営住宅の明渡しを請求することができる旨（21条の3第1項）を規定しているのである。」とし、「以上のような公営住宅法の規定の趣旨にかんがみれば、入居者が死亡した場合には、その相続人が公営住宅を使用する権利を当然に承継すると解する余地はないというべきである。」としている（公営住宅相続人使用権事件／最判平2.10.18）。

第**3**編

行政法

15

●行政法

行政法総論／総説

問 145 国と国家公務員との法律関係に関する次の記述のうち、最高裁判所の判決に照らし、正しいものはどれか。

1 国と国家公務員は特別な社会的接触の関係にあるので、公務災害の場合、国は、一般的に認められる信義則上の義務に基づいて賠償責任を負うことはない。

2 安全配慮義務は私法上の義務であるので、国と国家公務員との間の公務員法上の関係においては、安全配慮義務に基づく責任は認められない。

3 公務災害に関する賠償は、国の公法上の義務であるから、これに民法の規定を適用する余地はない。

4 公務災害に関する賠償については、国家賠償法に基づく不法行為責任が認められる場合に限られ、上司等の故意過失が要件とされる。

5 公務災害に関わる金銭債権の消滅時効期間については、早期決済の必要性など行政上の便宜を考慮する必要がないので、会計法の規定は適用されず、民法の規定が適用される。

(本試験2015年問9)

●法令編

正解 5

正答率 **93**%

合格基本書

376p

1　誤　判例は，「安全配慮義務は，ある法律関係に基づいて特別な社会的接触の関係に入つた当事者間において，当該法律関係の付随義務として当事者の一方又は双方が相手方に対して信義則上負う義務として一般的に認められるべきものであつて，国と公務員との間においても別異に解すべき論拠はな」いとしている（最判昭 50.2.25）。

2　誤　判例は，「国が，不法行為規範のもとにおいて私人に対しその生命，健康等を保護すべき義務を負つているほかは，いかなる場合においても公務員に対し安全配慮義務を負うものではないと解することはできない」としている（最判昭 50.2.25）。

3　誤　公務災害に関する賠償に民法の規定を適用する余地がある（最判昭 50.2.25 参照）。

4　誤　公務災害に関する賠償については，国家賠償法に基づく不法行為責任が認められる場合に限られない（最判昭 50.2.25 参照）。

5　正　そのとおり。判例は，国の公務員に対する安全配慮義務につき，国の権利義務を早期に決済する必要があるなどの「行政上の便宜を考慮する必要はなく，また，国が義務者であつても，被害者に損害を賠償すべき関係は，公平の理念に基づき被害者に生じた損害の公正な填補を目的とする点において，私人相互間における損害賠償の関係とその目的性質を異にするものではないから，国に対する右損害賠償請求権の消滅時効期間は，会計法 30 条所定の 5 年と解すべきではなく」，民法の規定が適用されるとしている（最判昭 50.2.25）。

18

MEMO

第3編　行政法

行政法総論／総説

問 146 次の文章は、公有水面埋立てに関する最高裁判所判決の一節である。次の下線を引いた(ア)～(オ)の用語のうち、誤っているものの組合せはどれか。

(1)海は、特定人による独占的排他的支配の許されないものであり、現行法上、海水に覆われたままの状態でその一定範囲を区画してこれを私人の所有に帰属させるという制度は採用されていないから、海水に覆われたままの状態においては、私法上(ア)所有権の客体となる土地に当たらない（略）。また、海面を埋め立てるために土砂が投入されて埋立地が造成されても、原則として、埋立権者が竣功認可を受けて当該埋立地の(ア)所有権を取得するまでは、その土砂は、海面下の地盤に付合するものではなく、公有水面埋立法……に定める原状回復義務の対象となり得るものである（略）。これらのことからすれば、海面の埋立工事が完成して陸地が形成されても、同項に定める原状回復義務の対象となり得る限りは、海面下の地盤の上に独立した動産たる土砂が置かれているにすぎないから、この時点ではいまだ当該埋立地は私法上(ア)所有権の客体となる土地に当たらないというべきである。

(2)公有水面埋立法……に定める上記原状回復義務は、海の公共性を回復するために埋立てをした者に課せられた義務である。そうすると、長年にわたり当該埋立地が事実上公の目的に使用されることもなく放置され、(イ)公共用財産としての形態、機能を完全に喪失し、その上に他人の平穏かつ公然の(ウ)占有が継続したが、そのため実際上公の目的が害されるようなこともなく、これを(イ)公共用財産として維持すべき理由がなくなった場合には、もはや同項に定める原状回復義務の対象とならないと解すべきである。したがって、竣功未認可埋立地であっても、上記の場合には、当該埋立地は、もはや公有水面に復元されることなく私法上所有権の客体となる土地として存続することが確定し、同時に、(エ)明示的に公用が廃止されたもの

20

●行政法

として，(オ)消滅時効の対象となるというべきである。
（最二小判平成17年12月16日民集59巻10号2931頁）

1　ア・ウ
2　ア・オ
3　イ・ウ
4　イ・エ
5　エ・オ

（本試験2019年問10）

第3編　行政法

●法令編

正答率 **72%**

本問は，公有水面埋立てに関する判例（最判平 17.12.16）を素材としたものである。

「(1)海は，特定人による独占的排他的支配の許されないものであり，現行法上，海水に覆われたままの状態でその一定範囲を区画してこれを私人の所有に帰属させるという制度は採用されていないから，海水に覆われたままの状態においては，私法上(ア)所有権の客体となる土地に当たらない……。また，海面を埋め立てるために土砂が投入されて埋立地が造成されても，原則として，埋立権者が竣功認可を受けて当該埋立地の(ア)所有権を取得するまでは，その土砂は，海面下の地盤に付合するものではなく，公有水面埋立法……に定める原状回復義務の対象となり得るものである……。これらのことからすれば，海面の埋立工事が完成して陸地が形成されても，同項に定める原状回復義務の対象となり得る限りは，海面下の地盤の上に独立した動産たる土砂が置かれているにすぎないから，この時点ではいまだ当該埋立地は私法上(ア)所有権の客体となる土地に当たらないというべきである。

(2)公有水面埋立法……に定める上記原状回復義務は，海の公共性を回復するために埋立てをした者に課せられた義務である。そうすると，長年にわたり当該埋立地が事実上公の目的に使用されることもなく放置され，(イ)公共用財産としての形態，機能を完全に喪失し，その上に他人の平穏かつ公然の(ウ)占有が継続したが，そのため実際上公の目的が害されるようなこともなく，これを(イ)公共用財産として維持すべき理由がなくなった場合には，もはや同項に定める原状回復義務の対象とならないと解すべきである。したがって，竣功未認可埋立地であっても，上記の場合には，当該埋立地は，もはや公有水面に復元されることなく私法上所有権の客体となる土地として存続することが確定し，同時に，(エ)黙示的に公用が廃止されたものとして，(オ)取得時効の対象となるというべきである……。」

以上より，エは「黙示」，オは「取得時効」であり，誤っているものはエ・オであるから，正解は**5**である。

●行政法

行政法総論／総説

重要度 B

問147 国家行政組織法に関する次の記述のうち、正しいものはどれか。

1 国家行政組織法に基づいて行政組織のため置かれる国の行政機関は、省、委員会および庁であるが、その設置および廃止は、別に政令の定めるところによる。

2 独立行政法人は、国家行政組織法の定める「特別の機関」の一つであり、その設置は国家行政組織法の別表に掲げるところによる。

3 国家行政組織法に基づいて、各省には、各省大臣の下に副大臣および大臣政務官の他、大臣を助け、省務を整理し、各部局および機関の事務を監督する職として事務次官が置かれる。

4 各省大臣は、主任の行政事務について、法律若しくは政令を施行するため、又は法律若しくは政令の特別の委任に基づいて、それぞれの機関の命令を発することができるが、国家行政組織法において、これを「訓令」又は「通達」という。

5 人事院や会計検査院は、国家行政組織法において、「国の行政機関」として位置づけられ、その具体的組織は、それぞれ国家公務員法や会計検査院法によって定められる。

（本試験2013年問25）

●法令編

正解 **3**

正答率 **58**%

合格基本書

1　誤　国家行政組織法に基づいて行政組織のため置かれる国の行政機関は，省，委員会および庁であるが，その設置および廃止は，別に「法律」の定めるところによる（3条2項）。

381p

2　誤　国家行政組織法3条の国の行政機関には，特に必要がある場合においては，8条，8条の2に規定するもののほか，法律の定める所掌事務の範囲内で，法律の定めるところにより，「特別の機関」を置くことができる（8条の3）。もっとも，独立行政法人は，国家行政組織法の定める「特別の機関」の1つではない。

3　正　そのとおり。国家行政組織法に基づいて，各省には，各省大臣の下に副大臣および大臣政務官のほか，事務次官が置かれる（16条1項，17条1項，18条1項）。事務次官は，その省の長である大臣を助け，省務を整理し，各部局および機関の事務を監督する（18条2項）。

4　誤　各省大臣は，主任の行政事務について，法律もしくは政令を施行するため，または法律もしくは政令の特別の委任に基づいて，それぞれの機関の命令として「省令」を発することができる（12条1項）。なお，省の外局として置かれる各委員会および各庁の長官は，別に法律の定めるところにより，政令および省令以外の規則その他の特別の命令をみずから発することができる（13条1項）。

384p

5　誤　人事院や会計検査院は，国家行政組織法において，「国の行政機関」として位置づけられていない。なお，人事院は，形式上は内閣の下にあるが職権行使について内閣から独立性を有する機関であるとされ，会計検査院は，内閣から独立した行政機関であるとされている。

381p

●行政法

行政法総論／行政組織

重要度 B

問 148 国の行政組織に関する次の記述のうち，正しいものの組合せはどれか。

ア 国家行政組織法によれば，行政組織のために置かれる国の行政機関には，省，庁および独立行政法人があり，その設置・廃止は別に法律の定めるところによる。

イ 国家行政組織法によれば，同法の定める国の行政機関には，審議会等，合議により処理することが適当な事務をつかさどるための合議制機関を置くことができる。

ウ 内閣府設置法によれば，内閣総理大臣は，内閣府の長として，内閣府の事務を統括し，職員の服務について統督する。

エ 国家行政組織法によれば，各省大臣は，主任の行政事務について，それぞれの機関の命令として規則を発することができる。

オ 内閣府設置法によれば，政令のうち，特に内閣府に係る主任の事務に関わるものを内閣府令と称し，内閣総理大臣がこれを制定する。

1 ア・ウ
2 ア・オ
3 イ・ウ
4 イ・エ
5 エ・オ

(本試験2015年問24)

●法令編

正答率 **61**%

合格基本書

- ア **誤** 国家行政組織法によれば,行政組織のために置かれる国の行政機関は,省,委員会および庁とし,その設置および廃止は,別に法律の定めるところによる(国家行政組織法3条2項)。 381p

- イ **正** そのとおり。国の行政機関には,法律または政令の定めるところにより,合議により処理することが適当な事務をつかさどらせるための合議制の機関を置くことができる(国家行政組織法8条)。

- ウ **正** そのとおり。内閣府の長は,内閣総理大臣であり(内閣府設置法6条1項),内閣総理大臣は,内閣府の事務を統括し,職員の服務について統督する(内閣府設置法7条1項)。 381p

- エ **誤** 国家行政組織法によれば,各省大臣は,主任の行政事務について,法律もしくは政令を施行するため,または法律もしくは政令の特別の委任に基づいて,それぞれの機関の命令として省令を発することができる(国家行政組織法12条1項)。 384p

- オ **誤** 内閣府令は,内閣府に係る主任の行政事務について内閣総理大臣が制定する命令であり(内閣府設置法7条3項),合議体としての内閣が制定する政令とは異なる。 384p

以上より,正しいものはイ・ウであり,正解は**3**である。

 ワンポイント・アドバイス

内閣は,憲法および法律の規定を実施するために,「政令」を制定します(憲法73条6号本文)。

内閣総理大臣は,内閣府に係る主任の行政事務について,法律もしくは政令を施行するため,または法律もしくは政令の特別の委任に基づいて,内閣府の命令として「内閣府令」を発することができます(内閣府設置法7条3項)。

●行政法

行政法総論／行政組織

重要度 B

問 149 内閣法および国家行政組織法の規定に関する次の記述のうち、正しいものはどれか。

1 各省大臣は、国務大臣のうちから内閣総理大臣が命ずるが、内閣総理大臣が自ら各省大臣に当たることはできない。

2 各省大臣は、その機関の事務を統括し、職員の服務について、これを統督するが、その機関の所掌事務について、命令または示達をするため、所管の諸機関および職員に対し、告示を発することができる。

3 各省大臣は、主任の行政事務について、法律または政令の制定、改正または廃止を必要と認めるときは、案をそなえて、内閣総理大臣に提出して、閣議を求めなければならない。

4 各省大臣は、主任の行政事務について、法律もしくは政令を施行するため、または法律もしくは政令の特別の委任に基づいて、それぞれその機関の命令として規則その他の特別の命令を発することができる。

5 各省大臣は、主任の大臣として、それぞれ行政事務を分担管理するものとされ、内閣総理大臣が行政各部を指揮監督することはできない。

（本試験2019年問9）

●法令編

正解 **3**

正答率 **23**%

合格基本書

1 誤 各省大臣は，国務大臣のうちから，内閣総理大臣が命ずる（国家行政組織法5条3項本文）。ただし，<u>内閣総理大臣が自ら当たることを妨げない</u>（国家行政組織法5条3項ただし書）。

2 誤 各省大臣，各委員会の委員長および各庁の長官は，その機関の事務を統括し，職員の服務について，これを統督する（国家行政組織法10条）。各省大臣，各委員会および各庁の長官は，その機関の所掌事務について，命令または示達をするため，所管の諸機関および職員に対し，<u>訓令または通達</u>を発することができる（国家行政組織法14条2項）。

3 正 そのとおり。各省大臣は，主任の行政事務について，法律または政令の制定，改正または廃止を必要と認めるときは，案をそなえて，内閣総理大臣に提出して，閣議を求めなければならない（国家行政組織法11条）。

4 誤 各省大臣は，主任の行政事務について，法律もしくは政令を施行するため，または法律もしくは政令の特別の委任に基づいて，それぞれその機関の命令として<u>省令</u>を発することができる（国家行政組織法12条1項）。

5 誤 各省の長は，それぞれ各省大臣とし，内閣法にいう主任の大臣として，それぞれ行政事務を分担管理する（国家行政組織法5条1項）。内閣総理大臣は，閣議にかけて決定した方針に基づいて，<u>行政各部を指揮監督する</u>（内閣法6条）。なお，憲法72条は，「内閣総理大臣は，内閣を代表して議案を国会に提出し，一般国務及び外交関係について国会に報告し，並びに<u>行政各部を指揮監督する</u>」としている。

28

●行政法

行政法総論／公務員

問150 国家公務員に関する次の記述のうち、正しいものはどれか。

1 国家公務員法は、公務員の職を一般職と特別職とに分けているが、同法は、法律に別段の定めがない限り、特別職の職員には適用されない。

2 懲戒処分は、任命権者が行うこととされており、懲戒処分を受けた公務員は、当該懲戒処分に不服があるときは、当該懲戒処分を行った任命権者に対して審査請求をすることができる。

3 人事院はその所掌事務について、法律を実施するため、又は法律の委任に基づいて、人事院規則を制定することができるが、内閣の所轄の下に置かれる機関であるため、その案について事前に閣議を経なければならない。

4 懲戒に付せらるべき事件が、刑事裁判所に係属する間においては、任命権者は、同一事件について、懲戒手続を進めることができない。

5 公務員の懲戒処分には、行政手続法の定める不利益処分の規定が適用されるので、これを行うに当たっては、行政手続法の定める聴聞を行わなければならない。

（本試験2013年問26改題）

●法令編

正解 1

正答率 **56%**

1 **正** そのとおり。国家公務員法は，国家公務員の職を一般職と特別職とに分けている（国家公務員法2条1項）。一般職は，特別職に属する職以外の国家公務員の一切の職を包含する（国家公務員法2条2項）。国家公務員法は，法律に別段の定めがない限り，特別職の職員には適用されない（国家公務員法2条5項）。

2 **誤** 懲戒処分は，任命権者がこれを行う（国家公務員法84条1項）。懲戒処分を受けた公務員は，当該懲戒処分に不服があるときは，人事院に対してのみ審査請求をすることができる（国家公務員法90条1項）。

3 **誤** 人事院は，その所掌事務について，法律を実施するため，または法律の委任に基づいて，人事院規則を制定することができる（国家公務員法16条1項）。人事行政の政治的中立性を確保する観点から，人事院規則の案については，事前に閣議を経る必要はない。

4 **誤** 懲戒に付せらるべき事件が，刑事裁判所に係属する間においても，人事院または人事院の承認を経て任命権者は，同一事件について，適宜に，懲戒手続を進めることができる（国家公務員法85条前段）。

5 **誤** 公務員の懲戒処分には，行政手続法の定める不利益処分の規定は適用されない（行政手続法3条1項9号）。よって，行政手続法の定める聴聞を行う必要はない。

412p

ワンポイント・アドバイス

人事院は，ある職が，国家公務員の職に属するかどうかおよび国家公務員法2条に規定する一般職に属するか特別職に属するかを決定する権限を有します（国家公務員法2条4項後段）。

●行政法

行政法総論／公務員

問 151 国家公務員に対する制裁措置に関する次の記述のうち、正しいものはどれか。

1 一般職公務員に対する懲戒処分については、人事院がすべての職種について処分基準を定め、これに基づいて処分を行う。

2 一般職公務員に対する懲戒処分については、職務上の行為だけでなく、職務時間外の行為も処分理由となりうる。

3 一般職公務員について、勤務実績がよくない場合には、懲戒処分の対象となりうる。

4 一般職公務員に対する法律上の懲戒処分の種類は、免職・降任・休職・減給の4種類である。

5 一般職公務員に対して課されている政治的行為の制限に違反した場合、懲戒処分の対象となるが、罰則は定められていない。

（本試験2015年問26）

●法令編

正答率 **75%**

1　誤　懲戒処分は，任命権者が，これを行う（国家公務員法84条1項）。(i)懲戒処分事由があっても，懲戒処分をするか，(ii)これをする場合にいかなる懲戒処分を選択するかに関して，任命権者に裁量が認められている。もっとも，任命権者により不統一が生ずるおそれがあるので，人事院は，「懲戒処分の指針について」を作成している。

2　正　そのとおり。懲戒事由として「国民全体の奉仕者たるにふさわしくない非行のあつた場合」（国家公務員法82条1項3号）と定められているから，一般職公務員においては，職務時間外の行為も懲戒処分の理由となりうる。また，人事院は，「懲戒処分の指針について」において，放火や殺人などの公務外非行を懲戒事由として定めている。

3　誤　「人事評価又は勤務の状況を示す事実に照らして，勤務実績がよくない場合」は，分限処分のうち降任・免職の対象となりうる（国家公務員法78条1号）。なお，懲戒処分の対象となるのは，①国家公務員法もしくは国家公務員倫理法またはこれらの法律に基づく命令に違反した場合，②職務上の義務に違反し，または職務を怠った場合，③国民全体の奉仕者たるにふさわしくない非行のあった場合である（同法82条1項）。

4　誤　一般職公務員に対する法律上の懲戒処分の種類は，免職・停職・減給・戒告の4種類である（国家公務員法82条1項）。

5　誤　一般職公務員に対して課されている政治的行為の制限（国家公務員法102条1項）に違反した場合については，罰則（3年以下の懲役または100万円以下の罰金）が定められている（同法110条1項19号）。

●行政法

行政法総論／公務員

問152 国家公務員と地方公務員との相違について，妥当な記述はどれか。

1 国家公務員については，国家公務員法に，原則として日本国籍を有する者のみを任用する旨の規定があるが，地方公務員については，地方公務員法に，類似の明文規定は設けられていない。

2 国家公務員による争議行為は，一般的に禁止されているが，地方公務員による争議行為は，地方公務員法上，単純な労務に従事する職員について，一定の範囲で認められている。

3 国家公務員の政治的活動に対する制限の範囲は，国家公務員法およびその委任を受けた人事院規則により定められるが，地方公務員については，地方公務員法および条例により定められる。

4 国家公務員の給与や勤務条件の基準は，法律によって定められることとされているが，地方公務員の給与や勤務条件の基準は，議会の同意を得て長によって定められることとされている。

5 国家公務員については，職員団体の結成のみが認められているが，地方公務員については，警察職員および消防職員を除き，労働組合法に基づく労働組合の結成が認められている。

（本試験2014年問24）

●法令編

正解 **3**

正答率 **45**%

合格基本書

1　妥当でない　国家公務員法・地方公務員法にも，外国人が公務に就くことを禁ずる明文の規定はない。

2　妥当でない　国家公務員，地方公務員いずれにも争議権は認められない（国家公務員法 98 条 2 項前段，地方公務員法 37 条 1 項前段）。

3　妥当である　そのとおり（国家公務員法 102 条 1 項，地方公務員法 36 条）。

4　妥当でない　国家公務員については，職員の給与は，別に定める法律に基づいてなされ，これに基づかずには，いかなる金銭または有価物も支給することはできず（給与法定主義／国家公務員法 63 条），また，職員の勤務条件その他職員の服務に関し必要な事項は，人事院規則でこれを定めることができる（106 条）。これに対し，地方公務員については，職員の給与，勤務時間その他の勤務条件は，条例で定める（地方公務員法 24 条 5 項）。

5　妥当でない　「職員団体」とは，一般職の職員がその勤務条件の維持改善を図ることを目的として組織する団体またはその連合体をいう（国家公務員法 108 条の 2 第 1 項，地方公務員法 52 条 1 項）。一般職の職員は，職員団体を結成し，もしくは結成せず，またはこれに加入し，もしくは加入しないことができる（国家公務員法 108 条の 2 第 3 項，地方公務員法 52 条 3 項）。ただし，国家公務員のうち警察職員，海上保安庁職員，刑事施設職員には団結権は認められず（国家公務員法 108 条の 2 第 5 項），地方公務員のうち警察職員および消防職員には団結権は認められていない（地方公務員法 52 条 5 項）。地方公務員については，労働組合法の規定は，職員に関して適用しない（地方公務員法 58 条 1 項）。なお，国家公務員については，労働組合法は，一般職に属する職員には，これを適用しない（国家公務員法附則 16 条）。

34

●行政法

行政法総論／行政立立法

問 153 行政立法に関する次の会話の空欄 ア ～ エ に当てはまる語句の組合せとして，正しいものはどれか。

教員A 「今日は行政立法に関して少し考えてみましょう。B君，行政立法の具体例をいくつか挙げることができますか？」

学生B 「そうですね。建築基準法施行規則や所得税基本通達があります。」

教員A 「よく知っていますね。建築基準法施行規則はその名のとおり建築基準法の委任に基づき定められた ア ですね。国民の権利義務に関わる規定を含むものですから，講学上は イ に分類されます。Cさん，所得税基本通達は何に分類されるでしょうか？」

学生C 「所得税基本通達は，国税庁内部で上級機関が下級機関に発する事務処理の取決めのことですから， ウ でしょうか？」

教員A 「そのとおりですね。では， イ の中には，性質の異なる二種類のものがあることを知っていますか？」

学生B・C 「どういうことでしょうか？」

教員A 「質問の仕方を変えると， イ の中には，新たに権利義務を設定するのではなく，法律を実施するための技術的細目を定めるものがありますよね。」

学生B 「 エ のことですね。申請書の様式を定める規定がこれにあたると言われています。」

教員A 「正解です。ただ，このような分類枠組みについては今日では疑問視されていることにも注意してください。」

	ア	イ	ウ	エ
1	省令	法規命令	行政規則	執行命令
2	省令	行政規則	法規命令	委任命令
3	政令	法規命令	行政規則	委任命令
4	政令	行政規則	法規命令	執行命令
5	政令	法規命令	行政規則	独立命令

（本試験2015年問10）

●法令編

正答率 **75%**

合格基本書 384p

　行政立法は，法規命令（国民の権利義務に関わる行政立法）と，行政規則（行政の内部基準にとどまる行政立法）に分類される。法規命令は，委任命令（法律の委任を受けて行政機関が制定する命令）と，執行命令（法律を具体的に実施するために必要な細目事項を定める命令）に分類される。

ア **省令**　建築基準法施行規則は，建築基準法の委任に基づいて定められた省令である。
イ **法規命令**　国民の権利義務に関わる規定を含む行政立法は，講学上は法規命令に分類される。
ウ **行政規則**　所得税基本通達は，国税庁内部で上級機関が下級機関に発する事務処理の取決めのことであり，講学上は行政規則に分類される。
エ **執行命令**　法規命令のうち，法律を実施するための技術的細目を定めるものは，執行命令である。

　以上より，アには「省令」，イには「法規命令」，ウには「行政規則」，エには「執行命令」が入り，正解は **1** である。

ワンポイント・アドバイス

　行政機関が定立する法を「命令」といいます。命令のうち，内閣が制定するものを「政令」（憲法73条6号），内閣総理大臣が内閣府の命令として発するものを「内閣府令」（内閣府設置法7条3項），各省大臣が各々その機関の命令として発するものを「省令」（国家行政組織法12条1項）といいます。

MEMO

第3編 行政法

チェック欄

行政法総論／行政立法

問 154 行政立法に関する次のア～オの記述のうち，最高裁判所の判例に照らし，誤っているものはいくつあるか。法令および省庁名は当時のものである。

ア 文部省令が，登録の対象となる文化財的価値のある刀剣類の鑑定基準として，美術品として文化財的価値を有する日本刀に限る旨を定めたことは，銃砲刀剣類所持等取締法の趣旨に沿う合理性を有する鑑定基準を定めたものというべきであるから，これをもって法の委任の趣旨を逸脱する無効のものということはできない。

イ 教科書検定につき，文部大臣が，学校教育法88条*の規定に基づいて，文部省令，文部省告示により，審査の内容及び基準並びに検定の施行細則である検定の手続を定めたことは，法律の委任を欠くとまではいえない。

ウ 児童扶養手当法施行令が，父から認知された婚姻外懐胎児童を児童扶養手当の支給対象となる児童の範囲から除外したことは，社会観念上著しく妥当性を欠き，裁量権を濫用したものとは認められないので，児童扶養手当法の委任の範囲を逸脱した違法な規定と解することはできない。

エ 地方自治法施行令が，公職の候補者の資格に関する公職選挙法の定めを議員の解職請求代表者の資格について準用し，公務員について解職請求代表者となることを禁止していることは，地方自治法の委任に基づく政令の定めとして許される範囲を超えたものとはいえない。

オ 国家公務員法が人事院規則に委任しているのは，公務員の職務の遂行の政治的中立性を損なうおそれが実質的に認められる政治的行為の行為類型を規制の対象として具体的に定めることであるから，国家公務員法が懲戒処分の対象と刑罰の対象とで殊更に区別することなく規制の対象となる政治的行為の定めを人事院規則に委任しているからといって，憲法上禁止される白紙委任に当たらない。

●行政法

1 一つ
2 二つ
3 三つ
4 四つ
5 五つ

(注) ＊ 学校教育法88条
　この法律に規定するもののほか，この法律施行のため必要な事項で，地方公共団体の機関が処理しなければならないものについては政令で，その他のものについては監督庁が，これを定める。

(本試験2014年問9)

第3編 行政法

●法令編

正解 2

正答率 **38**%

合格基本書

ア **正** そのとおり。判例は、銃砲刀剣類登録「規則が文化財的価値のある刀剣類の鑑定基準として、……美術品として文化財的価値を有する日本刀に限る旨を定め、この基準に合致するもののみを我が国において前記の価値を有するものとして登録の対象にすべきものとしたことは、法〔銃砲刀剣類所持等取締法〕14条1項の趣旨に沿う合理性を有する鑑定基準を定めたものというべきであるから、これをもって法の委任の趣旨を逸脱する無効のものということはできない。」としている（サーベル事件／最判平2.2.1）。

イ **正** そのとおり。判例は、教科書「検定の審査の内容及び基準並びに検定の手続は、文部省令、文部省告示である旧検定規則、旧検定基準に規定されている。しかし、……右旧検定規則、旧検定基準は、……関係法律から明らかな教科書の要件を審査の内容及び基準として具体化したものにすぎない。そうだとすると、文部大臣が、学校教育法88条の規定に基づいて、右審査の内容及び基準並びに検定の施行細則である検定の手続を定めたことが、法律の委任を欠くとまではいえない。」としている（最判平5.3.16）。

ウ **誤** 判例は、児童扶養手当法施行令が、「父から認知された婚姻外懐胎児童を本件括弧書により児童扶養手当の支給対象となる児童の範囲から除外したことは法の委任の趣旨に反し、本件括弧書は法の委任の範囲を逸脱した違法な規定として無効と解すべきである」としている（最判平14.1.31）。

385p

40

●行政法

エ **誤** 判例は,地方自治法施行令が,公職の候補者の資格に関する公職選挙法の定めを議員の解職請求代表者の資格について準用し,公務員について解職請求代表者となることを禁止していることは,<u>地方自治法「85条1項に基づく政令の定めとして許される範囲</u>を超えたものであって,その資格制限が請求手続にまで及ぼされる限りで無効と解するのが相当である」としている(最判平21.11.18)。

オ **正** そのとおり。判例は,国家公務員「法102条1項が人事院規則に委任しているのは,公務員の職務の遂行の政治的中立性を損なうおそれが実質的に認められる政治的行為の行為類型を規制の対象として具体的に定めることであるから,同項が懲戒処分の対象と刑罰の対象とで殊更に区別することなく規制の対象となる政治的行為の定めを人事院規則に委任しているからといって,憲法上禁止される白紙委任に当たらないことは明らかである」としている(世田谷事件/最判平24.12.7)。

以上より,誤っているものはウ,エの2つであり,正解は**2**である。

ワンポイント・アドバイス

　国家公務員法によれば,一般職の国家公務員は,政党または政治的目的のために,寄附金その他の利益を求め,もしくは受領し,または何らの方法をもってするを問わず,これらの行為に関与し,あるいは選挙権の行使を除くほか,人事院規則で定める政治的行為をしてはならない(国家公務員法102条1項)とされています。
　そして,人事院規則14-7第6項は,国家公務員法102条1項の規定により禁止または制限される政治的行為を定めています。

| チェック欄 | | |

行政法総論／行政立法

問 155 行政立法についての最高裁判所の判決に関する次の記述のうち，妥当なものはどれか。

1 国家公務員の退職共済年金受給に伴う退職一時金の利子相当額の返還について定める国家公務員共済組合法の規定において，その利子の利率を政令で定めるよう委任をしていることは，直接に国民の権利義務に変更を生じさせる利子の利率の決定という，本来法律で定めるべき事項を政令に委任するものであり，当該委任は憲法41条に反し許されない。

2 監獄法（当時）の委任を受けて定められた同法施行規則（省令）において，原則として被勾留者と幼年者との接見を許さないと定めていることは，事物を弁別する能力のない幼年者の心情を害することがないようにという配慮の下に設けられたものであるとしても，法律によらないで被勾留者の接見の自由を著しく制限するものであって，法の委任の範囲を超えるものといえ，当該施行規則の規定は無効である。

3 薬事法（当時）の委任を受けて，同法施行規則（省令）において一部の医薬品について郵便等販売をしてはならないと定めることについて，当該施行規則の規定が法律の委任の範囲を逸脱したものではないというためには，もっぱら法律中の根拠規定それ自体から，郵便等販売を規制する内容の省令の制定を委任する授権の趣旨が明確に読み取れることを要するものというべきであり，その判断において立法過程における議論を考慮したり，根拠規定以外の諸規定を参照して判断をすることは許されない。

●行政法

4 児童扶養手当法の委任を受けて定められた同法施行令（政令）の規定において，支給対象となる婚姻外懐胎児童について「（父から認知された児童を除く。）」という括弧書きが設けられていることについては，憲法に違反するものでもなく，父の不存在を指標として児童扶養手当の支給対象となる児童の範囲を画することはそれなりに合理的なものともいえるから，それを設けたことは，政令制定者の裁量の範囲内に属するものであり，違憲，違法ではない。

5 銃砲刀剣類所持等取締法が，銃砲刀剣類の所持を原則として禁止した上で，美術品として価値のある刀剣類の所持を認めるための登録の方法や鑑定基準等を定めることを銃砲刀剣類登録規則（省令）に委任している場合に，当該登録規則において登録の対象を日本刀に限定したことについては，法律によらないで美術品の所有の自由を著しく制限するものであって，法の委任の範囲を超えるものといえ，当該登録規則の規定は無効である。

（本試験2021年問10）

第**3**編　行政法

●法令編

正答率 **82**%

1 妥当でない 判例は、「国公共済法附則12条の12第4項及び厚年法改正法附則30条1項は、退職一時金に付加して返還すべき利子の利率の定めを白地で包括的に政令に委任するものということはできず、憲法41条及び73条6号に違反するものではないと解するのが相当である。」としている（最判平27.12.14）。

2 妥当である そのとおり。判例は、「規則120条が原則として被勾留者と幼年者との接見を許さないこととする一方で、規則124条がその例外として限られた場合に監獄の長の裁量によりこれを許すこととしていることが明らかである。しかし、これらの規定は、たとえ事物を弁別する能力の未発達な幼年者の心情を害することがないようにという配慮の下に設けられたものであるとしても、それ自体、法律によらないで、被勾留者の接見の自由を著しく制限するものであって、法50条の委任の範囲を超えるものといわなければならない。」としている（旧監獄法施行規則120条事件／最判平3.7.9）。 385p

3 妥当でない 判例は、「厚生労働大臣が制定した郵便等販売を規制する新施行規則の規定が、これを定める根拠となる新薬事法の趣旨に適合するもの（行政手続法38条1項）であり、その委任の範囲を逸脱したものではないというためには、立法過程における議論をもしんしゃくした上で、新薬事法36条の5及び36条の6を始めとする新薬事法中の諸規定を見て、そこから、郵便等販売を規制する内容の省令の制定を委任する授権の趣旨が、上記規制の範囲や程度等に応じて明確に読み取れることを要するものというべきである。」としている（医薬品ネット販売事件／最判平25.1.11） 385p

●行政法

4 妥当でない 判例は，「施行令1条の2第3号が本件括弧 385p
書を除いた本文において，法4条1項1号ないし4号に準ず
る状態にある婚姻外懐胎児童を支給対象児童としながら，本
件括弧書により父から認知された婚姻外懐胎児童を除外する
ことは，法の趣旨，目的に照らし両者の間の均衡を欠き，法
の委任の趣旨に反するものといわざるを得ない。」としてい
る（児童扶養手当法施行令事件／最判平14.1.31）。

5 妥当でない 判例は，銃砲刀剣類登録「規則においてい
かなる鑑定基準を定めるかについては，法の委任の趣旨を逸
脱しない範囲内において，所管行政庁に専門技術的な観点か
らの一定の裁量権が認められている」としたうえで，日本刀
のみを登録の対象とした同規則も，銃砲刀剣類所持等取締
「法14条1項の趣旨に沿う合理性を有する鑑定基準を定め
たものというべきであるから，これをもって法の委任の趣旨
を逸脱する無効のものということはできない。」としている
（サーベル事件／最判平2.2.1）。

第**3**編

行政法

ワンポイント・アドバイス

　行政手続法によれば，命令等を定める機関は，命令等を定めるに当たって
は，当該命令等がこれを定める根拠となる法令の趣旨に適合するものとなる
ようにしなければならない（行政手続法38条1項）とされています。

45

●行政法

行政法総論／行政行為

問156 行政裁量に関する次の記述のうち、最高裁判所の判例に照らし、誤っているものはどれか。

1 建築主事は、一定の建築物に関する建築確認の申請について、周辺の土地利用や交通等の現状および将来の見通しを総合的に考慮した上で、建築主事に委ねられた都市計画上の合理的な裁量に基づいて、確認済証を交付するか否かを判断する。

2 法務大臣は、本邦に在留する外国人から再入国の許可申請があったときは、わが国の国益を保持し出入国の公正な管理を図る観点から、申請者の在留状況、渡航目的、渡航の必要性、渡航先国とわが国との関係、内外の諸情勢等を総合的に勘案した上で、法務大臣に委ねられた出入国管理上の合理的な裁量に基づいて、その許否を判断する。

3 公務員に対して懲戒処分を行う権限を有する者は、懲戒事由に該当すると認められる行為の原因、動機、性質、態様、結果、影響等のほか、当該公務員の行為の前後における態度、懲戒処分等の処分歴、選択する処分が他の公務員及び社会に与える影響等、諸般の事情を考慮した上で、懲戒権者に委ねられた合理的な裁量に基づいて、処分を行うかどうか、そして処分を行う場合にいかなる種類・程度を選ぶかを判断する。

4 行政財産の管理者は、当該財産の目的外使用許可について、許可申請に係る使用の日時・場所・目的・態様、使用者の範囲、使用の必要性の程度、許可をするに当たっての支障または許可をした場合の弊害もしくは影響の内容および程度、代替施設確保の困難性など、許可をしないことによる申請者側の不都合または影響の内容及び程度等の諸般の事情を総合考慮した上で、行政財産管理者に委ねられた合理的な裁量に基づいて、許可を行うかどうかを判断する。

5 公立高等専門学校の校長は、学習態度や試験成績に関する評価などを総合的に考慮し、校長に委ねられた教育上の合理的な裁量に基づいて、必修科目を履修しない学生に対し原級留置処分または退学処分を行うかどうかを判断する。

（本試験2012年問26）

●法令編

正答率 **38%**

1 誤 判例は、「建築主事が当該確認申請について行う確認処分自体は基本的に裁量の余地のない確認的行為の性格を有するものと解するのが相当であるから、審査の結果、適合又は不適合の確認が得られ、……消防長等の同意も得られるなど処分要件を具備するに至つた場合には、建築主事としては速やかに確認処分を行う義務がある」としている（最判昭60.7.16）。

2 正 そのとおり。判例は、出入国管理及び難民認定法（入管法）は再入国の「許可の判断基準について特に規定していないが、右は、再入国の許否の判断を法務大臣の裁量に任せ、その裁量権の範囲を広範なものとする趣旨からである」としている（最判平10.4.10）。

3 正 そのとおり。判例は、「公務員につき、国公法に定められた懲戒事由がある場合に、懲戒処分を行うかどうか、懲戒処分を行うときにいかなる処分を選ぶかは、懲戒権者の裁量に任されている」としている（神戸税関事件／最判昭52.12.20）。

391p

4 正 そのとおり。判例は、「学校施設の目的外使用を許可するか否かは、原則として、管理者の裁量にゆだねられている」として、「管理者の裁量判断は、許可申請に係る使用の日時、場所、目的及び態様、使用者の範囲、使用の必要性の程度、許可をするに当たっての支障又は許可をした場合の弊害若しくは影響の内容及び程度、代替施設確保の困難性など許可をしないことによる申請者側の不都合又は影響の内容及び程度等の諸般の事情を総合考慮してされる」としている（呉市学校施設使用不許可事件／最判平18.2.7）。

391p

5 正 そのとおり。判例は、「高等専門学校の校長が学生に対し原級留置処分又は退学処分を行うかどうかの判断は、校長の合理的な教育的裁量にゆだねられるべきものであり……」としている（エホバの証人剣道受講拒否事件／最判平8.3.8）。

●行政法

行政法総論／行政行為

重要度 A

問 157 行政庁の裁量に関する次のア～エの記述に関して，最高裁判所の判例に照らし，その正誤を正しく示す組合せはどれか。

ア 地方公共団体が指名競争入札に参加させようとする者を指名するに当たり，地元の経済の活性化にも寄与することを考慮して地元企業を優先的に指名することは，合理的な裁量権の行使として許容される。

イ 地方公共団体が第三セクター法人の事業に関して当該法人の債権者と損失補償契約を結んだ場合，当該契約の適法性，有効性は，契約締結に係る公益上の必要性についての長の判断に裁量権の逸脱，濫用があったか否かによって判断される。

ウ 道路運送法に基づく一般乗用旅客自動車運送事業（いわゆるタクシー事業）の許可について，その許可基準が抽象的，概括的なものであるとしても，判断に際して行政庁の専門技術的な知識経験や公益上の判断を必要としないことから，行政庁に裁量は認められない。

エ 水道法15条1項*にいう「正当の理由」の判断に関して，水道事業者たる地方公共団体の長が近い将来における水不足が確実に予見されることを理由として給水契約の締結を拒絶することは，裁量権の逸脱，濫用として違法となる。

	ア	イ	ウ	エ
1	正	誤	正	誤
2	誤	正	正	誤
3	正	誤	正	正
4	正	正	誤	誤
5	誤	誤	誤	正

（注） ＊ 水道法15条1項
水道事業者は，事業計画に定める給水区域内の需要者から給水契約の申込みを受けたときは，正当の理由がなければ，これを拒んではならない。

（本試験2013年問8）

●法令編

正解 4

正答率 **67**%

合格基本書
400p

ア **正** そのとおり。判例は，「地方公共団体が，指名競争入
札に参加させようとする者を指名するに当たり，①工事現場
等への距離が近く現場に関する知識等を有していることから
契約の確実な履行が期待できることや，②地元の経済の活性
化にも寄与することなどを考慮し，地元企業を優先する指名
を行うことについては，その合理性を肯定することができる
ものの，①又は②の観点からは村内業者と同様の条件を満た
す村外業者もあり得るのであり，価格の有利性確保（競争性
の低下防止）の観点を考慮すれば，考慮すべき他の諸事情に
かかわらず，およそ村内業者では対応できない工事以外の工
事は村内業者のみを指名するという運用について，常に合理
性があり裁量権の範囲内であるということはできない」とし
ている（最判平 18.10.26）。

イ **正** そのとおり。地方公共団体が第三セクター法人の事業
に関して当該法人の債権者と損失補償契約を結んだ場合，当
該「損失補償契約の適法性及び有効性は，地方自治法 232
条の 2 の規定の趣旨等に鑑み，当該契約の締結に係る公益上
の必要性に関する当該地方公共団体の執行機関の判断にその
裁量権の範囲の逸脱又はその濫用があったか否かによって決
せられるべきものと解するのが相当である」としている（最
判平 23.10.27）。

ウ **誤** 判例は，道路運送法に基づく自動車運送事業の免許
（現在は許可）について，その「免許基準は極めて抽象的，
概括的なものであり，右免許基準に該当するかどうかの判断
は，行政庁の専門技術的な知識経験と公益上の判断を必要と
し，ある程度の裁量的要素があることを否定することはでき
ない」としている（最判昭 50.5.29）。

●行政法

エ **誤** 判例は，水道「法15条1項にいう『正当の理由』とは，水道事業者の正常な企業努力にもかかわらず給水契約の締結を拒まざるを得ない理由を指すものと解される」とし，近い将来において需要量が給水量を上回り水不足が生じることが確実に予見される地域にあっては，需要の抑制策の1つとして，新たな給水申込みのうち，需要量が特に大きく，現に居住している住民の生活用水を得るためではなく住宅を供給する事業を営む者が住宅分譲目的でしたものについて，給水契約を拒むことは許されるとしている（最判平11.1.21）。

以上より，正解は**4**である。

ワンポイント・アドバイス

【行政裁量】

「行政裁量」とは，行政作用を行うに際し，法律により行政庁に認められた判断の余地をいいます。

法律による行政の原理を徹底すると，行政作用の内容（要件・効果）は，あらかじめ法律で一義的に決定しておくこと（羈束行為）が望ましいといえます。しかし，複雑多様な行政需要や高度に専門的な問題に対応するためには，行政庁の知識と判断能力に期待するほうが結果的に妥当な場合が多いことから，現代国家においては，行政裁量が必要不可欠です。

| チェック欄 | | | |

行政法総論／行政行為

問 158
行政裁量に関する最高裁判所の判例について、次の記述のうち、誤っているものはどれか。なお、制度は、判決当時のものである。

1 外国人が在留期間中に日本で行った政治活動のなかに、わが国の出入国管理政策に対する非難行動あるいはわが国の基本的な外交政策を非難し日米間の友好関係に影響を及ぼすおそれがないとはいえないものが含まれていたとしても、それらは憲法の保障が及ぶ政治活動であり、このような活動の内容を慎重に吟味することなく、在留期間の更新を適当と認めるに足りる相当の理由があるものとはいえないと判断した法務大臣の判断は、考慮すべき事項を考慮しておらず、その結果、社会観念上著しく妥当を欠く処分をしたものであり、裁量権の範囲を越える違法なものとなる。

2 学生が信仰上の理由によりした剣道実技の履修拒否について、正当な理由のない履修拒否と区別することなく、代替措置が不可能というわけでもないのに、代替措置について何ら検討することもなく原級留置処分をし、さらに、退学処分をした公立高等専門学校の校長の措置は、考慮すべき事項を考慮しておらず、又は考慮された事実に対する評価が明白に合理性を欠き、その結果、社会観念上著しく妥当を欠く処分をしたものであり、原級留置処分と退学処分は裁量権の範囲を越える違法なものとなる。

3 個人タクシー事業の免許に当たり、多数の申請人のうちから少数特定の者を具体的個別的事実関係に基づき選択してその免許申請の許否を決しようとするときには、道路運送法の規定の趣旨に沿う具体的審査基準を設定してこれを公正かつ合理的に適用すべきであり、この基準の内容が高度の認定を要するものである等の場合は、基準の適用上必要とされる事項について聴聞その他適切な方法により申請人に対しその主張と証拠提出の機会を与えるべきであって、これに反する審査手続により免許申請を却下したときは、公正な手

●行政法

続によって免許申請の許否につき判定を受けるべき申請人の法的利益を侵害したものとして，当該却下処分は違法となる。

4 原子炉施設の安全性に関する処分行政庁の判断の適否が争われる原子炉設置許可処分の取消訴訟における裁判所の審理・判断は，原子力委員会若しくは原子炉安全専門審査会の専門技術的な調査審議及び判断を基にしてされた処分行政庁の判断に不合理な点があるか否かという観点から行われるべきであって，現在の科学技術水準に照らし，調査審議において用いられた具体的審査基準に不合理な点があり，あるいは当該原子炉施設がその具体的審査基準に適合するとした原子力委員会若しくは原子炉安全専門審査会の調査審議及び判断の過程に看過し難い過誤・欠落があり，行政庁の判断がこれに依拠してされたと認められる場合には，処分行政庁の判断に不合理な点があるものとして，その判断に基づく原子炉設置許可処分は違法となると解すべきである。

5 裁判所が懲戒権者の裁量権の行使としてされた公務員に対する懲戒処分の適否を審査するに当たっては，懲戒権者と同一の立場に立って懲戒処分をすべきであったかどうか又はいかなる処分を選択すべきであったかについて判断し，その結果と処分とを比較してその軽重を論ずべきものではなく，それが社会観念上著しく妥当を欠き裁量権を濫用したと認められる場合に限り，違法と判断すべきものである。

（本試験2016年問9）

●法令編

正解 **1**

正答率 **77**%

合格基本書

1 誤 判例は，外国人が在留期間中に日本で行った政治活動のなかに，「わが国の出入国管理政策に対する非難行動，あるいはアメリカ合衆国の極東政策ひいては日本国とアメリカ合衆国との間の相互協力及び安全保障条約に対する抗議行動のようにわが国の基本的な外交政策を非難し日米間の友好関係に影響を及ぼすおそれがないとはいえないもの」が含まれていたときは，「同人を将来日本国の利益を害する行為を行うおそれがある者と認めて，在留期間の更新を適当と認めるに足りる相当の理由があるものとはいえないと判断したとしても，その事実の評価が明白に合理性を欠き，その判断が社会通念上著しく妥当性を欠くことが明らかであるとはいえ」ないとしている（マクリーン事件／最判昭53.10.4）。

391p

2 正 そのとおり。判例は，「信仰上の理由による剣道実技の履修拒否を，正当な理由のない履修拒否と区別することなく，代替措置が不可能というわけでもないのに，代替措置について何ら検討することもなく，体育科目を不認定とした担当教員らの評価を受けて，原級留置処分をし，さらに，不認定の主たる理由及び全体成績について勘案することなく，二年続けて原級留置となったため進級等規程及び退学内規に従って学則にいう『学力劣等で成業の見込みがないと認められる者』に当たるとし，退学処分をしたという……措置は，考慮すべき事項を考慮しておらず，又は考慮された事実に対する評価が明白に合理性を欠き，その結果，社会観念上著しく妥当を欠く処分をしたものと評するほかはなく，本件各処分は，裁量権の範囲を超える違法なものといわざるを得ない」としている（エホバの証人剣道拒否事件／最判平8.3.8）。

3 正 そのとおり。判例は，道路運送法6条は「抽象的な免許基準を定めているにすぎないのであるから，内部的にせよ，さらに，その趣旨を具体化した審査基準を設定し，これ

393p

54

●行政法

を公正かつ合理的に適用すべく，とくに，右基準の内容が微妙，高度の認定を要するようなものである等の場合には，右基準を適用するうえで必要とされる事項について，申請人に対し，その主張と証拠の提出の機会を与えなければならないというべきである。免許の申請人はこのような公正な手続によつて免許の許否につき判定を受くべき法的利益を有するものと解すべく，これに反する審査手続によつて免許の申請の却下処分がされたときは，右利益を侵害するものとして，右処分の違法事由となるものというべきである」としている（個人タクシー事件／最判昭 46.10.28）。

4 **正** そのとおり。判例は，「原子炉施設の安全性に関する判断の適否が争われる原子炉設置許可処分の取消訴訟における裁判所の審理，判断は，原子力委員会若しくは原子炉安全専門審査会の専門技術的な調査審議及び判断を基にしてされた被告行政庁の判断に不合理な点があるか否かという観点から行われるべきであって，現在の科学技術水準に照らし，右調査審議において用いられた具体的審査基準に不合理な点があり，あるいは当該原子炉施設が右の具体的審査基準に適合するとした原子力委員会若しくは原子炉安全専門審査会の調査審議及び判断の過程に看過し難い過誤，欠落があり，被告行政庁の判断がこれに依拠してされたと認められる場合には，被告行政庁の右判断に不合理な点があるものとして，右判断に基づく原子炉設置許可処分は違法と解すべきである」としている（伊方原発訴訟／最判平 4.10.29）。

5 **正** そのとおり。判例は，裁判所が公務員に対する懲戒処分の「適否を審査するにあたつては，懲戒権者と同一の立場に立つて懲戒処分をすべきであつたかどうか又はいかなる処分を選択すべきであつたかについて判断し，その結果と懲戒処分とを比較してその軽重を論ずべきものではなく，懲戒権者の裁量権の行使に基づく処分が社会観念上著しく妥当を欠き，裁量権を濫用したと認められる場合に限り違法であると判断すべきものである」としている（神戸税関事件／最判昭 52.12.20）。

第**3**編

行政法

391p

55

チェック欄

行政法総論／行政行為

問159 行政裁量に関する次のア～オの記述のうち，最高裁判所の判例に照らし，妥当なものの組合せはどれか。

ア　教科書検定の審査，判断は，申請図書について，内容が学問的に正確であるか，中立・公正であるか，教科の目標等を達成する上で適切であるか，児童，生徒の心身の発達段階に適応しているか，などの観点から行われる学術的，教育的な専門技術的判断であるから，事柄の性質上，文部大臣（当時）の合理的な裁量に委ねられる。

イ　国家公務員に対する懲戒処分において，処分要件にかかる処分対象者の行為に関する事実は，平素から庁内の事情に通暁し，配下職員の指揮監督の衝にあたる者が最もよく把握しうるところであるから，懲戒処分の司法審査にあたり，裁判所は懲戒権者が当該処分に当たって行った事実認定に拘束される。

ウ　公害健康被害の補償等に関する法律に基づく水俣病の認定は，水俣病の罹患の有無という現在または過去の確定した客観的事実を確認する行為であって，この点に関する処分行政庁の判断はその裁量に委ねられるべき性質のものではない。

エ　生活保護法に基づく保護基準が前提とする「最低限度の生活」は，専門的，技術的な見地から客観的に定まるものであるから，保護基準中の老齢加算に係る部分を改定するに際し，最低限度の生活を維持する上で老齢であることに起因する特別な需要が存在するといえるか否かを判断するに当たって，厚生労働大臣に政策的な見地からの裁量権は認められない。

オ　学校施設の目的外使用を許可するか否かについては，原則として，管理者の裁量に委ねられており，学校教育上支障があれば使用を許可することができないことは明らかであるが，集会の開催を目的とする使用申請で，そのような支障がないものについては，集会の自由の保障の趣旨に鑑み，これを許可しなければならない。

●行政法

1　ア・ウ
2　ア・オ
3　イ・ウ
4　イ・エ
5　エ・オ

（本試験2021年問9）

第3編

行政法

57

●法令編

正解 **1**

正答率 **82**%

合格基本書

ア **妥当である** そのとおり。判例は，教科書「検定の審査，判断は，申請図書について，内容が学問的に正確であるか，中立・公正であるか，教科の目標等を達成する上で適切であるか，児童，生徒の心身の発達段階に適応しているか，などの様々な観点から多角的に行われるもので，学術的，教育的な専門技術的判断であるから，事柄の性質上，文部大臣の合理的な裁量に委ねられるものというべきである。」としている（最判平5.3.16）。

イ **妥当でない** 判例は，公務員の懲戒処分について，「裁判所が右の処分の適否を審査するにあたつては，懲戒権者と同一の立場に立つて懲戒処分をすべきであつたかどうか又はいかなる処分を選択すべきであつたかについて判断し，その結果と懲戒処分とを比較してその軽重を論ずべきものではなく，懲戒権者の裁量権の行使に基づく処分が社会観念上著しく妥当を欠き，裁量権を濫用したと認められる場合に限り違法であると判断すべきものである」としている（神戸税関事件／最判昭52.12.20）。

ウ **妥当である** そのとおり。判例は，公害健康被害の補償等に関する法律に基づく水俣病の「認定自体は，……客観的事象としての水俣病のり患の有無という現在又は過去の確定した客観的事実を確認する行為であって，この点に関する処分行政庁の判断はその裁量に委ねられるべき性質のものではないというべきであ」るとしている（最判平25.4.16）。

58

●行政法

エ **妥当でない** 判例は，「最低限度の生活は，抽象的かつ相対的な概念であって，その具体的な内容は，その時々における経済的・社会的条件，一般的な国民生活の状況等との相関関係において判断決定されるべきものであり，これを保護基準において具体化するに当たっては，高度の専門技術的な考察とそれに基づいた政策的判断を必要とするものである……。したがって，保護基準中の老齢加算に係る部分を改定するに際し，最低限度の生活を維持する上で老齢であることに起因する特別な需要が存在するといえるか否か及び高齢者に係る改定後の生活扶助基準の内容が健康で文化的な生活水準を維持することができるものであるか否かを判断するに当たっては，<u>厚生労働大臣に上記のような専門技術的かつ政策的な見地からの裁量権が認められる</u>ものというべきである。」としている（最判平 24.2.28）。

オ **妥当でない** 判例は，公立学校の「学校施設の目的外使用を許可するか否かは，原則として，管理者の裁量にゆだねられているものと解するのが相当である。すなわち，学校教育上支障があれば使用を許可することができないことは明らかであるが，<u>そのような支障がないからといって当然に許可しなくてはならないものではなく，行政財産である学校施設の目的及び用途と目的外使用の目的，態様等との関係に配慮した合理的な裁量判断により使用許可をしないこともできるものである。</u>」としている（呉市学校施設使用不許可事件／最判平 18.2.7）。

以上より，妥当なものはア・ウであり，正解は**1**である。

| チェック欄 | | | |

行政法総論／行政行為

問160 次の文章は，都市計画における建設大臣（当時）の裁量権の範囲に関する原審の判断を覆した最高裁判所判決の一節である。空欄 I ～ IV には，それぞれあとのア～エのいずれかの文が入る。原審の判断を覆すための論理の展開を示すものとして妥当なものの組合せはどれか。

　都市施設は，その性質上，土地利用，交通等の現状及び将来の見通しを勘案して，適切な規模で必要な位置に配置することにより，円滑な都市活動を確保し，良好な都市環境を保持するように定めなければならないものであるから，都市施設の区域は，当該都市施設が適切な規模で必要な位置に配置されたものとなるような合理性をもって定められるべきものである。この場合において，民有地に代えて公有地を利用することができるときには，そのことも上記の合理性を判断する一つの考慮要素となり得ると解すべきである。
　　　　　 I 　　　　　。しかし，　　　　　 II 　　　　　。
そして，　　　　　 III 　　　　　のであり，
　　　　　 IV 　　　　　。

　以上によれば，南門の位置を変更することにより林業試験場の樹木に悪影響が生ずるか等について十分に審理することなく，本件都市計画決定について裁量権の範囲を逸脱し又はこれを濫用してしたものであるということはできないとした原審の判断には，判決に影響を及ぼすことが明らかな法令の違反がある。

（最二小判平成18年9月4日判例時報1948号26頁）

ア　原審は，南門の位置を変更し，本件民有地ではなく本件国有地を本件公園の用地として利用することにより，林業試験場の樹木に悪影響が生ずるか，悪影響が生ずるとして，これを樹木の植え替えなどによって回避するのは困難であるかなど，樹木の保全のためには南門の位置は現状のとおりとするのが望ましいという建設大臣の判断が合理性を欠くものであるかどうかを判断するに足りる具体的な事実を確定していないのであって，原審の確定した事実のみか

●行政法

ら，南門の位置を現状のとおりとする必要があることを肯定し，建設大臣がそのような前提の下に本件国有地ではなく本件民有地を本件公園の区域と定めたことについて合理性に欠けるものではないとすることはできないといわざるを得ない

イ　本件国有地ではなく本件民有地を本件公園の区域と定めた建設大臣の判断が合理性を欠くものであるということができるときには，その建設大臣の判断は，他に特段の事情のない限り，社会通念に照らし著しく妥当性を欠くものとなるのであって，本件都市計画決定は，裁量権の範囲を超え又はその濫用があったものとして違法となるのである

ウ　樹木の保全のためには南門の位置は現状のとおりとするのが望ましいという建設大臣の判断が合理性を欠くものであるということができる場合には，更に，本件民有地及び本件国有地の利用等の現状及び将来の見通しなどを勘案して，本件国有地ではなく本件民有地を本件公園の区域と定めた建設大臣の判断が合理性を欠くものであるということができるかどうかを判断しなければならない

エ　原審は，建設大臣が林業試験場には貴重な樹木が多いことからその保全のため南門の位置は現状のとおりとすることになるという前提の下に本件民有地を本件公園の区域と定めたことは合理性に欠けるものではないとして，本件都市計画決定について裁量権の範囲を逸脱し又はこれを濫用してしたものであるということはできないとする

	I	II	III	IV
1	ア	ウ	エ	イ
2	イ	エ	ア	ウ
3	イ	エ	ウ	ア
4	ウ	イ	エ	ア
5	エ	ア	ウ	イ

（本試験2017年問25）

●法令編

正答率 **42**%

本問は，林試の森事件（最判平 18.9.4）を素材としたものである。

「都市施設は，その性質上，土地利用，交通等の現状及び将来の見通しを勘案して，適切な規模で必要な位置に配置することにより，円滑な都市活動を確保し，良好な都市環境を保持するように定めなければならないものであるから，都市施設の区域は，当該都市施設が適切な規模で必要な位置に配置されたものとなるような合理性をもって定められるべきものである。この場合において，民有地に代えて公有地を利用することができるときには，そのことも上記の合理性を判断する一つの考慮要素となり得ると解すべきである。

(エ)原審は，建設大臣が林業試験場には貴重な樹木が多いことからその保全のため南門の位置は現状のとおりとすることになるという前提の下に本件民有地を本件公園の区域と定めたことは合理性に欠けるものではないとして，本件都市計画決定について裁量権の範囲を逸脱又はこれを濫用してしたものであるということはできないとする。しかし，(ア)原審は，南門の位置を変更し，本件民有地ではなく本件国有地を本件公園の用地として利用することにより，林業試験場の樹木に悪影響が生ずるか，悪影響が生ずるとして，これを樹木の植え替えなどによって回避するのは困難であるかなど，樹木の保全のためには南門の位置は現状のとおりとするのが望ましいという建設大臣の判断が合理性を欠くものであるかどうかを判断するに足りる具体的な事実を確定していないのであって，原審の確定した事実のみから，南門の位置を現状のとおりとする必要があることを肯定し，建設大臣がそのような前提の下に本件国有地ではなく本件民有地を本件公園の区域と定めたことについて合理性に欠けるものではないとすることはできないといわざるを得ない。

●行政法

　そして，(ウ) 樹木の保全のためには南門の位置は現状のとおりとするのが望ましいという建設大臣の判断が合理性を欠くものであるということができる場合には，更に，本件民有地及び本件国有地の利用等の現状及び将来の見通しなどを勘案して，本件国有地ではなく本件民有地を本件公園の区域と定めた建設大臣の判断が合理性を欠くものであるということができるかどうかを判断しなければならないのであり，(イ)本件国有地ではなく本件民有地を本件公園の区域と定めた建設大臣の判断が合理性を欠くものであるということができるときには，その建設大臣の判断は，他に特段の事情のない限り，社会通念に照らし著しく妥当性を欠くものとなるのであって，本件都市計画決定は，裁量権の範囲を超え又はその濫用があったものとして違法となるのである。

　以上によれば，南門の位置を変更することにより林業試験場の樹木に悪影響が生ずるか等について十分に審理することなく，本件都市計画決定について裁量権の範囲を逸脱し又はこれを濫用してしたものであるということはできないとした原審の判断には，判決に影響を及ぼすことが明らかな法令の違反がある。」

　以上より，Ⅰにはエ，Ⅱにはア，Ⅲにはウ，Ⅳにはイが入り，正解は**5**である。

チェック欄

行政法総論／行政行為

問 161
砂利採取法 26 条 1 号から 4 号までによる「認可の取消し」に関する次の記述のうち，正しいものはどれか。

1 1 号による「認可の取消し」および 2 号による「認可の取消し」は，いずれも行政法学上の取消しである。

2 1 号による「認可の取消し」および 3 号による「認可の取消し」は，いずれも行政法学上の取消しである。

3 2 号による「認可の取消し」および 3 号による「認可の取消し」は，いずれも行政法学上の撤回である。

4 2 号による「認可の取消し」および 4 号による「認可の取消し」は，いずれも行政法学上の撤回である。

5 3 号による「認可の取消し」および 4 号による「認可の取消し」は，いずれも行政法学上の撤回である。

（参照条文）

砂利採取法

（採取計画の認可）

第 16 条　砂利採取業者は，砂利の採取を行おうとするときは，当該採取に係る砂利採取場ごとに採取計画を定め，（当該砂利採取場の所在地を管轄する都道府県知事等）の認可を受けなければならない。

（遵守義務）

第 21 条　第 16 条の認可を受けた砂利採取業者は，当該認可に係る採取計画…に従つて砂利の採取を行なわなければならない。

（緊急措置命令等）

第 23 条第 1 項　都道府県知事又は河川管理者は，砂利の採取に伴う災害の防止のため緊急の必要があると認めるときは，採取計画についてその認可を受けた砂利採取業者に対し，砂利の採取に伴う災害の防止のための必要な措置をとるべきこと又は砂利の採

●行政法

取を停止すべきことを命ずることができる。（第2項以下略）

（認可の取消し等）

第26条　都道府県知事又は河川管理者は，第16条の認可を受け
　た砂利採取業者が次の各号の一に該当するときは，その認可を
　取り消し，又は6月以内の期間を定めてその認可に係る砂利採取
　場における砂利の採取の停止を命ずることができる。

　1　第21条の規定に違反したとき。

　2　…第23条第1項の規定による命令に違反したとき。

　3　第31条第1項の条件に違反したとき。

　4　不正の手段により第16条の認可を受けたとき。

（認可の条件）

第31条第1項　第16条の認可…には，条件を附することができ
　る。（第2項以下略）

（本試験2017年問8）

第3編

行政法

●法令編

正答率 **79**%

合格基本書

　行政法学上の取消しは，行政行為に当初から瑕疵があった場合に，当該行政行為を取り消して遡及的に無効とすることである。これに対し，行政法学上の撤回とは，行政行為が適法に成立した後，公益上の理由が生ずるなどの後発的な事情の変化により当該行為を維持することが必ずしも適当でなくなった場合に，これを将来的に無効とすることである。

396p

　1号・2号・3号による「認可の取消し」は，いずれも，適法に成立した後の事情変化に基づくものであるから，行政法学上の撤回である。これに対し，4号による「認可の取消し」は，不正の手段により認可を受けたことを理由とするものであり，当初からの瑕疵に基づくものであるから，行政法学上の取消しである。

1　誤　1号・2号による「認可の取消し」は，いずれも行政法学上の撤回である。
2　誤　1号・3号による「認可の取消し」は，いずれも行政法学上の撤回である。
3　正　そのとおり。2号・3号による「認可の取消し」は，いずれも行政法学上の撤回である。
4　誤　2号による「認可の取消し」は，行政法学上の撤回である。これに対し，4号による「認可の取消し」は，行政法学上の取消しである。
5　誤　3号による「認可の取消し」は，行政法学上の撤回である。これに対し，4号による「認可の取消し」は，行政法学上の取消しである。

MEMO

第3編　行政法

チェック欄

行政法総論／行政行為

重要度 A

問 162 下記の〔設例〕に関する次のア〜オの記述のうち，正しいものの組合せはどれか。

〔設例〕 Xは，旅館業法3条1項に基づく許可（以下「営業許可」という。）を得て，旅館業を営んでいたが，同法によって義務付けられた営業者の講ずべき衛生措置を講じなかったことを理由に，所轄都道府県知事から，同法8条1項に基づく許可の取消処分（以下「取消処分」という。）を受けた。

(参照条文)
旅館業法
第3条第1項 旅館業を営もうとする者は，都道府県知事……の許可を受けなければならない。(以下略)
第8条第1項 都道府県知事は，営業者が，この法律若しくはこの法律に基づく処分に違反したとき……は，同条〔注：旅館業法第3条〕第1項の許可を取り消〔す〕……ことができる。(以下略)

ア Xに対してなされた取消処分は，違法になされた営業許可を取り消し，法律による行政の原理に反する状態を是正することを目的とする行政行為である。

イ Xに対してなされた取消処分は，いったんなされた営業許可を前提とするものであるから，独立の行政行為とはみなされず，行政手続法が規定する「処分」にも当たらない。

ウ Xに対してなされた取消処分が取消判決によって取り消された場合に，Xは，営業許可がなされた状態に復し，従前どおり営業を行うことができる。

エ Xに対してなされた取消処分によって，Xが有していた営業許可の効力は，それがなされたときにさかのぼって効力を失うことになる。

●行政法

オ　Xに対してなされた取消処分は，営業許可がなされた時点では瑕疵がなかったが，その後においてそれによって成立した法律関係を存続させることが妥当ではない事情が生じたときに，当該法律関係を消滅させる行政行為である。

1　ア・ウ
2　ア・エ
3　イ・エ
4　イ・オ
5　ウ・オ

（本試験2016年問8改題）

●法令編

正解 5

| 正答率 | **84**% |

合格基本書

ア **誤** Xに対してなされた取消処分は，<u>適法になされた営業</u>
許可について，その後に営業者が法律に違反したことを理由
に，<u>将来に向かって</u>その効力を消滅させる行政行為であり，
講学上の「行政行為の撤回」に当たる。

イ **誤** 行政手続法上，「処分」とは，行政庁の処分その他公
権力の行使に当たる行為をいい（2条2号），「不利益処分」
とは，行政庁が，法令に基づき，特定の者を名あて人とし
て，直接に，これに義務を課し，またはその権利を制限する
処分をいう（2条4号本文）。Xに対してなされた取消処分
は，独立の行政行為であって，行政手続法の定める「<u>不利益</u>
<u>処分</u>」であり，<u>行政手続法の定める「処分」に当たる</u>。

ウ **正** そのとおり。Xに対してなされた取消処分が取消判決
によって取り消された場合には，取消判決の形成力により，
はじめから当該取消処分がなされなかったのと同様の状態に
なる。Xは，営業許可がなされた状態に復し，従前どおり営
業を行うことができる。 `473p`

エ **誤** Xに対してなされた取消処分は，講学上の「行政行為
の撤回」に当たるものである（ア・オの解説参照）。Xに対
してなされた取消処分によって，Xに対する営業許可は，<u>将</u>
<u>来に向かって</u>その効力を失うことになる。 `396p`

オ **正** そのとおり。Xに対してなされた取消処分は，行政行
為（営業許可）がなされた時点では瑕疵がなかったが，その
後においてそれによって成立した法律関係を存続させること
が妥当ではない事情が生じたときに，当該法律関係を消滅さ
せる行政行為であり，講学上の「行政行為の撤回」に当た
る。 `396p`

以上より，正しいものはウ・オであり，正解は**5**である。

70

●行政法

行政法総論／行政行為

重要度 B

問 163 行政行為（処分）に関する次の記述のうち，最高裁判所の判例に照らし，妥当なものはどれか。

1 処分に重大かつ明白な瑕疵があり，それが当然に無効とされる場合において，当該瑕疵が明白であるかどうかは，当該処分の外形上，客観的に誤認が一見看取し得るものであるかどうかにより決すべきである。

2 行政庁の処分の効力の発生時期については，特別の規定のない限り，その意思表示が相手方に到達した時ではなく，それが行政庁から相手方に向けて発信された時と解するのが相当である。

3 課税処分における内容の過誤が課税要件の根幹にかかわる重大なものである場合であっても，当該瑕疵に明白性が認められなければ，当該課税処分が当然に無効となることはない。

4 相手方に利益を付与する処分の撤回は，撤回の対象となる当該処分について法令上の根拠規定が定められていたとしても，撤回それ自体について別途，法令上の根拠規定が定められていなければ，適法にすることはできない。

5 旧自作農創設特別措置法に基づく農地買収計画の決定に対してなされた訴願を認容する裁決は，これを実質的に見れば，その本質は法律上の争訟を裁判するものであるが，それが処分である以上，他の一般的な処分と同様，裁決庁自らの判断で取り消すことを妨げない。

（本試験2020年問9）

●法令編

正解 **1**

正答率 **47**%

合格基本書

1 妥当である　そのとおり。判例は，行政処分の「瑕疵が 392p
明白であるというのは，処分成立の当初から，誤認であるこ
とが外形上，客観的に明白である場合を指すものと解すべき
である。」としたうえで，「瑕疵が明白であるかどうかは，処
分の外形上，客観的に，誤認が一見看取し得るものであるか
どうかにより決すべきものであつて，行政庁が怠慢により調
査すべき資料を見落したかどうかは，処分に外形上客観的に
明白な瑕疵があるかどうかの判定に直接関係を有するもので
はな」いとしている（最判昭 36.3.7）。

2 妥当でない　判例は，「行政庁の処分」の効力の発生時期 388p
は「特別の規定のない限り，意思表示の一般的法理に従い，
その意思表示が相手方に到達した時と解するのが相当であ
る。即ち，辞令書の交付その他公の通知によつて，相手方が
現実にこれを了知し，または相手方の了知し得べき状態にお
かれた時と解すべきである」としている（最判昭 29.8.24）。

3 妥当でない　判例は，「一般に，課税処分が課税庁と被課
税者との間にのみ存するもので，処分の存在を信頼する第三
者の保護を考慮する必要のないこと等を勘案すれば，当該処
分における内容上の過誤が課税要件の根幹についてのそれで
あつて，徴税行政の安定とその円滑な運営の要請を斟酌して
もなお，不服申立期間の徒過による不可争的効果の発生を理
由として被課税者に右処分による不利益を甘受させること
が，著しく不当と認められるような例外的な事情のある場合
には，前記の過誤による瑕疵は，当該処分を当然無効ならし
めるものと解するのが相当である。」としている（譲渡所得
課税処分無効事件／最判昭 48.4.26）。よって，当該瑕疵に明
白性が認められる必要はない。

72

●行政法

4 妥当でない 相手方に利益を付与する処分の撤回は，相手方の被る不利益を考慮しても，なお公益上の必要性が高いと認められる場合には，法律による特別の根拠がなくともすることができる（実子あっせん指定医取消事件／最判昭63.6.17）。 396p

5 妥当でない 判例は，「本件裁決のごときは，行政機関……が実質的には裁判を行っているのであるが，行政機関がするのであるから行政処分に属するわけである。かかる性質を有する裁決は，他の一般行政処分とは異り，特別の規定がない限り，……裁決庁自らにおいて取消すことはできない」としている（最判昭29.1.21）。 389p

ワンポイント・アドバイス

判例は，「行政処分が当然無効であるというためには，処分に重大かつ明白な瑕疵がなければならず，ここに重大かつ明白な瑕疵というのは，『処分の要件の存在を肯定する処分庁の認定に重大・明白な瑕疵がある場合』を指すものと解すべきことは，当裁判所の判例である」としたうえで，「瑕疵が明白であるというのは，処分成立の当初から，誤認であることが外形上，客観的に明白である場合を指すものと解すべきである。」としています（最判昭36.3.7）。

もっとも，課税処分のように，「処分の存在を信頼する第三者の保護を考慮する必要のない」ときは，瑕疵が明白でなくても無効とされることがあります（最判昭48.4.26参照）。

●行政法

行政法総論／行政行為

重要度 B

問164 行政の自己拘束に関する次の記述のうち、最高裁判所の判例に照らし、誤っているものはどれか。

1 事業者に対する行政財産の目的外使用許可が所定の使用期間の途中で撤回された場合に、撤回を行った行政主体に損失補償の責任が生じるのは、許可に際して損失補償をする旨の取り決めを行ったときに限られる。

2 行政庁がその裁量に任された事項について、裁量権行使の準則（裁量基準）を定めることがあっても、このような準則は、行政庁の処分の妥当性を確保するためのものであるから、処分が当該準則に違背して行われたとしても、違背したという理由だけでは違法とはならない。

3 行政主体が一方的かつ統一的な取扱いの下に国民の重要な権利の行使を違法に妨げた結果、行政主体に対する債権を消滅時効にかからせた場合、行政主体の側が消滅時効の主張をすることは許されない。

4 行政主体が公務員の採用内定の取消しを行った場合、内定通知の相手方がその通知を信頼し、その職員として採用されることを期待して他の就職の機会を放棄するなどの準備を行っていたときは、当該行政主体はその者に対して損害賠償の責任を負うことがある。

5 一定の争訟手続を経て確定した行政庁の法的な決定については、特別の規定がない限り、関係当事者がこれを争うことができなくなることはもとより、行政庁自身もこれを変更することができない。

（本試験2013年問9改題）

●法令編

正解 1

正答率 **60%**

合格基本書

397p

1 誤 判例は，事業者に対する行政財産の目的外使用許可が所定の使用期間の途中で撤回された場合に，撤回を行った行政主体に損失補償の責任が生じるのは，「使用権者が使用許可を受けるに当たりその対価の支払をしているが当該行政財産の使用収益により右対価を償却するに足りないと認められる期間内に当該行政財産に右の必要を生じたとか，使用許可に際し別段の定めがされている等により，行政財産についての右の必要にかかわらず使用権者がなお当該使用権を保有する実質的理由を有すると認めるに足りる特別の事情が存する場合に限られる」としている（最判昭49.2.5）。

2 正 そのとおり。判例は，「行政庁がその裁量に任された事項について裁量権行使の準則を定めることがあつても，このような準則は，本来，行政庁の処分の妥当性を確保するためのものなのであるから，処分が右準則に違背して行われたとしても，原則として当不当の問題を生ずるにとどまり，当然に違法となるものではない」としている（マクリーン事件／最判昭53.10.4）。

3 正 そのとおり。判例は，「普通地方公共団体が，……基本的な義務に反して，既に具体的な権利として発生している国民の重要な権利に関し，法令に違反してその行使を積極的に妨げるような一方的かつ統一的な取扱いをし，その行使を著しく困難にさせた結果，これを消滅時効にかからせたという極めて例外的な場合においては，……当該普通地方公共団体による時効の主張を許さないこととしても，国民の平等的取扱いの理念に反するとは解されず，かつ，その事務処理に格別の支障を与えるとも考え難い」としている（最判平19.2.6）。

76

●行政法

4 正 そのとおり。判例は，東京都職員の採用内定の取消しがなされた事案において，「被上告人東京都において正当な理由がなく右採用内定を取り消しても，これによつて，<u>右内定通知を信頼し，東京都職員として採用されることを期待して他の就職の機会を放棄するなど，東京都に就職するための準備を行つた者に対し損害賠償の責任を負うことがある</u>のは格別，右採用内定の取消し自体は，採用内定を受けた者の法律上の地位ないし権利関係に影響を及ぼすものではないから，行政事件訴訟法3条2項にいう『行政庁の処分その他公権力の行使に当たる行為』に該当するものということができ」ないとしている（最判昭57.5.27）。

5 正 そのとおり。判例は，「<u>裁決は，……特別の規定がない限り，……裁決庁自らにおいて取消すことはできない</u>」としている（最判昭29.1.21）。また，判例は，「裁決等は，一定の争訟手続に従い，なかんずく当事者を手続に関与せしめて，紛争の終局的解決を図ることを目的とするものであるから，それが確定すると，当事者がこれを争うことができなくなるのはもとより，行政庁も，特別の規定がない限り，それを取り消し又は変更し得ない拘束を受ける」としている（最判昭42.9.26）。

389p

第3編 行政法

ワンポイント・アドバイス

【不可変更力】
　行政行為は，行政庁がみずから取り消すことができるのが原則です。
　しかし，その例外として，不服申立てに対する裁決・決定のような裁判類似の裁断的行為についてのみ，行政庁がみずから取り消すことができない（不可変更力が認められる）とされています。

●行政法

行政法総論／行政行為

問 165 次の文章の空欄 ア ～ オ に当てはまる語句の組合せとして，正しいものはどれか。

　許認可等の法効果について法律で規定された事項以外の内容が付加されることがある。行政法学上，これを，附款という。附款とは，行政行為の効果を制限するため，行政庁の意思表示の主たる内容に付加された従たる意思表示であると説明されている。

　附款のうち，条件とは，行政行為の効力の発生・消滅を発生 ア 事実にかからしめる附款である。条件成就により効果が発生する イ 条件と，効果が消滅する ウ 条件とに区別される。

　許認可等を行うに際し，法令により課される義務とは別に作為義務又は不作為義務を課すことがあるが，これは，負担と呼ばれ，附款の一種であるとされている。条件と負担との相違は，各々の附款に違反した場合の行政処分の効力への影響にあるとされている。すなわち，ある行政行為に付された附款を条件とみると，これが満たされない場合，本体たる行政行為の効力に影響が エ ことになる。一方，負担とみると，これが満たされない場合，本体たる行政行為の効力に影響が オ ことになる。しかし，条件と負担との区別は実際には困難であるという意見もある。

	ア	イ	ウ	エ	オ
1	不確実な	停止	解除	及ばない	及ぶ
2	確実な	停止	解除	及ばない	及ぶ
3	確実な	解除	停止	及ぶ	及ばない
4	不確実な	解除	停止	及ばない	及ぶ
5	不確実な	停止	解除	及ぶ	及ばない

（本試験2012年問10）

●法令編

正答率 **66%**

本問は、行政行為の附款に関する知識を問うものである。

行政行為の附款とは、行政行為の効果を制限するため、行政庁の意思表示の主たる内容に付加された従たる意思表示である。

398p

附款のうち「条件」とは、行政行為の効力の発生・消滅を、将来発生するかどうかが(ア)不確実な事実にかからしめる附款である。よって、アには「不確実な」が入る。

「条件」の成就により行政行為の効果が発生するものを「(イ)停止条件」といい、「条件」の成就により行政行為の効果が消滅するものを「(ウ)解除条件」という。よって、イには「停止」が入り、ウには「解除」が入る。

「負担」とは、行政行為の相手方に特定の義務（許認可等を行うに際し、法令に規定されている義務以外の義務）を命ずる附款をいう。「条件」と「負担」の区別は、実際には困難であることが少なくない。ある行政行為に付された附款を「条件」とみると、「条件」が満たされない場合には、本体たる行政行為の効力にも影響が(エ)及ぶことになる。これに対し、「負担」とみると、「負担」が満たされない場合、本体たる行政行為の効力に影響が(オ)及ばないことになる。よって、エには「及ぶ」が入り、オには「及ばない」が入る。

以上より、アには「不確実な」、イには「停止」、ウには「解除」、エには「及ぶ」、オには「及ばない」が入り、正解は**5**である。

MEMO

第3編 行政法

| チェック欄 | | |

行政法総論／行政行為

問 166 次の会話の空欄 ア ～ エ に当てはまる語句の組合せとして，正しいものはどれか。

A 「私も 30 年近く前から自動車の運転免許を持っているのですが，今日はこれを素材にしてちょっと行政法のことについて聞きましょう。これが私の持っている免許証ですが，これにはいろいろな記載がなされています。これらの記載が行政法学上，どのように位置づけられるか答えてください。まず，最初に免許証について『2024 年（令和 06 年）08 月 15 日まで有効』と書かれていますが，これはどうかな。」

B 「その記載は，行政処分に付せられる附款の一種で，行政法学上， ア と呼ばれるものです。」

A 「そうですね。次ですが，『免許の条件等』のところに『眼鏡等』と書かれています。これはどうでしょう。」

B 「これは，運転にあたっては視力を矯正する眼鏡等を使用しなければならないということですから，それも附款の一種の イ と呼ばれるものです。」

A 「それでは，運転免許は一つの行政行為とされるものですが，これは行政行為の分類ではどのように位置づけられていますか。」

B 「運転免許は，法令により一度禁止された行為について，申請に基づいて個別に禁止を解除する行為と考えられますから，その意味でいえば， ウ に当たりますね。」

A 「よろしい。最後ですが，道路交通法 103 条 1 項では，『自動車等の運転に関しこの法律若しくはこの法律に基づく命令の規定又はこの法律の規定に基づく処分に違反したとき』，公安委員会は，『免許を取り消』すことができると規定しています。この『取消し』というのは，行政法の学問上どのような行為と考えられていますか。」

●行政法

B 「免許やその更新自体が適法になされたのだとすれば、その後の違反行為が理由になっていますから、それは行政法学上、エ と呼ばれるものの一例だと思います。」

A 「はい、結構です。」

	ア	イ	ウ	エ
1	条件	負担	免除	取消し
2	期限	条件	特許	撤回
3	条件	負担	特許	取消し
4	期限	負担	許可	撤回
5	期限	条件	許可	取消し

(本試験2014年問8改題)

●法令編

正答率 **82%**

　自動車の運転免許証にある『2024年（令和06年）08月15日まで有効』という記載は，行政行為の効果の消滅を将来発生することが確実な事実にかからしめるものであるから，<u>行政法学上の(ア)「期限」</u>に当たる。

398p

　眼鏡等の使用は，行政行為の相手方に対して特別の義務を命ずる附款であるから，<u>行政法学上の(イ)「負担」に当たる</u>。

398p

　自動車の運転免許は，法令により一度禁止された行為について，申請に基づいて個別に禁止を解除する行為であるから，<u>行政法学上の(ウ)「許可」</u>に当たる。

387p

　自動車の運転免許の取消しは，適法な行政行為の成立後，後発的事情の変化によってその効力を存続させることが適当でない新たな事由が発生したことを理由とするものであるから，<u>行政法学上の(エ)「撤回」</u>に当たる。

396p

　以上より，アには「期限」，イには「負担」，ウには「許可」，エには「撤回」が入り，正解は**4**である。

ワンポイント・アドバイス

　「期限」のうち，その到来により行政行為の効果が発生するものを「始期」といい，その到来により行政行為の効果が消滅するものを「終期」といいます。免許証の『2024年（令和06年）08月15日』という記載は「終期」に当たります。

84

●行政法

行政法総論／行政行為

重要度 B

問 167 無効の行政行為に関する次の記述のうち，妥当なものはどれか。

1 無効の行政行為については，それを争う訴訟として無効確認訴訟が法定されており，その無効を実質的当事者訴訟や民事訴訟において主張することは許されない。

2 無効の行政行為については，それを取り消すことはできないから，たとえ出訴期間内であっても，それに対して提起された取消訴訟は不適法とされる。

3 無効の行政行為については，当該処分の取消訴訟について，個別法に審査請求前置が規定されていても，直ちに無効確認訴訟を提起することが許される。

4 無効の行政行為については，客観的に効力が認められないのであるから，その無効を主張する者は，何人でも，無効確認訴訟を提起して，これを争うことができる。

5 無効の行政行為については，その執行は認められず，これを何人も無視できるから，無効確認訴訟には，仮の救済のための執行停止制度の準用はなされていない。

（本試験2017年問9）

●法令編

正解 3

正答率 **48**%

合格基本書

1 **妥当でない** 行政事件訴訟法は、無効の行政処分について、処分の無効を前提とする「現在の法律関係に関する訴え」、すなわち実質的当事者訴訟（行政事件訴訟法4条後段）や争点訴訟（同法45条）によって争うことを認めている（同法36条）。なお、「争点訴訟」とは、行政訴訟ではなく民事訴訟であって、私法上の法律関係に関する訴訟において、処分もしくは裁決の存否またはその効力の有無が争われている場合をいう（同法45条）。

474p

2 **妥当でない** 無効確認訴訟には、出訴期間（行政事件訴訟法14条）の制約がないことから（同法38条1項3項参照）、時機に後れた取消訴訟といわれる。取消訴訟において無効原因に当たる瑕疵が主張されたとしても取消訴訟として審理すればよいと考えられており、取消訴訟が不適法となるわけではない。

474p

3 **妥当である** そのとおり。無効確認訴訟には、審査請求前置（行政事件訴訟法8条1項ただし書）の制約がない（同法38条1項3項参照）。よって、当該処分の取消訴訟について、個別法に審査請求前置が規定されていても、直ちに無効確認訴訟を提起することが許される。

474p

4 **妥当でない** 無効等確認の訴えは、当該処分または裁決に続く処分により損害を受けるおそれのある者その他当該処分または裁決の無効等の確認を求めるにつき法律上の利益を有する者で、当該処分もしくは裁決の存否またはその効力の有無を前提とする現在の法律関係に関する訴えによって目的を達することができないものに限り、提起することができる（行政事件訴訟法36条）。

475p

5 **妥当でない** 無効確認訴訟には、仮の救済のための執行停止制度（行政事件訴訟法25条）が準用されている（同法38条3項）。

86

●行政法

行政法総論／行政行為

重要度 A

問 168 行政処分の無効と取消しに関する次の記述のうち、正しいものはどれか。

1 行政処分が無効である場合、当該処分はその成立当初から効力を認められないから、当該処分に対する取消訴訟を提起することはできない。

2 行政処分が無効である場合、行政不服審査法が定める審査請求期間にかかわらず、当該行政処分の審査請求をすることができる。

3 行政処分の職権取消しは、当該処分に対する相手方等の信頼を保護する見地から、取消訴訟の出訴期間内に行わなければならない。

4 行政処分が職権により取り消された場合、取消しの対象となった処分の効力は消滅するので、これを争う相手方は、当該処分の有効確認の訴えを提起しなければならない。

5 行政処分の違法を理由として国家賠償を請求するためには、その取消しまたは無効確認の確定判決をあらかじめ得ておく必要はない。

(本試験2018年問10)

●法令編

正解 5

正答率 **94**%

合格基本書

1　誤　行政処分が無効である場合，行政事件訴訟法が定める取消訴訟の出訴期間内であれば，当該行政処分に対する取消訴訟を提起することができる。

2　誤　行政処分が無効である場合，行政不服審査法が定める審査請求期間内であれば，当該行政処分の審査請求をすることができる。行政不服審査法が定める審査請求期間が経過すると，正当な理由がない限り，当該行政処分の審査請求をすることができない（行政不服審査法 18 条 1 項 2 項参照）。

3　誤　判例は，「買収計画，売渡計画のごとき行政処分が違法または不当であれば，それが，たとえ，当然無効と認められず，また，すでに法定の不服申立期間の徒過により争訟手続によつてその効力を争い得なくなつたものであつても，処分をした行政庁その他正当な権限を有する行政庁においては，自らその違法または不当を認めて，処分の取消によつて生ずる不利益と，取消をしないことによつてかかる処分に基づきすでに生じた効果をそのまま維持することの不利益とを比較考量し，しかも該処分を放置することが公共の福祉の要請に照らし著しく不当であると認められるときに限り，これを取り消すことができると解するのが相当である。」としている（最判昭 43.11.7）。

4　誤　行政処分が職権により取り消された場合，行政処分を取り消す行為も行政処分であるから，これを争う相手方は，当該取消処分の取消しの訴えを提起することができる（行政事件訴訟法 3 条 2 項参照）。

5　正　そのとおり。判例は，「行政処分が違法であることを理由として国家賠償の請求をするについては，あらかじめ右行政処分につき取消又は無効確認の判決を得なければならないものではない」としている（最判昭 36.4.21）。

388, 489p

●行政法

行政法総論／行政上の強制手段

重要度 B

問 169 行政代執行法（以下「同法」という。）に関する次のア〜オの記述のうち、正しいものの組合せはどれか。

ア 代執行に要した費用については、義務者に対して納付命令を発出したのち、これが納付されないときは、国税滞納処分の例によりこれを徴収することができる。

イ 代執行を行うに当たっては、原則として、同法所定の戒告および通知を行わなければならないが、これらの行為について、義務者が審査請求を行うことができる旨の規定は、同法には特に置かれていない。

ウ 行政上の義務の履行確保に関しては、同法の定めるところによるとした上で、代執行の対象とならない義務の履行確保については、執行罰、直接強制、その他民事執行の例により相当な手段をとることができる旨の規定が置かれている。

エ 代執行の実施に先立って行われる戒告および通知のうち、戒告においては、当該義務が不履行であることが、次いで通知においては、相当の履行期限を定め、その期限までに履行がなされないときは代執行をなすべき旨が、それぞれ義務者に示される。

オ 代執行の実施に当たっては、その対象となる義務の履行を督促する督促状を発した日から起算して法定の期間を経過してもなお、義務者において当該義務の履行がなされないときは、行政庁は、戒告等、同法の定める代執行の手続を開始しなければならない。

1 ア・イ
2 ア・エ
3 イ・ウ
4 ウ・オ
5 エ・オ

（本試験2018年問8）

●法令編

正解 1

正答率 **52**%

合格基本書

ア **正** そのとおり。代執行に要した費用の徴収については，実際に要した費用の額およびその納期日を定め，義務者に対し，文書をもってその納付を命じなければならない（行政代執行法5条）。義務者が任意に納付しない場合，代執行に要した費用は，国税滞納処分の例により，これを徴収することができる（同法6条1項）。　404p

イ **正** そのとおり。代執行をなすには，相当の履行期限を定め，その期限までに履行がなされないときは，代執行をなすべき旨を，予め文書で戒告しなければならない（行政代執行法3条1項）。義務者が，この戒告を受けて，指定の期限までにその義務を履行しないときは，当該行政庁は，代執行令書をもって，代執行をなすべき時期，代執行のために派遣する執行責任者の氏名および代執行に要する費用の概算による見積額を義務者に通知する（同法3条2項）。この戒告・通知について，義務者が審査請求を行うことができる旨の規定は，行政代執行法には特に置かれていない。　404p

ウ **誤** 行政上の義務の履行確保に関しては，別に法律で定めるものを除いては，行政代執行法の定めるところによる（行政代執行法1条）。代執行の対象とならない義務の履行確保については，執行罰，直接強制，その他民事執行の例により相当な手段をとることができる旨の規定は，行政代執行法には置かれていない。　404p

エ **誤** 代執行をなすには，相当の履行期限を定め，その期限までに履行がなされないときは，代執行をなすべき旨を，予め文書で戒告しなければならない（行政代執行法3条1項）。　404p

オ **誤** 行政代執行法では，このようなことは規定されていない（同法2条参照）。

以上より，正しいものはア・イであり，正解は **1** である。

90

●行政法

行政法総論／行政上の強制手段

問170 執行罰に関する次の記述のうち，妥当なものはどれか。

1 執行罰とは，行政上の義務の不履行について，罰金を科すことにより，義務の履行を促す制度であり，行政上の強制執行の一類型とされる。

2 執行罰は，行政上の義務の履行確保のために科されるものであるが，行政機関の申立てにより，非訟事件手続法の定める手続に従って，裁判所の決定によって科される。

3 執行罰は，刑罰ではないため，二重処罰の禁止の原則の適用はなく，同一の義務の不履行について，これを複数回にわたり科すことも認められる。

4 執行罰については，それを認める一般法は存在せず，これを認める個別の法令の定めが必要であるが，行政代執行法は，執行罰の規定を条例で定めることも明文で許容している。

5 執行罰は，多くの法令において，各種の届出義務などの軽微な手続上の義務への違反に科されることとされている。

（本試験2017年問10）

●法令編

正解 **3**

正答率 **76**%

合格基本書

1 **妥当でない** 執行罰とは，行政庁が義務者にみずから義務を履行させるため，あらかじめ義務不履行の場合には過料を科すことを予告するとともに，義務不履行の場合にはその都度，過料を徴収することによって，義務の履行を促す行政上の強制執行の一類型である。

405p

2 **妥当でない** 執行罰は，行政機関の申立てにより，非訟事件手続法の定める手続に従って，裁判所の決定によって科されるものではない（肢1の解説参照）。なお，このような手続で科されるのは，法令に基づく過料（秩序罰）である。

405p

3 **妥当である** そのとおり。執行罰は「罰」という表現がとられるが，制裁としての行政罰とは異質であり，罰という意味を含むものではない。よって，執行罰には二重処罰の禁止の原則（憲法39条）の適用はないので，同一の義務の不履行について，執行罰を複数回にわたり科すことも認められる。

405p

4 **妥当でない** 行政上の義務の履行確保に関しては，別に法律で定めるものを除いて，行政代執行法の定めるところによる（行政代執行法1条）。すなわち，行政代執行法1条は，①行政代執行法が行政上の義務履行確保手段（強制執行手段に限る。）の一般法であること，②行政上の義務履行確保手段を設けるには法律の根拠を要することを定める。よって，条例によって執行罰を定めることはできない。

404p

5 **妥当でない** 執行罰については，現在，砂防法（36条）に唯一の例があるにとどまる。なお，各種の届出義務などの軽微な手続上の違反に科されるのは，秩序罰である。

405p

92

●行政法

行政法総論／行政上の強制手段

重要度 A

問171 行政上の義務の履行確保手段に関する次の記述のうち、法令および判例に照らし、正しいものはどれか。

1 即時強制とは、非常の場合または危険切迫の場合において、行政上の義務を速やかに履行させることが緊急に必要とされる場合に、個別の法律や条例の定めにより行われる簡易な義務履行確保手段をいう。

2 直接強制は、義務者の身体または財産に直接に実力を行使して、義務の履行があった状態を実現するものであり、代執行を補完するものとして、その手続が行政代執行法に規定されている。

3 行政代執行法に基づく代執行の対象となる義務は、「法律」により直接に命じられ、または「法律」に基づき行政庁により命じられる代替的作為義務に限られるが、ここにいう「法律」に条例は含まれない旨があわせて規定されているため、条例を根拠とする同種の義務の代執行については、別途、その根拠となる条例を定める必要がある。

4 行政上の秩序罰とは、行政上の秩序に障害を与える危険がある義務違反に対して科される罰であるが、刑法上の罰ではないので、国の法律違反に対する秩序罰については、非訟事件手続法の定めるところにより、所定の裁判所によって科される。

5 道路交通法に基づく違反行為に対する反則金の納付通知について不服がある場合は、被通知者において、刑事手続で無罪を主張するか、当該納付通知の取消訴訟を提起するかのいずれかを選択することができる。

（本試験2019年問8）

●法令編

正答率 **63**%

1 誤 即時強制は，<u>義務を課していることを前提とするもの</u>ではなく，義務履行確保手段とはいえない。　406p

2 誤 直接強制の手続は，<u>行政代執行法には規定されていない</u>。　405p

3 誤 行政代執行法に基づく代執行の対象となるのは，「法律（法律の委任に基く命令，規則及び<u>条例を含む</u>。以下同じ。）により直接に命ぜられ，又は法律に基き行政庁により命ぜられた行為（他人が代つてなすことのできる行為に限る。）」である（行政代執行法2条）。よって，ここにいう「法律」には，条例が含まれる。　405p

4 正 そのとおり。行政上の秩序罰は，刑法上の罰ではない。国の法律違反に対する秩序罰は，非訟事件手続法の定めるところにより，裁判所によって科される。なお，地方公共団体の条例・規則違反に対する秩序罰は，地方自治法の定めるところにより，地方公共団体の長によって科される。　407p

5 誤 判例は，「道路交通法は，通告を受けた者が，その自由意思により，通告に係る反則金を納付し，これによる事案の終結の途を選んだときは，もはや当該通告の理由となつた反則行為の不成立等を主張して通告自体の適否を争い，これに対する抗告訴訟によつてその効果の覆滅を図ることはこれを許さず，右のような主張をしようとするのであれば，<u>反則金を納付せず，後に公訴が提起されたときにこれによつて開始された刑事手続の中でこれを争い，これについて裁判所の審判を求める途を選ぶべきであるとしているものと解する</u>のが相当である。」としている（最判昭57.7.15）。

合格基本書

94

●行政法

行政法総論／行政上の強制手段

問172 裁判による行政上の義務履行確保について，最高裁判所の判決に照らし，妥当な記述はどれか。

1 国又は地方公共団体が専ら行政権の主体として国民に対して行政上の義務履行を求める訴訟は，法令の適用により終局的に解決することができないから，法律上の争訟に該当しない。

2 国又は地方公共団体が専ら行政権の主体として国民に対して行政上の義務履行を求める訴訟は，このような訴訟を提起することを認める特別の規定が法律にあれば，適法となりうる。

3 国又は地方公共団体が財産権の主体として国民に対して義務履行を求める訴訟は，終局的には，公益を目的とするものであって，自己の権利利益の保護救済を目的とするものではないから，法律上の争訟には該当しない。

4 国又は地方公共団体が専ら行政権の主体として国民に対して行政上の義務履行を求める訴訟は，行政上の義務履行確保の一般法である行政代執行法による代執行が認められる場合に限り，不適法である。

5 国又は地方公共団体が財産権の主体として国民に対して義務履行を求める訴訟は，法律上の争訟として当然に裁判所の審判の対象となるわけではないが，現行法上，こうした訴訟を認める特別の規定があるため，提起することが許されている。

（本試験2015年問8）

●法令編

正解 **2**

正答率 **55**%

合格基本書

　本問の選択肢は，いずれも，宝塚市パチンコ条例事件最高裁判決（最判平 14.7.9）に関するものである。

1 **妥当でない**　判例は，「国又は地方公共団体が専ら行政権の主体として国民に対して行政上の義務の履行を求める訴訟は，法規の適用の適正ないし一般公益の保護を目的とするものであって，自己の権利利益の保護救済を目的とするものということはできないから，法律上の争訟として当然に裁判所の審判の対象となるものではな」いとする。「法令の適用により終局的に解決することができないから，法律上の争訟に該当しない」としてはいない。　405p

2 **妥当である**　そのとおり。

3 **妥当でない**　判例は，「国又は地方公共団体が提起した訴訟であって，財産権の主体として自己の財産上の権利利益の保護救済を求めるような場合には，法律上の争訟に当たる」とする。

4 **妥当でない**　判例は，「国又は地方公共団体が専ら行政権の主体として国民に対して行政上の義務の履行を求める訴訟は，……法律に特別の規定がある場合に限り，提起することが許される」とする。

5 **妥当でない**　判例は，「国又は地方公共団体が提起した訴訟であって，財産権の主体として自己の財産上の権利利益の保護救済を求めるような場合には，法律上の争訟に当たる」とする。「法律上の争訟として当然に裁判所の審判の対象となるわけではない」とはしていない。

96

●行政法

行政法総論／行政調査

問 173
行政調査に関する次のア〜エの記述のうち，正しいものの組合せはどれか。争いがある場合には最高裁判所の判例の立場による。

ア　行政手続法には，行政調査の手続に関する通則的な規定は置かれておらず，また，同法は，情報収集を直接の目的とする処分・行政指導には適用されない。

イ　警察官職務執行法上の職務質問に付随して行う所持品検査は，検査の必要性，緊急性の認められる場合には，相手方への強制にわたるものであっても適法である。

ウ　法律の規定を設ければ，行政調査に応じなかったことを理由として，刑罰を科すなど，相手方に不利益を課すことも許される。

エ　税務調査（質問検査権）に関しては，国税通則法により，急速を要する場合を除き，事前に裁判官の許可を得ることが必要とされている。

1　ア・イ
2　ア・ウ
3　イ・ウ
4　イ・エ
5　ウ・エ

（本試験2014年問10）

●法令編

正答率 **60%**

ア **正** そのとおり。行政手続法には，行政調査の手続に関する通則的な規定は置かれていない。また，行政手続法は，情報収集を直接の目的とする処分・行政指導には適用されない（行政手続法3条1項14号）。

イ **誤** 判例は，警察官職務執行法上の職務質問に付随して行う所持品検査は，「捜索に至らない程度の行為は，強制にわたらない限り，たとえ所持人の承諾がなくても，所持品検査の必要性，緊急性，これによつて侵害される個人の法益と保護されるべき公共の利益との権衡などを考慮し，具体的状況のもとで相当と認められる限度において許容される場合があると解すべきである」としている（最判昭53.9.7）。

409p

ウ **正** そのとおり。本記述のように罰則によって調査に応じる義務の履行が担保される行政調査は，「間接強制調査」と呼ばれるものである。

エ **誤** 税務調査に関しては，事前に裁判所の許可が必要とされているわけではない（国税通則法74条の2第1項参照）。

以上より，正しいものはア・ウであり，正解は**2**である。

ワンポイント・アドバイス

「報告又は物件の提出を命ずる処分その他その職務の遂行上必要な情報の収集を直接の目的としてされる処分及び行政指導」については，行政手続法第2章～第4章の2の処分および行政指導に関する規定は適用されません（行政手続法3条1項14号）。これは「行政調査」を適用除外とするものです。

●行政法

行政法総論／行政契約

問 174 行政契約に関する次の記述のうち、正しいものはどれか。見解が分かれる場合は、最高裁判所の判例による。

1 行政契約でも、その内容が国民に義務を課したり、その権利を制限するものについては、法律の留保の原則に関する侵害留保理論に立った場合、法律の根拠が必要であると解される。

2 地方公共団体が、地方自治法上、随意契約によることができない場合であるにもかかわらず、随意契約を行ったとしても、かかる違法な契約は、私法上、当然に無効となるものではない。

3 地方公共団体がごみ焼却場を建設するために、建設会社と建築請負契約を結んだ場合、ごみ焼却場の操業によって重大な損害が生ずるおそれのある周辺住民は、当該契約の締結行為について、当該地方公共団体を被告として、抗告訴訟としての差止めの訴えを提起することができる。

4 地方公共団体の長が、指名競争入札の際に行う入札参加者の指名に当たって、法令の趣旨に反して域内の業者のみを指名する運用方針の下に、当該運用方針に該当しないことのみを理由に、継続して入札に参加してきた業者を指名競争入札に参加させない判断をしたとしても、その判断は、裁量権の逸脱、濫用には当たらず、違法ではない。

5 地方公共団体が、産業廃棄物処理施設を操業する企業との間で、一定の期日をもって当該施設の操業を停止する旨の公害防止協定を結んだものの、所定の期日を過ぎても当該企業が操業を停止しない場合において、当該地方公共団体が当該企業を被告として操業差止めを求める訴訟は、法律上の争訟に該当せず、不適法である。

（本試験2012年問9）

●法令編

正解 2

正答率 **56**%

合格基本書

1 誤 行政契約は，その内容が国民に義務を課したり，その権利を制限するものであっても，当事者の合意によって成立するものであり，法律の留保の原則に関する「侵害留保理論」に立った場合であっても，行政契約を締結するのに，法律の根拠は不要であると解される。

400p

2 正 そのとおり。判例は，「随意契約の制限に関する法令に違反して締結された契約の私法上の効力については……かかる違法な契約であつても私法上当然に無効になるものではなく……」としたうえで，「当該契約の効力を無効としなければ随意契約の締結に制限を加える前記法及び令の規定の趣旨を没却する結果となる特段の事情が認められる場合に限り，私法上無効になる」としている（最判昭62.5.19）。

400p

3 誤 判例は，地方公共団体が私人から買収した土地の上に，ごみ焼却場が「私人との間に対等の立場に立つて締結した私法上の契約により設置された」場合において，当該設置行為は，地方公共団体が公権力の行使により直接私人の権利義務を形成し，またはその範囲を確定することを法律上認められている場合に該当するものということができず，抗告訴訟の対象となる『行政庁の処分』にあたらないとしている（最判昭39.10.29）。この判例を前提にすると，ゴミ処理場の周辺住民は，当該地方公共団体を被告として抗告訴訟としての差止めの訴えを提起することはできない。

4 誤 判例は，「法令の趣旨に反する運用基準の下で，主たる営業所が村内にないなどの事情から形式的に村外業者に当たると判断し，そのことのみを理由として，他の条件いかんにかかわらず，およそ一切の工事につき……指名競争入札に参加させない措置を採ったとすれば，それは，考慮すべき事項を十分考慮することなく，1つの考慮要素にとどまる村外業者であることのみを重視している点において，極めて不合

400p

100

●行政法

理であり，社会通念上著しく妥当性を欠くものといわざるをえず，そのような措置に裁量権の逸脱又は濫用があったとまではいえないと判断することはできない」としている（最判平18.10.26）。

5 誤 判例は，市町村と産業廃棄物処理業者の間で締結した公害防止協定のうち，最終処分場の使用期限を定めた条項について，廃棄物処理施設に係る許可制度を定める廃棄物処理法の趣旨に反せず，契約としての法的拘束力を否定することはできないとしており（最判平21.7.10），当該操業差止めを求める訴訟が『法律上の争訟』であることを前提としている。

第3編 行政法

ワンポイント・アドバイス

【行政契約】
「行政契約」とは，行政主体が行政目的を達成するために締結する契約をいいます。行政契約も契約であって，当事者の意思の合致を前提とすることから，行政契約は，法律や条例の根拠がなくてもすることができます。
①行政主体が他の行政主体との間で締結する行政契約として，地方公共団体間の事務委託（地方自治法252条の14），境界地の道路・河川の費用負担割合の協議（道路法54条1項，河川法65条）などがあります。②行政主体が私人との間で締結する行政契約として，物品の納入契約，土木建築請負契約，公共施設利用契約，水道供給契約などがあります。

●行政法

行政手続法／総説

重要度 A

問175 次の文章は，行政手続法1条1項の条文である。空欄 ア ～ オ に当てはまる語句の組合せとして，正しいものはどれか。

第1条 この法律は，　ア　，行政指導及び　イ　に関する手続並びに　ウ　等を定める手続に関し，共通する事項を定めることによって，行政運営における　エ　の確保と透明性（略）の向上を図り，もって　オ　に資することを目的とする。

	ア	イ	ウ	エ	オ
1	行政行為	届出	行政計画	迅速性	国民の権利利益の保護
2	処分	公証	行政契約	効率性	行政の適正な運営
3	行政行為	公証	命令	公正	国民の権利利益の保護
4	行政行為	通知	行政計画	効率性	行政の適正な運営
5	処分	届出	命令	公正	国民の権利利益の保護

（本試験2017年問11）

●法令編

正解 5

正答率 **93**%

合格基本書

本問は，行政手続法1条1項を素材としたものである。

「この法律は，(ア)処分，行政指導及び(イ)届出に関する手続並びに(ウ)命令等を定める手続に関し，共通する事項を定めることによって，行政運営における(エ)公正の確保と透明性（行政上の意思決定について，その内容及び過程が国民にとって明らかであることをいう。第46条において同じ。）の向上を図り，もって(オ)国民の権利利益の保護に資することを目的とする。」

410p

以上より，アに「処分」，イに「届出」，ウに「命令」，エに「公正」，オに「国民の権利利益の保護」が入り，正解は**5**である。

ワンポイント・アドバイス

① 「処分」とは，行政庁の処分その他公権力の行使に当たる行為をいいます（2条2号）。

② 「届出」とは，行政庁に対し一定の事項の通知をする行為（申請に該当するものを除く。）であって，法令により直接に当該通知が義務付けられているもの（自己の期待する一定の法律上の効果を発生させるためには当該通知をすべきこととされているものを含む。）をいいます（2条7号）。

③ 「命令等」とは，内閣または行政機関が定める次のイ～ニに掲げるものをいいます（2条8号）。
　　イ　法律に基づく命令（処分の要件を定める告示を含む。）または規則
　　ロ　審査基準
　　ハ　処分基準
　　ニ　行政指導指針

104

●行政法

行政手続法／総説

問 176 行政手続法の用語に関する次の記述のうち、同法の定義に照らし、正しいものはどれか。

1 「不利益処分」とは、申請により求められた許認可等を拒否する処分など、申請に基づき当該申請をした者を名あて人としてされる処分のほか、行政庁が、法令に基づき、特定の者を名あて人として、直接に、これに義務を課し、またはその権利を制限する処分をいう。

2 「行政機関」には、国の一定の機関およびその職員が含まれるが、地方公共団体の機関はこれに含まれない。

3 「処分基準」とは、不利益処分をするかどうか、またはどのような不利益処分とするかについてその法令の定めに従って判断するために必要とされる基準をいう。

4 「申請」とは、法令に基づき、申請者本人または申請者以外の第三者に対し何らかの利益を付与する処分を求める行為であって、当該行為に対して行政庁が諾否の応答をすべきこととされているものをいう。

5 「届出」とは、行政庁に対し一定の事項の通知をする行為であって、当該行政庁にそれに対する諾否の応答が義務づけられているものをいう。

(本試験2020年問11)

●法令編

正解 **3**

正答率 **75**%

合格基本書

1 誤 「不利益処分」とは，行政庁が，法令に基づき，特定 420p
の者を名あて人として，直接に，これに義務を課し，または
その権利を制限する処分をいう（2条4号本文）が，申請に
より求められた許認可等を拒否する処分その他申請に基づき
当該申請をした者を名あて人としてされる処分は，「不利益
処分」から除かれている（2条4号ロ）。

2 誤 「行政機関」とは，（イ）法律の規定に基づき内閣に
置かれる機関もしくは内閣の所轄の下に置かれる機関，宮内
庁，内閣府設置法49条1項2項に規定する機関，国家行政
組織法3条2項に規定する機関，会計検査院もしくはこれら
に置かれる機関またはこれらの機関の職員であって法律上独
立に権限を行使することを認められた職員，（ロ）地方公共
団体の機関（議会を除く。）をいう（2条5号）。

3 正 そのとおり。「処分基準」とは，不利益処分をするか 411p
どうか，またはどのような不利益処分とするかについてその
法令の定めに従って判断するために必要とされる基準をいう
（2条8号ハ）。

4 誤 「申請」とは，法令に基づき，行政庁の許可，認可， 414p
免許その他の自己に対し何らかの利益を付与する処分（「許
認可等」）を求める行為であって，当該行為に対して行政庁
が諾否の応答をすべきこととされているものをいう（2条3
号）。

5 誤 「届出」とは，行政庁に対し一定の事項の通知をする 431p
行為（申請に該当するものを除く。）であって，法令により
直接に当該通知が義務付けられているもの（自己の期待する
一定の法律上の効果を発生させるためには当該通知をすべき
こととされているものを含む。）をいう（2条7号）。行政庁
に諾否の応答が義務づけられるものではない。

106

●行政法

行政手続法／総説

重要度 A

問 177 次に掲げる行政手続法2条が定める定義の空欄 ア ～ オ に当てはまる語句の組合せとして、正しいものはどれか。

申請 ── 法令に基づき、行政庁の許可、認可、免許その他の ア に対し何らかの利益を付与する処分（以下「許認可等」という。）を求める行為であって、当該行為に対して行政庁が イ をすべきこととされているものをいう。

不利益処分 ── 行政庁が、法令に基づき、 ウ を名あて人として、直接に、これに義務を課し、又はその権利を制限する処分をいう。

行政指導 ── 行政機関がその任務又は エ の範囲内において一定の行政目的を実現するため オ に一定の作為又は不作為を求める指導、勧告、助言その他の行為であって処分に該当しないものをいう。

	ア	イ	ウ	エ	オ
1	特定の者	一定の処分	特定の者	法律に基づく命令	特定の者
2	自己	諾否の応答	不特定の者	法令	不特定の者
3	利害関係を有する者	諾否の応答	特定の者	管轄	特定の者
4	特定の者	一定の処分	不特定の者	職務命令	不特定の者
5	自己	諾否の応答	特定の者	所掌事務	特定の者

（本試験2015年問12）

●法令編

正解 **5**

正答率 **91**%

合格基本書

申請とは，「法令に基づき，行政庁の許可，認可，免許その他の(ア)<u>自己</u>に対し何らかの利益を付与する処分（以下「許認可等」という。）を求める行為であって，当該行為に対して行政庁が(イ)<u>諾否の応答</u>をすべきこととされているもの」をいう（2条3号）。

414p

不利益処分とは，「行政庁が，法令に基づき，(ウ)<u>特定の者</u>を名あて人として，直接に，これに義務を課し，又はその権利を制限する処分」をいう（2条4号）。

420p

行政指導とは，「行政機関がその任務又は(エ)<u>所掌事務</u>の範囲内において一定の行政目的を実現するため(オ)<u>特定の者</u>に一定の作為又は不作為を求める指導，勧告，助言その他の行為であって処分に該当しないもの」をいう（2条6号）。

428p

以上より，アには「自己」，イには「諾否の応答」，ウには「特定の者」，エには「所掌事務」，オには「特定の者」が入り，正解は**5**である。

ワンポイント・アドバイス

①「事実上の行為及び事実上の行為をするに当たりその範囲，時期等を明らかにするために法令上必要とされている手続としての処分」，②「申請により求められた許認可等を拒否する処分その他申請に基づき当該申請をした者を名あて人としてされる処分」，③「名あて人となるべき者の同意の下にすることとされている処分」，④「許認可等の効力を失わせる処分であって，当該許認可等の基礎となった事実が消滅した旨の届出があったことを理由としてされるもの」は，不利益処分から除かれます（2条4号イ〜ニ）。

108

●行政法

行政手続法／申請に対する処分手続

重要度 A

問 178 許可の申請手続において，行政庁Yは審査基準を公にしないまま手続を進めて，結果として申請者Xに許可を与えなかった。この事例に関する次の記述のうち，行政手続法の条文に照らし，正しいものはどれか。

1 Yは公聴会を開催してXの意見を聞く法的義務を負うことから，Yが審査基準を公にしなかったことも違法とはならない。

2 行政庁が審査基準を公にすることは努力義務に過ぎないことから，Yが審査基準を公にしなかったことも違法とはならない。

3 Xは情報公開法*に基づき情報公開請求をして審査基準を閲覧できることから，Yが審査基準を公にしなかったことも違法とはならない。

4 審査基準は，申請者の求めがあったときにこれを示せば足りることから，Xが審査基準の提示をYに求めなかったのであれば，Yが審査基準を公にしなかったことも違法とはならない。

5 審査基準を公にすると行政上特別の支障が生じるのであれば，Yが審査基準を公にしなかったことも違法とはならない。

（注） ＊ 行政機関の保有する情報の公開に関する法律

（本試験2014年問12）

●法令編

正解 **5**

正答率 **85**%

合格基本書

1 誤 行政庁は，申請に対する処分であって，<u>申請者以外</u> | 419p
の利害を考慮すべきことが当該法令において許認可等の要件
とされているものを行う場合には，必要に応じ，<u>公聴会の開</u>
<u>催その他の適当な方法により当該申請者以外の意見を聴く機</u>
<u>会を設けるよう努めなければならない</u>（10条）。

2 誤 行政庁は，行政上特別の支障があるときを除き，法 | 414p
令により申請の提出先とされている機関の事務所における備
付けその他の適当な方法により<u>審査基準を公にしておかなけ</u>
<u>ればならない</u>（5条3項）。審査基準の公開は，<u>法的義務で</u>
ある。

3 誤 5条3項の「公」にしておくとは，申請者や一般人
からの求めがあれば自由に閲覧できる状態にあることをい
う。<u>申請者が情報公開法に基づき情報公開請求をすれば審査</u>
<u>基準を閲覧できるからといって，行政庁が審査基準を公にし</u>
<u>なかったことが違法でないことになるわけではない</u>。

4 誤 審査基準は「公」にしておかなければならず（5条
3項），<u>申請者が審査基準の提示を求めなかったからといっ</u>
<u>て，行政庁が審査基準を公にしなかったことが違法でないこ</u>
<u>とになるわけではない</u>。

5 正 そのとおり。「行政上特別の支障があるとき」は，審 | 414p
査基準を公にしておく必要はない（5条3項）。

110

●行政法

行政手続法／申請に対する処分手続

重要度 A

問179 行政手続法が規定する申請に対する処分に関する次の記述のうち，誤っているものはどれか。

1 行政庁は，申請がその事務所に到達したときは，遅滞なく当該申請の審査を開始しなければならない。

2 行政庁は，申請者以外の者の利害を考慮すべきことが要件とされている処分を行う場合には，それらの者の意見を聴く機会を設けるよう努めなければならない。

3 行政庁は，申請者の求めに応じ，当該申請に係る審査の進行状況および当該申請に対する処分の時期の見通しを示すよう努めなければならない。

4 行政庁は，申請をしようとする者の求めに応じ，申請書の記載および添付書類に関する事項その他の申請に必要な情報の提供に努めなければならない。

5 行政庁は，申請者の求めに応じ，申請の処理が標準処理期間を徒過した理由を通知しなければならない。

（本試験2013年問12）

●法令編

正解 5

正答率 **84**%

合格基本書

1 正 そのとおり。行政庁は，申請がその事務所に到達したときは遅滞なく当該申請の審査を開始しなければならない（7条）。

417p

2 正 そのとおり。行政庁は，申請に対する処分であって，申請者以外の利害を考慮すべきことが当該法令において許認可等の要件とされているものを行う場合には，必要に応じ，公聴会の開催その他の適当な方法により当該申請者以外の意見を聴く機会を設けるよう努めなければならない（10条）。

419p

3 正 そのとおり。行政庁は，申請者の求めに応じ，当該申請に係る審査の進行状況および当該申請に対する処分の時期の見通しを示すよう努めなければならない（9条1項）。

419p

4 正 そのとおり。行政庁は，申請をしようとする者または申請者の求めに応じ，申請書の記載および添付書類に関する事項その他の申請に必要な情報の提供に努めなければならない（9条2項）。

419p

5 誤 行政手続法では，このようなことは規定されていない。

ワンポイント・アドバイス

【審査基準・標準処理期間・処分基準】

	定めること	公にしておくこと	できるかぎり具体的なものとすること
審査基準（5条）	法的義務	法的義務	法的義務
標準処理期間（6条）	努力義務	定めたときは，法的義務	―
処分基準（12条）	努力義務	努力義務	定めるにあたっては，法的義務

112

●行政法

行政手続法／申請に対する処分手続

重要度 A

問180 行政手続法の定める申請の取扱いに関する次のア〜オの記述のうち，正しいものの組合せはどれか。

ア 申請がそれをすることができる期間内にされたものではない場合，当該申請は当然に不適法なものであるから，行政庁は，これに対して諾否の応答を行わず，その理由を示し，速やかに当該申請にかかる書類を申請者に返戻しなければならない。

イ 許認可等を求める申請に必要な書類が添付されていない場合，行政庁は，速やかに，相当の期間を定めて当該申請の補正を求めるか，あるいは当該申請により求められた許認可等を拒否しなければならない。

ウ 行政庁は，申請により求められた許認可等のうち行政手続法に列挙されたものについて，これを拒否する処分を行おうとするときは，予めその旨を申請者に対し通知し，当該申請者に弁明書の提出による意見陳述の機会を与えなければならない。

エ 行政庁が申請の取下げまたは内容の変更を求める行政指導を行うことは，申請者がそれに従う意思がない旨を表明したにもかかわらずこれを継続すること等により当該申請者の権利の行使を妨げるものでない限り，直ちに違法とされるものではない。

オ 行政庁が，申請の処理につき標準処理期間を設定し，これを公表した場合において，当該標準処理期間を経過してもなお申請に対し何らの処分がなされないときは，当該申請に対して拒否処分がなされたものとみなされる。

1 ア・イ
2 ア・オ
3 イ・エ
4 ウ・エ
5 ウ・オ

（本試験2020年問13）

●法令編

正解 **3**

正答率 **86**%

合格基本書

ア **誤** 行政庁は，申請がその事務所に到達したときは遅滞なく当該申請の審査を開始しなければならず，かつ，申請書の記載事項に不備がないこと，申請書に必要な書類が添付されていること，申請をすることができる期間内にされたものであることその他の法令に定められた申請の形式上の要件に適合しない申請については，速やかに，申請をした者（「申請者」）に対し相当の期間を定めて当該申請の補正を求め，または当該申請により求められた許認可等を拒否しなければならない（7条）。

416, 417p

イ **正** そのとおり。行政庁は，申請がその事務所に到達したときは遅滞なく当該申請の審査を開始しなければならず，かつ，申請書の記載事項に不備がないこと，申請書に必要な書類が添付されていること，申請をすることができる期間内にされたものであることその他の法令に定められた申請の形式上の要件に適合しない申請については，速やかに，申請をした者（「申請者」）に対し相当の期間を定めて当該申請の補正を求め，または当該申請により求められた許認可等を拒否しなければならない（7条）。

416, 417p

ウ **誤** 申請により求められた許認可等を拒否する処分は，「不利益処分」から除かれている（2条4号ロ）。よって，申請により求められた許認可等を拒否する処分を行おうとする場合に，意見陳述の機会を与える必要はない。

420, 422p

エ **正** そのとおり。申請の取下げまたは内容の変更を求める行政指導にあっては，行政指導に携わる者は，申請者が当該行政指導に従う意思がない旨を表明したにもかかわらず当該行政指導を継続すること等により当該申請者の権利の行使を妨げるようなことをしてはならない（33条）。

428p

114

●行政法

オ **誤** 行政庁は，申請がその事務所に到達してから当該申請に対する処分をするまでに通常要すべき標準的な期間を定めるよう努めるとともに，これを定めたときは，これらの当該申請の提出先とされている機関の事務所における備付けその他の適当な方法により公にしておかなければならない（標準処理期間／6条）。標準処理期間は，あくまでも申請の処理にかかる期間の「目安」を定めたものであって，当該標準処理期間を経過してもなお申請に対し何らの処分がなされないときでも，当該申請に対して拒否処分がなされたものとみなされるわけではない。

415p

以上より，正しいものはイ・エであり，正解は**3**である。

第3編 行政法

 ワンポイント・アドバイス

　行政手続法において「不利益処分」とは，行政庁が，法令に基づき，特定の者を名あて人として，直接に，これに義務を課し，またはその権利を制限する処分をいいます（2条4号本文）。ただし，（イ）「事実上の行為及び事実上の行為をするに当たりその範囲，時期等を明らかにするために法令上必要とされている手続としての処分」，（ロ）「申請により求められた許認可等を拒否する処分その他申請に基づき当該申請をした者を名あて人としてされる処分」，（ハ）「名あて人となるべき者の同意の下にすることとされている処分」，（ニ）「許認可等の効力を失わせる処分であって，当該許認可等の基礎となった事実が消滅した旨の届出があったことを理由としてされるもの」のいずれかに該当するものを除く（2条4号ただし書）とされています。
　したがって，申請により求められた許認可等を拒否する処分（ロ）は，行政手続法における「不利益処分」ではないということになります。

チェック欄

●行政法

行政手続法／申請に対する処分手続

重要度 A

問 181 X省では、ホームページに、「行政手続法、よくある質問と回答」の内容を掲載しようと検討している。以下はその原稿案である。これらのうち、誤りを含むものはどれか。

1 Q「ある営業の許可のための申請をしようと思っています。役所でどのような点を審査することになるのか、事前に知ることはできますか？」
→A「役所は、申請を認めるべきかどうか役所側が判断するときの基準をできる限り具体的に定め、誰でも見ることができるようにしておかなければなりません。この基準は、原則として公にされています。」

2 Q「私がしようとしている許可申請については、A県知事が許可・不許可処分をすることになっています。処分の根拠は法律に定められているようです。行政手続法が適用されるのでしょうか？」
→A「地方公共団体の役所がするそのような処分については、行政手続法の規定は適用されません。当該地方公共団体が行政手続条例を定めていれば、行政手続条例が適用されることになります。」

3 Q「許可の申請をした結果はいつ頃わかるのか、目安を知りたいのですが？」
→A「役所は、申請が届いてから結論を出すまでに通常の場合必要とする標準的な期間をあらかじめ定めるように努め、定めたときは公にしておかなければならないことになっています。ここで定められた期間が、申請の処理にかかる時間の目安となります。」

4 Q「許可申請をしたのに、いつまでたっても返答がないのですが？」
→A「申請書が役所に届いたら、役所は直ちに審査を開始することになっています。役所が申請を受け取らなかったり、審査をせずに放置しておくなどの取扱いは行政手続法上許されていません。申請先の役所に状況を問い合わせてみましょう。」

5 Q「申請が不許可になった場合、その理由は教えてもらえるのでしょうか？」
→A「役所は、申請を許可できない、不許可にする、という場合には、処分と同時に（書面でするときは書面で）その理由を示すことになっています。」

（本試験2015年問13）

●法令編

正解 2

正答率 **82%**

合格基本書

1 誤りを含まない そのとおり。行政庁は，審査基準を定めるものとする（5条1項）。行政庁は，審査基準を定めるに当たっては，許認可等の性質に照らしてできる限り具体的なものとしなければならない（5条2項）。行政庁は，行政上特別の支障があるときを除き，法令により申請の提出先とされている機関の事務所における備付けその他の適当な方法により審査基準を公にしておかなければならない（5条3項）。

414p

2 誤りを含む 地方公共団体の機関がする処分（その根拠となる規定が条例または規則に置かれているものに限る。）については，行政手続法の規定は適用しない（3条3項）。したがって，地方公共団体の機関がする処分で，その根拠が法律に定められているものについては，行政手続法の規定が適用される。

412p

3 誤りを含まない そのとおり。行政庁は，標準処理期間を定めるよう努めるとともに，これを定めたときは公にしておかなければならない（6条）。

415p

4 誤りを含まない そのとおり。行政庁は，申請がその事務所に到達したときは遅滞なく当該申請の審査を開始しなければならない（7条）。なお，「直ちに」は「遅滞なく」に比べて時間的即時性が強いことから，厳密に考えると，本記述は「誤りを含む」といえなくもない。

416p

5 誤りを含まない そのとおり。行政庁は，申請により求められた許認可等を拒否する処分をする場合は，申請者に対し，同時に，当該処分の理由を示さなければならない（8条1項本文）。そして，その処分を書面でするときは，理由も書面で示さなければならない（8条2項）。

418p

118

●行政法

| チェック欄 | | |

行政手続法／申請に対する処分手続

重要度 B

問 182 廃棄物処理法*に基づく産業廃棄物処理業の許可は，都道府県知事の権限とされているが，それに関する行政手続についての次の記述のうち，妥当なものはどれか。ただし，廃棄物処理法には，行政手続に関する特別の定めはない。

1 申請に対する処分の手続に関し，当該都道府県の行政手続条例に行政手続法と異なる定めがあったとしても，この処理業許可の申請の知事による処理については，行政手続法が適用される。

2 国の法律である廃棄物処理法の適用は，全国一律になされるべきであるから，同法に基づく知事による処理業許可に関する審査基準は，当該都道府県の知事ではなく，主務大臣が設定することとなる。

3 申請に対する処分の審査基準は，行政手続法によって設定が義務付けられた法規命令であるから，廃棄物処理法に基づき知事がする処理業の許可についても，その申請を審査基準に違反して拒否すれば，その拒否処分は違法となる。

4 一度なされた処理業の許可を知事が取り消す場合には，相手方に対して聴聞を実施しなければならないが，処理業の許可申請を拒否する処分をする場合には，申請者に弁明の機会を付与すべきこととされる。

5 提出された処理業の許可申請書の記載に形式上の不備があった場合については，知事は，期限を定めて申請者に補正を求めなければならず，直ちに申請を拒否する処分をすることは許されない。

(注) ＊ 廃棄物の処理及び清掃に関する法律

（本試験2012年問11）

●法令編

正解 1

正答率 **23**%

合格基本書

1 **妥当である** そのとおり。「地方公共団体の機関がする処 413p
分（その根拠となる規定が条例又は規則に置かれているもの
に限る。）」については，行政手続法の規定は適用されない
（3条3項）。廃棄物処理法に基づく都道府県知事による産業
廃棄物処理業の許可は，処分の根拠規定が「法律」に置かれ
ているものなので，行政手続法の規定が適用される。

2 **妥当でない** 「行政庁」は，審査基準を定めるものとされ 414p
る（5条1項）。ここにいう「行政庁」は，処分庁を指す。
よって，産業廃棄物処理業の許可に関する審査基準は，都道
府県知事が設定する。

3 **妥当でない** 「審査基準」とは，申請により求められた許
認可等をするかどうかをその法令の定めに従って判断するた
めに必要とされる基準をいう（2条8号ロ）。「審査基準」
は，法規命令ではなく，行政規則（行政組織内部における命
令）である。よって，「審査基準」に違反する申請拒否処分
をしても，当然に「違法となる」わけではない。

4 **妥当でない** 一度なされた処理業の許可を知事が取り消 420, 422p
す場合は，13条1項1号イの「許認可等を取り消す不利益
処分をしようとするとき」にあたり，「聴聞」を実施しなけ
ればならない。これに対し，処理業の許可申請を拒否する処
分のような「申請により求められた許認可等を拒否する処
分」については，行政手続法上の「不利益処分」から除かれ
ており（2条4号ロ），意見陳述のための手続（聴聞，弁明
の機会の付与）をとる必要がない。

5 **妥当でない** 行政庁は，法令に定められた申請の形式上 417p
の要件に適合しない申請については，速やかに，申請をした
者に対し相当の期間を定めて当該申請の「補正」を求め，ま
たは当該申請により求められた許認可等を「拒否」しなけれ
ばならない（7条）。よって，都道府県知事は，相当の期間
を定めて申請者に補正を求めずに，直ちに申請を「拒否」す
ることも許される。

120

●行政法

チェック欄

行政手続法／不利益処分手続

重要度 A

問183 行政手続法が定める不利益処分についての規定に関する次の記述のうち、正しいものはどれか。

1 行政手続法は、不利益処分を行うに当たって弁明の機会を付与する場合を列挙し、それら列挙する場合に該当しないときには聴聞を行うものと規定しているが、弁明の機会を付与すべき場合であっても、行政庁の裁量で聴聞を行うことができる。

2 行政庁が、聴聞を行うに当たっては、不利益処分の名あて人となるべき者に対して、予定される不利益処分の内容及び根拠法令に加え、不利益処分の原因となる事実などを通知しなければならないが、聴聞を公正に実施することができないおそれがあると認めるときは、当該処分の原因となる事実を通知しないことができる。

3 不利益処分の名あて人となるべき者として行政庁から聴聞の通知を受けた者は、代理人を選任することができ、また、聴聞の期日への出頭に代えて、聴聞の主宰者に対し、聴聞の期日までに陳述書及び証拠書類等を提出することができる。

4 文書閲覧許可や利害関係人の参加許可など、行政庁又は聴聞の主宰者が行政手続法の聴聞に関する規定に基づいてした処分については、審査請求をすることができ、また、それら処分を行う際には、行政庁は、そのことを相手方に教示しなければならない。

5 公益上、緊急に不利益処分をする必要があるため、行政手続法に定める聴聞又は弁明の機会の付与の手続を執ることができないときは、これらの手続を執らないで不利益処分をすることができるが、当該処分を行った後、速やかにこれらの手続を執らなければならない。

（本試験2013年問11改題）

121

●法令編

正答率 **90**%

1 誤 行政手続法は，不利益処分を行うにあたって聴聞を行う場合（13条1項1号）を列挙し，それら列挙する場合に該当しないときには弁明の機会を付与するものと規定している（13条1項2号）。 422p

2 誤 行政庁は，聴聞を行うにあたっては，聴聞を行うべき期日までに相当な期間をおいて，不利益処分の名あて人となるべき者に対し，予定される不利益処分の内容および根拠となる法令の条項に加え，不利益処分の原因となる事実などを通知しなければならない（15条1項）。行政庁は，聴聞を公正に実施することができないおそれがあると認めるときであっても，不利益処分の原因となる事実を通知しなければならない。 422p

3 正 そのとおり。不利益処分の名あて人となるべき者として行政庁から聴聞の通知を受けた者（「当事者」）は，代理人を選任することができる（16条1項）。当事者は，聴聞の期日への出頭に代えて，主宰者に対し，聴聞の期日までに陳述書および証拠書類等を提出することができる（21条1項）。 424p

4 誤 文書閲覧許可や利害関係人の参加許可など，行政庁または聴聞の主宰者が行政手続法の聴聞に関する規定に基づいてした処分については，審査請求をすることができない（27条）。 425p

5 誤 公益上，緊急に不利益処分をする必要があるため，行政手続法に定める聴聞または弁明の機会の付与の手続を執ることができないときは，これらの手続を執らないで不利益処分をすることができる（13条2項1号）。行政庁は，当該不利益処分を行った後，速やかにこれらの手続を執る必要はない。

●行政法

行政手続法／不利益処分手続

重要度 A

問184 不利益処分に関する次の記述のうち，正しいものはどれか。

1 行政手続法は，不利益処分について，処分庁が処分をするかどうかを判断するために必要な処分基準を定めたときは，これを相手方の求めにより開示しなければならない旨を規定している。

2 行政手続法は，不利益処分について，処分と同時に理由を提示すべきこととしているが，不服申立ての審理の時点で処分庁が当該処分の理由を変更できる旨を規定している。

3 行政手続法は，処分庁が金銭の納付を命じ，または金銭の給付を制限する不利益処分をしようとするときは，聴聞の手続も弁明の機会の付与の手続もとる必要がない旨を規定している。

4 行政手続法は，処分庁が意見陳述のための手続をとることなく不利益処分をした場合，処分の名あて人は処分後に当該手続をとることを求めることができる旨を規定している。

5 行政手続法は，原則として聴聞の主宰者は処分庁の上級行政庁が指名する処分庁以外の職員に担当させるものとし，処分庁の職員が主宰者となること，および処分庁自身が主宰者を指名することはできない旨を規定している。

(本試験2014年問11)

●法令編

正解 3

正答率 **54**%

合格基本書

1 誤 行政庁は，処分基準を定め，かつ，これを公にして おくよう努めなければならない（12条1項）。しかし，行政 手続法は，処分基準を定めたときは，これを相手方の求めに より開示しなければならないとは規定していない。

420p

2 誤 行政庁は，不利益処分をする場合には，その名あて 人に対し，同時に，当該不利益処分の理由を示さなければな らないのが原則である（14条1項本文）。しかし，行政手続 法は，不服申立ての審理の時点で処分庁が当該処分の理由を 変更できるとは規定していない。

421p

3 正 そのとおり。行政庁は，納付すべき金銭の額を確定 し，一定の額の金銭の納付を命じ，または金銭の給付決定の 取消しその他の金銭の給付を制限する不利益処分をしようと するときは，意見陳述のための手続をとる必要はない（13 条2項4号）。

4 誤 行政手続法は，処分庁が意見陳述のための手続をと ることなく不利益処分をした場合について，処分の名あて人 が処分後に当該手続をとることを求めることができるとは規 定していない。

5 誤 聴聞は，（処分を行う）行政庁が指名する職員その他 政令で定める者が主宰する（19条1項）。

423p

ワンポイント・アドバイス

　行政庁は，不利益処分の理由を示さないで処分をすべき差し迫った必要が ある場合は，理由を示さないで不利益処分を行うことができます（14条1 項ただし書）。この場合においては，当該名あて人の所在が判明しなくなっ たときその他処分後において理由を示すことが困難な事情があるときを除 き，処分後相当の期間内に，理由を示さなければなりません（14条2項）。

124

MEMO

第3編 行政法

| チェック欄 | | |

行政手続法／不利益処分手続

問 185 次の文章は，処分の理由の提示のあり方が問題となった事案に関する，最高裁判所判決の一部である。空欄 ア ～ エ に入る語句の組合せとして，正しいものはどれか。

「行政手続法14条1項本文が， ア をする場合に同時にその理由を イ に示さなければならないとしているのは， イ に直接に義務を課し又はその権利を制限するという ア の性質に鑑み，行政庁の判断の慎重と合理性を担保してその恣意を抑制するとともに，処分の理由を イ に知らせて不服の申立てに便宜を与える趣旨に出たものと解される。そして，同項本文に基づいてどの程度の理由を提示すべきかは，上記のような同項本文の趣旨に照らし，当該処分の根拠法令の規定内容，当該処分に係る ウ の存否及び内容並びに公表の有無，当該処分の性質及び内容，当該処分の原因となる事実関係の内容等を総合考慮してこれを決定すべきである。（中略）建築士に対する上記懲戒処分については，処分内容の決定に関し，本件 ウ が定められているところ，本件 ウ は， エ の手続を経るなど適正を担保すべき手厚い手続を経た上で定められて公にされており，しかも，その内容は……多様な事例に対応すべくかなり複雑なものとなっている。そうすると，建築士に対する上記懲戒処分に際して同時に示されるべき理由としては，処分の原因となる事実及び処分の根拠法条に加えて，本件 ウ の適用関係が示されなければ，処分の イ において，上記事実及び根拠法条の提示によって処分要件の該当性に係る理由は知り得るとしても，いかなる理由に基づいてどのような ウ の適用によって当該処分が選択されたのかを知ることは困難であるのが通例であると考えられる。」

(最三小判平成23年6月7日民集65巻4号2081頁)

●行政法

	ア	イ	ウ	エ
1	申請に対する処分	利害関係人	審査基準	聴聞
2	不利益処分	名宛人	審査基準	聴聞
3	申請に対する処分	利害関係人	処分基準	意見公募
4	不利益処分	利害関係人	処分基準	聴聞
5	不利益処分	名宛人	処分基準	意見公募

（本試験2013年問13）

●法令編

正答率 **85**%

本問は，行政手続法14条の解釈を最高裁判所として初めて示した判決（最判平23.6.7）を素材としたものである。

「行政手続法14条1項本文が，(ア)不利益処分をする場合に同時にその理由を(イ)名宛人に示さなければならないとしているのは，(イ)名宛人に直接に義務を課し又はその権利を制限するという(ア)不利益処分の性質に鑑み，行政庁の判断の慎重と合理性を担保してその恣意を抑制するとともに，処分の理由を(イ)名宛人に知らせて不服の申立てに便宜を与える趣旨に出たものと解される。そして，同項本文に基づいてどの程度の理由を提示すべきかは，上記のような同項本文の趣旨に照らし，当該処分の根拠法令の規定内容，当該処分に係る(ウ)処分基準の存否及び内容並びに公表の有無，当該処分の性質及び内容，当該処分の原因となる事実関係の内容等を総合考慮してこれを決定すべきである。（中略）建築士に対する上記懲戒処分については，処分内容の決定に関し，本件(ウ)処分基準が定められているところ，本件(ウ)処分基準は，(エ)意見公募の手続を経るなど適正を担保すべき手厚い手続を経た上で定められて公にされており，しかも，その内容は，……多様な事例に対応すべくかなり複雑なものとなっている。そうすると，建築士に対する上記懲戒処分に際して同時に示されるべき理由としては，処分の原因となる事実及び処分の根拠法条に加えて，本件(ウ)処分基準の適用関係が示されなければ，処分の(イ)名宛人において，上記事実及び根拠法条の提示によって処分要件の該当性に係る理由は知り得るとしても，いかなる理由に基づいてどのような(ウ)処分基準の適用によって当該処分が選択されたのかを知ることは困難であるのが通例であると考えられる。」

以上より，アには「不利益処分」，イには「名宛人」，ウには「処分基準」，エには「意見公募」が入り，正解は **5** である。

MEMO

第3編　行政法

チェック欄

行政手続法／不利益処分手続

問186 聴聞についての行政手続法の規定に関する次のア～オの記述のうち，正しいものの組合せはどれか。

ア 聴聞は，行政庁が指名する職員その他政令で定める者が主宰するが，当該聴聞の当事者*や参加人など，当該不利益処分の対象者に一定の関連を有する者のほか，行政庁の職員のうち，当該不利益処分に係る事案の処理に直接関与した者は，主宰者となることができない。

イ 行政庁は，予定している不利益処分につき，聴聞の主宰者から当該聴聞に係る報告書の提出を受けてから，当該不利益処分を行うか否か決定するまでに通常要すべき標準的な期間を定め，これを当該聴聞の当事者*に通知するよう努めなければならない。

ウ 主宰者は，当事者*の全部または一部が正当な理由なく聴聞の期日に出頭せず，かつ，陳述書または証拠書類等を提出しない場合，これらの者に対し改めて意見を述べ，および証拠書類等を提出する機会を与えることなく，聴聞を終結することができる。

エ 行政庁は，申請に対する処分であって，申請者以外の者の利害を考慮すべきことが当該処分の根拠法令において許認可等の要件とされているものを行う場合には，当該申請者以外の者に対し，不利益処分を行う場合に準じた聴聞を行わなければならない。

オ 聴聞の通知があった時から聴聞が終結する時までの間，当事者*から行政庁に対し，当該不利益処分の原因となる事実を証する資料の閲覧を求められた場合，行政庁は，第三者の利益を害するおそれがあるときその他正当な理由があるときは，その閲覧を拒むことができる。

(注) * 当事者　行政庁は，聴聞を行うに当たっては，聴聞を行うべき期日までに相当な期間をおいて，不利益処分の名あて人となるべき者に対し，所定の事項を書面により通知しなければならない。この通知を受けた者を「当事者」という。

●行政法

1 ア・イ
2 ア・オ
3 イ・エ
4 ウ・エ
5 ウ・オ

（本試験2019年問12）

第3編 行政法

131

●法令編

正答率 **72**%

ア **誤** 聴聞は，行政庁が指名する職員その他政令で定める者が主宰する（19条1項）。当該聴聞の当事者または参加人は，主宰者となることができない（19条2項1号）が，<u>当該不利益処分に係る事案の処理に直接関与した職員が主宰者となることは禁止されていない。</u>

イ **誤** <u>行政手続法では，このようなことは規定されていない。</u>

ウ **正** そのとおり。主宰者は，当事者の全部もしくは一部が正当な理由なく聴聞の期日に出頭せず，かつ，陳述書もしくは証拠書類等を提出しない場合，または参加人の全部もしくは一部が聴聞の期日に出頭しない場合には，これらの者に対し改めて意見を述べ，および証拠書類等を提出する機会を与えることなく，聴聞を終結することができる（23条1項）。

424p

エ **誤** 聴聞は，<u>不利益処分における意見陳述のための手続である</u>（13条1項1号参照）。なお，行政庁は，申請に対する処分であって，申請者以外の者の利害を考慮すべきことが当該法令において許認可等の要件とされているものを行う場合には，<u>必要に応じ，公聴会の開催その他の適当な方法により当該申請者以外の者の意見を聴く機会を設けるよう努めなければならない</u>（10条）。

オ **正** そのとおり。当事者および当該不利益処分がされた場合に自己の利益を害されることとなる参加人（「当事者等」）は，聴聞の通知があった時から聴聞が終結する時までの間，行政庁に対し，当該事案についてした調査の結果に係る調書その他の当該不利益処分の原因となる事実を証する資料の閲覧を求めることができる（18条1項前段）。この場合において，行政庁は，第三者の利益を害するおそれがあるときその他正当な理由があるときでなければ，その閲覧を拒むことができない（18条1項後段）。

以上より，正しいものはウ・オであり，正解は**5**である。

●行政法

行政手続法／不利益処分手続

問 187 行政手続法の定める聴聞に関する次の記述のうち、誤っているものはどれか。なお、調書は、聴聞の審理の経過を記載した書面であり、報告書は、不利益処分の原因となる事実に対する当事者等の主張に理由があるかどうかについての意見を記載した書面である。

1 聴聞の主宰者は、調書を作成し、当該調書において、不利益処分の原因となる事実に対する当事者および参加人の陳述の要旨を明らかにしておかなければならない。

2 聴聞の主宰者は、聴聞の終結後、速やかに報告書を作成し、調書とともに行政庁に提出しなければならない。

3 聴聞の当事者または参加人は、聴聞の主宰者によって作成された調書および報告書の閲覧を求めることができる。

4 聴聞の終結後、聴聞の主宰者から調書および報告書が提出されたときは、行政庁は、聴聞の再開を命ずることはできない。

5 行政庁は、不利益処分の決定をするときは、調書の内容および報告書に記載された聴聞の主宰者の意見を十分に参酌してこれをしなければならない。

（本試験2017年問13）

●法令編

正解 4

正答率 **88**%

合格基本書

1 **正** そのとおり。主宰者は，聴聞の審理の経過を記載した調書を作成し，当該調書において，不利益処分の原因となる事実に対する当事者および参加人の陳述の要旨を明らかにしておかなければならない（24条1項）。なお，24条1項の調書は，聴聞の期日における審理が行われた場合には各期日ごとに，当該審理が行われなかった場合には聴聞の終結後速やかに作成しなければならない（24条2項）。

425p

2 **正** そのとおり。主宰者は，聴聞の終結後速やかに，不利益処分の原因となる事実に対する当事者等の主張に理由があるかどうかについての意見を記載した報告書を作成し，24条1項の調書とともに行政庁に提出しなければならない（24条3項）。

425p

3 **正** そのとおり。当事者または参加人は，24条1項の調書および24条3項の報告書の閲覧を求めることができる（24条4項）。

425p

4 **誤** 行政庁は，聴聞の終結後に生じた事情にかんがみ必要があると認めるときは，主宰者に対し，24条3項の規定により提出された報告書を返戻して聴聞の再開を命ずることができる（25条前段）。

425p

5 **正** そのとおり。行政庁は，不利益処分の決定をするときは，24条1項の調書の内容および24条3項の報告書に記載された主宰者の意見を十分に参酌してこれをしなければならない（26条）。なお，調書に記載される「不利益処分の原因となる事実」は行政庁を拘束し，記載されていない「事実」に基づいて判断することは原則として許されない。報告書に記載される「主宰者の意見」は行政庁を拘束せず，一定の合理的な理由があれば「意見」と異なる判断をして不利益処分をすることも許される。

425p

134

●行政法

行政手続法／不利益処分手続

問 188 行政手続法の規定する聴聞と弁明の機会の付与に関する次の記述のうち、正しいものはどれか。

1 聴聞、弁明の機会の付与のいずれの場合についても、当事者は代理人を選任することができる。

2 聴聞は許認可等の取消しの場合に行われる手続であり、弁明の機会の付与は許認可等の拒否処分の場合に行われる手続である。

3 聴聞が口頭で行われるのに対し、弁明の機会の付与の手続は、書面で行われるのが原則であるが、当事者から求めがあったときは、口頭により弁明する機会を与えなければならない。

4 聴聞、弁明の機会の付与のいずれの場合についても、当該処分について利害関係を有する者がこれに参加することは、認められていない。

5 聴聞、弁明の機会の付与のいずれの場合についても、当事者は処分の原因に関するすべての文書を閲覧する権利を有する。

（本試験2020年問12）

●法令編

正答率 **75**%

合格基本書

1 正 そのとおり。聴聞，弁明の機会の付与のいずれの場合についても，当事者は代理人を選任することができる（16条1項，31条）。 　426, 427p

2 誤 聴聞は，「許認可等を取り消す不利益処分をしようとするとき」（13条1項1号イ）のような比較的重い不利益処分の場合に行われる手続である。弁明の機会の付与は，<u>営業許可の停止のような比較的軽い不利益処分の場合に行われる手続であり，許認可等の拒否処分の場合に行われるものではない</u>（2条4号ロ参照）。 　422p

3 誤 聴聞は，口頭で行われる（20条2項参照）。弁明は，<u>行政庁が口頭ですることを認めたときを除き，弁明を記載した書面（「弁明書」）を提出してするものとする</u>（29条1項）。 　426, 427p

4 誤 聴聞については，<u>当該処分について利害関係を有する者が参加することが認められている</u>（17条1項）。弁明の機会の付与については，利害関係を有する者が参加することは認められていない（31条は17条を準用していない）。 　423, 427p

5 誤 聴聞については，当事者は処分の原因となる事実を証する文書を閲覧する権利を有する（18条1項）。<u>弁明の機会の付与については，当事者は処分の原因に関する文書を閲覧する権利を有しない</u>（31条は18条を準用していない）。 　423, 427p

ワンポイント・アドバイス

申請により求められた許認可等を拒否する処分は，「不利益処分」から除かれています（2条4号ロ）。よって，行政庁は，許認可等の拒否処分を行おうとする場合に，意見陳述手続（聴聞・弁明の機会の付与）を行う必要はありません。

行政手続法／不利益処分手続

問 189　鉄道事業者Ｘが輸送の安全対策を疎かにして多数の鉄道事故を引き起こしたことから，Ｙ（国土交通大臣）はＸに対して鉄道事業法に基づく事業改善命令を行うとともに（法23 条），Ｘの安全統括管理者（鉄道事業者が，輸送安全に関する業務を統括管理させるため，事業運営上の重要な決定に参画する管理的地位にあり，かつ，鉄道事業に関する一定の実務の経験その他の国土交通省令で定める要件を備える者のうちから選任する者をいう）の解任を命じることとした（法18 条の３第７項）*。この事例に関する次の記述のうち，正しいものはどれか。なお，鉄道事業法には，行政手続や訴訟に関する特段の定めはない。

1　Ｙが事業改善命令を行うに際して，当該命令が許認可の取消しに相当するほど重大な損害をＸに与える場合には，行政手続法に基づき，Ｘに対して，聴聞を実施しなければならない。

2　Ｙが事業改善命令を行うに際して，公益上，緊急にこれをする必要がある場合には，行政手続法に基づき，Ｘに対して，聴聞に換えて，より簡易な手続である弁明の機会の付与の手続をとらなければならない。

3　Ｙが業務改善命令を行わない旨を決定した場合，それによって安全を脅かされる利用者は，これに対して取消訴訟を提起することができる。

4　Ｙが安全統括管理者の解任命令を行った場合，Ｘの法的地位が侵害されるわけではないから，Ｘには当該命令に対する取消訴訟を提起する原告適格は認められない。

5　Ｙが安全統括管理者の解任命令を行うに際しては，当該命令は許認可の取消しには当たらないものの，行政手続法に基づき，Ｘに対して，聴聞を実施しなければならない。

（注）　＊　鉄道事業法18 条の３第７項
　国土交通大臣は，安全統括管理者又は運転管理者がその職務を怠った場合であって，当該安全統括管理者又は運転管理者が引き続きその職務を行うことが輸送の安全の確保に著しく支障を及ぼすおそれがあると認めるときは，鉄道事業者に対し，当該安全統括管理者又は運転管理者を解任すべきことを命ずることができる。

（本試験2014年問25）

●法令編

正解 5

正答率 **52**%

合格基本書

1 **誤** 事業改善命令は，許認可の取消しに相当するほど重大な損害を及ぼす場合であっても，行政手続法13条1項1号イ～ハのいずれにも当たらない。よって，行政庁たる<u>Yには，聴聞を実施する義務はない</u>。

422p

2 **誤** 公益上，緊急に不利益処分をする必要があるため，意見陳述のための手続（聴聞，弁明の機会の付与）を執ることができないときは，<u>その手続を執る必要はない</u>（行政手続法13条2項1号）。

3 **誤** <u>業務改善命令を行わない旨の決定には，処分性が認められない</u>。よって，業務改善命令を行わない旨の決定に対する取消訴訟を提起することができない。

4 **誤** 鉄道事業法18条の3第7項によると，<u>安全統括管理者の解任命令の名宛人はXである</u>。よって，Xには安全統括管理者の命令に対する取消訴訟を提起する原告適格が認められる。

5 **正** そのとおり。安全統括管理者の解任命令は，許認可の取消しには当たらないものの，行政手続法13条1項1号ハの「名あて人が法人である場合におけるその役員の解任を命ずる不利益処分，名あて人の業務に従事する者の解任を命ずる不利益処分又は名あて人の会員である者の除名を命ずる不利益処分をしようとするとき」に当たる。よって，Yが安全統括管理者の解任命令を行うに際しては，Xに対して，聴聞を実施しなければならない。

422p

138

●行政法

重要度 A

行政手続法／行政指導手続

問190 法令に違反する行為の是正を求める行政指導を国の行政機関が担当する場合に関する次の記述のうち、行政手続法の規定に照らし、誤っているものはどれか。

1 不利益処分を行う権限を有する行政機関は、法令違反を理由として不利益処分を行おうとする場合、その相手方に対し、緊急を要する場合を除き、あらかじめ行政指導を用いて法令違反行為の是正を求めなければならない。

2 行政指導が既に文書により相手方に通知されている事項と同一内容の行政指導である場合、行政機関はその内容を記載した書面を求められても、これを交付する必要はない。

3 同一の行政目的を実現するために複数の者に対し行政指導をする場合、行政機関はあらかじめ当該行政指導の共通する内容を定め、行政上特別の支障がない限りそれを公表しなければならない。

4 行政指導（その根拠となる規定が法律に置かれているものに限る。）の相手方は、当該行政指導が法律所定の要件に適合しないと思料する場合、当該行政指導をした行政機関に対し、その旨を申し出て、当該行政指導の中止を求めることができる。

5 地方公共団体の機関が国の行政機関から委任を受けて行政指導を行う場合、行政手続法の定める行政指導手続に関する規定は、この行政指導の手続には適用されない。

（本試験2018年問12）

●法令編

正解 1

正答率 **81**%

合格基本書

1　誤　行政手続法では，このようなことは規定されていない。

2　正　そのとおり。行政指導が口頭でされた場合において，その相手方からその内容を記載した書面の交付を求められたときは，当該行政指導に携わる者は，行政上特別の支障がない限り，これを交付しなければならない（35条3項）。もっとも，既に文書（前記書面を含む。）または電磁的記録によりその相手方に通知されている事項と同一の内容を求めるものについては，35条3項の規定は適用されない（35条4項2号）。

429p

3　正　そのとおり。同一の行政目的を実現するため一定の条件に該当する複数の者に対し行政指導をしようとするときは，行政機関は，あらかじめ，事案に応じ，行政指導指針を定め，かつ，行政上特別の支障がない限り，これを公表しなければならない（36条）。

429p

4　正　そのとおり。法令に違反する行為の是正を求める行政指導（その根拠となる規定が法律に置かれているものに限る。）の相手方は，当該行政指導が当該法律に規定する要件に適合しないと思料するときは，当該行政指導をした行政機関に対し，その旨を申し出て，当該行政指導の中止その他必要な措置をとることを求めることができる（36条の2第1項本文）。

430p

5　正　そのとおり。地方公共団体の機関がする行政指導については，行政手続法の定める行政指導手続に関する規定は適用されない（3条3項）。

412p

140

●行政法

行政手続法／行政指導手続

重要度 A

問 191 行政指導についての行政手続法の規定に関する次の記述のうち，正しいものはどれか。

1 法令に違反する行為の是正を求める行政指導で，その根拠となる規定が法律に置かれているものが当該法律に規定する要件に適合しないと思料するときは，何人も，当該行政指導をした行政機関に対し，その旨を申し出て，当該行政指導の中止その他必要な措置をとることを求めることができる。

2 行政指導は，行政機関がその任務または所掌事務の範囲内において一定の行政目的を実現するため一定の作為または不作為を求める指導，勧告，助言その他の行為であって処分に該当しないものをいい，その相手方が特定か不特定かは問わない。

3 地方公共団体の機関がする行政指導のうち，その根拠が条例または規則に置かれているものについては，行政手続法の行政指導に関する定めの適用はないが，その根拠が国の法律に置かれているものについては，その適用がある。

4 行政指導が口頭でされた場合において，その相手方から当該行政指導の趣旨および内容ならびに責任者を記載した書面の交付を求められたときは，当該行政指導に携わる者は，行政上特別の支障がない限り，これを交付しなければならない。

5 行政指導指針を定めるに当たって，行政手続法による意見公募手続をとらなければならないとされているのは，当該行政指導の根拠が法律，条例または規則に基づくものに限られ，それらの根拠なく行われるものについては，意見公募手続に関する定めの適用はない。

（本試験2019年問11）

●法令編

正解 **4**

正答率 **51**%

合格基本書

1　誤　法令に違反する行為の是正を求める行政指導（その根拠となる規定が法律に置かれているものに限る。）の相手方は，当該行政指導が当該法律に規定する要件に適合しないと思料するときは，当該行政指導をした行政機関に対し，その旨を申し出て，当該行政指導の中止その他必要な措置をとることを求めることができる（36条の2第1項本文）。

430p

2　誤　行政手続法において「行政指導」とは，行政機関がその任務または所掌事務の範囲内において一定の行政目的を実現するため特定の者に一定の作為または不作為を求める指導，勧告，助言その他の行為であって処分に該当しないものをいう（2条6号）。

428p

3　誤　地方公共団体の機関がする行政指導については，行政手続法の行政指導に関する定めの適用はない（3条3項）。よって，その根拠が国の法律に置かれているものであっても，行政指導に関する定めの適用はない。

412p

4　正　そのとおり。行政指導に携わる者は，その相手方に対して，当該行政指導の趣旨および内容ならびに責任者を明確に示さなければならない（35条1項）。行政指導が口頭でされた場合において，その相手方から上記の事項を記載した書面の交付を求められたときは，当該行政指導に携わる者は，行政上特別の支障がない限り，これを交付しなければならない（35条3項）。

429p

5　誤　行政手続法では，このようなことは規定されていない。なお，意見公募手続（39条）の対象となる「命令等」とは，内閣または行政機関が定める，①法律に基づく命令または規則，②審査基準，③処分基準，④行政指導指針をいう（2条8号）。意見公募手続の適用除外事由については，3条2項（一定の内容・性質を有する命令等を定める行為の適用除外），3条3項（地方公共団体の機関が定める命令等を定める行為の適用除外），4条4項（国・地方公共団体の組織等についての命令等を定める行為の適用除外）で定められている。

412p

142

●行政法

行政手続法／行政指導手続

重要度 A

問 192 行政指導についての行政手続法の規定に関する次のア〜エの記述のうち、正しいものの組合せはどれか。

ア　行政指導に携わる者は、その相手方が行政指導に従わなかったことを理由として、不利益な取扱いをしてはならないとされているが、その定めが適用されるのは当該行政指導の根拠規定が法律に置かれているものに限られる。

イ　行政指導に携わる者は、当該行政指導をする際に、行政機関が許認可等をする権限を行使し得る旨を示すときは、その相手方に対して、行政手続法が定める事項を示さなければならず、当該行政指導が口頭でされた場合において、これら各事項を記載した書面の交付をその相手方から求められたときは、行政上特別の支障がない限り、これを交付しなければならない。

ウ　行政指導をすることを求める申出が、当該行政指導をする権限を有する行政機関に対して適法になされたものであったとしても、当該行政機関は、当該申出に対して諾否の応答をすべきものとされているわけではない。

エ　地方公共団体の機関がする行政指導については、その根拠となる規定が法律に置かれているものであれば、行政指導について定める行政手続法の規定は適用される。

1　ア・イ
2　ア・ウ
3　イ・ウ
4　イ・エ
5　ウ・エ

（本試験2021年問13）

●法令編

正解 3

正答率 **73%**

合格基本書

ア **誤** 行政指導に携わる者は，その相手方が行政指導に従わ
なかったことを理由として，不利益な取扱いをしてはならな
い（32条2項）。この定めが適用される場合は，当該行政指
導の根拠規定が法律に置かれているものに限定されていな
い。

428p

イ **正** そのとおり。行政指導に携わる者は，当該行政指導を
する際に，行政機関が許認可等をする権限または許認可等に
基づく処分をする権限を行使し得る旨を示すときは，その相
手方に対して，①「当該権限を行使し得る根拠となる法令の
条項」，②「前号の条項に規定する要件」，③「当該権限の行
使が前号の要件に適合する理由」を示さなければならない
（35条2項）。行政指導が口頭でされた場合において，その
相手方から35条1項2項に規定する事項を記載した書面の
交付を求められたときは，当該行政指導に携わる者は，行政
上特別の支障がない限り，これを交付しなければならない
（35条3項）。

429p

ウ **正** そのとおり。何人も，法令に違反する事実がある場合
において，その是正のためにされるべき処分または行政指導
（その根拠となる規定が法律に置かれているものに限る。）が
されていないと思料するときは，当該処分をする権限を有す
る行政庁または当該行政指導をする権限を有する行政機関に
対し，その旨を申し出て，当該処分または行政指導をするこ
とを求めることができる（36条の3第1項）。もっとも，当
該行政機関は，当該申出に対して諾否の応答をすべきものと
されているわけではない。

430, 431p

エ **誤** 地方公共団体の機関がする行政指導については，行政
手続法の行政指導に関する規定は，適用されない（3条3項）。

412p

以上より，正しいものはイ・ウであり，正解は**3**である。

144

●行政法

行政手続法／命令等を定める手続

重要度 A

問193 行政手続法による意見公募手続につき，妥当な記述はどれか。

1 意見公募手続に関する規定は，地方公共団体による命令等の制定については適用されないこととされているが，地方公共団体は，命令等の制定について，公正の確保と透明性の向上を確保するために必要な措置を講ずるように努めなければならない。

2 意見公募手続を実施して命令等を定めた場合には，当該命令等の公布と同時期に，結果を公示しなければならないが，意見の提出がなかったときは，その旨の公示は必要とされない。

3 意見公募手続においては，広く一般の意見が求められ，何人も意見を提出することができるが，当該命令等について，特別の利害関係を有する者に対しては，意見の提出を個別に求めなければならない。

4 意見公募手続において提出された意見は，当該命令等を定めるに際して十分に考慮されなければならず，考慮されなかった意見については，その理由が意見の提出者に個別に通知される。

5 意見公募手続の対象である命令等には，法律に基づく命令又は規則のほか，審査基準や処分基準など，処分をするかどうかを判断する基準は含まれるが，行政指導に関する指針は含まれない。

（本試験2015年問11）

●法令編

合格基本書

正解 1

正答率 **90**%

1 **妥当である** そのとおり（3条3項，46条）。 412p

2 **妥当でない** 意見公募手続を実施して命令等を定めた場 433p
合には，当該命令等の公布と同時期に，結果を公示しなけれ
ばならず（43条1項），提出意見がなかったときは，その旨
を公示しなければならない（43条1項3号かっこ書）。

3 **妥当でない** 意見公募手続においては，広く一般の意見 432p
が求められ（39条1項参照），何人も意見を提出することが
できる。行政手続法には，「命令等について，特別の利害関
係を有する者に対しては，意見の提出を個別に求めなければ
ならない」とする規定はない。

4 **妥当でない** 意見公募手続において提出された意見は， 433p
当該命令等を定めるに際して十分に考慮されなければならな
い（42条参照）。行政手続法には，「考慮されなかった意見
については，その理由が意見の提出者に個別に通知される」
とする規定はない。

5 **妥当でない** 意見公募手続の対象である「命令等」には， 410p
法律に基づく命令または規則のほか，審査基準，処分基準，
行政指導指針が含まれる（2条8号）。

ワンポイント・アドバイス

【地方公共団体の措置】
　地方公共団体は，行政手続法3条3項において第2章から第6章までの規
定を適用しないこととされた処分，行政指導および届出ならびに命令等を定
める行為に関する手続について，行政手続法の規定の趣旨にのっとり，行政
運営における公正の確保と透明性の向上を図るため必要な措置を講ずるよう
努めなければならないとされています（46条）。

●行政法

行政手続法／命令等を定める手続

問 194 行政手続法における意見公募手続に関する定めについての次の記述のうち、妥当なものはどれか。

1 意見公募手続の対象となる命令等は、外部に対して法的拘束力を有するものに限られるから、行政処分の基準は含まれるが、行政指導の指針は含まれない。

2 意見公募手続における意見提出期間について、やむを得ない理由により、同法が定める期間を下回ることとされる場合には、その理由を明らかにしなければならない。

3 意見公募手続を実施して命令等を定めた場合には、その公布と同時期に、その題名や公示日とともに、提出された意見のうち、同一の意見が法定された数を超えたものについて、その意見を考慮した結果を公示しなければならない。

4 意見公募手続を実施して一般の意見を公募した以上、命令等を制定しないことは許されず、命令等を制定して、提出された意見等を公示しなければならない。

5 意見公募手続を実施した結果、提出された意見が法定された数に満たない場合には、緊急に命令等を定める必要がある場合を除き、再度の意見公募手続を実施しなければならない。

(本試験2012年問12)

●法令編

正解 2

正答率 **93**%

合格基本書

1 妥当でない 意見公募手続の対象となる「命令等」とは，内閣または行政機関が定める，①法律に基づく命令または規則，②審査基準，③処分基準，④行政指導指針をいう（2条8号）。法律に基づく命令または規則（①）は，外部に対して法的拘束力を有する「法規命令」である。これに対し，審査基準（②）・処分基準（③）・行政指導指針（④）は，外部に対して法的拘束力を有しない「行政規則」である。

432p

2 妥当である そのとおり。命令等制定機関は，命令等を定めようとする場合において，30日以上の意見提出期間を定めることができない「やむを得ない理由」があるときは，39条3項の規定にかかわらず，30日を下回る意見提出期間を定めることができる（40条1項前段）。この場合においては，当該命令等の案の公示の際「その理由」を明らかにしなければならない（40条1項後段）。

432p

3 妥当でない 命令等制定機関は，意見公募手続を実施して命令等を定めた場合には，当該命令等の公布と同時期に，①命令等の題名，②命令等の案の公示の日，③提出意見（提出意見がなかった場合にあっては，その旨），④提出意見を考慮した「結果」およびその理由を公示しなければならない（43条1項）。「同一の意見が法定された数を超えたものについて」のみ考慮した結果を公示するわけではない。

433p

4 妥当でない 命令等制定機関は，意見公募手続を実施したにもかかわらず命令等を定めないこととした場合には，①その旨，②命令等の題名，③命令等の案の公示の日を速やかに公示しなければならない（43条4項）。よって，意見を公募した場合でも「命令等を制定しないこと」が許される。

5 妥当でない 命令等制定機関は，「提出意見がなかった場合にあっては，その旨」を公示しなければならない（43条1項3号かっこ書）。「再度の意見公募手続を実施しなければならない」わけではない。

148

●行政法

行政手続法／命令等を定める手続

重要度 A

問 195 行政手続法の定める意見公募手続に関する次の記述のうち，正しいものはどれか。

1 命令等制定機関は，他の行政機関が意見公募手続を実施して定めた命令等と実質的に同一の命令等を定めようとするときであっても，内容が完全に同一でなければ，命令等を定めるに当たって意見公募手続を実施しなければならない。

2 命令等制定機関は，意見公募手続を実施して命令等を定めるに当たり，意見提出期間内に当該命令等制定機関に対して提出された当該命令等の案についての意見について，整理または要約することなく，そのまま命令制定後に公示しなければならない。

3 命令等制定機関は，命令等を定めようとする場合において，委員会等の議を経て命令等を定める場合であって，当該委員会等が意見公募手続に準じた手続を実施したときには，改めて意見公募手続を実施する必要はない。

4 行政庁が，不利益処分をするかどうか，またはどのような不利益処分をするかについて，その法令の定めに従って判断するために必要とされる処分基準を定めるに当たっては，意見公募手続を実施する必要はない。

5 行政指導指針は，行政庁が任意に設定するものであり，また法的な拘束力を有するものではないため，行政指導指針を定めるに当たっては，意見公募手続を実施する必要はない。

（本試験2018年問13）

●法令編

正解3

正答率 **87**%

合格基本書

1 誤 命令等制定機関は，他の行政機関が意見公募手続を実施して定めた命令等と実質的に同一の命令等を定めようとするときは，意見公募手続を実施する必要はない（39条4項5号）。

432p

2 誤 命令等制定機関は，意見公募手続を実施して命令等を定めた場合には，当該命令等の公布と同時期に，①命令等の題名，②命令等の案の公示日，③提出意見（提出意見がなかった場合にあっては，その旨），④提出意見を考慮した結果およびその理由を公示しなければならない（43条1項）。もっとも，命令等制定機関は，必要に応じ，提出意見に代えて，当該提出意見を整理または要約したものを公示することができる（43条2項前段）。この場合においては，当該公示の後遅滞なく，当該提出意見を当該命令等制定機関の事務所における備付けその他の適当な方法により公にしなければならない（43条2項後段）。

3 正 そのとおり。命令等制定機関は，委員会等の議を経て命令等を定めようとする場合（39条4項4号に該当する場合を除く。）において，当該委員会等が意見公募手続に準じた手続を実施したときは，39条1項の規定にかかわらず，自ら意見公募手続を実施することを要しない（40条2項）。

433p

4 誤 意見公募手続の対象となるのは，「命令等」である（39条1項参照）。処分基準は，「命令等」に含まれる（2条8号ハ）。よって，処分基準を定めるにあたっては，意見公募手続を実施する必要がある。

5 誤 意見公募手続の対象となるのは，「命令等」である（39条1項参照）。行政指導指針は，「命令等」に含まれる（2条8号ニ）。よって，行政指導指針を定めるにあたっては，意見公募手続を実施する必要がある。

150

●行政法

行政手続法／命令等を定める手続

重要度 A

問 196 行政手続法が定める意見公募手続に関する次の記述のうち，正しいものはどれか。

1 命令等制定機関は，命令等を定めようとする場合には，当該命令等の案およびこれに関連する資料をあらかじめ公示して，広く一般の意見を求めなければならない。

2 命令等制定機関は，定めようとする命令等が，他の行政機関が意見公募手続を実施して定めた命令等と実質的に同一の命令等であったとしても，自らが意見公募手続を実施しなければならない。

3 命令等制定機関は，命令等を定める根拠となる法令の規定の削除に伴い当然必要とされる当該命令等の廃止をしようとするときでも，意見公募手続を実施しなければならない。

4 命令等制定機関は，意見公募手続の実施後に命令等を定めるときには所定の事項を公示する必要があるが，意見公募手続の実施後に命令等を定めないこととした場合には，その旨につき特段の公示を行う必要はない。

5 命令等制定機関は，所定の事由に該当することを理由として意見公募手続を実施しないで命令等を定めた場合には，当該命令等の公布と同時期に，命令等の題名及び趣旨について公示しなければならないが，意見公募手続を実施しなかった理由については公示する必要はない。

（本試験2021年問11）

●法令編

正解 1

| 正答率 | **90**% |

合格基本書

432p

1　正　そのとおり。命令等制定機関は，命令等を定めよう
とする場合には，当該命令等の案およびこれに関連する資料
をあらかじめ公示し，意見（情報を含む。）の提出先および
意見の提出のための期間（「意見提出期間」）を定めて広く一
般の意見を求めなければならない（39条1項）。

2　誤　命令等制定機関は，「他の行政機関が意見公募手続を
実施して定めた命令等と実質的に同一の命令等を定めようと
するとき」は，意見公募手続を実施する必要はない（39条
4項5号）。

3　誤　命令等制定機関は，「命令等を定める根拠となる法令
の規定の削除に伴い当然必要とされる当該命令等の廃止をし
ようとするとき」は，意見公募手続を実施する必要はない
（39条4項7号）。

4　誤　命令等制定機関は，意見公募手続を実施したにもか
かわらず命令等を定めないこととした場合には，①「その旨
（別の命令等の案について改めて意見公募手続を実施しよう
とする場合にあっては，その旨を含む。）」ならびに②「命
令等の題名」および③「命令等の案の公示日」を速やかに
公示しなければならない（43条4項）。

5　誤　命令等制定機関は，行政手続法39条4項各号のいず
れかに該当することにより意見公募手続を実施しないで命令
等を定めた場合には，当該命令等の公布と同時期に，①「命
令等の題名及び趣旨」，②「意見公募手続を実施しなかった
旨及びその理由」を公示しなければならない（43条5項本
文）。

152

●行政法

| チェック欄 | | |

行政手続法／総合

重要度 A

問 197 行政手続法の定める申請に対する処分および不利益処分に関する次の記述のうち，正しいものはどれか。

1 行政手続法は，申請に対する処分の審査基準については，行政庁がこれを定めるよう努めるべきものとしているのに対し，不利益処分の処分基準については，行政庁がこれを定めなければならないものとしている。

2 行政庁は，申請を拒否する処分をする場合には，申請者から求めがあったときに限り当該処分の理由を示すべきものとされているのに対し，不利益処分をする場合には，処分を行う際に名宛人に対して必ず当該処分の理由を示すべきものとされている。

3 行政庁は，申請を拒否する処分をする場合には，弁明の機会の付与の手続を執らなければならないのに対し，不利益処分をする場合には，聴聞の手続を執らなければならない。

4 行政手続法は，申請に対する処分については，行政庁が標準処理期間を定めるよう努めるべきものとしているのに対し，不利益処分については，標準処理期間にかかわる規定を設けていない。

5 行政庁は，申請を拒否する処分をする場合には，公聴会を開催するよう努めるべきものとされているのに対し，不利益処分をする場合には，公聴会を開催しなければならないものとされている。

（本試験2018年問11）

●法令編

正答率 **79%**

1 誤 行政庁は，審査基準を定める<u>ものとする</u>（5条1項）。これに対し，行政庁は，処分基準を定め，かつ，これを公にしておくよう<u>努めなければならない</u>（12条1項）。すなわち，審査基準の設定は行政庁の<u>法的義務</u>であるが，処分基準の設定は行政庁の<u>努力義務</u>である。

2 誤 行政庁は，申請により求められた許認可等を拒否する処分をする場合は，申請者に対し，同時に，当該処分の理由を示さなければならない（8条1項本文）。ただし，<u>法令に定められた許認可等の要件または公にされた審査基準が数量的指標その他の客観的指標により明確に定められている場合であって，当該申請がこれらに適合しないことが申請書の記載または添付書類その他の申請の内容から明らかであるときは，申請者の求めがあったときにこれを示せば足りる</u>（8条1項ただし書）。これに対し，行政庁は，不利益処分をする場合には，その名あて人に対し，同時に，当該不利益処分の理由を示さなければならない（14条1項本文）。ただし，<u>当該理由を示さないで処分をすべき差し迫った必要がある場合は，この限りでない</u>（14条1項ただし書）。

3 誤 行政手続法は，不利益処分の手続を，処分が与える不利益の程度に応じて，聴聞と弁明の機会の付与の2種類に分けて規定している（13条1項参照）。<u>申請を拒否する処分は，「申請に対する処分」であり，「不利益処分」ではない</u>（2条4号ロ）。よって，行政庁が申請を拒否する処分をする場合には，弁明の機会の付与の手続が執られることはないし，行政庁が不利益処分をする場合には，弁明の機会の付与の手続が執られることもある。

●行政法

4 正 そのとおり。行政庁は，申請がその事務所に到達してから当該申請に対する処分をするまでに通常要すべき標準的な期間を定めるよう努めるとともに，これを定めたときは，これらの当該申請の提出先とされている機関の事務所における備付けその他の適当な方法により公にしておかなければならない（6条）。これに対し，不利益処分については，標準処理期間にかかわる規定は置かれていない。 415p

5 誤 行政庁は，申請に対する処分であって，申請者以外の者の利害を考慮すべきことが当該法令において許認可等の要件とされているものを行う場合には，必要に応じ，公聴会の開催その他の適当な方法により当該申請者以外の者の意見を聴く機会を設けるよう努めなければならない（10条）。これに対し，不利益処分をする場合に公聴会を開催しなければならないとする規定は置かれていない。 419p

ワンポイント・アドバイス

【審査基準・処分基準】

	審査基準（5条）	処分基準（12条）
対象	申請に対する処分	不利益処分
定める	法的義務	**努力義務**
公にしておく	法的義務	**努力義務**
できる限り具体的なものにする	法的義務	（定めるにあたっては）法的義務

| チェック欄 | | | ●行政法 |

行政手続法／総合

重要度 A

問 198 処分理由の提示に関する次の記述のうち，法令および最高裁判所の判例に照らし，妥当なものはどれか。

1 行政手続法が，不利益処分をする場合に同時にその理由を名宛人に示さなければならないとしているのは，名宛人に直接義務を課し，またはその権利を制限するという同処分の性質にかんがみたものであるから，行政手続法には，申請に対する拒否処分に関する理由の提示の定めはない。

2 一級建築士免許取消処分をするに際し，行政庁が行政手続法に基づいて提示した理由が不十分であったとしても，行政手続法には理由の提示が不十分であった場合の処分の効果に関する規定は置かれていないから，その違法により裁判所は当該処分を取り消すことはできない。

3 行政手続法は，不利益処分をする場合にはその名宛人に対し同時に当該不利益処分の理由を示さなければならないと定める一方，「当該理由を示さないで処分をすべき差し迫った必要がある場合はこの限りでない。」としている。

4 青色申告について行政庁が行った更正処分における理由附記の不備という違法は，同処分に対する審査裁決において処分理由が明らかにされた場合には，治癒され，更正処分の取消事由とはならない。

5 情報公開条例に基づく公文書の非公開決定において，行政庁がその処分理由を通知している場合に，通知書に理由を附記した以上，行政庁が当該理由以外の理由を非公開決定処分の取消訴訟において主張することは許されない。

（本試験2017年問12）

●法令編

正解 3

正答率 **81**%

合格基本書

1 **妥当でない** 行政手続法には，申請に対する拒否処分に関する理由の提示の定めがある（8条）。

418p

2 **妥当でない** 複雑な処分基準の下では処分の根拠法条およびその法条の要件に該当する具体的な事実関係を示すだけでは足りず，いかなる理由に基づいてどのような処分基準の適用によって当該処分が選択されたのかを知ることができなければ理由の提示を欠いた違法な処分になるとして，一級建築士免許取消処分を取り消した判例がある（一級建築士免許取消事件／最判平23.6.7）。

3 **妥当である** そのとおり。行政庁は，不利益処分をする場合には，その名あて人に対し，同時に，当該不利益処分の理由を示さなければならない（14条1項本文）。ただし，当該理由を示さないで処分をすべき差し迫った必要がある場合は，この限りでない（14条1項ただし書）。

421p

4 **妥当でない** 判例は，「更正における附記理由不備の瑕疵は，後日これに対する審査裁決において処分の具体的根拠が明らかにされたとしても，それにより治癒されるものではない」としている（大分税務署法人税増額更正事件／最判昭47.12.5）。よって，審査裁決において処分理由が明らかにされたとしても，更正処分の取消事由となる。

389p

5 **妥当でない** 判例は，情報公開条例において非公開決定の通知に併せてその理由を通知すべきものとしている「目的は非公開の理由を具体的に記載して通知させること……自体をもってひとまず実現される」ので，「一たび通知書に理由を付記した以上，実施機関が当該理由以外の理由を非公開決定処分の取消訴訟において主張することを許さないものとする趣旨をも含むと解すべき根拠はない」としている（逗子市住民監査請求記録公開請求事件／最判平11.11.19）。よって，非公開決定処分の取消訴訟において，通知書に附記した理由以外の理由を行政庁が主張することは許される。

389p

●行政法

行政手続法／総合

問 199 理由の提示に関する次の記述のうち，行政手続法の規定または最高裁判所の判例に照らし，妥当なものはどれか。

1 行政庁は，申請により求められた許認可等の処分をする場合，当該申請をした者以外の当該処分につき利害関係を有するものと認められる者から請求があったときは，当該処分の理由を示さなければならない。

2 行政庁は，申請により求められた許認可等を拒否する処分をする場合でも，当該申請が法令に定められた形式上の要件に適合しないことを理由とするときは，申請者に対して当該処分の理由を示す必要はない。

3 行政庁は，理由を示さないで不利益処分をすべき差し迫った必要がある場合であれば，処分と同時にその理由を示す必要はなく，それが困難である場合を除き，当該処分後の相当の期間内にこれを示せば足りる。

4 公文書の非開示決定に付記すべき理由については，当該公文書の内容を秘匿する必要があるため，非開示の根拠規定を示すだけで足りる。

5 旅券法に基づく一般旅券の発給拒否通知書に付記すべき理由については，いかなる事実関係に基づきいかなる法規を適用して拒否されたかに関し，その申請者が事前に了知しうる事情の下であれば，単に発給拒否の根拠規定を示すだけで足りる。

(本試験2021年問12)

●法令編

正解 **3**

正答率 **66%**

合格基本書

1 妥当でない　行政手続法では，このようなことは規定されていない。

2 妥当でない　行政手続法では，このようなことは規定されていない。なお，行政庁は，申請により求められた許認可等を拒否する処分をする場合は，申請者に対し，同時に，当該処分の理由を示さなければならない（8条1項本文）。ただし，法令に定められた許認可等の要件または公にされた審査基準が数量的指標その他の客観的指標により明確に定められている場合であって，当該申請がこれらに適合しないことが申請書の記載または添付書類その他の申請の内容から明らかであるときは，申請者の求めがあったときにこれを示せば足りる（8条1項ただし書）。

418p

3 妥当である　そのとおり。行政庁は，不利益処分をする場合には，その名あて人に対し，同時に，当該不利益処分の理由を示さなければならない（14条1項本文）。ただし，当該理由を示さないで処分をすべき差し迫った必要がある場合は，この限りでない（14条1項ただし書）。行政庁は，14条1項ただし書の場合においては，当該名あて人の所在が判明しなくなったときその他処分後において理由を示すことが困難な事情があるときを除き，処分後相当の期間内に，理由を示さなければならない（14条2項）。

421p

4 妥当でない　判例は，「単に非開示の根拠規定を示すだけでは，当該公文書の種類，性質等にあいまって開示請求者がそれらを当然に知り得るような場合は別として，本条例7条4号の要求する理由付記としては十分でないといわなければならない。」としている（最判平4.12.10）。

418p

5 妥当でない　判例は，「一般旅券発給拒否通知書に付記すべき理由としては，いかなる事実関係に基づきいかなる法規を適用して一般旅券の発給が拒否されたかを，申請者においてその記載自体から了知しうるものでなければならず，単に発給拒否の根拠規定を示すだけでは，それによつて当該規定の適用の基礎となつた事実関係をも当然知りうるような場合を別として，旅券法の要求する理由付記として十分でないといわなければならない。」としている（最判昭60.1.22）。

160

●行政法

行政手続法／総合

問200 行政手続法に関する次の記述のうち，正しいものはどれか。

1 行政手続法の行政指導に関する規定は，地方公共団体の機関がする行政指導については，それが国の法令の執行に関わるものであっても適用されず，国の機関がする行政指導のみに適用される。

2 地方公共団体の機関が命令等を定める行為について，行政手続法の意見公募手続に関する規定は適用されないが，地方公共団体の機関がする処分については，その根拠となる規定が条例に定められているものであっても，同法の処分手続に関する規定が適用される。

3 申請に対する処分であっても，処分をするか否かに行政庁の裁量が認められないと考えられる処分については，行政庁が審査をする余地がないため，届出の手続に関する規定が適用される。

4 行政庁が不利益処分をしようとする場合，処分の名あて人となるべき者でなくても，当該処分について法律上の利益を有する者に対しては，弁明の機会の付与の手続に関する規定が適用される。

5 行政手続法の規定が適用除外される事項は，同法に定められているので，個別の法律により適用除外とされるものはなく，個別の法律に同法と異なる定めがあっても同法の規定が優先して適用される。

（本試験2014年問13）

●法令編

正解 1

正答率 **62%**

合格基本書

1 正 そのとおり。地方公共団体の機関がする行政指導については、それが国の法令に基づくものであっても、行政手続法の行政指導に関する規定は適用されない（3条3項）。　412p

2 誤 地方公共団体の機関が命令等を定める行為について、行政手続法の意見公募手続に関する規定は適用されない（3条3項）。地方公共団体の機関がする処分については、それが条例または規則に基づくものであれば、行政手続法の処分手続に関する規定は適用されない（3条3項）。　412p

3 誤 行政手続法における「申請」とは、法令に基づき、行政庁の許可、認可、免許その他の自己に対し何らかの利益を付与する処分を求める行為であって、当該行為に対して行政庁が諾否の応答をすべきこととされているものをいう（2条3号）。他方、「届出」とは、行政庁に対し一定の事項の通知をする行為（申請に該当するものを除く。）であって、法令により直接に当該通知が義務付けられているもの（自己の期待する一定の法律上の効果を発生させるためには当該通知をすべきこととされているものを含む。）をいう（2条7号）。「申請」と「届出」の区別に、行政庁の裁量の有無は無関係である。　414, 431p

4 誤 行政庁は、不利益処分をしようとする場合には、当該不利益処分の名あて人となるべき者について、意見陳述のための手続（聴聞、弁明の機会の付与）を執らなければならない（13条1項柱書）。　422p

5 誤 行政手続法は、処分・行政指導・届出・命令等の制定についての一般法であり、個別の法律に同法と異なる定めがあれば、当該特別法の規定が優先して適用される（1条2項）。　410p

162

●行政法

行政手続法／総合

重要度 B

問201 処分または行政指導であって，その根拠となる規定が法律に置かれているものに関する次の記述のうち，当該事項を求め得ることが行政手続法に規定されていないものはどれか。

1 不利益処分の名あて人となるべき者は，聴聞の通知を受けた場合，聴聞が終結する時までの間，行政庁に対し，当該不利益処分の原因となる事実を証する資料の閲覧を求めることができる。

2 不利益処分の名あて人となるべき者は，弁明の機会の付与の通知を受けた場合，口頭による意見陳述のために，弁明の機会の付与に代えて聴聞を実施することを求めることができる。

3 法令に違反する行為の是正を求める行政指導の相手方は，当該行政指導が法定の要件に適合しないと思料するときは，当該行政指導をした行政機関に対し，当該行政指導の中止を求めることができる。

4 何人も，法令に違反する事実がある場合において，法令違反の是正のためにされるべき処分がされていないと思料するときは，権限を有する行政庁に対し，当該処分をすることを求めることができる。

5 何人も，法令に違反する事実がある場合において，法令違反の是正のためにされるべき行政指導がされていないと思料するときは，権限を有する行政機関に対し，当該行政指導をすることを求めることができる。

（本試験2016年問11）

●法令編

正解 **2**

正答率 **82**%

合格基本書

1 規定されている 当事者（聴聞の通知を受けた者／16条 423p
1項かっこ書）および当該不利益処分がされた場合に自己の
利益を害されることとなる参加人は，聴聞の通知があった時
から聴聞が終結する時までの間，行政庁に対し，当該事案に
ついてした調査の結果に係る調書その他の当該不利益処分の
原因となる事実を証する資料の閲覧を求めることができる
（18条1項前段）。

2 規定されていない 行政手続法には，このような事項を
求め得ることは規定されていない。

3 規定されている 法令に違反する行為の是正を求める行 430p
政指導（その根拠となる規定が法律に置かれているものに限
る。）の相手方は，当該行政指導が当該法律に規定する要件
に適合しないと思料するときは，当該行政指導をした行政機
関に対し，その旨を申し出て，当該行政指導の中止その他必
要な措置をとることを求めることができる（行政指導の中止
等の求め／36条の2第1項本文）。ただし，当該行政指導が
その相手方について弁明その他意見陳述のための手続を経て
されたものであるときは，この限りでない（36条の2第1
項ただし書）。

4 規定されている 何人も，法令に違反する事実がある場合 430p
において，その是正のためにされるべき処分または行政指導
（その根拠となる規定が法律に置かれているものに限る。）が
されていないと思料するときは，当該処分をする権限を有す
る行政庁または当該行政指導をする権限を有する行政機関に
対し，その旨を申し出て，当該処分または行政指導をするこ
とを求めることができる（処分等の求め／36条の3第1項）。

5 規定されている 何人も，法令に違反する事実がある場合 430p
において，その是正のためにされるべき処分または行政指導
（その根拠となる規定が法律に置かれているものに限る。）が
されていないと思料するときは，当該処分をする権限を有す
る行政庁または当該行政指導をする権限を有する行政機関に
対し，その旨を申し出て，当該処分または行政指導をするこ
とを求めることができる（処分等の求め／36条の3第1項）。

164

●行政法

行政手続法／総合

重要度 A

問202 行政手続法が定める行政庁等の義務（必ず行わなければならない法令上の義務）と努力義務に関する次の記述のうち、誤っているものはどれか。

1 申請に対する処分について、申請がその事務所に到達してから当該申請に対する処分をするまでに通常要すべき標準的な期間を定めることは、担当行政庁の努力義務にとどまり、義務とはされていない。

2 申請に対する処分について、公聴会の開催その他の適当な方法により利害関係人の意見を聴く機会を設けるべきことは、担当行政庁の努力義務にとどまり、義務とはされていない。

3 不利益処分について、処分基準を定め、かつ、これを公にしておくことは、担当行政庁の努力義務にとどまり、義務とはされていない。

4 行政指導について、その相手方に対して、当該行政指導の趣旨および内容ならびに責任者を示すことは、当該行政指導に携わる者の努力義務にとどまり、義務とはされていない。

5 意見公募手続について、当該手続の実施について周知することおよび当該手続の実施に関連する情報を提供することは、命令等制定機関の努力義務にとどまり、義務とはされていない。

（本試験2016年問12）

●法令編

正解 4　　　　　　正答率 **82**%

合格基本書

1 **正**　そのとおり。行政庁は，申請がその事務所に到達し 415p
てから当該申請に対する処分をするまでに通常要すべき標準
的な期間を定めるよう努めるとともに，これを定めたとき
は，これらの当該申請の提出先とされている機関の事務所に
おける備付けその他の適当な方法により公にしておかなけれ
ばならない（6条）。すなわち，標準処理期間を定めること
は，行政庁の努力義務にとどまる。

2 **正**　そのとおり。行政庁は，申請に対する処分であって， 419p
申請者以外の者の利害を考慮すべきことが当該法令において
許認可等の要件とされているものを行う場合には，必要に応
じ，公聴会の開催その他の適当な方法により当該申請者以外
の者の意見を聴く機会を設けるよう努めなければならない
（10条）。すなわち，公聴会の開催等は，行政庁の努力義務
にとどまる。

3 **正**　そのとおり。行政庁は，処分基準を定め，かつ，こ 420p
れを公にしておくよう努めなければならない（12条1項）。
すなわち，処分基準の設定・公開は，行政庁の努力義務にと
どまる。

4 **誤**　行政指導に携わる者は，その相手方に対して，当該 429p
行政指導の趣旨および内容ならびに責任者を明確に示さなけ
ればならない（35条1項）。すなわち，これは，当該行政指
導に携わる者が必ず行わなければならない法令上の義務とさ
れている。

5 **正**　そのとおり。命令等制定機関は，意見公募手続を実 433p
施して命令等を定めるに当たっては，必要に応じ，当該意見
公募手続の実施について周知するよう努めるとともに，当該
意見公募手続の実施に関連する情報の提供に努めるものとす
る（41条）。すなわち，意見公募手続の周知等は，命令等制
定機関の努力義務にとどまる。

166

●行政法

行政手続法／総合

問203 行政手続法に関する次の記述のうち、誤っているものはどれか。

1 行政庁は、申請の形式上の要件に適合しない申請については、補正を求めなければならず、ただちにこれを拒否してはならない。

2 行政庁は、申請により求められた許認可等を拒否する処分をする場合は、申請者に対し、同時に、当該処分の理由を提示しなければならない。

3 行政庁は、申請者の求めがあれば、申請に係る審査の進行状況や申請に対する処分時期の見通しを示すよう努めなければならない。

4 申請により求められた許認可等を拒否する処分は、不利益処分ではなく、「申請に対する処分」に該当する。

5 形式上の要件に適合する届出については、提出先とされる機関の事務所に届出書が到達したときに届出の義務が履行されたものとする。

（本試験2016年問13）

●法令編

正解 1

正答率 **88**%

合格基本書

1 誤 行政庁は，申請がその事務所に到達したときは遅滞
なく当該申請の審査を開始しなければならず，かつ，申請書
の記載事項に不備がないこと，申請書に必要な書類が添付さ
れていること，申請をすることができる期間内にされたもの
であることその他の法令に定められた申請の形式上の要件に
適合しない申請については，速やかに，申請をした者（以下
「申請者」という。）に対し相当の期間を定めて当該申請の補
正を求め，または当該申請により求められた許認可等を拒否
しなければならない（7条）。よって，行政庁は，補正を求
めないで，ただちに申請を拒否することもできる。

417p

2 正 そのとおり。行政庁は，申請により求められた許認
可等を拒否する処分をする場合は，申請者に対し，同時に，
当該処分の理由を示さなければならない（8条1項本文）。
ただし，法令に定められた許認可等の要件または公にされた
審査基準が数量的指標その他の客観的指標により明確に定め
られている場合であって，当該申請がこれらに適合しないこ
とが申請書の記載または添付書類その他の申請の内容から明
らかであるときは，申請者の求めがあったときにこれを示せ
ば足りる（8条1項ただし書）。

418p

3 正 そのとおり。行政庁は，申請者の求めに応じ，当該
申請に係る審査の進行状況および当該申請に対する処分の時
期の見通しを示すよう努めなければならない（9条1項）。

419p

4 正 そのとおり。申請により求められた許認可等を拒否
する処分その他申請に基づき当該申請をした者を名あて人と
してされる処分は，行政手続法における「不利益処分」から
除かれている（2条4号ロ）。これらの処分は，「申請に対す
る処分」に該当する。

420p

5 正 そのとおり。届出が届出書の記載事項に不備がない
こと，届出書に必要な書類が添付されていることその他の法
令に定められた届出の形式上の要件に適合している場合は，
当該届出が法令により当該届出の提出先とされている機関の
事務所に到達したときに，当該届出をすべき手続上の義務が
履行されたものとする（37条）。

431p

168

●行政法

行政手続法／総合

問 204 行政手続法に関する次のア〜オの記述のうち，正しいものの組合せはどれか。

ア　行政指導指針は，行政機関がこれを定めたときは，行政上特別の支障がない限り，公表しなければならない。

イ　申請に対する処分が標準処理期間内に行われない場合には，そのことを理由として直ちに，不作為の違法確認の訴えにおいて，その請求が認容される。

ウ　行政庁が，処分基準を定めたときは，行政上特別の支障があるときを除き，法令により申請の提出先とされている機関の事務所における備付けその他の適当な方法により公にしておかなければならない。

エ　申請により求められた許認可等を拒否する場合において，申請者に対する理由の提示が必要とされるのは，申請を全部拒否するときに限られ，一部拒否のときはその限りでない。

オ　法律に基づく命令，審査基準，処分基準および行政指導指針を定める場合，公益上，緊急に定める必要がある場合など行政手続法が定める例外を除いて，意見公募手続をとらなければならない。

1 ア・エ
2 ア・オ
3 イ・ウ
4 イ・エ
5 ウ・オ

（本試験2019年問13）

●法令編

正解 **2**

正答率 **73**%

合格基本書

ア **正** そのとおり。同一の行政目的を実現するため一定の条件に該当する複数の者に対し行政指導をしようとするときは，行政機関は，あらかじめ，事案に応じ，行政指導指針を定め，かつ，行政上特別の支障がない限り，これを公表しなければならない（36条）。　429p

イ **誤** 法令に基づく申請に対し，行政手続法6条の「申請がその事務所に到達してから当該申請に対する処分をするまでに通常要すべき標準的な期間」（標準処理期間）を経過しても，直ちに行政事件訴訟法3条5項の「相当の期間」を経過したことにはならないが，重要な考慮要素になると解される。

ウ **誤** 行政手続法では，このようなことは規定されていない。なお，審査基準については，行政上特別の支障があるときを除き，法令により申請の提出先とされている機関の事務所における備付けその他の適当な方法により公にしておかなければならない（5条3項）。　420p

エ **誤** 行政庁は，申請により求められた許認可等を拒否する処分をする場合は，申請者に対し，同時に，当該処分の理由を示さなければならない（8条1項本文）。申請を全部拒否するときに限られているわけではない。　418p

オ **正** そのとおり。法律に基づく命令，審査基準，処分基準および行政指導指針を定める場合には，公益上，緊急に定める必要がある場合など行政手続法が定める例外を除いて，意見公募手続をとらなければならない（2条8号，39条1項，39条4項1号参照）。　432p

以上より，正しいものはア・オであり，正解は**2**である。

170

●行政法

行政手続法／総合

問205 行政手続に関する次の記述のうち、最高裁判所の判例に照らし、誤っているものはどれか。

1 行政手続は刑事手続とその性質においておのずから差異があることから、常に必ず行政処分の相手方等に事前の告知、弁解、防御の機会を与えるなどの一定の手続を設けることを必要とするものではない。

2 公害健康被害補償法*に基づく水俣病患者認定申請を受けた処分庁は、早期の処分を期待していた申請者が手続の遅延による不安感や焦燥感によって内心の静穏な感情を害されるとしても、このような結果を回避すべき条理上の作為義務を負うものではない。

3 一般旅客自動車運送事業の免許拒否処分につき、公聴会審理において申請者に主張立証の機会が十分に与えられなかったとしても、運輸審議会（当時）の認定判断を左右するに足る資料等が追加提出される可能性がなかった場合には、当該拒否処分の取消事由とはならない。

4 国税犯則取締法（当時）上、収税官吏が犯則嫌疑者に対し質問する際に拒否権の告知は義務付けられていないが、供述拒否権を保障する憲法の規定はその告知を義務付けるものではないから、国税犯則取締法（当時）上の質問手続は憲法に違反しない。

5 教育委員会の秘密会で為された免職処分議決について、免職処分の審議を秘密会で行う旨の議決に公開原則違反の瑕疵があるとしても、当該瑕疵は実質的に軽微なものであるから、免職処分の議決を取り消すべき事由には当たらない。

（注） ＊ 公害健康被害の補償に関する法律

（本試験2012年問13改題）

●法令編

正答率 **51**%

合格基本書

1 **正** そのとおり（最判平 4.7.1）。

2 **誤** 判例は，「一般に，処分庁が認定申請を相当期間内に処分すべきは当然であり，これにつき不当に長期間にわたって処分がされない場合には，早期の処分を期待していた申請者が不安感，焦燥感を抱かされ内心の静穏な感情を害されるに至るであろうことは容易に予測できることであるから，処分庁には，こうした結果を回避すべき<u>条理上の作為義務がある</u>」としている（最判平 3.4.26）。

3 **正** そのとおり。判例は，公聴会の審理において「主張立証の機会を与えるにつき必ずしも十分でないところがあつた」という不備があっても，「<u>運輸審議会の認定判断を左右するに足る意見及び資料を追加提出しうる可能性があつたとは認め難い</u>」という事情のもとにおいては，「公聴会審理を要求する法の趣旨に違背する重大な違法とするには足りず，右審理の結果に基づく運輸審議会の決定（答申）自体に瑕疵があるということはできないから，右諮問を経てなされた運輸大臣の本件処分を違法として<u>取り消す理由とはならない</u>」としている（最判昭 50.5.29）。

393p

4 **正** そのとおり。判例は，事件当時の「国税犯則取締法に供述拒否権告知の規定を欠き，収税官吏が犯則嫌疑者に対し同法 1 条の規定に基づく質問をするにあたりあらかじめ右の告知をしなかつたからといつて，その質問手続が<u>憲法 38 条 1 項に違反することとなるものでない</u>」としている（最判昭 59.3.27）。

5 **正** そのとおり（最判昭 49.12.10）。

172

●行政法

行政不服審査法／総説

重要度 B

問206
行政不服審査法の定める審査請求の対象に関する次の記述のうち，正しいものはどれか。

1 全ての行政庁の処分は，行政不服審査法または個別の法律に特別の定めがない限り，行政不服審査法に基づく審査請求の対象となる。

2 地方公共団体の機関がする処分（その根拠となる規定が条例または規則に置かれているものに限る。）についての審査請求には，当該地方公共団体の定める行政不服審査条例が適用され，行政不服審査法は適用されない。

3 地方公共団体は，自己に対する処分でその固有の資格において処分の相手方となるものに不服がある場合，行政不服審査法に基づく審査請求をした後でなければ当該処分の取消訴訟を提起することができない。

4 行政指導の相手方は，当該行政指導が違法だと思料するときは，行政不服審査法に基づく審査請求によって当該行政指導の中止を求めることができる。

5 個別の法律により再調査の請求の対象とされている処分は，行政不服審査法に基づく審査請求の対象とはならない。

（本試験2017年問14）

●法令編

正解 **1**

正答率 **33**%

合格基本書

1 **正** そのとおり。すべての行政庁の処分は，行政不服審査法または個別の法律に特別の定めがない限り，行政不服審査法に基づく審査請求の対象となる（1条2項，2条，3条，7条）。

435p

2 **誤** 行政不服審査法では，このようなことは規定されていない。なお，行政手続法には，本記述と類似する規定がある（行政手続法3条3項）。

3 **誤** 国の機関または地方公共団体その他の公共団体もしくはその機関に対する処分で，これらの機関または団体がその固有の資格において当該処分の相手方となるものおよびその不作為については，行政不服審査法の規定は適用されない（7条2項）。よって，地方公共団体は自己に対する処分でその固有の資格において処分の相手方になる場合，それに不服があっても審査請求をすることができない。なお，ここにいう「固有の資格」とは，一般私人はその立場に立つことができず，国の機関または地方公共団体もしくはその機関であるからこそ立つことができる立場のことである。

439p

4 **誤** 行政不服審査法では，このようなことは規定されていない。なお，行政手続法には，本記述と類似する規定がある（行政手続法36条の2第1項本文）。

430p

5 **誤** 再調査の請求（5条）は，不服申立人の選択により審査請求の前段階でなされる特別な不服申立てであり，審査請求と択一的関係にあるものではない。よって，個別の法律により再調査の請求の対象とされている処分は，行政不服審査法に基づく審査請求の対象となる。

436p

174

●行政法

行政不服審査法／総説

重要度 A

問207
行政不服審査に関する原則の説明として，誤っているものはどれか。

1 削除
2 処分権主義 ── 私人からの不服申立てがなくとも，行政庁が職権で審理を開始することができること
3 削除
4 一般概括主義 ── 適用除外規定に該当する処分を除き，原則として全ての処分について審査請求が可能なこと
5 書面審理主義 ── 不服申立ての審理は，書面によることを原則としていること

(本試験2013年問15改題)

●法令編

正答率 **87%**

1 **削除** 2014（平成26）年改正により、出題の意義が失われた。
2 **誤** 「処分権主義」とは、行政不服審査による紛争解決を選択するか否かを当事者の自由な意思に委ねることをいう。
3 **削除** 2014（平成26）年改正により、出題の意義が失われた。
4 **正** そのとおり。「一般概括主義」とは、適用除外規定（7条1項1号～12号）に該当する処分を除き、原則としてすべての処分について審査請求が可能なことをいう。
5 **正** そのとおり。「書面審理主義」とは、不服申立ての審理は、書面によることを原則としていることをいう。

  ワンポイント・アドバイス

【一般概括主義】
　行政不服審査法は、原則としてすべての行政庁の処分・不作為について審査請求をすることができるという「一般概括主義」を採用することを前提として、審査請求に関する規定の適用除外となる処分・不作為を列挙しています（7条1項1号～12号）。

●行政法

行政不服審査法／総説

問208 行政不服審査法における再調査の請求について，妥当な記述はどれか。

1 行政庁の処分につき，処分庁以外の行政庁に対して審査請求をすることができる場合，処分庁に再調査の請求をすることは認められない。

2 行政庁の処分に不服のある場合のほか，法令に基づく処分についての申請について不作為がある場合にも，再調査の請求が認められる。

3 再調査の請求においても，原則として，その審理は審理員によってなされなければならないが，行政不服審査会等への諮問は要しない。

4 再調査の請求において，請求人または参加人の申立てがあった場合には，それが困難であると認められないかぎり，口頭で意見を述べる機会を与えなければならない。

5 再調査の請求がなされた場合，処分庁は，職権で，処分の効力，執行または手続の続行を停止することができるが，これらを請求人が申し立てることはできない。

（本試験2016年問14）

●法令編

正解 **4**

正答率 **32**%

合格基本書

1 **妥当でない** 行政庁の処分につき処分庁以外の行政庁に対して審査請求をすることができる場合において，法律に再調査の請求をすることができる旨の定めがあるときは，当該処分に不服がある者は，処分庁に対して再調査の請求をすることができる（5条1項本文）。ただし，当該処分について審査請求をしたときは，この限りでない（5条1項ただし書）。

436p

2 **妥当でない** 法令に基づく処分についての申請について不作為がある場合については，再調査の請求は認められていない（5条参照）。なお，法令に基づく処分についての申請について不作為がある場合については，審査請求をすることができる（3条参照）。

436p

3 **妥当でない** 再調査の請求については，審理員の指名に関する規定（9条1項）が準用されていない（61条参照）。また，再調査の請求については，行政不服審査会等への諮問に関する規定（43条）も準用されていない（61条参照）。

4 **妥当である** そのとおり。再調査の請求において，再調査の請求人または参加人の申立てがあった場合には，処分庁は，当該申立てをした者（以下「申立人」という。）に口頭で意見を述べる機会を与えなければならない（61条・31条1項本文）。ただし，当該申立人の所在その他の事情により当該意見を述べる機会を与えることが困難であると認められる場合には，この限りでない（61条・31条1項ただし書）。

5 **妥当でない** 再調査の請求がなされた場合において，処分庁は，必要があると認めるときは，再調査の請求人の申立てによりまたは職権で，処分の効力，処分の執行または手続の続行の全部または一部の停止その他の措置をとることができる（61条・25条2項）。

178

●行政法

行政不服審査法／総説

問209 再調査の請求について定める行政不服審査法の規定に関する次の記述のうち、正しいものはどれか。

1 行政庁の処分につき処分庁以外の行政庁に対して審査請求をすることができる場合に審査請求を行ったときは、法律に再調査の請求ができる旨の規定がある場合でも、審査請求人は、当該処分について再調査の請求を行うことができない。

2 行政庁の処分につき処分庁に対して再調査の請求を行ったときでも、法律に審査請求ができる旨の規定がある場合には、再調査の請求人は、当該再調査の請求と並行して、審査請求もすることができる。

3 法令に基づく処分についての申請に対して、当該申請から相当の期間が経過したにもかかわらず、行政庁が何らの処分をもしない場合、申請者は当該不作為につき再調査の請求を行うことができる。

4 再調査の請求については、審理員による審理または行政不服審査会等への諮問は必要ないが、処分庁は決定を行った後に、行政不服審査会等への報告を行う必要がある。

5 再調査の請求においては、請求人または参加人が口頭で意見を述べる機会を与えられるのは、処分庁がこれを必要と認めた場合に限られる。

（本試験2021年問15）

●法令編

正解 **1**

正答率 **67**%

合格基本書

1 **正** そのとおり。行政庁の処分につき処分庁以外の行政　**436p**
庁に対して審査請求をすることができる場合において，法律
に再調査の請求をすることができる旨の定めがあるときは，
当該処分に不服がある者は，処分庁に対して再調査の請求を
することができる（5条1項本文）。ただし，当該処分につ
いて2条の規定により審査請求をしたときは，この限りでな
い（5条1項ただし書）。

2 **誤** 行政不服審査法では，このようなことは規定されて　**436p**
いない。なお，5条1項本文の規定により再調査の請求をし
たときは，当該再調査の請求についての決定を経た後でなけ
れば，審査請求をすることができない（5条2項本文）。

3 **誤** 不作為は，再調査の請求の対象ではない。

4 **誤** 再調査の請求については，行政不服審査会等への諮
問の規定（43条）は準用されていない（61条前段参照）。
また，処分庁は，決定を行った後に行政不服審査会等への報
告を行う必要もない。

5 **誤** 再調査の請求人または参加人の申立てがあった場合
には，処分庁は，当該申立てをした者に口頭で審査請求に係
る事件に関する意見を述べる機会を与えなければならない
（61条前段・31条1項本文）。

ワンポイント・アドバイス

　再調査の請求は，不服申立てが大量にされる処分について，審査請求の前
に，その処分をした行政庁（処分庁）に処分の見直しを求める手続です
（例：国税通則法75条1項2項，関税法89条1項）。

　これに対し，申請に対して行政庁が「何らの処分をもしない」という「不
作為」については，上記のような手続を設ける意義がないことから，「不作
為」は再調査の請求の対象ではないとされています。

180

●行政法

行政不服審査法／総説

重要度 B

問210 再審査請求について定める行政不服審査法の規定に関する次の記述のうち、正しいものはどれか。

1 法律に再審査請求をすることができる旨の定めがない場合であっても、処分庁の同意を得れば再審査請求をすることが認められる。

2 審査請求の対象とされた処分（原処分）を適法として棄却した審査請求の裁決（原裁決）があった場合に、当該審査請求の裁決に係る再審査請求において、原裁決は違法であるが、原処分は違法でも不当でもないときは、再審査庁は、裁決で、当該再審査請求を棄却する。

3 再審査請求をすることができる処分について行う再審査請求の請求先（再審査庁）は、行政不服審査会となる。

4 再審査請求をすることができる処分について、審査請求の裁決が既になされている場合には、再審査請求は当該裁決を対象として行わなければならない。

5 再審査請求の再審査請求期間は、原裁決があった日ではなく、原処分があった日を基準として算定する。

（本試験2020年問15）

●法令編

正解 2

正答率 **59**%

合格基本書

1 誤 行政不服審査法では，このようなことは規定されていない。なお，行政庁の処分につき法律に再審査請求をすることができる旨の定めがある場合には，当該処分についての審査請求の裁決に不服がある者は，再審査請求をすることができる（6条1項）。

437p

2 正 そのとおり。再審査請求に係る原裁決（審査請求を却下し，または棄却したものに限る。）が違法または不当である場合において，当該審査請求に係る処分が違法または不当のいずれでもないときは，再審査庁は，裁決で，当該再審査請求を棄却する（64条3項）。

3 誤 再審査請求は，原裁決等を対象とし，個別の法律に定める行政庁に対してするものとする（6条2項）。

437p

4 誤 行政不服審査法では，このようなことは規定されていない。なお，再審査請求は，原裁決（再審査請求をすることができる処分についての審査請求の裁決をいう。）または当該処分を対象として，法律に定める行政庁に対してするものとする（6条2項）。

437p

5 誤 ①再審査請求は，原裁決があったことを知った日の翌日から起算して1カ月を経過したときは，することができない（62条1項本文）。ただし，正当な理由があるときは，この限りでない（62条1項ただし書）。②再審査請求は，原裁決があった日の翌日から起算して1年を経過したときは，することができない（62条2項本文）。ただし，正当な理由があるときは，この限りでない（62条2項ただし書）。

441p

ワンポイント・アドバイス

再審査請求は，審査請求の後に，審査庁とは別の行政庁（再審査庁）に不服を申し立てる手続です（例：生活保護法66条，建築基準法95条）。

182

●行政法

行政不服審査法／総説

重要度 A

問211 行政不服審査法の定める審査請求人に関する次の記述のうち，正しいものはどれか。

1 法人でない社団であっても，代表者の定めがあるものは，当該社団の名で審査請求をすることができる。

2 審査請求人は，国の機関が行う処分について処分庁に上級行政庁が存在しない場合，特別の定めがない限り，行政不服審査会に審査請求をすることができる。

3 審査請求人は，処分庁が提出した反論書に記載された事項について，弁明書を提出することができる。

4 審査請求人の代理人は，特別の委任がなくても，審査請求人に代わって審査請求の取下げをすることができる。

5 共同審査請求人の総代は，他の共同審査請求人のために，審査請求の取下げを含め，当該審査請求に関する一切の行為をすることができる。

（本試験2017年問15）

●法令編

正答率 **75**%

1 正 そのとおり。法人でない社団または財団で代表者または管理人の定めがあるものは，その名で審査請求をすることができる（10条）。 440p

2 誤 審査請求人は，国の機関が行う処分について処分庁に上級行政庁がない場合，特別の定めがない限り，<u>当該処分庁に審査請求をすることができる</u>（4条1号）。 436p

3 誤 審査請求人は，処分庁等が提出した<u>弁明書</u>に記載された事項に関する反論を記載した書面（<u>反論書</u>）を提出することができる（30条1項前段）。 445p

4 誤 審査請求の代理人は，各自，審査請求人のために，当該審査請求に関する一切の行為をすることができる（12条2項本文）。ただし，<u>審査請求の取下げは，特別の委任を受けた場合に限り，することができる</u>（12条2項ただし書）。 444p

5 誤 共同審査請求人の総代は，各自，他の共同審査請求人のために，<u>審査請求の取下げを除き</u>，当該審査請求に関する一切の行為をすることができる（11条3項）。 444p

ワンポイント・アドバイス

① 共同審査請求人は，3人を超えない総代を互選することができます（11条1項）。共同審査請求人が総代を互選しない場合において，必要があると認めるときは，審理員は総代の互選を命ずることができます（11条2項）。

② 共同審査請求人に対する行政庁の通知等は，2人以上の総代がいるときであっても，1人の総代に対してすれば足ります（11条5項）。

●行政法

行政不服審査法／不服申立ての審理手続

重要度 A

問212 処分についての審査請求に関する次の記述のうち，正しいものはどれか。

1 審査請求の審理は，書面によるのが原則であるが，申立人の申立てがあった場合には，審理員は，申立人に口頭で意見を述べる機会を与えなければならない。

2 審査請求は，行政の適正な運営を確保することを目的とするため，一般概括主義がとられており，国会および裁判所が行う処分以外には，適用除外とされている処分はない。

3 審査請求は，行政の適正な運営を確保することを目的とするため，対象となる処分に利害関係を有さない者であっても，不服申立てができる期間であれば，これを行うことができる。

4 審査請求は，簡易迅速に国民の権利利益の救済を図るための制度であるから，審査請求が行われた場合には，処分の効力は，裁決が行われるまで停止する。

5 審査請求は，簡易迅速に国民の権利利益の救済を図るための制度であるから，審査請求に対する審査庁の判断が一定期間内に示されない場合，審査請求が審査庁によって認容されたとみなされる。

（本試験2015年問15改題）

●法令編

正解 1

正答率 **93**%

合格基本書

1 **正** そのとおり。審査請求の審理は，書面によるのが原則である。しかし，審査請求人または参加人の申立てがあった場合には，審理員は，その申立人に口頭で審査請求に係る事件に関する意見を述べる機会を与えなければならない（31条1項本文）。

446p

2 **誤** 行政庁の処分およびその不作為については，とくに除外されない限り，審査請求をすることができる（一般概括主義）が，行政手続法と同様に，かなり広範囲にわたり，適用除外となる処分・不作為がある（7条1項）。7条1項は，国会および裁判所が行う処分以外（例えば，外国人の出入国または帰化に関する処分）も適用除外としている（7条1項4号～12号）。

438p

3 **誤** 処分についての不服申立てを誰ができるかについて，行政不服審査法は明確に定めていないが，判例は，処分について不服申立てができるのは，「法律上の利益を有する者」と解している（主婦連ジュース訴訟／最判昭53.3.14）。

440p

4 **誤** 審査請求は，処分の効力，処分の執行または手続の続行を妨げない（執行不停止の原則／25条1項）。

448p

5 **誤** 行政不服審査法では，このようなことは規定されていない。なお，審査庁となるべき行政庁は，審査請求がその事務所に到達してから当該審査請求に対する裁決をするまでに通常要すべき標準的な期間を定めるよう努めるとともに，これを定めたときは，当該審査庁となるべき行政庁および関係処分庁の事務所における備付けその他の適当な方法により公にしておかなければならない（標準審理期間／16条）。

442p

186

●行政法

行政不服審査法／不服申立ての審理手続

重要度 B

問213 行政不服審査法の定める審査請求に関する次のア〜オの記述のうち、正しいものの組合せはどれか。

ア 審査請求は、代理人によってもすることができ、その場合、当該代理人は、各自、審査請求人のために、原則として、当該審査請求に関する一切の行為をすることができるが、審査請求の取下げは、代理人によってすることはできない。

イ 審査庁となるべき行政庁は、必ず標準審理期間を定め、これを当該審査庁となるべき行政庁および関係処分庁の事務所における備付けその他の適当な方法により公にしておかなければならない。

ウ 審理員は、審査請求人または参加人の申立てがあった場合において、審理の進行のため必要と認めるときに限り、当該申立てをした者に、口頭で意見を述べる機会を与えることができる。

エ 審査請求人が死亡したときは、相続人その他法令により審査請求の目的である処分に係る権利を承継した者は、審査請求人の地位を承継する。

オ 審査請求人以外の者であって、審査請求に係る処分または不作為に係る処分の根拠となる法令に照らし当該処分につき利害関係を有するものと認められる利害関係人は、審理員の許可を得て、当該審査請求に参加することができる。

1 ア・イ
2 ア・エ
3 イ・ウ
4 ウ・オ
5 エ・オ

(本試験2018年問15)

●法令編

正解 **5**

正答率 **56**%

合格基本書

ア **誤** 審査請求は，代理人によってすることができる（12
条1項）。代理人は，各自，審査請求人のために，当該審査
請求に関する一切の行為をすることができる（12条2項本
文）。ただし，審査請求の取下げは，特別の委任を受けた場
合に限り，することができる（12条2項ただし書）。

444p

イ **誤** 審査庁となるべき行政庁は，審査請求がその事務所に
到達してから当該審査請求に対する裁決をするまでに通常要
すべき標準的な期間を定めるよう努めるとともに，これを定
めたときは，当該審査庁となるべき行政庁および関係処分庁
の事務所における備付けその他の適当な方法により公にして
おかなければならない（16条）。

442p

ウ **誤** 審査請求人または参加人の申立てがあった場合には，
審理員は，当該申立てをした者に口頭で審査請求に係る事件
に関する意見を述べる機会を与えなければならない（31条
1項本文）。ただし，当該申立人の所在その他の事情により
当該意見を述べる機会を与えることが困難であると認められ
る場合には，この限りでない（31条1項ただし書）。

446p

エ **正** そのとおり。審査請求人が死亡したときは，相続人そ
の他法令により審査請求の目的である処分に係る権利を承継
した者は，審査請求人の地位を承継する（15条1項）。

オ **正** そのとおり。利害関係人（審査請求人以外の者であっ
て審査請求に係る処分または不作為に係る処分の根拠となる
法令に照らし当該処分につき利害関係を有するものと認めら
れる者をいう。）は，審理員の許可を得て，当該審査請求に
参加することができる（13条1項）。

以上より，正しいものはエ・オであり，正解は**5**である。

188

●行政法

| チェック欄 | | |

行政不服審査法／不服申立ての審理手続

重要度 A

問214 行政不服審査法が定める審査請求の手続等に関する次の記述のうち、誤っているものはどれか。

1 審査請求は、審査請求をすべき行政庁が処分庁と異なる場合には、処分庁を経由してすることもできるが、処分庁は提出された審査請求書を直ちに審査庁となるべき行政庁に送付しなければならない。

2 審査庁は、審査請求が不適法であって補正をすることができないことが明らかなときは、審理員による審理手続を経ないで、裁決で、当該審査請求を却下することができる。

3 審査請求人は、審理手続が終了するまでの間、審理員に対し、提出書類等の閲覧を求めることができるが、その写しの交付を求めることもできる。

4 審理員は、審査請求人の申立てがあった場合には、口頭意見陳述の機会を与えなければならないが、参加人がこれを申し立てることはできない。

5 行政庁の処分に不服がある者は、当該処分が法律上適用除外とされていない限り、当該処分の根拠となる法律に審査請求をすることができる旨の定めがないものについても、審査請求をすることができる。

（本試験2019年問15）

●法令編

正解 **4**

正答率 **72**%

合格基本書

1 **正** そのとおり。処分についての審査請求をすべき行政 443p
庁が処分庁と異なる場合における審査請求は，処分庁を経由
してすることができる（21条1項前段）。処分庁は，直ち
に，提出された審査請求書（または審査請求録取書）を審査
庁となるべき行政庁に送付しなければならない（21条2
項）。

2 **正** そのとおり。審査請求が不適法であって補正するこ 444p
とができないことが明らかなときは，審査庁は，審理員によ
る審理手続を経ないで，裁決で，当該審査請求を却下するこ
とができる（24条2項）。

3 **正** そのとおり。審査請求人または参加人は，審理手続 447p
が終結するまでの間，審理員に対し，提出書類等の閲覧また
は当該書面もしくは当該書類の写しもしくは当該電磁的記録
に記録された事項を記載した書面の交付を求めることができ
る（38条1項）。

4 **誤** 審査請求人または参加人の申立てがあった場合には， 446p
審理員は，当該申立てをした者（「申立人」）に口頭で審査請
求に係る事件に関する意見を述べる機会を与えなければなら
ない（31条1項本文）。よって，参加人も申し立てることが
できる。

5 **正** そのとおり。行政不服審査法は，特に適用除外とさ 435p
れない限り，原則としてすべての行政庁の処分およびその不
作為について審査請求をすることができるという「一般概括
主義」を前提として，審査請求をすることができない処分お
よびその不作為を列挙している（7条1項）。よって，行政
庁の処分に不服がある者は，当該処分が法律上適用除外とさ
れていない限り，当該処分について審査請求をすることがで
きる。

190

●行政法

行政不服審査法／不服申立ての審理手続

重要度 A

問 215
行政不服審査法における**審理員**について，妥当な記述はどれか。

1 審理員による審理手続は，処分についての審査請求においてのみなされ，不作為についての審査請求においてはなされない。

2 審理員は，審査庁に所属する職員のうちから指名され，審査庁となるべき行政庁は，審理員となるべき者の名簿を作成するよう努めなければならない。

3 審理員は，処分についての審査請求において，必要があると認める場合には，処分庁に対して，処分の執行停止をすべき旨を命ずることができる。

4 審理員は，審理手続を終結したときは，審理手続の結果に関する調書を作成し，審査庁に提出するが，その中では，審査庁のなすべき裁決に関する意見の記載はなされない。

5 審理員は，行政不服審査法が定める例外に該当する場合を除いて，審理手続を終結するに先立ち，行政不服審査会等に諮問しなければならない。

(本試験2016年問15)

●法令編

正解 **2**

正答率 **62**%

合格基本書

1 妥当でない 審査請求は，行政庁の処分・不作為について，審査庁に対してする不服申立てである（2条，3条参照）。審理員による審理手続は，処分についての審査請求だけでなく，不作為についての審査請求においてもなされる（9条1項，4条参照）。

2 妥当である そのとおり。審査請求がされた行政庁（「審査庁」）は，原則として，審査庁に所属する職員のうちから審理手続を行う者を指名するとともに，その旨を審査請求人および処分庁等（審査庁以外の処分庁等に限る。）に通知しなければならない（9条1項本文）。審査庁となるべき行政庁は，審理員となるべき者の名簿を作成するよう努めるとともに，これを作成したときは，当該審査庁となるべき行政庁および関係処分庁の事務所における備付けその他の適当な方法により公にしておかなければならない（17条）。

445p

3 妥当でない 行政不服審査法では，このようなことは規定されていない（25条2項3項参照）。なお，審理員は，必要があると認める場合には，審査庁に対し，執行停止をすべき旨の意見書を提出することができる（40条）。

4 妥当でない 審理員は，審理手続を終結したときは，遅滞なく，審査庁がすべき裁決に関する意見書（以下「審理員意見書」という。）を作成しなければならない（42条1項）。審理員は，審理員意見書を作成したときは，速やかに，これを事件記録とともに，審査庁に提出しなければならない（42条2項）。

447p

5 妥当でない 審査庁は，審理員意見書の提出を受けたときは，行政不服審査法43条1項1号～8号のいずれかに該当する場合を除き，行政不服審査会等に諮問しなければならない（43条1項）。すなわち，行政不服審査会等への諮問は，審理員が審理手続を終結した後に，審査庁がするものである。

447p

192

●行政法

チェック欄

行政不服審査法／執行停止

重要度 A

問216 行政不服審査法の定める執行停止に関する次の記述のうち，正しいものはどれか。

1 処分庁の上級行政庁または処分庁のいずれでもない審査庁は，必要があると認めるときは，審査請求人の申立てによりまたは職権で，処分の効力，処分の執行または手続の続行の全部または一部の停止その他の措置をとることができる。

2 審査庁は，処分，処分の執行または手続の続行により生ずる重大な損害を避けるために緊急の必要があると認めるときは，審査請求人の申立てがなくとも，職権で執行停止をしなければならない。

3 審理員は，必要があると認める場合には，審査庁に対し，執行停止をすべき旨の意見書を提出することができ，意見書の提出があった場合，審査庁は，速やかに執行停止をしなければならない。

4 執行停止をした後において，執行停止が公共の福祉に重大な影響を及ぼすことが明らかとなったとき，その他事情が変更したときには，審査庁は，その執行停止を取り消すことができる。

5 処分庁の上級行政庁または処分庁が審査庁である場合には，処分の執行の停止によって目的を達することができる場合であっても，処分の効力の停止をすることができる。

(本試験2017年問16)

●法令編

正答率 **84**%

処分の効力，処分の執行または手続の続行の全部または一部の停止その他の措置を「執行停止」という（25条2項参照）。

1 誤 処分庁の上級行政庁または処分庁のいずれでもない審査庁は，必要があると認める場合には，審査請求人の申立てにより，処分庁の意見を聴取した上，執行停止をすることができる（25条3項本文）。ただし，処分の効力，処分の執行または手続の続行の全部または一部の停止以外の措置をとることはできない（25条3項ただし書）。よって，当該審査庁は，職権で執行停止をすることができず，また，「その他の措置」をとることもできない。 448p

2 誤 25条2項3項の規定による審査請求人の申立てがあった場合において，処分，処分の執行または手続の続行により生ずる重大な損害を避けるために緊急の必要があると認めるときは，審査庁は，執行停止をしなければならない（25条4項本文）。 449p

3 誤 審理員は，必要があると認める場合には，審査庁に対し，執行停止をすべき旨の意見書を提出することができる（40条）。審理員から執行停止をすべき旨の意見書が提出されたときは，審査庁は，速やかに，執行停止をするかどうかを決定しなければならない（25条7項）。よって，当該審査庁は，速やかに執行停止をしなければならないわけではない。 449p

4 正 そのとおり。執行停止をした後において，執行停止が公共の福祉に重大な影響を及ぼすことが明らかとなったとき，その他事情が変更したときは，審査庁は，その執行停止を取り消すことができる（26条）。 449p

5 誤 処分庁の上級行政庁または処分庁が審査庁である場合において，処分の効力の停止は，処分の効力の停止以外の措置によって目的を達することができるときは，することができない（25条2項6項）。よって，処分の執行の停止によって目的を達することができる場合には，処分の効力の停止をすることはできない。 448p

●行政法

行政不服審査法／執行停止

重要度 A

問217 行政不服審査法が定める執行停止に関する次の記述のうち，正しいものはどれか。

1 審査請求人の申立てがあった場合において，処分，処分の執行または手続の続行により生ずる重大な損害を避けるために緊急の必要があると認めるときは，本案について理由がないとみえるときでも，審査庁は，執行停止をしなければならない。

2 審査庁は，いったんその必要性を認めて執行停止をした以上，その後の事情の変更を理由として，当該執行停止を取り消すことはできない。

3 審理員は執行停止をすべき旨の意見書を審査庁に提出することができ，提出を受けた当該審査庁は，速やかに，執行停止をするかどうかを決定しなければならない。

4 再調査の請求は，処分庁自身が簡易な手続で事実関係の調査をする手続であるから，再調査の請求において，請求人は執行停止を申し立てることはできない。

5 審査庁が処分庁または処分庁の上級行政庁のいずれでもない場合には，審査庁は，審査請求人の申立てにより執行停止を行うことはできない。

（本試験2021年問14）

●法令編

正解 3

正答率 **83**%

合格基本書

1 誤 審査請求人の申立てがあった場合において，処分，
処分の執行または手続の続行により生ずる重大な損害を避け
るために緊急の必要があると認めるときは，審査庁は，執行
停止をしなければならない（25条4項本文）。ただし，公共
の福祉に重大な影響を及ぼすおそれがあるとき，または本案
について理由がないとみえるときは，この限りでない（25
条4項ただし書）。

449p

2 誤 執行停止をした後において，執行停止が公共の福祉
に重大な影響を及ぼすことが明らかとなったとき，その他事
情が変更したときは，審査庁は，その執行停止を取り消すこ
とができる（26条）。

449p

3 正 そのとおり。審理員は，必要があると認める場合には，
審査庁に対し，執行停止をすべき旨の意見書を提出することが
できる（40条）。審理員から40条に規定する執行停止をすべ
き旨の意見書が提出されたときは，審査庁は，速やかに，執行
停止をするかどうかを決定しなければならない（25条7項）。

4 誤 再調査の請求についても，執行停止に関する25条
（3項を除く。）の規定が準用されている（61条前段）。

5 誤 処分庁の上級行政庁または処分庁のいずれでもない
審査庁は，必要があると認める場合には，審査請求人の申立
てにより，処分庁の意見を聴取した上，執行停止をすること
ができる（25条3項本文）。

448p

ワンポイント・アドバイス

①再調査の請求について，執行停止に関する25条（3項を除く。）の規定
が準用されています（61条前段）。
②再審査請求について，執行停止に関する25条（2項を除く。）の規定が
準用されています（66条1項前段）。

●行政法

行政不服審査法／裁決

問218 行政不服審査法に関する次の記述のうち，正しいものはどれか。

1 処分についての審査請求が法定の期間経過後にされたものであるとき，その他不適法であるときは，審査庁は，棄却裁決を行う。

2 処分についての審査請求に理由があるときは，審査庁は，当該処分の取消しのみならず，処分庁に代わって一定の処分を行うことができる。

3 不作為についての審査請求に理由があるときは，不作為庁の上級行政庁である審査庁は，裁決で，当該不作為が違法または不当である旨を宣言するとともに，当該申請に対して一定の処分をすべきものと認めるときは，当該不作為庁に対し，当該処分をすべき旨を命ずる。

4 削除

5 事情裁決は，行政事件訴訟法の定める事情判決と同様，処分が違法であるときに一定の要件の下で行われるものであって，処分が違法ではなく，不当であるにとどまる場合において行われることはない。

（本試験2012年問15改題）

●法令編

正解 **3**

正答率 **82%**

合格基本書

1 誤 処分についての審査請求が法定の期間経過後にされた
ものである場合その他不適法である場合には，審査庁は，裁決
で，当該審査請求を<u>却下する</u>（45条1項）。なお，処分につい
ての審査請求を棄却するのは，「審査請求が理由がない場合」
である（45条2項）。

450p

2 誤 処分（事実上の行為を除く。）についての審査請求が
理由がある場合には，審査庁は，裁決で，当該処分の全部ま
たは一部を取り消し，またはこれを変更する（46条1項本
文）。ただし，<u>審査庁が処分庁の上級行政庁または処分庁の
いずれでもない場合には，当該処分を変更することはできな
い</u>（46条1項ただし書）。

450p

3 正 そのとおり。不作為についての審査請求が理由があ
る場合には，審査庁は，裁決で，当該不作為が違法または不
当である旨を宣言する（49条3項前段）。この場合におい
て，不作為庁の上級行政庁である審査庁は，当該申請に対し
て一定の処分をすべきものと認めるときは，当該不作為庁に
対し，当該処分をすべき旨を命ずる（49条3項後段1号）。

451p

4 削除 2014（平成26）年改正により，出題の意義が失わ
れた。

5 誤 審査請求に係る処分が違法または<u>不当</u>ではあるが，
これを取り消しまたは撤廃することにより公の利益に著しい
障害を生ずる場合において，審査請求人の受ける損害の程
度，その損害の賠償または防止の程度および方法その他一切
の事情を考慮したうえ，処分を取り消しまたは撤廃すること
が公共の福祉に適合しないと認めるときは，審査庁は，裁決
で，当該審査請求を棄却することができる（事情裁決／45
条3項前段）。よって，事情裁決は，<u>処分が「不当であるに
とどまる場合」</u>においても行われることがある。

450p

198

●行政法

行政不服審査法／裁決

問 219 裁決および決定についての行政不服審査法の規定に関する次のア～オの記述のうち、正しいものの組合せはどれか。

ア 審査請求人は、処分についての審査請求をした日（審査請求書につき不備の補正を命じられた場合は、当該不備を補正した日）から、行政不服審査法に定められた期間内に裁決がないときは、当該審査請求が審査庁により棄却されたものとみなすことができる。

イ 審査請求については、裁決は関係行政庁を拘束する旨の規定が置かれており、この規定は、再審査請求の裁決についても準用されているが、再調査の請求に対する決定については、準用されていない。

ウ 審査請求および再審査請求に対する裁決については、認容、棄却、却下の3つの類型があるが、再調査の請求については請求期間の定めがないので、これに対する決定は、認容と棄却の2つの類型のみである。

エ 審査請求においては、処分その他公権力の行使に当たる行為が違法または不当であるにもかかわらず、例外的にこれを認容せず、裁決主文で違法または不当を宣言し、棄却裁決をする制度（いわゆる事情裁決）があるが、再調査の請求に対する決定についても、類似の制度が規定されている。

オ 事実上の行為のうち、処分庁である審査庁に審査請求をすべきとされているものについて、審査請求に理由がある場合には、審査庁は、事情裁決の場合を除き、裁決で、当該事実上の行為が違法または不当である旨を宣言するとともに、当該事実上の行為の全部もしくは一部を撤廃し、またはこれを変更する。

1 ア・ウ
2 ア・エ
3 イ・エ
4 イ・オ
5 ウ・オ

（本試験2019年問14）

●法令編

正解 **4**

正答率 **72**%

合格基本書

ア **誤** <u>行政不服審査法では，このようなことは規定されていない。</u>

イ **正** そのとおり。審査請求の裁決は，関係行政庁を拘束する（52条1項）。この規定は，再審査請求の裁決について準用されている（66条1項）が，再調査の請求に対する決定については準用されていない（61条参照）。

ウ **誤** 再調査の請求についても，<u>請求期間の定め（54条）</u>がある。再調査の請求が法定の期間経過後にされたものである場合その他不適法である場合には，処分庁は，決定で，当該再調査の請求を<u>却下</u>する（58条1項）。すなわち，再調査の請求に対する決定についても，認容（59条）・棄却（58条2項）・<u>却下</u>（58条1項）の3つの類型がある。

エ **誤** 審査請求においては，事情裁決の制度（45条3項）が定められている。これに対し，再調査の請求に対する決定については，<u>審査請求における事情裁決に類似した制度は規定されていない</u>（61条は45条3項を準用していない）。

オ **正** そのとおり。事実上の行為のうち，処分庁である審査庁に審査請求をすべきとされているものについて，審査請求に理由がある場合には，審査庁は，事情裁決の場合を除き，裁決で，当該事実上の行為が違法または不当である旨を宣言するとともに，当該事実上の行為の全部もしくは一部を撤廃し，またはこれを変更する（47条2号）。

450p

　以上より，正しいものはイ・オであり，正解は**4**である。

200

●行政法

行政不服審査法／裁決

問220 行政不服審査法の定める審査請求に対する裁決に関する次の記述のうち、正しいものはどれか。

1 処分についての審査請求が不適法である場合や、審査請求が理由がない場合には、審査庁は、裁決で当該審査請求を却下するが、このような裁決には理由を記載しなければならない。

2 処分についての審査請求に対する認容裁決で、当該処分を変更することができるのは、審査庁が処分庁の上級行政庁または処分庁の場合に限られるが、審査庁が処分庁の場合は、審査請求人の不利益に当該処分を変更することもできる。

3 不作為についての審査請求が当該不作為に係る処分についての申請から相当の期間が経過しないでされたものである場合その他不適法である場合には、審査庁は、裁決で、当該審査請求を却下する。

4 法令に基づく申請を却下し、または棄却する処分の全部または一部を取り消す場合において、審査庁が処分庁の上級行政庁である場合、当該審査庁は、当該申請に対して一定の処分をすべきものと認めるときは、自らその処分を行うことができる。

5 不作為についての審査請求が理由がある場合において、審査庁が不作為庁の上級行政庁である場合、審査庁は、裁決で当該不作為が違法または不当である旨を宣言するが、当該不作為庁に対し、一定の処分をすべき旨を命ずることはできない。

（本試験2016年問16）

●法令編

正解 3

正答率 **69**%

合格基本書

1 誤 処分についての審査請求が法定の期間経過後にされ 450p
たものである場合その他不適法である場合には，審査庁は，
裁決で，当該審査請求を却下する（45条1項）。これに対
し，処分についての審査請求が理由がない場合には，審査庁
は，裁決で，当該審査請求を棄却する（45条2項）。裁決
は，①主文，②事案の概要，③審理関係人の主張の要旨，④
理由を記載し，審査庁が記名押印した裁決書によりしなけれ
ばならない（50条1項）。

2 誤 処分（事実上の行為を除く。）についての審査請求が 451p
理由がある場合には，審査庁は，裁決で，当該処分の全部も
しくは一部を取り消し，またはこれを変更する（46条1項
本文）。ただし，審査庁が処分庁の上級行政庁または処分庁
のいずれでもない場合には，当該処分を変更することはでき
ない（46条1項ただし書）。処分庁の上級行政庁または処分
庁である審査庁が裁決で当該処分を変更する場合において，
審査庁は，審査請求人の不利益に当該処分を変更することは
できない（不利益変更の禁止／48条）。

3 正 そのとおり。不作為についての審査請求が当該不作 451p
為に係る処分についての申請から相当の期間が経過しないで
されたものである場合その他不適法である場合には，審査庁
は，裁決で，当該審査請求を却下する（49条1項）。

4 誤 法令に基づく申請を却下し，または棄却する処分の全部
または一部を取り消す場合において，当該申請に対して一定の
処分をすべきものと認めるときは，①処分庁の上級行政庁であ
る審査庁は，当該処分庁に対し，当該処分をすべき旨を命じ，
②処分庁である審査庁は，当該処分をする（46条2項）。

5 誤 不作為についての審査請求が理由がある場合には， 451p
審査庁は，裁決で，当該不作為が違法または不当である旨を
宣言する（49条3項前段）。この場合において，当該申請に
対して一定の処分をすべきものと認めるときは，①不作為庁
の上級行政庁である審査庁は，当該不作為庁に対し，当該処
分をすべき旨を命じ，②不作為庁である審査庁は，当該処分
をする（49条3項後段）。

●行政法

行政不服審査法／裁決

問 221 行政不服審査法に基づく審査請求に対する裁決に関する次の記述のうち、正しいものはどれか。

1 処分についての審査請求が法定の期間経過後にされたものであるとき、その他不適法であるとき、または審査請求に理由がないときは、審査庁は、裁決で当該審査請求を却下する。

2 不作為についての審査請求に理由があるときは、不作為庁の上級行政庁である審査庁は、当該不作為庁に対しすみやかに申請を認める処分をすべき旨を命ずるとともに、裁決で、その旨を宣言する。

3 処分（事実上の行為を除く。）についての審査請求に理由があり、審査庁が裁決で当該処分の変更することができる場合において、公の利益に著しい障害が生じることを防ぐため必要があると認めるときは、審査庁は、審査請求人の不利益に処分の変更をすることもできる。

4 事実上の行為についての審査請求に理由があるときは、処分庁の上級行政庁である審査庁は、裁決で、当該事実上の行為が違法または不当である旨を宣言するとともに、当該処分庁に対し、当該事実上の行為の全部もしくは一部を撤廃し、またはこれを変更すべきことを命ずる。

5 処分についての審査請求の裁決には、行政事件訴訟法の定める事情判決と同様の事情裁決の制度があるが、事情裁決が行われるのは、処分が違法である場合に限られ、処分が不当である場合には行われない。

（本試験2015年問14改題）

●法令編

正解 **4**　　　正答率 **68%**

合格基本書

1　**誤**　処分についての審査請求が法定の期間経過後にされ
たものである場合その他不適法である場合には，審査庁は，
裁決で，当該審査請求を却下する（45条1項）。処分につい
ての審査請求が理由がない場合には，審査庁は，裁決で，当
該審査請求を棄却する（45条2項）。

450p

2　**誤**　不作為についての審査請求が理由がある場合には，
審査庁は，裁決で，当該不作為が違法または不当である旨を
宣言する（49条3項前段）。この場合において，不作為庁の
上級行政庁である審査庁は，当該申請に対する一定の処分を
すべきものと認めるときは，当該不作為庁に対し，当該処分
をすべき旨を命ずる（49条3項後段1号）。ここにいう「一
定の処分」には，申請を拒否する処分も含まれる。

451p

3　**誤**　処分（事実上の行為を除く。）についての審査請求が
理由がある場合には，審査庁は，裁決で，当該処分の全部も
しくは一部を取り消し，またはこれを変更する（46条1項
本文）。ただし，審査庁が処分庁の上級行政庁または処分庁
のいずれでもない場合には，当該処分を変更することはでき
ない（46条1項ただし書）。審査庁が裁決で当該処分の変更
をすることができる場合（46条1項本文）において，その
審査庁は，審査請求人の不利益に当該処分を変更することは
できない（48条）。

451p

4　**正**　そのとおり（47条1号）。

450p

5　**誤**　審査請求に係る処分が違法または不当ではあるが，
これを取り消し，または撤廃することにより公の利益に著し
い障害を生ずる場合において，審査請求人の受ける損害の程
度，その損害の賠償または防止の程度および方法その他一切
の事情を考慮したうえ，処分を取り消し，または撤廃するこ
とが公共の福祉に適合しないと認めるときは，審査庁は，裁
決で，当該審査請求を棄却することができる（事情裁決／
45条3項前段）。

450p

●行政法

行政不服審査法／教示制度

重要度 A

問222 行政不服審査法に基づく**審査請求の教示義務**に関する次のア〜エの記述のうち、正しいものの組合せはどれか。

ア　処分庁は、審査請求ができる処分をするときは、処分の相手方に対し、審査請求ができる旨、審査請求すべき行政庁、審査請求期間、審査請求書に記載すべき事項を教示しなければならない。

イ　審査請求をすることができる処分につき、処分庁が誤って審査請求すべき行政庁でない行政庁を教示し、当該行政庁に審査請求書が提出された場合、当該行政庁は処分庁または審査庁となるべき行政庁に審査請求書を送付しなければならない。

ウ　処分庁は、処分の相手方以外の利害関係者から当該処分が審査請求のできる処分であるか否かについて教示を求められたときは、当該事項を教示しなければならない。

エ　処分庁が審査請求書に記載すべき事項を誤って教示し、それに沿った審査請求書が提出されたときは、審査請求を受けた行政庁は、審査請求をした者に期限を定めて補正を求めなければならない。

1 ア・イ
2 ア・エ
3 イ・ウ
4 イ・エ
5 ウ・エ

（本試験2014年問15改題）

●法令編

正解 3

正答率 **48**%

合格基本書

ア **誤** 行政庁は，審査請求をすることができる処分をする場
合には，処分の相手方に対し，「当該処分につき審査請求を
することができる旨」ならびに「審査請求をすべき行政庁」
および「審査請求をすることができる期間」を書面で教示し
なければならない（82条1項本文）。ただし，当該処分を口
頭でする場合は，この限りでない（82条1項ただし書）。審
査請求書に記載すべき事項については教示事項とされていな
い。

452p

イ **正** そのとおり。審査請求をすることができる処分につ
き，処分庁が誤って審査請求すべき行政庁でない行政庁を審
査請求をすべき行政庁として教示した場合において，その教
示された行政庁に書面で審査請求がされたときは，当該行政
庁は，速やかに，審査請求書を処分庁または審査庁となるべ
き行政庁に送付し，かつ，その旨を審査請求人に通知しなけ
ればならない（22条1項）。

453p

ウ **正** そのとおり。行政庁は，利害関係人から，「当該処分
が不服申立てをすることができる処分であるかどうか」なら
びに当該処分が不服申立てをすることができるものである場
合における「不服申立てをすべき行政庁」および「不服申立
てをすることができる期間」につき教示を求められたとき
は，当該事項を教示しなければならない（82条2項）。この
場合において，教示を求めた者が書面による教示を求めたと
きは，当該教示は，書面でしなければならない（82条3
項）。なお，ここにいう「利害関係人」には，行政庁が処分
を口頭でした場合における処分の相手方も含まれる。

452p

エ **誤** 審査請求書に記載すべき事項を誤って教示した場合に
ついては規定されていない。

以上より，正しいものはイ・ウであり，正解は**3**である。

206

●行政法

行政不服審査法／総合

重要度 B

問223 行政不服審査法に基づく不服申立てに関する次の記述のうち，法令または判例に照らし，妥当なものはどれか。

1 行政不服申立てにおいては，行政処分の取消しを求めることだけではなく，公法上の法律関係の確認を求めることも許される。

2 行政不服審査法は，審査請求の対象となる処分については，いわゆる一般概括主義を採用しており，審査請求をすることができない処分を列挙してはいない。

3 行政処分について審査請求の申立適格を有するのは，処分の相手方に限られ，それ以外の第三者は，他の法律に特別の定めがない限り，申立適格を有しない。

4 憲法による適正手続の保障の趣旨は，審査請求の審理手続にも及ぶので，その手続においても，口頭弁論主義が原則とされている。

5 審査請求の裁決は，書面でしなければならず，緊急を要する場合であっても，口頭ですることは認められていない。

（本試験2012年問14改題）

●法令編

正解 **5**

正答率 **63**%

合格基本書

1 **妥当でない** 行政不服申立てとは，国民の申立てに基づいて，行政機関自身が違法・不当な行政活動の是正を行う仕組みである。行政不服申立てにおいては，行政処分の取消しを求めることは許される（46条1項参照）が，公法上の法律関係の確認を求めることは許されない。

2 **妥当でない** 行政不服審査法は，一般概括主義を採ることを前提として，審査請求の規定が適用されない処分・不作為について列挙する（7条1項）。 438p

3 **妥当でない** 処分に関する不服申立適格を有するのは，「行政庁の処分に不服がある者」である（2条）。どのような者に不服申立適格が認められるかにつき，判例は，「当該処分について不服申立をする法律上の利益がある者，すなわち，当該処分により自己の権利若しくは法律上保護された利益を侵害され又は必然的に侵害されるおそれのある者をいう」としている（主婦連ジュース訴訟／最判昭53.3.14）。よって，審査請求の申立適格を有するのは，処分の相手方に限られない。 440p

4 **妥当でない** 審査請求の審理は，書面によるのが原則である。なお，審査請求人または参加人の申立てがあった場合には，審理員は，当該申立てをした者（「申立人」）に口頭で審査請求に係る事件に関する意見を述べる機会を与えなければならない（31条1項本文）。この規定による意見の陳述を「口頭意見陳述」という（31条2項かっこ書）。 446p

5 **妥当である** そのとおり。裁決は，①主文，②事案の概要，③審理関係人の主張の要旨，④理由を記載し，審査庁が記名押印した裁決書によりしなければならない（50条1項）。すなわち，審査請求の裁決を口頭ですることは認められていない。 451p

208

●行政法

行政不服審査法／総合

問224 次に掲げる行政不服審査法の条文の空欄 ア ～ オ に当てはまる語句の組合せとして，正しいものはどれか。

第18条第1項　処分についての審査請求は， ア から起算して3月……（中略）……を経過したときは，することができない。ただし，正当な理由があるときは，この限りでない。

第26条　執行停止をした後において， イ が明らかとなったとき，その他事情が変更したときは，審査庁は，その執行停止を取り消すことができる。

第45条第1項　処分についての審査請求が法定の期間経過後にされたものである場合……（中略）……には，審査庁は， ウ で，当該審査請求を エ する。

第59条第1項　処分（事実上の行為を除く。）についての再調査の請求が理由がある場合には，処分庁は， オ で，当該処分の全部若しくは一部を取り消し，又はこれを変更する。

	ア	イ	ウ	エ	オ
1	処分があったことを知った日の翌日	当該審査請求に理由がないこと	裁決	棄却	裁決
2	処分があったことを知った日	執行停止が公共の福祉に重大な影響を及ぼすこと	決定	棄却	裁決
3	処分があったことを知った日の翌日	執行停止が公共の福祉に重大な影響を及ぼすこと	裁決	却下	決定
4	処分があったことを知った日	当該審査請求に理由がないこと	決定	棄却	裁決
5	処分があったことを知った日の翌日	執行停止が公の利益に著しい障害を生ずること	裁決	却下	決定

（本試験2018年問16）

●法令編

正解 **3**

正答率 **84**%

合格基本書

第18条第1項　処分についての審査請求は，(ア)処分があった 441p
ことを知った日の翌日から起算して3月（当該処分について
再調査の請求をしたときは，当該再調査の請求についての決
定があったことを知った日の翌日から起算して1月）を経過
したときは，することができない。ただし，正当な理由があ
るときは，この限りでない。

第26条　執行停止をした後において，(イ)執行停止が公共の福 449p
祉に重大な影響を及ぼすことが明らかとなったとき，その他
事情が変更したときは，審査庁は，その執行停止を取り消す
ことができる。

第45条第1項　処分についての審査請求が法定の期間経過後 450p
にされたものである場合その他不適法である場合には，審査
庁は，(ウ)裁決で，当該審査請求を(エ)却下する。

第59条第1項　処分（事実上の行為を除く。）についての再調
査の請求が理由がある場合には，処分庁は，(オ)決定で，当
該処分の全部若しくは一部を取り消し，又はこれを変更す
る。

　以上より，アには「処分があったことを知った日の翌日」，
イには「執行停止が公共の福祉に重大な影響を及ぼすこと」，
ウには「裁決」，エには「却下」，オには「決定」が入り，正解
は**3**である。

ワンポイント・アドバイス

　事実上の行為についての再調査の請求が理由がある場合には，処分庁は，
決定で，当該事実上の行為が違法または不当である旨を宣言するとともに，
当該事実上の行為の全部もしくは一部を撤廃し，またはこれを変更します
（59条2項）。

210

●行政法

行政不服審査法／総合

問225 行政不服審査法の定める不作為についての審査請求に関する次の記述のうち，妥当なものはどれか。

1 不作為についての審査請求は，当該処分についての申請をした者だけではなく，当該処分がなされることにつき法律上の利益を有する者がなすことができる。

2 不作為についての審査請求は，法令に違反する事実がある場合において，その是正のためにされるべき処分がなされていないときにも，なすことができる。

3 不作為についての審査請求の審査請求期間は，申請がなされてから「相当の期間」が経過した時点から起算される。

4 不作為についての審査請求の審理中に申請拒否処分がなされた場合については，当該審査請求は，拒否処分に対する審査請求とみなされる。

5 不作為についての審査請求がなされた場合においても，審査庁は，原則として，その審理のために，その職員のうちから審理員を指名しなければならない。

(本試験2018年問14)

●法令編

正答率 **54**%

1 **妥当でない** 法令に基づき行政庁に対して処分についての申請をした者は，当該申請から相当の期間が経過したにもかかわらず，行政庁の不作為がある場合には，4条の定めるところにより，当該不作為についての審査請求をすることができる（3条）。 440p

2 **妥当でない** 法令に基づき行政庁に対して処分についての申請をした者は，当該申請から相当の期間が経過したにもかかわらず，行政庁の不作為（法令に基づく申請に対して何らの処分をもしないことをいう。）がある場合には，4条の定めるところにより，当該不作為についての審査請求をすることができる（3条）。 435p

3 **妥当でない** 不作為についての審査請求には，審査請求期間の制限はなく，不作為状態が続く限り，審査請求をすることができる。 441p

4 **妥当でない** 行政不服審査法には，本記述のような規定は置かれていない。

5 **妥当である** そのとおり。4条または他の法律もしくは条例の規定により審査請求がされた行政庁は，審査庁に所属する職員のうちから審理手続を行う者を指名するとともに，その旨を審査請求人および処分庁等（審査庁以外の処分庁等に限る。）に通知しなければならない（9条1項本文）。ここにいう「処分庁等」とは，処分庁または不作為庁をいう（4条1号かっこ書）。よって，不作為についての審査請求がなされた場合においても，審査庁は，原則として，その審理のために，その職員のうちから審理員を指名しなければならない。 445p

●行政法

行政不服審査法／総合

問226 不作為についての審査請求について定める行政不服審査法の規定に関する次のア〜エの記述のうち，正しいものの組合せはどれか。

ア 不作為についての審査請求が当該不作為に係る処分についての申請から相当の期間が経過しないでされたものである場合，審査庁は，裁決で，当該審査請求を棄却する。

イ 不作為についての審査請求について理由がない場合には，審査庁は，裁決で，当該審査請求を棄却する。

ウ 不作為についての審査請求について理由がある場合には，審査庁は，裁決で，当該不作為が違法または不当である旨を宣言する。

エ 不作為についての審査請求について理由がある場合，不作為庁の上級行政庁ではない審査庁は，当該不作為庁に対し，当該処分をすべき旨を勧告しなければならない。

1 ア・イ
2 ア・エ
3 イ・ウ
4 イ・エ
5 ウ・エ

（本試験2020年問16）

●法令編

正解3

正答率 **78**%

合格基本書

ア **誤** 不作為についての審査請求が当該不作為に係る処分についての申請から相当の期間が経過しないでされたものである場合その他不適法である場合には，審査庁は，裁決で，当該審査請求を却下する（49条1項）。

451p

イ **正** そのとおり。不作為についての審査請求が理由がない場合には，審査庁は，裁決で，当該審査請求を棄却する（49条2項）。

451p

ウ **正** そのとおり。不作為についての審査請求が理由がある場合には，審査庁は，裁決で，当該不作為が違法または不当である旨を宣言する（49条3項柱書前段）。

451p

エ **誤** 行政不服審査法では，このようなことは規定されていない。なお，不作為についての審査請求が理由がある場合において，当該申請に対して一定の処分をすべきものと認めるときは，①不作為庁の上級行政庁である審査庁は，当該不作為庁に対し，当該処分をすべき旨を命じ（49条3項後段1号），②不作為庁である審査庁は，（みずから）当該処分をする（49条3項後段2号）。

451p

以上より，正しいものはイ・ウであり，正解は**3**である。

ワンポイント・アドバイス

　法令に基づき行政庁に対して処分についての申請をした者は，当該申請から相当の期間が経過したにもかかわらず，行政庁の不作為（法令に基づく申請に対して何らの処分をもしないことをいう。）がある場合には，行政不服審査法4条の定めるところにより，当該不作為についての審査請求をすることができます（3条）。

　不作為についての審査請求には，不服申立期間の制限はありません。申請に対する不作為の状態が続く限り，当該不作為についての審査請求をすることができます。

●行政法

チェック欄

行政不服審査法／総合

重要度 A

問227 行政不服審査法に関する次のア～オの記述のうち，正しいものの組合せはどれか。

ア 審査請求の目的である処分に係る権利を譲り受けた者は，審査請求人の地位を承継することができるが，その場合は，審査庁の許可を得ることが必要である。

イ 処分についての審査請求に関する審査請求期間については，処分があったことを知った日から起算するものと，処分があった日から起算するものの2つが定められているが，いずれについても，その初日が算入される。

ウ 法令に違反する事実がある場合において，その是正のためにされるべき処分がなされないときは，当該行政庁の不作為について，当該処分をすることを求める審査請求をすることができる。

エ 一定の利害関係人は，審理員の許可を得て，参加人として当該審査請求に参加することができるが，参加人は，審査請求人と同様に，口頭で審査請求に係る事件に関する意見を述べる機会を与えられ，証拠書類または証拠物を提出することができる。

オ 多数人が共同して行った審査請求においては，法定数以内の総代を共同審査請求人により互選することが認められているが，その場合においても，共同審査請求人各自が，総代を通じることなく単独で当該審査請求に関する一切の行為を行うことができる。

1 ア・エ
2 ア・オ
3 イ・ウ
4 イ・オ
5 ウ・エ

（本試験2020年問14）

215

●法令編

正解 **1**

正答率 **62**%

合格基本書

ア **正** そのとおり。審査請求の目的である処分に係る権利を
譲り受けた者は，審査庁の許可を得て，審査請求人の地位を
承継することができる（15条6項）。

イ **誤** 処分についての審査請求は，処分があったことを知っ
た日の翌日から起算して3カ月を経過したときは，すること
ができない（18条1項本文）。また，処分についての審査請
求は，処分があった日の翌日から起算して1年を経過したと
きは，することができない（18条2項本文）。

441p

ウ **誤** 行政不服審査法では，このようなことは規定されてい
ない。なお，不作為についての審査請求の対象となる「行政
庁の不作為」とは，法令に基づく申請に対して何らの処分を
もしないことをいう（3条参照）。

435p

エ **正** そのとおり。利害関係人は，審理員の許可を得て，当
該審査請求に参加することができる（参加人／13条1項）。
審査請求人または参加人の申立てがあった場合には，審理員
は，当該申立てをした者に口頭で審査請求に係る事件に関す
る意見を述べる機会を与えなければならない（31条1項本
文）。審査請求人または参加人は，証拠書類または証拠物を
提出することができる（32条1項）。

446p

オ **誤** 多数人が共同して審査請求をしようとするときは，3
人を超えない総代を互選することができる（11条1項）。総
代は，各自，他の共同審査請求人のために，審査請求の取下
げを除き，当該審査請求に関する一切の行為をすることがで
きる（11条3項）。総代が選任されたときは，共同審査請求
人は，総代を通じてのみ，前記行為をすることができる
（11条4項）。

444p

以上より，正しいものはア・エであり，正解は**1**である。

216

●行政法

行政不服審査法／総合

重要度 A

問228 行政不服審査法が定める審査請求に関する次のア～オの記述のうち，誤っているものの組合せはどれか。

ア 処分の取消しを求める審査請求は，所定の審査請求期間を経過したときは，正当な理由があるときを除き，することができないが，審査請求期間を経過した後についても処分の無効の確認を求める審査請求ができる旨が規定されている。

イ 審査請求は，他の法律または条例にこれを口頭ですることができる旨の定めがある場合を除き，審査請求書を提出してしなければならない。

ウ 処分についての審査請求に理由があり，当該処分を変更する裁決をすることができる場合であっても，審査請求人の不利益に当該処分を変更することはできない。

エ 審査請求に対する裁決の裁決書に記載する主文が，審理員意見書または行政不服審査会等の答申書と異なる内容である場合であっても，異なることとなった理由を示すことまでは求められていない。

オ 処分の効力，処分の執行または手続の続行の全部または一部の停止その他の措置をとるよう求める申立ては，当該処分についての審査請求をした者でなければすることができない。

1 ア・イ
2 ア・エ
3 イ・オ
4 ウ・エ
5 ウ・オ

（本試験2021年問16）

●法令編

正解 **2**

正答率 **67**%

合格基本書

ア **誤** 行政不服審査法では，このようなことは規定されていない（18条参照）。

イ **正** そのとおり。審査請求は，他の法律（条例に基づく処分については，条例）に口頭ですることができる旨の定めがある場合を除き，政令で定めるところにより，審査請求書を提出してしなければならない（19条1項）。

442p

ウ **正** そのとおり。処分についての審査請求に理由があり，当該処分を変更する場合であっても，審査庁は，審査請求人の不利益に当該処分を変更することはできない（48条，46条1項本文）。

451p

エ **誤** 裁決は，①「主文」，②「事案の概要」，③「審理関係人の主張の要旨」，④「理由（第1号の主文が審理員意見書又は行政不服審査会等若しくは審議会等の答申書と異なる内容である場合には，異なることとなった理由を含む。）」を記載し，審査庁が記名押印した裁決書によりしなければならない（50条1項）。

オ **正** そのとおり。処分庁の上級行政庁または処分庁である審査庁は，必要があると認める場合には，審査請求人の申立てによりまたは職権で，処分の効力，処分の執行または手続の続行の全部または一部の停止その他の措置（「執行停止」）をとることができる（25条2項）。よって，執行停止をするよう求める申立ては，審査請求人でなければすることができない。

448p

以上より，誤っているものはア・エであり，正解は**2**である。

218

●行政法

チェック欄			

行政不服審査法／総合

重要度 A

問229 行政不服審査法の規定に関する次の記述のうち、正しいものはどれか。

1 地方公共団体は、行政不服審査法の規定の趣旨にのっとり、国民が簡易迅速かつ公正な手続の下で広く行政庁に対する不服申立てをすることができるために必要な措置を講ずるよう努めなければならない。

2 地方公共団体の行政庁が審査庁として、審理員となるべき者の名簿を作成したときは、それについて当該地方公共団体の議会の議決を経なければならない。

3 不服申立ての状況等に鑑み、地方公共団体に当該地方公共団体の行政不服審査機関*を設置することが不適当または困難であるときは、審査庁は、審査請求に係る事件につき、国の行政不服審査会に諮問を行うことができる。

4 地方公共団体の議会の議決によってされる処分については、当該地方公共団体の議会の議長がその審査庁となる。

5 地方公共団体におかれる行政不服審査機関*の組織及び運営に必要な事項は、当該地方公共団体の条例でこれを定める。

(注) ＊ 行政不服審査機関　行政不服審査法の規定によりその権限に属させられた事項を処理するため、地方公共団体に置かれる機関をいう。

(本試験2019年問16)

●法令編

正答率 **41%**

1 誤 行政不服審査法では,このようなことは規定されていない。
2 誤 行政不服審査法では,このようなことは規定されていない。
3 誤 行政不服審査法では,このようなことは規定されていない。なお,地方公共団体に,執行機関の附属機関として,行政不服審査法の規定によりその権限に属させられた事項を処理するための機関(行政不服審査機関)を置く(81条1項)。もっとも,地方公共団体は,当該地方公共団体における不服申立ての状況等に鑑み,この機関を置くことが不適当または困難であるときは,条例で定めるところにより,事件ごとに,執行機関の附属機関として,行政不服審査法の規定によりその権限に属させられた事項を処理するための機関を置くこととすることができる(81条2項)。
4 誤 行政不服審査法では,このようなことは規定されていない。
5 正 そのとおり。地方公共団体に置かれる行政不服審査機関の組織および運営に関し必要な事項は,当該機関を置く地方公共団体の条例で定める(81条4項)。

ワンポイント・アドバイス

審査庁は,審理員意見書の提出を受けたときは,行政不服審査法43条1項1号~8号のいずれかに該当する場合を除き,①審査庁が主任の大臣または宮内庁長官もしくは内閣府設置法49条1項2項もしくは国家行政組織法3条2項に規定する庁の長である場合にあっては行政不服審査会に,②審査庁が地方公共団体の長(地方公共団体の組合にあっては,長,管理者または理事会)である場合にあっては地方公共団体に置かれる行政不服審査機関に,それぞれ諮問しなければなりません(43条1項)。

●行政法

行政事件訴訟法／総説

重要度 B

問230 次のア～エの記述のうち、法令および最高裁判所判例に照らし、正しいものの組合せはどれか。

ア　行政処分の取消訴訟において、処分取消判決が確定したときであっても、同一処分に関する国家賠償訴訟において、被告は、当該処分を行ったことが国家賠償法上は違法ではないと主張することは許される。

イ　行政処分が無効と判断される場合であっても、その効力の有無を争うためには抗告訴訟を提起する必要があり、当事者訴訟や民事訴訟においてただちに行政処分の無効を主張することは許されない。

ウ　行政処分が違法であることを理由として国家賠償請求をするに当たっては、あらかじめ当該行政処分について取消訴訟を提起し、取消判決を得ていなければならないものではない。

エ　行政処分の違法性を争点とする刑事訴訟において被告人が処分の違法を前提とする主張をする場合には、あらかじめ当該行政処分について取消訴訟を提起し、取消判決を得ておかなければならない。

1　ア・イ
2　ア・ウ
3　イ・ウ
4　イ・エ
5　ウ・エ

（本試験2016年問10）

●法令編

正答率 **61**%

ア **正** そのとおり。行政処分の取消訴訟における違法性は，当該処分に係る特定の条項違反を指す。これに対し，国家賠償法上の違法性について，判例は職務行為基準説に立つ（奈良県税務署推計課税事件／最判平5.3.11参照）。「職務行為基準説」とは，公務員の違法な行為に着目し，侵害行為の態様の側から，法に違反する行為をしたことにつき違法を認定するという「行為不法説」を前提として，職務上通常尽くすべき注意義務を尽くしたか否かによって違法性を判断する考え方である。そうすると，同じ「違法性」という言葉が用いられているにもかかわらず，行政処分の取消訴訟と国家賠償請求訴訟とで異なる意味で用いられることになる（違法性相対論）。よって，行政処分の取消訴訟において，処分取消判決が確定したときであっても，同一処分に関する国家賠償請求訴訟において，被告は，当該処分を行ったことが国家賠償法上は違法ではないと主張することは許される。

イ **誤** 行政処分が無効の場合，無効確認を求めなくても，無効を前提とする「現在の法律関係」を民事訴訟・当事者訴訟で争うことができる（行政事件訴訟法36条参照）。

ウ **正** そのとおり。判例は，「行政処分が違法であることを理由として国家賠償の請求をするについては，あらかじめ右行政処分につき取消又は無効確認の判決を得なければならないものではない」としている（最判昭36.4.21）。

エ **誤** 判例は，個室付公衆浴場の営業を阻止することを主たる動機とする，児童遊園に対する県知事の設置認可処分は，「行政権の濫用に相当する違法性があり，被告会社の……営業に対し，これを規制しうる効力を有しない」として，当該認可処分が有効であることを前提とする風営法違反により起訴された被告会社に対し，無罪の判決を言い渡している（最判昭53.6.16）。よって，判例は，行政処分の違法性を争点とする刑事訴訟において，当該行政処分について取消判決を得ていない被告人による当該行政処分の違法を前提とする主張を認めている。

以上より，正しいものはア・ウであり，正解は**2**である。

●行政法

チェック欄

行政事件訴訟法／取消訴訟の訴訟要件 重要度 A

問231 行政事件訴訟法3条2項の「行政庁の処分その他公権力の行使に当たる行為」（以下「行政処分」という。）に関する次の記述のうち，最高裁判所の判例に照らし，妥当なものはどれか。

1 医療法の規定に基づき都道府県知事が行う病院開設中止の勧告は，行政処分に該当しない。

2 地方公共団体が営む簡易水道事業につき，水道料金の改定を内容とする条例の制定行為は，行政処分に該当する。

3 都市計画法の規定に基づき都道府県知事が行う用途地域の指定は，行政処分に該当する。

4 （旧）関税定率法の規定に基づき税関長が行う「輸入禁制品に該当する貨物と認めるのに相当の理由がある」旨の通知は，行政処分に該当しない。

5 地方公共団体の設置する保育所について，その廃止を定める条例の制定行為は，行政処分に該当する。

（本試験2012年問18）

●法令編

正解 5

正答率 **64**%

合格基本書

1 **妥当でない** 判例は，「医療法30条の7の規定に基づく 459p
病院開設中止の勧告は，医療法上は当該勧告を受けた者が任
意にこれに従うことを期待してされる行政指導として定めら
れているけれども，当該勧告を受けた者に対し，これに従わ
ない場合には，相当程度の確実さをもって，病院を開設して
も保険医療機関の指定を受けることができなくなるという結
果をもたらすものということができる」とし，「いわゆる国
民皆保険制度が採用されている我が国においては，健康保
険，国民健康保険等を利用しないで病院を受診する者はほと
んどなく，保険医療機関の指定を受けずに診療行為を行う病
院がほとんど存在しないことは公知の事実であるから，保険
医療機関の指定を受けることができない場合には，実際上病
院の開設自体を断念せざるを得ないことになる」としたうえ
で，このような病院開設中止の「勧告は，行政事件訴訟法3
条2項にいう『行政庁の処分その他公権力の行使に当たる行
為』に当たると解するのが相当である」としている（最判平
17.7.15）。

2 **妥当でない** 判例は，地方公共団体が営む簡易水道事業 459p
の水道料金の改定を内容とする条例は「簡易水道事業の水道
料金を一般的に改定するものであって，そもそも限られた特
定の者に対してのみ適用されるものではなく，本件改正条例
の制定行為をもって行政庁が法の執行として行う処分と実質
的に同視することはできないから，本件改正条例の制定行為
は，抗告訴訟の対象となる行政処分には当たらない」として
いる（最判平18.7.14）。

3 **妥当でない** 判例は，用途地域の指定は，「一定の法状態
の変動を生ぜしめるものではあることは否定できないが，か
かる効果は，あたかも……法令が制定された場合と同様の当
該地域内の不特定多数の者に対する一般的抽象的なそれにす

224

●行政法

ぎず，このような効果を生ずるということだけから直ちに右地域内の個人に対する具体的な権利侵害を伴う処分があったものとして，これに対する抗告訴訟を肯定することはできない」としている（最判昭 57.4.22）。

4 妥当でない 判例は，関税定率法 21 条 3 項の規定に基づく税関長の通知は，観念の通知ではあるが，「もともと法律の規定に準拠してされたものであり，かつ，これにより……申告にかかる本件貨物を適法に輸入することができなくなるという法律上の効果を及ぼすものというべきであるから，行政事件訴訟法 3 条 2 項にいう『行政庁の処分その他公権力の行使に当たる行為』に該当する」としている（最判昭 54.12.25）。

5 妥当である そのとおり。判例は，特定の市立保育所を廃止する条例の制定行為は，入所中の児童・保護者という限られた特定の者らに対して，直接，当該保育所において保育を受けることを期待し得る法的地位を奪うものであり，また，取消判決や執行停止決定に第三者効が認められている取消訴訟において当該条例制定行為の適法性を争いうるとすることには合理性があるから，抗告訴訟の対象となる行政処分に当たるとしている（最判平 21.11.26）。

第3編 行政法

459p

ワンポイント・アドバイス

【処分性】
　判例は，抗告訴訟の対象となる「行政庁の処分」とは，「公権力の主体たる国又は公共団体が行う行為のうち，その行為によって，直接国民の権利義務を形成しまたはその範囲を確定することが法律上認められているもの」をいうとしています（最判昭 39.10.29）。

225

●行政法

行政事件訴訟法／取消訴訟の訴訟要件

重要度 A

問232 処分性に関する次の記述のうち，最高裁判所の判例に照らし，誤っているものはどれか。

1 保育所の廃止のみを内容とする条例は，他に行政庁の処分を待つことなく，その施行により各保育所廃止の効果を発生させ，当該保育所に現に入所中の児童およびその保護者という限られた特定の者らに対して，直接，当該保育所において保育を受けることを期待し得る法的地位を奪う結果を生じさせるものであるから，その制定行為は，行政庁の処分と実質的に同視し得るものということができる。

2 建築基準法42条2項に基づく特定行政庁の告示により，同条1項の道路とみなされる道路（2項道路）の指定は，それが一括指定の方法でされた場合であっても，個別の土地についてその本来的な効果として具体的な私権制限を発生させるものであり，個人の権利義務に対して直接影響を与えるものということができる。

3 （旧）医療法の規定に基づく病院開設中止の勧告は，医療法上は当該勧告を受けた者が任意にこれに従うことを期待してされる行政指導として定められており，これに従わない場合でも，病院の開設後に，保険医療機関の指定を受けることができなくなる可能性が生じるにすぎないから，この勧告は，行政事件訴訟法3条2項にいう「行政庁の処分その他公権力の行使に当たる行為」に当たらない。

4 市町村の施行に係る土地区画整理事業計画の決定は，施行地区内の宅地所有者等の法的地位に変動をもたらすものであって，抗告訴訟の対象とするに足りる法的効果を有するものということができ，実効的な権利救済を図るという観点から見ても，これを対象とした抗告訴訟の提起を認めるのが合理的である。

5 都市計画区域内において工業地域を指定する決定が告示されて生じる効果は，当該地域内の不特定多数の者に対する一般的抽象的な権利制限にすぎず，このような効果を生じるということだけから直ちに当該地域内の個人に対する具体的な権利侵害を伴う処分があったものとして，これに対する抗告訴訟の提起を認めることはできない。

（本試験2016年問19）

●法令編

正解 **3**

正答率 **91**%

合格基本書

1 **正** そのとおり。判例は、「条例の制定は、普通地方公共団体の議会が行う立法作用に属するから、一般的には、抗告訴訟の対象となる行政処分に当たるものでないことはいうまでもないが、……改正条例は、本件各保育所の廃止のみを内容とするものであって、他に行政庁の処分を待つことなく、その施行により各保育所廃止の効果を発生させ、当該保育所に現に入所中の児童及びその保護者という限られた特定の者らに対して、直接、当該保育所において保育を受けることを期待し得る上記の法的地位を奪う結果を生じさせるものであるから、その制定行為は、行政庁の処分と実質的に同視し得るものということができる」とし、「本件改正条例の制定行為は、抗告訴訟の対象となる行政処分に当たると解するのが相当である。」としている（最判平 21.11.26）。

459p

2 **正** そのとおり。判例は、「特定行政庁による 2 項道路の指定は、それが一括指定の方法でされた場合であっても、個別の土地についてその本来的な効果として具体的な私権制限を発生させるものであり、個人の権利義務に対して直接影響を与えるものということができる」としたうえで、「一括指定の方法による 2 項道路の指定も、抗告訴訟の対象となる行政処分に当たると解すべきである。」としている（最判平 14.1.17）。

459p

3 **誤** 判例は、「医療法 30 条の 7 の規定に基づく病院開設中止の勧告は、医療法上は当該勧告を受けた者が任意にこれに従うことを期待してされる行政指導として定められているけれども、当該勧告を受けた者に対し、これに従わない場合には、相当程度の確実さをもって、病院を開設しても保険医療機関の指定を受けることができなくなるという結果をもたらすものということができる」としたうえで、「この勧告は、行政事件訴訟法 3 条 2 項にいう『行政庁の処分その他公権力の行使に当たる行為』に当たると解するのが相当である。」としている（最判平 17.7.15）。

459p

228

●行政法

459p

4 正 そのとおり。判例は，市町村の施行に係る土地区画整理事業の事業計画の決定について，「換地処分等の取消訴訟において，宅地所有者等が事業計画の違法を主張し，その主張が認められたとしても，当該換地処分等を取り消すことは公共の福祉に適合しないとして事情判決（行政事件訴訟法31条1項）がされる可能性が相当程度あるのであり，換地処分等がされた段階でこれを対象として取消訴訟を提起することができるとしても，宅地所有者等の被る権利侵害に対する救済が十分に果たされるとはいい難い。そうすると，事業計画の適否が争われる場合，実効的な権利救済を図るためには，事業計画の決定がされた段階で，これを対象とした取消訴訟の提起を認めることに合理性があるというべきである。」としたうえで，「市町村の施行に係る土地区画整理事業の事業計画の決定は，施行地区内の宅地所有者等の法的地位に変動をもたらすものであって，抗告訴訟の対象とするに足りる法的効果を有するものということができ，実効的な権利救済を図るという観点から見ても，これを対象とした抗告訴訟の提起を認めるのが合理的である。したがって，上記事業計画の決定は，行政事件訴訟法3条2項にいう『行政庁の処分その他公権力の行使に当たる行為』に当たると解するのが相当である。」としている（最判平20.9.10）。

5 正 そのとおり。判例は，都市計画区域内において工業地域を指定する決定につき，「当該地域内の土地所有者等に建築基準法上新たな制約を課し，その限度で一定の法状態の変動を生ぜしめるものであることは否定できないが，かかる効果は，あたかも新たに右のような制約を課する法令が制定された場合におけると同様の当該地域内の不特定多数の者に対する一般的抽象的なそれにすぎず，このような効果を生ずるということだけから直ちに右地域内の個人に対する具体的な権利侵害を伴う処分があつたものとして，これに対する抗告訴訟を肯定することはできない」としている（最判昭57.4.22）。

第**3**編

行政法

229

●行政法

行政事件訴訟法／取消訴訟の訴訟要件

重要度 A

問233 行政事件訴訟法９条２項は，平成16年改正において，取消訴訟の原告適格に関して新設された次のような規定である。次の文章の空欄　ア　～　エ　に入る語句の組合せとして正しいものはどれか。

「裁判所は，処分又は裁決の　ア　について前項＊に規定する法律上の利益の有無を判断するに当たつては，当該処分又は裁決の根拠となる法令の規定の文言のみによることなく，当該法令の　イ　並びに当該処分において考慮されるべき　ウ　を考慮するものとする。この場合において，当該法令の　イ　を考慮するに当たつては，当該法令と　エ　を共通にする関係法令があるときはその　イ　をも参酌するものとし，当該　ウ　を考慮するに当たつては，当該処分又は裁決がその根拠となる法令に違反してされた場合に害されることとなる　ウ　並びにこれが害される態様及び程度をも勘案するものとする。」

	ア	イ	ウ	エ
1	相手方	趣旨及び目的	公共の福祉	目的
2	相手方以外の者	目的とする公益	利益の内容及び性質	趣旨
3	相手方	目的とする公益	相手方の利益	目的
4	相手方以外の者	趣旨及び目的	利益の内容及び性質	目的
5	相手方以外の者	目的とする公益	相手方の利益	趣旨

(注) ＊ 行政事件訴訟法９条１項

(本試験2012年問17)

●法令編

正答率 **85%**

本問は、2004（平成16）年の行政事件訴訟法改正において新設された9条2項の規定に関する知識を問うものである。

行政事件訴訟法9条1項は、取消訴訟の原告適格について、「処分の取消しの訴え及び裁決の取消しの訴え（以下「取消訴訟」という。）は、当該処分又は裁決の取消しを求めるにつき法律上の利益を有する者（処分又は裁決の効果が期間の経過その他の理由によりなくなつた後においてもなお処分又は裁決の取消しによつて回復すべき法律上の利益を有する者を含む。）に限り、提起することができる」としている。

さらに、9条2項は、「裁判所は、処分又は裁決の(ア)相手方以外の者について前項に規定する法律上の利益の有無を判断するに当たつては、当該処分又は裁決の根拠となる法令の規定の文言のみによることなく、当該法令の(イ)趣旨及び目的並びに当該処分において考慮されるべき(ウ)利益の内容及び性質を考慮するものとする。この場合において、当該法令の(イ)趣旨及び目的を考慮するに当たつては、当該法令と(エ)目的を共通にする関係法令があるときはその(イ)趣旨及び目的をも参酌するものとし、当該(ウ)利益の内容及び性質を考慮するに当たつては、当該処分又は裁決がその根拠となる法令に違反してされた場合に害されることとなる(ウ)利益の内容及び性質並びにこれが害される態様及び程度をも勘案するものとする」としている。

以上より、アには「相手方以外の者」、イには「趣旨及び目的」、ウには「利益の内容及び性質」、エには「目的」が入り、正解は**4**である。

MEMO

第3編 行政法

| チェック欄 | | |

行政事件訴訟法／取消訴訟の訴訟要件

問234
原告適格に関する最高裁判所の判決についての次のア～オの記述のうち、正しいものはいくつあるか。

ア 公衆浴場法の適正配置規定は、許可を受けた業者を濫立による経営の不合理化から守ろうとする意図まで有するものとはいえず、適正な許可制度の運用によって保護せらるべき業者の営業上の利益は単なる事実上の反射的利益にとどまるから、既存業者には、他業者への営業許可に対する取消訴訟の原告適格は認められない。

イ 森林法の保安林指定処分は、一般的公益の保護を目的とする処分であるから、保安林の指定が違法に解除され、それによって自己の利益を侵害された者であっても、解除処分に対する取消しの訴えを提起する原告適格は認められない。

ウ 定期航空運送事業に対する規制に関する法体系は、飛行場周辺の環境上の利益を一般的公益として保護しようとするものにとどまるものであり、運送事業免許に係る路線を航行する航空機の騒音によって社会通念上著しい障害を受けることになる者であっても、免許取消訴訟を提起する原告適格は認められない。

エ 自転車競技法に基づく場外車券発売施設の設置許可の処分要件として定められている位置基準は、用途の異なる建物の混在を防ぎ都市環境の秩序有る整備を図るという一般的公益を保護するにすぎないから、当該場外施設の設置・運営に伴い著しい業務上の支障が生ずるおそれがあると位置的に認められる区域に医療施設等を開設する者であっても、位置基準を根拠として当該設置許可の取消しを求める原告適格は認められない。

オ （旧）地方鉄道法に定める料金改定の認可処分に関する規定の趣旨は，もっぱら，公共の利益を確保することにあるのであって，当該地方鉄道の利用者の個別的な権利利益を保護することにあるのではないから，通勤定期券を利用して当該鉄道で通勤する者であっても，当該認可処分によって自己の権利利益を侵害され又は必然的に侵害されるおそれのある者に当たるということはできず，認可処分の取消しを求める原告適格は認められない。

1 一つ
2 二つ
3 三つ
4 四つ
5 五つ

（本試験2014年問17）

●法令編

正解 **1**

正答率 **58%**

合格基本書

ア **誤** 判例は、公衆浴場法の適正配置規定は、「主として『国民保健及び環境衛生』という公共の福祉の見地から出たものであることはむろんであるが、他面、同時に、無用の競争により経営が不合理化することのないように濫立を防止することが公共の福祉のため必要であるとの見地から、被許可者を濫立による経営の不合理化から守ろうとする意図をも有するものであることは否定し得ないところであつて、適正な許可制度の運用によつて保護せらるべき業者の営業上の利益は、単なる事実上の反射的利益というにとどまらず公衆浴場法によつて保護せられる法的利益と解するを相当とする」としている（最判昭 37.1.19）。

462p

イ **誤** 判例は、「保安林の指定が違法に解除され、それによつて自己の利益を害された場合には、右解除処分に対する取消しの訴えを提起する原告適格を有する者ということができるけれども、その反面、それ以外の者は、たといこれによつてなんらかの事実上の利益を害されることがあつても、右のような取消訴訟の原告適格を有するものとすることはできない」としている（最判昭 57.9.9）。

462p

ウ **誤** 判例は、「新たに付与された定期航空運送事業免許に係る路線の使用飛行場の周辺に居住していて、当該免許に係る事業が行われる結果、当該飛行場を使用する各種航空機の騒音の程度、当該飛行場の一日の離着陸回数、離着陸の時間帯等からして、当該免許に係る路線を航行する航空機の騒音によつて社会通念上著しい障害を受けることとなる者は、当該免許の取消しを求めるにつき法律上の利益を有する者として、その取消訴訟における原告適格を有すると解するのが相当である」としている（最判平元.2.17）。

462p

●行政法

エ **誤** 判例は,「位置基準は,一般的公益を保護する趣旨に加えて,……業務上の支障が具体的に生ずるおそれのある医療施設等の開設者において,健全で静穏な環境の下で円滑に業務を行うことのできる利益を,個々の開設者の個別的利益として保護する趣旨をも含む規定であるというべきであるから,当該場外施設の設置,運営に伴い著しい業務上の支障が生ずるおそれがあると位置的に認められる区域に医療施設等を開設する者は,位置基準を根拠として当該場外施設の設置許可の取消しを求める原告適格を有するものと解される」としている(最判平 21.10.15)。

オ **正** そのとおり。判例は,「たとえ……鉄道株式会社の路線の周辺に居住する者であつて通勤定期券を購入するなどしたうえ,日常同社が運行している特別急行旅客列車を利用しているとしても,……本件特別急行料金の改定(変更)の認可処分によつて自己の権利利益を侵害され又は必然的に侵害されるおそれのある者に当たるということができず,右認可処分の取消しを求める原告適格を有しないというべきである」としている(最判平元.4.13)。

以上より,正しいものはオのみであり,正解は**1**である。

ワンポイント・アドバイス

【原告適格】
　判例は,「行政事件訴訟法9条は,取消訴訟の原告適格について規定するが,同条1項にいう当該処分の取消しを求めるにつき『法律上の利益を有する者』とは,当該処分により自己の権利若しくは法律上保護された利益を侵害され,又は必然的に侵害されるおそれのある者をいう」としています(最判平17.12.7)。

●行政法

行政事件訴訟法／取消訴訟の訴訟要件

重要度 A

問235 取消訴訟の原告適格に関する次の記述のうち、最高裁判所の判例に照らし、妥当なものはどれか。

1 地方鉄道法（当時）による鉄道料金の認可に基づく鉄道料金の改定は、当該鉄道の利用者に直接の影響を及ぼすものであるから、路線の周辺に居住し、特別急行を利用している者には、地方鉄道業者の特別急行料金の改定についての認可処分の取消しを求める原告適格が認められる。

2 文化財保護法は、文化財の研究者が史跡の保存・活用から受ける利益について、同法の目的とする一般的、抽象的公益のなかに吸収・解消させずに、特に文化財の学術研究者の学問研究上の利益の保護について特段の配慮をしている規定を置いているため、史跡を研究の対象とする学術研究者には、史跡の指定解除処分の取消しを求める原告適格が認められる。

3 不当景品類及び不当表示防止法は、公益保護を目的とし、個々の消費者の利益の保護を同時に目的とするものであるから、消費者が誤認をする可能性のある商品表示の認定によって不利益を受ける消費者には、当該商品表示の認定の取消しを求める原告適格が認められる。

4 航空機の騒音の防止は、航空機騒音防止法＊の目的であるとともに、航空法の目的でもあるところ、定期航空運送事業免許の審査にあたっては、申請事業計画を騒音障害の有無および程度の点からも評価する必要があるから、航空機の騒音によって社会通念上著しい障害を受ける空港周辺の住民には、免許の取消しを求める原告適格が認められる。

5 都市計画事業の認可に関する都市計画法の規定は、事業地の周辺に居住する住民の具体的利益を保護するものではないため、これらの住民であって騒音、振動等による健康または生活環境に係る著しい被害を直接的に受けるおそれのあるものであっても、都市計画事業認可の取消しを求める原告適格は認められない。

（注） ＊ 公共用飛行場周辺における航空機騒音による障害の防止等に関する法律

（本試験2021年問19）

●法令編

正解 **4**

正答率 **94**%

合格基本書

1 **妥当でない** 判例は，「地方鉄道法……21条〔当時〕は，地方鉄道における運賃，料金の定め，変更につき監督官庁の認可を受けさせることとしているが，同条に基づく認可処分そのものは，本来，<u>当該地方鉄道の利用者の契約上の地位に直接影響を及ぼすものではなく</u>，このことは，その利用形態のいかんにより差異を生ずるものではない。また，同条の趣旨は，もっぱら公共の利益を確保することにあるのであつて，当該地方鉄道の利用者の個別的な権利利益を保護することにあるのではなく，他に同条が当該地方鉄道の利用者の個別的な権利利益を保護することを目的として認可権の行使に制約を課していると解すべき根拠はない。そうすると，たとえ……鉄道株式会社の路線の周辺に居住する者であつて通勤定期券を購入するなどしたうえ，日常同社が運行している特別急行旅客列車を利用しているとしても，……本件特別急行料金の改定（変更）の認可処分によつて自己の権利利益を侵害され又は必然的に侵害されるおそれのある者に当たるということができず，<u>右認可処分の取消しを求める原告適格を有しないというべきである</u>」としている（近鉄特急事件／最判平元.4.13）。

2 **妥当でない** 判例は，文化財保護法について，「<u>文化財の保存・活用から個々の県民あるいは国民が受ける利益については，本来本件条例及び法がその目的としている公益の中に吸収解消させ</u>，その保護は，もっぱら右公益の実現を通じて図ることとしているものと解される。そして，……文化財の学術研究者の学問研究上の利益の保護について特段の配慮をしていると解しうる規定を見出すことはできないから，そこに，学術研究者の右利益について，一般の県民あるいは国民が文化財の保存・活用から受ける利益を超えてその保護を図ろうとする趣旨を認めることはできない。」としたうえで，「本件遺跡を研究の対象としてきた学術研究者であるとして

463p

●行政法

も，本件史跡指定解除処分の取消しを求めるにつき法律上の利益を有せず，本件訴訟における原告適格を有しない」としている（伊場遺跡事件／最判平元.6.20）。

3 **妥当でない**　判例は，「景表法の規定により一般消費者が　463p
受ける利益は，公正取引委員会による同法の適正な運用によつて実現されるべき公益の保護を通じ国民一般が共通してもつにいたる抽象的，平均的，一般的な利益，換言すれば，同法の規定の目的である公益の保護の結果として生ずる反射的な利益ないし事実上の利益であつて，本来私人等権利主体の個人的な利益を保護することを目的とする法規により保障される法律上保護された利益とはいえないものである。」としたうえで，「単に一般消費者であるというだけでは，公正取引委員会による公正競争規約の認定につき景表法10条6項による不服申立をする法律上の利益をもつ者であるということはできない」としている（主婦連ジュース訴訟／最判昭53.3.14）。これは，取消訴訟の原告適格についても当てはまる。

4 **妥当である**　そのとおり。判例は，「新たに付与された定　462p
期航空運送事業免許に係る路線の使用飛行場の周辺に居住していて，当該免許に係る事業が行われる結果，当該飛行場を使用する各種航空機の騒音の程度，当該飛行場の一日の離着陸回数，離着陸の時間帯等からして，当該免許に係る路線を航行する航空機の騒音によつて社会通念上著しい障害を受けることとなる者は，当該免許の取消しを求めるにつき法律上の利益を有する者として，その取消訴訟における原告適格を有する」としている（新潟空港事件／最判平元.2.17）。

5 **妥当でない**　判例は，「都市計画事業の事業地の周辺に居　463p
住する住民のうち当該事業が実施されることにより騒音，振動等による健康又は生活環境に係る著しい被害を直接的に受けるおそれのある者は，当該事業の認可の取消しを求めるにつき法律上の利益を有する者として，その取消訴訟における原告適格を有するものといわなければならない。」としている（小田急高架訴訟／最判平17.12.7）。

第**3**編

行政法

241

行政事件訴訟法／取消訴訟の訴訟要件

問236 狭義の訴えの利益に関する次の記述のうち，最高裁判所の判例に照らし，妥当なものはどれか。

1 市街化区域内にある土地を開発区域とする，都市計画法に基づく開発許可の取消しを求める利益は，開発行為に関する工事の完了によっても失われない。

2 市立保育所の廃止条例の制定行為の取消しを求める利益は，原告らに係る保育の実施期間がすべて満了したとしても失われない。

3 公文書の非公開決定の取消しを求める利益は，当該公文書が裁判所に書証として提出された場合でも失われない。

4 土地収用法による明渡裁決の取消しを求める利益は，明渡しに関わる代執行の完了によっても失われない。

5 衆議院議員選挙を無効とすることを求める利益は，その後に衆議院が解散され，当該選挙の効力が将来に向かって失われたときでも失われない。

（本試験2014年問18改題）

●法令編

正答率 **86%**

1 妥当でない 都市計画法によれば、都市計画区域について無秩序な市街化を防止し、計画的な市街化を図るため必要があるときは、都市計画に、「市街化区域」と「市街化調整区域」との区分を定めることができる（都市計画法7条1項本文）。判例は、①市街化区域内にある土地を開発区域とする「開発行為に関する工事が完了し、検査済証の交付もされた後においては、開発許可が有する……その本来の効果は既に消滅しており、他にその取消しを求める法律上の利益を基礎付ける理由も存しないことになるから、開発許可の取消しを求める訴えは、その利益を欠くに至る」（最判平5.9.10）のに対し、②「市街化調整区域内にある土地を開発区域とする開発許可に関する工事が完了し、当該工事の検査済証が交付された後においても、当該開発許可の取消しを求める訴えの利益は失われない」としている（最判平27.12.14）。

2 妥当でない 判例は、保育の実施期間がすべて満了してしたことにより、市立保育所の廃止「条例の制定行為の取消しを求める訴えの利益は失われ」るとしている（最判平21.11.26）。

3 妥当である そのとおり（最判平14.2.28）。

4 妥当でない 判例は、土地収用法による明渡裁決にかかる土地の引渡し義務等についての代執行の完了により、明渡裁決の取消しを求める訴えの利益は失われるとしている（最判平9.10.28）。

5 妥当でない 判例は、衆議院議員選挙を無効とする判決を求める訴えについて、その後に衆議院が解散されたときは、「解散によって右選挙の効力は将来に向かって失われたものと解すべきであるから、本件訴えはその法律上の利益を失ったものといわなければならない」としている（最判平12.11.10, 最判平17.9.27）。

●行政法

行政事件訴訟法／取消訴訟の訴訟要件

重要度 A

問237 狭義の訴えの利益に関する次のア〜エの記述のうち，最高裁判所の判例に照らし，正しいものの組合せはどれか。

ア　森林法に基づく保安林指定解除処分の取消しが求められた場合において，水資源確保等のための代替施設の設置によって洪水や渇水の危険が解消され，その防止上からは当該保安林の存続の必要性がなくなったと認められるとしても，当該処分の取消しを求める訴えの利益は失われない。

イ　土地改良法に基づく土地改良事業施行認可処分の取消しが求められた場合において，当該事業の計画に係る改良工事及び換地処分がすべて完了したため，当該認可処分に係る事業施行地域を当該事業施行以前の原状に回復することが，社会的，経済的損失の観点からみて，社会通念上，不可能であるとしても，当該認可処分の取消しを求める訴えの利益は失われない。

ウ　建築基準法に基づく建築確認の取消しが求められた場合において，当該建築確認に係る建築物の建築工事が完了した後でも，当該建築確認の取消しを求める訴えの利益は失われない。

エ　都市計画法に基づく開発許可のうち，市街化調整区域内にある土地を開発区域とするものの取消しが求められた場合において，当該許可に係る開発工事が完了し，検査済証の交付がされた後でも，当該許可の取消しを求める訴えの利益は失われない。

1 ア・イ
2 ア・ウ
3 イ・ウ
4 イ・エ
5 ウ・エ

（本試験2020年問17）

●法令編

正解 **4**

正答率 **80**%

合格基本書

ア **誤** 判例は、「いわゆる代替施設の設置によつて右の洪水や渇水の危険が解消され、その防止上からは本件保安林の存続の必要性がなくなつたと認められるに至つたときは、もはや……上告人らにおいて右指定解除処分の取消しを求める訴えの利益は失われるに至つたものといわざるをえないのである。」としている（最判昭 57.9.9）。

464p

イ **正** そのとおり。判例は、「本件訴訟において、本件認可処分が取り消された場合に、本件事業施行地域を本件事業施行以前の原状に回復することが、本件訴訟係属中に本件事業計画に係る工事及び換地処分がすべて完了したため、社会的、経済的損失の観点からみて、社会通念上、不可能であるとしても、右のような事情は、行政事件訴訟法 31 条の適用に関して考慮されるべき事柄であって、本件認可処分の取消しを求める上告人の法律上の利益を消滅させるものではないと解するのが相当である。」としている（最判平 4.1.24）。

ウ **誤** 判例は、「建築確認は、それを受けなければ右工事をすることができないという法的効果を付与されているにすぎないものというべきであるから、当該工事が完了した場合においては、建築確認の取消しを求める訴えの利益は失われるものといわざるを得ない。」としている（最判昭 59.10.26）。

464p

エ **正** そのとおり。判例は、「市街化調整区域内にある土地を開発区域とする開発許可に関する工事が完了し、当該工事の検査済証が交付された後においても、当該開発許可の取消しを求める訴えの利益は失われないと解するのが相当である。」としている（最判平 27.12.14）。

464p

以上より、正しいものはイ・エであり、正解は**4**である。

MEMO

第3編 行政法

行政事件訴訟法／取消訴訟の訴訟要件

問238 いわゆる朝日訴訟最高裁判所大法廷判決（最大判昭和42年5月24日民集21巻5号1043頁）の事案は，次のようなものであった。この判決の結論のうち，正しいものはどれか。

原告Xは，以前からA県にある国立B療養所に単身の肺結核患者として入所し，厚生大臣（当時）の設定した生活扶助基準で定められた最高金額である月600円の日用品費の生活扶助と現物による全部給付の給食付医療扶助とを受けていた。ところが，Xが実兄Cから扶養料として毎月1,500円の送金を受けるようになったために，所轄のA県のD市社会福祉事務所長は，月額600円の生活扶助を打ち切り，Cからの上記送金額から日用品費を控除した残額900円を医療費の一部としてXに負担させる旨の保護変更決定（以下「本件保護変更決定」という。）をした。これに対してXは，A県知事，ついで厚生大臣に対して不服の申立てを行ったが，いずれにおいても違法はないとして本件保護変更決定が是認されたので，上記600円の基準金額は生活保護法の規定する健康で文化的な最低限度の生活水準を維持するにたりない違法なものであると主張して，取消訴訟（以下「本件訴訟」という。）を提起した。しかしその後，Xは本件訴訟係属中に死亡した。

（参照条文）

生活保護法第59条（当時）

被保護者は，保護を受ける権利を譲り渡すことができない。

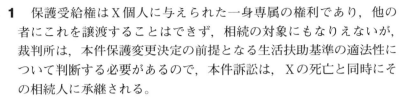

1 保護受給権はX個人に与えられた一身専属の権利であり、他の者にこれを譲渡することはできず、相続の対象にもなりえないが、裁判所は、本件保護変更決定の前提となる生活扶助基準の適法性について判断する必要があるので、本件訴訟は、Xの死亡と同時にその相続人に承継される。

2 生活保護法の規定に基づきXが国から生活保護を受けるのは、これを保護受給権と称されることがあるとしても、その法的性格は国の社会政策の実施に伴う反射的利益というべきであり、Xの死亡後においてそれが相続の対象となることもないから、本件訴訟は、Xの死亡と同時に終了する。

3 Xの生存中の扶助ですでに遅滞しているものの給付を求める権利は、医療扶助についてはもちろん、金銭給付を内容とする生活扶助も、もっぱらXの最低限度の生活の需要を満たすことを目的とするものであるから、相続の対象となりえず、本件訴訟は、Xの死亡と同時に終了する。

4 本件保護変更決定によってXは医療費の一部自己負担をせざるをえなくなるが、本件保護変更決定が違法であるとすれば、かかる負担についてXは国に対して不当利得返還請求権を有することになるから、当該請求権は相続の対象となり、本件訴訟は、Xの死亡と同時にその相続人に承継される。

5 生活保護法の規定に基づき被保護者が国から生活保護を受けるのは法的権利であり、同法が、被保護者は、保護を受ける権利を譲り渡すことができないと規定するのは、被保護者の生存中についての定めであるから、Xの保護請求権は相続の対象となり、本件訴訟は、Xの死亡と同時にその相続人に承継される。

(本試験2016年問26)

●法令編

正答率 47%

本問では、朝日訴訟最高裁判所大法廷判決（最判昭 42.5.24）の結論が問われている。朝日訴訟最高裁判所大法廷判決では、次のように述べられている。

「おもうに、(肢2)生活保護法の規定に基づき要保護者または被保護者が国から生活保護を受けるのは、単なる国の恩恵ないし社会政策の実施に伴う反射的利益ではなく法的権利であつて、保護受給権とも称すべきものと解すべきである。しかし、(肢5)この権利は、被保護者自身の最低限度の生活を維持するために当該個人に与えられた一身専属の権利であつて、他にこれを譲渡し得ないし……、相続の対象ともなり得ないというべきである。また、被保護者の生存中の扶助ですでに遅滞にあるものの給付を求める権利についても、医療扶助の場合はもちろんのこと、金銭給付を内容とする生活扶助の場合でも、それは当該被保護者の最低限度の生活の需要を満たすことを目的とするものであつて、法の予定する目的以外に流用することを許さないものであるから、当該被保護者の死亡によつて当然消滅し、相続の対象となり得ない、と解するのが相当である。また、所論(肢4)不当利得返還請求権は、保護受給権を前提としてはじめて成立するものであり、その保護受給権が右に述べたように一身専属の権利である以上、相続の対象となり得ないと解するのが相当である。

されば、本件訴訟は、(肢1・肢4・肢5)上告人の死亡と同時に終了し、同人の相続人……においてこれを承継し得る余地はないもの、といわなければならない。」

1 **誤** 本記述は、「裁判所は、本件保護変更決定の前提となる生活扶助基準の適法性について判断する必要があるので、本件訴訟は、Xの死亡と同時にその相続人に承継される。」としている点で誤っている（前記下線部分参照）。

●行政法

2　誤　本記述は，保護受給権の「法的性格は国の社会政策の実施に伴う反射的利益というべきであ」るとしている点で誤っている（前記下線部分参照）。

3　正　そのとおり（前記判旨参照）。

4　誤　本記述は，不当利得返還「請求権は相続の対象となり，本件訴訟は，Xの死亡と同時にその相続人に承継される。」としている点で誤っている（前記下線部分参照）。

5　誤　本記述は，「Xの保護請求権は相続の対象となり，本件訴訟は，Xの死亡と同時にその相続人に承継される。」としている点で誤っている（前記下線部分参照）。

　「朝日訴訟」は，原告の死亡によって終了したものですが，最高裁判所は，「なお，念のために，本件生活扶助基準の適否に関する当裁判所の意見を付加する。」と述べています（最判昭42.5.24）。

●行政法

行政事件訴訟法／取消訴訟の訴訟要件

重要度 A

問239 行政事件訴訟における法律上の利益に関する次のア〜オの記述のうち，誤っているものの組合せはどれか。

ア 処分の取消訴訟において，原告は，自己の法律上の利益に関係のない違法を理由として処分の取消しを求めることはできず，こうした理由のみを主張する請求は棄却される。

イ 処分の無効確認の訴えは，当該処分に続く処分により損害を受けるおそれのある者その他当該処分の無効の確認を求めるにつき法律上の利益を有する者で，当該処分の無効を前提とする現在の法律関係に関する訴えによって目的を達することができないものに限り，提起することができる。

ウ 処分の取消訴訟は，処分の効果が期間の経過その他の理由によりなくなった後においても，なお，処分の取消しによって回復すべき法律上の利益を有する者であれば提起することができる。

エ 不作為の違法確認訴訟は，処分について申請をした者以外の者であっても，当該不作為の違法の確認を求めるにつき法律上の利益を有する者であれば提起することができる。

オ 民衆訴訟とは，国または公共団体の機関相互間における権限の存否またはその行使に関する訴訟であり，原告は，自己の法律上の利益にかかわらない資格で提起することができる。

1 ア・イ
2 ア・オ
3 イ・ウ
4 ウ・エ
5 エ・オ

(本試験2016年問17)

●法令編

正解 5　　　正答率 **75%**

合格基本書

ア　**正**　そのとおり。取消訴訟においては，自己の法律上の利
益に関係のない違法を理由として取消しを求めることはでき
ない（10条1項）。したがって，自己の法律上の利益に関係
のない違法のみを理由とする原告の請求が，処分を取り消す
だけの違法事由がないものとして棄却されることになる。

イ　**正**　そのとおり。無効等確認の訴えは，当該処分または裁
決に続く処分により損害を受けるおそれのある者その他当該
処分または裁決の無効等の確認を求めるにつき法律上の利益
を有する者で，当該処分もしくは裁決の存否またはその効力
の有無を前提とする現在の法律関係に関する訴えによって目
的を達することができないものに限り，提起することができ
る（36条）。

ウ　**正**　そのとおり。処分の取消しの訴えおよび裁決の取消し
の訴え（取消訴訟）は，当該処分または裁決の取消しを求め
るにつき法律上の利益を有する者（処分または裁決の効果が
期間の経過その他の理由によりなくなった後においてもなお
処分または裁決の取消しによって回復すべき法律上の利益を
有する者を含む。）に限り，提起することができる（9条1
項）。

エ　**誤**　不作為の違法確認の訴えは，処分または裁決について
の申請をした者に限り，提起することができる（37条）。

オ　**誤**　民衆訴訟とは，国または公共団体の機関の法規に適合
しない行為の是正を求める訴訟で，選挙人たる資格その他自
己の法律上の利益にかかわらない資格で提起するものをいう
（5条）。なお，国または公共団体の機関相互間における権限
の存否またはその行使に関する紛争についての訴訟を「機関
訴訟」という（6条）。

以上より，誤っているものはエ・オであり，正解は**5**である。

466p

475p

483p

254

行政事件訴訟法／取消訴訟の訴訟要件

問240
行政事件訴訟法が定める行政庁の訴訟上の地位に関する次の記述のうち，誤っているものはどれか。

1 処分をした行政庁が国または公共団体に所属しない場合は，取消訴訟は，当該行政庁を被告として提起しなければならない。

2 処分をした行政庁は，当該処分の取消訴訟について，裁判上の一切の行為をする権限を有する。

3 審査請求の裁決をした行政庁は，それが国または公共団体に所属する場合であっても，当該裁決の取消訴訟において被告となる。

4 裁判所は，義務付けの訴えに係る処分につき，訴えに理由があると認めるときは，当該処分の担当行政庁が当該処分をすべき旨を命ずる判決をする。

5 裁判所は，私法上の法律関係に関する訴訟において処分の効力の有無が争われている場合，決定をもって，その処分に関係する行政庁を当該訴訟に参加させることができる。

（本試験2019年問18）

●法令編

正解 3

| 正答率 | **73**% |

合格基本書

1 正 そのとおり。処分または裁決をした行政庁が国または公共団体に所属しない場合には，取消訴訟は，当該行政庁を被告として提起しなければならない（11条2項）。

465p

2 正 そのとおり。処分または裁決をした行政庁は，当該処分または裁決に係る国または公共団体を被告とする取消訴訟について，裁判上の一切の行為をする権限を有する（11条6項）。

3 誤 裁決をした行政庁が国または公共団体に所属する場合には，裁決の取消しの訴えは，当該裁決をした行政庁の所属する国または公共団体を被告として提起しなければならない（11条1項2号）。なお，処分をした行政庁が国または公共団体に所属する場合には，処分の取消しの訴えは，当該処分をした行政庁の所属する国または公共団体を被告として提起しなければならない（11条1項1号）。

465p

4 正 そのとおり。裁判所は，義務付けの訴えに係る処分につき，訴えに理由があると認めるときは，当該処分の担当行政庁が当該処分をすべき旨を命ずる判決をする（37条の2第5項，37条の3第5項）。

477, 478p

5 正 そのとおり。私法上の法律関係に関する訴訟において，処分もしくは裁決の存否またはその効力の有無が争われている場合（争点訴訟の場合）には，裁判所は，決定をもって，その処分に関係する行政庁を当該訴訟に参加させることができる（45条1項・23条1項）。

ワンポイント・アドバイス

　11条1項2項の規定により被告とすべき国もしくは公共団体または行政庁がない場合には，取消訴訟は，当該処分または裁決に係る事務の帰属する国または公共団体を被告として提起しなければならない（11条3項）とされています。

256

●行政法

チェック欄

行政事件訴訟法／取消訴訟の訴訟要件

重要度 A

問241 行政事件訴訟法が定める処分取消訴訟に関する次の記述のうち，正しいものはどれか。

1 処分をした行政庁が国または公共団体に所属する場合における処分取消訴訟は，当該処分をした行政庁を被告として提起しなければならない。

2 処分取消訴訟は，原告の普通裁判籍の所在地を管轄する裁判所または処分をした行政庁の所在地を管轄する裁判所の管轄に属する。

3 処分をした行政庁が国または公共団体に所属しない場合における処分取消訴訟は，法務大臣を被告として提起しなければならない。

4 裁判所は，訴訟の結果により権利を害される第三者があるときは，決定をもって，当該第三者を訴訟に参加させることができるが，この決定は，当該第三者の申立てがない場合であっても，職権で行うことができる。

5 処分取消訴訟は，当該処分につき法令の規定により審査請求をすることができる場合においては，特段の定めがない限り，当該処分についての審査請求に対する裁決を経た後でなければこれを提起することができない。

（本試験2021年問18）

●法令編

正解 4

正答率 **80%**

合格基本書

1 誤 処分をした行政庁が国または公共団体に所属する場合には，処分取消訴訟は，当該処分をした行政庁の所属する国または公共団体を被告として提起しなければならない（11条1項1号）。 465p

2 誤 処分取消訴訟は，被告の普通裁判籍の所在地を管轄する裁判所または処分をした行政庁の所在地を管轄する裁判所の管轄に属する（12条1項）。 465p

3 誤 処分をした行政庁が国または公共団体に所属しない場合には，処分取消訴訟は，当該行政庁を被告として提起しなければならない（11条2項）。 465p

4 正 そのとおり。裁判所は，訴訟の結果により権利を害される第三者があるときは，当事者もしくはその第三者の申立てによりまたは職権で，決定をもって，その第三者を訴訟に参加させることができる（第三者の訴訟参加／22条1項）。 469p

5 誤 処分の取消しの訴えは，当該処分につき法令の規定により審査請求をすることができる場合においても，直ちに提起することを妨げない（自由選択主義／8条1項本文）。 465p

ワンポイント・アドバイス

　国を被告とする取消訴訟は，被告（国）の普通裁判籍の所在地（東京都千代田区）を管轄する地方裁判所である東京地方裁判所の管轄に属します（12条1項）が，たとえば原告の住所が「青森県八戸市」であるときは，原告の普通裁判籍の所在地（青森県八戸市）を管轄する高等裁判所（仙台高等裁判所）の所在地（宮城県仙台市）を管轄する地方裁判所（「特定管轄裁判所」）である仙台地方裁判所にも，提起することができます（12条4項）。

258

●行政法

行政事件訴訟法／取消訴訟の審理

問242 取消訴訟に関する次の記述のうち，正しいものはどれか。

1 取消訴訟の原告は，処分行政庁に訴状を提出することにより，処分行政庁を経由しても訴訟を提起することができる。

2 裁判所は，必要があると認めるときは，職権で証拠調べをすることができるが，その結果について当事者の意見をきかなければならない。

3 取消訴訟の訴訟代理人については，代理人として選任する旨の書面による証明があれば誰でも訴訟代理人になることができ，弁護士等の資格は必要とされない。

4 裁判所は，処分の執行停止の必要があると認めるときは，職権で，処分の効力，処分の執行又は手続の続行の全部又は一部の停止をすることができる。

5 取消訴訟の審理は，書面によることが原則であり，当事者から口頭弁論の求めがあったときに限り，その機会を与えるものとされている。

（本試験2013年問18）

●法令編

正答率 **62%**

　行政事件訴訟に関し、行政事件訴訟法に定めがない事項については、民事訴訟の例による（7条）。

1　誤　行政事件訴訟法では、このようなことは規定されていない（行政不服審査法21条参照）。訴えの提起は、訴状を裁判所に提出してしなければならない（7条・民事訴訟法133条1項）。

2　正　そのとおり。裁判所は、必要があると認めるときは、職権で、証拠調べをすることができる（24条本文）。ただし、その証拠調べの結果について、当事者の意見をきかなければならない（24条ただし書）。　　　　　　　　　467p

3　誤　法令により裁判上の行為をすることができる代理人のほか、弁護士でなければ訴訟代理人となることができない（7条・民事訴訟法54条1項）。すなわち、取消訴訟の訴訟代理人については、弁護士等の資格を要する。　　　　　　467p

4　誤　処分の取消しの訴えの提起があった場合において、処分、処分の執行または手続の続行により生ずる重大な損害を避けるため緊急の必要があるときは、裁判所は、申立てにより、決定をもって、処分の効力、処分の執行または手続の続行の全部または一部の停止をすることができる（25条2項）。行政事件訴訟法は、行政不服審査法の場合（同法25条2項）とは異なり、職権による執行停止を認めていない。

5　誤　取消訴訟の審理には、必要的口頭弁論の原則が妥当する（7条・民事訴訟法87条1項本文）。　　　　　　　　467p

| チェック欄 | | | |

●行政法

行政事件訴訟法／取消訴訟の審理

問 243 行政不服審査法に基づく**審査請求の裁決と取消訴訟との関係**について，妥当な記述はどれか。

1 審査請求の裁決に不服がある審査請求人は，これに対して取消訴訟を提起して争うことができるが，それ以外の者は，裁決に不服があっても取消訴訟を提起することはできない。

2 違法な処分に対する審査請求について，審査庁が誤って棄却する裁決をした場合，審査請求人は，裁決取消訴訟により，元の処分が違法であったことを理由として，棄却裁決の取消しを求めることができる。

3 審査請求の裁決には理由を付さなければならないが，付された理由が不十分であったとしても，裁決に対する取消訴訟において，理由の記載の不備のみのために裁決が取消されることはない。

4 適法な審査請求が審査庁により誤って却下された場合には，審査請求の前置が取消訴訟の訴訟要件とされていても，審査請求人は，審査請求に対する実体的な裁決を経ることなく，元の処分に対する取消訴訟を提起できる。

5 処分に対して審査請求がなされた場合においても，当該処分の取消訴訟の出訴期間については，当該処分を知った日の翌日が起算日とされ，この期間が経過すれば，審査請求の手続の途中でも，当該処分に不可争力が生じる。

（本試験2014年問14）

●法令編

正解 **4**

正答率 **77**%

合格基本書

1 **妥当でない** 裁決の取消しの訴えは，当該裁決の取消し 460p
を求めるにつき法律上の利益を有する者（裁決の効果が期間
の経過その他の理由によりなくなった後においてもなお裁決
の取消しによって回復すべき法律上の利益を有する者を含
む。）に限り，提起することができる（行政事件訴訟法9条
1項）。

2 **妥当でない** 処分の取消しの訴えとその処分についての 466p
審査請求を棄却した裁決の取消しの訴えとを提起することが
できる場合には，裁決の取消しの訴えにおいては，処分の違
法を理由として取消しを求めることができない（原処分主義
／行政事件訴訟法10条2項）。

3 **妥当でない** 裁決は，①主文，②事案の概要，③審理関
係人の主張の要旨，④理由を記載し，審査庁が記名押印した
裁決書によりしなければならない（行政不服審査法50条1
項）。判例は，「理由にならないような理由を附記するに止ま
る決定は，審査決定手続に違法がある場合と同様に，判決に
よる取消を免れないと解すべきである」としている（最判昭
37.12.26）。

4 **妥当である** そのとおり。審査請求前置主義を採る場合
であっても，審査庁が誤って却下した場合には，却下の決定
は審査の決定に当たると解すべきであり，適法に出訴するこ
とができる（最判昭36.7.21）。

5 **妥当でない** 取消訴訟は，処分または裁決があったこと 465p
を知った日から6カ月を経過したときは，提起することがで
きない（行政事件訴訟法14条1項本文）。処分に対して審
査請求がなされた場合には，当該審査請求に対する裁決があ
ったことを知った日の翌日が，取消訴訟の出訴期間の起算日
となる（行政事件訴訟法14条3項本文／民法140条の初日
不算入の原則により翌日が起算日となる）。

262

●行政法

チェック欄

行政事件訴訟法／取消訴訟の終了

重要度 A

問244
事情判決に関する次の記述のうち，妥当なものはどれか。
＜正解なし＞

1 事情判決は，処分取消しの請求を棄却する判決であるが，その判決理由において，処分が違法であることが宣言される。
2 事情判決においては，公共の利益に著しい影響を与えるため，処分の取消しは認められないものの，この判決によって，損害の賠償や防止の措置が命じられる。
3 事情判決に関する規定は，義務付け訴訟や差止訴訟にも明文で準用されており，これらの訴訟において，事情判決がなされた例がある。
4 事情判決に関する規定は，民衆訴訟に明文では準用されていないが，その一種である選挙の無効訴訟において，これと同様の判決がなされた例がある。
5 土地改良事業が完了し，社会通念上，原状回復が不可能となった場合，事業にかかる施行認可の取消訴訟は，訴えの利益を失って却下され，事情判決の余地はない。

（本試験2015年問16）

●法令編

正解 なし

正答率 | ―――

合格基本書

472p

1 **妥当でない** 事情判決は，処分取消しの請求を棄却する判決であるが，その判決の主文において，処分が違法であることが宣言される（31条）。

2 **妥当でない** 事情判決によって，損害の賠償や防止の措置は命じられない（肢1の解説参照）。

3 **妥当でない** 事情判決に関する規定（31条）は，義務付け訴訟や差止め訴訟に準用されない（38条参照）。

4 **妥当でない** 民衆訴訟のうち，「処分又は裁決の取消しを求めるもの」については，明文上，事情判決に関する規定（31条）が準用されている（43条1項）。事情判決を定める行政事件訴訟法31条1項前段から一般的な法の基本原則を読み取ることができるとして，そのような基本原則に従い，選挙訴訟につき，選挙を無効とする旨の請求を棄却するとともに当該選挙が違法である旨を宣言した判例（最判昭51.4.14）がある。

5 **妥当でない** 土地改良事業の工事および換地処分が完了して原状回復が社会的，経済的損失の観点からみて社会通念上不可能であるとしても，そのような事情は行政事件訴訟法31条の適用に関して考慮されるべき事柄であるから，土地改良事業施行認可処分の取消しを求める法律上の利益は消滅しない（訴えの利益を失わない）とした判例がある（八鹿町土地改良事業施行認可処分取消請求事件／最判平4.1.24）。

（※）一般財団法人行政書士試験研究センターより「妥当な選択肢がない」として「受験者全員の解答を正解として採点する」ことが発表されました。

●行政法

行政事件訴訟法／取消訴訟の終了

重要度 A

問245
許認可等の申請に対する処分について，それに対する取消訴訟の判決の効力に関する次の記述のうち，誤っているものはどれか。

1 申請を認める処分を取り消す判決は，原告および被告以外の第三者に対しても効力を有する。
2 申請を認める処分についての取消請求を棄却する判決は，処分をした行政庁その他の関係行政庁への拘束力を有さない。
3 申請を拒否する処分が判決により取り消された場合，その処分をした行政庁は，当然に申請を認める処分をしなければならない。
4 申請を認める処分が判決により手続に違法があることを理由として取り消された場合，その処分をした行政庁は，判決の趣旨に従い改めて申請に対する処分をしなければならない。
5 申請を拒否する処分に対する審査請求の棄却裁決を取り消す判決は，裁決をした行政庁その他の関係行政庁を拘束する。

(本試験2018年問17)

●法令編

正解 3

正答率 **80%**

合格基本書

1 **正** そのとおり。処分または裁決を取り消す判決は，第 473p
三者に対しても効力を有する（32条1項）。

2 **正** そのとおり。処分または裁決を取り消す判決は，そ
の事件について，処分または裁決をした行政庁その他の関係
行政庁を拘束する（33条1項）。申請を認める処分について
の取消請求を棄却する判決は，処分をした行政庁その他の関
係行政庁を拘束しない（33条1項反対解釈）。

3 **誤** 申請を却下しもしくは棄却した処分または審査請求 473p
を却下しもしくは棄却した裁決が判決により取り消されたと
きは，その処分または裁決をした行政庁は，判決の趣旨に従
い，改めて申請に対する処分または審査請求に対する裁決を
しなければならない（33条2項）。すなわち，申請拒否処分
の取消判決がなされると，判決の形成力によってその処分は
当初からなかったことになり，申請がされたが応答のない状
態であることを前提に，行政庁としては改めて処分をやり直
さなければならないが，当然に申請を認める処分をしなけれ
ばならないわけではない。

4 **正** そのとおり。申請を却下しもしくは棄却した処分ま
たは審査請求を却下しもしくは棄却した裁決が判決により取
り消されたときは，その処分または裁決をした行政庁は，判
決の趣旨に従い，改めて申請に対する処分または審査請求に
対する裁決をしなければならない（33条2項）。この規定
は，申請に基づいてした処分または審査請求を認容した裁決
が判決により手続に違法があることを理由として取り消され
た場合に準用する（33条3項）。

5 **正** そのとおり。処分または裁決を取り消す判決は，そ 473p
の事件について，処分または裁決をした行政庁その他の関係
行政庁を拘束する（33条1項）。

●行政法

行政事件訴訟法／執行停止

問246 行政事件訴訟法の定める執行停止に関する次の記述のうち，妥当な記述はどれか。

1 処分の執行停止の申立ては，当該処分に対して取消訴訟を提起した者だけではなく，それに対して差止訴訟を提起した者もなすことができる。

2 処分の執行停止の申立ては，本案訴訟の提起と同時になさなければならず，それ以前あるいはそれ以後になすことは認められない。

3 本案訴訟を審理する裁判所は，原告が申し立てた場合のほか，必要があると認めた場合には，職権で処分の執行停止をすることができる。

4 処分の執行の停止は，処分の効力の停止や手続の続行の停止によって目的を達することができる場合には，することができない。

5 処分の執行停止に関する決定をなすにあたり，裁判所は，あらかじめ，当事者の意見をきかなければならないが，口頭弁論を経る必要はない。

（本試験2015年問17）

●法令編

正答率 **39**%

　処分の取消しの訴えの提起があった場合において、処分、処分の執行または手続の続行により生ずる重大な損害を避けるため緊急の必要があるときは、裁判所は、申立てにより、決定をもって、処分の効力、処分の執行または手続の続行の全部または一部の停止（執行停止）をすることができる（25条2項本文）。

1 妥当でない 取消訴訟を提起した者は、執行停止の申立てをすることが考えられる（25条2項本文参照）。これに対し、差止め訴訟を提起した者は、仮の差止めの申立てをすることが考えられる（37条の5第2項参照）。 470, 481p

2 妥当でない 処分の執行停止の申立ては、「処分の取消しの訴えの提起があつた場合」にすることができるが、本案訴訟（処分取消訴訟）の提起と同時になさなければならないわけではない。 470p

3 妥当でない 行政事件訴訟法では、職権による執行停止は認められていない（25条2項本文参照）。 470p

4 妥当でない 処分の効力の停止は、処分の執行または手続の続行の停止によって目的を達することができる場合には、することができない（25条2項ただし書）。 470p

5 妥当である そのとおり。執行停止に関する決定は、口頭弁論を経ないですることができる（25条6項本文）。ただし、あらかじめ、当事者の意見をきかなければならない（25条6項ただし書）。 470p

●行政法

行政事件訴訟法／執行停止

問247 行政事件訴訟法が定める執行停止に関する次の記述のうち，正しいものはどれか。

1 執行停止の決定は，裁判所が疎明に基づいて行うが，口頭弁論を経て行わなければならない。

2 執行停止の決定は，取消訴訟の提起があった場合においては，裁判所が職権で行うことができる。

3 執行停止の決定は，償うことができない損害を避けるための緊急の必要がある場合でなければ，することができない。

4 執行停止の決定は，本案について理由があるとみえる場合でなければ，することができない。

5 執行停止による処分の効力の停止は，処分の執行または手続の続行の停止によって目的を達することができる場合には，することができない。

（本試験2019年問17）

●法令編

正解 **5**

正答率 **77**%

合格基本書

1 誤 執行停止の決定は，疎明に基づいてする（25条5 `470p`
項）。執行停止の決定は，口頭弁論を経ないですることがで
きる（25条6項本文）。ただし，あらかじめ，当事者の意見
をきかなければならない（25条6項ただし書）。なお，「疎
明」とは，民事訴訟法188条の「即時に取り調べることが
できる証拠」によって，通常の証明よりも軽い程度の証明を
するものである。

2 誤 処分の取消しの訴えの提起があった場合において， `470p`
処分，処分の執行または手続の続行により生ずる重大な損害
を避けるため緊急の必要があるときは，裁判所は，申立てに
より，決定をもって，処分の効力，処分の執行または手続の
続行の全部または一部の停止（「執行停止」）をすることがで
きる（25条2項本文）。

3 誤 処分の取消しの訴えの提起があった場合において， `470p`
処分，処分の執行または手続の続行により生ずる重大な損害
を避けるため緊急の必要があるときは，裁判所は，申立てに
より，決定をもって，処分の効力，処分の執行または手続の
続行の全部または一部の停止（「執行停止」）をすることがで
きる（25条2項本文）。

4 誤 行政事件訴訟法では，このようなことは規定されて `470p`
いない。なお，執行停止は，公共の福祉に重大な影響を及ぼ
すおそれがあるとき，または本案について理由がないとみえ
るときは，することができない（25条4項）。

5 正 そのとおり。処分の効力の停止は，処分の執行また `470p`
は手続の続行の停止によって目的を達することができる場合
には，することができない（25条2項ただし書）。

●行政法

行政事件訴訟法／無効等確認の訴え

重要度 B

問248
処分取消訴訟と処分無効確認訴訟に関する次の記述のうち，正しいものはどれか。＜複数解＞

1 取消訴訟，無効確認訴訟ともに，行政上の法関係の早期安定を図るという観点から，出訴期間の定めが置かれているが，その期間は異なる。

2 取消判決は第三者に対しても効力を有すると規定されているが，この規定は，無効確認訴訟には準用されていない。

3 執行停止について，取消訴訟においては執行不停止原則がとられているが，無効確認訴訟においては執行停止原則がとられている。

4 取消訴訟においては，自己の法律上の利益に関係のない違法を理由として取消しを求めることができないが，この制限規定は，無効確認訴訟には準用されていない。

5 無効確認訴訟は，取消訴訟の出訴期間経過後において，処分により重大な損害を生じた場合に限り提起することができる。

（本試験2012年問16）

●法令編

正解 2, 4

正答率 ──

合格基本書

474p

1 誤 取消訴訟には，出訴期間の定め（14 条）が置かれている。無効確認訴訟には，出訴期間の定めは置かれていない（38 条参照）。

2 正 そのとおり。処分または裁決を取り消す判決は，第三者に対しても効力を有するとされている（32 条 1 項）。無効確認訴訟には，この規定は準用されていない（38 条参照）。

3 誤 処分の取消しの訴えの提起は，処分の効力，処分の執行または手続の続行を妨げないとされている（執行不停止の原則／25 条 1 項）。無効確認訴訟においても，「執行不停止の原則」がとられている（38 条 3 項・25 条 1 項）。

4 正 そのとおり。取消訴訟においては，自己の法律上の利益に関係のない違法を理由として取消しを求めることができない（10 条 1 項）。無効確認訴訟には，この規定は準用されていない（38 条参照）。

5 誤 無効等確認の訴えは，①「当該処分又は裁決に続く処分により損害を受けるおそれのある者」（予防的無効等確認訴訟），②「その他当該処分又は裁決の無効等の確認を求めるにつき法律上の利益を有する者で，当該処分若しくは裁決の存否又はその効力の有無を前提とする現在の法律関係に関する訴えによつて目的を達することができないもの」（補充的無効等確認訴訟）に限り，提起することができる（36 条）。処分により「重大な」損害が生じた場合に限り提起することができるわけではない。

（※）一般財団法人行政書士試験研究センターより「2 つの選択肢が正解である」として「受験者全員の解答を正解として採点する」ことが発表されました。

272

● 行政法

| チェック欄 | | |

行政事件訴訟法／不作為の違法確認の訴え

重要度 A

問249 行政事件訴訟法による不作為の違法確認の訴えに関する次の記述のうち、正しいものはどれか。

1 不作為の違法確認の訴えは、行政庁が、法令に基づく申請に対して、相当の期間内に申請を認める処分又は審査請求を認容する裁決をすべきであるにかかわらず、これをしないことについての違法の確認を求める訴訟をいう。

2 不作為の違法確認の訴えが提起できる場合においては、申請を認める処分を求める申請型義務付け訴訟を単独で提起することもでき、その際には、不作為の違法確認の訴えを併合提起する必要はない。

3 不作為の違法確認の訴えの提起があった場合において、当該申請に対して何らかの処分がなされないことによって生ずる重大な損害を避けるため緊急の必要があるときは、仮の義務付けの規定の準用により、仮の義務付けを申し立てることができる。

4 不作為の違法確認の訴えは、公法上の当事者訴訟の一類型であるから、法令以外の行政内部の要綱等に基づく申請により、行政機関が申請者に対して何らかの利益を付与するか否かを決定することとしているものについても、その対象となりうる。

5 不作為の違法確認の訴えについては、取消訴訟について規定されているような出訴期間の定めは、無効等確認の訴えや処分の差止めの訴えと同様、規定されていない。

（本試験2014年問16）

●法令編

正答率 **75%**

1 誤 「不作為の違法確認の訴え」とは、行政庁が法令に基づく申請に対し、相当の期間内に何らかの処分または裁決をすべきであるにかかわらず、これをしないことについての違法の確認を求める訴訟をいう（3条5項）。 475p

2 誤 不作為の違法確認の訴えを提起することができる場合において、申請を認める処分を求める申請型義務付け訴訟を提起するときは、不作為の違法確認の訴えを併合して提起しなければならない（37条の3第3項1号）。 478p

3 誤 仮の義務付けの規定（37条の5第1項）は、不作為の違法確認の訴えには準用されていない（38条参照）。

4 誤 不作為の違法確認の訴えは、抗告訴訟の一類型である（3条）。公法上の当事者訴訟（4条）の一類型ではない。 455p

5 正 そのとおり。不作為の違法確認の訴えについては、取消訴訟について規定されているような出訴期間の定めは、無効等確認の訴えや処分の差止めの訴えと同様、規定されていない。

ワンポイント・アドバイス

不作為の違法を確認する判決には、取消判決の拘束力（33条）の規定が準用されます（38条1項）。これにより、行政庁は、申請に対する「何らかの処分又は裁決」をすることが義務付けられます（申請を認容することが義務付けられるわけではありません）。

●行政法

行政事件訴訟法／義務付けの訴え

問250 いわゆる申請型と非申請型（直接型）の義務付け訴訟について，行政事件訴訟法の規定に照らし，妥当な記述はどれか。

1 申請型と非申請型の義務付け訴訟いずれにおいても，一定の処分がされないことにより「重大な損害を生ずるおそれ」がある場合に限り提起できることとされている。

2 申請型と非申請型の義務付け訴訟いずれにおいても，一定の処分をすべき旨を行政庁に命ずることを求めるにつき「法律上の利益を有する者」であれば，当該処分の相手方以外でも提起することができることとされている。

3 申請型と非申請型の義務付け訴訟いずれにおいても，一定の処分がされないことによる損害を避けるため「他に適当な方法がないとき」に限り提起できることとされている。

4 申請型と非申請型の義務付け訴訟いずれにおいても，「償うことのできない損害を避けるため緊急の必要がある」ことなどの要件を満たせば，裁判所は，申立てにより，仮の義務付けを命ずることができることとされている。

5 申請型と非申請型の義務付け訴訟いずれにおいても，それと併合して提起すべきこととされている処分取消訴訟などに係る請求に「理由がある」と認められたときにのみ，義務付けの請求も認容されることとされている。

（本試験2013年問16）

●法令編

正解 **4**

正答率 **63**%

合格基本書

1 **妥当でない** 非申請型の義務付け訴訟は，一定の処分がされないことにより「重大な損害を生ずるおそれ」があり，かつ，その損害を避けるため他に適当な方法がないときに限り提起することができる（37条の2第1項）。申請型の義務付け訴訟においては，一定の処分がされないことにより「重大な損害を生ずるおそれ」があることが要件とされていない。

478p

2 **妥当でない** 非申請型の義務付け訴訟は，行政庁が一定の処分をすべき旨を命ずることを求めるにつき法律上の利益を有する者に限り，提起することができる（37条の2第3項）。申請型の義務付け訴訟は，「法令に基づく申請又は審査請求をした者」に限り，提起することができる（37条の3第2項）。

478p

3 **妥当でない** 非申請型の義務付け訴訟は，一定の処分がされないことにより「重大な損害を生ずるおそれ」があり，かつ，その損害を避けるため他に適当な方法がないときに限り提起することができる（37条の2第1項）。申請型の義務付け訴訟においては，一定の処分がされないことによる損害を避けるため「他に適当な方法がない」ことが要件とされていない。

477p

4 **妥当である** そのとおり。申請型と非申請型の義務付け訴訟いずれにおいても，「その義務付けの訴えに係る処分又は裁決がされないことにより生ずる償うことのできない損害を避けるため緊急の必要がある」ことなどの要件を満たせば，裁判所は，申立てにより，仮の義務付けを命ずることができる（37条の5第1項）。

479p

5 **妥当でない** 申請型の義務付け訴訟においては，それと併合して提起すべきこととされている処分取消訴訟などに係る請求に「理由がある」と認められたときにのみ，義務付けの請求も認容されることとされる（37条の3第5項）。非申請型の義務付け訴訟においては，処分取消訴訟などを併合提起すべきこととはされていない。

479p

276

●行政法

行政事件訴訟法／義務付けの訴え

重要度 A

問251 行政事件訴訟法が定める義務付け訴訟に関する次の記述のうち、正しいものはどれか。

1 申請拒否処分がなされた場合における申請型義務付け訴訟は、拒否処分の取消訴訟と併合提起しなければならないが、その無効確認訴訟と併合提起することはできない。

2 行政庁が義務付け判決に従った処分をしない場合には、裁判所は、行政庁に代わって当該処分を行うことができる。

3 義務付け判決には、取消判決の拘束力の規定は準用されているが、第三者効の規定は準用されていない。

4 処分がされないことにより生ずる償うことのできない損害を避けるため緊急の必要がある場合には、当該処分につき義務付け訴訟を提起しなくとも、仮の義務付けのみを単独で申し立てることができる。

5 義務付け訴訟は、行政庁の判断を待たず裁判所が一定の処分を義務付けるものであるから、申請型、非申請型のいずれの訴訟も、「重大な損害を生じるおそれ」がある場合のみ提起できる。

(本試験2020年問19)

●法令編

正答率 **68**%

1 誤 申請拒否処分がなされた場合における申請型義務付け訴訟には、拒否処分の取消訴訟またはその無効確認訴訟を併合提起しなければならない（37条の3第3項2号）。なお、申請（または審査請求）に対し相当の期間内に何らの処分（または裁決）がされない場合における申請型義務付け訴訟には、不作為の違法確認の訴えを併合提起しなければならない（37条の3第3項1号）。 478p

2 誤 行政事件訴訟法では、このようなことは規定されていない（3条6項柱書、37条の2第5項、37条の3第5項参照）。

3 正 そのとおり。義務付け判決には、取消判決の拘束力の規定（33条）は準用されている（38条1項）が、第三者効の規定（32条1項）は準用されていない（38条参照）。 473p

4 誤 義務付けの訴えの提起があった場合において、その義務付けの訴えに係る処分または裁決があったことにより生ずる償うことのできない損害を避けるため緊急の必要があり、かつ、本案について理由があるとみえるときは、裁判所は、申立てにより、決定をもって、仮に行政庁がその処分または裁決をすべき旨を命ずること（「仮の義務付け」）ができる（37条の5第1項）。 479p

5 誤 申請型義務付け訴訟では、「重大な損害を生じるおそれ」は訴訟要件とされていない（37条の3参照）。これに対し、非申請型義務付け訴訟では、「一定の処分がされないことにより重大な損害を生ずるおそれがあり、かつ、その損害を避けるため他に適当な方法がないとき」が訴訟要件とされている（37条の2第1項）。 477, 478p

MEMO

第3編 行政法

チェック欄

行政事件訴訟法／差止めの訴え

重要度 A

問 252 次の文章は，行政事件訴訟法の定める差止訴訟に関する最高裁判所判決の一節である。空欄 A ～ D に当てはまる語句の組合せとして，妥当なものはどれか。

　行政事件訴訟法37条の4第1項の差止めの訴えの訴訟要件である，処分がされることにより『 A を生ずるおそれ』があると認められるためには，処分がされることにより生ずるおそれのある損害が，処分がされた後に B 等を提起して C の決定を受けることなどにより容易に救済を受けることができるものではなく，処分がされる前に差止めを命ずる方法によるのでなければ救済を受けることが困難なものであることを要すると解するのが相当である。……(中略)……。

　……第1審原告らは，本件飛行場に係る第一種区域内に居住しており，本件飛行場に離着陸する航空機の発する騒音により，睡眠妨害，聴取妨害及び精神的作業の妨害や，不快感，健康被害への不安等を始めとする精神的苦痛を D 受けており，その程度は軽視し難いものというべきであるところ，このような被害の発生に自衛隊機の運航が一定程度寄与していることは否定し難い。また，上記騒音は，本件飛行場において内外の情勢等に応じて配備され運航される航空機の離着陸が行われる度に発生するものであり，上記被害もそれに応じてその都度発生し，これを D 受けることにより蓄積していくおそれのあるものであるから，このような被害は，事後的にその違法性を争う B 等による救済になじまない性質のものということができる。

（最一小判平成28年12月8日民集70巻8号1833頁）

●行政法

| | A | | | | イ | 回復の困難な損害 |

A　ア　重大な損害　　　　イ　回復の困難な損害
B　ア　民事訴訟　　　　　イ　取消訴訟
C　ア　仮処分　　　　　　イ　執行停止
D　ア　一時的にせよ　　　イ　反復継続的に

	A	B	C	D
1	ア	ア	ア	ア
2	ア	ア	イ	ア
3	ア	イ	イ	イ
4	イ	ア	ア	イ
5	イ	イ	イ	イ

（本試験2018年問19）

第3編

行政法

●法令編

正解3

正答率 **73**%

合格基本書

本問は，第4次厚木基地訴訟（最判平28.12.8）を素材としたものである。

「1　行政事件訴訟法37条の4第1項の差止めの訴えの訴訟要件である，処分がされることにより『(A)重大な損害を生ずるおそれ』があると認められるためには，処分がされることにより生ずるおそれのある損害が，処分がされた後に(B)取消訴訟等を提起して(C)執行停止の決定を受けることなどにより容易に救済を受けることができるものではなく，処分がされる前に差止めを命ずる方法によるのでなければ救済を受けることが困難なものであることを要すると解するのが相当である……。

2　前記事実関係等によれば，第1審原告らは，本件飛行場に係る第一種区域内に居住しており，本件飛行場に離着陸する航空機の発する騒音により，睡眠妨害，聴取妨害及び精神的作業の妨害や，不快感，健康被害への不安等を始めとする精神的苦痛を(D)反復継続的に受けており，その程度は軽視し難いものというべきであるところ，このような被害の発生に自衛隊機の運航が一定程度寄与していることは否定し難い。また，上記騒音は，本件飛行場において内外の情勢等に応じて配備され運航される航空機の離着陸が行われる度に発生するものであり，上記被害もそれに応じてその都度発生し，これを(D)反復継続的に受けることにより蓄積していくおそれのあるものであるから，このような被害は，事後的にその違法性を争う(B)取消訴訟等による救済になじまない性質のものということができる。」

480p

以上より，Aにはア，Bにはイ，Cにはイ，Dにはイが入り，正解は**3**である。

282

●行政法

行政事件訴訟法／差止めの訴え

重要度 A

問253 行政事件訴訟法の定める仮の差止めに関する次の記述のうち、妥当なものはどれか。

1 仮の差止めの申立てについては、執行停止における内閣総理大臣の異議の規定は準用されていない。

2 仮の差止めの申立てがなされた場合、行政庁は、仮の差止めの可否に関する決定がなされるまで、対象とされた処分をすることができない。

3 仮の差止めは、処分がされることにより重大な損害を生ずるおそれがあり、かつ、その損害を避けるため他に適当な方法がないときに限り、申立てにより、または職権で裁判所がこれを命ずる。

4 仮の差止めは、緊急の必要があるときは、本案訴訟である差止めの訴えの提起に先立って、申し立てることができる。

5 仮の差止めについては、公共の福祉に重大な影響を及ぼすおそれがあるときは、裁判所は、これを命ずる決定をすることができない。

(本試験2017年問19)

●法令編

正解 5

正答率 **82**%

合格基本書

1 **妥当でない**　仮の差止めの申立てについては，執行停止における内閣総理大臣の異議の規定（27条）が準用されている（37条の5第4項）。　481p

2 **妥当でない**　仮の差止めの申立てがなされた場合であっても，裁判所が決定をもって仮に行政庁がその処分または裁決をしてはならない旨を命ずるまでは，行政庁は，対象とされた処分をすることができる（37条の5第2項参照）。

3 **妥当でない**　差止めの訴えの提起があった場合において，その差止めの訴えに係る処分または裁決がされることにより生ずる償うことのできない損害を避けるため緊急の必要があり，かつ，本案について理由があるとみえるときは，裁判所は，申立てにより，決定をもって，仮に行政庁がその処分または裁決をしてはならない旨を命ずること（「仮の差止め」）ができる（37条の5第2項）。　481p

4 **妥当でない**　仮の差止めの申立てをするためには，差止めの訴えを提起することが必要である（37条の5第2項参照）。　481p

5 **妥当である**　そのとおり。仮の差止めは，公共の福祉に重大な影響を及ぼすおそれがあるときは，することができない（37条の5第3項）。　481p

ワンポイント・アドバイス

　仮の差止めは，申立てを受けて，決定をもって行われます（37条の5第2項）。その決定は，疎明〔通常の証明よりも軽い程度の証明〕に基づいてします（37条の5第4項・25条5項）。また，その決定は，口頭弁論を経ないですることができます（37条の5第4項・25条6項本文）が，あらかじめ，当事者の意見をきかなければなりません（37条の5第4項・25条6項ただし書）。

284

●行政法

行政事件訴訟法／客観訴訟

重要度 C

問254 行政事件訴訟法の定める民衆訴訟と機関訴訟に関する次の記述のうち，法令または最高裁判所の判例に照らし，妥当なものはどれか。

1 A県知事に対してA県住民が県職員への条例上の根拠を欠く手当の支給の差止めを求める訴訟は，民衆訴訟である。

2 A県県営空港の騒音被害について，被害を受けたと主張する周辺住民がA県に対して集団で損害の賠償を求める訴訟は，民衆訴訟である。

3 A県が保管する国の文書について，A県知事が県情報公開条例に基づき公開の決定をした場合において，国が当該決定の取消しを求める訴訟は，機関訴訟である。

4 A県議会議員の選挙において，その当選の効力に関し不服がある候補者がA県選挙管理委員会を被告として提起する訴訟は，機関訴訟である。

5 A県がB市立中学校で発生した学校事故にかかわる賠償金の全額を被害者に対して支払った後，B市が負担すべき分についてA県がB市に求償する訴訟は，機関訴訟である。

(本試験2018年問18)

●法令編

正解 1

正答率 **38**%

合格基本書

　民衆訴訟とは，国または公共団体の機関の法規に適合しない行為の是正を求める訴訟で，選挙人たる資格その他自己の法律上の利益にかかわらない資格で提起するものをいう（5条）。

　機関訴訟とは，国または公共団体の機関相互間における権限の存否またはその行使に関する紛争についての訴訟をいう（6条）。

1　妥当である　そのとおり。A県知事に対してA県住民が県職員への条例上の根拠を欠く手当の支給の差止めを求める訴訟は，地方自治法242条の2第1項1号の住民訴訟である。この住民訴訟は，民衆訴訟の具体例である。　`483p`

2　妥当でない　A県県営空港の騒音被害について，被害を受けたと主張する周辺住民がA県に対して集団で損害の賠償を求める訴訟は，国家賠償請求訴訟である（国営空港に関するものであるが大阪国際空港公害訴訟／最判昭56.12.16参照）。

3　妥当でない　A県が保管する国の文書について，A県知事が県情報公開条例に基づき公開の決定をした場合において，国が当該決定の取消しを求める訴訟は，「法律上の争訟」（裁判所法3条1項）にあたり，機関訴訟ではない（那覇市自衛隊基地情報公開事件／最判平13.7.13）。

4　妥当でない　A県議会議員の選挙において，その当選の効力に関し不服がある候補者がA県選挙管理委員会を被告として提起する訴訟は，「地方公共団体の議会の議員及び長の当選の効力に関する訴訟」（公職選挙法207条）である。この選挙に関する訴訟は，民衆訴訟の具体例である。　`483p`

5　妥当でない　A県がB市立中学校で発生した学校事故にかかわる賠償金の全額を被害者に対して支払った後，B市が負担すべき分についてA県がB市に求償する訴訟は，国家賠償法3条2項に基づく求償金請求訴訟（民事訴訟）である（福島県郡山市立中学校体罰事件／最判平21.10.23参照）。

286

●行政法

チェック欄

行政事件訴訟法／総合

問255 許認可の申請拒否処分の取消訴訟に関する次の記述のうち，妥当なものはどれか。

1 申請拒否処分の取消訴訟には，申請された許認可を命ずることを求める義務付け訴訟を併合提起できるが，当該申請拒否処分の取消訴訟のみを単独で提起することも許される。

2 申請拒否処分の取消訴訟を提起した者は，終局判決の確定まで，申請された許認可の効果を仮に発生させるため，当該申請拒否処分の効力の停止を申し立てることができる。

3 申請拒否処分の取消訴訟については，出訴期間の制限はなく，申請を拒否された者は，申請された許認可がなされない限り，当該申請拒否処分の取消訴訟を提起できる。

4 申請拒否処分の取消訴訟の係属中に当該申請拒否処分が職権で取り消され，許認可がなされた場合には，当該取消訴訟は訴えの利益を失い，請求は棄却されることとなる。

5 申請拒否処分の取消訴訟において，当該申請拒否処分の取消しの判決が確定した場合には，その判決の理由のいかんにかかわらず，処分庁は，再度，申請拒否処分をすることは許されない。

（本試験2017年問17）

●法令編

正答率 **64**%

合格基本書

1 妥当である そのとおり。申請された許認可を命ずることを求める義務付け訴訟を提起するときは，申請拒否処分の取消訴訟を併合提起しなければならない（37条の3第3項2号）が，申請拒否処分の取消訴訟のみを単独で提起することもできる。 478p

2 妥当でない 申請拒否処分の取消訴訟を提起した者は，当該申請拒否処分の効力の停止を申し立てることができる（25条2項）。処分の効力の停止は，形成的な効力をもつ処分の効力を停止させてその後は処分がなかったものと同じような効果を与えるものであって，申請された許認可の効果を仮に発生させるものではない。申請された許認可の効果を仮に発生させるには，申請された許認可を命ずることを求める義務付け訴訟と申請拒否処分の取消訴訟を併合提起し（37条の3第3項2号），仮の義務付けの申立てをする必要がある（37条の5第1項）。 470p

3 妥当でない 申請拒否処分を対象とするものも含めて，取消訴訟については，出訴期間の制限（14条）がある。 465p

4 妥当でない 申請拒否処分の取消訴訟の係属中に当該申請拒否処分が職権で取り消され，許認可がなされた場合には，当該取消訴訟は訴えの利益を失い，訴えは却下されることとなる。 464p

5 妥当でない 処分または裁決を取り消す判決は，その事件について，処分または裁決をした行政庁その他の関係行政庁を拘束する（拘束力／33条1項）。拘束力は，判決理由の中の具体的な違法理由について生ずる。よって，処分庁が，判決理由と異なる理由によって，同一処分（申請拒否処分）を行うことは許される。 473p

●行政法

行政事件訴訟法／総合

重要度 B

問 256 行政事件訴訟法3条3項による「裁決の取消しの訴え」に関する次の記述のうち，妥当なものはどれか。

1 「裁決の取消しの訴え」の対象とされている裁決は，「義務付けの訴え」や「差止めの訴え」の対象ともされている。

2 「裁決の取消しの訴え」について，原告適格が認められるのは，裁決の相手方である審査請求人に限られ，それ以外の者には，原告適格は認められない。

3 「裁決の取消しの訴え」は，審査請求の対象とされた原処分に対する「処分の取消しの訴え」の提起が許されない場合に限り，提起が認められる。

4 「裁決の取消しの訴え」については，審査請求に対する裁決のみが対象とされており，再調査の請求に対する決定は，「処分の取消しの訴え」の対象とされている。

5 「裁決の取消しの訴え」については，「処分の取消しの訴え」における執行停止の規定は準用されていないから，裁決について，執行停止を求めることはできない。

(本試験2017年問18)

●法令編

正解 1

正答率 **32**%

合格基本書

「裁決の取消しの訴え」とは，審査請求その他の不服申立て（「審査請求」）に対する行政庁の裁決，決定その他の行為（「裁決」）の取消しを求める訴訟をいう（3条3項）。

1 **妥当である** そのとおり。「裁決の取消しの訴え」の対象とされている裁決とは，審査請求その他の不服申立てに対する行政庁の裁決，決定その他の行為のことをいう（3条3項参照）。これらは，「義務付けの訴え」や「差止めの訴え」の対象ともされている（3条6項2号，3条7項参照）。

478, 480p

2 **妥当でない** 「裁決の取消しの訴え」について，当該裁決の取消しを求めるにつき法律上の利益を有する者であれば，その者が裁決の相手方（審査請求人）」以外であっても原告適格が認められる（9条1項2項）。

460, 461p

3 **妥当でない** 行政事件訴訟法では，このようなことは規定されていない（10条2項参照）。

4 **妥当でない** 「裁決の取消しの訴え」とは，審査請求その他の不服申立てに対する行政庁の裁決，決定その他の行為の取消しを求める訴訟をいう（3条3項）。ここにいう「その他の不服申立て」には，再調査の請求が含まれる。よって，再調査の請求に対する決定は，「裁決の取消しの訴え」の対象とされている。

456p

5 **妥当でない** 「裁決の取消しの訴え」については，「処分の取消しの訴え」における執行停止の規定（25条～28条）が準用されている（29条）。

290

●行政法

行政事件訴訟法／総合

問257 A電力株式会社は，新たな原子力発電所の設置を計画し，これについて，国（原子力規制委員会）による原子炉等規制法*に基づく原子炉の設置許可を得て，その建設に着手した。これに対して，予定地の周辺に居住するXらは，重大事故による健康被害などを危惧して，その操業を阻止すべく，訴訟の提起を検討している。この場合の訴訟について，最高裁判所の判例に照らし，妥当な記述はどれか。

1 当該原子炉の設置については，原子炉等規制法に基づく許可がなされている以上，Xらは，国を被告とする許可の取消訴訟で争うべきであり，Aを被告とする民事訴訟によってその操業の差止めなどを請求することは許されない。

2 事故により生命身体の安全に直截的かつ重大な被害を受けることが想定される地域にXらが居住していたとしても，そうした事故発生の具体的な蓋然性が立証されなければ，原子炉設置許可の取消しを求めて出訴するXらの原告適格は認められない。

3 原子炉設置許可の取消訴訟の係属中に原子炉の安全性についての新たな科学的知見が明らかになった場合には，こうした知見が許可処分当時には存在しなかったとしても，裁判所は，こうした新たな知見に基づいて原子炉の安全性を判断することが許される。

4 原子炉の安全性の審査は，極めて高度な最新の科学的，専門技術的知見に基づいてなされるものであるから，そうした審査のために各分野の学識経験者等が作成した具体的な審査基準については，その合理性を裁判所が判断することは許されない。

5 原子炉設置許可は，申請された計画上の原子炉の安全性を確認するにすぎず，実際に稼働している原子炉が計画どおりの安全性を有しているか否かは許可の有無とは無関係であるから，工事が完了して原子炉が稼働すれば，許可取消訴訟の訴えの利益は失われる。

（注） ＊ 核原料物質，核燃料物質及び原子炉の規制に関する法律

（本試験2013年問17）

●法令編

正答率 **60**%

1 妥当でない この場合，X らは，人格権等に基づいて，A を被告とする民事訴訟によって，その操業の差止めなどを請求することもできる（もんじゅ訴訟／最判平 4.9.22 参照）。

2 妥当でない 判例は，「事故が起こったときは，原子炉施設に近い住民ほど被害を受ける蓋然性が高く，しかも，その被害の程度はより直接的かつ重大なものとなるのであって，特に，原子炉施設の近くに居住する者はその生命，身体等に直接的かつ重大な被害を受けるものと想定される」としており，原告適格を認めるために事故発生の具体的蓋然性の立証を要求していない（もんじゅ訴訟／最判平 4.9.22）。

462p

3 妥当である そのとおり。判例は，（許可処分当時ではなく）「現在の科学技術水準に照らし，右調査審議において用いられた具体的審査基準に不合理な点があり，あるいは当該原子炉施設が右の具体的審査基準に適合するとした原子力委員会若しくは原子炉安全専門審査会の調査審議及び判断の過程に看過し難い過誤，欠落があり，被告行政庁の判断がこれに依拠してされたと認められる場合には，被告行政庁の右判断に不合理な点があるものとして，右判断に基づく原子炉設置許可処分は違法と解すべきである」としている（伊方原発訴訟／最判平 4.10.29）。

4 妥当でない 判例は，「原子炉施設の安全性に関する判断の適否が争われる原子炉設置許可処分の取消訴訟における裁判所の審理，判断は，原子力委員会若しくは原子炉安全専門審査会の専門技術的な調査審議及び判断を基にしてされた被告行政庁の判断に不合理な点があるか否かという観点から行われるべき」とし，「調査審議において用いられた具体的審査基準に不合理な点があ」るかなどの視角から違法性を判断するとしている（伊方原発訴訟／最判平 4.10.29）。

292

●行政法

5 妥当でない 判例は，原子炉等規制法が定める設置許可基準の趣旨につき「原子炉設置許可の段階で，原子炉を設置しようとする者の右技術的能力の有無及び申請に係る原子炉施設の位置，構造及び設備の安全性につき十分な審査をし，右の者において所定の技術的能力があり，かつ，原子炉施設の位置，構造及び設備が右災害の防止上支障がないものであると認められる場合でない限り，主務大臣は原子炉設置許可処分をしてはならないとした点にある」としている（もんじゅ訴訟／最判平 4.9.22）。そうすると，<u>実際に稼働している原子炉が計画どおりの安全性を有しているかどうかは，原子炉設置許可の有無と無関係であるとはいえない</u>。

第3編 行政法

ワンポイント・アドバイス

「もんじゅ訴訟」（最判平4.9.22）は，福井県にある原子炉（高速増殖炉）もんじゅの周辺住民が原子炉設置許可処分の無効確認等を求めた訴訟です。この訴訟では，周辺住民の原告適格が争点となりました。

最高裁判所は，①原子炉の周辺に居住し，原子炉事故等がもたらす災害により生命，身体等に直接的かつ重大な被害を受けることが想定される範囲の住民は，原子炉設置許可処分の無効確認を求めるにつき，「法律上の利益を有する者」（行政事件訴訟法36条）にあたるとし，②「その効力の有無を前提とする現在の法律関係に関する訴えによって目的を達することができない」（同法36条）とは，当該処分に基づいて生ずる法律関係に関し，処分の無効を前提とする当事者訴訟または民事訴訟によっては，その処分のため被っている不利益を排除することができない場合はもとより，当該処分に起因する紛争を解決するための争訟形態として，当事者訴訟または民事訴訟との比較において，当該処分の無効確認を求める訴えの方がより直截的で適切な争訟形態であるとみるべき場合をも意味するとしました。

チェック欄　　　　　　　　　　　　　　　　　　　　●行政法

行政事件訴訟法／総合

問258 行政事件訴訟法が定める出訴期間に関する次の記述のうち，正しいものはどれか。

1 処分または裁決の取消しの訴えは，処分または裁決の日から6箇月を経過したときは提起することができないが，正当な理由があるときはこの限りでない。

2 処分につき審査請求をすることができる場合において審査請求があったときは，処分に係る取消訴訟は，その審査請求をした者については，これに対する裁決があったことを知った日から6箇月を経過したときは提起することができないが，正当な理由があるときはこの限りではない。

3 不作為の違法確認の訴えは，当該不作為に係る処分または裁決の申請をした日から6箇月を経過したときは提起することができないが，正当な理由があるときはこの限りではない。

4 義務付けの訴えは，処分または裁決がされるべきことを知った日から6箇月を経過したときは提起することができないが，正当な理由があるときはこの限りではない。

5 差止めの訴えは，処分または裁決がされようとしていることを知った日から6箇月を経過したときは提起することができないが，正当な理由があるときはこの限りではない。

(本試験2020年問18)

●法令編

正解 **2**

正答率 **58**%

合格基本書

1 誤 ①取消訴訟は，処分または裁決があったことを知った日から6カ月を経過したときは，提起することができない（14条1項本文）。ただし，正当な理由があるときは，この限りでない（14条1項ただし書）。②取消訴訟は，処分または裁決の日から1年を経過したときは，提起することができない（14条2項本文）。ただし，正当な理由があるときは，この限りでない（14条2項ただし書）。

465p

2 正 そのとおり。処分または裁決につき審査請求をすることができる場合または行政庁が誤って審査請求をすることができる旨を教示した場合において，審査請求があったときは，処分または裁決に係る取消訴訟は，その審査請求をした者については，これに対する裁決があったことを知った日から6カ月を経過したときまたは当該裁決の日から1年を経過したときは，提起することができない（14条3項本文）。ただし，正当な理由があるときは，この限りでない（14条3項ただし書）。

3 誤 不作為の違法確認の訴えには，取消訴訟の出訴期間の規定は準用されていない（38条参照）。申請に対する不作為の状態が続く限り，いつでも訴えを提起することができる。

475p

4 誤 義務付けの訴えには，取消訴訟の出訴期間の規定は準用されていない（38条参照）。

476p

5 誤 差止めの訴えには，取消訴訟の出訴期間の規定は準用されていない（38条参照）。

ワンポイント・アドバイス

　無効等確認の訴えには，取消訴訟の出訴期間の規定は準用されていません（38条参照）。無効等確認の訴えは，通常，取消訴訟の出訴期間を経過した後に提起するものです（時機に遅れた取消訴訟）。

●行政法

行政事件訴訟法／総合

問 259 抗告訴訟に関する次の記述について，正しいものはどれか。

1 裁判所は，処分または裁決をした行政庁以外の行政庁を訴訟に参加させることが必要であると認めるときは，当事者または当該行政庁の申立てを待たず，当該行政庁を職権で訴訟に参加させることができる。

2 処分の取消しの訴えにおいて，裁判所は職権で証拠調べをすることができるが，その対象は，訴訟要件に関するものに限られ，本案に関するものは含まれない。

3 取消訴訟の訴訟物は，処分の違法性一般であるから，取消訴訟を提起した原告は，自己の法律上の利益に関係のない違法についても，それを理由として処分の取消しを求めることができる。

4 裁判所は，処分の取消しの訴えにおいて，当該処分が違法であっても，これを取り消すことにより公の利益に著しい障害を生ずる場合において，原告の受ける損害の程度，その損害の賠償または防止の程度および方法その他一切の事情を考慮した上，当該処分を取り消すことが公共の福祉に適合しないと認めるときは，当該訴えを却下することができる。

5 行政庁に対して一定の処分を求める申請を拒否された者が，処分の義務付けの訴えを提起する場合，重大な損害を避けるため緊急の必要があるときは，処分の義務付けの訴えのみを単独で提起することができる。

（本試験2019年問19）

●法令編

正解 1

正答率 **76%**

合格基本書

1 **正** そのとおり。裁判所は，処分または裁決をした行政庁以外の行政庁を訴訟に参加させることが必要であると認めるときは，当事者もしくはその行政庁の申立てによりまたは職権で，決定をもって，その行政庁を訴訟に参加させることができる（行政庁の訴訟参加／23条1項）。

469p

2 **誤** 行政事件訴訟法では，このようなことは規定されていない。なお，裁判所は，必要があると認めるときは，職権で，証拠調べをすることができる（24条本文）。ただし，その証拠調べの結果について，当事者の意見をきかなければならない（24条ただし書）。

3 **誤** 取消訴訟においては，自己の法律上の利益に関係のない違法を理由として取消しを求めることができない（10条1項）。

466p

4 **誤** 取消訴訟については，処分または裁決が違法ではあるが，これを取り消すことにより公の利益に著しい障害を生ずる場合において，原告の受ける損害の程度，その損害の賠償または防止の程度および方法その他一切の事情を考慮したうえ，処分または裁決を取り消すことが公共の福祉に適合しないと認めるときは，裁判所は，請求を棄却することができる（事情判決／31条1項前段）。

472p

5 **誤** 申請型の義務付けの訴え（2号義務付け訴訟）のうち，拒否処分型（37条の3第1項2号）を提起するときは，当該処分または裁決に係る取消しの訴えまたは無効等確認の訴えを併合して提起しなければならない（37条の3第3項2号）。

478p

298

●行政法

行政事件訴訟法／総合

重要度 A

問260 行政事件訴訟法に関する次の記述のうち、正しいものの組合せはどれか。

ア 処分の差止めの訴えの審理中に当該処分がなされた場合、差止めの訴えは、当該処分の取消しの訴えとみなされる。

イ 取消判決は、その事件について、処分庁その他の関係行政庁を拘束すると定められているが、同規定は、公法上の当事者訴訟に準用されている。

ウ 不作為の違法確認の訴えは、処分又は裁決についての申請をした者に限り、提起することができ、それ以外の第三者が提起することは許されない。

エ 裁判所は、必要であると認めるときは、職権で、処分をした行政庁以外の行政庁を訴訟に参加させることができるが、その行政庁から申し立てることはできない。

オ 行政庁は、取消訴訟を提起することができる処分をする場合には、相手方に対し、取消訴訟の被告とすべき者等を教示しなければならないが、審査請求に対する裁決をする場合には、それに対する取消訴訟に関する教示の必要はない。

1 ア・イ
2 ア・オ
3 イ・ウ
4 ウ・エ
5 エ・オ

（本試験2015年問18）

●法令編

正解 3

正答率 **78%**

合格基本書

ア **誤** <u>行政事件訴訟法では，このようなことは規定されていない</u>。

イ **正** そのとおり。取消判決は，その事件について，処分庁その他の関係行政庁を拘束する（33条1項）。この規定は，公法上の当事者訴訟に準用されている（41条1項）。 482p

ウ **正** そのとおり。不作為の違法確認の訴えは，処分または裁決についての申請をした者に限り，提起することができる（37条）。 475p

エ **誤** 裁判所は，処分または裁決をした行政庁以外の行政庁を訴訟に参加させることが必要であると認めるときは，<u>当事者もしくはその行政庁の申立てによりまたは職権で</u>，決定をもって，その行政庁を訴訟に参加させることができる（23条1項）。 469p

オ **誤** 行政庁は，取消訴訟を提起することができる処分または<u>「裁決」をする場合</u>には，当該処分または裁決の相手方に対し，当該処分または裁決に係る取消訴訟の被告とすべき者等を教示しなければならない（46条1項本文）。ただし，当該処分を口頭でする場合は，この限りでない（46条1項ただし書）。 484p

以上より，正しいものはイ・ウであり，正解は**3**である。

300

●行政法

チェック欄

行政事件訴訟法／総合

重要度 B

問261 行政事件訴訟に関する次の記述のうち，最高裁判所の判例に照らし，正しいものはどれか。

1 地方税法に基づく固定資産税の賦課処分の取消訴訟を提起することなく，過納金相当額の国家賠償請求訴訟を提起することは，結果的に当該行政処分を取り消した場合と同様の経済的効果が得られることになるため，認められない。

2 供託法に基づく供託金の取戻請求権は，供託に伴い法律上当然に発生するものであり，一般の私法上の債権と同様，譲渡，質権設定，仮差押等の目的とされるものであるから，その請求が供託官により却下された場合には，民事訴訟により争うべきである。

3 核原料物質，核燃料物質及び原子炉の規制に関する法律に基づく発電用原子炉の設置許可の無効を主張する者は，その運転差止めを求める民事訴訟を提起できるからといって，当該許可処分の無効確認訴訟を提起できないわけではない。

4 国民年金法に基づく裁定の請求に対して年金支給をしない旨の決定が行われた場合，当該年金の裁定の請求者は，公法上の当事者訴訟によって，給付されるべき年金の請求を行うことができるが，年金支給をしない旨の決定の取消訴訟を提起することは認められない。

5 登録免許税を過大に納付した者は，そのことによって当然に還付請求権を取得し，その還付がなされないときは，還付金請求訴訟を提起することができるから，還付の請求に対してなされた拒否通知について，取消訴訟を提起することは認められない。

（本試験2016年問18）

●法令編

正解3

正答率 **78**%

合格基本書

1　誤　地方税法に基づく固定資産税の賦課処分の適法性が問題となった事案において，判例は，「行政処分が違法であることを理由として国家賠償請求をするについては，あらかじめ当該行政処分について取消し又は無効確認の判決を得なければならないものではない……。このことは，当該行政処分が金銭を納付させることを直接の目的としており，その違法を理由とする国家賠償請求を認容したとすれば，結果的に当該行政処分を取り消した場合と同様の経済的効果が得られるという場合であっても異ならないというべきである。」としている（最判平22.6.3）。

2　誤　判例は，「供託官が供託物取戻請求を理由がないと認めて却下する行為は行政処分であ」るとしている（最判昭45.7.15）。

3　正　そのとおり。判例は，原子炉施設の建設ないし運転
の差止めを求める民事訴訟は，「行政事件訴訟法36条にいう当該処分の効力の有無を前提とする現在の法律関係に関する訴えに該当するものとみることはできず」，また，原子炉設置許可の「無効確認訴訟と比較して，本件設置許可処分に起因する本件紛争を解決するための争訟形態としてより直截的で適切なものであるともいえないから，……右民事訴訟の提起が可能であって現にこれを提起していることは，本件無効確認訴訟が同条所定の前記要件を欠くことの根拠とはなり得ない。」としている（最判平4.9.22）。そうすると，原子炉設置許可の無効を主張する者は，その運転差止めを求める民事訴訟を提起できるからといって，当該許可処分の無効確認訴訟を提起できないわけではない。

475p

4　誤　国民年金法に基づく裁定の請求に対して年金支給をしない旨の決定が行われた場合，その年金を支給しない旨の決定に対する取消訴訟の提起が認められる（最判平19.10.9，最判平20.10.10参照）。

302

●行政法

5 誤 判例は,「登録免許税法31条2項は,登記等を受けた者に対し,簡易迅速に還付を受けることができる手続を利用することができる地位を保障しているものと解するのが相当である。そして,同項に基づく還付通知をすべき旨の請求に対してされた拒否通知は,登記機関が還付通知を行わず,還付手続を執らないことを明らかにするものであって,これにより,登記等を受けた者は,簡易迅速に還付を受けることができる手続を利用することができなくなる。そうすると,<u>上記の拒否通知は,登記等を受けた者に対して上記の手続上の地位を否定する法的効果を有するものとして,抗告訴訟の対象となる行政処分に当たる</u>と解するのが相当である。」としている(最判平17.4.14)。

ワンポイント・アドバイス

「供託官が供託物取戻請求を理由がないとして却下する行為」を行政処分と認めた最高裁判所の判決(最判昭45.7.15)には反対意見が付されています。反対意見は,「供託および供託官のする行為の法律上の性質は,供託官が行政機関であること等からして一見行政処分の如くであるけれども,その本質は,専ら私法上の法律関係と考えるのが相当であり,従つて,供託官の行為を不服とする場合の訴訟は,専ら民事訴訟によるべきものと解すべきであると考える」としています。

チェック欄

行政事件訴訟法／総合

問262 次の文章は、X県知事により行われる、ある行政処分に付される教示である。これに関する次のア～オの記述のうち、妥当なものの組合せはどれか。

（教示）

　この処分に不服があるときは、この処分のあったことを知った日の翌日から起算して3か月以内にX県知事に審査請求をすることができます（処分のあった日の翌日から起算して1年を経過した場合は除きます。）。

　また、この処分に対する取消訴訟については、 a を被告として、この処分のあったことを知った日の翌日から起算して6か月以内に提起することができます（処分があったことを知った日の翌日から起算して1年を経過した場合は除きます。）。ただし、処分のあったことを知った日の翌日から起算して3か月以内に審査請求をした場合には、処分の取消訴訟は、その審査請求に対する裁決の送達を受けた日の翌日から起算して6か月以内に提起しなければなりません（裁決のあった日の翌日から起算して1年を経過した場合は除きます。）。

ア　この教示を怠っても、当該処分がそれを理由として取り消されることはない。
イ　空欄 a に当てはまるものは、X県知事である。
ウ　この教示は、行政不服審査法と行政事件訴訟法に基づいて行われている。
エ　この教示が示す期間が過ぎた場合には、取消訴訟を提起することはできないが、正当な理由がある場合には、審査請求のみは許される。
オ　この教示は、審査請求の裁決を経てからでなければ、取消訴訟が提起できないことを示している。

●行政法

1 ア・イ
2 ア・ウ
3 イ・ウ
4 ウ・オ
5 エ・オ

（本試験2017年問26）

第3編 行政法

●法令編

正解 **2**

正答率 **66**%

合格基本書

ア **妥当である** そのとおり。教示の懈怠は，処分取消事由と
ならないとした裁判例がある（東京地判昭 54.8.21）。

イ **妥当でない** この処分に対する取消訴訟については，X県
を被告として，提起することができる（行政事件訴訟法 11
条 1 項 1 号）。空欄 a に入るのは「X県」である。

ウ **妥当である** そのとおり。本問の教示は，行政不服審査法 | 452, 484p
と行政事件訴訟法に基づいて行われている（行政不服審査法
82 条 1 項，行政事件訴訟法 46 条 1 項）。

エ **妥当でない** この教示が示す期間を過ぎた場合，正当な理 | 441, 465p
由があれば，審査請求のみならず取消訴訟の提起もできる
（行政不服審査法 18 条 1 項ただし書，18 条 2 項ただし書，
行政事件訴訟法 14 条 1 項ただし書，14 条 2 項ただし書）。

オ **妥当でない** この教示には，「審査請求をした場合には，
処分の取消訴訟は，……6 か月以内に提起しなければなりま
せん……」と書かれているが，「処分についての審査請求に
対する裁決を経た後でなければ処分の取消しの訴えを提起す
ることができない」旨（審査請求前置主義／行政事件訴訟法
8 条 1 項ただし書）は書かれていない。この事案は，自由選
択主義（処分の取消しの訴えは，当該処分につき法令の規定
により審査請求をすることができる場合においても，直ちに
提起することを妨げない／行政事件訴訟法 8 条 1 項本文）が
採られているケースである。

以上より，妥当なものはア・ウであり，正解は **2** である。

306

●行政法

行政事件訴訟法／総合

重要度 B

問263 次に掲げる行政事件訴訟法の条文の空欄 ア ～ オ に当てはまる語句の組合せとして、正しいものはどれか。

第25条第2項　処分の取消しの訴えの提起があった場合において、処分、処分の執行又は手続の続行により生ずる ア を避けるため緊急の必要があるときは、裁判所は、申立てにより、決定をもって、処分の効力、処分の執行又は手続の続行の全部又は一部の停止……（略）……をすることができる。（以下略）

第36条　無効等確認の訴えは、当該処分又は裁決に続く処分により イ を受けるおそれのある者その他当該処分又は裁決の無効等の確認を求めるにつき法律上の利益を有する者で、当該処分若しくは裁決の存否又はその効力の有無を前提とする ウ に関する訴えによって目的を達することができないものに限り、提起することができる。

第37条の2第1項　第3条第6項第1号に掲げる場合〔直接型ないし非申請型義務付け訴訟〕において、義務付けの訴えは、一定の処分がされないことにより エ を生ずるおそれがあり、かつ、その オ を避けるため他に適当な方法がないときに限り、提起することができる。

	ア	イ	ウ	エ	オ
1	重大な損害	重大な損害	私法上の法律関係	損害	拡大
2	償うことのできない損害	重大な損害	現在の法律関係	重大な損害	損害
3	重大な損害	損害	現在の法律関係	重大な損害	損害
4	償うことのできない損害	損害	私法上の法律関係	損害	拡大
5	重大な損害	償うことのできない損害	公法上の法律関係	重大な損害	拡大

（本試験2021年問17）

●法令編

正答率 **84**%

合格基本書

<u>第25条第2項</u>　処分の取消しの訴えの提起があつた場合において，処分，処分の執行又は手続の続行により生ずる(ア)<u>重大な損害</u>を避けるため緊急の必要があるときは，裁判所は，申立てにより，決定をもつて，処分の効力，処分の執行又は手続の続行の全部又は一部の停止（以下「執行停止」という。）をすることができる。ただし，処分の効力の停止は，処分の執行又は手続の続行の停止によつて目的を達することができる場合には，することができない。　470p

<u>第36条</u>　無効等確認の訴えは，当該処分又は裁決に続く処分により(イ)<u>損害</u>を受けるおそれのある者その他当該処分又は裁決の無効等の確認を求めるにつき法律上の利益を有する者で，当該処分若しくは裁決の存否又はその効力の有無を前提とする(ウ)<u>現在の法律関係</u>に関する訴えによつて目的を達することができないものに限り，提起することができる。　474p

<u>第37条の2第1項</u>　第3条第6項第1号に掲げる場合において，義務付けの訴えは，一定の処分がされないことにより(エ)<u>重大な損害</u>を生ずるおそれがあり，かつ，その(オ)<u>損害</u>を避けるため他に適当な方法がないときに限り，提起することができる。　477p

　以上より，アには「重大な損害」，イには「損害」，ウには「現在の法律関係」，エには「重大な損害」，オには「損害」が入り，正解は**3**である。

308

●行政法

行政事件訴訟法／総合

重要度 A

問264 行政不服審査法（以下「行審法」という。）と行政事件訴訟法（以下「行訴法」という。）の比較に関する次の記述のうち、誤っているものはどれか。＜複数解＞

1 行訴法は、行政庁が処分をすべき旨を命ずることを求める訴訟として「義務付けの訴え」を設けているが、行審法は、このような義務付けを求める不服申立てを明示的には定めていない。

2 行審法は、同法にいう処分には公権力の行使に当たる事実上の行為で継続的性質を有するものが含まれると定めているが、行訴法は、このような行為が処分に当たるとは明示的には定めていない。

3 行訴法は、取消訴訟の原告適格を処分等の取消しを求めるにつき「法律上の利益を有する者」に認めているが、行審法は、このような者に不服申立て適格が認められることを明示的には定めていない。

4 行訴法は、訴訟の結果により権利を害される第三者の訴訟参加に関する規定を置いているが、行審法は、利害関係人の審査請求への参加について明示的には定めていない。

5 行訴法は、取消訴訟における取消しの理由の制限として、自己の法律上の利益に関係のない違法を理由とすることはできないと定めているが、行審法は、このような理由の制限を明示的には定めていない。

（本試験2013年問14改題）

●法令編

正解 2, 4

正答率 **58%**

合格基本書

1　正　そのとおり。行訴法は，義務付けの訴え（行政庁が
その処分または裁決をすべき旨を命ずることを求める訴訟）
を設けている（3条6項）。行審法は，このような義務付け
を求める不服申立てを明示的には定めていない。

476p

2　誤　2014（平成26）年改正前の行審法では，「処分」に
は，公権力の行使に当たる事実上の行為で，人の収容，物の
留置その他その内容が継続的性質を有するものが含まれると
されていた（2014年改正前の2条1項）。しかし，改正行審
法・行訴法は，このような行為が「処分」に当たるとは明示
的には定めていない。事実上の行為が継続的性質を有しない
場合には訴えの利益を欠くため，明文化する必要がないとさ
れたためである。

3　正　そのとおり。行訴法は，取消訴訟の原告適格を処分
等の取消しを求めるにつき「法律上の利益を有する者」に認
めている（9条1項）。行審法は，このような者に不服申立
適格が認められることを明示的には定めていない。

460p

4　誤　行訴法は，訴訟の結果により権利を害される第三者
の訴訟参加に関する規定を置いている（22条）。行審法は，
利害関係人の審査請求への参加について規定を設けている
（13条）。

5　正　そのとおり。行訴法は，取消訴訟における取消しの
理由の制限として，自己の法律上の利益に関係のない違法を
理由とすることはできないと定めている（10条1項）。行審
法は，このような理由の制限を明示的には定めていない。

466p

310

●行政法

行政事件訴訟法／総合

重要度 A

問 265 次に挙げる行政に関連する法令の規定の空欄 ア ～ エ に当てはまる語句の組合せとして、正しいものはどれか。

<u>行政不服審査法</u> 第21条 第1項 審査請求をすべき行政庁が処分庁等と異なる場合における審査請求は、処分庁等を経由してすることができる。

（以下略）

第3項 第1項の場合における審査請求期間の計算については、処分庁に審査請求書を提出し、又は処分庁に対し当該事項を陳述した時に、処分についての審査請求があったものと ア 。

<u>行政事件訴訟法</u> 第7条 行政事件訴訟に関し、この法律に定めがない事項については、 イ 。

<u>行政事件訴訟法</u> 第36条 無効等確認の訴えは、当該処分又は裁決に続く処分により損害を受けるおそれのある者 ウ 当該処分又は裁決の無効等の確認を求めるにつき法律上の利益を有する者で、当該処分 エ 裁決の存否又はその効力の有無を前提とする現在の法律関係に関する訴えによつて目的を達することができないものに限り、提起することができる。

	ア	イ	ウ	エ
1	推定する	民事訴訟の例による	その他	及び
2	推定する	民事訴訟法を準用する	及び	若しくは
3	推定する	民事訴訟法を準用する	及び	及び
4	みなす	民事訴訟の例による	その他	若しくは
5	みなす	民事訴訟の例による	並びに	並びに

(本試験2015年問25改題)

●法令編

正解 **4**

正答率 **77**%

合格基本書

行政不服審査法21条1項前段は、「審査請求をすべき行政
庁が処分庁等と異なる場合における審査請求は、処分庁等を経
由してすることができる」と定める。行政不服審査法21条3
項は、「第1項の場合における審査請求期間の計算については、
処分庁に審査請求書を提出し、又は処分庁に対し当該事項を陳
述した時に、処分についての審査請求があったものと(ア)<u>みな
す</u>」と定める。

443p

行政事件訴訟法7条は、「行政事件訴訟に関し、この法律に定
めがない事項については、(イ)<u>民事訴訟の例による</u>」と定める。

467p

行政事件訴訟法36条は、「無効等確認の訴えは、当該処分
又は裁決に続く処分により損害を受けるおそれのある者(ウ)<u>そ
の他</u>当該処分又は裁決の無効等の確認を求めるにつき法律上の
利益を有する者で、当該処分(エ)<u>若しくは</u>裁決の存否又はその
効力の有無を前提とする現在の法律関係に関する訴えによつて
目的を達することができないものに限り、提起することができ
る」と定める。

474p

以上より、アには「みなす」、イには「民事訴訟の例によ
る」、ウには「その他」、エには「若しくは」が入り、正解は**4**
である。

ワンポイント・アドバイス

　審査請求をすべき行政庁が処分庁等と異なる場合における審査請求は、処
分庁等を経由してすることができます（行政不服審査法21条1項前段）。こ
の場合において、審査請求人は、処分庁等に審査請求書を提出し、または処
分庁等に対し19条2項～5項に規定する事項を陳述するものとします（21
条1項後段）。処分庁等は、直ちに、審査請求書または審査請求録取書を審
査庁となるべき行政庁に送付しなければなりません（21条2項）。

312

●行政法

国家賠償法

問266
国家賠償法1条に関する次の記述のうち、最高裁判所の判例に照らし、妥当なものはどれか。

1 通達は、本来、法規としての性質を有しない行政組織内部の命令にすぎず、その違法性を裁判所が独自に判断できるから、国の担当者が、法律の解釈を誤って通達を定め、この通達に従った取扱いを継続したことは、国家賠償法1条1項の適用上も当然に違法なものと評価される。

2 検察官は合理的な嫌疑があれば公訴を提起することが許されるのであるから、検察官が起訴した裁判において最終的に無罪判決が確定したからといって、当該起訴が国家賠償法1条1項の適用上当然に違法となるわけではない。

3 裁判官のなす裁判も国家賠償法1条の定める「公権力の行使」に該当するが、裁判官が行う裁判においては自由心証主義が認められるから、裁判官の行う裁判が国家賠償法1条1項の適用上違法と判断されることはない。

4 国会議員の立法行為（立法不作為を含む。）は、国家賠償法1条の定める「公権力の行使」に該当するものではなく、立法の内容が憲法の規定に違反する場合であっても、国会議員の当該立法の立法行為は、国家賠償法1条1項の適用上違法の評価を受けることはない。

5 政府が、ある政策目標を実現するためにとるべき具体的な措置についての判断を誤り、ないしはその措置に適切を欠いたため当該目標を達成できなかった場合には、国家賠償法1条1項の適用上当然に違法の評価を受ける。

（本試験2017年問20）

●法令編

正答率 **95**%

1 妥当でない 判例は，国の担当者が原爆医療法および原爆特別措置法の解釈を誤り，被爆者が国外に居住地を移した場合に健康管理手当等の受給権は失権の取扱いとなる旨定めた「通達の定めが法の解釈を誤る違法なものであったとしても，そのことから直ちに同通達を発出し，これに従った取扱いを継続した上告人の担当者の行為に国家賠償法1条1項にいう違法があったと評価されることにはならず，上告人の担当者が職務上通常尽くすべき注意義務を尽くすことなく漫然と上記行為をしたと認められるような事情がある場合に限り，上記の評価がされることになるものと解するのが相当である」としている（在外被爆者健康管理手当事件／最判平19.11.1）。

2 妥当である そのとおり。判例は，「刑事事件において無罪の判決が確定したというだけで直ちに起訴前の逮捕・勾留，公訴の提起・追行，起訴後の勾留が違法となるということはない。」としている（最判昭53.10.20）。

3 妥当でない 判例は，「裁判官がした争訟の裁判に上訴等の訴訟法上の救済方法によつて是正されるべき瑕疵が存在したとしても，これによつて当然に国家賠償法1条1項の規定にいう違法な行為があつたものとして国の損害賠償責任の問題が生ずるわけのものではなく，右責任が肯定されるためには，当該裁判官が違法又は不当な目的をもつて裁判をしたなど，裁判官がその付与された権限の趣旨に明らかに背いてこれを行使したものと認めうるような特別の事情があることを必要とすると解するのが相当である。」としている（最判昭57.3.12）。

4 妥当でない 判例は，「国会議員は，立法に関しては，原則として，国民全体に対する関係で政治的責任を負うにとどまり，個別の国民の権利に対応した関係での法的義務を負うものではないというべきであつて，国会議員の立法行為は，

立法の内容が憲法の一義的な文言に違反しているにもかかわらず国会があえて当該立法を行うというごとき，容易に想定し難いような例外的な場合でない限り，国家賠償法1条1項の規定の適用上，違法の評価を受けないものといわなければならない。」としている（最判昭60.11.21）。

5 妥当でない 判例は，政府において裁量的な政策判断「を誤り，ないしはその措置に適切を欠いたため右目標を達成することができず，又はこれに反する結果を招いたとしても，これについて政府の政治的責任が問われることがあるのは格別，法律上の義務違反ないし違法行為として国家賠償法上の損害賠償責任の問題を生ずるものとすることはできない。」としている（最判昭57.7.15）。

ワンポイント・アドバイス

　行政処分に起因する国家賠償請求において，いかなる場合に違法性が認められるかについて，判例は，公務員が職務上通常尽くすべき注意義務を尽くしたか否かを基準に判断しています。この立場からは，公務員の行為が結果として特定の規範に違反することがあったとしても，行為当時の状況を基準としてその公務員がなすべきことをしていたと認められる場合，違法性が否定されます。

　例えば，所得金額を過大に認定した税務署長の所得税更正処分の違法性が争われた国家賠償請求訴訟において，判例は，「税務署長のする所得税の更正は，所得金額を過大に認定していたとしても，そのことから直ちに国家賠償法1条1項にいう違法があったとの評価を受けるものではなく，税務署長が資料を収集し，これに基づき課税要件事実を認定，判断する上において，職務上通常尽くすべき注意義務を尽くすことなく漫然と更正をしたと認め得るような事情がある場合に限り」，違法となるとして，結果として上記更正処分の違法性を否定しています（最判平5.3.11）。

●行政法

チェック欄

国家賠償法

重要度 A

問 267 国家賠償法1条1項に関する最高裁判所の判例に関する次の記述のうち、正しいものはどれか。

1 非番の警察官が、もっぱら自己の利をはかる目的で、職務を装って通行人から金品を奪おうとし、ついには、同人を撃って死亡させるに至った場合、当該警察官は主観的に権限行使の意思をもってしたわけではないから、国家賠償法1条1項の適用は否定される。

2 パトカーに追跡されたため赤信号を無視して交差点に進入した逃走車両に無関係の第三者が衝突され、その事故により当該第三者が身体に損害を被った場合であったとしても、警察官の追跡行為に必要性があり、追跡の方法も不相当といえない状況においては、当該追跡行為に国家賠償法1条1項の違法性は認められない。

3 飲食店の中でナイフで人を脅していた者が警察署まで連れてこられた後、帰宅途中に所持していたナイフで他人の身体・生命に危害を加えた場合、対応した警察官が当該ナイフを提出させて一時保管の措置をとるべき状況に至っていたとしても、当該措置には裁量の余地が認められるから、かかる措置をとらなかったことにつき国家賠償法1条1項の違法性は認められない。

4 旧陸軍の砲弾類が海浜に打ち上げられ、たき火の最中に爆発して人身事故が生じた場合、警察官は警察官職務執行法上の権限を適切に行使しその回収等の措置を講じて人身事故の発生を防止すべき状況に至っていたとしても、当該措置には裁量の余地が認められるから、かかる措置をとらなかったことにつき国家賠償法1条1項の違法性は認められない。

5 都道府県警察の警察官が交通犯罪の捜査を行うにつき故意または過失によって違法に他人に損害を与えた場合、犯罪の捜査が司法警察権限の行使であることにかんがみれば、国家賠償法1条1項によりその損害の賠償の責めに任ずるのは原則として司法権の帰属する国であり、都道府県はその責めを負うものではない。

(本試験2015年問19)

●法令編

正解 2

正答率 **88**%

合格基本書

1 **誤** 判例は,「公務員が主観的に権限行使の意思をもってする場合にかぎらず自己の利をはかる意図をもってする場合でも,客観的に職務執行の外形をそなえる行為をしてこれによって,他人に損害を加えた場合には,国又は公共団体に損害賠償の責を負わしめて,ひろく国民の権益を擁護することをもって,その立法の趣旨とするものと解すべきである」としている(川崎駅前非番警察官強盗殺人事件／最判昭 31.11.30)。

490p

2 **正** そのとおり(パトカー追跡事故事件／最判昭 61.2.27)。

490p

3 **誤** 判例は,警察官が,ナイフを提出させて一時保管の「措置をとらなかつたことは,その職務上の義務に違背し違法である」としている(最判昭 57.1.19)。

4 **誤** 判例は,「新島警察署の警察官を含む警視庁の警察官は,遅くとも昭和 41,2 年ころ以降は,単に島民等に対して砲弾類の危険性についての警告や砲弾類を発見した場合における届出の催告等の措置をとるだけでは足りず,更に進んで自ら又は他の機関に依頼して砲弾類を積極的に回収するなどの措置を講ずべき職務上の義務があつたものと解するのが相当であつて,前記警察官が,かかる措置をとらなかつたことは,その職務上の義務に違背し,違法であるといわなければならない」としている(新島砲弾爆発事故／最判昭 59.3.23)。

5 **誤** 判例は,警察法および地方自治法は警察の管理および運営を都道府県の処理すべき事務と定めていると解されるから,「都道府県警察の警察官が警察の責務の範囲に属する交通犯罪の捜査を行うこと(警察法 2 条 1 項参照)は,検察官が自ら行う犯罪の捜査の補助に係るものであるとき(刑訴法 193 条 3 項参照)のような例外的な場合を除いて,当該都道府県の公権力の行使にほかならない」としている(最判昭 54.7.10)。

MEMO

第3編　行政法

| チェック欄 | | |

国家賠償法

問268 国家賠償法1条に関する次のア〜オの記述のうち、最高裁判所の判例に照らし、妥当なものの組合せはどれか。

ア 建築主事は、建築主の申請に係る建築物の計画について建築確認をするに当たり、建築主である個人の財産権を保護すべき職務上の法的義務を負うものではないから、仮に当該建築主の委託した建築士が行った構造計算書の偽装を見逃したとしても、そもそもその点について職務上の法的義務違反も認められないことから、当該建築確認は国家賠償法1条1項の適用上違法にはならない。

イ 警察官が交通法規等に違反して車両で逃走する者をパトカーで追跡する職務の執行中に、逃走車両の走行により第三者が損害を被った場合において、当該追跡行為が国家賠償法1条1項の適用上違法であるか否かについては、当該追跡の必要性、相当性に加え、当該第三者が被った損害の内容および性質ならびにその態様および程度などの諸要素を総合的に勘案して決せられるべきである。

ウ 法令に基づく水俣病患者認定申請をした者が、相当期間内に応答処分されることにより焦燥、不安の気持ちを抱かされないという利益は、内心の静穏な感情を害されない利益として、不法行為法上の保護の対象になるが、当該認定申請に対する不作為の違法を確認する判決が確定していたとしても、そのことから当然に、国家賠償法1条1項に係る不法行為の成立が認められるわけではない。

エ 所得金額を過大に認定して行われた所得税の更正は、直ちに国家賠償法1条1項の適用上違法の評価を受けることとなるが、税務署長が資料を収集し、これに基づき課税要件事実を認定、判断する上において、職務上通常尽くすべき注意義務を尽くすことなく漫然と更正をしたと認め得るような事情がある場合に限り、過失があるとの評価を受けることとなる。

●行政法

オ　公立学校における教師の教育活動も国家賠償法1条1項にいう「公権力の行使」に該当するから，学校事故において，例えば体育の授業において危険を伴う技術を指導する場合については，担当教師の指導において，事故の発生を防止するために十分な措置を講じるべき注意義務が尽くされたかどうかが問題となる。

1　ア・イ
2　ア・ウ
3　イ・オ
4　ウ・エ
5　ウ・オ

(本試験2018年問20)

第3編

行政法

●法令編

正答率 **29**%

ア **妥当でない** 判例は、①「建築確認制度の目的には、建築基準関係規定に違反する建築物の出現を未然に防止することを通じて得られる個別の国民の利益の保護が含まれており、建築主の利益の保護もこれに含まれているといえるのであって、建築士の設計に係る建築物の計画について確認をする建築主事は、その申請をする建築主との関係でも、違法な建築物の出現を防止すべく一定の職務上の法的義務を負うものと解するのが相当である。」として、②「建築主事による当該計画に係る建築確認は、例えば、当該計画の内容が建築基準関係規定に明示的に定められた要件に適合しないものであるときに、申請書類の記載事項における誤りが明らかで、当該事項の審査を担当する者として他の記載内容や資料と符合するか否かを当然に照合すべきであったにもかかわらずその照合がされなかったなど、建築主事が職務上通常払うべき注意をもって申請書類の記載を確認していればその記載から当該計画の建築基準関係規定への不適合を発見することができたにもかかわらずその注意を怠って漫然とその不適合を看過した結果当該計画につき建築確認を行ったと認められる場合に、国家賠償法1条1項の適用上違法となるものと解するのが相当である」としている（最判平 25.3.26）。

イ **妥当でない** 判例は、「およそ警察官は、異常な挙動その他周囲の事情から合理的に判断してなんらかの犯罪を犯したと疑うに足りる相当な理由のある者を停止させて質問し、また、現行犯人を現認した場合には速やかにその検挙又は逮捕に当たる職責を負うものであつて……、右職責を遂行する目的のために被疑者を追跡することはもとよりなしうるところであるから、警察官がかかる目的のために交通法規等に違反して車両で逃走する者をパトカーで追跡する職務の執行中に、逃走車両の走行により第三者が損害を被つた場合において、右追跡行為が違法であるというためには、右追跡が当該職務目的を遂行する上で不必要であるか、又は逃走車両の逃走の態様及び道路交通状況等から予測される被害発生の具体的危

●行政法

険性の有無及び内容に照らし，追跡の開始・継続若しくは追跡の方法が不相当であることを要するものと解すべきである。」としている（パトカー追跡事故事件／最判昭61.2.27）。

ウ　**妥当である**　そのとおり。判例は，①「認定申請者としての，早期の処分により水俣病にかかっている疑いのままの不安定な地位から早期に解放されたいという期待，その期待の背後にある申請者の焦燥，不安の気持を抱かされないという利益は，内心の静穏な感情を害されない利益として，これが不法行為法上の保護の対象になり得るものと解するのが相当である。」としつつも，②不作為の違法確認「訴訟の性質からすれば，その違法であることの確認の趣旨は，右訴訟の弁論終結時点において，知事が処分をすべき行政手続上の作為義務に違反していることを確認することにあるから，これが直ちに認定申請者の右の法的利益に向けた作為義務を認定し，その利益侵害という意味での不作為の違法性を確認するものではないと解すべきである。」としている（最判平3.4.26）。

エ　**妥当でない**　判例は，「税務署長のする所得税の更正は，所得金額を過大に認定していたとしても，そのことから直ちに国家賠償法1条1項にいう違法があったとの評価を受けるものではなく，税務署長が資料を収集し，これに基づき課税要件事実を認定，判断する上において，職務上通常尽くすべき注意義務を尽くすことなく漫然と更正をしたと認め得るような事情がある場合に限り，右の評価を受けるものと解するのが相当である。」としている（奈良税務署推計課税事件／最判平5.3.11）。

オ　**妥当である**　そのとおり。判例は，①「国家賠償法1条1項にいう『公権力の行使』には，公立学校における教師の教育活動も含まれるものと解するのが相当であ」るとし，②「学校の教師は，学校における教育活動により生ずるおそれのある危険から生徒を保護すべき義務を負つており，危険を伴う技術を指導する場合には，事故の発生を防止するために十分な措置を講じるべき注意義務があることはいうまでもない。」としている（最判昭62.2.6）。

487p

以上より，妥当なものはウ・オであり，正解は**5**である。

●行政法

チェック欄

国家賠償法

問269 国家賠償法に関する次のア～エの記述のうち、最高裁判所の判例に照らし、正しいものの組合せはどれか。

ア 同一の行政主体に属する複数の公務員のみによって一連の職務上の行為が行われ、その一連の過程で他人に損害が生じた場合、損害の直接の原因となった公務員の違法行為が特定できないときには、当該行政主体は国家賠償法1条1項に基づく損害賠償責任を負うことはない。

イ 税務署長が行った所得税の更正処分が、所得金額を過大に認定したものであるとして取消訴訟で取り消されたとしても、当該税務署長が更正処分をするに際して職務上通常尽くすべき注意義務を尽くしていた場合は、当該更正処分に国家賠償法1条1項にいう違法があったとはされない。

ウ 国家賠償法1条1項に基づく賠償責任は、国または公共団体が負うのであって、公務員個人が負うものではないから、公務員個人を被告とする賠償請求の訴えは不適法として却下される。

エ 国家賠償法1条1項が定める「公務員が、その職務を行うについて」という要件については、公務員が主観的に権限行使の意思をもってする場合に限らず、自己の利をはかる意図をもってする場合であっても、客観的に職務執行の外形をそなえる行為をしたときは、この要件に該当する。

1 ア・イ
2 ア・ウ
3 イ・ウ
4 イ・エ
5 ウ・エ

(本試験2020年問20)

●法令編

正解 **4**

正答率 **51**%

合格基本書

ア 誤 判例は、「国又は公共団体の公務員による一連の職務 488, 491p
上の行為の過程において他人に被害を生ぜしめた場合におい
て、それが具体的にどの公務員のどのような違法行為による
ものであるかを特定することができなくても、右の一連の行
為のうちのいずれかに行為者の故意又は過失による違法行為
があつたのでなければ右の被害が生ずることはなかつたであ
ろうと認められ、かつ、それがどの行為であるにせよこれに
よる被害につき行為者の属する国又は公共団体が法律上賠償
の責任を負うべき関係が存在するときは、国又は公共団体
は、加害行為不特定の故をもつて国家賠償法又は民法上の損
害賠償責任を免れることができない」としている（岡山税務
署健康診断事件／最判昭 57.4.1）。

イ 正 そのとおり。判例は、「税務署長のする所得税の更正 491p
は、所得金額を過大に認定していたとしても、そのことから
直ちに国家賠償法 1 条 1 項にいう違法があったとの評価を受
けるものではなく、税務署長が資料を収集し、これに基づき
課税要件事実を認定、判断する上において、職務上通常尽く
すべき注意義務を尽くすことなく漫然と更正をしたと認め得
るような事情がある場合に限り、右の評価を受ける」として
いる（奈良税務署推計課税事件／最判平 5.3.11）。

ウ 誤 判例は、公権力の行使に当たる公務員の職務行為に基
づく損害については、「国または公共団体が賠償の責に任ず
るのであつて、公務員が行政機関としての地位において賠償
の責任を負うものではなく、また公務員個人もその責任を負
うものではない。従つて県知事を相手方とする訴は不適法で
あり、また県知事個人、農地部長個人を相手方とする請求は
理由がないことに帰する。」としている（最判昭 30.4.19）。
よって、公務員個人を被告とする賠償請求の訴えは、主張に
理由がないとして棄却される。

326

●行政法

エ **正** そのとおり。判例は，国家賠償法1条1項の「職務を行うについて」に関して，「公務員が主観的に権限行使の意思をもつてする場合にかぎらず自己の利をはかる意図をもつてする場合でも，客観的に職務執行の外形をそなえる行為をしてこれによつて，他人に損害を加えた場合には，国又は公共団体に損害賠償の責を負わしめて，ひろく国民の権益を擁護することをもつて，その立法の趣旨とするものと解すべきである」としている（川崎駅前非番警察官強盗殺人事件／最判昭 31.11.30）。

488, 490p

以上より，正しいものはイ・エであり，正解は**4**である。

第3編 行政法

ワンポイント・アドバイス

　国家賠償法1条1項は，「国又は公共団体の公権力の行使に当る公務員が，その職務を行うについて，故意又は過失によつて違法に他人に損害を加えたときは，国又は公共団体が，これを賠償する責に任ずる」としています。
　判例は，「公務員がその職務を行なうについて，故意または過失によつて違法に他人に損害を加えた場合でないかぎり，国家賠償法1条の規定による責任を負うものでないことは，同条の明定するところである」としています（最判昭44.2.18）。これは，本来加害者である公務員が負うべき責任を，国・公共団体が代わって負うという考え方（代位責任説）によるものと解されています。

327

●行政法

国家賠償法

問270 国家賠償法に関する次の記述のうち，最高裁判所の判例に照らし，妥当なものはどれか。

1 宅地建物取引業法は，宅地建物取引業者の不正な行為によって個々の取引関係者が被る具体的な損害の防止，救済を制度の直接の目的とするものであるから，不正な行為をした業者に対する行政庁の監督権限の不行使は，被害者との関係においても，直ちに国家賠償法1条1項の適用上違法の評価を受ける。

2 建築基準法に基づく指定を受けた民間の指定確認検査機関による建築確認は，それに関する事務が行政庁の監督下において行われているものではないため，国家賠償法1条1項の「公権力の行使」に当たらない。

3 公害に係る健康被害の救済に関する特別措置法，または同法を引き継いだ公害健康被害補償法*に基づいて水俣病患者の認定申請をした者が水俣病の認定処分を受けた場合でも，申請処理の遅延により相当の期間内に応答がなかったという事情があれば，当該遅延は，直ちに国家賠償法1条1項の適用上違法の評価を受ける。

4 裁判官がおこなう争訟の裁判については，その裁判の内容に上訴等の訴訟法上の救済方法で是正されるべき瑕疵が存在し，当該裁判官が付与された権限の趣旨に明らかに背いてこれを行使したと認め得るような事情がみられたとしても，国家賠償法1条1項の適用上違法の評価を受けることはない。

5 検察官が公訴を提起した裁判において，無罪の判決が確定したとしても，そのことから直ちに，起訴前の逮捕や勾留とその後の公訴の提起などが国家賠償法1条1項の適用上違法の評価を受けるということにはならない。

(注) ＊ 公害健康被害の補償等に関する法律

（本試験2020年問21）

●法令編

正解 **5**

正答率 **93**%

合格基本書

490p

1 妥当でない 判例は、「当該業者の不正な行為により個々の取引関係者が損害を被った場合であっても、具体的事情の下において、知事等に監督処分権限が付与された趣旨・目的に照らし、その不行使が著しく不合理と認められるときでない限り、右権限の不行使は、当該取引関係者に対する関係で国家賠償法1条1項の適用上違法の評価を受けるものではないといわなければならない」としている（宅建業者事件／最判平元.11.24）。

2 妥当でない 判例は、「建築基準法の定めからすると、同法は、建築物の計画が建築基準関係規定に適合するものであることについての確認に関する事務を地方公共団体の事務とする前提に立った上で、指定確認検査機関をして、上記の確認に関する事務を特定行政庁の監督下において行わせることとしたということができる。」として、「指定確認検査機関の確認に係る建築物について確認をする権限を有する建築主事が置かれた地方公共団体は、指定確認検査機関の当該確認につき行政事件訴訟法21条1項所定の『当該処分又は裁決に係る事務の帰属する国又は公共団体』に当たるというべきであ」るとしたうえで、当該確認の取消請求を当該地方公共団体に対する損害賠償請求に変更することが相当であるとしている（東京建築検査確認機構事件／最決平17.6.24）。すなわち、指定確認検査機関による建築確認は、国家賠償法1条1項の「公権力の行使」に当たる。

330

●行政法

3　妥当でない　判例は、「救済法及び補償法の中に、認定申請者の……私的利益に直接向けられた作為義務の根拠を見いだし難いとしても、一般に、処分庁が認定申請を相当期間内に処分すべきは当然であり、これにつき不当に長期間にわたって処分がされない場合には、早期の処分を期待していた申請者が不安感、焦燥感を抱かされ内心の静穏な感情を害されるに至るであろうことは容易に予測できることであるから、処分庁には、こうした結果を回避すべき条理上の作為義務があるということができる。」としたうえで、「処分庁が右の意味における作為義務に違反したといえるためには、客観的に処分庁がその処分のために手続上必要と考えられる期間内に処分できなかったことだけでは足りず、その期間に比してさらに長期間にわたり遅延が続き、かつ、その間、処分庁として通常期待される努力によって遅延を解消できたのに、これを回避するための努力を尽くさなかったことが必要であると解すべきである。」としている（水俣病認定遅延訴訟慰謝料請求事件／最判平 3.4.26）。

4　妥当でない　判例は、「裁判官がした争訟の裁判に上訴等の訴訟法上の救済方法によって是正されるべき瑕疵が存在したとしても、これによって当然に国家賠償法1条1項の規定にいう違法な行為があったものとして国の損害賠償責任の問題が生ずるわけのものではなく、右責任が肯定されるためには、当該裁判官が違法又は不当な目的をもって裁判をしたなど、裁判官がその付与された権限の趣旨に明らかに背いてこれを行使したものと認めうるような特別の事情があることを必要とすると解するのが相当である。」としている（最判昭57.3.12）。

491p

5　妥当である　そのとおり。判例は、「刑事事件において無罪の判決が確定したというだけで直ちに起訴前の逮捕・勾留、公訴の提起・追行、起訴後の勾留が違法となるということはない。」としている（最判昭53.10.20）。

491p

331

●行政法

国家賠償法

重要度 A

問271
規制権限の不行使（不作為）を理由とする国家賠償請求に関する次のア～エの記述のうち、最高裁判所の判例に照らし、妥当なものの組合せはどれか。

ア　石綿製品の製造等を行う工場または作業場の労働者が石綿の粉じんにばく露したことにつき、一定の時点以降、労働大臣（当時）が労働基準法に基づく省令制定権限を行使して罰則をもって上記の工場等に局所排気装置を設置することを義務付けなかったことは、国家賠償法1条1項の適用上違法である。

イ　鉱山労働者が石炭等の粉じんを吸い込んでじん肺による健康被害を受けたことにつき、一定の時点以降、通商産業大臣（当時）が鉱山保安法に基づき粉じん発生防止策の権限を行使しなかったことは、国家賠償法1条1項の適用上違法である。

ウ　宅地建物取引業法に基づき免許を更新された業者が不正行為により個々の取引関係者に対して被害を負わせたことにつき、免許権者である知事が事前に更新を拒否しなかったことは、当該被害者との関係において国家賠償法1条1項の適用上違法である。

エ　いわゆる水俣病による健康被害につき、一定の時点以降、健康被害の拡大防止のために、水質規制に関する当時の法律に基づき指定水域の指定等の規制権限を国が行使しなかったことは、国家賠償法1条1項の適用上違法とはならない。

1　ア・イ
2　ア・ウ
3　イ・ウ
4　イ・エ
5　ウ・エ

（本試験2021年問21）

●法令編

正解 1

正答率 **90%**

合格基本書

ア　**妥当である**　そのとおり。判例は，「労働大臣は，昭和33年5月26日には，旧労基法に基づく省令制定権限を行使して，罰則をもって石綿工場に局所排気装置を設置することを義務付けるべきであったのであり，旧特化則が制定された昭和46年4月28日まで，労働大臣が旧労基法に基づく上記省令制定権限を行使しなかったことは，旧労基法の趣旨，目的や，その権限の性質等に照らし，著しく合理性を欠くものであって，国家賠償法1条1項の適用上違法であるというべきである。」としている（泉南アスベスト訴訟／最判平26.10.9）。

イ　**妥当である**　そのとおり。通商産業大臣（当時）は，遅くとも，1960年3月31日のじん肺法成立の時までに，「じん肺に関する医学的知見及びこれに基づくじん肺法制定の趣旨に沿った石炭鉱山保安規則の内容の見直しをして，石炭鉱山においても，衝撃式さく岩機の湿式型化やせん孔前の散水の実施等の有効な粉じん発生防止策を一般的に義務付ける等の新たな保安規制措置を執った上で，鉱山保安法に基づく監督権限を適切に行使して，上記粉じん発生防止策の速やかな普及，実施を図るべき状況にあった」としたうえで，1960年4月以降，「鉱山保安法に基づく上記の保安規制の権限を直ちに行使しなかったことは，その趣旨，目的に照らし，著しく合理性を欠くものであって，国家賠償法1条1項の適用上違法というべきである。」としている（筑豊じん肺訴訟／最判平16.4.27）。

490, 491p

ウ　**妥当でない**　判例は，「知事等による免許の付与ないし更新それ自体は，法所定の免許基準に適合しない場合であっても，当該業者との個々の取引関係者に対する関係において直ちに国家賠償法1条1項にいう違法な行為に当たるものではないというべきである。」としている（宅建業者事件／最判平元.11.24）。

490p

334

●行政法

エ **妥当でない** 判例は，国が，1959年11月末の時点で，多数の水俣病患者が発生し，死亡者も相当数に上っていると認識していたこと，水俣病の原因物質とその排出源を高度の蓋然性をもって認識しうる状況にあったことなどの事情の下においては，水俣病による深刻な健康被害の拡大防止のために，通商産業大臣（当時）が，1960年1月以降，「水質二法に基づく……規制権限を行使しなかったことは，……規制権限を定めた水質二法の趣旨，目的や，その権限の性質等に照らし，著しく合理性を欠くものであって，国家賠償法1条1項の適用上違法というべきである。」としている（関西水俣病訴訟／最判平16.10.15）。

490p

以上より，妥当なものはア・イであり，正解は**1**である。

ワンポイント・アドバイス

　判例は，「国又は公共団体の公務員による規制権限の不行使は，その権限を定めた法令の趣旨，目的や，その権限の性質等に照らし，具体的事情の下において，その不行使が許容される限度を逸脱して著しく合理性を欠くと認められるときは，その不行使により被害を受けた者との関係において，国家賠償法1条1項の適用上違法となるものと解するのが相当である」としています（筑豊じん肺訴訟／最判平16.4.27）。

335

●行政法

国家賠償法

問 272 国家賠償法に関する次のア〜オの記述のうち、最高裁判所の判例に照らし、正しいものの組合せはどれか。

ア　経済政策の決定の当否は裁判所の司法的判断には本質的に適しないから、経済政策ないし経済見通しの過誤を理由とする国家賠償法1条に基づく請求は、そもそも法律上の争訟に当たらず、不適法な訴えとして却下される。

イ　税務署長が行った所得税の更正が、所得金額を過大に認定したものであるとして取消訴訟で取り消されたとしても、当該税務署長が資料を収集し、これに基づき課税要件事実を認定、判断する上において、職務上通常尽くすべき注意義務を尽くしていた場合は、国家賠償法1条1項の適用上違法とはされない。

ウ　刑事事件において無罪の判決が確定した以上、当該公訴の提起・追行は国家賠償法1条の適用上も直ちに違法と評価されるが、国家賠償請求が認容されるためには、担当検察官に過失があったか否かが別途問題となる。

エ　自作農創設特別措置法に基づく買収計画が違法であることを理由として国家賠償の請求をするについては、あらかじめ当該買収計画につき取消し又は無効確認の判決を得る必要はない。

オ　違法な課税処分によって本来払うべきでない税金を支払った場合において、過納金相当額を損害とする国家賠償請求訴訟を提起したとしても、かかる訴えは課税処分の公定力や不可争力を実質的に否定することになるので棄却される。

1　ア・ウ
2　ア・オ
3　イ・エ
4　イ・オ
5　ウ・エ

（本試験2013年問20）

●法令編

正答率 **89**%

ア **誤** 判例は，経済政策の決定の当否について政府の政治的責任が問われることがあるのは格別，法律上の義務違反ないし違法行為として国家賠償法上の損害賠償責任の問題を生ずるものとすることはできないとしている（最判昭 57.7.15）。すなわち，判例は，経済政策ないし経済見通しの過誤を理由とする国家賠償法１条に基づく請求が，「法律上の争訟」に当たることを前提としている。

イ **正** そのとおり。判例は，「税務署長のする所得税の更正は，所得金額を過大に認定していたとしても，そのことから直ちに国家賠償法１条１項にいう違法があったとの評価を受けるものではなく，税務署長が資料を収集し，これに基づき課税要件事実を認定，判断する上において，職務上通常尽くすべき注意義務を尽くすことなく漫然と更正をしたと認め得るような事情がある場合に限り，右の評価を受けるものと解するのが相当である」としている（最判平 5.3.11）。 491p

ウ **誤** 判例は，「刑事事件において無罪の判決が確定したというだけで直ちに起訴前の逮捕・勾留，公訴の提起・追行，起訴後の勾留が違法となるということはない」としている（最判昭 53.10.20）。 491p

エ **正** そのとおり。判例は，行政処分が違法であることを理由として国家賠償の請求をするについては，あらかじめ処分の取消しまたは無効確認の判決を得る必要はないとしている（最判昭 36.4.21）。 489p

オ **誤** 判例は，公務員が納税者に対する職務上の法的義務に違背して税額を過大に決定したときは，これによって損害を被った当該納税者は，課税処分に無効事由が認められなくても，当該処分の取消訴訟の手続を経るまでもなく，国家賠償請求を行いうるとしている（最判平 22.6.3）。

以上より，正しいものはイ・エであり，正解は**3**である。

MEMO

第3編 行政法

| チェック欄 | | |

国家賠償法

問273 国家賠償法に関する次のア～オの記述のうち，最高裁判所の判例に照らし，誤っているものの組合せはどれか。

ア 1条1項に基づく国家賠償請求については，国または公共団体が賠償の責に任ずるのであって，公務員が行政機関としての地位において賠償の責任を負うものではなく，また公務員個人もその責任を負うものではないから，行政機関を相手方とする訴えは不適法であり，公務員個人を相手方とする請求には理由がない。

イ 都道府県が児童福祉法に基づいて要保護児童を国又は公共団体以外の者の設置運営する児童養護施設に入所させたところ，当該施設の被用者がその入所児童に損害を加えたため，当該被用者の行為が都道府県の公権力の行使に当たるとして都道府県が被害者に対して1条1項に基づく損害賠償責任を負う場合であっても，被用者個人は，民法709条に基づく損害賠償責任を負わないが，施設を運営する使用者は，同法715条に基づく損害賠償責任を負う。

ウ 法律の規定上当該営造物の設置をなしうることが認められている国が，自らこれを設置するにかえて，特定の地方公共団体に対しその設置を認めたうえ，その営造物の設置費用につき当該地方公共団体の負担額と同等もしくはこれに近い経済的な補助を供与する反面，その地方公共団体に対し法律上当該営造物につき危険防止の措置を請求しうる立場にあるときには，国は，3条1項所定の設置費用の負担者に含まれる。

エ 市町村が設置する中学校の教諭がその職務を行うについて故意又は過失によって違法に生徒に損害を与えた場合において，当該教諭の給料等を負担する都道府県が1条1項，3条1項に従い上記生徒に対して損害を賠償したときは，当該都道府県は，賠償した損害につき，3条2項に基づき当該中学校を設置する市町村に対して求償することはできない。

340

●行政法

オ　公務員の定期健康診断におけるレントゲン写真による検診及び
　　その結果の報告は，医師が専らその専門的技術及び知識経験を用い
　　て行う行為であって，医師の一般的診断行為と異なるところはない
　　から，国の機関の嘱託に基づいて保健所勤務の医師により行われた
　　診断であっても，特段の事由のない限り，それ自体としては公権力
　　の行使たる性質を有するものではない。

1　ア・エ
2　ア・オ
3　イ・ウ
4　イ・エ
5　ウ・オ

（本試験2014年問19）

第3編 行政法

●法令編

正解 **4**

正答率 **74**%

合格基本書

ア **正** そのとおり。判例は,「右請求は,……職務行為を理由とする国家賠償の請求と解すべきであるから,国または公共団体が賠償の責に任ずるのであつて,公務員が行政機関としての地位において賠償の責任を負うものではなく,また公務員個人もその責任を負うものではない。従つて県知事を相手方とする訴は不適法であり,また県知事個人,農地部長個人を相手方とする請求は理由がないことに帰する」としている（最判昭 30.4.19）。

494p

イ **誤** 判例は,「国又は公共団体以外の者の被用者が第三者に損害を加えた場合であっても,当該被用者の行為が国又は公共団体の公権力の行使に当たるとして国又は公共団体が被害者に対して同項に基づく損害賠償責任を負う場合には,被用者個人が民法 709 条に基づく損害賠償責任を負わないのみならず,使用者も同法 715 条に基づく損害賠償責任を負わないと解するのが相当である」としている（最判平 19.1.25）。

487p

ウ **正** そのとおり。判例は,「法律の規定上当該営造物の設置をなしうることが認められている国が,自らこれを設置するにかえて,特定の地方公共団体に対しその設置を認めたうえ,右営造物の設置費用につき当該地方公共団体の負担額と同等もしくはこれに近い経済的な補助を供与する反面,右地方公共団体に対し法律上当該営造物につき危険防止の措置を請求しうる立場にあるときには,国は,同項所定の設置費用の負担者に含まれるものというべきであ」るとしている（最判昭 50.11.28）。

494p

エ **誤** 国家賠償法 3 条 2 項は,「前項〔3 条 1 項〕の場合において,損害を賠償した者は,内部関係でその損害を賠償する責任ある者に対して求償権を有する」としている。判例は,「市町村が設置する中学校の教諭がその職務を行うについて故意又は過失によって違法に生徒に損害を与えた場合において,当該教諭の給料その他の給与を負担する都道府県が

342

●行政法

国家賠償法1条1項，3条1項に従い上記生徒に対して損害を賠償したときは，当該都道府県は，同条2項に基づき，賠償した損害の全額を当該中学校を設置する市町村に対して<u>求償することができる</u>ものと解するのが相当である」としている（最判平21.10.23）。

オ **正** そのとおり。判例は，「レントゲン写真による検診及びその結果の報告は，医師が専らその専門的技術及び知識経験を用いて行う行為であつて，医師の一般的診断行為と異なるところはないから，特段の事由のない限り，それ自体としては公権力の行使たる性質を有するものではない」としたうえで，「右検診等の行為が林野税務署長の保健所への嘱託に基づき……県の職員である同保健所勤務の医師によつて行われたものであるとすれば，右医師の検診等の行為は右保健所の業務としてされたものというべきであつて，たとえそれが林野税務署長の嘱託に基づいてされたものであるとしても，そのために右検診等の行為が……国の事務の処理となり，右医師があたかも……国の機関ないしその補助者として検診等の行為をしたものと解さなければならない理由はない」としている（最判昭57.4.1）。

491p

第3編

行政法

以上より，誤っているものはイ・エであり，正解は**4**である。

ワンポイント・アドバイス

国家賠償法1条の規定によって国または公共団体が損害を賠償する責めに任ずる場合において，公務員の選任・監督に当たる者と，公務員の俸給，給与その他の費用を負担する者とが異なるときは，費用を負担する者もまた，その損害を賠償する責任を負います（3条1項）。

国家賠償法2条の規定によって国または公共団体が損害を賠償する責めに任ずる場合において，公の営造物の設置・管理に当たる者と，公の営造物の設置・管理の費用を負担する者とが異なるときは，費用を負担する者もまた，その損害を賠償する責任を負います（3条1項）。

これらの場合において，損害を賠償した者は，内部関係でその損害を賠償する責任ある者に対して求償権を有します（3条2項）。

●行政法

| チェック欄 | | | |

国家賠償法

重要度 B

問274 A県内のB市立中学校に在籍する生徒Xは、A県が給与を負担する同校の教師Yによる監督が十分でなかったため、体育の授業中に負傷した。この事例につき、法令および最高裁判所の判例に照らし、妥当な記述はどれか。

1 Yの給与をA県が負担していても、Xは、A県に国家賠償を求めることはできず、B市に求めるべきこととなる。

2 Xが外国籍である場合には、その国が当該国の国民に対して国家賠償を認めている場合にのみ、Xは、B市に国家賠償を求めることができる。

3 B市がXに対して国家賠償をした場合には、B市は、Yに故意が認められなければ、Yに求償することはできない。

4 B市がYの選任および監督について相当の注意をしていたとしても、Yの不法行為が認められれば、B市はXへの国家賠償責任を免れない。

5 Xは、Yに過失が認められれば、B市に国家賠償を求めるのと並んで、Yに対して民法上の損害賠償を求めることができる。

（本試験2016年-問20）

●法令編

正解 **4**

正答率 **54**%

合格基本書

　B市立中学校に在籍する生徒Xは，教師Yによる監督が十分でなかったために体育の授業中に負傷している。

　判例は，「国家賠償法1条1項にいう『公権力の行使』には，公立学校における教師の教育活動も含まれる」としている（最判昭62.2.6）。

1 **妥当でない**　国家賠償法1条・2条の規定によって国または公共団体が損害を賠償する責に任ずる場合において，公務員の選任もしくは監督または公の営造物の設置もしくは管理に当たる者と公務員の俸給，給与その他の費用または公の営造物の設置もしくは管理の費用を負担する者とが異なるときは，費用を負担する者もまた，その損害を賠償する責に任ずる（3条1項）。よって，Yの給与をA県が負担していた場合には，Xは費用負担者であるA県に対しても国家賠償を求めることができる。 494p

2 **妥当でない**　国家賠償法は，外国人が被害者である場合には，相互の保証があるときに限り，これを適用する（相互保証主義／6条）。よって，Xが外国籍である場合には，Xの本国において日本国民が同様の損害賠償を請求することができるときに限り，XはB市に国家賠償を求めることができる。 495p

3 **妥当でない**　国または公共団体の公権力の行使に当たる公務員が，その職務を行うについて，故意または過失によって他人に損害を加えたときは，国または公共団体が，これを賠償する責に任ずる（1条1項）。この場合において，当該公務員に故意または重大な過失があったときは，国または公共団体は，その公務員に対して求償権を有する（1条2項）。よって，B市がXに対して国家賠償をした場合には，B市は，Yに重大な過失が認められるときについても，Yに求償することができる。

346

●行政法

4　妥当である　そのとおり。国家賠償責任については，民法上の使用者責任の場合とは異なり，選任および監督につき相当の注意をしていたときの免責は認められない（1条1項，民法715条1項参照）。よって，B市がYの選任および監督について相当の注意をしていたとしても，Yの不法行為が認められれば，B市はXへの国家賠償責任を免れない。なお，判例は，「国又は公共団体以外の者の被用者が第三者に損害を加えた場合であっても，当該被用者の行為が国又は公共団体の公権力の行使に当たるとして国又は公共団体が被害者に対して同項に基づく損害賠償責任を負う場合には，被用者個人が民法709条に基づく損害賠償責任を負わないのみならず，使用者も同法715条に基づく損害賠償責任を負わない」としている（最判平19.1.25）。

494p

5　妥当でない　判例は，公権力の行使に当たる公務員の職務行為に基づく損害については，「国または公共団体が賠償の責に任ずるのであって，公務員が行政機関としての地位において賠償の責任を負うのではなく，また公務員個人もその責任を負うものではない。」としている（最判昭30.4.19）。よって，Xは，Yに過失が認められたとしても，Yに対して民法上の損害賠償を求めることはできない。

494p

第3編　行政法

ワンポイント・アドバイス

　国家賠償法6条は，「この法律は，外国人が被害者である場合には，相互の保証があるときに限り，これを適用する」としています。これは，被害者である外国人の本国において日本国民が同様の損害賠償を請求することができるときに限り，日本において国家賠償法に基づく損害賠償を請求することができるという「相互保証主義」を定めたものです。

| チェック欄 | | | |

国家賠償法

問275 次の文章は，国家賠償法2条1項の責任の成否が問題となった事案に関する最高裁判所判決の一節である。空欄 ア ～ エ に入る語句の組合せとして，正しいものはどれか。

国家賠償法2条1項の営造物の設置または管理の瑕疵とは，営造物が ア を欠いていることをいい，これに基づく国および公共団体の賠償責任については，その イ の存在を必要としないと解するを相当とする。ところで，原審の確定するところによれば，本件道路（は）……従来山側から屡々落石があり，さらに崩土さえも何回かあったのであるから，いつなんどき落石や崩土が起こるかも知れず，本件道路を通行する人および車はたえずその危険におびやかされていたにもかかわらず，道路管理者においては，「落石注意」等の標識を立て，あるいは竹竿の先に赤の布切をつけて立て，これによって通行車に対し注意を促す等の処置を講じたにすぎず，本件道路の右のような危険性に対して防護柵または防護覆を設置し，あるいは山側に金網を張るとか，常時山地斜面部分を調査して，落下しそうな岩石があるときは，これを除去し，崩土の起こるおそれのあるときは，事前に通行止めをする等の措置をとったことはない，というのである。……かかる事実関係のもとにおいては，本件道路は，その通行の安全性の確保において欠け，その管理に瑕疵があったものというべきである旨，……そして，本件道路における防護柵を設置するとした場合，その費用の額が相当の多額にのぼり，上告人県としてその ウ に困却するであろうことは推察できるが，それにより直ちに道路の管理の瑕疵によって生じた損害に対する賠償責任を免れうるものと考えることはできないのであり，その他，本件事故が不可抗力ないし エ のない場合であることを認めることができない旨の原審の判断は，いずれも正当として是認することができる。

（最一小判昭和45年8月20日民集24巻9号1268頁）

●行政法

	ア	イ	ウ	エ
1	過渡的な安全性	重過失	予算措置	回避可能性
2	通常有すべき安全性	故意	予算措置	予見可能性
3	過渡的な安全性	重過失	事務処理	予見可能性
4	通常有すべき安全性	過失	事務処理	予見可能性
5	通常有すべき安全性	過失	予算措置	回避可能性

（本試験2019年-問21）

第3編 行政法

●法令編

正解 **5**

正答率 **88**%

合格基本書

本問は，高知落石事件最高裁判決（最判昭 45.8.20）を素材としたものである。

492p

「国家賠償法２条１項の営造物の設置または管理の瑕疵とは，営造物が(ア)通常有すべき安全性を欠いていることをいい，これに基づく国および公共団体の賠償責任については，その(イ)過失の存在を必要としないと解するを相当とする。ところで，原審の確定するところによれば，本件道路……は……従来山側から屢々落石があり，さらに崩土さえも何回かあつたのであるから，いつなんどき落石や崩土が起こるかも知れず，本件道路を通行する人および車はたえずその危険におびやかされていたにもかかわらず，道路管理者においては，『落石注意』等の標識を立て，あるいは竹竿の先に赤の布切をつけて立て，これによつて通行車に対し注意を促す等の処置を講じたにすぎず，本件道路の右のような危険性に対して防護柵または防護覆を設置し，あるいは山側に金網を張るとか，常時山地斜面部分を調査して，落下しそうな岩石があるときは，これを除去し，崩土の起こるおそれのあるときは，事前に通行止めをする等の措置をとつたことはない，というのである。……かかる事実関係のもとにおいては，本件道路は，その通行の安全性の確保において欠け，その管理に瑕疵があつたものというべきである旨，……そして，本件道路における防護柵を設置するとした場合，その費用の額が相当の多額にのぼり，上告人県としてその(ウ)予算措置に困却するであろうことは推察できるが，それにより直ちに道路の管理の瑕疵によつて生じた損害に対する賠償責任を免れうるものと考えることはできないのであり，その他，本件事故が不可抗力ないし(エ)回避可能性のない場合であることを認めることができない旨の原審の判断は，いずれも正当として是認することができる。」

以上より，アには「通常有すべき安全性」，イには「過失」，ウには「予算措置」，エには「回避可能性」が入り，正解は **5** である。

350

MEMO

第3編 行政法

| チェック欄 | | |

国家賠償法

問276 以下の文章は，国家賠償法2条1項に言及した最高裁判所判決の一節である。次の記述のうち，この判決の内容と明らかに矛盾するものはどれか。

「国家賠償法二条一項の営造物の設置又は管理の瑕疵とは，営造物が有すべき安全性を欠いている状態をいうのであるが，そこにいう安全性の欠如，すなわち，他人に危害を及ぼす危険性のある状態とは，ひとり当該営造物を構成する物的施設自体に存する物理的，外形的な欠陥ないし不備によつて一般的に右のような危害を生ぜしめる危険性がある場合のみならず，その営造物が供用目的に沿つて利用されることとの関連において危害を生ぜしめる危険性がある場合をも含み，また，その危害は，営造物の利用者に対してのみならず，利用者以外の第三者に対するそれをも含むものと解すべきである。すなわち，当該営造物の利用の態様及び程度が一定の限度にとどまる限りにおいてはその施設に危害を生ぜしめる危険性がなくても，これを超える利用によつて危害を生ぜしめる危険性がある状況にある場合には，そのような利用に供される限りにおいて右営造物の設置，管理には瑕疵があるというを妨げず，したがつて，右営造物の設置・管理者において，かかる危険性があるにもかかわらず，これにつき特段の措置を講ずることなく，また，適切な制限を加えないままこれを利用に供し，その結果利用者又は第三者に対して現実に危害を生ぜしめたときは，それが右設置・管理者の予測しえない事由によるものでない限り，国家賠償法二条一項の規定による責任を免れることができないと解されるのである。」

（最大判昭和56年12月16日民集35巻10号1369頁）

●行政法

1 営造物の利用により利用者に損害が発生したとしても，それが営造物の設置・管理者の予測しえない事由による場合には，国家賠償法2条1項の責任が認められないことがある。

2 国家賠償法2条1項の営造物の設置又は管理の瑕疵には，営造物を構成する物的施設自体に物理的・外形的な欠陥がある場合も含まれる。

3 営造物の利用により危害を生ぜしめる危険性があり，営造物の設置・管理者が特段の措置を講ずることなくこれを利用に供した場合であっても，利用者又は第三者への損害の発生がなければ国家賠償法2条1項の責任は認められない。

4 営造物の供用によって利用者に対して危害が生じた場合には国家賠償法2条1項の責任が認められる余地があるが，第三者に対して危害が生じた場合には同項の責任が生じる余地はない。

5 営造物の利用により危害を生ぜしめる危険性があり，営造物がそのような利用に供されている場合には，営造物を構成する物的施設自体に物理的な瑕疵がなくても，国家賠償法2条1項の営造物の設置又は管理の瑕疵があるということができる。

(本試験2012年問19)

第3編 行政法

●法令編

正答率 **95**%

本問は、国家賠償法2条1項の「営造物の設置又は管理」の瑕疵に言及した大阪国際空港公害訴訟最高裁判決（最判昭56.12.16）を素材としたものである。

1 矛盾しない 営造物の利用により利用者に損害が発生したときは「それが右設置・管理者の予測しえない事由によるものでない限り、国家賠償法二条一項の規定による責任を免れることができない」という記述と矛盾しない。

493p

2 矛盾しない 国家賠償法2条1項の「営造物の設置又は管理」に瑕疵がある状態について「当該営造物を構成する物的施設自体に存する物理的、外形的な欠陥ないし不備によつて一般的に右のような危害を生ぜしめる危険性がある場合」を含むという記述と矛盾しない。

3 矛盾しない 営造物の利用により危害を生ぜしめる危険性があり、営造物の設置・管理者が特段の措置を講ずることなくこれを利用に供した場合において「その結果利用者又は第三者に対して現実に危害を生ぜしめたときは、それが右設置・管理者の予測しえない事由によるものでない限り、国家賠償法二条一項の規定による責任を免れることができない」という記述と矛盾しない。

4 明らかに矛盾する 営造物の供用によって利用者または「第三者に対して現実に危害を生ぜしめたときは、それが右設置・管理者の予測しえない事由によるものでない限り、国家賠償法二条一項の規定による責任を免れることができない」という記述と明らかに矛盾する。

5 矛盾しない 「営造物の設置又は管理」に瑕疵がある状態について「当該営造物を構成する物的施設自体に存する物理的、外形的な欠陥ないし不備によつて一般的に右のような危害を生ぜしめる危険性がある場合のみならず、その営造物が供用目的に沿つて利用されることとの関連において危害を生ぜしめる危険性がある場合をも」含むという記述と矛盾しない。

MEMO

第3編 行政法

| チェック欄 | | | |

国家賠償法

問277 A県に居住するXは、折からの豪雨により増水した河川Bの水流が堤防を越えて自宅敷地内に流れ込み、自宅家屋が床上浸水の被害を受けたことから、国家賠償法に基づく損害賠償を請求することとした。なお、この水害は、河川Bの堤防の高さが十分でなかったことと、河川Bの上流に位置する多目的ダムCにおいて、A県職員のDが誤った放流操作（ダムに溜まっている水を河川に流すこと）を行ったことの二つが合わさって起きたものである。また、河川BとダムCはA県が河川管理者として管理しているが、その費用の2分の1は国が負担している。この事例に関する次の記述のうち、正しいものの組合せはどれか。

ア　本件では、公の営造物たる河川の設置管理の瑕疵が問題となっており、Xが国家賠償法2条に基づく損害賠償を請求することができる以上、Dの放流操作に違法・過失があるとして国家賠償法1条に基づき損害賠償を請求することはできない。

イ　本件では、公の営造物たる河川の設置管理の瑕疵とDの違法な放流操作が問題となっていることから、Xは国家賠償法2条に基づく損害賠償を請求することもできるし、国家賠償法1条に基づき損害賠償を請求することもできる。

ウ　本件では、河川Bの管理費用を国も負担しているが、管理権者はA県であることから、Xが国家賠償法2条に基づき損害賠償を請求する際には、A県を被告としなければならず、国を被告とすることはできない。

エ　本件では、河川Bの管理費用を国も負担していることから、管理権者がA県であるとしても、Xが国家賠償法2条に基づき損害賠償を請求する際には、A県を被告とすることも国を被告とすることもできる。

オ　本件で、原告の請求が認容され、A県が国家賠償法2条に基づき賠償金の全額を支払った場合には、他にその損害を賠償する責任を有する者がいれば、その者に対して求償することができる。

●行政法

カ 本件で，原告の請求が認容され，A県が国家賠償法2条に基づき賠償金の全額を支払った場合には，河川管理者がA県である以上，他にその損害を賠償する責任を有する者がいるとしても，その者に対して求償することはできない。

1 ア・ウ・オ
2 ア・ウ・カ
3 ア・エ・カ
4 イ・エ・オ
5 イ・エ・カ

（本試験2015年-問20）

●法令編

正解 4

正答率 **91**%

合格基本書

486, 492p

ア **誤** 国家賠償法1条に基づく損害賠償責任と国家賠償法2条に基づく損害賠償責任は競合する。よって，Xは，国家賠償法2条に基づく損害賠償を請求することができるし，Dの放流操作に違法・過失があるとして国家賠償法1条に基づく損害賠償を請求することもできる。

イ **正** そのとおり（アの解説参照）。

ウ **誤** 国家賠償法2条によって国または公共団体が損害を賠償する責に任ずる場合において，公の営造物の設置・管理に当たる者と，公の営造物の設置・管理の費用を負担する者とが異なるときは，費用を負担する者もまた，その損害を賠償する責に任ずる（3条1項）。よって，Xが国家賠償法2条に基づき損害賠償を請求する際には，A県を被告とすることも国を被告とすることもできる。

494p

エ **正** そのとおり（ウの解説参照）。

オ **正** そのとおり。費用を負担する者にも損害を賠償する責任がある場合（3条1項／ウの解説参照）において，損害を賠償した者は，内部関係でその損害を賠償する責任ある者に対して求償権を有する（3条2項）。よって，他にその損害を賠償する責任を有する者がいれば，その者に対して求償することができる。

494p

カ **誤** 損害を賠償した者は，他にその損害を賠償する責任を有する者がいれば，その者に対して求償することができる（オの解説参照）。

以上より，正しいものはイ・エ・オであり，正解は**4**である。

358

●行政法

| チェック欄 | | | |

国家賠償法

重要度 A

問 278
国家賠償制度に関する次の記述のうち，最高裁判所の判例に照らし，正しいものはどれか。

1 国家賠償法4条に定める「民法の規定」には失火責任法*も含まれるが，消防署職員の消火活動上の失火による国家賠償責任については，消防署職員が消火活動の専門家であることから，失火責任法の適用はない。

2 国家賠償法1条1項にいう「公権力の行使」には，公立学校における教師の教育活動が含まれるが，課外クラブ活動中に教師が生徒に対して行う監視・指導は「公権力の行使」には当たらない。

3 税務署長のした所得税の更正処分が，税務署長が所得金額を過大に認定したとして判決によって取り消された場合，当該更正処分は直ちに国家賠償法1条1項にいう違法があったとの評価を受ける。

4 警察官のパトカーによる追跡を受けて車両で逃走する者が事故を起こして第三者に損害を与えた場合，損害の直接の原因が逃走車両の運転手にあるとしても，当該追跡行為は国家賠償法1条1項の適用上違法となり得る。

5 同一行政主体に属する数人の公務員による一連の職務上の行為の過程で他人に損害が生じた場合，被害者が国家賠償を請求するためには，損害の直接の原因となった公務員の違法行為を特定する必要がある。

(注) ＊ 失火ノ責任ニ関スル法律

(本試験2012年・問20)

●法令編

正解 **4**

正答率 **84**%

合格基本書

1 　**誤**　判例は,「公権力の行使にあたる公務員の失火による 国又は公共団体の損害賠償責任については,国家賠償法4条 により失火責任法が適用され,当該公務員に重大な過失のあ ることを必要とするものといわなければならない」として, 消防署職員の消火活動についても失火責任法が適用されると している(最判昭53.7.17)。 495p

2 　**誤**　判例は,「国家賠償法1条1項にいう『公権力の行 使』には,公立学校における教師の教育活動も含まれる」と している(最判昭62.2.6)。また,課外クラブ活動中に教師 が生徒に対して行う監視・指導も「公権力の行使」にあたる としている(最判昭58.2.18)。 487p

3 　**誤**　判例は,「税務署長のする所得税の更正は,所得金額 を過大に認定していたとしても,そのことから直ちに国家賠 償法一条一項にいう違法があったとの評価を受けるものでは なく,税務署長が資料を収集し,これに基づき課税要件事実 を認定,判断する上において,職務上通常尽くすべき注意義 務を尽くすことなく漫然と更正をしたと認め得るような事情 がある場合に限り,右の評価を受ける」としている(最判平 5.3.11)。 491p

4 　**正**　そのとおり。判例は,警察官が「交通法規等に違反 して車両で逃走する者をパトカーで追跡する職務の執行中 に,逃走車両の走行により第三者が損害を被つた場合におい て,右追跡行為が違法であるというためには,右追跡が当該 職務目的を遂行する上で不必要であるか,又は逃走車両の逃 走の態様及び道路交通状況等から予測される被害発生の具体 的危険性の有無及び内容に照らし,追跡の開始・継続若しく は追跡の方法が不相当であることを要する」としている(最 判昭61.2.27)。 490p

360

●行政法

5 誤 判例は,「国又は公共団体の公務員による一連の職務上の行為の過程において他人に被害を生ぜしめた場合において,それが具体的にどの公務員のどのような違法行為によるものであるかを特定することができなくても,右の一連の行為のうちのいずれかに行為者の故意又は過失による違法行為があつたのでなければ右の被害が生ずることはなかつたであろうと認められ,かつ,それがどの行為であるにせよこれによる被害につき行為者の属する国又は公共団体が法律上賠償の責任を負うべき関係が存在するときは,国又は公共団体は,加害行為不特定の故をもつて国家賠償法又は民法上の損害賠償責任を免れることができない」としている(最判昭57.4.1)。

489, 491p

第3編 行政法

ワンポイント・アドバイス

【民法・特別法との関係】

国家賠償法4条は,「国又は公共団体の損害賠償の責任については,前3条の規定によるの外,民法の規定による」としています。①国家賠償法1条～3条の適用がない場合には,民法の損害賠償の規定が適用されます。②国家賠償法1条～3条の適用がある場合でも,民法の技術的な規定(民法722条の過失相殺,民法724条・724条の2の消滅時効など)が補充的に適用されます。

また,国家賠償法5条は,「国又は公共団体の損害賠償の責任について民法以外の他の法律に別段の定があるときは,その定めるところによる」としています。「民法以外の他の法律」に成立要件・効果についての特則がある場合には,それらの特則が適用されます。

361

| チェック欄 | | | |

国家賠償法

問279 次の文章は、国家賠償法に関する最高裁判所判決の一節である。空欄 I ～ V に当てはまる語句の組合せとして、妥当なものはどれか。

　原判決は、本件火災は第一次出火の際の残り火が再燃して発生したものであるが、上告人の職員である消防署職員の消火活動について失火ノ責任ニ関スル法律（以下「失火責任法」という。）は適用されず、第一次出火の消火活動に出動した消防署職員に残り火の点検、再出火の危険回避を怠つた　I　がある以上、上告人は被上告人に対し国家賠償法一条一項により損害を賠償する義務があるとし、被上告人の請求のうち一部を認容した。

　思うに、国又は公共団体の損害賠償の責任について、国家賠償法四条は、同法一条一項の規定が適用される場合においても、民法の規定が　II　ことを明らかにしているところ、失火責任法は、失火者の責任条件について民法七〇九条の特則を規定したものであるから、国家賠償法四条の「民法」に　III　と解するのが相当である。また、失火責任法の趣旨にかんがみても、公権力の行使にあたる公務員の失火による国又は公共団体の損害賠償責任についてのみ同法の　IV　合理的理由も存しない。したがつて、公権力の行使にあたる公務員の失火による国又は公共団体の損害賠償責任については、国家賠償法四条により失火責任法が適用され、当該公務員に　V　のあることを必要とするものといわなければならない。

（最二小判昭和53年７月17日民集32巻５号1000頁）

●行政法

	ア	イ
Ⅰ	重大な過失	過失
Ⅱ	補充的に適用される	優先的に適用される
Ⅲ	含まれる	含まれない
Ⅳ	適用を排除すべき	適用を認めるべき
Ⅴ	重大な過失	過失

	Ⅰ	Ⅱ	Ⅲ	Ⅳ	Ⅴ
1	ア	ア	ア	イ	イ
2	ア	イ	イ	ア	イ
3	イ	ア	ア	ア	ア
4	イ	イ	ア	イ	ア
5	イ	イ	イ	ア	ア

（本試験2017年問21）

第**3**編

行政法

●法令編

正答率 **75%**

本問は、国家賠償法と失火責任法の関係に関する最高裁判決（最判昭 53.7.17）を素材としたものである。

「原判決は、本件火災は第一次出火の際の残り火が再燃して発生したものであるが、上告人の職員である消防署職員の消火活動について失火ノ責任ニ関スル法律（以下「失火責任法」という。）は適用されず、第一次出火の消火活動に出動した消防署職員に残り火の点検、再出火の危険回避を怠った(I)過失がある以上、上告人は被上告人に対し国家賠償法一条一項により損害を賠償する義務があるとし、被上告人の請求のうち一部を認容した。

思うに、国又は公共団体の損害賠償の責任について、国家賠償法四条は、同法一条一項の規定が適用される場合においても、民法の規定が(II)補充的に適用されることを明らかにしているところ、失火責任法は、失火者の責任条件について民法七〇九条の特則を規定したものであるから、国家賠償法四条の「民法」に(III)含まれると解するのが相当である。また、失火責任法の趣旨にかんがみても、公権力の行使にあたる公務員の失火による国又は公共団体の損害賠償責任についてのみ同法の(IV)適用を排除すべき合理的理由も存しない。したがつて、公権力の行使にあたる公務員の失火による国又は公共団体の損害賠償責任については、国家賠償法四条により失火責任法が適用され、当該公務員に(V)重大な過失のあることを必要とするものといわなければならない。」

以上より、Ⅰには「イ＝過失」、Ⅱには「ア＝補充的に適用される」、Ⅲには「ア＝含まれる」、Ⅳには「ア＝適用を排除すべき」、Ⅴには「ア＝重大な過失」が入り、正解は**3**である。

364

●行政法

国家賠償法

重要度 A

問280 次の文章は，消防署の職員が出火の残り火の点検を怠ったことに起因して再出火した場合において，それにより損害を被ったと主張する者から提起された国家賠償請求訴訟にかかる最高裁判所の判決の一節である。空欄 ア ～ オ に当てはまる語句の組合せとして，妥当なものはどれか。

　失火責任法は，失火者の責任条件について民法709条 ア を規定したものであるから，国家賠償法4条の「民法」に イ と解するのが相当である。また，失火責任法の趣旨にかんがみても，公権力の行使にあたる公務員の失火による国又は公共団体の損害賠償責任についてのみ同法の適用を ウ 合理的理由も存しない。したがって，公権力の行使にあたる公務員の失火による国又は公共団体の損害賠償責任については，国家賠償法4条により失火責任法が エ され，当該公務員に重大な過失のあることを オ ものといわなければならない。

（最二小判昭和53年7月17日民集32巻5号1000頁）

	ア	イ	ウ	エ	オ
1	の特則	含まれる	排除すべき	適用	必要とする
2	が適用されないこと	含まれない	認めるべき	排除	必要としない
3	が適用されないこと	含まれない	排除すべき	適用	必要としない
4	が適用されないこと	含まれる	認めるべき	排除	必要とする
5	の特則	含まれない	排除すべき	適用	必要としない

（本試験2021年問20）

第3編 行政法

365

●法令編

正答率 **87**%

本問は、国家賠償法と失火責任法の関係に関する最高裁判決（最判昭53.7.17）を素材としたものである。

「失火責任法は、失火者の責任条件について民法709条(ア)<u>の特則</u>を規定したものであるから、国家賠償法四条の『民法』(イ)<u>に含まれる</u>と解するのが相当である。また、失火責任法の趣旨にかんがみても、公権力の行使にあたる公務員の失火による国又は公共団体の損害賠償責任についてのみ同法の適用を(ウ)<u>排除すべき</u>合理的理由も存しない。したがつて、公権力の行使にあたる公務員の失火による国又は公共団体の損害賠償責任については、国家賠償法四条により失火責任法が(エ)<u>適用</u>され、当該公務員に重大な過失のあることを(オ)<u>必要とする</u>ものといわなければならない。」

アには「の特則」、イには「含まれる」、ウには「排除すべき」、エには「適用」、オには「必要とする」が入り、正解は**1**である。

ワンポイント・アドバイス

本来、国家賠償法1条の公権力の行使に基づく国家賠償責任は、公務員の故意または「過失」を要件とするものです。しかし、公権力の行使にあたる公務員の失火による国または公共団体の損害賠償責任については、国家賠償法4条により失火責任法（「民法第709条の規定は失火の場合には之を適用せず。但し失火者に重大なる過失ありたるときは此の限に在らず。」）が適用されて、公務員に重大な過失のあることが必要です。

●行政法

国家賠償法

問281 国の損害賠償責任についての国家賠償法と民法の適用関係に関する次の記述のうち、誤っているものはどれか。

1 公権力の行使に該当しない公務員の活動に起因する国の損害賠償責任については、民法の規定が適用される。

2 公権力の行使に起因する損害の賠償責任については、国家賠償法に規定がない事項に関し、民法の規定が適用される。

3 公の営造物に該当しない国有財産の瑕疵に起因する損害の賠償責任については、民法の規定が適用される。

4 国が占有者である公の営造物の瑕疵に起因する損害の賠償責任については、必要な注意義務を国が尽くした場合の占有者としての免責に関し、民法の規定が適用される。

5 公権力の行使に起因する損害についても、公の営造物の瑕疵に起因する損害についても、損害賠償請求権の消滅時効に関しては、民法の規定が適用される。

(本試験2013年問19)

●法令編

正答率 **70**%

1 正 そのとおり。国家賠償法1条1項にいう「公権力の行使」に該当しない公務員の活動に起因する国の損害賠償責任については、国家賠償法は適用されず、民法の規定が適用される。

2 正 そのとおり。国家賠償法1条1項にいう「公権力の行使」に起因する損害賠償責任については、国家賠償法に規定がない事項に関し、民法の規定が適用される（4条）。 495p

3 正 そのとおり。国家賠償法2条1項にいう「公の営造物」に該当しない国有財産の「瑕疵」に起因する損害賠償責任については、国家賠償法は適用されず、民法の規定が適用される。

4 誤 国家賠償法2条には、民法717条1項ただし書が定めるような占有者の免責規定は置かれていない。

5 正 そのとおり。国家賠償法1条1項にいう「公権力の行使」に起因する損害についても、国家賠償法2条1項にいう「公の営造物」の「瑕疵」に起因する損害についても、損害賠償請求権の消滅時効に関しては、民法の規定が適用される（4条、最判昭34.1.22）。 495p

ワンポイント・アドバイス

　国家賠償法4条は、「国又は公共団体の損害賠償の責任については、前三条〔1条～3条〕の規定によるの外、民法の規定による」としています。
　判例は、「国家賠償法4条にいわゆる民法の規定によるとは損害賠償の範囲、過失相殺時効等につき民法の規定によるとの意味であ」るとしています（最判昭34.1.22）。

●行政法

損失補償

問 282 土地収用に伴う土地所有者に対する損失補償について、妥当な記述はどれか。

1 土地収用に伴う損失補償は、「相当な補償」で足るものとされており、その額については、収用委員会の広範な裁量に委ねられている。

2 土地収用に伴う損失補償を受けるのは、土地所有者等、収用の対象となる土地について権利を有する者に限られ、隣地の所有者等の第三者が補償を受けることはない。

3 収用委員会の収用裁決によって決定された補償額に起業者が不服のある場合には、土地所有者を被告として、その減額を求める訴訟を提起すべきこととされている。

4 土地収用に伴う土地所有者に対する補償は、その土地の市場価格に相当する額に限られ、移転に伴う営業利益の損失などは、補償の対象とされることはない。

5 土地収用に関しては、土地所有者の保護の見地から、金銭による補償が義務付けられており、代替地の提供によって金銭による補償を免れるといった方法は認められない。

(本試験2014年問20)

●法令編

正答率 **56%**

1　妥当でない　判例は,「土地収用法における損失の補償は, 特定の公益上必要な事業のために土地が収用される場合, その収用によつて当該土地の所有者等が被る特別な犠牲の回復をはかることを目的とするものであるから, <u>完全な補償, すなわち, 収用の前後を通じて被収用者の財産価値を等しくならしめるような補償をなすべきであ</u>」るとしている(最判昭 48.10.18)。

2　妥当でない　土地収用法によると, <u>収用し, または使用する土地以外の土地</u>に関する損失の補償も認められる(土地収用法 93 条)。よって, <u>収用の対象となる土地の隣地の所有者等の第三者が補償を受けることがある。</u>

3　妥当である　そのとおり。収用委員会の裁決のうち損失の補償に関する訴えは, <u>これを提起した者が起業者であるときは土地所有者または関係人を</u>, 土地所有者または関係人であるときは起業者を, それぞれ<u>被告としなければならない</u>(土地収用法 133 条 2 項 3 項)。この訴えは, 形式的当事者訴訟(当事者間の法律関係を確認しまたは形成する処分または裁決に関する訴訟で法令の規定によりその法律関係の当事者の一方を被告とするもの/行政事件訴訟法 4 条前段)に分類される。

4　妥当でない　土地収用における損失補償の対象は, 被収用地にかかる財産権の対価にとどまらず, <u>付随的な損失にも</u>及ぶ。例えば, みぞかき補償(土地収用法 75 条)や<u>移転料補償</u>(土地収用法 77 条)がある。

5　妥当でない　土地収用に関しては, <u>代替地の提供によって金銭による補償を免れるといった方法も認められる</u>(土地収用法 82 条)。

●行政法

チェック欄

損失補償

重要度 A

問283 道路用地の収用に係る損失補償に関する次の記述のうち，正しいものはどれか。

1 土地を収用することによって土地所有者が受ける損失は，当該道路を設置する起業者に代わり，収用裁決を行った収用委員会が所属する都道府県がこれを補償しなければならない。

2 収用対象となる土地が当該道路に関する都市計画決定によって建築制限を受けている場合，当該土地の権利に対する補償の額は，近傍において同様の建築制限を受けている類地の取引価格を考慮して算定した価格に物価変動に応ずる修正率を乗じて得た額となる。

3 収用対象の土地で商店が営まれている場合，商店の建築物の移転に要する費用は補償の対象となるが，その移転に伴う営業上の損失は補償の対象とはならない。

4 収用対象とはなっていない土地について，隣地の収用によって必要となった盛土・切土に要する費用は損失補償の対象になるが，それにより通路・溝等の工作物が必要となったときは，当該工作物の新築に係る費用は補償の対象とはならない。

5 収用対象の土地の所有者が収用委員会による裁決について不服を有する場合であって，不服の内容が損失の補償に関するものであるときは，土地所有者が提起すべき訴訟は当事者訴訟になる。

（本試験2018年問21）

●法令編

正解 5

正答率 **77**%

合格基本書

1 誤 土地を収用し，または使用することによって土地所有者および関係人が受ける損失は，起業者が補償しなければならない（土地収用法 68 条）。

2 誤 判例は，「この場合，被収用地については，……都市計画事業決定がなされたときには……建築制限が課せられているが，……土地収用における損失補償の趣旨からすれば，被収用者に対し土地収用法 72 条によつて補償すべき相当な価格とは，被収用地が，右のような建築制限を受けていないとすれば，裁決時において有するであろうと認められる価格をいう」としている（最判昭 48.10.18）。

3 誤 収用し，または使用する土地に物件があるときは，その物件の移転料を補償して，これを移転させなければならない（土地収用法 77 条前段）。離作料，営業上の損失，建物の移転による賃貸料の損失その他土地を収用し，または使用することによって土地所有者または関係人が通常受ける損失は，補償しなければならない（土地収用法 88 条）。

497p

4 誤 土地を収用し，または使用して，その土地を事業の用に供することにより，当該土地および残地以外の土地について，通路，溝，垣，さくその他の工作物を新築し，改築し，増築し，もしくは修繕し，または盛土もしくは切土をする必要があると認められるときは，起業者は，これらの工事をすることを必要とする者の請求により，これに要する費用の全部または一部を補償しなければならない（土地収用法 93 条 1 項前段）。

5 正 そのとおり。収用委員会の裁決のうち損失の補償に関する訴えは，これを提起した者が起業者であるときは土地所有者または関係人を，土地所有者または関係人であるときは，起業者を，それぞれ被告としなければならない（土地収用法 133 条 2 項 3 項）。収用委員会の裁決のうち損失の補償に関する訴えは，形式的当事者訴訟の具体例である。

482p

372

●行政法

チェック欄

損失補償

問284 損失補償に関する次の記述のうち、法令および最高裁判所の判例に照らし、妥当なものはどれか。

1 火災の際の消防活動において、消防長等は、消火もしくは延焼の防止または人命の救助のために緊急の必要があるときは、消防対象物ないし延焼対象物以外の建築物等を破壊することができるが、当該行為は延焼を防ぐために必要な緊急の措置であるため、損害を受けた者は、消防法による損失補償を請求することができない。

2 都市計画法上の用途地域の指定について、土地の利用規制を受けることとなった者は、当該都市計画を定める地方公共団体に対して、通常生ずべき損害の補償を求めることができる旨が同法に規定されているため、利用規制を受けたことによって被った損失の補償を求めることができる。

3 都市計画事業のために土地が収用される場合、被収用地に都市計画決定による建築制限が課されていても、被収用者に対して土地収用法によって補償すべき相当な価格とは、被収用地が、建築制限を受けていないとすれば、裁決時において有するであろうと認められる価格をいう。

4 土地収用による損失補償の額を不服として、土地所有者または関係人が訴えを提起する場合には、補償額を決定した裁決を行った収用委員会の所属する都道府県を被告として、裁決の取消しの訴えを提起する必要がある。

5 道路管理者である地方公共団体が行った地下横断歩道の新たな設置によって自己の所有する地下埋設ガソリンタンクが消防法の規定違反となり、事業者が当該ガソリンタンクを移転した場合には、事業者は、移転に必要な費用につき道路法による損失補償を求めることができる。

（本試験2016年問21）

●法令編

正解3

正答率 **38**%

合格基本書

1　妥当でない　判例は、「火災の際の消防活動により損害を受けた者がその損失の補償を請求しうるためには、当該処分等が、火災が発生しようとし、もしくは発生し、または延焼のおそれがある消防対象物およびこれらのもののある土地以外の消防対象物および立地に対しなされたものであり、かつ、右処分等が消火もしくは延焼の防止または人命の救助のために緊急の必要があるときになされたものであることを要するものといわなければならない。」としたうえで、消防団長が建物を「破壊したことは消防法 29 条 3 項による適法な行為であるが、そのために損害を受けた」者は同「法条による損失の補償を請求することができるものといわなければならない。」としている（最判昭 47.5.30）。

2　妥当でない　都市計画法上、都市計画法上の用途地域の指定について、土地の利用規制を受けることとなった者が当該都市計画を定める地方公共団体に対し、通常生ずべき損害の補償を求めることができる旨の規定はない。

3　妥当である　そのとおり。判例は、「土地収用法における損失の補償は、特定の公益上必要な事業のために土地が収用される場合、その収用によって当該土地の所有者等が被る特別な犠牲の回復をはかることを目的とするものであるから、完全な補償、すなわち、収用の前後を通じて被収用者の財産価値を等しくならしめるような補償をなすべきであり、金銭をもって補償する場合には、被収用者が近傍において被収用地と同等の代替地等を取得することをうるに足りる金額の補償を要する」としたうえで、「右の理は、土地が都市計画事業のために収用される場合であっても、何ら、異なるものではなく、この場合、被収用地については、……都市計画事業決定がなされたときには……建築制限が課せられているが、前記のような土地収用における損失補償の趣旨からすれば、

374

●行政法

被収用者に対し土地収用法 72 条によつて補償すべき相当な
価格とは，被収用地が，右のような建築制限を受けていない
とすれば，裁決時において有するであろうと認められる価格
をいう」としている（最判昭 48.10.18）。

4 **妥当でない** 収用委員会の裁決のうち損失の補償に関す   482p
る訴えは，これを提起した者が起業者であるときは土地所有
者または関係人を，土地所有者または関係人であるときは起
業者を，それぞれ被告としなければならない（土地収用法
133 条 2 項 3 項）。この訴えは，形式的当事者訴訟（当事者
間の法律関係を確認しまたは形成する処分または裁決に関す
る訴訟で法令の規定によりその法律関係の当事者の一方を被
告とするもの／行政事件訴訟法 4 条前段）に分類される。

5 **妥当でない** 判例は，「警察法規が一定の危険物の保管場
所等につき保安物件との間に一定の離隔距離を保持すべきこ
となどを内容とする技術上の基準を定めている場合におい
て，道路工事の施行の結果，警察違反の状態を生じ，危険物
保有者が右技術上の基準に適合するように工作物の移転等を
余儀なくされ，これによって損失を被ったとしても，それは
道路工事の施行によって警察規制に基づく損失がたまたま現
実化するに至ったものにすぎず，このような損失は，道路法
70 条 1 項の定める補償の対象には属しない」としている
（最判昭 58.2.18）。よって，事業者は，移転に必要な費用に
つき道路法による損失補償を求めることはできない。

第**3**編

行政法

375

●行政法

損失補償

問285 次の文章は、長期にわたる都市計画法上の建築制限に係る損失補償が請求された事件において、最高裁判所が下した判決に付された補足意見の一部である。空欄 ア ～ ウ に当てはまる語句の組合せとして、正しいものはどれか。

　私人の土地に対する都市計画法……に基づく建築制限が、それのみで直ちに憲法29条3項にいう私有財産を「公のために用ひる」ことにはならず、当然に同項にいう「正当な補償」を必要とするものではないことは、原審のいうとおりである。しかし、 ア を理由としてそのような制限が損失補償を伴うことなく認められるのは、あくまでも、その制限が都市計画の実現を担保するために必要不可欠であり、かつ、権利者に無補償での制限を受忍させることに合理的な理由があることを前提とした上でのことというべきであるから、そのような前提を欠く事態となった場合には、 イ であることを理由に補償を拒むことは許されないものというべきである。そして、当該制限に対するこの意味での ウ を考えるに当たっては、制限の内容と同時に、制限の及ぶ期間が問題とされなければならないと考えられる……。

（最三小判平成17年11月1日判例時報1928号25頁・藤田宙靖裁判官補足意見）

	ア	イ	ウ
1	公共の利益	都市計画制限	受忍限度
2	通常受ける損失に該当すること	特別の犠牲	受忍限度
3	通常受ける損失に該当すること	特別の犠牲	補償の要否
4	財産権の内在的制約	特別の犠牲	補償の要否
5	財産権の内在的制約	都市計画制限	賠償請求権の成否

（本試験2019年問20）

●法令編

正答率 **28**%

本問は、都市計画制限損失補償事件最高裁判決（最判平17.11.1）の藤田裁判官補足意見を素材としたものである。

　私人の土地に対する都市計画法……に基づく建築制限が、それのみで直ちに憲法29条3項にいう私有財産を「公のために用ひる」ことにはならず、当然に同項にいう「正当な補償」を必要とするものではないことは、原審のいうとおりである。しかし、(ア)公共の利益を理由としてそのような制限が損失補償を伴うことなく認められるのは、あくまでも、その制限が都市計画の実現を担保するために必要不可欠であり、かつ、権利者に無補償での制限を受忍させることに合理的な理由があることを前提とした上でのことというべきであるから、そのような前提を欠く事態となった場合には、(イ)都市計画制限であることを理由に補償を拒むことは許されないものというべきである。そして、当該制限に対するこの意味での(ウ)受忍限度を考えるに当たっては、制限の内容と同時に、制限の及ぶ期間が問題とされなければならないと考えられる……。

　以上より、アには「公共の利益」、イには「都市計画制限」、ウには「受忍限度」が入り、正解は**1**である。

●行政法

| チェック欄 | | | |

地方自治法／総説

問286 地方自治法およびその内容に関する次のア～オの記述のうち、誤っているものはいくつあるか。

ア　地方自治法の廃止は、日本国憲法の定めるところにより、住民投票を経て行わなければならない。

イ　地方自治法は、その目的として、「地方公共団体の健全な発達を保障すること」をあげている。

ウ　地方自治法は、「地方自治の本旨」の内容につき、それが「住民自治」と「団体自治」とを意味すると規定している。

エ　地方自治法には、地方財政法や地方公務員法等に優先して適用されるとの規定があり、地方自治の基本法としての位置づけが明確にされている。

オ　現行の地方自治法は、第二次世界大戦前の（旧）地方自治法を抜本的に改正して制定されたものである。

1　一つ
2　二つ
3　三つ
4　四つ
5　五つ

（本試験2012年問22）

●法令編

正答率 **17**%

ア **誤** 地方自治法の廃止は，住民投票を経て行う必要はない。なお，一の地方公共団体のみに適用される特別法（地方自治特別法）は，法律の定めるところにより，その地方公共団体の住民の投票においてその過半数の同意を得なければ，国会は，これを制定することができない（憲法95条）。

イ **正** そのとおり。地方自治法は，「地方自治の本旨に基いて，地方公共団体の区分並びに地方公共団体の組織及び運営に関する事項の大綱を定め，併せて国と地方公共団体との間の基本的関係を確立することにより，地方公共団体における民主的にして能率的な行政の確保を図るとともに，地方公共団体の健全な発達を保障すること」を目的とする（1条）。

498p

ウ **誤** 地方自治法には，「地方自治の本旨」（1条）の内容について「住民自治と団体自治とを意味する」とする規定はない。

エ **誤** 地方自治法には，「地方財政法や地方公務員法等に優先して適用される」とする規定はない。

オ **誤** 日本国憲法公布の翌年（1947年）に，憲法第8章「地方自治」を受ける形で，地方自治に関する総合的法典として「地方自治法」が制定され，それまでの「道府県制」「市制」「町村制」「東京都制」という法律は廃止された。

以上より，誤っているものはア，ウ，エ，オの4つであり，正解は**4**である。

●行政法

| チェック欄 | | | |

地方自治法／総説

重要度 A

問287 地方自治法の定める地方公共団体に関する次の記述のうち，誤っているものはどれか。

1 地方公共団体の組合としては，全部事務組合と役場組合が廃止されたため，現在では一部事務組合と広域連合の二つがある。

2 国と地方公共団体間の紛争等を処理する機関としては，自治紛争処理委員が廃止され，代わりに国地方係争処理委員会が設けられている。

3 大都市等に関する特例としては，指定都市，中核市の二つに関するものが設けられている。

4 条例による事務処理の特例としては，都道府県知事の権限に属する事務の一部を条例に基づき市町村に委ねることが許されている。

5 特別地方公共団体である特別区としては，都に置かれる区のみがあり，固有の法人格を有する。

（本試験2013年問23改題）

●法令編

正解 2

正答率 **57**%

合格基本書

1 **正** そのとおり。地方公共団体の組合は，一部事務組合および広域連合とする（284条1項）。全部事務組合と役場事務組合は，2011（平成23）年改正で廃止された。なお，問題文には「役場組合」とあるが，「役場事務組合」のことであろう。

500p

2 **誤** 国の関与に関する国と地方公共団体との係争については，「国地方係争処理委員会」が設けられている（250条の7以下）。都道府県と市町村との係争については，「自治紛争処理委員」が設けられている（251条以下）。

544p

3 **正** そのとおり。大都市等に関する特例としては，指定都市，中核市の2つに関するものが設けられている（252条の19，252条の22）。なお，従来は指定都市，中核市のほかに「特例市」に関するものも設けられていたが，2014年の改正により「特例市」は廃止された。

499p

4 **正** そのとおり。都道府県は，都道府県知事の権限に属する事務の一部を，条例の定めるところにより，市町村が処理することとすることができる（252条の17の2第1項）。

5 **正** そのとおり。特別区は，都の区である（281条1項）。特別区は，特別地方公共団体の1つである（1条の3第3項）。地方公共団体は，法人である（2条1項）。

500p

ワンポイント・アドバイス

　（政令）指定都市は，人口50万以上の市のうちから政令で指定されます（252条の19第1項参照）。

　中核市は，人口20万以上の市の申出に基づいて政令で指定されます（252条の22第1項，252条の24第1項参照）。

382

●行政法

地方自治法／総説

問288 特別区に関する次の文章の空欄 ア ～ オ に当てはまる語句の組合せとして、正しいものはどれか。

　ア 地方公共団体の一種である特別区は、地方自治法の規定では「都」に設置されるものとされている。指定都市に置かれる区が法人格を イ のに対して、特別区は法人格を ウ のが特徴であり、また、特別区は公選の議会と区長を有している。

　近年では、大都市地域における二重行政を解消するための手段として、この特別区制度を活用することが提案され、「大都市地域における特別区の設置に関する法律」が地方自治法の特例法として定められるに至った。

　この「大都市地域における特別区の設置に関する法律」は、市町村を廃止し、特別区を設けるための手続を定めたものであり、「 エ の区域内において」も特別区の設置が認められるようになった。手続に際しては、廃止が予定される市町村で「特別区の設置について選挙人の投票」が実施されるが、この投票で「有効投票の総数の オ の賛成があったとき」でなければ、特別区を設置することはできないと定められている。

	ア	イ	ウ	エ	オ
1	特別	有しない	有する	府	3分の2以上
2	特別	有しない	有する	道府県	過半数
3	特別	有する	有しない	府	過半数
4	普通	有する	有しない	府	過半数
5	普通	有しない	有する	道府県	3分の2以上

（本試験2015年問22）

●法令編

正解 **2**

正答率 **85%**

合格基本書
500p

　(ア)特別地方公共団体の一種である特別区（１条の３第３項）は，地方自治法の規定では「都」に設置されるものとされている（281条１項）。指定都市に置かれる区が法人格を(イ)有しないのに対して，特別区は法人格を(ウ)有するのが特徴であり，また，特別区は公選の議会と区長を有している。

　近年では，大都市地域における二重行政を解消するための手段として，この特別区制度を活用することが提案され，「大都市地域における特別区の設置に関する法律」が地方自治法の特例法として定められるに至った（2012（平成24）年９月５日公布，2013（平成25）年３月１日全面施行）。

　この「大都市地域における特別区の設置に関する法律」は，市町村を廃止し，特別区を設けるための手続を定めたものであり，「(エ)道府県の区域内において」も特別区の設置が認められるようになった（同法１条）。手続に際しては，廃止が予定される市町村で「特別区の設置について選挙人の投票」が実施される（同法７条１項）が，この投票で「有効投票の総数の(オ)過半数の賛成があったとき」でなければ，特別区を設置することはできないと定められている（同法８条１項）。

　以上より，アには「特別」，イには「有しない」，ウには「有する」，エには「道府県」，オには「過半数」が入り，正解は**2**である。

384

●行政法

チェック欄

地方自治法／総説

問289 地方自治法の定める特別区に関する次の記述のうち、妥当なものはどれか。

1 特別区は、かつては特別地方公共団体の一種とされていたが、地方自治法の改正により、現在は、市町村などと同様の普通地方公共団体とされており、その区長も、公選されている。

2 特別区は、独立の法人格を有する地方公共団体である点においては、指定都市に置かれる区と相違はないが、議会や公選の区長を有すること、さらには条例制定権限を有する点で後者とは異なる。

3 特別区は、その財源を確保するために、区民税などの地方税を賦課徴収する権限が認められており、その行政の自主的かつ計画的な運営を確保するため、他の地方公共団体から交付金を受けることを禁じられている。

4 特別区は、地方自治法上は、都に設けられた区をいうこととされているが、新たな法律の制定により、廃止される関係市町村における住民投票などの手続を経て、一定の要件を満たす他の道府県においても設けることが可能となった。

5 特別区は、原則として、市町村と同様の事務を処理することとされているが、特別区相互間の事務の調整を確保する見地から、市町村と異なり、その事務の執行について、区長等の執行機関は、知事の一般的な指揮監督に服する。

（本試験2018年問22）

●法令編

正解 4

正答率 **54**%

合格基本書

1 **妥当でない** 特別区は，特別地方公共団体である（1条の3第3項）。特別区の区長は，公選されている（283条1項，17条）。

2 **妥当でない** 特別区は，特別地方公共団体であり，法人格を有する（1条の3第3項，2条1項）。指定都市に置かれる区は，特別区とは異なり，法人格があるわけではなく，市の行政事務の処理の便宜のために設けられる行政区にとどまる。特別区は，議会や公選の区長を有し，条例制定権限を有する（283条1項，89条，139条2項，17条，14条）。

500p

3 **妥当でない** 都は，都と特別区および特別区相互間の財源の均衡化を図り，ならびに特別区の行政の自主的かつ計画的な運営を確保するため，政令の定めるところにより，条例で，特別区財政調整交付金を交付するものとする（282条1項）。

4 **妥当である** そのとおり。都の区は，これを特別区という（281条1項）。大都市地域における特別区の設置に関する法律は，市町村を廃止し，特別区を設けるための手続を定めるものであり，道府県においても特別区の設置が認められるようになった。この手続に関しては，廃止が予定される市町村で特別区の設置についての選挙人の投票などが実施される。

5 **妥当でない** 特別区は，基礎的な地方公共団体として，特別区の存する区域を通じて都が一体的に処理するものとされているものを除き，市町村が処理するものとされている事務を処理するものとする（281条の2第2項）。都および特別区は，その事務を処理するにあたっては，相互に競合しないようにしなければならない（281条の2第3項）。都知事は，特別区に対し，都と特別区および特別区相互間の調整上，特別区の事務の処理について，その処理の基準を示す等必要な助言または勧告をすることができる（281条の6）。ここにいう都知事の助言・勧告は，非権力的な関与であり，特別区はこれを尊重する義務を負うものの，それ以上の拘束力をもつものではないと解される。

●行政法

地方自治法／総説

問290 地方自治法の定める都道府県の事務に関する次の記述のうち，正しいものはどれか。

1 都道府県は，自治事務については条例を制定することができるが，法定受託事務については条例を制定することができない。

2 都道府県の事務は，自治事務，法定受託事務および機関委任事務の３種類に分類される。

3 都道府県の自治事務については，地方自治法上，どのような事務がこれに該当するかについて，例示列挙されている。

4 都道府県の法定受託事務は，国が本来果たすべき役割に係るものであるから，法定受託事務に関する賠償責任は国にあり，都道府県に賠償責任が生じることはないものとされている。

5 都道府県の自治事務と法定受託事務は，いずれも事務の監査請求および住民監査請求の対象となることがある。

（本試験2018年問24）

●法令編

正解 5

正答率 **91**%

合格基本書

1　誤　普通地方公共団体は，法令に違反しない限り，2条2項の事務に関し，条例を制定することができる（14条1項）。「普通地方公共団体」は，都道府県および市町村とする（1条の3第2項）。「2条2項の事務」とは，当該普通地方公共団体の事務（自治事務，法定受託事務）および「その他の事務で法律又はこれに基づく政令により処理することとされるもの」をいう。

2　誤　1999（平成11）年の地方自治法改正により，機関委任事務は廃止された。

3　誤　自治事務は，地方公共団体が処理する事務のうち，法定受託事務以外のものをいう（2条8項）として，控除方式で定義されている。

502p

4　誤　地方自治法では，このようなことは規定されていない。なお，国家賠償法1条1項にいう「国又は公共団体」の範囲は，通常，「公権力の行使」の解釈に依拠する。

5　正　そのとおり。都道府県の自治事務と法定受託事務は，いずれも事務の監査請求および住民監査請求の対象となることがある（75条1項，242条1項参照）。

524, 526p

ワンポイント・アドバイス

　都道府県は，市町村を包括する広域の地方公共団体として，地方自治法2条2項の事務で，広域にわたるもの（広域事務），市町村に関する連絡調整に関するもの（連絡調整事務）およびその規模または性質において一般の市町村が処理することが適当でないと認められるもの（補完事務）を処理するものとされています（2条5項）。

●行政法

チェック欄

地方自治法／地方公共団体の機関

重要度 A

問291
普通地方公共団体の議会に関する次の記述のうち，正しいものはどれか。

1 議会は，長がこれを招集するほか，議長も，議会運営委員会の議決を経て，自ら臨時会を招集することができる。

2 議員は，法定数以上の議員により，長に対して臨時会の招集を請求することができるが，その場合における長の招集に関し，招集の時期などについて，地方自治法は特段の定めを置いていない。

3 議会は，定例会および臨時会からなり，臨時会は，必要がある場合において，付議すべき事件を長があらかじめ告示し，その事件に限り招集される。

4 議員は，予算を除く議会の議決すべき事件につき，議会に議案を提出することができるが，条例の定めがあれば，1人の議員によってもこれを提出することができる。

5 議会の運営に関する事項のうち，議員の請求による会議の開催，会議の公開については，議会の定める会議規則によるものとし，地方自治法は具体的な定めを置いていない。

（本試験2019年問22）

●法令編

正解 3

| 正答率 | **39**% |

合格基本書

1 誤 普通地方公共団体の議会は，普通地方公共団体の長 510p
がこれを招集する（101条1項）。議長は，議会運営委員会
の議決を経て，当該普通地方公共団体の長に対し，会議に付
議すべき事件を示して臨時会の招集を請求することができる
（101条2項）。

2 誤 議員の定数の4分の1以上の者は，当該普通地方公 510p
共団体の長に対し，会議に付議すべき事件を示して臨時会の
招集を請求することができる（101条3項）。101条2項3
項の規定による請求があったときは，当該普通地方公共団体
の長は，請求のあった日から20日以内に臨時会を招集しな
ければならない（101条4項）。

3 正 そのとおり。普通地方公共団体の議会は，定例会お 510p
よび臨時会とする（102条1項）。臨時会は，必要がある場
合において，その事件に限りこれを招集する（102条3項）。
臨時会に付議すべき事件は，普通地方公共団体の長があらか
じめこれを告示しなければならない（102条4項）。

4 誤 普通地方公共団体の議会の議員は，議会の議決すべ 511p
き事件につき，議会に議案を提出することができる（112条
1項本文）。ただし，予算については，この限りでない
（112条1項ただし書）。112条1項の規定により議案を提出
するに当たっては，議員の定数の12分の1以上の者の賛成
がなければならない（112条2項）。

5 誤 普通地方公共団体の議会の議員の定数の半数以上の
者から請求があるときは，議長は，その日の会議を開かなけ
ればならない（114条1項前段）。普通地方公共団体の議会
の会議は，これを公開する（115条1項本文）。ただし，議
長または議員3人以上の発議により，出席議員の3分の2以
上の多数で議決したときは，秘密会を開くことができる
（115条1項ただし書）。

●行政法

地方自治法／地方公共団体の機関

問292 地方自治法に定める，普通地方公共団体の長と議会との関係に関する次の記述のうち，誤っているものはどれか。
＜複数解＞

1 議会の権限に属する軽易な事項で，その議決により特に指定したものは，長において専決処分にすることができる。

2 議会において長の不信任の議決がなされた場合には，長は議会を解散することができる。

3 議会の審議に必要な説明のため議長から出席を求められたときは，長は議場に出席しなければならない。

4 議会の議決が法令に違反すると認められるときは，長は専決処分により，議決を適法なものとするための是正措置をとることができる。

5 議会の議決が，収入又は支出に関し執行することができないものがあると認めるときは，長は再議に付さなければならない。

(本試験2012年問23)

●法令編

正解 3, 4, 5

正答率 **78**%

合格基本書

1 **正** そのとおり。議会の権限に属する軽易な事項で，その議決により特に指定したものは，長において，これを専決処分にすることができる（180条1項）。

519p

2 **正** そのとおり。議会において，長の不信任の議決をしたときは，直ちに議長からその旨を長に通知しなければならない（178条1項前段）。この場合において，長は，その通知を受けた日から10日以内に議会を解散することができる（178条1項後段）。

518p

3 **誤** 長は，議会の審議に必要な説明のため議長から出席を求められたときは，議場に出席しなければならない（121条1項本文）。ただし，出席すべき日時に議場に出席できないことについて正当な理由がある場合において，その旨を議長に届け出たときは，この限りでない（121条1項ただし書／2012年改正）。2012年改正により，長が議場に出席できない正当な理由がある場合に，議長に届け出たときは，出席義務が解除されることとなったので，現在では，「正しい」とはいえない。

4 **誤** 議会の議決が法令に違反すると認めるときは，長は，理由を示してこれを再議に付さなければならない（176条4項）。

516p

5 **誤** 2012年改正により，一般再議の対象を条例・予算以外の議決事件に拡大し（176条1項），「普通地方公共団体の議会の議決が，収入又は支出に関し執行することができないものがあると認めるときは，当該普通地方公共団体の長は，理由を示してこれを再議に付さなければならない」とする規定（2012年改正前177条1項）が廃止された。収支不能再議（2012年改正前177条1項）の対象については，2012年改正後では，一般再議（176条1項）または違法再議（176条4項）の対象となりうると考えられ，これらと並存させる必要がないからである。したがって，収支不能再議の対象となるものであっても，一般再議に当たるものについては，「再議に付さなければならない」わけではないので，現在では，「正しい」とはいえない。

516p

392

●行政法

チェック欄

地方自治法／地方公共団体の機関

重要度 A

問293 普通地方公共団体の長についての地方自治法の規定に関する次のア～オの記述のうち，正しいものの組合せはどれか。

ア 長は，その管理に属する行政庁の処分が法令，条例または規則に違反すると認めるときは，その処分を取り消し，または停止することができる。

イ 当該普通地方公共団体の議会が長の不信任の議決をした場合において，長は議会を解散することができ，その解散後初めて招集された議会においては，再び不信任の議決を行うことはできない。

ウ 当該普通地方公共団体の議会の議決がその権限を超えまたは法令もしくは会議規則に違反すると認めるときは，長は，議決の日から所定の期間内に，議会を被告として，当該議決の無効確認の請求を裁判所に行うことができる。

エ 長は，当該普通地方公共団体に対し請負をする者およびその支配人になることができないが，地方自治法の定める要件をみたした場合で，かつ議会の同意を得た場合にはその限りではない。

オ 会計管理者は，当該普通地方公共団体の長の補助機関である職員のうちから長が命ずるが，長と一定の親族関係にある者は，会計管理者となることができず，また長と会計管理者の間にこれらの関係が生じたときは，会計管理者は，その職を失う。

1 ア・イ
2 ア・オ
3 イ・エ
4 ウ・オ
5 エ・オ

（本試験2014年問21）

●法令編

正解 **2**

正答率 **49**%

合格基本書

ア **正**　そのとおり（154条の2）。

イ **誤**　普通地方公共団体の議会において，長の不信任の議決をしたときは，直ちに議長からその旨を長に通知しなければならない（178条1項前段）。長は，その通知を受けた日から10日以内に議会を解散することができる（178条1項後段）。この期間内に議会を解散しないとき，またはその解散後初めて招集された議会において再び不信任の議決があり，議長から長に対しその旨の通知があったときは，長は，この期間が経過した日または議長から通知があった日においてその職を失う（178条2項）。

518p

ウ **誤**　普通地方公共団体の議会の議決または選挙がその権限を超えまたは法令もしくは会議規則に違反すると認めるときは，長は，理由を示してこれを再議に付しまたは再選挙を行わせなければならない（176条4項）。議会の議決または選挙がなおその権限を超えまたは法令もしくは会議規則に違反すると認めるときは，都道府県知事にあっては総務大臣，市町村長にあっては都道府県知事に対し，当該議決または選挙があった日から21日以内に，審査を申し立てることができる（176条5項）。

516p

エ **誤**　普通地方公共団体の長は，当該普通地方公共団体に対し請負をする者およびその支配人または主として同一の行為をする法人（当該普通地方公共団体が出資している法人で政令で定めるものを除く。）の無限責任社員，取締役，執行役もしくは監査役もしくはこれらに準ずべき者，支配人および清算人たることができない（142条）。

オ **正**　そのとおり（168条2項，169条1項2号）。

515p

以上より，正しいものはア・オであり，正解は**2**である。

| チェック欄 | | | |

●行政法

地方自治法／地方公共団体の機関

重要度 A

問294 地方自治法が定める普通地方公共団体の長と議会の関係に関する次のア〜オの記述のうち，正しいものの組合せはどれか。

ア　普通地方公共団体の議会による長の不信任の議決に対して，長が議会を解散した場合において，解散後に招集された議会において再び不信任が議決された場合，長は再度議会を解散することができる。

イ　普通地方公共団体の議会の議決が法令に違反していると認めた場合，長は裁量により，当該議決を再議に付すことができる。

ウ　普通地方公共団体の議会の議長が，議会運営委員会の議決を経て，臨時会の招集を請求した場合において，長が法定の期間内に臨時会を招集しないときは，議長がこれを招集することができる。

エ　普通地方公共団体の議会が成立し，開会している以上，議会において議決すべき事件が議決されないことを理由に，長が当該事件について処分（専決処分）を行うことはできない。

オ　地方自治法には，普通地方公共団体の議会が長の決定によらずに，自ら解散することを可能とする規定はないが，それを認める特例法が存在する。

1　ア・イ
2　ア・オ
3　イ・エ
4　ウ・エ
5　ウ・オ

（本試験2021年問24）

●法令編

正解 5

正答率 **45**%

合格基本書

ア **誤** 議会において当該普通地方公共団体の長の不信任の議
決をした場合において，その解散後初めて招集された議会に
おいて再び不信任の議決があり，議長から当該普通地方公共
団体の長に対しその旨の通知があったときは，普通地方公共
団体の長は，議長から通知があった日においてその職を失う
（178条2項）。

518p

イ **誤** 普通地方公共団体の議会の議決が法令に違反すると認
めるときは，当該普通地方公共団体の長は，理由を示してこ
れを再議に付さなければならない（176条4項）。

516p

ウ **正** そのとおり。議長は，議会運営委員会の議決を経て，
当該普通地方公共団体の長に対し，会議に付議すべき事件を
示して臨時会の招集を請求することができる（101条2項）。
こ規定による請求のあった日から20日以内に当該普通地方
公共団体の長が臨時会を招集しないときは，議長は，臨時会
を招集することができる（101条5項）。

510p

エ **誤** 普通地方公共団体の議会が成立しないとき，113条た
だし書の場合においてなお会議を開くことができないとき，普
通地方公共団体の長において議会の議決すべき事件について
特に緊急を要するため議会を招集する時間的余裕がないこと
が明らかであると認めるとき，または議会において議決すべき
事件を議決しないときは，当該普通地方公共団体の長は，そ
の議決すべき事件を処分することができる（179条1項本文）。

519p

オ **正** そのとおり。地方自治法には，議会が長の決定による
ずに，みずから解散することを可能とする規定はない（178
条参照）が，「地方公共団体の議会の解散に関する特例法」
によれば，地方公共団体の議会は，当該議会の解散の議決を
することができる（地方公共団体の議会の解散に関する特例
法2条1項）。なお，この規定による解散の議決については，
議員数の4分の3以上の者が出席し，その5分の4以上の者
の同意がなければならない（地方公共団体の議会の解散に関
する特例法2条2項）。

以上より，正しいものはウ・オであり，正解は**5**である。

396

●行政法

地方自治法／地方公共団体の機関

問295 地方自治法に関する次の記述のうち、正しいものはどれか。

1 町村は、議会に代えて、選挙権を有する者の総会を設ける場合、住民投票を経なければならない。

2 普通地方公共団体の議会は、除名された議員で再び当選した者について、正当な理由がある場合には、その者が議員となることを拒むことができる。

3 普通地方公共団体の議会の権限に属する軽易な事項で、その議決により特に指定したものは、普通地方公共団体の長において、専決処分にすることができる。

4 普通地方公共団体が処理する事務のうち、自治事務についても、法定受託事務と同様に、地方自治法により複数の種類が法定されている。

5 自治事務とは異なり、法定受託事務に関する普通地方公共団体に対する国または都道府県の関与については、法律に基づかないでなすことも認められている。

(本試験2017年問23)

●法令編

正解 3

正答率 **86**%

合格基本書

1 誤 町村は，条例で，議会を置かず，選挙権を有する者 504p
の総会（町村総会）を設けることができる（94条）。町村総
会を設けるために，住民投票を経る必要はない。

2 誤 普通地方公共団体の議会は，除名された議員で再び
当選した議員を拒むことができない（136条）。

3 正 そのとおり。普通地方公共団体の議会の権限に属す 519p
る軽易な事項で，その議決により特に指定したものは，普通
地方公共団体の長において，これを専決処分にすることがで
きる（180条1項）。

4 誤 自治事務とは，地方公共団体が処理する事務のうち， 502,503p
法定受託事務以外のものをいう（2条8項）。すなわち，地
方自治法は，自治事務につき，控除方式で定義している。

5 誤 普通地方公共団体は，その事務の処理に関し，法律 538p
またはこれに基づく政令によらなければ，普通地方公共団体
に対する国または都道府県の関与を受け，または要すること
とされることはない（関与の法定主義／245条の2）。自治
事務・法定受託事務のいずれも，法律に基づかないで関与を
なすことは認められていない。

ワンポイント・アドバイス

　専決・代決とは，権限を有する行政庁がその補助機関に対して内部的に事
務処理の決裁権限を与えることをいいます（外部的には行政庁の名で処分等
を行います）。代決は行政庁が不在であるときなど行政庁自身が決裁できな
い場合，専決はそのような事情の有無にかかわらず，あらかじめ補助機関に
決裁権限を与える場合をいいます。

398

●行政法

地方自治法／地方公共団体の機関

問296 地方自治法が定める監査委員に関する次の記述のうち、正しいものはどれか。

1 普通地方公共団体の常勤の職員は、監査委員を兼務することができない。

2 普通地方公共団体の議会の議員は、条例に特に定めのない限り、当該普通地方公共団体の監査委員となることができない。

3 監査委員は、普通地方公共団体の長が選任し、それについて議会の同意を得る必要はない。

4 監査委員の定数は、条例により、法律上定められている数以上に増加させることはできない。

5 都道府県とは異なり、政令で定める市においては、常勤の監査委員を置く必要はない。

(本試験2019年問24)

●法令編

正解 1

正答率 **55%**

合格基本書

1　正　そのとおり。監査委員は，地方公共団体の常勤の職員および短時間勤務職員と兼ねることができない（196条3項）。

2　誤　監査委員は，普通地方公共団体の長が，議会の同意を得て，人格が高潔で，普通地方公共団体の財務管理，事業の経営管理その他行政運営に関し優れた識見を有する者（議員である者を除く。）および議員のうちから，これを選任する（196条1項本文）。ただし，条例で議員のうちから監査委員を選任しないことができる（196条1項ただし書）。

521p

3　誤　監査委員は，普通地方公共団体の長が，議会の同意を得て，人格が高潔で，普通地方公共団体の財務管理，事業の経営管理その他行政運営に関し優れた識見を有する者（議員である者を除く。）および議員のうちから，これを選任する（196条1項本文）。ただし，条例で議員のうちから監査委員を選任しないことができる（196条1項ただし書）。

4　誤　監査委員の定数は，都道府県および政令で定める市にあっては4人とし，その他の市および町村にあっては2人とする（195条2項本文）。ただし，条例でその定数を増加することができる（195条2項ただし書）。

521p

5　誤　識見を有する者のうちから選任される監査委員は，常勤とすることができる（196条4項）。都道府県および政令で定める市にあっては，識見を有する者のうちから選任される監査委員のうち少なくとも1人以上は，常勤としなければならない（196条5項）。

●行政法

地方自治法／住民の権利・義務

問297 住民について定める地方自治法の規定に関する次のア～オの記述のうち、正しいものの組合せはどれか。

ア 市町村の区域内に住所を有する者は、当該市町村およびこれを包括する都道府県の住民とする。
イ 住民は、日本国籍の有無にかかわらず、その属する普通地方公共団体の選挙に参与する権利を有する。
ウ 住民は、法律の定めるところにより、その属する普通地方公共団体の役務の提供をひとしく受ける権利を有し、その負担を分任する義務を負う。
エ 日本国民たる普通地方公共団体の住民は、その属する普通地方公共団体のすべての条例について、その内容にかかわらず、制定または改廃を請求する権利を有する。
オ 都道府県は、別に法律の定めるところにより、その住民につき、住民たる地位に関する正確な記録を常に整備しておかなければならない。

1 ア・ウ
2 ア・オ
3 イ・ウ
4 イ・エ
5 エ・オ

（本試験2020年問22）

●法令編

正答率 **86**%

ア **正** そのとおり。市町村の区域内に住所を有する者は、当該市町村およびこれを包括する都道府県の住民とする（10条1項）。　522p

イ **誤** 日本国民たる普通地方公共団体の住民は、地方自治法の定めるところにより、その属する普通地方公共団体の選挙に参与する権利を有する（11条）。そして、日本国民たる年齢満18年以上の者で引き続き3カ月以上市町村の区域内に住所を有するものは、別に法律の定めるところにより、その属する普通地方公共団体（都道府県・市町村）の議会の議員および長（都道府県知事・市町村長）の選挙権を有する（18条）。　522p

ウ **正** そのとおり。住民は、法律の定めるところにより、その属する普通地方公共団体の役務の提供をひとしく受ける権利を有し、その負担を分任する義務を負う（10条2項）。　522p

エ **誤** 日本国民たる普通地方公共団体の住民は、地方自治法の定めるところにより、その属する普通地方公共団体の条例（地方税の賦課徴収ならびに分担金、使用料および手数料の徴収に関するものを除く。）の制定または改廃を請求する権利を有する（12条1項）。　524p

オ **誤** 市町村は、別に法律の定めるところにより、その住民につき、住民たる地位に関する正確な記録を常に整備しておかなければならない（13条の2）。　522p

以上より、正しいものはア・ウであり、正解は**1**である。

●行政法

地方自治法／住民の権利・義務

問 298 住所に関する次の記述のうち，誤っているものはどれか。争いがある場合には，最高裁判所の判例による。

1 日本国民たる年齢満18歳以上の者で引き続き一定期間以上市町村の区域内に住所を有するものは，その属する普通地方公共団体の議会の議員及び長の選挙権を有する。

2 日本国民たる普通地方公共団体の住民は，地方自治法の定めにより，条例の制定又は改廃を請求する権利を有するが，日本国籍を有しない者であっても，そこに住所を有していれば，こうした権利を有する。

3 公職選挙法上の住所とは，各人の生活の本拠，すなわち，その人の生活に最も関係の深い一般的生活，全生活の中心を指す。

4 都市公園内に不法に設置されたテントを起居の場所としている場合，テントにおいて日常生活を営んでいる者は，テントの所在地に住所を有するということはできない。

5 地方自治法に基づく住民訴訟は，当該地方公共団体内に住所を有する者のみが提起することができ，訴訟係属中に原告が当該地方公共団体内の住所を失えば，原告適格を失う。

（本試験2013年問24改題）

●法令編

正解 2

正答率 **68**%

合格基本書

1 正 そのとおり。日本国民たる年齢満 18 年以上の者で引き続き 3 ヵ月以上市町村の区域内に住所を有するものは，別に法律の定めるところにより，その属する普通地方公共団体の議会の議員および長の選挙権を有する（18 条）。2015 年 6 月の公職選挙法等の改正により，公職の選挙の選挙権を有する者の年齢が「満 20 年以上」から「満 18 年以上」へ改められた（公職選挙法 9 条 1 項 2 項／2016（平成 28）年 6 月 19 日施行）。

522p

2 誤 日本国民たる普通地方公共団体の住民は，地方自治法の定めるところにより，その属する普通地方公共団体の条例（地方税の賦課徴収ならびに分担金，使用料および手数料の徴収に関するものを除く。）の制定または改廃を請求する権利を有する（12 条 1 項）。日本国籍を有しない者は，条例の制定または改廃を請求する権利を有しない。

523, 524p

3 正 そのとおり。判例は，「選挙権の要件としての住所は，その人の生活にもつとも関係の深い一般的生活，全生活の中心をもつてその者の住所と解すべ」きとしている（最判昭 35.3.22）。

4 正 そのとおり。都市公園内に不法に設置されたテントの所在地は，社会通念上，客観的に生活の本拠としての実体を具備しているものとみることはできないので，同テントを起居の場所としている者は，同テントの所在地に住所を有するものとはいえない（最判平 20.10.3）。

5 正 そのとおり。住民訴訟は，当該地方公共団体内に住所を有する者のみが提起することができる（242 条の 2 第 1 項参照）。訴訟係属中に原告が当該地方公共団体内の住所を失えば，原告適格を失う。

●行政法

地方自治法／住民の権利・義務

重要度 A

問 299 地方自治法の規定による住民監査請求と事務監査請求の相違について、妥当な記述はどれか。

1 住民監査請求をすることができる者は、当該地方公共団体の住民のみに限られているが、事務監査請求については、当該事務の執行に特別の利害関係を有する者であれば、当該地方公共団体の住民以外でもすることができることとされている。

2 住民監査請求については、対象となる行為があった日または終わった日から一定期間を経過したときは、正当な理由がある場合を除き、これをすることができないこととされているが、事務監査請求については、このような請求期間の制限はない。

3 住民監査請求の対象となるのは、いわゆる財務会計上の行為または怠る事実であるとされているが、こうした行為または怠る事実は、事務監査請求の対象となる当該地方公共団体の事務から除外されている。

4 住民監査請求においては、その請求方式は、当該行為の一部または全部の差止の請求などの4種類に限定されており、それ以外の請求方式は認められていないが、事務監査請求については、このような請求方式の制限はない。

5 住民監査請求においては、監査の結果に不服のある請求者は、住民訴訟を提起することができることとされているが、事務監査請求においては、監査の結果に不服のある請求者は、監査結果の取消しの訴えを提起できることとされている。

(本試験2013年問21)

●法令編

正解 **2**

正答率 **54**%

合格基本書

1 **妥当でない** 住民監査請求をすることができる者は，当該地方公共団体の住民のみに限られている（242条1項）。事務監査を請求する権利を有するのは，日本国民たる当該地方公共団体の住民である（12条2項）。 524, 526p

2 **妥当である** そのとおり。財務会計上の「行為」についての住民監査請求は，当該行為のあった日または終わった日から1年を経過したときは，これをすることができない（242条2項本文）。ただし，正当な理由があるときは，この限りでない（242条2項ただし書）。財務会計上の「怠る事実」についての住民監査請求には，住民監査請求期間の制限はない（最判昭53.6.23）。事務監査請求については，請求期間の制限はない。 526p

3 **妥当でない** 住民監査請求の対象となるのは，いわゆる財務会計上の行為または怠る事実である（242条1項）。こうした行為・怠る事実は，事務監査請求の対象となる当該地方公共団体の事務から除外されていない（75条1項参照）。 526p

4 **妥当でない** 住民監査請求によって請求できる内容は，当該行為の差止めなど，法定された4類型に限定されていない。なお，このように請求方式が4種類に限定されているのは，住民訴訟である（242条の2第1項1号～4号）。 526p

5 **妥当でない** 住民監査請求においては，監査の結果に不服のある請求者は，住民訴訟を提起することができる（242条の2第1項）。事務監査請求においては，監査の結果に不服のある請求者は，監査の結果の取消しの訴えを提起できるとはされていない。 526p

●行政法

地方自治法／住民の権利・義務

問300 地方自治法による住民監査請求と住民訴訟に関する次の記述のうち，法令および最高裁判所の判例に照らし，妥当なものはどれか。

1 地方公共団体が随意契約の制限に関する法令の規定に違反して契約を締結した場合，当該契約は当然に無効であり，住民は，その債務の履行の差止めを求める住民訴訟を提起することができる。

2 住民訴訟によって，住民は，地方公共団体の契約締結の相手方に対し，不当利得返還等の代位請求をすることができる。

3 住民監査請求をするに当たって，住民は，当該地方公共団体の有権者のうち一定数以上の者とともに，これをしなければならない。

4 地方公共団体の住民が違法な公金の支出の差止めを求める住民訴訟を適法に提起した場合において，公金の支出がなされることによる重大な損害を避けるため，同時に執行停止の申立ても行うことができる。

5 監査委員が適法な住民監査請求を不適法として却下した場合，当該請求をした住民は，適法な住民監査請求を経たものとして，直ちに住民訴訟を提起することができる。

（本試験2017年問24）

●法令編

正解 **5**

正答率 **60**%

合格基本書

1 **妥当でない** 判例は,「随意契約の制限に関する法令に違反して締結された契約の私法上の効力については別途考察する必要があり,かかる違法な契約であつても私法上当然に無効になるものではな」いとしている（最判昭 62.5.19）。　400p

2 **妥当でない** 2002（平成 14）年の地方自治法改正前の 4号請求訴訟は,住民が地方公共団体に代位して当該職員または当該行為もしくは怠る事実にかかる相手方に損害賠償または不当利得返還の請求をする訴訟（代位訴訟）であった。2002（平成 14）年の地方自治法改正により,執行機関等を被告として長,職員,相手方への損害賠償等の請求を行うことを求める義務付け訴訟に再構成された。　529p

3 **妥当でない** 住民監査請求の主体は,その地方公共団体の住民である（242 条 1 項）。住民一人でも,住民監査請求をすることができる。　526p

4 **妥当でない** 地方公共団体の住民が違法な公金の支出の差止めを求める住民訴訟（1 号請求訴訟）には,抗告訴訟または当事者訴訟に関する規定の準用を定めた行政事件訴訟法43 条の適用がある（地方自治法 242 条の 2 第 11 項）が,執行停止の規定（行政事件訴訟法 25 条）は準用されない（同法 43 条 3 項）。よって,執行停止の申立てを行うことはできない。

5 **妥当である** そのとおり。判例は,「監査委員が適法な住民監査請求を不適法であるとして却下した場合,当該請求をした住民は,適法な住民監査請求を経たものとして直ちに住民訴訟を提起することができる」としている（最判平 10.12.18）。

●行政法

| チェック欄 | | | |

地方自治法／住民の権利・義務

重要度 A

問 301 住民訴訟に関する次の記述のうち，正しいものの組合せはどれか。

ア　住民訴訟は，当該普通地方公共団体の住民ではない者であっても，住民監査請求をした者であれば，提起することが許される。

イ　住民訴訟は，当該普通地方公共団体の事務所の所在地を管轄する地方裁判所の管轄に専属する。

ウ　住民訴訟が係属しているときは，当該普通地方公共団体の他の住民が，別訴をもって同一の請求をすることは許されない。

エ　住民訴訟は，行政事件訴訟法の定める機関訴訟であり，それに関する行政事件訴訟法の規定が適用される。

1　ア・イ
2　ア・ウ
3　イ・ウ
4　イ・エ
5　ウ・エ

（本試験2015年問21）

●法令編

正解 **3**

正答率 **82**%

合格基本書

ア **誤** 普通地方公共団体の住民は，住民監査請求をした場合 **528p**
において，監査委員の監査の結果もしくは勧告，もしくはこ
れに対する普通地方公共団体の議会，長その他の執行機関も
しくは職員の措置に不服があるとき，または監査委員が監査
もしくは勧告を期間内に行わないとき，もしくは議会，長そ
の他の執行機関もしくは職員がこれに対する措置を講じない
ときは，裁判所に対し，住民監査請求に係る違法な行為また
は怠る事実につき，住民訴訟を提起することができる（242
条の2第1項柱書）。

イ **正** そのとおり。住民訴訟は，当該普通地方公共団体の事 **529p**
務所の所在地を管轄する地方裁判所の管轄に専属する（242
条の2第5項）。

ウ **正** そのとおり。住民訴訟が係属しているときは，当該普 **529p**
通地方公共団体の他の住民は，別訴をもって同一の請求をす
ることができない（242条の2第4項）。

エ **誤** 住民訴訟は，行政事件訴訟法の定める「民衆訴訟」 **528p**
（国または公共団体の機関の法規に適合しない行為の是正を
求める訴訟で，選挙人たる資格その他自己の法律上の利益に
かかわらない資格で提起するもの／行政事件訴訟法5条）の
一例である。なお，行政事件訴訟法の定める「機関訴訟」と
は，国または公共団体の機関相互間における権限の存否また
はその行使に関する紛争についての訴訟をいう（行政事件訴
訟法6条）。

以上より，正しいものはイ・ウであり，正解は**3**である。

410

●行政法

地方自治法／住民の権利・義務

重要度 A

問302 地方自治法に基づく住民訴訟に関する次の記述のうち，法令および最高裁判所の判例に照らし，妥当なものはどれか。

1 住民訴訟を提起した者が当該訴訟の係属中に死亡したとき，その相続人は，当該地方公共団体の住民である場合に限り，訴訟を承継することができる。

2 住民訴訟を提起する者は，その対象となる財務会計行為が行われた時点において当該普通地方公共団体の住民であることが必要である。

3 住民訴訟の前提となる住民監査請求は，条例で定める一定数の当該地方公共団体の住民の連署により，これをする必要がある。

4 普通地方公共団体の議会は，住民訴訟の対象とされた当該普通地方公共団体の不当利得返還請求権が裁判において確定したのちは，当該請求権に関する権利放棄の議決をすることはできない。

5 住民訴訟を提起した者は，当該住民訴訟に勝訴した場合，弁護士に支払う報酬額の範囲内で相当と認められる額の支払いを当該普通地方公共団体に対して請求することができる。

(本試験2020年問24)

●法令編

合格基本書

正解 **5**

正答率 **49**%

1 妥当でない 判例は，「地方自治法242条の2に規定する住民訴訟は，原告が死亡した場合においては，その訴訟を承継するに由なく，当然に終了するものと解すべきである」としている（最判昭55.2.22）。

2 妥当でない 地方自治法では，このようなことは規定されていない。なお，住民訴訟を提起する者は，訴訟の係属中において当該普通地方公共団体の住民であることが必要であると解される。

3 妥当でない 住民訴訟の前提となる住民監査請求は，当該普通地方公共団体の住民であれば，1人でもすることができる（242条の2第1項参照）。

526, 527p

4 妥当でない 地方自治法では，このようなことは規定されていない。なお，判例は，「住民訴訟の対象とされている損害賠償請求権又は不当利得返還請求権を放棄する旨の議決がされた場合についてみると，このような請求権が認められる場合は様々であり，個々の事案ごとに，当該請求権の発生原因である財務会計行為等の性質，内容，原因，経緯及び影響，当該議決の趣旨及び経緯，当該請求権の放棄又は行使の影響，住民訴訟の係属の有無及び経緯，事後の状況その他の諸般の事情を総合考慮して，これを放棄することが普通地方公共団体の民主的かつ実効的な行政運営の確保を旨とする同法の趣旨等に照らして不合理であって上記の裁量権の範囲の逸脱又はその濫用に当たると認められるときは，その議決は違法となり，当該放棄は無効となるものと解するのが相当である。そして，当該公金の支出等の財務会計行為等の性質，内容等については，その違法事由の性格や当該職員又は当該支出等を受けた者の帰責性等が考慮の対象とされるべきものと解される。」としている（最判平24.4.20）。

5 妥当である そのとおり。住民訴訟を提起した者が勝訴（一部勝訴を含む。）した場合において，弁護士または弁護士法人に報酬を支払うべきときは，当該普通地方公共団体に対し，その報酬額の範囲内で相当と認められる額の支払を請求することができる（242条の2第12項）。

412

●行政法

| チェック欄 | | |

地方自治法／住民の権利・義務

問303 A市在住の日本国籍を有する住民X（40歳）とB市在住の日本国籍を有しない住民Y（40歳）に関する次の記述のうち，地方自治法の規定に照らし，正しいものはどれか。

1 Xは，A市でもB市でも，住民訴訟を提起する資格がある。

2 Yは，A市でもB市でも，住民訴訟を提起する資格がない。

3 Xは，A市でもB市でも，事務監査請求をする資格がある。

4 Yは，A市では事務監査請求をする資格がないが，B市ではその資格がある。

5 Xは，A市でもB市でも，市長選挙の候補者になる資格がある。

（本試験2014年問22）

●法令編

正解 **5**

正答率 **65**%

合格基本書

1 誤 住民訴訟を提起できるのは，当該普通地方公共団体 **528p**
の住民である（242条の2第1項）。ここにいう「住民」と
は，その区域内に住所を有する者（10条1項）であり，日
本国籍や選挙権を有している必要はない。よって，A市在住
のXは，A市では住民訴訟を提起する資格があるが，B市で
は住民訴訟を提起する資格がない。

2 誤 B市在住のYは，B市では住民訴訟を提起する資格 **528p**
があるが，A市では住民訴訟を提起する資格がない（肢1の
解説参照）。

3 誤 日本国民たる普通地方公共団体の住民は，地方自治法 **524p**
の定めるところにより，その属する普通地方公共団体の事務
の監査を請求する権利を有する（12条2項）。事務監査請求
をすることができるのは，選挙権を有する者（普通地方公共
団体の議会の議員および長の選挙権を有する者／74条1項）
である（75条1項）。日本国民たる年齢満18年以上の者で
引き続き3カ月以上市町村の区域内に住所を有するものは，
別に法律の定めるところにより，その属する普通地方公共団
体の議会の議員および長の選挙権を有する（18条）。よって，
A市在住のX（40歳）は，A市では事務監査請求をする資
格があるが，B市では事務監査請求をする資格がない。

4 誤 B市在住の日本国籍を有しないYは，A市でもB市 **524p**
でも，事務監査請求をする資格がない（肢3の解説参照）。

5 正 そのとおり。日本国民で年齢満25年以上のものは， **522p**
別に法律の定めるところにより，市町村長の被選挙権を有す
る（19条3項）。市町村長の被選挙権については，当該普通
地方公共団体に関する選挙権を有すること，当該区域内に一
定期間住所を有することを要件としていない。よって，日本
国籍を有するX（40歳）は，A市でもB市でも，市長選挙
の候補者になる資格がある。

414

●行政法

地方自治法／住民の権利・義務

問304 地方自治法が定める公の施設に関する次の記述のうち、誤っているものはどれか。

1 普通地方公共団体は、法律またはこれに基づく政令に特別の定めがあるものを除くほか、公の施設の設置に関する事項を、条例で定めなければならない。

2 普通地方公共団体は、住民が公の施設を利用することについて、不当な差別的取扱いをしてはならないが、正当な理由があれば、利用を拒むことができる。

3 普通地方公共団体は、公の施設を管理する指定管理者の指定をしようとするときは、あらかじめ議会の議決を経なければならない。

4 公の施設は、住民の利用に供するために設けられるものであり、普通地方公共団体は、その区域外において、公の施設を設けることはできない。

5 普通地方公共団体が、公の施設の管理を指定管理者に行わせる場合には、指定管理者の指定の手続等の必要な事項を条例で定めなければならない。

（本試験2017年問22）

●法令編

正解 4

正答率 **96**%

合格基本書

1 **正** そのとおり。普通地方公共団体は，法律またはこれに基づく政令に特別の定めがあるものを除くほか，公の施設の設置およびその管理に関する事項は，条例でこれを定めなければならない（244条の2第1項）。 `530p`

2 **正** そのとおり。普通地方公共団体は，住民が公の施設を利用することについて，不当な差別的取扱いをしてはならない（244条3項）。普通地方公共団体は，正当な理由がない限り，住民が公の施設を利用することを拒んではならない（244条2項）。よって，普通地方公共団体は，正当な理由があれば，公の施設の利用を拒むことができる。 `531p`

3 **正** そのとおり。普通地方公共団体は，指定管理者の指定をしようとするときは，あらかじめ，当該普通地方公共団体の議会の議決を経なければならない（244条の2第6項）。 `530p`

4 **誤** 普通地方公共団体は，その区域外においても，また，関係普通地方公共団体との協議により，公の施設を設けることができる（244条の3第1項）。なお，この協議については，関係普通地方公共団体の議会の議決を経なければならない（244条の3第3項）。 `530p`

5 **正** そのとおり。普通地方公共団体は，公の施設の設置の目的を効果的に達成するため必要があると認めるときは，条例の定めるところにより，法人その他の団体であって当該普通地方公共団体が指定するもの（「指定管理者」）に，当該公の施設の管理を行わせることができる（244条の2第3項）。この条例には，指定管理者の指定の手続，指定管理者が行う管理の基準および業務の範囲その他必要な事項を定めるものとする（244条の2第4項）。 `530p`

●行政法

地方自治法／住民の権利・義務

問305 公の施設についての地方自治法の規定に関する次の記述のうち、誤っているものはどれか。

1 公の施設とは、地方公共団体が設置する施設のうち、住民の福祉を増進する目的のため、その利用に供する施設をいう。

2 公の施設の設置およびその管理に関する事項は、条例により定めなければならない。

3 普通地方公共団体は、当該普通地方公共団体が指定する法人その他の団体に、公の施設の管理を行わせることができるが、そのためには長の定める規則によらなければならない。

4 普通地方公共団体は、公の施設の管理を行わせる法人その他の団体の指定をしようとするときは、あらかじめ、当該普通地方公共団体の議会の議決を経なければならない。

5 普通地方公共団体は、適当と認めるときは、当該普通地方公共団体が指定する法人その他の団体に、その管理する公の施設の利用に係る料金をその者の収入として収受させることができる。

(本試験2019年問23)

●法令編

正解 **3**

正答率 **87**%

合格基本書

1 **正** そのとおり。普通地方公共団体は，住民の福祉を増 **530p**
進する目的をもってその利用に供するための施設（これを<u>公</u>
<u>の施設</u>という。）を設けるものとする（244条1項）。

2 **正** そのとおり。普通地方公共団体は，法律またはこれ **530p**
に基づく政令に特別の定めがあるものを除くほか，公の施設
の設置およびその管理に関する事項は，条例でこれを定めな
ければならない（244条の2第1項）。

3 **誤** 普通地方公共団体は，公の施設の設置の目的を効果 **530p**
的に達成するため必要があると認めるときは，<u>条例の定める</u>
<u>ところにより</u>，法人その他の団体であって当該普通地方公共
団体が指定するもの（「指定管理者」）に，当該公の施設の管
理を行わせることができる（244条の2第3項）。

4 **正** そのとおり。普通地方公共団体は，指定管理者の指 **530p**
定をしようとするときは，あらかじめ，当該普通地方公共団
体の議会の議決を経なければならない（244条の2第6項）。

5 **正** そのとおり。普通地方公共団体は，適当と認めると **531p**
きは，指定管理者にその管理する公の施設の利用に係る料金
（「利用料金」）を当該指定管理者の収入として収受させるこ
とができる（244条の2第8項）。

ワンポイント・アドバイス

　普通地方公共団体は，公の施設について，指定管理者の指定手続に関する
「条例」（244条の2第3項）の定めがある場合に限り，議会の「議決」
（244条の2第6項）を経て，指定管理者を指定することができます。

●行政法

地方自治法／住民の権利・義務

問306 地方自治法が定める公の施設に関する次のア～エの記述のうち，法令および最高裁判所の判例に照らし，妥当なものの組合せはどれか。

ア　普通地方公共団体は，法律またはこれに基づく政令に特別の定めがあるものを除くほか，公の施設の設置に関する事項を，条例で定めなければならない。

イ　普通地方公共団体の長以外の機関（指定管理者を含む。）がした公の施設を利用する権利に関する処分についての審査請求は，審査請求制度の客観性を確保する観点から，総務大臣に対してするものとされている。

ウ　普通地方公共団体が公の施設のうち条例で定める特に重要なものについて，これを廃止したり，特定の者に長期の独占的な使用を認めようとしたりするときは，議会の議決に加えて総務大臣の承認が必要となる。

エ　普通地方公共団体は，住民が公の施設を利用することについて不当な差別的取扱いをしてはならないが，この原則は，住民に準ずる地位にある者にも適用される。

1　ア・イ
2　ア・エ
3　イ・ウ
4　イ・エ
5　ウ・エ

（本試験2021年問22）

●法令編

正解 2

正答率 **96**%

合格基本書

ア **妥当である** そのとおり。普通地方公共団体は，法律または これに基づく政令に特別の定めがあるものを除くほか，公の施設の設置およびその管理に関する事項は，条例でこれを定めなければならない（244条の2第1項）。

530p

イ **妥当でない** 普通地方公共団体の長以外の機関（指定管理者を含む。）がした公の施設を利用する権利に関する処分についての審査請求は，普通地方公共団体の長が当該機関の最上級行政庁でない場合においても，当該普通地方公共団体の長に対してするものとする（244条の4第1項）。なお，審査請求は，処分庁等に上級行政庁がない場合には，当該処分庁等に対してするものとする（行政不服審査法4条1号）とされており，普通地方公共団体の長には上級行政庁がないことから，普通地方公共団体の長がした公の施設を利用する権利に関する処分についての審査請求も，当該普通地方公共団体の長に対してすることになる。

531p

ウ **妥当でない** 普通地方公共団体は，条例で定める重要な公の施設のうち条例で定める特に重要なものについて，これを廃止し，または条例で定める長期かつ独占的な利用をさせようとするときは，議会において出席議員の3分の2以上の者の同意を得なければならない（244条の2第2項）。これについて総務大臣の承認を得る必要はない。

531p

エ **妥当である** そのとおり。普通地方公共団体は，住民が公の施設を利用することについて，不当な差別的取扱いをしてはならない（244条3項）。判例は，「住民に準ずる地位にある者による公の施設の利用関係に地方自治法244条3項の規律が及ばないと解するのは相当でな」いとしている（旧高根町給水条例無効等確認請求事件／最判平18.7.14）。

531p

以上より，妥当なものはア・エであり，正解は**2**である。

420

●行政法

地方自治法／条例および規則

問307 条例・規則に関する次の記述のうち、正しいものはどれか。

1 普通地方公共団体は、法令に特別の定めがあるものを除くほか、その条例中に、条例に違反した者に対し、刑罰を科す旨の規定を設けることができるが、法律の委任に基づかない条例を定める場合には、設けることができない。
2 普通地方公共団体は、法令に特別の定めがあるものを除くほか、その条例中に、条例に違反した者に対し、刑罰を科す旨の規定を設けることができるが、行政上の強制執行が許される場合には、設けることができない。
3 普通地方公共団体は、法令に特別の定めがあるものを除くほか、その条例中に、条例に違反した者に対し、刑罰を科す旨の規定を設けることができるが、刑罰の種類は、罰金及び科料に限られ、懲役や禁錮は、設けることができない。
4 普通地方公共団体は、法令に特別の定めがあるものを除くほか、その条例中に、条例に違反した者に対し、刑罰を科す旨の規定を設けることができるが、過料を科す旨の規定は、設けることができない。
5 普通地方公共団体の長は、法令に特別の定めがあるものを除くほか、普通地方公共団体の規則中に、規則に違反した者に対し、過料を科す旨の規定を設けることはできるが、刑罰を科す旨の規定を設けることはできない。

（本試験2015年問23）

●法令編

正解 **5**

正答率 **73**%

合格基本書

1 誤 地方自治法14条3項（肢3・肢4の解説参照）は、地方公共団体の条例に対し、包括的・一般的に、一定の範囲内で罰則規定を定めることができることを認めたものである。したがって、普通地方公共団体は、<u>法律の委任に基づかない条例を定める場合であっても、刑罰を科す旨の規定を設けることができる</u>。　532p

2 誤 地方自治法14条3項（肢3・肢4の解説参照）は、地方公共団体の条例に対し、包括的・一般的に、一定の範囲内で罰則規定を定めることができることを認めたものである。したがって、普通地方公共団体は、<u>行政上の強制執行が許される場合であっても、刑罰を科す旨の規定を設けることができる</u>。　532p

3 誤 普通地方公共団体は、法令に特別の定めがあるものを除くほか、その条例中に、条例に違反した者に対し、<u>2年以下の懲役もしくは禁錮</u>、100万円以下の罰金、拘留、科料もしくは没収の刑または5万円以下の過料を科する旨の規定を設けることができる（14条3項）。　532p

4 誤 普通地方公共団体は、法令に特別の定めがあるものを除くほか、その条例中に、条例に違反した者に対し、2年以下の懲役もしくは禁錮、100万円以下の罰金、拘留、科料もしくは没収の刑または<u>5万円以下の過料</u>を科する旨の規定を設けることができる（14条3項）。　532p

5 正 そのとおり。普通地方公共団体の長は、法令に特別の定めがあるものを除くほか、普通地方公共団体の規則中に、規則に違反した者に対し、5万円以下の過料を科する旨の規定を設けることができる（15条2項）。長の定める規則には、条例とは異なり、刑罰を科す旨の規定を設けることができない。　533p

●行政法

地方自治法／条例および規則

問308 条例に関する地方自治法の規定について、次の記述のうち、正しいものはどれか。

1 選挙権を有する者からの一定の者の連署による条例の制定又は改廃の請求がなされた場合、適法な請求を受理した長は、これを議会に付議しなければならず、付議を拒否することは認められていない。

2 選挙権を有する者は、一定の者の連署によって、条例の制定及び改廃の請求をすることができるが、その対象となる条例の内容については、明文の制約はない。

3 地方公共団体の条例制定権限は、当該地方公共団体の自治事務に関する事項に限られており、法定受託事務に関する事項については、及ばない。

4 条例の議決は、議会の権限であるから、条例の公布も、議会の議長の権限とされているが、議長から送付を受けた長が公報などにより告示する。

5 条例の制定は、議会に固有の権限であるから、条例案を議会に提出できるのは議会の議員のみであり、長による提出は認められていない。

（本試験2014年問23）

●法令編

正解 1

正答率 **82**%

合格基本書

1 **正** そのとおり。普通地方公共団体の長は，条例の制定 524p
または改廃の請求を受理した日から20日以内に議会を招集
し，意見を附けてこれを議会に付議し，その結果を74条1
項の代表者（肢2の解説参照）に通知するとともに，これを
公表しなければならない（74条3項）。請求の内容を理由に
議会への付議を拒否することはできない。

2 **誤** 選挙権を有する者は，その総数の50分の1以上の者 524p
の連署をもって，その代表者から，普通地方公共団体の長に
対し，条例（地方税の賦課徴収ならびに分担金，使用料およ
び手数料の徴収に関するものを除く。）の制定または改廃の
請求をすることができる（74条1項）。

3 **誤** 地方公共団体の条例制定権限は，当該地方公共団体 532p
の自治事務に関する事項のみならず，法定受託事務に関する
事項にも及んでいる（14条1項参照）。

4 **誤** 普通地方公共団体の議会の議長は，条例の制定また 532p
は改廃の議決があったときは，その日から3日以内にこれを
当該普通地方公共団体の長に送付しなければならない（16
条1項）。普通地方公共団体の長は，条例の送付を受けた場
合は，その日から20日以内にこれを公布しなければならな
い（16条2項本文）。ただし，再議その他の措置を講じた場
合は，この限りでない（16条2項ただし書）。なお，条例
は，条例に特別の定があるものを除くほか，公布の日から起
算して10日を経過した日から，これを施行する（16条3
項）。

5 **誤** 条例案の議会への提出は，議会の議員のみならず，
長にも認められる（112条1項，149条1号）。

424

●行政法

チェック欄

地方自治法／条例および規則

重要度 B

問309 普通地方公共団体の条例に関する次の記述のうち、法令に照らし、誤っているものはどれか。

1 地方公共団体は、住民がこぞって記念することが定着している日で、休日とすることについて広く国民の理解が得られるようなものは、条例で、当該地方公共団体独自の休日として定めることができる。

2 地方公共団体は、法律の委任に基づく条例の場合だけでなく、自主条例の場合においても、一定の範囲内で懲役を科する旨の規定を設けることができる。

3 地方公共団体は、それぞれの議会の議員の定数を条例で定めるが、議員の任期について条例で定めることはできない。

4 地方公共団体は、公の施設の設置目的を効果的に達成するため必要があると認めるときは、当該公の施設の管理を指定管理者に行わせる旨の条例を制定することができる。

5 地方公共団体は、その権限に属する事務を分掌させる必要があると認めるときは、条例で、その区域を分けて特別区を設けることができる。

（本試験2016年問22）

●法令編

正解 **5**

正答率 **62**%

合格基本書

普通地方公共団体は，都道府県および市町村とする（1条の3第2項）。

1 **正** そのとおり。地方公共団体の休日は，条例で定める（4条の2第1項）。地方公共団体において特別な歴史的，社会的意義を有し，住民がこぞって記念することが定着している日で，当該地方公共団体の休日とすることについて広く国民の理解を得られるようなものは，4条の2第1項の地方公共団体の休日として定めることができる（4条の2第3項前段）。この場合においては，当該地方公共団体の長は，あらかじめ総務大臣に協議しなければならない（4条の2第3項後段）。

2 **正** そのとおり。地方公共団体は，法律の委任に基づいて条例を制定することがある（公衆浴場法2条3項など）。憲法94条（「地方公共団体は，……法律の範囲内で条例を制定することができる。」）により，地方公共団体は，法律の委任に基づく条例にとどまらず，法律に違反しない限り，法律の委任なしに自主条例を制定することが可能である。これを受けて，地方自治法により，普通地方公共団体は，法令に特別の定めがあるものを除くほか，その条例中に，条例に違反した者に対し，2年以下の懲役もしくは禁錮，100万円以下の罰金，拘留，科料もしくは没収の刑または5万円以下の過料を科する旨の規定を設けることができる（14条3項）。

3 **正** そのとおり。都道府県の議会の議員の定数は，条例で定める（90条1項）。市町村の議会の議員の定数は，条例で定める（91条1項）。普通地方公共団体の議会の議員の任期は，4年と法定されている（93条1項）。すなわち，普通地方公共団体の議会の議員の任期について，条例で定めることはできない。

●行政法

4 **正** そのとおり。普通地方公共団体は，公の施設の設置
の目的を効果的に達成するため必要があると認めるときは，
条例の定めるところにより，法人その他の団体であって当該
普通地方公共団体が指定するもの（「指定管理者」）に，当該
公の施設の管理を行わせることができる（244条の2第3
項）。

5 **誤** 都の区を特別区という（281条1項）。2012（平成
24）年8月に制定され，同年9月に施行された「大都市地
域における特別区の設置に関する法律（大都市地域特別区設
置法）」によって，道府県の区域内においても特別区を設置
することができることになった。大都市地域特別区設置法に
よれば，総務大臣は，この法律の定めるところにより，道府
県の区域内において，特別区の設置を行うことができるとさ
れ（同法3条），その手続として，特別区設置協議会の設置
（同法4条），特別区設置協定書の作成（同法5条），特別区
設置協定書についての議会の承認（同法6条），関係市町村
における選挙人の投票（同法7条），特別区の設置の申請
（同法8条），総務大臣による特別区の設置の処分（同法9
条）が定められている。よって，大都市地域特別区設置法に
よっても，地方公共団体が条例で特別区を設けることはでき
ない。なお，指定都市は，市長の権限に属する事務を分掌さ
せるため，条例で，その区域を分けて区を設け，区の事務所
または必要があると認めるときはその出張所を置くものとす
る（252条の20第1項）。

第**3**編 行政法

427

●行政法

チェック欄

地方自治法／条例および規則

重要度 A

問310 地方公共団体の定める条例と規則に関する次のア〜オの記述のうち，正しいものの組合せはどれか。

ア 普通地方公共団体は，その事務に関し，条例を制定し，それに違反した者について，懲役などの刑罰の規定を設けることができる。

イ 普通地方公共団体の長は，その権限に属する事務に関し，規則を制定し，それに違反した者について，罰金などの刑罰の規定を設けることができる。

ウ 普通地方公共団体の長は，普通地方公共団体の議会による条例の制定に関する議決について，再議に付すことができる。

エ 普通地方公共団体は，公の施設の設置およびその管理に関する事項につき，その長の定める規則でこれを定めなければならない。

オ 日本国民たる普通地方公共団体の住民は，当該普通地方公共団体の条例の定めるところにより，その属する普通地方公共団体の選挙に参与する権利を有する。

1 ア・イ
2 ア・ウ
3 イ・オ
4 ウ・エ
5 エ・オ

（本試験2018年問23）

●法令編

正解 **2**

正答率 **84**%

合格基本書

ア **正** そのとおり。普通地方公共団体は，法令に違反しない
限りにおいて 2 条 2 項の事務に関し，条例を制定することが
できる（14 条 1 項）。普通地方公共団体は，法令に特別の定
めがあるものを除くほか，その条例中に，条例に違反した者
に対し，2 年以下の懲役もしくは禁錮，100 万円以下の罰
金，拘留，科料もしくは没収の刑または 5 万円以下の過料を
科する旨の規定を設けることができる（14 条 3 項）。

532p

イ **誤** 普通地方公共団体の長は，法令に違反しない限りにお
いて，その権限に属する事務に関し，規則を制定することが
できる（15 条 1 項）。普通地方公共団体の長は，法令に特別
の定めがあるものを除くほか，普通地方公共団体の規則中
に，規則に違反した者に対し，5 万円以下の過料を科する旨
の規定を設けることができる（15 条 2 項）。すなわち，普通
地方公共団体の長は，規則に違反した者について，罰金など
の刑罰の規定を設けることができない。

533p

ウ **正** そのとおり。普通地方公共団体の議会の議決について
異議があるときは，当該普通地方公共団体の長は，地方自治
法に特別の定めがあるものを除くほか，その議決の日（条例
の制定もしくは改廃または予算に関する議決については，そ
の送付を受けた日）から 10 日以内に理由を示してこれを再
議に付することができる（176 条 1 項）。

516p

エ **誤** 普通地方公共団体は，法律またはこれに基づく政令に
特別の定めがあるものを除くほか，公の施設の設置およびそ
の管理に関する事項は，条例でこれを定めなければならない
（244 条の 2 第 1 項）。

530p

オ **誤** 日本国民たる普通地方公共団体の住民は，地方自治法
の定めるところにより，その属する普通地方公共団体の選挙
に参与する権利を有する（11 条）。

以上より，正しいものはア・ウであり，正解は**2**である。

430

●行政法

地方自治法／条例および規則

問 311 普通地方公共団体に適用される法令等に関する次の記述のうち，憲法および地方自治法の規定に照らし，正しいものはどれか。

1 国会は，当該普通地方公共団体の議会の同意を得なければ，特定の地方公共団体にのみ適用される法律を制定することはできない。

2 普通地方公共団体は，法定受託事務についても条例を制定することができるが，条例に違反した者に対する刑罰を規定するには，個別の法律による委任を必要とする。

3 普通地方公共団体の長は，その権限に属する事務に関し，規則を制定することができ，条例による委任のある場合には，規則で刑罰を規定することもできる。

4 条例の制定は，普通地方公共団体の議会の権限であるから，条例案を議会に提出できるのは議会の議員のみであり，長による提出は認められていない。

5 普通地方公共団体の議会の議員および長の選挙権を有する者は，法定数の連署をもって，当該普通地方公共団体の長に対し，条例の制定または改廃の請求をすることができるが，地方税の賦課徴収等に関する事項はその対象から除外されている。

(本試験2021年問23)

●法令編

正解 **5**

正答率 **89**%

合格基本書

1 **誤** 一の地方公共団体のみに適用される特別法は，法律
の定めるところにより，その地方公共団体の住民の投票にお
いてその過半数の同意を得なければ，国会は，これを制定す
ることができない（憲法95条）。これについては，当該地
方公共団体の議会の同意を得る必要はない。

108, 111p

2 **誤** 普通地方公共団体は，法令に違反しない限りにおい
て地方自治法2条2項の事務に関し，条例を制定することが
できる（地方自治法14条1項）。地方自治法2条2項の事
務には，自治事務も法定受託事務も含まれる。普通地方公共
団体は，法令に特別の定めがあるものを除くほか，その条例
中に，条例に違反した者に対し，2年以下の懲役もしくは禁
錮，100万円以下の罰金，拘留，科料もしくは没収の刑また
は5万円以下の過料を科する旨の規定を設けることができる
（地方自治法14条3項）。これについては，個別の法律の委
任を要しない。

532p

3 **誤** 普通地方公共団体の長は，法令に違反しない限りにお
いて，その権限に属する事務に関し，規則を制定することが
できる（地方自治法15条1項）。普通地方公共団体の長は，
法令に特別の定めがあるものを除くほか，普通地方公共団体
の規則中に，規則に違反した者に対し，5万円以下の過料を
科する旨の規定を設けることができる（地方自治法15条2
項）。規則で刑罰を規定することはできない。

533p

4 **誤** ①普通地方公共団体の議会の議員は，議会の議決す
べき事件につき，議会に議案を提出することができる（地方
自治法112条1項本文）。②普通地方公共団体の長は，普通
地方公共団体の議会の議決を経べき事件につきその議案を提
出する（地方自治法149条1号）。長による条例案の提出も
認められている。

513p

●行政法

5 正 そのとおり。普通地方公共団体の議会の議員および長の選挙権を有する者は、政令で定めるところにより、その総数の50分の1以上の者の連署をもって、その代表者から、普通地方公共団体の長に対し、条例（地方税の賦課徴収ならびに分担金、使用料および手数料の徴収に関するものを除く。）の制定または改廃の請求をすることができる（地方自治法74条1項）。

524p

第3編 行政法

ワンポイント・アドバイス

　地方自治法によれば、普通地方公共団体は、「地域における事務」およびその他の事務で法律またはこれに基づく政令により処理することとされるものを処理します（地方自治法2条2項）。普通地方公共団体は、法令に違反しない限りにおいて2条2項の事務に関し、条例を制定することができる（14条1項）。2条2項の「地域における事務」には、自治事務も法定受託事務も含まれます。

433

●行政法

地方自治法／地方公共団体の財務

問312
地方財務に関する次の記述のうち，法令および最高裁判所の判例に照らし，誤っているものはどれか。

1 普通地方公共団体は，予算の定めるところにより，地方債を起こすことができるが，起債前に財務大臣の許可を受けなければならない。

2 普通地方公共団体は，分担金，使用料，加入金および手数料を設ける場合，条例でこれを定めなければならない。

3 選挙権を有する普通地方公共団体の住民は，その属する普通地方公共団体の条例の制定または改廃を請求する権利を有するが，地方税の賦課徴収に関する条例については，その制定または改廃を請求することはできない。

4 市町村が行う国民健康保険は，保険料を徴収する方式のものであっても，強制加入とされ，保険料が強制徴収され，賦課徴収の強制の度合いにおいては租税に類似する性質を有するものであるから，これについても租税法律主義の趣旨が及ぶと解すべきである。

5 地方税法の法定普通税の規定に反する内容の定めを条例に設けることによって当該規定の内容を実質的に変更することは，それが法定外普通税に関する条例であっても，地方税法の規定の趣旨，目的に反し，その効果を阻害する内容のものとして許されない。

（本試験2016年問24）

●法令編

正答率 **71**%

1 誤 普通地方公共団体は，別に法律で定める場合において，予算の定めるところにより，地方債を起こすことができる（230条1項）。この場合において，地方債の起債の目的，限度額，起債の方法，利率および償還の方法は，予算でこれを定めなければならない（230条2項）。地方債とは，地方公共団体が資金調達のために負担する債務で，その返済が一会計年度を超えるものをいう。<u>地方公共団体が地方債を起こす場合，原則として，①都道府県および指定都市にあっては総務大臣，②市町村および特別区にあっては都道府県知事に協議しなければならない</u>（地方財政法5条の3第1項，同施行令2条1項）。なお，2005（平成17）年度までは，地方財政の赤字縮小のため，地方債発行の許可制原則が採られていた。

2 正 そのとおり。分担金，使用料，加入金および手数料に関する事項については，条例でこれを定めなければならない（228条1項前段）。

3 正 そのとおり。普通地方公共団体の議会の議員および長の選挙権を有する者（「選挙権を有する者」）は，政令の定めるところにより，その総数の50分の1以上の者の連署をもって，その代表者から，普通地方公共団体の長に対し，条例（<u>地方税の賦課徴収ならびに分担金，使用料および手数料の徴収に関するものを除く。</u>）の制定または改廃の請求をすることができる（74条1項）。地方税の賦課徴収ならびに分担金，使用料および手数料の徴収に関する条例については，制定改廃請求の対象から除かれている。

●行政法

4 正 そのとおり。判例は，市町村が行う国民健康保険の保険料に憲法84条（租税法律主義）の規定が「直接に適用されることはない」が，「市町村が行う国民健康保険は，保険料を徴収する方式のものであっても，強制加入とされ，保険料が強制徴収され，賦課徴収の強制の度合いにおいては租税に類似する性質を有するものであるから，これについても憲法84条の趣旨が及ぶと解すべきである。」としている（最判平18.3.1）。

5 正 そのとおり。判例は，「法定普通税に関する条例において，地方税法の定める法定普通税についての強行規定の内容を変更することが同法に違反して許されないことはもとより，法定外普通税に関する条例において，同法の定める法定普通税についての強行規定に反する内容の定めを設けることによって当該規定の内容を実質的に変更することも，これと同様に，同法の規定の趣旨，目的に反し，その効果を阻害する内容のものとして許されないと解される。」としている（最判平25.3.21）。

ワンポイント・アドバイス

【地方債の起債～事前届出制の導入】

地域の自主性および自立性を高めるため，地方債協議制度を一部見直し，財政状況について一定の基準を満たす地方公共団体については，2012（平成24）年度から原則として民間等資金債の起債にかかる協議を不要とし，事前の届出で足りることとされました（事前届出制／地方財政法5条の3第3項6項）。さらに，2016（平成28）年度から届出基準が一部緩和されるとともに，公的資金債の一部にも事前届出制が導入されました。

●行政法

地方自治法／地方公共団体の財務

問313 普通地方公共団体が締結する契約に関する次の記述のうち，地方自治法の定めに照らし，妥当なものはどれか。

1 売買，賃借，請負その他の契約は，一般競争入札，指名競争入札，随意契約，せり売りのほか，条例で定める方法によっても締結することができる。

2 売買，賃借，請負その他の契約を，指名競争入札，随意契約またはせり売りの方法により締結することができるのは，政令が定める場合に該当するときに限られる。

3 一般競争入札により契約を締結する場合においては，政令の定めるところにより，契約の目的に応じ，予定価格の制限の範囲内で最高または最低の価格をもって申込みをした者を契約の相手方とするものとされており，この点についての例外は認められていない。

4 随意契約の手続に関し必要な事項は，当該普通地方公共団体が条例でこれを定める。

5 契約を締結する場合に議会の議決を要するのは，種類および金額について政令で定める基準に従い条例で定めるものを締結するときであって，かつ指名競争入札による場合に限られる。

（本試験2020年問10）

●法令編

正答率 **35**%

合格基本書

1 妥当でない 売買，賃借，請負その他の契約は，一般競争入札，指名競争入札，随意契約またはせり売りの方法により締結するものとする（234条1項）。 536p

2 妥当である そのとおり。売買，賃借，請負その他の契約を，指名競争入札，随意契約またはせり売りの方法により締結することができるのは，政令で定める場合に該当するときに限られる（一般競争入札の原則／234条2項）。 536p

3 妥当でない 普通地方公共団体は，一般競争入札または指名競争入札に付する場合においては，政令の定めるところにより，契約の目的に応じ，予定価格の制限の範囲内で最高または最低の価格をもって申込みをした者を契約の相手方とするものとする（234条3項本文）。ただし，普通地方公共団体の支出の原因となる契約については，政令の定めるところにより，予定価格の制限の範囲内の価格をもって申込みをした者のうち最低の価格をもって申込みをした者以外の者を契約の相手方とすることができる（234条3項ただし書）。 536p

4 妥当でない 競争入札に加わろうとする者に必要な資格，競争入札における公告または指名の方法，随意契約およびせり売りの手続その他契約の締結の方法に関し必要な事項は，政令でこれを定める（234条6項）。 536p

5 妥当でない 普通地方公共団体の議会は，「その種類及び金額について政令で定める基準に従い条例で定める契約を締結すること」を議決しなければならない（96条1項5号）。ここにいう「契約」は，指名競争入札による場合に限られない。

●行政法

チェック欄

地方自治法／関与・係争処理手続

重要度 B

問314 地方自治法の定める自治事務と法定受託事務に関する次の記述のうち，正しいものはどれか。

1 都道府県知事が法律に基づいて行政処分を行う場合，当該法律において，当該処分を都道府県の自治事務とする旨が特に定められているときに限り，当該処分は自治事務となる。

2 都道府県知事が法律に基づいて自治事務とされる行政処分を行う場合，当該法律に定められている処分の要件については，当該都道府県が条例によってこれを変更することができる。

3 普通地方公共団体は，法定受託事務の処理に関して法律またはこれに基づく政令によらなければ，国または都道府県の関与を受けることはないが，自治事務の処理に関しては，法律またはこれに基づく政令によることなく，国または都道府県の関与を受けることがある。

4 自治紛争処理委員は，普通地方公共団体の自治事務に関する紛争を処理するために設けられたものであり，都道府県は，必ず常勤の自治紛争処理委員をおかなければならない。

5 都道府県知事は，市町村長の担任する自治事務の処理が法令の規定に違反していると認めるとき，または著しく適正を欠き，かつ明らかに公益を害していると認めるときは，当該市町村に対し，当該自治事務の処理について違反の是正または改善のため必要な措置を講ずべきことを勧告することができる。

（本試験2020年問23）

●法令編

正解 5

正答率 **81**%

合格基本書

1 **誤** 地方自治法では，このようなことは規定されていない。なお，「自治事務」とは，地方公共団体が処理する事務のうち，法定受託事務以外のものをいう（2条8項）。

502p

2 **誤** 地方自治法では，このようなことは規定されていない。

3 **誤** 普通地方公共団体は，その事務の処理に関し，法律またはこれに基づく政令によらなければ，普通地方公共団体に対する国または都道府県の関与を受け，または要することとされることはない（関与の法定主義／245条の2）。これは，法定受託事務にも自治事務にも当てはまる。

538p

4 **誤** 自治紛争処理委員は，普通地方公共団体相互の間または普通地方公共団体の機関相互の間の紛争の調停などを処理するために設けられたものである（251条1項参照）。自治紛争処理委員は，非常勤とする（251条3項）。

547p

5 **正** そのとおり。都道府県知事は，市町村長その他の市町村の執行機関（教育委員会および選挙管理委員会を除く。）の担任する自治事務の処理が法令の規定に違反していると認めるとき，または著しく適正を欠き，かつ，明らかに公益を害していると認めるときは，当該市町村に対し，当該自治事務の処理について違反の是正または改善のため必要な措置を講ずべきことを勧告することができる（是正の勧告／245条の6第1号）。

540p

442

●行政法

地方自治法／関与・係争処理手続

重要度 B

問315 国とA市との間の紛争に関する次の記述のうち、法令または判例に照らし、正しいものはどれか。

1 A市長は、自治事務に関する国の関与に不服があるときは、地方裁判所に対し、当該関与を行った国の行政庁を被告として、その取消しを求める抗告訴訟を提起することができる。

2 A市の法定受託事務に関する国の関与が違法であると認めるときは、国地方係争処理委員会は、当該関与を行った国の行政庁に対して、理由を付し、期間を示した上で、必要な措置を講ずべきことを勧告することになる。

3 国の所有地内にあるA市の物件の撤去を国が求める場合、担当大臣は、A市長に対して地方自治法所定の国の関与としての代執行の手続をとることになる。

4 A市情報公開条例に基づき、A市長が国の建築物の建築確認文書について公開する旨の決定をした場合、当該決定について不服を有する国がこの決定に対して取消訴訟を提起しても、当該訴訟は法律上の争訟に該当しないとして却下されることになる。

5 A市に対する国の補助金交付の決定について、それが少額であるとしてA市が不服をもっている場合、A市が救済を求める際の訴訟上の手段としては、地方自治法に機関訴訟が法定されている。

（本試験2012年問21）

●法令編

正解 **2**

正答率 **65**%

合格基本書

1　誤　国地方係争処理委員会への審査の申出をした普通地方公共団体の長その他の執行機関は，一定の場合には，「高等裁判所」に対し，当該審査の申出の相手方となった国の行政庁を被告として，訴えをもって当該審査の申出に係る違法な国の関与の「取消し」を求めることができる（251条の5第1項）。これは機関訴訟（行政事件訴訟法6条）にあたる。

545p

2　正　そのとおり（250条の14第2項）。

544p

3　誤　地方自治法上の代執行は，「地方公共団体の長が管理・執行する法定受託事務」に限られる（245条の8）。よって，A市の物件の撤去を求める場合に地方自治法所定の国の関与としての代執行の手続をとることはできない。

542p

4　誤　判例は，那覇市情報公開条例に基づき，市長が国の建築物（海上自衛隊庁舎）の建築工事に関する文書を公開する旨の決定をしたところ，国がこれを違法であるとしてその一部取消しを求めた訴えについて，国は「本件建物の所有者として有する固有の利益が侵害されることをも理由として，本件各処分の取消しを求めていると理解することができる。そうすると，本件訴えは，法律上の争訟に当たる」としつつも，本件条例には国の「主張に係る利益を個別的利益として保護する趣旨を含むことをうかがわせる規定も見当たらない」ので，国が「本件各処分の取消しを求める原告適格を有するということはできない」として，その訴えを却下している（那覇市自衛隊基地情報公開事件／最判平13.7.13）。

5　誤　「普通地方公共団体がその固有の資格において当該行為の名あて人となるものに限り，国又は都道府県の普通地方公共団体に対する支出金の交付及び返還に係るもの」は，地方自治法上の「普通地方公共団体に対する国又は都道府県の関与」から除かれており（245条かっこ書），機関訴訟である関与に関する訴え（251条の5）の対象とならない。

444

MEMO

第3編 行政法

チェック欄

地方自治法／関与・係争処理手続

重要度 A

問316 地方自治法が定める地方公共団体の事務に関する次のア〜オの記述のうち、誤っているものの組合せはどれか。

ア 自治事務とは、自らの条例またはこれに基づく規則により都道府県、市町村または特別区が処理することとした事務であり、都道府県、市町村および特別区は、当該条例または規則に違反してその事務を処理してはならない。

イ 第一号法定受託事務とは、法律またはこれに基づく政令により都道府県、市町村または特別区が処理することとされる事務のうち、国が本来果たすべき役割に係るものであって、国においてその適正な処理を特に確保する必要があるものとして法律またはこれに基づく政令に特に定めるものである。

ウ 各大臣は、その担任する事務に関し、都道府県の自治事務の処理が法令の規定に違反していると認めるとき、または著しく適正を欠き、かつ、明らかに公益を害していると認めるときは、当該都道府県に対し、当該自治事務の処理について違反の是正または改善のため必要な措置を講ずべきことを求めることができる。

エ 各大臣は、その所管する法律またはこれに基づく政令に係る都道府県の法定受託事務の処理が法令の規定に違反していると認めるとき、または著しく適正を欠き、かつ、明らかに公益を害していると認めるときは、当該都道府県に対し、当該法定受託事務の処理について違反の是正または改善のため講ずべき措置に関し、必要な指示をすることができる。

オ 各大臣は、その所管する法律に係る都道府県知事の法定受託事務の執行が法令の規定に違反する場合、当該都道府県知事に対して、期限を定めて、当該違反を是正すべきことを勧告し、さらに、指示することができるが、当該都道府県知事が期限までに当該事項を行わないときは、地方裁判所に対し、訴えをもって、当該事項を行うべきことを命ずる旨の裁判を請求することができる。

●行政法

1　ア・イ
2　ア・オ
3　イ・エ
4　ウ・エ
5　ウ・オ

（本試験2016年問23）

第3編

行政法

447

●法令編

正答率 **51**%

　地方公共団体は，普通地方公共団体および特別地方公共団体とする（1条の3第1項）。普通地方公共団体は，都道府県および市町村とする（1条の3第2項）。特別地方公共団体は，特別区，地方公共団体の組合および財産区とする（1条の3第3項）。

ア **誤**　「自治事務」とは，地方公共団体が処理する事務のうち，法定受託事務以外のものをいう（2条8項）。また，地方公共団体は，法令に違反してその事務を処理してはならない（2条16項前段）。市町村および特別区は，当該都道府県の条例に違反してその事務を処理してはならない（2条16項後段）。

イ **正**　そのとおり。第一号法定受託事務とは，法律またはこれに基づく政令により都道府県，市町村または特別区が処理することとされる事務のうち，国が本来果たすべき役割に係るものであって，国においてその適正な処理を特に確保する必要があるものとして法律またはこれに基づく政令に特に定めるものをいう（2条9項1号）。なお，第二号法定受託事務とは，法律またはこれに基づく政令により市町村または特別区が処理することとされる事務のうち，都道府県が本来果たすべき役割に係るものであって，都道府県においてその適正な処理を特に確保する必要があるものとして法律またはこれに基づく政令に特に定めるものをいう（2条9項2号）。

ウ **正**　そのとおり。各大臣は，その担任する事務に関し，都道府県の自治事務の処理が法令の規定に違反していると認めるとき，または著しく適正を欠き，かつ，明らかに公益を害していると認めるときは，当該都道府県に対し，当該自治事務の処理について違反の是正または改善のため必要な措置を講ずべきことを求めることができる（245条の5第1項）。

●行政法

エ **正** そのとおり。各大臣は，その所管する法律またはこれ 541p
に基づく政令に係る都道府県の法定受託事務の処理が法令の
規定に違反していると認めるとき，または著しく適正を欠
き，かつ，明らかに公益を害していると認めるときは，当該
都道府県に対し，当該法定受託事務の処理について違反の是
正または改善のため講ずべき措置に関し，必要な指示をする
ことができる（245条の7第1項）。

オ **誤** 各大臣は，その所管する法律に係る都道府県知事の法 542p
定受託事務の執行が法令の規定に違反するものがある場合に
おいて，当該都道府県知事に対して，期限を定めて，当該違
反を是正すべきことを勧告し（245条の8第1項），都道府
県知事がその期限までに勧告に係る事項を行わないときは，
文書により，当該都道府県知事に対し，期限を定めて当該事
項を行うべきことを指示することができる（245条の8第2
項）。それでもなお都道府県知事がその期限までに当該事項
を行わないときは，各大臣は，高等裁判所に対し，訴えをも
って，当該事項を行うべきことを命ずる旨の裁判を請求する
ことができる（245条の8第3項）。

以上より，誤っているものはア・オであり，正解は**2**である。

第**3**編

行政法

ワンポイント・アドバイス

　法定受託事務は，「受託」という名称ですが，もとから当該地方公共団体
の事務です。国または都道府県の事務であったものが「委託」によって当該
地方公共団体の事務になったと観念されるわけではありません。

449

| チェック欄 | | |

行政法／総合

問317 次の文章は，食中毒事故の原因食材を厚生大臣（当時）が公表したこと（以下「本件公表」という。）について，その国家賠償責任が問われた訴訟の判決文である。この判決の内容に明らかに反しているものはどれか。

　食中毒事故が起こった場合，その発生原因を特定して公表することに関して，直接これを定めた法律の規定が存在しないのは原告の指摘するとおりである。しかし，行政機関が私人に関する事実を公表したとしても，それは直接その私人の権利を制限しあるいはその私人に義務を課すものではないから，行政行為には当たらず，いわゆる非権力的事実行為に該当し，その直接の根拠となる法律上の規定が存在しないからといって，それだけで直ちに違法の問題が生じることはないというべきである。もちろん，その所管する事務とまったくかけ離れた事項について公表した場合には，それだけで違法の問題が生じることも考えられるが，本件各報告の公表はそのような場合ではない。すなわち，厚生省は，公衆衛生行政・食品衛生行政を担い，その所管する食品衛生法は，「飲食に起因する衛生上の危害の発生を防止し，公衆衛生の向上及び増進に寄与すること」を目的としている（法１条）のであるから，本件集団下痢症の原因を究明する本件各報告の作成・公表は，厚生省及び厚生大臣の所管する事務の範囲内に含まれることは明らかである。このように，厚生大臣がその所管する事務の範囲内において行い，かつ，国民の権利を制限し，義務を課すことを目的としてなされたものではなく，またそのような効果も存しない本件各報告の公表について，これを許容する法律上の直接の根拠がないからといって，それだけで直ちに法治主義違反の違法の問題が生じるとはいえない。

（大阪地裁平成14年３月15日判決・判例時報1783号97頁）

●行政法

1 法律の留保に関するさまざまな説のうち，いわゆる「侵害留保説」が前提とされている。

2 行政庁がその所掌事務からまったく逸脱した事項について公表を行った場合，当該公表は違法性を帯びることがありうるとの立場がとられている。

3 義務違反に対する制裁を目的としない情報提供型の「公表」は，非権力的事実行為に当たるとの立場がとられている。

4 集団下痢症の原因を究明する本件各報告の公表には，食品衛生法の直接の根拠が存在しないとの立場がとられている。

5 本件公表は，国民の権利を制限し，義務を課すことを直接の目的とするものではないが，現実には特定の国民に重大な不利益をもたらす事実上の効果を有するものであることから，法律上の直接の根拠が必要であるとの立場がとられている。

（本試験2020年問8）

第**3**編

行政法

●法令編

正解 **5**

正答率 **82**%

合格基本書

1　判決の内容に反していない　そのとおり。判決文では，「行政機関が私人に関する事実を公表したとしても，それは直接その私人の権利を制限しあるいはその私人に義務を課すものではないから，……その直接の根拠となる法律上の規定が存在しないからといって，それだけで直ちに違法の問題が生じることはないというべきである。」としている。これは，侵害留保説を前提としている。

2　判決の内容に反していない　そのとおり。判決文では，「その所管する事務とまったくかけ離れた事項について公表した場合には，それだけで違法の問題が生じることも考えられる」としている。

3　判決の内容に反していない　そのとおり。判決文では，「行政機関が私人に関する事実を公表したとしても，それは直接その私人の権利を制限しあるいはその私人に義務を課すものではないから，行政行為には当たらず，いわゆる非権力的事実行為に該当し……」としている。

4　判決の内容に反していない　そのとおり。判決文では，本件集団下痢症の原因を究明する「本件各報告の公表について，これを許容する法律上の直接の根拠がないからといって，それだけで直ちに法治主義違反の違法の問題が生じるとはいえない。」としている。

5　判決の内容に明らかに反している　判決文では，「厚生大臣がその所管する事務の範囲内において行い，かつ，国民の権利を制限し，義務を課すことを目的としてなされたものではなく，またそのような効果も存しない本件各報告の公表について，これを許容する法律上の直接の根拠がないからといって，それだけで直ちに法治主義違反の違法の問題が生じるとはいえない。」としている。

452

MEMO

第3編 行政法

| チェック欄 | | |

行政法／総合

問318 墓地埋葬法*13条は,「墓地,納骨堂又は火葬場の管理者は,埋葬,埋蔵,収蔵又は火葬の求めを受けたときは,正当の理由がなければこれを拒んではならない。」と定めているところ,同条の「正当の理由」について,厚生省(当時)の担当者が,従来の通達を変更し,依頼者が他の宗教団体の信者であることのみを理由として埋葬を拒否することは「正当の理由」によるものとは認められないという通達(以下「本件通達」という。)を発した。本件通達は,当時の制度の下で,主務大臣がその権限に基づき所掌事務について,知事をも含めた関係行政機関に対し,その職務権限の行使を指揮したものであるが,この通達の取消しを求める訴えに関する最高裁判所判決(最三小判昭和43年12月24日民集22巻13号3147頁)の内容として,妥当なものはどれか。

1 通達は,原則として,法規の性質をもつものであり,上級行政機関が関係下級行政機関および職員に対してその職務権限の行使を指揮し,職務に関して命令するために発するものであって,本件通達もこれに該当する。

2 通達は,関係下級機関および職員に対する行政組織内部における命令であるが,その内容が,法令の解釈や取扱いに関するものであって,国民の権利義務に重大なかかわりをもつようなものである場合には,法規の性質を有することとなり,本件通達の場合もこれに該当する。

3 行政機関が通達の趣旨に反する処分をした場合においても,そのことを理由として,その処分の効力が左右されるものではなく,その点では本件通達の場合も同様である。

4 本件通達は従来とられていた法律の解釈や取扱いを変更するものであり,下級行政機関は当該通達に反する行為をすることはできないから,本件通達は,これを直接の根拠として墓地の経営者に対し新たに埋葬の受忍義務を課すものである。

●行政法

5 取消訴訟の対象となりうるものは，国民の権利義務，法律上の地位に直接具体的に法律上の影響を及ぼすような行政処分等でなければならないのであるから，本件通達の取消しを求める訴えは許されないものとして棄却されるべきものである。

(注) ＊ 墓地，埋葬等に関する法律

(本試験2021年問25)

●法令編

正答率 **37**%

本問は、墓地埋葬通達事件（最判昭43.12.24）を素材としたものである。

1 妥当でない 判例は、「元来、通達は、原則として、法規の性質をもつものではなく、上級行政機関が関係下級行政機関および職員に対してその職務権限の行使を指揮し、職務に関して命令するために発するものであり、このような通達は右機関および職員に対する行政組織内部における命令にすぎない」としている（最判昭43.12.24）。

2 妥当でない 判例は、「このような通達は右機関および職員に対する行政組織内部における命令にすぎないから、これらのものがその通達に拘束されることはあつても、一般の国民は直接これに拘束されるものではなく、このことは、通達の内容が、法令の解釈や取扱いに関するもので、国民の権利義務に重大なかかわりをもつようなものである場合においても別段異なるところはない。」としている（最判昭43.12.24）。

3 妥当である そのとおり。判例は、「行政機関が通達の趣旨に反する処分をした場合においても、そのことを理由として、その処分の効力が左右されるものではない」としている（最判昭43.12.24）。

4 妥当でない 判例は、「右通達が直接に上告人の所論墓地経営権、管理権を侵害したり、新たに埋葬の受忍義務を課したりするものとはいいえない。」としている（最判昭43.12.24）。

5 妥当でない 判例は、「現行法上行政訴訟において取消の訴の対象となりうるものは、国民の権利義務、法律上の地位に直接具体的に法律上の影響を及ぼすような行政処分等でなければならないのであるから、本件通達中所論の趣旨部分の取消を求める本件訴は許されないものとして却下すべきものである。」としている（最判昭43.12.24）。

385p

385p

458p

●行政法

| チェック欄 | | | |

行政法／総合

重要度 B

問319 Xは，A川の河川敷においてゴルフ練習場を経営すべく，河川管理者であるY県知事に対して，河川法に基づく土地の占用許可を申請した。この占用許可についての次の記述のうち，妥当なものはどれか。

1 この占用許可は，行政法学上の「許可」であるから，Xの申請に許可を与えるか否かについて，Y県知事には，裁量の余地は認められない。

2 申請が拒否された場合，Xは，不許可処分の取消訴訟と占用許可の義務付け訴訟を併合提起して争うべきであり，取消訴訟のみを単独で提起することは許されない。

3 Y県知事は，占用を許可するに際して，行政手続法上，同時に理由を提示しなければならず，これが不十分な許可は，違法として取り消される。

4 Xが所定の占用料を支払わない場合，Y県知事は，行政代執行法の定めによる代執行によって，その支払いを強制することができる。

5 Y県知事は，河川改修工事などのやむをえない理由があれば，許可を撤回できるが，こうした場合でも，Xに損失が生ずれば，通常生ずべき損失を補償しなければならない。

（本試験2012年問24）

●法令編

正解 5

正答率 **45**%

合格基本書

1 **妥当でない** 河川法に基づく土地の占用許可は，行政法学上の「特許」にあたる。「特許」については，行政庁の裁量の幅が広いと一般的に考えられている。

387p

2 **妥当でない** 申請拒否処分の取消しの訴えのみを単独で提起することは許される。なお，申請拒否処分がされた場合において申請に対する処分の義務付けの訴えを提起するときは，申請拒否処分の取消しの訴えまたは無効等確認の訴えを併合して提起しなければならない（行政事件訴訟法37条の3第3項2号）。

3 **妥当でない** 申請により求められた「許認可等」をする場合には，理由を提示する必要はない。これに対し，行政庁は，申請により求められた許認可等を拒否する処分をする場合は，原則として，処分の理由を示さなければならない（行政手続法8条1項）。

4 **妥当でない** 行政上の強制執行の一般法である行政代執行法は，代執行を金銭納付義務以外の義務の履行を強制するための一般的な制度と位置づけている（代執行中心主義）。Ｘが所定の占用料を支払わない場合は，代執行ではなく，行政上の強制徴収による。

405p

5 **妥当である** そのとおり。河川管理者は，河川工事のためやむを得ない必要があるときは土地占用の許可を撤回することができる（河川法75条2項4号）が，この場合において，当該処分により損失を受けた者があるときは，その者に対して通常生ずべき損失を補償しなければならない（同法76条1項）。

●行政法

行政法／総合

問 320 Xは，消費者庁長官に対して，同庁が実施したA社の製品の欠陥に関する調査の記録につき，行政機関情報公開法*に基づき，その開示を請求したが，消費者庁長官は，A社の競争上の地位を害するため同法所定の不開示事由に該当するとして，これを不開示とする決定をした。この場合についての次の記述のうち，妥当なものはどれか。

1 Xは，不開示決定に対して，総務省におかれた情報公開・個人情報保護審査会に対して審査請求をすることができるが，これを経ることなく訴訟を提起することもできる。

2 Xは，消費者庁長官を被告として，文書の開示を求める義務付け訴訟を提起することができる。

3 Xは，仮の救済として，文書の開示を求める仮の義務付けを申立てることができるが，これには，不開示決定の執行停止の申立てを併合して申立てなければならない。

4 Xが提起した訴訟について，A社は自己の利益を守るために訴訟参加を求めることができるが，裁判所が職権で参加させることもできる。

5 Xは，不開示決定を争う訴訟の手続において，裁判所に対して，当該文書を消費者庁長官より提出させて裁判所が見分することを求めることができる。

(注) ＊ 行政機関の保有する情報の公開に関する法律

(本試験2012年問25改題)

●法令編

正解 4

正答率 **57**%

合格基本書

1 妥当でない 開示請求に対する決定に対して，請求者や第三者が不服である場合には，行政不服審査法に基づく審査請求，行政事件訴訟法に基づく訴えを提起することができる。行政機関情報公開法には審査請求前置主義（不服申立前置主義）を定めた規定はなく，審査請求を経ずに，行政事件訴訟法に基づく訴えを提起することができる（自由選択主義／行政事件訴訟法 8 条 1 項本文）。この場合には，Xは，消費者庁長官に対し審査請求をすることができる（行政不服審査法 4 条 2 号参照）が，これを経ることなく，不開示決定取消訴訟を提起することもできる。なお，開示決定等について審査請求があったときは，当該審査請求に対する裁決をすべき行政機関の長は，原則として，情報公開・個人情報保護審査会に「諮問」しなければならない（行政機関情報公開法 19 条）。

2 妥当でない Xが文書開示の義務付け訴訟を提起するには，不開示決定取消訴訟と併合して提起する必要がある（行政事件訴訟法 37 条の 3 第 1 項 3 号）。処分をすべき行政庁が「国又は公共団体」に所属する場合には，処分取消訴訟・申請型義務付け訴訟は，その「国又は公共団体」を被告として提起しなければならない（同法 11 条 1 項 1 号，38 条 1 項）。この場合，Xは国を被告として文書の開示を求める義務付け訴訟を提起することになる。

465p

3 妥当でない 行政事件訴訟法には，仮の義務付けの申立て（同法 37 条の 5 第 1 項）について，執行停止の申立て（同法 25 条 2 項）を併合して申し立てなければならないとする規定はない。なお，文書不開示決定のような申請拒否処分については，その効力を否定しても，申請が係属している状態に戻るだけである。そのため，申請拒否処分の執行停止の申立てについては，申立ての利益が一般的には認められない。

460

●行政法

4 妥当である　そのとおり。Xが文書不開示決定取消訴訟・文書開示の義務付け訴訟を提起した場合、裁判所は、訴訟の結果により権利を害される第三者があるときは、当事者もしくはその第三者（A社）の申立てにより、または職権で、決定をもって、その第三者を訴訟に参加させることができる（行政事件訴訟法38条1項・22条1項）。 469p

5 妥当でない　情報公開・個人情報保護審査会が、諮問庁に対して、不開示等とされた行政文書を提示させて、実物を見分したうえで審議する手続を、「インカメラ審理」という（情報公開・個人情報保護審査会設置法9条1項）。しかし、行政機関情報公開法は、裁判におけるインカメラ審理について規定を置いていない。また、行政機関情報公開法に基づく不開示決定の取消訴訟において裁判所が証拠調べとしてインカメラ審理を行うことは、民事訴訟の基本原則に反し、明文の規定がない限り許されないとした判例がある（最決平21.1.15）。

ワンポイント・アドバイス

　インカメラ審理の「インカメラ（in camera）」とは「裁判官の私室において」という意味です。インカメラ審理とは、裁判官のみが文書の見分等を行う非公開の審理方式をいいます。

●行政法

チェック欄

行政法／総合

問321 A市においては、地域の生活環境の整備を図るために、繁華街での路上喫煙を禁止し、違反者には最高20万円の罰金もしくは最高5万円の過料のいずれかを科することを定めた条例を制定した。この場合における次の記述のうち、正しいものはどれか。

1 違反者に科される過料は、行政上の義務履行確保のための執行罰に当たるものであり、義務が履行されるまで複数回科すことができる。

2 本条例に基づく罰金は、行政刑罰に当たるものであり、非訟事件手続法の定めに基づき裁判所がこれを科する。

3 条例の効力は属人的なものであるので、A市の住民以外の者については、たとえA市域内の繁華街で路上喫煙に及んだとしても、本条例に基づき処罰することはできない。

4 条例に懲役刑を科する旨の規定を置くことは許されていないことから、仮に本条例が違反者に対して懲役を科するものであれば、違法無効になる。

5 長の定める規則に罰金を科する旨の規定を置くことは認められていないことから、本条例にかえて長の規則で違反者に罰金を科することは許されない。

（本試験2013年問22）

●法令編

正解 5

正答率 **50**%

合格基本書

1 誤 本条例に違反した者に科される過料は，行政上の秩序罰（行政上の秩序に障害を与える危険がある義務違反に対して科される金銭的制裁）に当たる。

2 誤 本条例に基づく罰金は，講学上の「行政刑罰」（行政上の義務違反に対して刑法に定めのある刑罰を科すもの）に当たるものであり，刑事訴訟法の定めに基づき裁判所がこれを科する。

407p

3 誤 条例の効力の及ぶ空間的範囲は，当該地方公共団体の区域内に限られる。条例の効力の対人的範囲としては，当該地域内であれば生活者・事業者・住民に限られず，通勤・通学者，旅行者など何人に対しても属地的に効力が及ぶのが原則である（属地主義の原則）。

4 誤 普通地方公共団体は，法令に特別の定めがあるものを除くほか，その条例の中に，条例に違反した者に対し，2年以下の懲役もしくは禁錮，100万円以下の罰金，拘留，科料もしくは没収の刑または5万円以下の過料を科する旨の規定を設けることができる（地方自治法14条3項）。

532p

5 正 そのとおり。普通地方公共団体の長は，法令に特別の定めがあるものを除くほか，普通地方公共団体の規則中に，規則に違反した者に対し，5万円以下の過料を科する旨の規定を設けることができる（地方自治法15条2項）。普通地方公共団体の長は，規則で違反者に罰金を科すことができない。

533p

464

●行政法

行政法／総合

問322 ある市立保育所の廃止に関する以下の会話を受けてCが論点を整理した次の記述のうち、法令および最高裁判所の判例に照らし、妥当なものはどれか。

A：友人が居住している市で、3つある市立保育所を廃止するための条例が制定されるらしいんだ。この場合、どうしたら、条例の制定を阻止できるのだろうか。
B：議会への働きかけも含めていろいろ考えられるけれども、その他、何らかの訴訟を提起することも考えられるね。
C：行政事件訴訟法と地方自治法を勉強するいい機会だから、すこし考えてみよう。

1 特定の市立保育所のみを廃止する条例の効力を停止するために、当該条例の効力の停止の申立てのみを、それに対する抗告訴訟の提起の前に行うことができる。

2 特定の市立保育所を廃止する条例の制定行為については、住民訴訟によってその差止めを求めることができる。

3 条例の制定行為は、普通地方公共団体の議会が行う立法行為に属するが、一般的に抗告訴訟の対象となる行政処分に当たると解されている。

4 特定の市立保育所の廃止条例の制定に関する議決を阻止するため、一定数の選挙人の署名により、地方自治法上の直接請求をすることができる。

5 処分の取消判決や執行停止の決定には第三者効が認められているため、市立保育所廃止条例の制定行為の適法性を抗告訴訟によって争うことには合理性がある。

（本試験2018年問26）

●法令編

正解 **5**

正答率 **41**%

合格基本書

1 妥当でない 本記述にある「特定の市立保育所のみを廃 470p
止する条例」を制定する行為は，取消訴訟の対象となる（横
浜市保育所廃止条例事件／最判平 21.11.26）。処分の取消し
の訴えの提起があった場合において，処分，処分の執行また
は手続の続行により生ずる重大な損害を避けるため緊急の必
要があるときは，裁判所は，申立てにより，決定をもって，
執行停止をすることができる（行政事件訴訟法 25 条 2 項本
文）。すなわち，執行停止の申立ては，本案訴訟たる取消訴
訟が係属していなければ不適法である。よって，本案訴訟
（取消訴訟）係属前の執行停止の申立ては認められない。

2 妥当でない 住民訴訟の対象は，違法な財務会計上の行 528p
為または怠る事実である（242 条の 2 第 1 項）。よって，特
定の市立保育所を廃止する条例の制定行為は，住民訴訟の対
象とならない。

3 妥当でない 判例は，「条例の制定は，普通地方公共団体
の議会が行う立法作用に属するから，一般的には，抗告訴訟の
対象となる行政処分に当たるものでないことはいうまでもない」
としている（横浜市保育所廃止条例事件／最判平 21.11.26）。

4 妥当でない 地方自治法の定める直接請求には，①条例
の制定改廃請求，②事務監査請求，③議会の解散請求，④議
員の解職請求，⑤長の解職請求，⑥役員等の解職請求がある
（12 条，13 条，74 条以下）。条例の制定改廃請求の対象は，
条例の制定と条例の改廃である。条例の制定とは，現に当該
普通地方公共団体において条例が存在しない場合に，あらた
にそれを制定することをいい，条例の改廃とは，すでに存在
している条例を改正または廃止することをいう。条例の制定
に関する議決を阻止することは，条例の制定改廃請求の対象
とならない。

466

●行政法

5 妥当である そのとおり。判例は，「市町村の設置する保育所で保育を受けている児童又はその保護者が，当該保育所を廃止する条例の効力を争って，当該市町村を相手に当事者訴訟ないし民事訴訟を提起し，勝訴判決や保全命令を得たとしても，これらは訴訟の当事者である当該児童又はその保護者と当該市町村との間でのみ効力を生ずるにすぎないから，これらを受けた市町村としては当該保育所を存続させるかどうかについての実際の対応に困難を来すことにもなり，処分の取消判決や執行停止の決定に第三者効（行政事件訴訟法32条）が認められている取消訴訟において当該条例の制定行為の適法性を争い得るとすることには合理性がある。」としている（横浜市保育所廃止条例事件／最判平21.11.26）。

459p

第3編 行政法

ワンポイント・アドバイス

普通地方公共団体の議会の議員および長の選挙権を有する者は，政令で定めるところにより，その総数の50分の1以上の者の連署をもって，その代表者から，普通地方公共団体の長に対し，条例（地方税の賦課徴収ならびに分担金，使用料および手数料の徴収に関するものを除く。）の制定または改廃の請求をすることができます（条例の制定改廃請求／74条1項）。

467

●行政法

行政法／総合

重要度 A

問323 道路等についての最高裁判所の判決に関する次の記述のうち，正しいものはどれか。

1 道路の供用によって騒音や排気ガス等が生じ，当該道路の周辺住民に社会生活上受忍すべき限度を超える被害が生じていたとしても，このような供用に関連する瑕疵は，国家賠償法に定める「公の営造物の設置又は管理」上の瑕疵とはいえないから，道路管理者には国家賠償法上の責任は生じない。

2 公図上は水路として表示されている公共用財産が，長年の間事実上公の目的に供用されることなく放置され，公共用財産としての外観を全く喪失し，もはやその物を公共用財産として維持すべき理由がなくなった場合であっても，行政庁による明示の公用廃止が行われない限り，当該水路は取得時効の対象とはなり得ない。

3 建築基準法の定める道路の指定は，一定の条件に合致する道を一律に指定する一括指定の方法でなされることもあるが，一括して指定する方法でした道路の指定であっても，個別の土地についてその本来的な効果として具体的な私権制限を発生させるものであるから，当該指定は抗告訴訟の対象になる行政処分に当たる。

4 運転者が原動機付自転車を運転中に，道路上に長時間放置してあった事故車両に衝突して死亡した事故が発生した場合であっても，道路上の自動車の放置は，国家賠償法に定める「公の営造物の設置又は管理」上の瑕疵とはいえないから，道路の管理費用を負担すべき県には国家賠償法に基づく責任は認められない。

5 特別区の建築安全条例所定の接道要件が満たされていない建築物について，条例に基づいて区長の安全認定が行われた後に当該建築物の建築確認がされた場合であっても，後続処分たる建築確認の取消訴訟において，先行処分たる安全認定の違法を主張することは許されない。

（本試験2018年問25）

●法令編

正答率 **91**%

1 誤 判例は、①「国家賠償法2条1項にいう営造物の設置又は管理の瑕疵とは、営造物が通常有すべき安全性を欠いている状態、すなわち他人に危害を及ぼす危険性のある状態をいうのであるが、これには営造物が供用目的に沿って利用されることとの関連においてその利用者以外の第三者に対して危害を生ぜしめる危険性がある場合をも含むものであり、営造物の設置・管理者において、このような危険性のある営造物を利用に供し、その結果周辺住民に社会生活上受忍すべき限度を超える被害が生じた場合には、原則として同項の規定に基づく責任を免れることができないものと解すべきである」とし、②「道路の周辺住民から道路の設置・管理者に対して同項の規定に基づき損害賠償の請求がされた場合において、右道路からの騒音、排気ガス等が右住民に対して現実に社会生活上受忍すべき限度を超える被害をもたらしたことが認定判断されたときは、当然に右住民との関係において右道路が他人に危害を及ぼす危険性のある状態にあったことが認定判断されたことになるから、右危険性を生じさせる騒音レベル、排気ガス濃度等の最低基準を確定した上でなければ右道路の設置又は管理に瑕疵があったという結論に到達し得ないものではない。」としている（国道43号線訴訟／最判平7.7.7）。

2 誤 判例は、「公共用財産が、長年の間事実上公の目的に供用されることなく放置され、公共用財産としての形態、機能を全く喪失し、その物のうえに他人の平穏かつ公然の占有が継続したが、そのため実際上公の目的が害されるようなこともなく、もはやその物を公共用財産として維持すべき理由がなくなつた場合には、右公共用財産については、黙示的に公用が廃止されたものとして、これについて取得時効の成立を妨げないものと解するのが相当である。」としている（最判昭51.12.24）。

379p

470

●行政法

3 正 そのとおり。判例は，「特定行政庁による2項道路の
指定は，それが一括指定の方法でされた場合であっても，個
別の土地についてその本来的な効果として具体的な私権制限
を発生させるものであり，個人の権利義務に対して直接影響
を与えるものということができる。」とし，「本件告示のよう
な一括指定の方法による2項道路の指定も，抗告訴訟の対象
となる行政処分に当たると解すべきである。」としている
（御所町二項道路指定事件／最判平14.1.17）。

459p

4 誤 判例は，「道路中央線付近に故障した大型貨物自動車
が87時間にわたつて放置され，道路の安全性を著しく欠如
する状態であつたにもかかわらず……道路の安全性を保持す
るために必要とされる措置を全く講じていなかつた」という
状況のもとにおいては，道路管理に瑕疵があったものといえ
るとしている（故障トラック放置事件／最判昭50.7.25）。

493p

5 誤 判例は，建築安全条例に基づく「安全認定」とそれ
に続く「建築確認」について，異なる機関がそれぞれの権限
に基づき行うものとされているが，もともとは一体的に行わ
れていたものであり，同一の目的を達成するために行われ，
両者が結合して初めて効果を発揮すること，安全認定の適否
を争うための手続的保障が十分に与えられていないことなど
から，「安全認定が行われた上で建築確認がされている場合，
安全認定が取り消されていなくても，建築確認の取消訴訟に
おいて，安全認定が違法であるために本件条例〔東京都建築
安全条例〕4条1項所定の接道義務の違反があると主張する
ことは許されると解するのが相当である。」としている（東
京都建築安全条例事件／最判平21.12.17）。

389p

第**3**編

行政法

●行政法

行政法／総合

問324 自動車の運転免許に関する次の記述のうち、正しいものはどれか。

1 自動車の運転免許の交付事務を担当する都道府県公安委員会は合議制の機関であることから、免許の交付の権限は都道府県公安委員会の委員長ではなく、都道府県公安委員会が有する。

2 道路交通法に違反した行為を理由として運転免許停止処分を受けた者が、その取消しを求めて取消訴訟を提起したところ、訴訟係属中に免許停止期間が終了した場合、当該違反行為を理由とする違反点数の効力が残っていたとしても、当該訴訟の訴えの利益は消滅する。

3 運転免許証の「○年○月○日まで有効」という記載は、行政行為に付される附款の一種で、行政法学上は「条件」と呼ばれるものである。

4 自動車の運転免許は、免許を受けた者に対し、公道上で自動車を運転できるという権利を付与するものであるから、行政法学上の「特許」に当たる。

5 都道府県公安委員会は国家公安委員会の地方支分部局に当たるため、内閣総理大臣は、閣議にかけた方針に基づき都道府県公安委員会の運転免許交付事務を指揮監督することができる。

（本試験2020年問26）

●法令編

正答率 **56**%

1 正 そのとおり。自動車の運転免許の交付の権限は，都道府県公安委員会が有する（道路交通法84条1項参照）。

2 誤 判例は，自動車運転免許停止処分を受けた者は，停止期間を経過し，かつ，その処分の日から無違反・無処分で1年を経過して不利益を受けるおそれがなくなったときは，当該処分「の取消によって回復すべき法律上の利益を有しない」としている（運転免許停止処分取消事件／最判昭55.11.25）。当該違反行為を理由とする違反点数の効力が残っている間は，当該訴訟の訴えの利益は消滅しない。

3 誤 運転免許証の「〇年〇月〇日まで有効」という記載は，行政行為の附款のうちの「期限」に当たる。 398p

4 誤 自動車の運転免許は，すでに法令によって課されている一般的禁止を特定の場合に解除するものであり，行政法学上の「許可」に当たる。 387p

5 誤 都道府県公安委員会は，都道府県知事の所轄の下に置かれる（警察法38条1項）。内閣総理大臣は，都道府県公安委員会の運転免許交付事務を直接指揮監督する権限を有しない。

●行政法

行政法／総合

重要度 B

問325
情報公開をめぐる最高裁判所の判例に関する次の記述のうち，妥当なものはどれか。

1 条例に基づく公文書非公開決定の取消訴訟において，被告は，当該決定が適法であることの理由として，実施機関が当該決定に付した非公開理由とは別の理由を主張することも許される。

2 行政機関情報公開法*に基づく開示請求の対象とされた行政文書を行政機関が保有していないことを理由とする不開示決定の取消訴訟において，不開示決定時に行政機関が当該文書を保有していなかったことについての主張立証責任は，被告が負う。

3 条例に基づく公文書非公開決定の取消訴訟において，当該公文書が書証として提出された場合には，当該決定の取消しを求める訴えの利益は消滅する。

4 条例に基づく公文書非開示決定に取消し得べき瑕疵があった場合には，そのことにより直ちに，国家賠償請求訴訟において，当該決定は国家賠償法1条1項の適用上違法であるとの評価を受ける。

5 条例に基づき地方公共団体の長が建物の建築工事計画通知書についてした公開決定に対して，国が当該建物の所有者として有する固有の利益が侵害されることを理由としてその取消しを求める訴えは，法律上の争訟には当たらない。

(注) ＊ 行政機関の保有する情報の公開に関する法律

(本試験2020年問25)

●法令編

正解 1

正答率 **60**%

合格基本書
389p

1　妥当である　そのとおり。判例は，情報公開条例におい
て非公開決定の通知に併せてその理由を通知すべきものとし
ている「目的は非公開の理由を具体的に記載して通知させる
こと……自体をもってひとまず実現される」として，「一た
び通知書に理由を付記した以上，実施機関が当該理由以外の
理由を非公開決定処分の取消訴訟において主張することを許
さないものとする趣旨をも含むと解すべき根拠はないとみる
のが相当である」としている（逗子市住民監査請求記録公開
請求事件／最判平 11.11.19）。よって，非公開決定の取消訴
訟において，被告は，実施機関が当該決定に付した非公開理
由とは別の理由を主張することも許される。

2　妥当でない　何人も，行政機関情報公開法の定めるとこ
ろにより，行政機関の長に対し，当該行政機関の保有する行
政文書の開示を請求することができる（行政機関情報公開法
3 条）。判例は，「行政機関の長に対する開示請求は当該行政
機関が保有する行政文書をその対象とするものとされ（3
条），当該行政機関が当該行政文書を保有していることがそ
の開示請求権の成立要件とされていることからすれば，開示
請求の対象とされた行政文書を行政機関が保有していないこ
とを理由とする不開示決定の取消訴訟においては，その取消
しを求める者が，当該不開示決定時に当該行政機関が当該行
政文書を保有していたことについて主張立証責任を負う」と
している（最判平 26.7.14）。

476

●行政法

464p

3 **妥当でない** 判例は,「請求権者は,本件条例に基づき公文書の公開を請求して,所定の手続により請求に係る公文書を閲覧し,又は写しの交付を受けることを求める法律上の利益を有するというべきであるから,請求に係る公文書の非公開決定の取消訴訟において当該公文書が書証として提出されたとしても,<u>当該公文書の非公開決定の取消しを求める訴えの利益は消滅するものではない</u>と解するのが相当である。」としている（愛知県知事交際費事件／最判平 14.2.28）。

4 **妥当でない** 判例は,「条例に基づく公文書の非開示決定に取り消し得べき瑕疵があるとしても,<u>そのことから直ちに国家賠償法 1 条 1 項にいう違法があったとの評価を受けるものではなく</u>,公務員が職務上通常尽くすべき注意義務を尽くすことなく漫然と上記決定をしたと認め得るような事情がある場合に限り,上記評価を受けるものと解するのが相当である」としている（最判平 18.4.20）。

5 **妥当でない** 判例は,条例に基づき地方公共団体の長が建物の建築工事計画通知書についてした公開決定に対して,国が当該建物の所有者として有する固有の利益が侵害されることを理由としてその取消しを求める訴えについて,国が「本件建物の所有者として有する固有の利益が侵害されることをも理由として,本件各処分の取消しを求めていると理解することもできる」から,<u>法律上の争訟に当たる</u>としている（那覇市自衛隊基地情報公開事件／最判平 13.7.13）。

第**3**編

行政法

●行政法

| チェック欄 | | | |

行政法／総合

問326 市町村に転入した者は市町村長に届出なければならないこととされているが、この転入の届出について、妥当な記述はどれか。争いがあれば、最高裁判所の判例による。

1 転入届については、届出書の提出により届出がなされたものと扱われ、市町村長は、居住の実態がないといった理由で、その受理を拒否することは許されない。

2 転入届を受理せずに住民票を作成しないことは、事実上の取扱いに過ぎず、行政処分には該当しないから、届出をした者は、これを処分取消訴訟により争うことはできない。

3 正当な理由なく転入届を所定の期間内にしなかった者に科される過料は、行政上の秩序罰であり、非訟事件手続法の手続により裁判所により科される。

4 転入により、地域の秩序が破壊され住民の安全が害されるような特別の事情がある場合には、市町村長は、緊急の措置として、転入届の受理を拒否することができる。

5 転入届に基づき作成された住民票が市町村長により職権で消除された場合、消除の効力を停止しても、消除された住民票が復活するわけではないから、消除をうけた者には、その効力の停止を申し立てる利益はない。

（本試験2014年問26）

●法令編

正答率 **26**%

1 **妥当でない** 市町村長は，転入届（住民基本台帳法22条）が出された場合には，その内容が事実であるかどうかを審査して住民票を作成する。したがって，市町村長は，居住の実態がないといった理由で，その届出の受理を拒否することができる。

2 **妥当でない** 判例は，「住民票に特定の住民の氏名等を記載する行為は，その者が当該市町村の選挙人名簿に登録されるか否かを決定付けるものであって，その者は選挙人名簿に登録されない限り原則として投票をすることができない……のであるから，これに法的効果が与えられているということができる」として，処分性を認めている（最判平11.1.21）。この判例を踏まえると，転入届を受理せず住民票を作成しないことも行政処分に該当し，届出をした者は，これを処分取消訴訟により争うことができる。

3 **妥当である** そのとおり。正当な理由なく転入届を所定の期間内にしなかった者に科される過料（住民基本台帳法52条2項・22条）は，行政上の秩序罰であり，非訟事件手続法の手続により簡易裁判所により科される（同法53条）。

407p

4 **妥当でない** 市町村長は，転入届があった場合にはその者に新たに当該市町村の区域内に住所を定めた事実があれば，法定の届出事項にかかる事由以外の事由を理由として転入届を受理しないことは許されず，住民票を作成しなければならない（最判平15.6.26）。転入により，地域の秩序が破壊され住民の安全が害されるような特別の事情があったとしても，市町村長は，転入届の受理を拒否することはできない。

5 **妥当でない** いったん作成された住民票が職権で消除されたことに対する執行停止の申立てを認めた最高裁決定がある（最決平13.6.14）。

●行政法

行政法／総合

問 327 上水道の利用関係について、最高裁判所の判例に照らし、妥当な記述はどれか。

1 市町村は、給水契約の申込みに応じる義務があるが、現に給水が可能であっても、将来において水不足が生じることが確実に予見される場合には、給水契約を拒むことも許される。

2 マンションを建設しようとする者に対して市町村がその指導要綱に基づいて教育施設負担金の納付を求めることは、それが任意のものであっても違法であり、それに従わない者の給水契約を拒否することは、違法である。

3 市町村は、利用者について不当な差別的取扱いをすることは許されないから、別荘の給水契約者とそれ以外の給水契約者の基本料金に格差をつける条例の規定は、無効であり、両者を同一に取り扱わなければならない。

4 水道料金を値上げする市町村条例の改正がなされると、給水契約者は、個別の処分を経ることなく、値上げ後の水道料金を支払う義務を負うこととなるから、給水契約者は、当該条例改正の無効確認を求める抗告訴訟を提起することが許される。

5 水道料金を納付しない利用者に対する給水の停止措置は、市町村の条例を根拠とする公権力の行使であるから、これを民事訴訟で差し止めることは許されず、水道の給水停止の禁止を求める民事訴訟は不適法である。

（本試験2016年問25）

●法令編

正解 **1**

正答率 **69**%

合格基本書

1 妥当である そのとおり。判例は，市町村は「中長期的視点に立って適正かつ合理的な水の供給に関する計画を立て，これを実施しなければならず，当該供給計画によって対応することができる限り，給水契約の申込みに対して応ずべき義務があり，みだりにこれを拒否することは許されないものというべきである。」としつつも，「給水契約の申込みが右のような適正かつ合理的な供給計画によっては対応することができないものである場合には，（水道）法 15 条 1 項にいう『正当の理由』があるものとして，これを拒むことが許される」として，「近い将来において需要量が給水量を上回り水不足が生ずることが確実に予見されるという地域」においては，「給水契約の締結を拒むことにより，急激な需要の増加を抑制することには，法 15 条 1 項にいう『正当の理由』がある」としている（最判平 11.1.21）。

2 妥当でない 判例は，「行政指導として教育施設の充実に充てるために事業主に対して寄付金の納付を求めること自体は，強制にわたるなど事業主の任意性を損うことがない限り，違法ということはできない。」としている（最判平 5.2.18）。よって，教育施設負担金の納付を求める行政指導であっても，それがあくまで任意のものであれば違法ではない。

3 妥当でない 判例は，「普通地方公共団体が経営する簡易水道事業の施設は地方自治法 244 条 1 項所定の公の施設に該当するところ，同条 3 項は，普通地方公共団体は住民が公の施設を利用することについて不当な差別的取扱いをしてはならない旨規定している。」として，住民に準ずる地位にある者「が公の施設を利用することについて，当該公の施設の性質やこれらの者と当該普通地方公共団体との結び付きの程度等に照らし合理的な理由なく差別的取扱いをすることは，

●行政法

同項に違反するものというべきである」としている（最判平18.7.14）。よって，合理的な理由があれば，別荘の給水契約者とそれ以外の給水契約者の基本料金に格差をつける条例を定めることも許される。

4　妥当でない　判例は，「本件改正条例〔高根町簡易水道事業給水条例〕は，旧高根町が営む簡易水道事業の水道料金を一般的に改定するものであって，そもそも限られた特定の者に対してのみ適用されるものではなく，本件改正条例の制定行為をもって行政庁が法の執行として行う処分と実質的に同視することはできないから，本件改正条例の制定行為は，抗告訴訟の対象となる行政処分には当たらないというべきである。」として，当該条例改正の無効確認を求める抗告訴訟を不適法としている（最判平18.7.14）。

5　妥当でない　判例は，「本件改正条例〔高根町簡易水道事業給水条例〕のうち別荘給水契約者の基本料金を改定した部分は，地方自治法244条3項に違反するものとして無効というべきである」として，民事訴訟としての未払水道料金の債務不存在確認，支払済みの水道料金相当額の不当利得返還，未払水道料金がある者に対する簡易水道の給水停止の禁止請求を認容している（最判平18.7.14）。

第**3**編　行政法

483

●行政法

行政法／総合

問328 上水道に関する次のア～エの記述のうち、最高裁判所の判例に照らし、正しいものの組合せはどれか。

ア 自然的条件において、取水源が貧困で現在の取水量を増加させることが困難である状況等があるとき、水道事業者としての市町村は、需要量が給水量を上回り水不足が生ずることのないように、もっぱら水の供給を保つという観点から水道水の需要の著しい増加を抑制するための施策をとることも、やむを得ない措置として許される。

イ 行政指導として教育施設の充実に充てるために事業主に対して寄付金の納付を求めること自体は、強制にわたるなど事業主の任意性を損なうことがない限り、違法ということはできないが、水道の給水契約の締結等の拒否を背景として、その遵守を余儀なくさせることは、違法である。

ウ 水道事業者である地方公共団体が、建築指導要綱に従わないことを理由に建築中のマンションの給水契約の拒否を行うことも、当該建築指導要綱を遵守させるために行政指導を継続する理由があるといった事情がある場合には、給水契約の拒否を行うについて水道法が定める「正当な理由」があるものとして適法なものとされる。

エ 建築基準法に違反し、建築確認を受けずになされた増築部分につき、水道事業者である地方公共団体の職員が給水装置新設工事の申込書を返戻した場合、それが、当該申込みの受理を最終的に拒否する旨の意思表示をしたものではなく、同法違反の状態を是正し、建築確認を受けた上で申込みをするよう一応の勧告をしたものにすぎないものであったとしても、かかる措置は、違法な拒否に当たる。

1 ア・イ
2 ア・ウ
3 イ・ウ
4 イ・エ
5 ウ・エ

（本試験2019年問25）

●法令編

正答率 **89**%

ア **正** そのとおり。自然的条件において、取水源が貧困で現在の取水量を増加させることが困難である状況等があるときは、水道事業者としての市町村は、需要量が給水量を上回り水不足が生ずることのないように、もっぱら水の供給を保つという観点から水道水の需要の著しい増加を抑制するための施策をとることも、やむを得ない措置として許される（福岡県志免町給水拒否事件／最判平 11.1.21）。

イ **正** そのとおり。行政指導として教育施設の充実に充てるために事業主に対して寄付金の納付を求めること自体は、強制にわたるなど事業主の任意性を損なうことがない限り、違法ということはできないが、水道の給水契約の締結等の拒否を背景として、その遵守を余儀なくさせることは、違法である（武蔵野市教育施設負担金事件／最判平 5.2.18）。

401p

ウ **誤** 判例は、「原判決の認定によると、被告人らは、右の指導要綱を順守させるための圧力手段として、水道事業者が有している給水の権限を用い、指導要綱に従わないY建設らとの給水契約の締結を拒んだものであり、その給水契約を締結して給水することが公序良俗違反を助長することとなるような事情もなかったというのである。そうすると、原判決が、このような場合には、水道事業者としては、たとえ指導要綱に従わない事業主らからの給水契約の申込みであっても、その締結を拒むことは許されないというべきであるから、被告人らには<u>本件給水契約の締結を拒む正当の理由がなかった</u>と判断した点も、是認することができる」としている（武蔵野市マンション水道法事件／最決平元 .11.8）。

428p

●行政法

エ **誤** 判例は、「Ｙ市の水道局給水課長がＸの本件建物についての給水装置新設工事申込の受理を事実上拒絶し、申込書を返戻した措置は、右申込の受理を最終的に拒否する旨の意思表示をしたものではなく、Ｘに対し、<u>右建物につき存する建築基準法違反の状態を是正して建築確認を受けたうえ申込をするよう一応の勧告をしたものにすぎない</u>と認められるところ、これに対しＸは、その後１年半余を経過したのち改めて右工事の申込をして受理されるまでの間右工事申込に関してなんらの措置を講じないままこれを放置していたのであるから、右の事実関係の下においては、前記Ｙ市の水道局給水課長の当初の措置のみによつては、未だ、Ｙ市の職員がＸの給水装置工事申込の受理を違法に拒否したものとして、Ｙ市においてＸに対し<u>不法行為法上の損害賠償の責任を負うものとするには当たらない</u>と解するのが相当である」としている（最判昭56.7.16）。

以上より、正しいものはア・イであり、正解は**1**である。

第**3**編

行政法

487

| チェック欄 | | | |

●行政法

行政法／総合

重要度 B

問 329 国公立学校をめぐる行政法上の問題に関する次のア〜エの記述のうち、最高裁判所の判例に照らし、妥当なものの組合せはどれか。

ア 公立高等専門学校の校長が学生に対し原級留置処分または退学処分を行うかどうかの判断は、校長の合理的な教育的裁量にゆだねられるべきものであり、裁判所がその処分の適否を審査するに当たっては、校長と同一の立場に立って当該処分をすべきであったかどうか等について判断し、その結果と当該処分とを比較してその適否、軽重等を論ずべきである。

イ 公立中学校教員を同一市内の他の中学校に転任させる処分は、仮にそれが被処分者の法律上の地位に何ら不利益な変更を及ぼすものではないとしても、その名誉につき重大な損害が生じるおそれがある場合は、そのことを理由に当該処分の取消しを求める法律上の利益が認められる。

ウ 公立学校の儀式的行事における教育公務員としての職務の遂行の在り方に関し校長が教職員に対して発した職務命令は、教職員個人の身分や勤務条件に係る権利義務に直接影響を及ぼすものではないから、抗告訴訟の対象となる行政処分には当たらない。

エ 国公立大学が専攻科修了の認定をしないことは、一般市民としての学生が国公立大学の利用を拒否することにほかならず、一般市民として有する公の施設を利用する権利を侵害するものであるから、専攻科修了の認定、不認定に関する争いは司法審査の対象となる。

1 ア・イ
2 ア・ウ
3 イ・ウ
4 イ・エ
5 ウ・エ

（本試験2019年-問26）

●法令編

正解 5

正答率 **29**%

合格基本書

ア **妥当でない** 判例は、「原級留置処分又は退学処分を行う
かどうかの判断は、校長の合理的な教育的裁量にゆだねられ
るべきものであり、裁判所がその処分の適否を審査するに当
たっては、校長と同一の立場に立って当該処分をすべきであ
ったかどうか等について判断し、その結果と当該処分とを比
較して、その適否、軽重等を論ずべきものではなく、校長の
裁量権の行使としての処分が、全く事実の基礎を欠くか又は
社会観念上著しく妥当を欠き、裁量権の範囲を超え又は裁量
権を濫用してされたと認められる場合に限り、違法である」
としている（エホバの証人剣道受講拒否事件／最判平 8.3.8）。

イ **妥当でない** 判例は、「本件転任処分は、……同一市内の他
の中学校教諭に補する旨配置換えを命じたものにすぎず、
……身分、俸給等に異動を生ぜしめるものでないことはもとよ
り、客観的また実際的見地からみても、……勤務場所、勤務
内容等においてなんらの不利益を伴うものでないことは、原
判決の判示するとおりであると認められる。したがつて、他に
特段の事情の認められない本件においては、……本件転任処
分の取消しを求める法律上の利益を肯認することはできない
ものといわなければならない」としている（最判昭 61.10.23）。

ウ **妥当である** そのとおり。公立学校の儀式的行事における
教育公務員としての職務の遂行の在り方に関し校長が教職員
に対して発した職務命令は、教職員個人の身分や勤務条件に
係る権利義務に直接影響を及ぼすものではないから、抗告訴
訟の対象となる行政処分には当たらない（東京都教職員国旗
国歌訴訟／最判平 24.2.9）。

エ **妥当である** そのとおり。国公立大学が専攻科修了の認定
をしないことは、一般市民としての学生（の）国公立大学の
利用を拒否することにほかならず、一般市民として有する公
の施設を利用する権利を侵害するものであるから、専攻科修
了の認定、不認定に関する争いは司法審査の対象となる（富
山大学事件／最判昭 52.3.15）。

95p

以上より、妥当なものはウ・エであり、正解は**5**である。

490

●行政法

チェック欄

行政法／総合

問330 公立学校に関する次のア～エの記述のうち、最高裁判所の判例に照らし、妥当なものの組合せはどれか。

ア 公立高等専門学校の校長が、必修科目を履修しない学生を原級留置処分または退学処分にするに際しては、その判断は校長の合理的な教育的裁量に委ねられる。

イ 公立中学校の校庭が一般に開放され、校庭を利用していた住民が負傷したとしても、当該住民は本来の利用者とはいえないことから、その設置管理者が国家賠償法上の責任を負うことはない。

ウ 公立小学校を廃止する条例について、当該条例は一般的規範を定めるにすぎないものの、保護者には特定の小学校で教育を受けさせる権利が認められることから、その処分性が肯定される。

エ 市が設置する中学校の教員が起こした体罰事故について、当該教員の給与を負担する県が賠償金を被害者に支払った場合、県は国家賠償法に基づき、賠償金の全額を市に求償することができる。

1 ア・イ
2 ア・エ
3 イ・ウ
4 イ・エ
5 ウ・エ

（本試験2021年問26）

●法令編

正答率 **67**%

- ア **妥当である** そのとおり。判例は、「高等専門学校の校長が学生に対し原級留置処分又は退学処分を行うかどうかの判断は、校長の合理的な教育的裁量にゆだねられるべきものであ」るとしている（最判平 8.3.8）。
- イ **妥当でない** 判例は、「公の営造物の設置管理者は、本件の例についていえば、審判台が本来の用法に従って安全であるべきことについて責任を負うのは当然として、その責任は原則としてこれをもって限度とすべく、本来の用法に従えば安全である営造物について、これを設置管理者の通常予測し得ない異常な方法で使用しないという注意義務は、利用者である一般市民の側が負うのが当然であ」るとしている（最判平 5.3.30）。
- ウ **妥当でない** 判例は、「本件条例は一般的規範にほかならず、上告人らは、被上告人東京都千代田区が社会生活上通学可能な範囲内に設置する小学校においてその子らに法定年限の普通教育を受けさせる権利ないし法的利益を有するが、具体的に特定の区立小学校で教育を受けさせる権利ないし法的利益を有するとはいえないとし、本件条例が抗告訴訟の対象となる処分に当たらないとした原審の判断は、正当として是認することができる。」としている（最判平 14.4.25）。
- エ **妥当である** そのとおり。判例は、「市町村が設置する中学校の教諭がその職務を行うについて故意又は過失によって違法に生徒に損害を与えた場合において、当該教諭の給料その他の給与を負担する都道府県が国家賠償法1条1項、3条1項に従い上記生徒に対して損害を賠償したときは、当該都道府県は、同条2項に基づき、賠償した損害の全額を当該中学校を設置する市町村に対して求償することができるものと解するのが相当である。」としている（福島県郡山市立中学校体罰事件／最判平 21.10.23）。

以上より、妥当なものはア・エであり、正解は**2**である。

MEMO

第3編　行政法

CONTENTS

第3分冊

第4編　商法・会社法

専任講師が教える合格テクニック ………………………………………… 2
商法 ……………………………………………………………………………… 5
会社法／設立 …………………………………………………………………… 25
会社法／株式 …………………………………………………………………… 45
会社法／株主総会 ……………………………………………………………… 71
会社法／取締役・取締役会・代表取締役 ………………………………… 79
会社法／監査役 ………………………………………………………………… 87
会社法／機関総合 ……………………………………………………………… 89
会社法／総合 …………………………………………………………………… 97

第5編　基礎法学

専任講師が教える合格テクニック合格テクニック ………………… 116
法とは何か／法の分類・法秩序 …………………………………………… 119
法とは何か／法の効力 ……………………………………………………… 129
法とは何か／法の解釈 ……………………………………………………… 131
紛争解決／裁判上の紛争処理 ……………………………………………… 133
紛争解決／裁判によらない紛争処理 ……………………………………… 142
紛争解決／総合 ………………………………………………………………… 145
司法制度改革 …………………………………………………………………… 147
法令用語等／法令用語 ……………………………………………………… 151
法令用語等／法格言・法の一般原則等 …………………………………… 159

第6編　多肢選択式・記述式

専任講師が教える合格テクニック ……………………………… 164
多肢選択式／憲法 ……………………………………………… 166
多肢選択式／行政法 …………………………………………… 207
記述式／民法 …………………………………………………… 275
記述式／行政法 ………………………………………………… 317

第4編

商法・会社法

●法令編

専任講師が教える
合格テクニック
商法・会社法

伊坂重郎 LEC専任講師

出題のウェイト

*2021年本試験実績。多肢選択式・記述式を含む。

憲法	民法	行政法	商法会社法	基礎法学	一般知識
9.3%	25.3%	37.3%	6.7%	2.7%	18.7%

❶商法・会社法の出題数

「商法・会社法」については，例年，5肢択一式が5問出題されています。その内訳は，2007年度から変わらず「商法」が1問，「会社法」が4問です。この配分は，今後も踏襲される可能性が高いといえるでしょう。

●商法・会社法

❷商法・会社法の出題傾向と受験生の現状

　「商法・会社法」は，条文数が多いこともあり，学習を先送りにしてしまう方もおられるようです。

　しかし，基礎的な知識があれば正解に達する問題も少なからず出題されますから，そこはやはり得点しておきたいところです。

❸商法・会社法の学習方針

　「商法・会社法」の学習においては，細かい知識を暗記する必要はありません。先に学習時間を決めて，大事なところから効率よく学習しましょう。

　「商法」については，民法と比較しながら学習を進めていくと効果的です。

　「会社法」については，株式会社の「設立」に関する基本的なルールを，筋道を立てて理解しておきましょう。また，「株式」に関するルールと，「機関」の権限や責任を整理しておくことがポイントです。

商法

問331 商法の適用に関する次の記述のうち、商法の規定に照らし、誤っているものはどれか。

1 商人の営業、商行為その他商事については、他の法律に特別の定めがあるものを除くほか、商法の定めるところによる。
2 商事に関し、商法に定めがない事項については、民法の定めるところにより、民法に定めがないときは、商慣習に従う。
3 公法人が行う商行為については、法令に別段の定めがある場合を除き、商法の定めるところによる。
4 当事者の一方のために商行為となる行為については、商法をその双方に適用する。
5 当事者の一方が2人以上ある場合において、その1人のために商行為となる行為については、商法をその全員に適用する。

（本試験2016年問36）

●法令編

正答率 **52**%

合格基本書

1 正 そのとおり。商人の営業，商行為その他商事については，他の法律に特別の定めがあるものを除くほか，商法の定めるところによる（1条1項）。 554p

2 誤 商事に関し，商法に定めがない事項については，商慣習に従い，商慣習がないときは，民法の定めるところによる（1条2項）。 554p

3 正 そのとおり。公法人が行う商行為については，法令に別段の定めがある場合を除き，商法の定めるところによる（2条）。 554p

4 正 そのとおり。当事者の一方のために商行為となる行為については，商法をその双方に適用する（3条1項）。 554p

5 正 そのとおり。当事者の一方が2人以上ある場合において，その1人のために商行為となる行為については，商法をその全員に適用する（3条2項）。

ワンポイント・アドバイス

当事者の一方のために商行為となる行為については，商法がその双方に適用されます（3条1項）が，当事者の双方のために商行為となる場合に限り適用される規定もあります。例えば，商事留置権の規定（521条）は，商人間においてその双方のために商行為となる行為によって生じた債権について適用されます。

●商法・会社法

チェック欄

商法

重要度 B

問332 商人でない個人の行為に関する次のア～オの記述のうち，商法の規定および判例に照らし，これを営業として行わない場合には商行為とならないものの組合せはどれか。

ア 利益を得て売却する意思で，時計を買い入れる行為
イ 利益を得て売却する意思で，買い入れた木材を加工し，製作した机を売却する行為
ウ 報酬を受ける意思で，結婚式のビデオ撮影を引き受ける行為
エ 賃貸して利益を得る意思で，レンタル用のDVDを買い入れる行為
オ 利益を得て転売する意思で，取得予定の時計を売却する行為

1 ア・イ
2 ア・エ
3 ウ・エ
4 ウ・オ
5 エ・オ

(本試験2021年問36)

●法令編

正解 3

正答率 **40**%

合格基本書

ア **営業として行わない場合にも商行為となる**　利益を得て譲 555p
渡する意思をもってする動産の有償取得は，営業として行う
か否かにかかわらず，商行為となる（絶対的商行為／501条
1号）。

イ **営業として行わない場合にも商行為となる**　利益を得て譲
渡する意思をもってする動産の有償取得またはその取得した
ものの譲渡を目的とする行為は，営業として行うか否かにか
かわらず，商行為となる（絶対的商行為／501条1号）。こ
こにいう「譲渡」には，買い入れた動産を加工して製作した
ものを譲渡する場合も含まれる（大判昭4.9.28）。

ウ **営業として行わない場合には商行為とならない**　撮影に関 556p
する行為は，営業として行う場合に商行為となる（営業的商
行為／502条6号）。

エ **営業として行わない場合には商行為とならない**　賃貸する 556p
意思をもってする動産の有償取得は，営業として行う場合に
商行為となる（営業的商行為／502条1号）。

オ **営業として行わない場合にも商行為となる**　他人から取得 555p
する動産の供給契約は，営業として行うか否かにかかわら
ず，商行為となる（絶対的商行為／501条2号）。

以上より，営業として行わない場合には商行為とならないも
のはウ・エであり，正解は**3**である。

●商法・会社法

商法

問333 商人および商行為に関する次の記述のうち、商法の規定に照らし、正しいものはどれか。

1 商人とは、自己の計算において商行為をすることを業とする者をいう。

2 店舗によって物品を販売することを業とする者は、商行為を行うことを業としない者であっても、商人とみなされる。

3 商人の行為は、その営業のためにするものとみなされ、全て商行為となる。

4 商法は一定の行為を掲げて商行為を明らかにしているが、これらの行為は全て営業としてするときに限り商行為となる。

5 商行為とは、商人が営業としてする行為または営業のためにする行為のいずれかに当たり、商人でない者の行為は、商行為となることはない。

(本試験2017年問36)

●法令編

正答率 **61**%

合格基本書

1 誤 商人とは，<u>自己の名をもって</u>商行為をすることを業とする者をいう（4条1項）。 554p

2 正 そのとおり。<u>店舗その他これに類似する設備によって物品を販売することを業とする者または鉱業を営む者は，商行為を行うことを業としない者であっても，これを商人とみなす</u>（4条2項）。 554p

3 誤 商人の行為は，その営業のためにするものと<u>推定される</u>（503条2項）。 557p

4 誤 商法501条各号の行為（①投機購買およびその実行行為，②投機売却およびその実行行為，③取引所においてする取引，④手形その他商業証券に関する行為）は，<u>営業としてしなくても，商行為である</u>（絶対的商行為）。 555p

5 誤 商法501条各号の行為（①投機購買およびその実行行為，②投機売却およびその実行行為，③取引所においてする取引，④手形その他商業証券に関する行為）は，<u>商人でない者が行っても，商行為となる</u>（絶対的商行為）。 555p

ワンポイント・アドバイス

商法上の商行為には，①絶対的商行為（501条），②営業的商行為（502条），③附属的商行為（503条）があります。①絶対的商行為または②営業的商行為を自己の名で業として行う者が「固有の商人」（4条1項）です。固有の商人または擬制商人（4条2項）が営業のためにする行為が，③附属的商行為です。

●商法・会社法

商法

重要度 A

問334 商人または商行為に関する次のア〜オの記述のうち，商法の規定に照らし，誤っているものの組合せはどれか。

ア　商行為の委任による代理権は，本人の死亡によって消滅する。

イ　商人がその営業の範囲内において他人のために行為をしたときは，相当な報酬を請求することができる。

ウ　数人の者がその一人または全員のために商行為となる行為によって債務を負担したときは，その債務は，各自が連帯して負担する。

エ　保証人がある場合において，債務が主たる債務者の商行為によって生じたものであるときは，その債務は当該債務者および保証人が連帯して負担する。

オ　自己の営業の範囲内で，無報酬で寄託を受けた商人は，自己の財産に対するのと同一の注意をもって，寄託物を保管する義務を負う。

1　ア・ウ
2　ア・オ
3　イ・ウ
4　イ・エ
5　エ・オ

（本試験2018年問36）

●法令編

正解 **2**

正答率 **63**%

合格基本書

ア **誤** 商行為の委任による代理権は，<u>本人の死亡によって</u>
<u>は，消滅しない</u>（506条）。

566p

イ **正** そのとおり。商人がその営業の範囲内において他人の
ために行為をしたときは，相当な報酬を請求することができ
る（512条）。

566, 567p

ウ **正** そのとおり。数人の者がその一人または全員のために
商行為となる行為によって債務を負担したときは，その債務
は，各自が連帯して負担する（511条1項）。

567p

エ **正** そのとおり。保証人がある場合において，債務が主た
る債務者の商行為によって生じたものであるとき，または保
証が商行為であるときは，主たる債務者および保証人が各別
の行為によって債務を負担したときであっても，その債務
は，各自が連帯して負担する（511条2項）。

567p

オ **誤** 商人がその営業の範囲内において寄託を受けた場合に
は，報酬を受けないときであっても，<u>善良な管理者の注意を</u>
<u>もって</u>，寄託物を保管しなければならない（595条）。

571p

以上より，誤っているものはア・オであり，正解は**2**である。

ワンポイント・アドバイス

商行為の受任者は，委任の本旨に反しない範囲内において，委任を受けて
いない行為をすることができます（505条）。

12

| チェック欄 | | | ●商法・会社法

商法

問335 商法上の支配人に関する次の記述のうち，商法の規定に照らし，正しいものはどれか。

1 商人が支配人を選任したときは，その登記をしなければならず，この登記の完了により支配人も商人資格を取得する。

2 支配人は，商人の営業所の営業の主任者として選任された者であり，他の使用人を選任し，または解任する権限を有する。

3 支配人の代理権の範囲は画一的に法定されているため，商人が支配人の代理権に加えた制限は，悪意の第三者に対しても対抗することができない。

4 支配人は，商人に代わり営業上の権限を有する者として登記されるから，当該商人の許可を得たとしても，他の商人の使用人となることはできない。

5 商人の営業所の営業の主任者であることを示す名称を付した使用人は，支配人として選任されていなくても，当該営業所の営業に関しては，支配人とみなされる。

(本試験2014年問36)

●法令編

正解 2

正答率 **45**%

合格基本書

1 **誤** 商人が支配人を選任したときは，その登記をしなければならない（22条前段）。この登記の完了によっても，支配人は，商業使用人であって，商人資格を取得しない。 564p

2 **正** そのとおり。支配人は，商人によってある営業所の営業の主任者として選任される商業使用人である。支配人は，他の使用人を選任し，または解任することができる（21条2項）。 564p

3 **誤** 支配人の代理権に加えた制限は，善意の第三者に対抗することができない（21条3項）。 564p

4 **誤** 支配人は，商人の許可を受けなければ，他の商人または会社もしくは外国会社の使用人となることができない（23条1項3号）。すなわち，支配人は，商人の許可を受ければ，他の商人の使用人となることができる。 565p

5 **誤** 商人の営業所の営業の主任者であることを示す名称を付した使用人は，当該営業所の営業に関し，「一切の裁判外の行為をする権限を有するもの」とみなされる（表見支配人／24条本文）。すなわち，このような使用人は，当該営業所の営業に関し，支配人（一切の裁判上および裁判外の行為をする権限を有する／21条1項）とみなされるわけではない。 565p

ワンポイント・アドバイス

商人は，「支配人」を選任し，その営業所において，その営業を行わせることができます（20条）。

「支配人」は，商人に代わってその営業に関する一切の裁判上または裁判外の行為をする権限を有します（21条1項）。

14

商法

問336 商行為の代理人が本人のためにすることを示さないでこれをした場合であって、相手方が、代理人が本人のためにすることを知らなかったときの法律関係に関する次の記述のうち、商法の規定および判例に照らし、妥当なものはどれか。なお、代理人が本人のためにすることを知らなかったことにつき、相手方に過失はないものとする。

1　相手方と本人および代理人とのいずれの間にも法律関係が生じ、本人および代理人は連帯して履行の責任を負う。
2　相手方と代理人との間に法律関係が生じ、本人には何らの効果も及ばない。
3　相手方と本人との間に法律関係が生じるが、相手方は代理人に対しても、履行の請求に限り、これをすることができる。
4　相手方と代理人との間に法律関係が生じるが、相手方は本人に対しても、履行の請求に限り、これをすることができる。
5　相手方は、その選択により、本人との法律関係または代理人との法律関係のいずれかを主張することができる。

（本試験2019年問36）

●法令編

正答率 **14**%

合格基本書
566p

　商行為の代理人が本人のためにすることを示さないでこれをした場合であっても、その行為は、本人に対してその効力を生ずる（504条本文）。ただし、相手方が、代理人が本人のためにすることを知らなかったときは、代理人に対して履行の請求をすることを妨げない（504条ただし書）。この規定について判例は、「相手方において、代理人が本人のためにすることを知らなかつたとき（過失により知らなかつたときを除く）は、相手方保護のため、相手方と代理人との間にも……同一の法律関係が生ずるものとし、<u>相手方は、その選択に従い、本人との法律関係を否定し、代理人との法律関係を主張することを許容したものと解するのが相当であ</u>」るとしている（最判昭43.4.24）。

　以上より、相手方は、その選択により、本人との法律関係または代理人との法律関係のいずれかを主張できるから、正解は**5**である。

 ワンポイント・アドバイス

　判例は、商法504条ただし書について、「右但書は善意の相手方を保護しようとする趣旨であるが、自らの過失により本人のためにすることを知らなかつた相手方までも保護する必要はないものというべく、したがつて、かような過失ある相手方は、右但書の相手方に包含しないものと解するのが相当である。」としています（最判昭43.4.24）。

●商法・会社法

| チェック欄 | | |

商法

重要度 A

問337 商法の定める契約に関する次のA～Cの文章の空欄 ア ～ ウ に当てはまる語句の組合せとして、商法の規定に照らし、正しいものはどれか。

A 削除

B 商人である隔地者の間において承諾の期間を定めないで契約の申込みを受けた者が イ 承諾の通知を発しなかったときは、その申込みは、効力を失う。

C 商人が平常取引をする者からその営業の部類に属する契約の申込みを受けた場合において、遅滞なく契約の申込みに対する諾否の通知を発することを怠ったときは、その商人は当該契約の申込みを ウ ものとみなされる。

	ア	イ	ウ
1	削除	相当の期間内に	拒絶した
2	削除	遅滞なく	拒絶した
3	削除	相当の期間内に	承諾した
4	削除	遅滞なく	承諾した
5	削除	削除	削除

(本試験2013年問36改題)

●法令編

正解 **3**

正答率 **67**%

合格基本書

A **削除** 2017（平成29）年改正により，出題の意義が失われた。

B **イには「相当の期間内に」が入る** 商人である隔地者の間において承諾の期間を定めないで契約の申込みを受けた者が (ｲ)相当の期間内に承諾の通知を発しなかったときは，その申込みは，その効力を失う（508条1項）。

566p

C **ウには「承諾した」が入る** 商人が平常取引をする者からその営業の部類に属する契約の申込みを受けたときは，遅滞なく，契約の申込みに対する諾否の通知を発しなければならない（509条1項）。商人がこの通知を発することを怠ったときは，その商人は，契約の申込みを (ｳ)承諾したものとみなされる（509条2項）。

566p

以上より，イには「相当の期間内に」，ウには「承諾した」が入り，正解は**3**である。

ワンポイント・アドバイス

　商人がその営業の部類に属する契約の申込みを受けた場合において，その申込みとともに受け取った物品があるときは，その申込みを拒絶したときであっても，申込者の費用をもってその物品を保管しなければなりません（510条本文）。ただし，その物品の価額がその費用を償うのに足りないとき，または商人がその保管によって損害を受けるときは，この限りでない（510条ただし書）とされています。

18

●商法・会社法

商法

重要度 C

問338 商人間において、その双方のために商行為となる行為によって生じた債権が弁済期にあるときは、当事者の別段の意思表示がない限り、債権者は一定の要件の下で、留置権（いわゆる商人間の留置権）を行使することができる。この「一定の要件」に関する次の記述のうち、商法の規定に照らし、正しいものはどれか。

1 債権が留置の目的物に関して生じたものではなく、かつ、目的物が債務者との間における商行為によらないで債権者の占有に属した物であってもよいが、目的物が債務者所有の物であることを要する。

2 留置の目的物が債務者との間における商行為によらないで債権者の占有に属した物であってもよいが、債権が目的物に関して生じたものであり、かつ、目的物が債務者所有の物であることを要する。

3 債権が留置の目的物に関して生じたものではなく、かつ、目的物が債務者所有の物でなくてもよいが、目的物が債務者との間における商行為によって債権者の占有に属した物であることを要する。

4 債権が留置の目的物に関して生じたものでなくてもよいが、目的物が債務者との間における商行為によって債権者の占有に属した物であり、かつ、目的物が債務者所有の物であることを要する。

5 留置の目的物が債務者所有の物でなくてもよいが、債権が目的物に関して生じたものであり、かつ、目的物が債務者との間における商行為によって債権者の占有に属した物であることを要する。

（本試験2012年問36）

●法令編

正答率 **37**%

合格基本書
567p

本問は，商人間の留置権に関する知識を問うものである。

民法295条1項は，「他人の物の占有者は，その物に関して生じた債権を有するときは，その債権の弁済を受けるまで，その物を留置することができる。ただし，その債権が弁済期にないときは，この限りでない。」としている。

これに対し，商法521条は，「商人間においてその双方のために商行為となる行為によって生じた債権が弁済期にあるときは，債権者は，その債権の弁済を受けるまで，その債務者との間における商行為によって自己の占有に属した債務者の所有する物又は有価証券を留置することができる。ただし，当事者の別段の意思表示があるときは，この限りでない。」としている。

すなわち，商人間の留置権の成立には，民法上の留置権とは異なり，被担保債権と留置権の目的物との間の個別的牽連性は不要である。しかし，商人間の留置権の成立には，目的物が債務者との間における商行為によって債権者の占有に属した物であり，かつ，目的物が債務者所有の物または有価証券であることが必要である。

以上より，正解は **4** である。

ワンポイント・アドバイス

【民法上の民事留置権と商事留置権】

	被担保債権	目的物
民法上の留置権 （民法295条）	その物に関して生じた債権	その物
	被担保債権と目的物との間に牽連関係があること	
商人間の留置権 （商法521条）	商人間の双方的商行為によって生じた債権	債務者との間における商行為によって債権者が占有を取得した債務者所有の物・有価証券

●商法・会社法

| チェック欄 | | | |

商法

重要度 B

問339 運送営業および場屋営業に関する次の記述のうち、商法の規定に照らし、誤っているものはどれか。

1 運送人は、その運送品の受取、運送、保管および引渡しについて注意を怠らなかったことを証明するのでなければ、運送品の滅失、損傷または延着について、損害賠償の責任を免れない。

2 貨幣、有価証券その他の高価品については、荷送人が運送を委託するにあたりその種類および価額を通知した場合を除き、運送人は、その滅失、損傷または延着について損害賠償の責任を負わないが、物品運送契約の締結の当時、運送品が高価品であることを運送人が知っていたときは、運送人は免責されない。

3 場屋営業者は、客から寄託を受けた物品について、物品の保管に関して注意を怠らなかったことを証明すれば、その物品に生じた損害を賠償する責任を負わない。

4 客が寄託していない物品であっても、客が場屋の中に携帯した物品が場屋営業者の不注意によって損害を受けたときは、場屋営業者はその物品に生じた損害を賠償する責任を負う。

5 場屋営業者が寄託を受けた物品が高価品であるときは、客がその種類および価額を通知してこれを場屋営業者に寄託したのでなければ、場屋営業者はその物品に生じた損害を賠償する責任を負わない。

(本試験2015年問36改題)

●法令編

正解**3**

正答率 **48**%

1 **正** そのとおり。運送人は，運送品の受取から引渡しまでの間にその運送品が滅失しもしくは損傷し，もしくはその滅失もしくは損傷の原因が生じ，または運送品が延着したときは，これによって生じた損害を賠償する責任を負う（575条本文）。ただし，運送人がその運送品の受取，運送，保管および引渡しについて注意を怠らなかったことを証明したときは，この限りでない（575条ただし書）。

571p

2 **正** そのとおり。貨幣，有価証券その他の高価品については，荷送人が運送を委託するに当たりその種類および価額を通知した場合を除き，運送人は，その滅失，損傷または延着について損害賠償の責任を負わない（577条1項）。ただし，①物品運送契約の締結の当時，運送品が高価品であることを運送人が知っていたとき，②運送人の故意または重大な過失によって高価品の滅失，損傷または延着が生じたときは，577条1項は適用されない（577条2項）。

571p

3 **誤** 場屋営業者は，客から寄託を受けた物品の滅失または損傷については，<u>不可抗力によるものであったことを証明しなければ，損害賠償の責任を免れることができない</u>（596条1項）。

571p

4 **正** そのとおり。客が寄託していない物品であっても，場屋の中に携帯した物品が，場屋営業者が注意を怠ったことによって滅失し，または損傷したときは，場屋営業者は，損害賠償の責任を負う（596条2項）。

571p

5 **正** そのとおり。貨幣，有価証券その他の高価品については，客がその種類および価額を通知してこれを場屋営業者に寄託した場合を除き，場屋営業者は，その滅失または損傷によって生じた損害を賠償する責任を負わない（597条）。

571p

22

商法

問340 運送品が高価品である場合における運送人の責任に関する特則について述べた次のア〜オの記述のうち、商法の規定および判例に照らし、誤っているものの組合せはどれか。

ア　商法にいう「高価品」とは、単に高価な物品を意味するのではなく、運送人が荷送人から収受する運送賃に照らして、著しく高価なものをいう。

イ　運送品が高価品であるときは、荷送人が運送を委託するにあたりその種類および価額を通知した場合を除き、運送人は運送品に関する損害賠償責任を負わない。

ウ　荷送人が種類および価額の通知をしないときであっても、運送契約の締結の当時、運送品が高価品であることを運送人が知っていたときは、運送人は免責されない。

エ　運送人の故意によって高価品に損害が生じた場合には運送人は免責されないが、運送人の重大な過失によって高価品に損害が生じたときは免責される。

オ　高価品について運送人が免責されるときは、運送人の不法行為による損害賠償責任も同様に免除される。

1　ア・イ
2　ア・エ
3　イ・ウ
4　ウ・オ
5　エ・オ

（本試験2020年問36）

●法令編

正解 **2**

正答率 **23**%

合格基本書

ア **誤** 判例は，商法にいう「高価品とは，容積または重量の割に著しく高価な物品をいうものと解すべき」としている（最判昭 45.4.21）。

イ **正** そのとおり。貨幣，有価証券その他の高価品については，荷送人が運送を委託するに当たりその種類および価額を通知した場合を除き，運送人は，その滅失，損傷または延着について損害賠償の責任を負わない（577 条 1 項）。 `571p`

ウ **正** そのとおり。「物品運送契約の締結の当時，運送品が高価品であることを運送人が知っていたとき」は，運送人は免責されない（577 条 2 項 1 号）。 `571p`

エ **誤** 「運送人の故意又は重大な過失によって高価品の滅失，損傷又は延着が生じたとき」は，運送人は免責されない（577 条 2 項 2 号）。 `571p`

オ **正** そのとおり。高価品の特則（577 条）の規定は，運送品の滅失等についての運送人の荷送人または荷受人に対する不法行為による損害賠償の責任について準用される（587 条本文）。よって，高価品について運送人が免責されるときは，運送人の不法行為による損害賠償責任も同様に免除される。なお，荷受人があらかじめ荷送人の委託による運送を拒んでいたにもかかわらず荷送人から運送を引き受けた運送人の荷受人に対する責任については，免除されない（587 条ただし書）。

以上より，誤っているものはア・エであり，正解は**2**である。

24

| チェック欄 | | | ●商法・会社法

会社法／設立

問341 株式会社（種類株式発行会社を除く。）の設立に関する次の記述のうち，会社法の規定に照らし，正しいものはどれか。

1 株式会社の定款には，当該株式会社の目的，商号，本店の所在地，資本金の額，設立時発行株式の数，ならびに発起人の氏名または名称および住所を記載または記録しなければならない。

2 金銭以外の財産を出資する場合には，株式会社の定款において，その者の氏名または名称，当該財産およびその価額，ならびにその者に対して割り当てる設立時発行株式の数を記載または記録しなければ，その効力を生じない。

3 発起人は，その引き受けた設立時発行株式について，その出資に係る金銭の全額を払い込み，またはその出資に係る金銭以外の財産の全部を給付した時に，設立時発行株式の株主となる。

4 設立時募集株式の引受人がその引き受けた設立時募集株式に係る出資を履行していない場合には，株主は，訴えの方法により当該株式会社の設立の取消しを請求することができる。

5 発起設立または募集設立のいずれの手続においても，設立時取締役の選任は，創立総会の決議によって行わなければならない。

（本試験2017年問37）

●法令編

正解 2

正答率 **32**%

合格基本書

1　誤　株式会社の定款には，①目的，②商号，③本店の所在地，④設立に際して出資される財産の価額またはその最低額，⑤発起人の氏名または名称および住所を記載または記録しなければならない（27条各号）。資本金の額，設立時発行株式の数は，定款の絶対的記載（記録）事項ではない。

577p

2　正　そのとおり。株式会社を設立する場合には，金銭以外の財産を出資する者の氏名または名称，当該財産およびその価額ならびにその者に対して割り当てる設立時発行株式の数は，定款に記載し，または記録しなければ，その効力を生じない（現物出資／28条1号）。

577p

3　誤　発起人は，株式会社の成立の時に，出資の履行をした設立時発行株式の株主となる（50条1項）。

578p

4　誤　株式会社の場合，設立の取消しの訴えは認められない（832条参照）。

633p

5　誤　発起設立の場合，発起人は，出資の履行が完了した後，遅滞なく，設立時取締役を選任しなければならない（38条1項）。設立時役員等の選任は，発起人の議決権の過半数をもって決定する（40条1項）。これに対し，募集設立の場合，設立時取締役の選任は，創立総会の決議によって行わなければならない（88条1項）。

579p

ワンポイント・アドバイス

　株式会社の設立が「無効」である場合には，株主，取締役，監査役，執行役または清算人は，訴えの方法により，その「無効」を主張することができます（828条1項1号，同条2項1号）。

26

| チェック欄 | | | |

●商法・会社法

会社法／設立

重要度 B

問 342 株式会社の設立に関する次のア〜オの記述のうち，妥当でないものの組合せはどれか。

ア　発起人以外の設立時募集株式の引受人が金銭以外の財産を出資の目的とする場合には，その者の氏名または名称，目的となる財産およびその価額等を定款に記載または記録しなければ，その効力を生じない。

イ　発起人が会社のために会社の成立を条件として特定の財産を譲り受ける契約をする場合には，目的となる財産，その価額および譲渡人の氏名または名称を定款に記載または記録しなければ，その効力を生じない。

ウ　会社の成立により発起人が報酬その他の特別の利益を受ける場合には，報酬の額，特別の利益の内容および当該発起人の氏名または名称を定款に記載または記録しなければ，その効力を生じない。

エ　会社の設立に要する費用を会社が負担する場合には，定款の認証手数料その他会社に損害を与えるおそれがないものを除いて，定款に記載または記録しなければ，その効力を生じない。

オ　会社がその成立後2年以内に当該会社の成立前から存在する財産であって事業のために継続して使用するものを純資産の額の5分の1以上に当たる対価で取得する場合には，定款を変更して，目的となる財産，その価額および譲渡人の氏名または名称を定款に記載または記録しなければ，その効力を生じない。

1　ア・イ
2　ア・オ
3　イ・ウ
4　ウ・エ
5　エ・オ

（本試験2012年問37）

●法令編

正解 **2**

正答率 **42**%

合格基本書

ア **妥当でない**　発起人以外の設立時募集株式の引受人については，金銭の払込みを行うことしか規定されておらず（63条1項），金銭以外の財産を出資の目的とすることはできない。設立時に現物出資をすることができるのは，発起人のみである。 577p

イ **妥当である**　そのとおり。財産引受けとは，発起人が会社のため会社の成立後に特定の財産を譲り受けることを約する契約をいう。財産引受けは，目的たる財産，その価額，譲渡人の氏名・名称を定款に記載・記録しなければ，無効である（28条2号）。 577p

ウ **妥当である**　そのとおり。発起人の報酬・特別利益については，報酬の額，特別の利益の内容およびそれを受ける発起人の氏名・名称を定款に記載・記録しなければ，無効である（28条3号）。 577p

エ **妥当である**　そのとおり。設立費用は，定款の認証の手数料その他株式会社に損害を与えるおそれのないものを除いて，定款に記載・記録がないときは，無効である（28条4号）。 577p

オ **妥当でない**　会社がその成立後2年以内に当該会社の成立前から存続する財産であって事業のために継続して使用するものを取得する場合（純資産の額の5分の1を超えない対価で取得する場合を除く。）には，株主総会の特別決議による承認を受けなければならない（事後設立／467条1項5号，309条2項11号）。この場合，定款の変更は不要である。 577p

以上より，妥当でないものはア・オであり，正解は**2**である。

28

会社法／設立

●商法・会社法

問343 株式会社の設立に関する次のア～オの記述のうち、会社法の規定に照らし、妥当なものの組合せはどれか。

ア 発起人は、設立時発行株式を引き受ける者の募集をする旨を定めようとするときは、その全員の同意を得なければならない。

イ 複数の発起人がいる場合において、発起設立の各発起人は、設立時発行株式を1株以上引き受けなければならないが、募集設立の発起人は、そのうち少なくとも1名が設立時発行株式を1株以上引き受ければよい。

ウ 発起設立または募集設立のいずれの方法による場合であっても、発行可能株式総数を定款で定めていないときには、株式会社の成立の時までに、定款を変更して発行可能株式総数の定めを設けなければならない。

エ 設立時取締役その他の設立時役員等が選任されたときは、当該設立時役員等が会社設立の業務を執行し、またはその監査を行う。

オ 発起設立または募集設立のいずれの方法による場合であっても、発起人でない者が、会社設立の広告等において、自己の名または名称および会社設立を賛助する旨の記載を承諾したときには、当該発起人でない者は発起人とみなされ、発起人と同一の責任を負う。

1 ア・ウ
2 ア・エ
3 イ・エ
4 イ・オ
5 ウ・オ

（本試験2015年問37）

●法令編

正答率 **27**%

ア **妥当である** そのとおり。発起人は、設立時発行株式を引き受ける者の募集をする旨を定めようとするときは、その全員の同意を得なければならない（57条2項）。 576p

イ **妥当でない** 発起設立または募集設立のいずれの方法による場合であっても、各発起人は設立時発行株式を1株以上引き受けなければならない（25条2項）。 576p

ウ **妥当である** そのとおり。発起設立または募集設立のいずれの方法による場合であっても、発起人は、発行可能株式総数を定款で定めていないときは、株式会社の成立の時までに、定款を変更して発行可能株式総数の定めを設けなければならない（37条1項、95条、96条、98条）。 577p

エ **妥当でない** 会社設立の業務を執行するのは、発起人である（26条1項参照）。設立時取締役等は、設立事項の調査等を行う（46条1項、93条1項）。 576p

オ **妥当でない** 募集設立の方法による場合、発起人でない者が、設立時株式の引受けの募集の広告等に自己の氏名または名称および会社設立を賛助する旨を記載し、または記録することを承諾したときには、当該発起人でない者は発起人とみなされ、発起人と同一の責任を負う（擬似発起人の責任／103条4項、57条1項）。発起設立の場合には、擬似発起人の責任に関する規定の適用がない。 583p

以上より、妥当なものはア・ウであり、正解は**1**である。

ワンポイント・アドバイス

株式会社を設立するには、「発起人」が定款を作成し、その全員がこれに署名し、または記名押印しなければなりません（26条1項）。

| チェック欄 | | | |

●商法・会社法

会社法／設立

重要度 A

問344 株式会社の設立等に関する次のア～オの記述のうち，会社法の規定に照らし，正しいものの組合せはどれか。

ア　発起設立または募集設立のいずれの場合であっても，各発起人は，設立時発行株式を1株以上引き受けなければならない。

イ　株式会社の設立に際して作成される定款について，公証人の認証がない場合には，株主，取締役，監査役，執行役または清算人は，訴えの方法をもって，当該株式会社の設立の取消しを請求することができる。

ウ　現物出資財産等について定款に記載または記録された価額が相当であることについて弁護士，弁護士法人，公認会計士，監査法人，税理士または税理士法人の証明（現物出資財産等が不動産である場合は，当該証明および不動産鑑定士の鑑定評価）を受けた場合には，現物出資財産等については検査役による調査を要しない。

エ　株式会社が成立しなかったときは，発起人および設立時役員等は，連帯して，株式会社の設立に関してした行為について，その責任を負い，株式会社の設立に関して支出した費用を負担する。

オ　発起設立または募集設立のいずれの場合であっても，発起人は，設立時発行株式を引き受けた発起人または設立時募集株式の引受人による払込みの取扱いをした銀行等に対して，払い込まれた金額に相当する金銭の保管に関する証明書の交付を請求することができる。

1　ア・ウ
2　ア・エ
3　イ・エ
4　イ・オ
5　ウ・オ

（本試験2020年問37）

●法令編

正解 1

| 正答率 | **39**% |

合格基本書

ア **正** そのとおり。各発起人は，株式会社の設立に際し，設立時発行株式を１株以上引き受けなければならない（25条2項）。これは，発起設立または募集設立のいずれの場合にも当てはまる。

576p

イ **誤** 株式会社の設立に際して作成される定款については，公証人の認証を受けなければ，その効力を生じない（30条1項）。公証人の認証がない場合には，株主，取締役，監査役，執行役または清算人は，訴えの方法をもって，当該株式会社の設立の無効を主張することができる（828条1項1号，同条2項1号）。

576, 581p

ウ **正** そのとおり。現物出資財産等について定款に記載され，または記録された価額が相当であることについて弁護士，弁護士法人，公認会計士，監査法人，税理士または税理士法人の証明（現物出資財産等が不動産である場合にあっては，当該証明および不動産鑑定士の鑑定評価）を受けた場合には，現物出資財産等については検査役による調査を要しない（33条10項3号）。

577p

エ **誤** 株式会社が成立しなかったときは，発起人は，連帯して，株式会社の設立に関してした行為についてその責任を負い，株式会社の設立に関して支出した費用を負担する（56条）。

581, 583p

オ **誤** ①発起設立の場合には，払込みの取扱いをした銀行等は，金銭の保管に関する証明義務を負わない。②募集設立の場合には，発起人は，払込みの取扱いをした銀行等に対し，払い込まれた金額に相当する金銭の保管に関する証明書の交付を請求することができる（64条1項）。

579p

以上より，正しいものはア・ウであり，正解は**1**である。

32

| チェック欄 | | | ●商法・会社法 |

会社法／設立

問345 株式会社の設立における出資等に関する次の記述のうち、会社法の規定に照らし、妥当でないものの組合せはどれか。

ア 株主となる者が設立時発行株式と引換えに払込み、または給付した財産の額は、その全額を資本金に計上することは要せず、その額の2分の1を超えない額を資本準備金として計上することができる。

イ 発起人は、会社の成立後は、錯誤、詐欺または強迫を理由として設立時発行株式の引受けの取消しをすることができない。

ウ 設立時発行株式を引き受けた発起人が出資の履行をしない場合には、当該発起人は当然に設立時発行株式の株主となる権利を失う。

エ 発起人または設立時募集株式の引受人が払い込む金銭の額および給付する財産の額の合計が、定款に定められた設立に際して出資される財産の価額またはその最低額に満たない場合には、発起人および設立時取締役は、連帯して、その不足額を払い込む義務を負う。

オ 設立時発行株式の総数は、設立しようとする会社が公開会社でない場合を除いて、発行可能株式総数の4分の1を下ることはできない。

1 ア・イ
2 ア・オ
3 イ・ウ
4 ウ・エ
5 エ・オ

(本試験2014年問37改題)

●法令編

正解 **4**

正答率 **46**%

合格基本書

ア **妥当である** そのとおり。株式会社の資本金の額は，この 627, 628p
法律に別段の定めがある場合を除き，設立または株式の発行
に際して株主となる者が当該株式会社に対して払込みまたは
給付をした財産の額とする（445条1項）。もっとも，その
払込みまたは給付に係る額の2分の1を超えない額は，資本
金として計上しないことができる（445条2項）。これによ
り資本金として計上しないこととした額は，資本準備金とし
て計上しなければならない（445条3項）。

イ **妥当である** そのとおり。発起人は，株式会社の成立後 578p
は，錯誤，詐欺または強迫を理由として設立時発行株式の引
受けの取消しをすることができない（51条2項）。

ウ **妥当でない** 発起人のうち出資の履行をしていないものが 578p
ある場合には，発起人は，当該出資の履行をしていない発起
人に対して，期日を定め，その期日までに当該出資の履行を
しなければならない旨を通知しなければならない（36条1
項）。この通知を受けた発起人は，その期日までに出資の履
行をしないときは，当該出資の履行をすることにより設立時
発行株式の株主となる権利を失う（36条3項）。よって，設
立時発行株式を引き受けた発起人が出資の履行をしない場
合，当該発起人は，当然に設立時発行株式の株主となる権利
を失うわけではない。

エ **妥当でない** 会社法では，このようなことは規定されてい
ない。

オ **妥当である** そのとおり。設立時発行株式の総数は，発行 578p
可能株式総数の4分の1を下ることができない（37条3項
本文）。ただし，設立しようとする株式会社が公開会社でな
い場合は，この限りでない（37条3項ただし書）。

以上より，妥当でないものはウ・エであり，正解は**4**である。

34

●商法・会社法

会社法／設立

重要度 A

問346 株式会社の設立における出資の履行等に関する次のア〜オの記述のうち，会社法の規定に照らし，妥当でないものの組合せはどれか。

ア　株式会社の定款には，株式会社の設立に際して出資される財産の額またはその最低額を記載または記録しなければならない。

イ　発起人は，設立時発行株式の引受け後遅滞なく，その引き受けた株式につき，その出資に係る金銭の全額を払い込み，またはその出資に係る金銭以外の財産の全部を給付しなければならないが，発起人全員の同意があるときは，登記，登録その他の権利の設定または移転を第三者に対抗するために必要な行為は，株式会社の成立後にすることができる。

ウ　発起人は，その引き受けた設立時発行株式について金銭の払込みを仮装した場合には，仮装した出資に係る金銭の全額を会社に対して支払う義務を負い，この義務は，総株主の同意がなければ免除することができない。

エ　発起設立または募集設立のいずれの場合においても，発起人は，払込みの取扱いをした銀行等に対して，払い込まれた金額に相当する金銭の保管に関する証明書の交付を請求することができ，この証明書を交付した銀行等は，当該証明書の記載が事実と異なること，または当該金銭の返還に関して制限があることをもって，成立後の株式会社に対抗することはできない。

オ　設立時発行株式の株主となる者が払込みをした金銭の額および給付した財産の額は，その全額を資本金として計上しなければならないが，設立時発行株式の株主となる者の全員の同意があるときに限り，その額の2分の1を超えない額を剰余金として計上することができる。

1　ア・イ
2　ア・オ
3　イ・ウ
4　ウ・エ
5　エ・オ

（本試験2016年問37）

●法令編

正答率 **41**%

合格基本書

ア **妥当である** そのとおり。株式会社の定款には、「設立に際して出資される財産の価額又はその最低額」を記載し、または記録しなければならない（27条4号）。 577p

イ **妥当である** そのとおり。発起人は、設立時発行株式の引受け後遅滞なく、その引き受けた株式につき、その出資に係る金銭の全額を払い込み、またはその出資に係る金銭以外の財産の全部を給付しなければならない（34条1項本文）。ただし、発起人全員の同意があるときは、登記、登録その他の権利の設定または移転を第三者に対抗するために必要な行為は、株式会社の成立後にすることを妨げない（34条1項ただし書）。 578p

ウ **妥当である** そのとおり。発起人は、その引き受けた設立時発行株式について金銭の払込みを仮装した場合には、株式会社に対し、払込みを仮装した出資に係る金銭の全額を支払う義務を負う（52条の2第1項1号）。この義務は、総株主の同意がなければ、免除することができない（55条）。 582p

エ **妥当でない** 募集設立の場合、発起人は、払込みの取扱いをした銀行等（払込取扱機関）に対して、払い込まれた金額に相当する金銭の保管に関する証明書の交付を請求することができる（64条1項）。この証明書を交付した銀行等は、当該証明書の記載が事実と異なること、または当該払い込まれた金銭の返還に関する制限があることをもって成立後の株式会社に対抗することができない（64条2項）。<u>発起設立においては、募集設立とは異なり、払込取扱機関が払込金の保管証明書を交付することは要求されていない。</u> 579p

36

●商法・会社法

オ **妥当でない** 株式会社の資本金の額は、会社法に別段の定めがある場合を除き、設立または株式の発行に際して株主となる者が当該株式会社に対して払込みまたは給付をした財産の額とする（445条1項）。この払込みまたは給付に係る額の2分の1を超えない額は、資本金として計上しないことができる（445条2項）。これにより資本金として計上しないこととした額は、「資本準備金」として計上しなければならない（445条3項）。 627, 628p

以上より、妥当でないものはエ・オであり、正解は**5**である。

第4編 商法・会社法

ワンポイント・アドバイス

【定款の絶対的記載事項】
① 「目的」（27条1号）
② 「商号」（27条2号）
③ 「本店の所在地」（27条3号）
④ 「設立に際して出資される財産の価額又はその最低額」（27条4号）
⑤ 「発起人の氏名又は名称及び住所」（27条5号）
⑥ 「発行可能株式総数」（37条1項2項）

●商法・会社法

会社法／設立

重要度 A

問347 株式会社の設立における出資の履行等に関する次のア～オの記述のうち，会社法の規定に照らし，誤っているものの組合せはどれか。

ア　株式会社の定款には，設立に際して出資される財産の価額またはその最低額を記載または記録しなければならない。

イ　発起人は，設立時発行株式の引受け後遅滞なく，その引き受けた設立時発行株式につき，出資の履行をしなければならないが，発起人全員の同意があるときは，登記，登録その他権利の設定または移転を第三者に対抗するために必要な行為は，株式会社の成立後にすることができる。

ウ　発起人が出資の履行をすることにより設立時発行株式の株主となる権利の譲渡は，成立後の株式会社に対抗することができない。

エ　設立時募集株式の引受人のうち出資の履行をしていないものがある場合には，発起人は，出資の履行をしていない引受人に対して，期日を定め，その期日までに当該出資の履行をしなければならない旨を通知しなければならない。

オ　設立時募集株式の引受人が金銭以外の財産により出資の履行をする場合には，発起人は，裁判所に対し検査役の選任の申立てをしなければならない。

1　ア・イ
2　ア・オ
3　イ・ウ
4　ウ・エ
5　エ・オ

（本試験2019年問37）

●法令編

正解 **5**

正答率 **35**%

合格基本書

ア **正** そのとおり。株式会社の定款には，「設立に際して出資される財産の価額又はその最低額」を記載し，または記録しなければならない（27条4号）。 577p

イ **正** そのとおり。発起人は，設立時発行株式の引受け後遅滞なく，その引き受けた設立時発行株式につき，その出資に係る金銭の全額を払い込み，またはその出資に係る金銭以外の財産の全部を給付しなければならない（34条1項本文）。ただし，発起人全員の同意があるときは，登記，登録その他の権利の設定または移転を第三者に対抗するために必要な行為は，株式会社の成立後にすることを妨げない（34条1項ただし書）。

ウ **正** そのとおり。発起人が出資の履行をすることにより設立時発行株式の株主となる権利の譲渡は，成立後の株式会社に対抗することができない（35条）。 591p

エ **誤** 設立時募集株式の引受人は，設立時募集株式の払込金額の全額の払込みをしないときは，当該払込みをすることにより設立時募集株式の株主となる権利を失う（63条3項）。発起人の場合と異なり，失権手続を経る必要はない。 578p

オ **誤** 設立時募集株式の引受人は，金銭以外の財産による出資（現物出資）をすることはできない（63条1項，34条1項参照）。なお，発起人が金銭以外の財産による出資（現物出資）をする場合には，発起人は，公証人による定款の認証の後遅滞なく，その現物出資を調査させるため，裁判所に対し検査役の選任の申立てをしなければならない（33条1項，28条1号）。

以上より，誤っているものはエ・オであり，正解は**5**である。

40

| チェック欄 | | |

●商法・会社法

会社法／設立

重要度 B

問348 株式会社の設立における発起人等の責任等に関する次のア～オの記述のうち，会社法の規定に照らし，誤っているものの組合せはどれか。

ア　株式会社の成立の時における現物出資財産等の価額が当該現物出資財産等について定款に記載または記録された価額に著しく不足するときは，発起人および設立時取締役は，当該株式会社に対し，連帯して，当該不足額を支払う義務を負い，この義務は，総株主の同意によっても，免除することはできない。

イ　発起人は，出資の履行において金銭の払込みを仮装した場合には，払込みを仮装した出資に係る金銭の全額を支払う義務を負い，この義務は，総株主の同意によっても，免除することはできない。

ウ　発起人，設立時取締役または設立時監査役は，株式会社の設立についてその任務を怠ったときは，当該株式会社に対し，これによって生じた損害を賠償する責任を負い，この責任は，総株主の同意がなければ，免除することができない。

エ　発起人，設立時取締役または設立時監査役がその職務を行うについて悪意または重大な過失があったときは，当該発起人，設立時取締役または設立時監査役は，これによって第三者に生じた損害を賠償する責任を負う。

オ　株式会社が成立しなかったときは，発起人は，連帯して，株式会社の設立に関してした行為についてその責任を負い，株式会社の設立に関して支出した費用を負担する。

1　ア・イ
2　ア・ウ
3　イ・オ
4　ウ・エ
5　エ・オ

（本試験2018年問37）

●法令編

正解 1

正答率 **51**%

合格基本書

ア **誤** 株式会社の成立の時における現物出資財産等の価額が
当該現物出資等について定款に記載され，または記録された
価額に著しく不足するときは，発起人および設立時取締役
は，当該株式会社に対して，連帯して，当該不足額を支払う
義務を負う（52条1項）。52条1項の規定により発起人ま
たは設立時取締役の負う義務は，総株主の同意がなければ，
免除することができない（55条）。

582p

イ **誤** 発起人は，出資の履行において金銭の払込みを仮装し
た場合には，株式会社に対し，払込みを仮装した出資に係る
金銭の全額の支払いをする義務を負う（52条の2第1項1
号）。52条の2第1項の規定により発起人が負う義務は，総
株主の同意がなければ，免除することができない（55条）。

582p

ウ **正** そのとおり。発起人，設立時取締役または設立時監査
役は，株式会社の設立についてその任務を怠ったときは，当
該株式会社に対し，これによって生じた損害を賠償する責任
を負う（53条1項）。53条1項の規定により，発起人，設
立時取締役または設立時監査役の負う責任は，総株主の同意
がなければ，免除することができない（55条）。

583p

エ **正** そのとおり。発起人，設立時取締役または設立時監査
役がその職務を行うについて悪意または重大な過失があった
ときは，当該発起人，設立時取締役または設立時監査役は，
これによって第三者に生じた損害を賠償する責任を負う
（53条2項）。

583p

オ **正** そのとおり。株式会社が成立しなかったときは，発起
人は，連帯して，株式会社の設立に関してした行為について
その責任を負い，株式会社の設立に関して支出した費用を負
担する（56条）。

581p

以上より，誤っているものはア・イであり，正解は**1**である。

42

●商法・会社法

会社法／設立

重要度 B

問349 株式会社の設立に係る責任等に関する次の記述のうち、会社法の規定に照らし、誤っているものはどれか。

1 株式会社の成立の時における現物出資財産等の価額が定款に記載または記録された価額に著しく不足するときは、発起人および設立時取締役は、検査役の調査を経た場合および当該発起人または設立時取締役がその職務を行うについて注意を怠らなかったことを証明した場合を除いて、当該株式会社に対して、連帯して、当該不足額を支払う義務を負う。

2 発起人は、その出資に係る金銭の払込みを仮装し、またはその出資に係る金銭以外の財産の給付を仮装した場合には、株式会社に対し、払込みを仮装した出資に係る金銭の全額を支払い、または給付を仮装した出資に係る金銭以外の財産の全部を給付する義務を負う。

3 発起人、設立時取締役または設立時監査役は、株式会社の設立についてその任務を怠ったときは、当該株式会社に対し、これによって生じた損害を賠償する責任を負う。

4 発起人、設立時取締役または設立時監査役がその職務を行うについて過失があったときは、当該発起人、設立時取締役または設立時監査役は、これによって第三者に生じた損害を賠償する責任を負う。

5 発起人、設立時取締役または設立時監査役が株式会社または第三者に生じた損害を賠償する責任を負う場合において、他の発起人、設立時取締役または設立時監査役も当該損害を賠償する責任を負うときは、これらの者は、連帯債務者とする。

(本試験2021年問37)

●法令編

正解 **4**

正答率 **19**%

合格基本書

1 **正** そのとおり。株式会社の成立の時における現物出資財産等の価額が当該現物出資財産等について定款に記載され，または記録された価額に著しく不足するときは，発起人および設立時取締役は，当該株式会社に対し，連帯して，当該不足額を支払う義務を負う（52条1項）。もっとも，①発起設立・募集設立において「検査役の調査を経た場合」と，②発起設立において「当該発起人又は設立時取締役がその職務を行うについて注意を怠らなかったことを証明した場合」には，その義務を負わない（52条2項，103条1項）。

582p

2 **正** そのとおり。①発起人は，その出資に係る金銭の払込みを仮装した場合には，株式会社に対し，払込みを仮装した出資に係る金銭の全額の支払をする義務を負う（52条の2第1項1号）。②発起人は，その出資に係る金銭以外の財産の給付を仮装した場合には，株式会社に対し，給付を仮装した出資に係る金銭以外の財産の全部の給付をする義務を負う（52条の2第1項2号）。

3 **正** そのとおり。発起人，設立時取締役または設立時監査役は，株式会社の設立についてその任務を怠ったときは，当該株式会社に対し，これによって生じた損害を賠償する責任を負う（53条1項）。

583p

4 **誤** 発起人，設立時取締役または設立時監査役がその職務を行うについて悪意または重大な過失があったときは，当該発起人，設立時取締役または設立時監査役は，これによって第三者に生じた損害を賠償する責任を負う（53条2項）。

583p

5 **正** そのとおり。発起人，設立時取締役または設立時監査役が株式会社または第三者に生じた損害を賠償する責任を負う場合において，他の発起人，設立時取締役または設立時監査役も当該損害を賠償する責任を負うときは，これらの者は，連帯債務者とする（54条）。

583p

44

●商法・会社法

| チェック欄 | | |

会社法／株式

重要度 B

問350 会社法上の公開会社（指名委員会等設置会社を除く。）が発行する株式に関する次のア～オの記述のうち、会社法の規定に照らし、正しいものの組合せはどれか。

ア 会社は、その発行する全部の株式の内容として、株主総会の決議によってその全部を会社が取得する旨の定款の定めがある株式を発行することができる。

イ 会社は、その発行する全部の株式の内容として、株主総会において議決権を行使することができる事項について制限がある旨の定款の定めがある株式を発行することができる。

ウ 会社は、譲渡による当該種類の株式の取得について、会社の承認を要する旨の定款の定めがある種類株式を発行することができる。

エ 会社は、株主が当該会社に対して当該株主の有する種類株式を取得することを請求することができる旨の定款の定めがある種類株式を発行することができる。

オ 会社は、当該種類の株式の種類株主を構成員とする種類株主総会において、取締役または監査役を選任する旨の定款の定めがある種類株式を発行することができる。

1 ア・イ
2 ア・エ
3 イ・ウ
4 ウ・エ
5 エ・オ

（本試験2016年問38）

●法令編

正解 4

正答率 **54**%

合格基本書

586, 587p

ア **誤** 株式会社は，その発行する全部の株式の内容として，
①譲渡による当該株式の取得について当該株式会社の承認を
要すること（譲渡制限），②当該株式について，株主が当該
株式会社に対してその取得を請求することができること（取
得請求権），③当該株式について，当該株式会社が一定の事
由が生じたことを条件としてこれを取得することができるこ
と（取得条項）を定めることができる（107条1項1号～3
号）。株式会社は，「その発行する全部の株式の内容として，
株主総会の決議によってその全部を会社が取得する旨の定款
の定めがある株式」を発行することができない。もっとも，
株式会社は，「当該種類の株式について，当該株式会社が株
主総会の決議によってその全部を取得することについて異な
る定めをした内容の異なる2以上の種類の株式」を発行する
ことができる（全部取得条項付種類株式／108条1項7号）。

586, 587p

イ **誤** 株式会社は，「その発行する全部の株式の内容として，
株主総会において議決権を行使することができる事項につい
て制限がある旨の定款の定めがある株式」を発行することが
できない（アの解説参照）。もっとも，株式会社は，「株主総
会において議決権を行使することができる事項について異な
る定めをした内容の異なる2以上の種類の株式」を発行する
ことができる（議決権制限株式／108条1項3号）。なお，
種類株式発行会社が「公開会社」である場合において，株主
総会において議決権を行使することができる事項について制
限のある種類の株式（「議決権制限株式」）の数が発行済株式
の総数の2分の1を超えるに至ったときは，株式会社は，直
ちに，議決権制限株式の数を発行済株式の総数の2分の1以
下にするための必要な措置をとらなければならない（115
条）。

46

●商法・会社法

ウ　**正**　そのとおり。株式会社は，「譲渡による当該種類の株　587p
式の取得について当該株式会社の承認を要することについて
異なる定めをした内容の異なる2以上の種類の株式」を発行
することができる（譲渡制限株式／108条1項4号）。なお，
その発行する全部または一部の株式の内容として譲渡による
当該株式の取得について株式会社の承認を要する旨の定款の
定めを設けていない株式会社を，「公開会社」という（2条
5号）。これに対し，その発行する全部の株式の内容として
譲渡による当該株式の取得について株式会社の承認を要する
旨の定款の定めを設けている株式会社を，公開会社でない株
式会社（非公開会社）という。

エ　**正**　そのとおり。株式会社は，「当該種類の株式について，　587p
株主が当該株式会社に対してその取得を請求することができ
ることについて異なる定めをした内容の異なる2以上の種類
の株式」を発行することができる（取得請求権付株式／108
条1項5号）。

オ　**誤**　株式会社は，「当該種類の株式の種類株主を構成員と　587p
する種類株主総会において取締役……又は監査役を選任する
ことについて異なる定めをした内容の異なる2以上の種類の
株式」を発行することができる（種類株主総会において取締
役または監査役を選任する種類株式／108条1項9号）。た
だし，指名委員会等設置会社および公開会社は，この事項に
ついての定めがある種類の株式を発行することができない
（108条1項ただし書）。

以上より，正しいものはウ・エであり，正解は**4**である。

第**4**編

商法・会社法

47

チェック欄

会社法／株式

問351 取締役会設置会社が，その発行する全部の株式の内容として，譲渡による株式の取得について当該会社の承認を要する旨を定める場合（以下，譲渡制限とはこの場合をいう。）に関する次のア～オの記述のうち，会社法の規定に照らし，正しいものの組合せはどれか。

ア　会社が譲渡制限をしようとするときは，株主総会の決議により定款を変更しなければならず，この定款変更の決議は，通常の定款変更の場合の特別決議と同じく，定款に別段の定めがない限り，議決権を行使することができる株主の議決権の過半数を有する株主が出席し，出席した当該株主の議決権の3分の2以上の多数をもって行われる。

イ　譲渡制限の定めのある株式を他人に譲り渡そうとする株主は，譲渡による株式の取得について承認をするか否かの決定をすることを会社に対して請求できるが，この請求は，利害関係人の利益を害するおそれがない場合を除き，当該株式を譲り受ける者と共同して行わなければならない。

ウ　譲渡制限の定めのある株式の譲渡による取得について承認をするか否かの決定をすることを請求された会社が，この請求の日から2週間（これを下回る期間を定款で定めた場合はその期間）以内に譲渡等の承認請求をした者に対して当該決定の内容について通知をしなかった場合は，当該会社と譲渡等の承認請求をした者との合意により別段の定めをしたときを除き，承認の決定があったものとみなされる。

エ　譲渡制限の定めのある株式の譲渡による取得を承認しない旨の決定をした会社は，対象となる株式の全部または一部を買い取る者を指定することができ，この指定は定款に別段の定めがない限り，取締役会の決議によって行う。

●商法・会社法

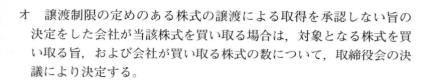

オ 譲渡制限の定めのある株式の譲渡による取得を承認しない旨の決定をした会社が当該株式を買い取る場合は、対象となる株式を買い取る旨、および会社が買い取る株式の数について、取締役会の決議により決定する。

1 ア・イ
2 ア・ウ
3 イ・オ
4 ウ・エ
5 エ・オ

(本試験2013年問37)

第4編 商法・会社法

●法令編

正解 4

正答率 **34**%

合格基本書

ア **誤** 発行株式の全部を譲渡制限株式とする定款の変更を行う株主総会の決議は、定款に別段の定めがない限り、当該株主総会において議決権を行使することができる株主の半数以上であって、当該株主の議決権の3分の2に当たる多数をもって行わなければならない（309条3項1号）。これは特別決議（309条2項）とは異なる「特殊決議」である。

598p

イ **誤** 譲渡制限株式を他人に譲り渡そうとする株主は、会社に対し、当該譲渡による株式の取得を承認するか否かの決定をすることを請求することができる（136条）。この請求は、株式を譲り受ける者と共同して行わなければならないものではない。なお、当該株主は、当該請求をせずに株式を譲渡することもでき、その場合は、株式取得者は、会社に対し、当該譲渡による株式の取得を承認するか否かの決定をすることを請求できる（137条1項）が、その請求は、利害関係人の利益を害するおそれがないものとして法務省令で定める場合を除き、株主名簿上の株主等と共同してしなければならない（137条2項）。

590p

ウ **正** そのとおり。譲渡等承認請求を受けた会社は、承認するか否かの決定（取締役会設置会社では取締役会の決議による／139条1項）をしたときは、譲渡等承認請求者に対し、当該決定の内容を通知しなければならない（139条2項）。譲渡等承認請求の日から2週間（これを下回る期間を定款で定めた場合にあっては、その期間）以内に通知をしなかった場合は、当該会社と譲渡等承認請求者との合意により別段の定めをしたときを除き、会社は承認の決定をしたものとみなされる（145条1号）。

590p

エ **正** そのとおり。譲渡等不承認時の買取請求を受けた場合において、譲渡制限株式の譲渡による取得を承認しない旨の決定をした会社は、対象となる株式の全部または一部を買い

590p

50

●商法・会社法

取る者を指定することができ（140条4項），この指定は定款に別段の定めがない限り，取締役会設置会社では取締役会の決議によって行う（140条5項，309条2項1号）。

オ　**誤**　譲渡等不承認時の買取請求を受けた場合において，譲渡制限株式の譲渡による取得を承認しない旨の決定をした会社が当該株式を買い取る場合は，対象となる株式を買い取る旨，および会社が買い取る対象株式の数について，株主総会の特別決議により決定する（140条1項2項，309条2項1号）。

590p

以上より，正しいものはウ・エであり，正解は**4**である。

ワンポイント・アドバイス

【譲渡制限株式】

　株式会社は，発行する全部または一部の株式の内容として，譲渡による当該株式の取得について会社の承認を要する旨を定款に定めることができます（107条1項1号，108条1項4号）。このような株式を「譲渡制限株式」といいます（2条17号）。

　株式会社は，その発行する株式について，どのような範囲で譲渡制限を設けているかによって，「公開会社」と「公開会社でない株式会社（非公開会社）」に分類されます。

公開会社 （会社法2条5号）	発行する「一部」の株式について譲渡制限を「設けている」株式会社 または 発行する「全部」の株式について譲渡制限を「設けていない」株式会社
公開会社でない 株式会社	発行する「全部」の株式について譲渡制限を「設けている」株式会社

会社法／株式

問352 譲渡制限株式に関する次の記述のうち、会社法の規定に照らし、誤っているものはどれか。

1 株式会社は、定款において、その発行する全部の株式の内容として、または種類株式の内容として、譲渡による当該株式の取得について当該株式会社の承認を要する旨を定めることができる。

2 譲渡制限株式の株主は、その有する譲渡制限株式を当該株式会社以外の他人に譲り渡そうとするときは、当該株式会社に対し、当該他人が当該譲渡制限株式を取得することについて承認するか否かを決定することを請求することができる。

3 譲渡制限株式を取得した者は、当該株式会社に対し、当該譲渡制限株式を取得したことについて承認するか否かの決定をすることを請求することができるが、この請求は、利害関係人の利益を害するおそれがない一定の場合を除き、その取得した譲渡制限株式の株主として株主名簿に記載もしくは記録された者またはその相続人その他の一般承継人と共同してしなければならない。

4 株式会社が譲渡制限株式の譲渡の承認をするには、定款に別段の定めがある場合を除き、株主総会の特別決議によらなければならない。

5 株式会社は、相続その他の一般承継によって当該株式会社の発行した譲渡制限株式を取得した者に対し、当該譲渡制限株式を当該株式会社に売り渡すことを請求することができる旨を定款で定めることができる。

(本試験2018年問38)

●法令編

正答率 **52**%

合格基本書

1 正 そのとおり。株式会社は，その発行する全部の株式の内容として，譲渡による当該株式の取得について当該株式会社の承認を要することを定めることができる（107条1項1号）。株式会社は，譲渡による当該種類株式の取得について当該株式会社の承認を要することについて異なる定めをした内容の異なる二以上の株式を発行することができる（108条1項4号）。

586, 587p

2 正 そのとおり。譲渡制限株式の株主は，その有する譲渡制限株式を他人（当該譲渡制限株式を発行した株式会社を除く。）に譲り渡そうとするときは，当該株式会社に対し，当該他人が当該譲渡制限株式を取得することについて承認をするか否かの決定をすることを請求することができる（136条）。

3 正 そのとおり。譲渡制限株式を取得した株式取得者は，株式会社に対し，当該譲渡制限株式を取得したことについて承認するか否かの決定をすることを請求することができる（137条1項）。この請求は，利害関係人の利益を害するおそれがないものとして法務省令で定める場合を除き，その取得した株式の株主として株主名簿に記載され，もしくは記録された者またはその相続人その他の一般承継人と共同してしなければならない（137条2項）。

4 誤 株式会社が譲渡制限株式の譲渡の承認をするには，<u>株主総会の普通決議（取締役会設置会社にあっては，取締役会の決議）</u>によらなければならない（139条1項本文，309条1項）。ただし，定款に別段の定めがある場合は，この限りでない（139条1項ただし書）。

590p

5 正 そのとおり。株式会社は，相続その他の一般承継により当該株式会社の株式（譲渡制限株式に限る。）を取得した者に対し，当該株式を当該株式会社に売り渡すことを請求することができる旨を定款で定めることができる（174条）。

54

●商法・会社法

会社法／株式

問353 取締役会設置会社であり、種類株式発行会社でない株式会社（監査等委員会設置会社および指名委員会等設置会社を除く。）が行う株式の併合・分割等に関する次の記述のうち、会社法の規定に照らし、正しいものはどれか。なお、定款に別段の定めはないものとする。

1 株式を併合するには、その都度、併合の割合および株式の併合がその効力を生ずる日を、株主総会の決議によって定めなければならない。

2 株式を分割するには、その都度、株式の分割により増加する株式の総数の分割前の発行済株式の総数に対する割合および当該株式の分割に係る基準日ならびに株式の分割がその効力を生ずる日を、株主総会の決議によって定めなければならない。

3 株式の無償割当てをするには、その都度、割り当てる株式の数およびその効力の生ずる日を、株主総会の決議によって定めなければならない。

4 株式の分割によって定款所定の発行可能株式総数を超過することになる場合は、あらかじめ株主総会の決議により発行可能株式総数を変更するのでなければ、このような株式の分割をすることはできない。

5 株券発行会社が株式の併合または分割をしようとするときは、いずれの場合であっても、併合または分割の効力が生ずる日までに、当該会社に対し当該株式に係る株券を提出しなければならない旨の公告を行い、併合または分割した株式に係る株券を新たに発行しなければならない。

（本試験2014年問38改題）

●法令編

正答率 **39**%

本問では，取締役会設置会社であり，種類株式発行会社でない株式会社（監査等委員会設置会社および指名委員会等設置会社を除く。）が行う株式の併合・分割等が問題となっている。

1 正 そのとおり。株式会社は，株式の併合をすることができる（180条1項）。株式の併合とは，数個の株式を合わせてそれよりも少数の株式とすることをいう。株式の併合をしようとするときは，その都度，株主総会の決議によって，併合の割合，株式の併合がその効力を生ずる日を定めなければならない（180条2項1号2号）。 592p

2 誤 株式会社は，株式の分割をすることができる（183条1項）。株式の分割とは，既存の株式を細分化して従来よりも多数の株式とすることをいう。株式の分割をしようとするときは，その都度，株主総会（取締役会設置会社にあっては，取締役会）の決議によって，株式の分割により増加する株式の総数の分割前の発行済株式の総数に対する割合および当該株式の分割に係る基準日ならびに株式の分割がその効力を生ずる日を定めなければならない（183条2項1号2号）。 592p

3 誤 株式会社は，株主に対して新たに払込みをさせないで当該株式会社の株式の割当て（「株式無償割当て」）をすることができる（185条）。株式無償割当てをしようとするときは，その都度，株主に割り当てる株式の数またはその数の算定方法，当該無償割当てがその効力を生ずる日を定めなければならない（186条1項1号2号）。これらの事項の決定は，株主総会（取締役会設置会社にあっては，取締役会）の決議によらなければならない（186条3項本文）。ただし，定款に別段の定めがある場合は，この限りでない（186条3項ただし書）。 592p

56

●商法・会社法

4　誤　株式の分割により会社の発行する株式数は増加するが、そのままでは従前の定款規定に定める発行可能株式総数による制限の下に置かれ、追加発行できる株式数の余裕が狭まることになる。しかし、この場合には、例外的に、<u>株主総会による通常の定款変更手続を経ないで</u>、効力の発行日における発行可能株式総数を、その日の前日における発行可能株式総数に分割割合を乗じて得た数の範囲内で増加する定款変更をすることができる（184条2項）。　593p

5　誤　株券発行会社が株式の併合をしようとするときは、併合の効力が生ずる日までに、当該会社に対し全部の株式に係る株券を提出しなければならない旨の公告を行い（219条1項2号）、併合した株式に係る株券を発行しなければならない（215条2項）。これに対し、株券発行会社が株式の分割をしようとするときは、<u>当該会社に対し当該株式に係る株券を提出しなければならない旨の公告を行う必要はないが</u>、分割した株式に係る株券を発行しなければならない（215条3項）。　592p

第4編　商法・会社法

　株式の分割においては、同一の種類の株式の数が増加します。
　株式無償割当てにおいては、同一の種類の株式を割り当てることも、異なる種類の株式を割り当てることもできます。

会社法／株式

問354 公開会社の株主であって、かつ、権利行使の6か月（これを下回る期間を定款で定めた場合にあっては、その期間）前から引き続き株式を有する株主のみが権利を行使できる場合について、会社法が定めているのは、次の記述のうちどれか。

1 株主総会において議決権を行使するとき
2 会計帳簿の閲覧請求をするとき
3 新株発行無効の訴えを提起するとき
4 株主総会の決議の取消しの訴えを提起するとき
5 取締役の責任を追及する訴えを提起するとき

（本試験2019年問38）

●法令編

正解 **5**

正答率 **28**%

合格基本書

1 **会社法が定めていない** 公開会社における株主総会の議決権は，保有期間の要件のない単独株主権である（308条1項参照）。 585p

2 **会社法が定めていない** 総株主（株主総会において決議をすることができる事項の全部につき議決権を行使することができない株主を除く。）の議決権の100分の3（これを下回る割合を定款で定めた場合にあっては，その割合）以上の議決権を有する株主または発行済株式（自己株式を除く。）の100分の3（これを下回る割合を定款で定めた場合にあっては，その割合）以上の数の株式を有する株主は，株式会社の営業時間内は，いつでも，会計帳簿の閲覧・謄写の請求をすることができる（433条1項前段）。議決数・株式数の要件はあるが，保有期間の要件はない。 626p

3 **会社法が定めていない** 公開会社における新株発行無効の訴えの提起権には，保有期間の要件のない単独株主権である（828条2項2号参照）。 623p

4 **会社法が定めていない** 公開会社における株主総会決議取消しの訴えの提起権には，保有期間の要件のない単独株主権である（831条1項参照）。 599p

5 **会社法が定めている** 公開会社では，6カ月（これを下回る期間を定款で定めた場合にあっては，その期間）前から引き続き株式を有する株主は，株式会社に対し，役員等の責任を追及する訴えの提起を請求することができる（847条1項本文）。公開会社における責任追及等の訴えの提起権は，保有期間の要件のある単独株主権である。なお，公開会社でない株式会社では，6カ月の保有期間の要件は定められていない（847条2項）。 585, 618p

60

●商法・会社法

会社法／株式

重要度 A

問355 取締役会設置会社（監査等委員会設置会社および指名委員会等設置会社を除く。）であり，種類株式発行会社でない株式会社の単元株式に関する次の記述のうち，会社法の規定に照らし，誤っているものはどれか。

1 株式会社は，その発行する株式について，一定の数の株式をもって株主が株主総会において一個の議決権を行使することができる一単元の株式とする旨を定款で定めることができる。

2 株式会社は，単元未満株主が当該単元未満株式について残余財産の分配を受ける権利を行使することができない旨を定款で定めることができない。

3 単元未満株主は，定款にその旨の定めがあるときに限り，株式会社に対し，自己の有する単元未満株式を買い取ることを請求することができる。

4 単元未満株主は，定款にその旨の定めがあるときに限り，株式会社に対し，自己の有する単元未満株式と併せて単元株式となる数の株式を売り渡すことを請求することができる。

5 株式会社が単元株式数を減少し，または単元株式数についての定款の定めを廃止するときは，取締役会の決議によりこれを行うことができる。

（本試験2015年問38改題）

●法令編

正解 3

正答率 **50**%

合格基本書

1 **正** そのとおり。株式会社は，その発行する株式について，一定の数の株式をもって株主が株主総会において一個の議決権を行使することができる一単元の株式とする旨を定款で定めることができる（188条1項）。 593p

2 **正** そのとおり。株式会社は，単元未満株主が当該単元未満株式について残余財産の分配を受ける権利を行使することができない旨を定款で定めることはできない（189条2項5号）。 593p

3 **誤** 単元未満株主は，定款の定めがなくても，株式会社に対し，自己の有する単元未満株式を買い取ることを請求することができる（192条1項）。 593p

4 **正** そのとおり。株式会社は，単元未満株主が当該株式会社に対して単元未満株式売渡請求（自己の有する単元未満株式と併せて単元株式となる数の株式を売り渡すことを請求することをいう。）をすることができる旨を定款で定めることができる（194条1項）。したがって，単元未満株主は，定款にその旨の定めがあるときに限り，株式会社に対し，単元未満株式売渡請求をすることができる。 593p

5 **正** そのとおり。株式会社が単元株式数を減少し，または単元株式数についての定款の定めを廃止することは，取締役会の決議（取締役会設置会社以外の会社においては取締役の決定）により行うことができる（195条1項）。 593p

ワンポイント・アドバイス

単元株式数に満たない数の株式（「単元未満株式」）を有する株主（「単元未満株主」）は，その有する単元未満株式について，株主総会において議決権を行使することができません（189条1項）。

62

会社法／株式

問356 会社法上の公開会社（監査等委員会設置会社を除く。）における資金調達に関する次の記述のうち，会社法の規定に照らし，正しいものはどれか。

1 特定の者を引受人として募集株式を発行する場合には，払込金額の多寡を問わず，募集事項の決定は，株主総会の決議によらなければならない。
2 株主に株式の割当てを受ける権利を与えて募集株式を発行する場合には，募集事項の通知は，公告をもってこれに代えることができる。
3 募集株式一株と引換えに払い込む金額については，募集事項の決定時に，確定した額を決定しなければならない。
4 会社が指名委員会等設置会社である場合には，取締役会決議により，多額の借入れの決定権限を執行役に委任することができる。
5 募集社債の払込金額が募集社債を引き受ける者に特に有利な金額である場合には，株主総会の決議によらなければならない。

（本試験2013年問40改題）

●法令編

正解 **4**

正答率 **22**%

合格基本書

1 **誤** 会社法上の公開会社における株主割当以外の方法による募集事項の決定は，原則として取締役会の決議による（201条1項・199条2項）。ただし，募集株式の払込金額が募集株式を引き受ける者に特に有利な金額である場合は，募集事項の決定は株主総会の特別決議によらなければならない（201条1項・199条2項・309条2項5号）。

620p

2 **誤** 株主割当の場合は，株主に申込みの機会を確保するため，募集株式の引受申込期日の2週間前までに募集事項を株主に通知しなければならない（202条4項）。この場合には，公告をもって通知に代えることができるとはされていない。なお，公開会社における株主割当以外の方法による募集事項の通知は，公告をもってこれに代えることができる（201条3項4項）。

621p

3 **誤** 募集事項の決定時に，募集株式の払込金額またはその算定方法を定めることとなる（199条1項2号）。会社法上の公開会社では，199条1項2号に掲げる事項に代えて，公正な価額による払込みを実現するために適当な払込金額の決定方法を定めることができる（201条2項）。

620p

4 **正** そのとおり。指名委員会等設置会社において，業務執行の決定は取締役会で行うのが原則である（416条1項1号）が，取締役会の決議により，業務執行の決定を執行役に委任することができる場合がある（416条4項柱書）。多額の借入れの決定は，執行役に委任することができない事項（416条4項ただし書列挙事項参照）に該当しないため，取締役会の決議により執行役に委任することができる。

614p

5 **誤** 募集社債の払込金額が引受人に特に有利な金額であっても，募集株式発行の場合のような特別な規制はない。会社法上の公開会社は取締役会設置会社であるところ（327条1項1号），取締役会設置会社においては，募集社債の発行の決定は取締役会の決議（指名委員会等設置会社においては，執行役への委任が可能／416条4項ただし書列挙事項参照）による（362条4項5号）。

625p

64

●商法・会社法

会社法／株式

問357 発行済株式の総数の増減に関する次の記述のうち、会社法の規定に照らし、正しいものはどれか。

1 　発行済株式の総数は、会社が反対株主の株式買取請求に応じることにより減少する。
2 　発行済株式の総数は、会社が自己株式を消却することにより減少する。
3 　発行済株式の総数は、会社が単元株式数を定款に定めることにより減少する。
4 　発行済株式の総数は、会社が自己株式を処分することにより増加する。
5 　発行済株式の総数は、会社が募集新株予約権を発行することにより増加する。

(本試験2017年問38)

●法令編

正解 **2**

正答率 **64**%

合格基本書

1 誤 一定の場合に，反対株主は，株式会社に対し，自己の有する株式を公正な価格で買い取ることを請求することができる（116条等）。株式会社が反対株主の株式買取請求に応じても，発行済株式の総数は変わらない。

2 正 そのとおり。株式会社は，自己株式を消却することができる（178条1項前段）。自己株式の消却の結果として，発行済株式の総数が減少する。

592p

3 誤 単元株制度は，定款により一定の数の株式を「1単元」の株式と定め，1単元の株式につき1個の議決権を認めるが，単元未満の株式には議決権を認めないこととする制度である（188条1項，189条1項，308条1項ただし書，325条）。株式会社が単元株式数を定款で定めても，発行済株式の総数は変わらない。

593p

4 誤 株式会社が自己株式を処分するためには，法が特に別の処分方法を認めている場合を除き，株式の発行と同じ募集手続を経る必要がある（199条1項）。株式会社が自己株式を処分しても，発行済株式の総数は変わらない。

5 誤 新株予約権は，権利者が，あらかじめ定められた期間内に，あらかじめ定められた価額を株式会社に払い込むことによって，株式会社から一定数の当該会社の株式の交付を受けることができる権利である（2条21号）。株式会社が募集新株予約権を発行しても，発行済株式の総数は変わらない。

ワンポイント・アドバイス

株式会社は，株式の分割をすることができます（183条1項）。株式の分割の結果として，発行済株式の総数が増加します。

66

| チェック欄 | | |

●商法・会社法

会社法／株式

問358 株式会社が自己の発行する株式を取得する場合に関する次の記述のうち，会社法の規定に照らし，誤っているものはどれか。

1 株式会社は，その発行する全部または一部の株式の内容として，当該株式について，株主が当該株式会社に対してその取得を請求することができることを定めることができる。

2 株式会社は，その発行する全部または一部の株式の内容として，当該株式について，当該株式会社が一定の事由が生じたことを条件としてその取得を請求することができることを定めることができる。

3 株式会社が他の会社の事業の全部を譲り受ける場合には，当該株式会社は，当該他の会社が有する当該株式会社の株式を取得することができる。

4 取締役会設置会社は，市場取引等により当該株式会社の株式を取得することを取締役会の決議によって定めることができる旨を定款で定めることができる。

5 株式会社が，株主総会の決議に基づいて，株主との合意により当該株式会社の株式を有償で取得する場合には，当該行為の効力が生ずる日における分配可能額を超えて，株主に対して金銭等を交付することができる。

(本試験2020年問38)

●法令編

正解 5

正答率 **65**%

合格基本書

1 **正** そのとおり。株式会社は，その発行する全部または 586, 587p
一部の株式の内容として，当該株式について，株主が当該株
式会社に対してその取得を請求することができることを定め
ることができる（107条1項2号，108条1項5号）。

2 **正** そのとおり。株式会社は，その発行する全部または 586, 587p
一部の株式の内容として，当該株式について，当該株式会社
が一定の事由が生じたことを条件としてその取得を請求する
ことができることを定めることができる（107条1項3号，
108条1項6号）。

3 **正** そのとおり。株式会社が他の会社の事業の全部を譲
り受ける場合には，当該株式会社は，当該他の会社が有する
当該株式会社の株式を取得することができる（467条2項参
照）。

4 **正** そのとおり。取締役会設置会社は，市場取引等によ
り当該株式会社の株式を取得することを取締役会の決議によ
って定めることができる旨を定款で定めることができる
（165条2項）。

5 **誤** 株式会社が，株主総会の決議に基づいて，株主との 591p
合意により当該株式会社の株式を有償で取得する場合（156
条1項）には，当該行為により株主に対して交付する金銭等
（当該株式会社の株式を除く。）の帳簿価額の総額は，当該行
為がその効力を生ずる日における分配可能額を超えてはなら
ない（461条1項2号）。

ワンポイント・アドバイス

「自己株式」とは，株式会社が有する自己の株式をいいます（113条4項
参照）。株式会社は，適法に「自己株式」を取得したときは，その「自己株
式」を保有し続けることができます。

| チェック欄 | | | | ●商法・会社法 |

会社法／株式

問359 株券が発行されない株式会社の株式であって、振替株式ではない株式の質入れに関する次の記述のうち、会社法の規定に照らし、正しいものはどれか。

1 株主が株式に質権を設定する場合には、質権者の氏名または名称および住所を株主名簿に記載または記録しなければ、質権の効力は生じない。

2 株主名簿に質権者の氏名または名称および住所等の記載または記録をするには、質権を設定した者は、質権者と共同して株式会社に対してそれを請求しなければならない。

3 譲渡制限株式に質権を設定するには、当該譲渡制限株式を発行した株式会社の取締役会または株主総会による承認が必要である。

4 株主名簿に記載または記録された質権者は、債権の弁済期が到来している場合には、当該質権の目的物である株式に対して交付される剰余金の配当（金銭に限る。）を受領し、自己の債権の弁済に充てることができる。

5 株主名簿に記載または記録された質権者は、株主名簿にしたがって株式会社から株主総会の招集通知を受け、自ら議決権を行使することができる。

（本試験2021年問38）

●法令編

正解 4

正答率 **44%**

合格基本書
589p

1 誤 株主は，その有する株式に質権を設定することができる（146条1項）。株券不発行会社の株式（振替株式を除く。）の質入れは，<u>当事者間の意思表示のみによって効力を生ずる</u>（146条2項反対解釈）。なお，株式の質入れは，その質権者の氏名または名称および住所を株主名簿に記載し，または記録しなければ，<u>株式会社その他の第三者に対抗することができない</u>（147条1項）。

2 誤 株式に質権を設定した者は，株式会社に対し，①「質権者の氏名又は名称及び住所」，②「質権の目的である株式」を株主名簿に記載し，または記録することを請求することができる（148条）。この請求について<u>質権者と共同してする必要はない</u>。

3 誤 譲渡制限株式について質権を設定するときに，<u>取締役会または株主総会による承認を得る必要はない</u>。

4 正 そのとおり。株式会社が剰余金の配当をした場合には，株式を目的とする質権は，それによって当該株式の株主が受けることのできる金銭等（金銭その他の財産をいう。）について存在する（151条1項8号）。株主名簿に記載され，または記録された質権者は，その配当（金銭に限る。）を受領し，他の債権者に先立って自己の債権の弁済に充てることができる（154条1項）。

5 誤 質権者は，株主名簿に記載・記録されたとしても，<u>株主総会の議決権などの共益権を有するものではない</u>。

ワンポイント・アドバイス

　株券発行会社の株式の質入れは，当該株式に係る株券を交付しなければ，その効力を生じません（146条2項）。株券発行会社の株式の質権者は，継続して当該株式に係る株券を占有しなければ，その質権をもって株券発行会社その他の第三者に対抗することができません（147条2項）。

70

●商法・会社法

会社法／株主総会

重要度 A

問360 株主総会に関する次の記述のうち，会社法の規定に照らし，誤っているものはどれか。

1 株式会社は，基準日を定めて，当該基準日において株主名簿に記載または記録されている株主（以下，「基準日株主」という。）を株主総会において議決権を行使することができる者と定めることができる。

2 株式会社は，基準日株主の権利を害することがない範囲であれば，当該基準日後に株式を取得した者の全部または一部を株主総会における議決権を行使することができる者と定めることができる。

3 株主は，株主総会ごとに代理権を授与した代理人によってその議決権を行使することができる。

4 株主総会においてその延期または続行について決議があった場合には，株式会社は新たな基準日を定めなければならず，新たに定めた基準日における株主名簿に記載または記録されている株主が当該株主総会に出席することができる。

5 株主が議決権行使書面を送付した場合に，当該株主が株主総会に出席して議決権を行使したときには，書面による議決権行使の効力は失われる。

（本試験2020年問39）

●法令編

正解 4

正答率 **51**%

合格基本書

1 **正** そのとおり。株式会社は，一定の日（以下「基準日」 597p
という。）を定めて，基準日において株主名簿に記載され，
または記録されている株主（以下「基準日株主」という。）
をその権利を行使することができる者と定めることができる
（124条1項）。

2 **正** そのとおり。基準日株主が行使することができる権
利が株主総会または種類株主総会における議決権である場合
には，株式会社は，当該基準日後に株式を取得した者の全部
または一部を当該権利を行使することができる者と定めるこ
とができる（124条4項本文）。ただし，当該株式の基準日
株主の権利を害することができない（124条4項ただし書）。

3 **正** そのとおり。株主は，代理人によってその議決権を 597p
行使することができる（310条1項前段）。代理権の授与は，
株主総会ごとにしなければならない（310条2項）。

4 **誤** 会社法では，このようなことは規定されていない。
株主総会においてその延期または続行について決議があった
場合には，その決議に基づいて後日に継続して行われる株主
総会（いわゆる「継続会」）については，あらためて株主総会
の招集の決定を行う必要はなく，かつ，招集の通知を発する
必要もない（317条）。「継続会」は，先行する株主総会と同
一の総会であり，その一部をなすものであるから，先行する
株主総会と「継続会」に出席することができる株主は共通で
なければならない。

5 **正** そのとおり。株主が会社に議決権行使書面を送付し 597p
た場合に，当該株主が株主総会に出席して議決権を行使した
ときには，書面による議決権行使の効力は失われる。書面に
よる議決権行使をすることができるのは，「株主総会に出席
しない株主」（298条1項3号）に限られるからである。

72

●商法・会社法

| チェック欄 | | | |

会社法／株主総会

重要度 C

問361 会社法上の公開会社（監査等委員会設置会社および指名委員会等設置会社を除く。）における株主総会の決議に関する次の記述のうち、会社法の規定および判例に照らし、株主総会の決議無効確認の訴えにおいて無効原因となるものはどれか。なお、定款に別段の定めはないものとする。

1 株主総会の招集手続が一切なされなかったが、株主が全員出席した総会において、取締役の資格を当該株式会社の株主に限定する旨の定款変更決議がなされた場合

2 代表権のない取締役が取締役会の決議に基づかずに招集した株主総会において、当該事業年度の計算書類を承認する決議がなされた場合

3 取締役の任期を、選任後1年以内に終了する事業年度に関する定時株主総会の終結の時までとする株主総会決議がなされた場合

4 株主に代わって株主総会に出席して議決権を代理行使する者を、当該株式会社の株主に限定する旨の定款変更決議がなされた場合

5 特定の株主が保有する株式を当該株式会社が取得することを承認するための株主総会に、当該株主が出席して議決権を行使し決議がなされた場合

（本試験2013年問38改題）

●法令編

正答率 **23**%

本問では，会社法上の公開会社（監査等委員会設置会社および指名委員会等設置会社を除く。）における株主総会の決議が問題となっているので，以下，この会社を前提に解説する。

1 無効原因となる 判例は，「招集権者による株主総会の招集の手続を欠く場合であつても，株主全員がその開催に同意して出席したいわゆる全員出席総会において，株主総会の権限に関する事項につき決議をしたときは，右決議は有効に成立する」としている（最判昭60.12.20）。したがって，株主総会の招集手続が一切なされなかった点について，招集手続に違法はない。しかし，会社法上の公開会社は，取締役が株主でなければならない旨を定款で定めることができない（331条2項）。よって，当該決議内容が法令に違反することになり，株主総会決議無効確認の訴えにおいて無効原因となる（830条2項）。

596, 599p

2 無効原因となるものではない 判例は，代表取締役以外の取締役によって取締役会の決議を経ることなしに招集された株主総会は，「法律上の意義における株主総会ということはできず，そこで決議がなされたとしても，株主総会の決議があつたと解することはできない」としている（最判昭45.8.20）。よって，株主総会決議不存在確認の訴えにおける決議不存在事由となる（830条1項）。

596, 599p

3 無効原因となるものではない 取締役の任期は，選任後2年以内に終了する事業年度のうち最終のものに関する定時株主総会の終結の時までとする（332条1項本文）。ただし，定款または株主総会の決議によって，その任期を短縮することを妨げない（332条1項ただし書）。よって，当該決議内容に法令違反はなく，株主総会決議無効確認の訴えにおいて無効原因となるものではない。

599, 600p

●商法・会社法

4　無効原因となるものではない　株主は，代理人によって　597, 599p
その議決権を行使することができる（310条1項前段）。判
例は，当該代理人は株主に限る旨の定款の規定は，株主総会
が，株主以外の第三者によって攪乱されることを防止し，会
社の利益を保護する趣旨に出たものと認められ，合理的理由
による相当程度の制限ということができるから，有効である
としている（最判昭43.11.1）。よって，当該決議内容に法令
違反はなく，株主総会決議無効確認の訴えにおいて無効原因
となるものではない。

5　無効原因となるものではない　株式会社は，特定の株主　591, 599p
からその保有株式を有償で取得することができる（160条1
項）。その際，あらかじめ株主総会の決議により，取得する
株式数などの事項を決定する必要がある（156条1項）。も
っとも，当該特定の株主は，その株主総会において議決権を
行使することができない（160条4項）。よって，当該決議
方法に法令違反があり，株主総会決議取消しの訴えにおける
取消事由となる（831条1項1号）。

第4編　商法・会社法

ワンポイント・アドバイス

「決議取消しの訴え」の提訴権者は，原則として株主・取締役・監査役・
執行役・清算人に限られ，提訴期間は決議の日から3カ月以内に限られます
（831条1項）。決議の取消事由になるのは，①「招集手続」または「決議方
法」が法令・定款に違反しまたは著しく不公正な場合，②決議の内容が「定
款」に違反する場合，③特別利害関係人が議決権を行使した結果著しく不当
な決議がなされた場合です（831条1項各号）。

一方，決議が「存在しない」場合または決議の内容が「法令」に違反する
場合には，不存在または無効の確認を求める正当な利益がある限り，誰で
も，いつでも，「決議不存在確認の訴え」または「決議無効確認の訴え」を
提起することができます（830条）。もっとも，これらの場合には，各決議
は当然に不存在または無効であり，訴えによらなくても不存在または無効を
主張することができると解されています。

75

| チェック欄 | | | |

●商法・会社法

会社法／株主総会

重要度 A

問362 株主総会の決議に関する次の記述のうち、会社法の規定に照らし、妥当でないものはどれか。

1 取締役会設置会社の株主総会は、法令に規定される事項または定款に定められた事項に限って決議を行うことができる。

2 取締役会設置会社以外の会社の株主総会においては、招集権者が株主総会の目的である事項として株主に通知した事項以外についても、決議を行うことができる。

3 取締役または株主が株主総会の目的である事項について提案をした場合において、当該提案につき議決権を行使できる株主の全員が書面または電磁的記録により同意の意思表示をしたときは、当該提案を可決する旨の株主総会の決議があったとみなされる。

4 株主総会の決議取消しの訴えにおいて、株主総会の決議の方法に関する瑕疵が重大なものであっても、当該瑕疵が決議に影響を及ぼさなかったものと認められる場合には、裁判所は、請求を棄却することができる。

5 会社を被告とする株主総会の決議取消しの訴え、決議の無効確認の訴え、および決議の不存在確認の訴えにおいて、請求認容の判決が確定した場合には、その判決は、第三者に対しても効力を有する。

（本試験2014年問39）

●法令編

正解 4

正答率 **36**%

合格基本書

1 **妥当である** そのとおり。取締役会設置会社においては，株主総会は，会社法に規定する事項および定款で定めた事項に限り，決議をすることができる（295条2項）。なお，取締役会設置会社以外の株式会社における株主総会は，会社法に規定する事項および株式会社の組織，運営，管理その他株式会社に関する一切の事項について決議をすることができる（295条1項）。 596p

2 **妥当である** そのとおり。取締役会設置会社以外の会社においては，株主総会は，招集権者が株主総会の目的である事項として株主に通知した事項以外についても，決議をすることができる（309条5項本文参照）。 596p

3 **妥当である** そのとおり。取締役または株主が株主総会の目的である事項について提案をした場合において，当該提案につき株主（当該事項について議決権を行使することができるものに限る。）の全員が書面または電磁的記録により同意の意思表示をしたときは，当該提案を可決する旨の株主総会の決議があったものとみなされる（319条1項）。 598p

4 **妥当でない** 株主総会の決議の取消しの訴えの提起があった場合において，株主総会の招集の手続または決議の方法が法令または定款に違反するときであっても，裁判所は，<u>その違反する事実が重大でなく，かつ，決議に影響を及ぼさないものであると認めるとき</u>は，請求を棄却することができる（831条2項）。 599p

5 **妥当である** そのとおり。会社を被告とする株主総会の決議取消しの訴え，決議の無効確認の訴え，および決議の不存在確認の訴え（834条16号17号）において，請求認容の判決が確定した場合には，その判決は，第三者に対しても効力を有する（838条）。 599p

78

●商法・会社法

会社法／取締役・取締役会・代表取締役

重要度 C

問363 社外取締役に関する次の記述のうち、会社法の規定に照らし、誤っているものはどれか。

1 社外取締役は、当該株式会社またはその子会社の業務執行取締役もしくは執行役または支配人その他の使用人を兼任することができない。

2 監査等委員会設置会社においては、監査等委員である取締役の過半数は、社外取締役でなければならない。

3 公開会社であり、かつ、大会社である監査役会設置会社は、1名以上の社外取締役を選任しなければならない。

4 株式会社が特別取締役を選定する場合には、当該株式会社は、特別取締役による議決の定めがある旨、選定された特別取締役の氏名および当該株式会社の取締役のうち社外取締役であるものについては社外取締役である旨を登記しなければならない。

5 株式会社は、社外取締役の当該株式会社に対する責任について、社外取締役が職務を行うにつき善意でかつ重大な過失がない場合において、当該社外取締役が負う責任の限度額をあらかじめ定める旨の契約を締結することができる旨を定款で定めることができる。

（本試験2018年問39）

●法令編

正解 3

正答率 **38%**

合格基本書

1 **正** そのとおり。社外取締役となるには，株式会社の取締役であって，当該株式会社またはその子会社の業務執行取締役もしくは執行役または支配人その他の使用人でないことが必要である（2条15号イ）。

603p

2 **正** そのとおり。監査等委員会設置会社においては，監査等委員である取締役は，3人以上で，その過半数は，社外取締役でなければならない（331条6項）。

612p

3 **誤** 監査役会設置会社（公開会社であり，かつ，大会社であるものに限る。）であって金融商品取引法24条1項の規定によりその発行する株式について有価証券報告書を内閣総理大臣に提出しなければならないものは，社外取締役を置かなければならない（327条の2）。

4 **正** そのとおり。株式会社が特別取締役を選定する場合には，当該株式会社は，①特別取締役による議決の定めがある旨，②特別取締役の氏名，③取締役のうち社外取締役であるものについて，社外取締役である旨を登記しなければならない（911条3項21号）。

5 **正** そのとおり。株式会社は，取締役（業務執行取締役等であるものを除く。），会計参与，監査役または会計監査人（これらを「非業務執行取締役等」という。）の当該株式会社に対する責任について，当該非業務執行取締役等が職務を行うにつき善意でかつ重大な過失がないときは，定款で定めた額の範囲内であらかじめ株式会社が定めた額と最低責任限度額とのいずれか高い額を限度とする旨の契約を非業務執行取締役等と締結することができる旨を定款で定めることができる（427条1項）。社外取締役は，業務執行取締役等ではない（2条15号イ参照）から，ここにいう取締役（業務執行取締役等であるものを除く。）に含まれる。

80

●商法・会社法

会社法／取締役・取締役会・代表取締役

重要度 A

問 364 取締役会設置会社（指名委員会等設置会社および監査等委員会設置会社を除く。）の取締役会に関する次の記述のうち，会社法の規定に照らし，誤っているものの組合せはどれか。なお，定款または取締役会において別段の定めはないものとする。

ア 取締役会は，代表取締役がこれを招集しなければならない。

イ 取締役会を招集する場合には，取締役会の日の1週間前までに，各取締役（監査役設置会社にあっては，各取締役および各監査役）に対して，取締役会の目的である事項および議案を示して，招集の通知を発しなければならない。

ウ 取締役会の決議は，議決に加わることができる取締役の過半数が出席し，その過半数をもって行う。

エ 取締役会の決議について特別の利害関係を有する取締役は，議決に加わることができない。

オ 取締役会の決議に参加した取締役であって，取締役会の議事録に異議をとどめないものは，その決議に賛成したものと推定する。

1 ア・イ
2 ア・オ
3 イ・ウ
4 ウ・エ
5 エ・オ

（本試験2019年問39）

●法令編

正解 **1**

正答率 **30%**

合格基本書

ア **誤** 取締役会は，各取締役が招集する（366条1項本文）。 604p
ただし，取締役会を招集する取締役を定款または取締役会で
定めたときは，その取締役が招集する（366条1項ただし
書）。

イ **誤** 取締役会を招集する者は，取締役会の日の1週間（こ 605p
れを下回る期間を定款で定めた場合にあっては，その期間）
前までに，各取締役（監査役設置会社にあっては，各取締役
および各監査役）に対してその通知を発しなければならない
（368条1項）。この通知について，取締役会の目的である事
項および議案を示すことを要するものとする規定はない。

ウ **正** そのとおり。取締役会の決議は，議決に加わることが 605p
できる取締役の過半数（これを上回る割合を定款で定めた場
合にあっては，その割合以上）が出席し，その過半数（これ
を上回る割合を定款で定めた場合にあっては，その割合以
上）をもって行う（369条1項）。

エ **正** そのとおり。取締役会の決議について特別の利害関係 605p
を有する取締役は，議決に加わることができない（369条2
項）。

オ **正** そのとおり。取締役会の決議に参加した取締役であっ
て，取締役会の議事録に異議をとどめないものは，その決議
に賛成したものと推定される（369条5項）。

以上より，誤っているものはア・イであり，正解は**1**である。

ワンポイント・アドバイス

取締役会は，取締役（監査役設置会社にあって〔
の全員の同意があるときは，招集の手続を経るこ
ます（368条2項）。

82

会社法／取締役・取締役会・代表取締役

重要度 B

問365 株式会社の取締役の報酬等に関する次の記述のうち，会社法の規定に照らし，誤っているものの組合せはどれか。

ア 取締役の報酬等は，当該株式会社の分配可能額の中から剰余金の処分として支給され，分配可能額がない場合には，報酬等を支給することはできない。

イ 指名委員会等設置会社でない株式会社において，取締役の報酬等として当該株式会社の株式または新株予約権を取締役に付与する場合には，取締役の報酬等に関する定款の定めも株主総会の決議も要しない。

ウ 監査等委員会設置会社において，監査等委員会が選定する監査等委員は，株主総会において，監査等委員以外の取締役の報酬等について，監査等委員会の意見を述べることができる。

エ 指名委員会等設置会社において，報酬委員会は取締役の個人別の報酬等の内容に係る決定に関する方針を定めなければならず，当該方針に従って，報酬委員会は取締役の個人別の報酬等の内容を決定する。

オ 監査等委員会設置会社において，監査等委員である取締役は，株主総会において，監査等委員である取締役の報酬等について意見を述べることができる。

1 ア・イ
2 ア・オ
3 イ・ウ
4 ウ・エ
5 エ・オ

(本試験2017年問39)

●法令編

正答率 **60**%

ア **誤** 取締役の報酬等は，株式会社との委任契約の対価として支払われるものであって（330条・民法648条1項），剰余金の処分として支給されるものではない。よって，株式会社に分配可能額がない場合であっても，取締役の報酬等を支給することができる。

イ **誤** 取締役の報酬等として当該会社の募集株式や募集新株予約権を取締役に付与する場合であっても，取締役の報酬等に関する定款の定めまたは株主総会の決議が必要とされている（361条1項3号4号）。 607p

ウ **正** そのとおり。監査等委員会が選定する監査等委員は，株主総会において，監査等委員である取締役以外の取締役の報酬等について監査等委員会の意見を述べることができる（361条6項）。 613p

エ **正** そのとおり。報酬委員会は，執行役等（執行役および取締役をいい，会計参与設置会社にあっては，執行役，取締役および会計参与をいう（404条2項1号））の個人別の報酬等の内容に係る決定に関する方針を定めなければならない（409条1項）。報酬委員会は，当該方針に従って，執行役等の個人別の報酬等の内容を決定する（404条3項前段，409条2項）。 615p

オ **正** そのとおり。監査等委員である取締役は，株主総会において，監査等委員である取締役の報酬等について意見を述べることができる（361条5項）。 613p

以上より，誤っているものはア・イであり，正解は**1**である。

●商法・会社法

会社法／取締役・取締役会・代表取締役

重要度 B

問 366 取締役会設置会社（監査等委員会設置会社および指名委員会等設置会社を除く。）と取締役との間の取引等に関する次のア～オの記述のうち，会社法の規定に照らし，妥当でないものはいくつあるか。

ア　取締役が自己または第三者のために会社と取引をしようとするときには，その取引について重要な事実を開示して，取締役会の承認を受けなければならない。

イ　取締役が会社から受ける報酬等の額，報酬等の具体的な算定方法または報酬等の具体的な内容については，定款に当該事項の定めがある場合を除き，会社の業務執行に係る事項として取締役会の決定で足り，株主総会の決議は要しない。

ウ　会社が取締役の債務を保証することその他取締役以外の者との間において会社と当該取締役との利益が相反する取引をしようとするときには，その取引について重要な事実を開示して，取締役会の承認を受けなければならない。

エ　取締役が会社に対し，または会社が取締役に対して訴えを提起する場合には，監査役設置会社においては監査役が会社を代表し，監査役設置会社でない会社においては会計参与が会社を代表する。

オ　取締役が自己または第三者のために会社の事業の部類に属する取引をしようとするときには，その取引について重要な事実を開示して，取締役会の承認を受けなければならない。

1　一つ
2　二つ
3　三つ
4　四つ
5　五つ

（本試験2013年問39改題）

●法令編

正解2

正答率 **55**%

合格基本書

　本問では，取締役会設置会社（監査等委員会設置会社および指名委員会等設置会社を除く。）と取締役との間の取引等が問題となっているので，以下，この会社を前提に解説する。

ア　**妥当である**　そのとおり（356条1項2号，365条1項）。　606p

イ　**妥当でない**　取締役が会社から受ける報酬等の額，報酬等　607p
　の具体的な算定方法または報酬等の具体的な内容などについ
　ては，定款に当該事項を定めていないときは，株主総会の普
　通決議によって定める（361条1項，309条1項）。

ウ　**妥当である**　そのとおり。会社が取締役の債務を保証する　606p
　ことその他取締役以外の者との間において会社と当該取締役
　との利益が相反する取引は，利益相反取引として規制対象と
　なり，その取引については重要な事実を開示して，取締役会
　の承認を得ることが必要となる（356条1項3号，365条1
　項）。

エ　**妥当でない**　取締役が会社に対し，または会社が取締役に　603, 618p
　対して訴えを提起する場合には，監査役設置会社において
　は，当該訴えについて，監査役が会社を代表する（386条1
　項1号）。監査役設置会社でない取締役会設置会社において
　は，①株主総会が当該訴えについて会社を代表する者を定め
　ることができ（353条），②取締役会は前記①の定めがある
　場合を除き，当該訴えについて会社を代表する者を定めるこ
　とができる（364条）。監査役設置会社でない取締役会設置
　会社においては，「会計参与」が会社を代表するとはされて
　いない。

オ　**妥当である**　そのとおり（356条1項1号，365条1項）。　606p

　以上より，妥当でないものはイ，エの2つであり，正解は**2**
である。

| チェック欄 | | | |

●商法・会社法

会社法／監査役

重要度 A

問367 種類株式発行会社ではない取締役会設置会社で，複数の監査役が選任されている監査役設置会社の監査役の選任および解任に関する次の記述のうち，会社法の規定に照らし，誤っているものはどれか。なお，定款には別段の定めがないものとする。

1 監査役を選任するには，議決権を行使することができる株主の議決権の過半数を有する株主が株主総会に出席し，出席した当該株主の議決権の過半数の決議をもって行わなければならない。

2 代表取締役が監査役の選任に関する議案を株主総会に提出するには，監査役全員の同意を得なければならない。

3 監査役は，取締役に対して，監査役の選任を株主総会の目的とすること，または監査役の選任に関する議案を株主総会に提出することを請求することができる。

4 監査役を解任するには，議決権を行使することができる株主の議決権の過半数を有する株主が株主総会に出席し，出席した当該株主の議決権の3分の2以上に当たる多数の決議をもって行わなければならない。

5 監査役は，株主総会に当該監査役の解任議案が提出された場合のほか，他の監査役の解任議案が提出された場合も，株主総会において，当該解任について意見を述べることができる。

（本試験2015年問39）

●法令編

正解 **2**

正答率 **50**%

合格基本書

1 正 そのとおり。監査役を選任するためには，議決権を
行使することができる株主の議決権の過半数（3分の1以上
の割合を定款で定めた場合は，その割合以上）を有する株主
が株主総会に出席し，出席した当該株主の議決権の過半数
（これを上回る割合を定款で定めた場合は，その割合以上）
の決議をもって行わなければならない（341条）。

600, 608p

2 誤 代表取締役が監査役の選任に関する議案を株主総会
に提出するには，監査役（監査役が2人以上ある場合は，そ
の過半数）の同意を得なければならない（343条1項）。

608p

3 正 そのとおり。監査役は，取締役に対して，監査役の
選任を株主総会の目的とすること，または監査役の選任に関
する議案を株主総会に提出することを請求することができる
（343条2項）。

608p

4 正 そのとおり。監査役を解任するには，議決権を行使
することができる株主の議決権の過半数（3分の1以上の割
合を定款で定めた場合は，その割合以上）を有する株主が株
主総会に出席し，出席した当該株主の議決権の3分の2以上
（これを上回る割合を定款で定めた場合は，その割合以上）
に当たる多数の決議をもって行わなければならない（339条
1項，309条2項7号）。

601, 608p

5 正 そのとおり。監査役は，株主総会に当該監査役また
は他の監査役の解任議案が提出された場合，株主総会におい
て，当該解任について意見を述べることができる（345条4
項，1項）。

608p

ワンポイント・アドバイス

　役員（取締役，会計参与および監査役／329条1項かっこ書参照）および
会計監査人は，いつでも，株主総会の決議によって解任することができます
（339条1項）。

88

会社法／機関総合

問368 公開会社でない株式会社で，かつ，取締役会を設置していない株式会社に関する次の記述のうち，会社法の規定に照らし，誤っているものはどれか。

1 株主総会は，会社法に規定する事項および株主総会の組織，運営，管理その他株式会社に関する一切の事項について決議することができる。

2 株主は，持株数にかかわらず，取締役に対して，当該株主が議決権を行使することができる事項を株主総会の目的とすることを請求することができる。

3 株式会社は，コーポレートガバナンスの観点から，2人以上の取締役を置かなければならない。

4 株式会社は，取締役が株主でなければならない旨を定款で定めることができる。

5 取締役が，自己のために株式会社の事業の部類に属する取引をしようとするときは，株主総会において，当該取引につき重要な事実を開示し，その承認を受けなければならない。

（本試験2019年問40）

●法令編

正解 3

正答率 **67**%

合格基本書

1 正 そのとおり。取締役会を設置していない株式会社の株主総会は，会社法に規定する事項および株式総会の組織，運営，管理その他株式会社に関する一切の事項について決議をすることができる（295条1項）。なお，取締役会設置会社の株主総会は，会社法に規定する事項および定款で定めた事項に限り，決議をすることができる（295条2項）。

596p

2 正 そのとおり。公開会社でない株式会社で，かつ，取締役会を設置していない株式会社の株主は，持株数・保有期間にかかわらず，取締役に対し，一定の事項（当該株主が議決権を行使することができる事項に限る。）を株主総会の目的とすることを請求することができる（303条1項）。なお，取締役会設置会社では，総株主の議決権の100分の1（これを下回る割合を定款で定めた場合はその割合）以上の議決権または300個（これを下回る数を定款で定めた場合はその個数）以上の議決権を6カ月（これを下回る期間を定款で定めた場合はその期間）前から引き続き有する株主であること（公開会社でない取締役会設置会社では6カ月の保有期間の要件は不要）が必要である（303条2項3項）。

585p

3 誤 <u>会社法では，このようなことは規定されていない。</u>なお，取締役会設置会社では，取締役は3人以上でなければならない（331条5項）が，取締役会を設置していない株式会社では，取締役は1人で足りる（326条1項）。

600p

4 正 そのとおり。株式会社は，取締役が株主でなければならない旨を定款で定めることができない（331条2項本文）。ただし，公開会社でない株式会社においては，この限りでない（331条2項ただし書）。

600p

5 正 そのとおり。取締役会を設置していない株式会社の取締役は，自己または第三者のために株式会社の事業の部類に属する取引をしようとするときには，株主総会において，当該取引につき重要な事実を開示し，その承認を受けなければならない（356条1項1号）。なお，取締役会設置会社では，取締役会の承認が必要である（365条1項）。

606p

90

| チェック欄 | | | | ●商法・会社法 |

会社法／機関総合

重要度 C

問369 監査役設置会社および指名委員会等設置会社に関する次のア〜オの記述のうち、いずれの会社についても、正しいものの組合せはどれか。

ア 会社を代表する代表取締役または代表執行役は、取締役会で選定しなければならない。

イ 取締役会決議により、会社の業務の執行を取締役に委任することができる。

ウ 定款の定めにより、多額の借財の決定を株主総会決議に委ねることができる。

エ 取締役会決議により、多額の借財の決定を取締役または執行役に委任することができる。

オ 取締役および社外取締役の員数の要件を満たせば、多額の借財の決定を特別取締役からなる取締役会に委譲することができる。

1 ア・イ
2 ア・ウ
3 イ・オ
4 ウ・エ
5 エ・オ

（本試験2012年問39改題）

●法令編

正解 2

正答率 **39%**

合格基本書

ア **正** そのとおり。監査役設置会社で取締役会を設置する会社において、取締役会は、取締役の中から代表取締役を選定しなければならない（362条3項）。指名委員会等設置会社において、取締役会は、執行役の中から代表執行役を選定しなければならない（420条1項前段）。

603, 615p

イ **誤** 指名委員会等設置会社の業務の執行は執行役が行い（418条2号）、指名委員会等設置会社の取締役は、会社法等に特別の定めがない限り、業務執行を行うことができない（415条）。よって、指名委員会等設置会社においては、取締役会決議により、会社の業務の執行を取締役に委任することはできない。

614p

ウ **正** そのとおり。取締役会設置会社以外の会社においては、そもそも株主総会が会社に関する一切の事項を決定できる（295条1項）。したがって、多額の借財の決定を株主総会決議に委ねることができるのは当然である。また、取締役会設置会社は、定款で定めることにより、株主総会の決議事項を拡張することができる（295条2項）。よって、定款の定めにより、多額の借財の決定を株主総会決議に委ねることができる。

596p

エ **誤** 監査役設置会社で取締役会を設置する会社において、取締役会は、多額の借財の決定を取締役に委任することができない（362条4項2号）。他方、指名委員会等設置会社においては、取締役会は、多額の借財の決定を執行役に委任することができる（416条4項）。

604, 614p

オ **誤** 指名委員会等設置会社および399条の13第5項に規定する場合または同条6項の規定による定款の定めがある監査等委員会設置会社においては、特別取締役による取締役会の決議は認められない（373条1項）。

605, 614p

以上より、正しいものはア・ウであり、正解は**2**である。

92

●商法・会社法

会社法／機関総合

問370 監査等委員会設置会社または指名委員会等設置会社に関する次の記述のうち，会社法の規定に照らし，誤っているものはどれか。

1 監査等委員会設置会社または指名委員会等設置会社は，いずれも監査役を設置することができない。

2 監査等委員会設置会社は，定款で定めた場合には，指名委員会または報酬委員会のいずれかまたは双方を設置しないことができる。

3 監査等委員会設置会社または指名委員会等設置会社は，いずれも取締役会設置会社である。

4 監査等委員会設置会社を代表する機関は代表取締役であるが，指名委員会等設置会社を代表する機関は代表執行役である。

5 監査等委員会設置会社または指名委員会等設置会社は，いずれも会計監査人を設置しなければならない。

(本試験2016年-問39)

●法令編

正解 2

正答率 **37**%

合格基本書

1 **正** そのとおり。監査等委員会設置会社および指名委員 612, 614p
会等設置会社は，監査役を置いてはならない（327条4項）。

2 **誤** 監査等委員会設置会社とは，監査等委員会を置く会 612p
社である（2条11号の2）。監査等委員会設置会社は，指
名委員会等設置会社（2条12号）と異なり，指名委員会，
報酬委員会を置く会社ではない。

3 **正** そのとおり。監査等委員会設置会社は，取締役会を 612, 614p
置かなければならない（327条1項3号）。また，指名委員
会等設置会社は，取締役会を置かなければならない（327条
1項4号）。

4 **正** そのとおり。監査等委員会設置会社では，代表取締 613, 615p
役が会社の業務に関する包括的な代表権限を有する（349条
4項）。指名委員会等設置会社では，代表執行役が会社の業
務に関する包括的な代表権限を有する（420条3項・349条
4項）。

5 **正** そのとおり。監査等委員会設置会社および指名委員 612, 614p
会等設置会社は，会計監査人を置かなければならない（327
条5項）。

ワンポイント・アドバイス

　指名委員会等設置会社に置かれる「監査委員会」と，監査等委員会設置会
社に置かれる「監査等委員会」の機能が重複していることから，指名委員会
等設置会社は，監査等委員会を置いてはならない（327条6項）とされて
います。すなわち，株式会社は「指名委員会等設置会社」と「監査等委員会
設置会社」の両方を兼ねることはできません。

94

●商法・会社法

会社法／機関総合

問371 社外取締役および社外監査役の設置に関する次のア～オの記述のうち，会社法の規定に照らし，誤っているものの組合せはどれか。

ア　監査役設置会社（公開会社であるものに限る。）が社外監査役を置いていない場合には，取締役は，当該事業年度に関する定時株主総会において，社外監査役を置くことが相当でない理由を説明しなければならない。

イ　監査役会設置会社においては，3人以上の監査役を置き，そのうち半数以上は，社外監査役でなければならない。

ウ　監査役会設置会社（公開会社であり，かつ，大会社であるものに限る。）であって金融商品取引法の規定によりその発行する株式について有価証券報告書を内閣総理大臣に提出しなければならないものにおいては，3人以上の取締役を置き，その過半数は，社外取締役でなければならない。

エ　監査等委員会設置会社においては，3人以上の監査等委員である取締役を置き，その過半数は，社外取締役でなければならない。

オ　指名委員会等設置会社においては，指名委員会，監査委員会または報酬委員会の各委員会は，3人以上の取締役である委員で組織し，各委員会の委員の過半数は，社外取締役でなければならない。

1　ア・ウ
2　ア・エ
3　イ・エ
4　イ・オ
5　ウ・オ

（本試験2021年問39）

●法令編

正解 1

正答率 **35%**

合格基本書

ア **誤** <u>2019（令和元）年改正後の会社法では，このような
ことは規定されていない</u>（2019（令和元）年改正前の327
条の2参照）。

イ **正** そのとおり。監査役会設置会社においては，監査役
は，3人以上で，そのうち半数以上は，社外監査役でなけれ
ばならない（335条3項）。　600p

ウ **誤** 監査役会設置会社は，取締役会を置かなければならな
い（327条1項2号）ことから，3人以上の取締役を置かな
ければならない（331条5項）。そして，監査役会設置会社
（公開会社であり，かつ，大会社であるものに限る。）であっ
て金融商品取引法24条1項の規定によりその発行する株式に
ついて有価証券報告書を内閣総理大臣に提出しなければなら
ないものは，<u>社外取締役を置かなければならない</u>（327条の
2）。この社外取締役は，1人以上であれば足りる。　603p

エ **正** そのとおり。監査等委員会設置会社においては，監査
等委員である取締役は，3人以上で，その過半数は，社外取
締役でなければならない（331条6項）。　612p

オ **正** そのとおり。指名委員会等設置会社では，指名委員
会，監査委員会または報酬委員会の各委員会は，委員3人以
上で組織する（400条1項）。各委員会の委員の過半数は，
社外取締役でなければならない（400条3項）。　614p

以上より，誤っているものはア・ウであり，正解は**1**である。

ワンポイント・アドバイス

　①「公開会社」，②「監査役会設置会社」，③「監査等委員会設置会社」，
④「指名委員会等設置会社」は，取締役会を置かなければなりません
（327条1項1号～4号）。

会社法／総合

問372 剰余金の配当に関する次の記述のうち、会社法の規定に照らし、正しいものはどれか。

1 　株式会社は、剰余金の配当請求権および残余財産分配請求権の全部を株主に与えない旨の定款の定めを設けることができる。
2 　株式会社は、分配可能額の全部につき、株主に対して、剰余金の配当を支払わなければならない。
3 　株式会社より分配可能額を超える金銭の交付を受けた株主がその事実につき善意である場合には、当該株主は、当該株式会社に対し、交付を受けた金銭を支払う義務を負わない。
4 　株式会社は、当該株式会社の株主および当該株式会社に対し、剰余金の配当をすることができる。
5 　株式会社は、配当財産として、金銭以外に当該株式会社の株式、社債または新株予約権を株主に交付することはできない。

（本試験2018年問40）

●法令編

正解 **5**

正答率 **30**%

合格基本書

1 誤 株主に，①剰余金の配当を受ける権利および②残余財産の分配を受ける権利の全部を与えない旨の定款の定めは，その効力を有しない（105 条 2 項）。

587p

2 誤 株式会社は，その純資産額が 300 万円を下回る場合を除き（458 条），剰余金の分配可能額の範囲内であれば（461 条 1 項 8 号），いつでも何回でも剰余金の配当をすることができる（453 条）。すなわち，株主に対する剰余金の配当は，当該株式会社の純資産額が 300 万円を下回る場合を除き，剰余金の分配可能額の範囲内であれば，任意である。

629p

3 誤 分配可能額を超えた剰余金の配当等が行われた場合，これにより金銭等の交付を受けた者（剰余金の配当を受けた株主等）は，交付を受けた金銭等の帳簿価額に相当する金銭を当該株式会社に対して支払う義務を負う（462 条 1 項柱書）。この義務は，当該株主の善意・悪意や過失の有無にかかわらず発生する。

4 誤 株式会社は，その株主（当該株式会社を除く。）に対し，剰余金の配当をすることができる（453 条）。よって，当該株式会社に対して剰余金の配当をすることはできない。

629p

5 正 そのとおり。株式会社は，剰余金の配当をしようとするときは，その都度，株主総会の決議によって，①配当財産の種類（当該株式会社の株式等を除く。）および帳簿価額の総額，②株主に対する配当財産の割当てに関する事項，③当該剰余金の配当がその効力を生ずる日を定めなければならない（454 条 1 項）。ここにいう「株式等」とは，株式，社債および新株予約権をいう（107 条 2 項 2 号ホ参照）。

629p

●商法・会社法

会社法／総合

問373 剰余金の株主への配当に関する次のア～オの記述のうち，会社法の規定に照らし，正しいものの組合せはどれか。

ア　株式会社は，剰余金の配当をする場合には，資本金の額の4分の1に達するまで，当該剰余金の配当により減少する剰余金の額に10分の1を乗じて得た額を，資本準備金または利益準備金として計上しなければならない。

イ　株式会社は，金銭以外の財産により剰余金の配当を行うことができるが，当該株式会社の株式等，当該株式会社の子会社の株式等および当該株式会社の親会社の株式等を配当財産とすることはできない。

ウ　株式会社は，純資産額が300万円を下回る場合には，剰余金の配当を行うことができない。

エ　株式会社が剰余金の配当を行う場合には，中間配当を行うときを除いて，その都度，株主総会の決議を要し，定款の定めによって剰余金の配当に関する事項の決定を取締役会の権限とすることはできない。

オ　株式会社が最終事業年度において当期純利益を計上した場合には，当該純利益の額を超えない範囲内で，分配可能額を超えて剰余金の配当を行うことができる。

1　ア・ウ
2　ア・エ
3　イ・エ
4　イ・オ
5　ウ・オ

（本試験2021年問40）

●法令編

正解 **1**

正答率 **41**%

合格基本書

ア **正** そのとおり。剰余金の配当をする場合には，株式会社は，資本金の額の4分の1に達するまで，当該剰余金の配当により減少する剰余金の額に10分の1を乗じて得た額を資本準備金または利益準備金として計上しなければならない（445条4項，会社計算規則22条）。

イ **誤** 株式会社は，金銭以外の財産により剰余金の配当を行うことができるが，当該株式会社の株式等を配当財産とすることはできない（454条1項1号参照）。これに対し，子会社や親会社の株式等を配当財産とすることは禁止されていない。なお，「株式等」とは，株式，社債および新株予約権をいう（107条2項2号ホ参照）。

ウ **正** そのとおり。株式会社は，純資産額が300万円を下回る場合には，株主に対し，剰余金の配当をすることができない（458条）。 629p

エ **誤** 株式会社は，剰余金の配当をしようとするときは，その都度，株主総会の決議によって，①「配当財産の種類（当該株式会社の株式等を除く。）及び帳簿価額の総額」，②「株主に対する配当財産の割当てに関する事項」，③「当該剰余金の配当がその効力を生ずる日」を定めなければならない（454条1項）。もっとも，会計監査人設置会社は，剰余金の配当に関する事項を取締役会が定めることができる旨を定款で定めることができる（459条1項4号）。なお，取締役会設置会社は，1事業年度の途中において1回に限り取締役会の決議によって剰余金の配当（配当財産が金銭であるものに限る。）をすることができる旨を定款で定めることができる（中間配当／454条5項前段）。 629p

オ **誤** 剰余金の配当により株主に対して交付する金銭等の帳簿価額の総額は，その効力を生ずる日における分配可能額を超えてはならない（461条1項8号）。 629p

以上より，正しいものはア・ウであり，正解は**1**である。

100

| チェック欄 | | |

●商法・会社法

会社法／総合

重要度 B

問374 吸収合併に関する次の記述のうち，会社法の規定および判例に照らし，正しいものはどれか。

1 吸収合併は，株式会社と持分会社との間で行うこともできるが，株式会社を消滅会社とする場合には，社員の責任の加重など複雑な法律問題が生じるため，株式会社が存続会社とならなければならない。

2 吸収合併存続会社は，消滅会社の株主に対して，消滅会社の株式に代えて存続会社の株式を交付し，消滅会社のすべての株主を存続会社の株主としなければならない。

3 吸収合併存続会社の株主総会において，消滅会社の債務の一部を承継しない旨の合併承認決議が成立しても，債務を承継しない旨の条項は無効であって，すべての債務が存続会社に承継される。

4 吸収合併存続会社の株主で当該吸収合併に反対した株主が株式買取請求権を行使し，当該会社が分配可能額を超えて自己株式を取得した場合には，当該会社の業務執行者は，取得対価につき支払義務を負う。

5 財務状態の健全な会社を存続会社として吸収合併を行う場合には，消滅会社の債権者の利益を害するおそれがないことから，消滅会社の債権者は，消滅会社に対し，当該合併について異議を述べることはできない。

（本試験2012年問40）

●法令編

正解 **3**

正答率 **45**%

合格基本書

1　誤　吸収合併は，株式会社と持分会社との間で行うこと
もできる（748条）。会社法制定前には，その存続会社は株
式会社でなければならないとする制限があった。しかし，会
社法制定時に，規制緩和の趣旨からこのような制限は廃止さ
れた（751条参照）。

638p

2　誤　吸収合併存続会社は，吸収合併契約において，吸収
合併消滅会社の株主に対し，その株式に代えて吸収合併存続
会社が交付する①株式，②社債，③新株予約権，④新株予約
権付社債，または⑤それ以外の財産の数・額等もしくはその
算定方法を定めることになる（対価の柔軟化／749条1項2
号）。したがって，吸収合併存続会社は，消滅会社のすべて
の株主を存続会社の株主としなければならないわけではな
い。

638p

3　正　そのとおり。吸収合併存続会社は合併により吸収合
併消滅会社の権利義務を一般承継するから，たとえ吸収合併
消滅会社の債務の全部または一部を承継しない旨の合併承認
決議をしても，承継しない旨の条項は無効である（大判大
6.9.26）。したがって，吸収合併消滅会社のすべての債務が，
吸収合併存続会社に承継される。

639p

4　誤　吸収合併の際の株式買取請求による会社の自己株式
取得については，分配可能額からくる制約は存続せず（461
条1項参照），その取得に関する職務を行った業務執行者の
責任も生じない（462条1項参照）。

639p

5　誤　財務状態の健全な会社を存続会社として吸収合併を
行う場合であっても，消滅会社の債権者は，消滅会社に対
し，当該合併について異議を述べることができる（789条1
項1号）。

639p

102

| チェック欄 | | | |

●商法・会社法

会社法／総合

問375 次の記述のうち，全ての株式会社に共通する内容として，会社法の規定に照らし，誤っているものの組合せはどれか。

ア　株主の責任の上限は，その有する株式の引受価額である。

イ　株主は，その有する株式を譲渡することができる。

ウ　募集株式の発行に係る募集事項は，株主総会の決議により決定する。

エ　株主総会は，その決議によって取締役を1人以上選任する。

オ　株式会社の最低資本金は，300万円である。

1　ア・イ
2　イ・ウ
3　ウ・エ
4　ウ・オ
5　エ・オ

(本試験2017年問40)

●法令編

正解 **4**

正答率 **63**%

合格基本書

ア **正** そのとおり。株主の責任は，その有する株式の引受価 574p
額を限度とする（104 条）。

イ **正** そのとおり。株主は，その有する株式を譲渡すること 589, 590p
ができる（127 条）。

ウ **誤** 会社法上の公開会社では，第三者割当ての方法による 620, 621p
有利発行の場合（株主総会の特別決議によって決定する／
199 条 3 項，309 条 2 項 5 号）を除き，取締役会が募集株式
の発行に係る募集事項を決定する（201 条 1 項・199 条 1 項
2 項，202 条 3 項 3 号）。これに対し，会社法上の公開会社
でない株式会社（非公開会社）では，第三者割当ての方法に
よる場合も，株主割当てによる場合も，原則として，株主総
会の特別決議によって決定する（199 条 2 項，202 条 3 項 4
号，309 条 2 項 5 号）。

エ **正** そのとおり。株式会社には，1 人または 2 人以上の取 574, 595p
締役を置かなければならない（326 条 1 項）。役員（取締役，
会計参与および監査役）および会計監査人は，株主総会の決
議によって選任する（329 条 1 項）。

オ **誤** 2005（平成 17）年改正前の商法では，株式会社・有 628p
限会社には最低資本金の規制（有限会社は 300 万円，株式
会社は 1,000 万円）があったが，2005（平成 17）年に制定
された会社法では，最低資本金の規制が撤廃され，資本金が
1 円の株式会社も設立できるようになった。

以上より，誤っているものはウ・オであり，正解は**4**である。

●商法・会社法

チェック欄

会社法／総合

重要度 A

問376 次の事項のうち，会社法の規定に照らし，登記を必要とする事項はどれか。

1 支配人以外の重要な使用人を選任するときは，その者の氏名
2 補欠取締役を選任するときは，その者の氏名
3 代表取締役について，その権限を制限するときは，その者の氏名と制限の内容
4 株式交換をするときは，完全子会社となる会社については株式交換により完全子会社となる旨
5 会計参与について，その責任の限度に関する契約の締結につき定款で定めるときは，その旨

（本試験2015年問40）

●法令編

正答率 **18**%

合格基本書

1 登記を必要としない 支配人以外の重要な使用人の氏名 564p
を登記する必要はない。なお，支配人については登記する必
要がある（918条）。

2 登記を必要としない 補欠取締役（329条3項）の氏名 558p
を登記する必要はない。なお，取締役については登記する必
要がある（911条3項13号，22号イ）。

3 登記を必要としない 代表取締役の権限の制限（349条 558p
5項）を登記する必要はない。

4 登記を必要としない 株式交換をする場合に完全子会社 643p
となる旨を登記する必要はない。なお，合併，会社分割，株
式移転については，一定事項を登記する必要がある（921条
～925条）。

5 登記を必要とする そのとおり。取締役（業務執行取締 558p
役等であるものを除く。），会計参与，監査役または会計監査
人について，その責任の限度に関する契約の締結につき定款
で定めるときは，その旨を登記する必要がある（911条3項
25号，427条1項）。

ワンポイント・アドバイス

会社が「支配人」を選任し，またはその代理権が消滅したときは，その本
店の所在地において，その登記をしなければなりません（918条）。

●商法・会社法

| チェック欄 | | | |

会社法／総合

問377 公開会社ではない取締役会設置会社であって、監査役設置会社ではない会社の株主の権利に関する次の記述のうち、誤っているものはどれか。

1 総株主の議決権の100分の3以上の議決権を有する株主は、取締役に対して、株主総会の目的である事項および招集の理由を示して、株主総会の招集を請求することができる。

2 取締役が法令または定款に違反する行為をするおそれがある場合で、当該行為によって会社に著しい損害が生じるおそれがあるときには、株主は、当該取締役に対して、当該行為の差止めを請求することができる。

3 取締役が法令または定款に違反する行為をするおそれがあると認めるときには、株主は、取締役に対して、取締役会の招集を請求することができる。

4 株主は、その権利を行使するために必要があるときには、会社の営業時間内は、いつでも取締役会議事録の閲覧を請求することができる。

5 総株主の議決権の100分の3以上の議決権を有する株主は、その権利を行使するために必要があるときには、裁判所の許可を得て、会計帳簿の閲覧を請求することができる。

(本試験2012年問38)

●法令編

正解 **5**

正答率 **28**%

合格基本書

1 **正** そのとおり。公開会社でない取締役会設置会社にお
いて，総株主の議決権の 100 分の 3 以上の議決権を有する
株主は，取締役に対して，株主総会の目的である事項および
招集の理由を示して，株主総会の招集を請求することができ
る（297 条 1 項 2 項）。

585, 596p

2 **正** そのとおり。取締役会設置会社（監査役設置会社，
監査等委員会設置会社および指名委員会等設置会社を除く。）
において，取締役が法令または定款に違反する行為をするお
それがある場合で，当該行為によって会社に著しい損害が生
じるおそれがあるときには，株主は，当該取締役に対して，
当該行為の差止めを請求することができる（360 条 1 項 2
項）。

585, 619p

3 **正** そのとおり。取締役会設置会社（監査役設置会社，
監査等委員会設置会社および指名委員会等設置会社を除く。）
において，取締役が法令または定款に違反する行為をするお
それがあると認めるときには，株主は，取締役に対して，取
締役会の招集を請求することができる（367 条 1 項）。

584, 605p

4 **正** そのとおり。取締役会設置会社（監査役設置会社，
監査等委員会設置会社または指名委員会等設置会社を除く。）
において，株主は，その権利を行使するために必要があると
きには，会社の営業時間内は，いつでも取締役会議事録の閲
覧を請求することができる（371 条 2 項 1 号，3 項）。

605p

5 **誤** 総株主の議決権の 100 分の 3 以上の議決権を有する
株主は，株式会社の営業時間内は，いつでも，会計帳簿の閲
覧を請求することができる（433 条 1 項 1 号）。なお，株式
会社の親会社社員（親会社の株主その他の社員）は，その権
利を行使するため必要があるときは，裁判所の許可を得て，
会計帳簿の閲覧を請求することができる（433 条 3 項前段）。

626p

108

●商法・会社法

会社法／総合

問378 株式会社（監査等委員会設置会社および指名委員会等設置会社を除く。）の次に掲げる事項のうち，会社法の規定に照らし，その事項について定款の定めを必要としないものはどれか。

1 公開会社でない株式会社が，剰余金の配当を受ける権利に関する事項について，株主ごとに異なる取扱いを行うこと

2 譲渡制限株式を発行する株式会社が，相続その他の一般承継により当該会社の譲渡制限株式を取得した者に対し，当該株式を当該会社に売り渡すことを請求すること

3 株券を発行していない株式会社が，その発行する全部の株式につき，株券を新たに発行すること

4 取締役の数が6人以上であって，そのうち1人以上が社外取締役である株式会社において，当該会社の代表取締役が当該会社を代表して多額の借財を行う場合に，当該行為についての取締役会の決議については，特別取締役による議決をもって行うこと

5 監査役会設置会社の取締役がその職務を行うにつき善意でかつ重大な過失がない場合において，責任の原因となった事実の内容，当該取締役の職務の執行の状況その他の事情を勘案して特に必要と認めるときに，当該会社の取締役会がその決議によって，当該取締役の損害賠償責任額から最低責任限度額を控除した額の限度で当該損害賠償責任を免除すること

（本試験2014年問40改題）

●法令編

正答率 **43**%

合格基本書

本問では，株式会社（監査等委員会設置会社および指名委員会等設置会社を除く。）が前提となっているので，以下，この会社を前提に解説する。

1　必要とする　公開会社でない株式会社が，剰余金の配当を受ける権利に関する事項について，株主ごとに異なる取扱いを行うには，定款の定めが必要である（109条2項，105条1項1号）。　586p

2　必要とする　譲渡制限株式を発行する株式会社が，相続その他の一般承継により当該会社の譲渡制限株式を取得した者に対し，当該株式を当該会社に売り渡すことを請求するには，定款の定めが必要である（174条）。　590p

3　必要とする　株券を発行していない株式会社が，その発行する全部の株式につき，株券を新たに発行するには，定款の定めが必要である（214条）。　588p

4　必要としない　特別取締役による取締役会の決議を行うことについては，取締役会が定めることができる（373条1項）のであって，定款の定めは必要でない。　605p

5　必要とする　監査役設置会社（取締役が2人以上ある場合に限る。），監査等委員会設置会社または指名委員会等設置会社の取締役がその職務を行うにつき善意でかつ重大な過失がない場合において，責任の原因となった事実の内容，当該取締役の職務の執行の状況その他の事情を勘案して特に必要と認めるときに，当該会社の取締役会がその決議によって，当該取締役の損害賠償責任額から最低責任限度額を控除した額の限度で当該損害賠償責任を免除するには，定款の定めが必要である（426条1項）。　616p

110

●商法・会社法

会社法／総合

重要度 B

問379 公開会社であり，かつ大会社に関する次の記述のうち，会社法の規定に照らし，誤っているものはどれか。

1 譲渡制限株式を発行することができない。

2 発行可能株式総数は，発行済株式総数の4倍を超えることはできない。

3 株主総会の招集通知は書面で行わなければならない。

4 会計監査人を選任しなければならない。

5 取締役が株主でなければならない旨を定款で定めることができない。

(本試験2020年問40)

●法令編

正解 1

正答率 **48**%

合格基本書

1 **誤** 会社法において「公開会社」とは，その発行する全部または一部の株式の内容として譲渡による当該株式の取得について株式会社の承認を要する旨の定款の定め（譲渡制限）を設けていない株式会社をいう（2条5号）。よって，公開会社は，その発行する一部の株式を譲渡制限株式とすることができる。

590, 591p

2 **正** そのとおり。公開会社が定款を変更して発行可能株式総数を増加する場合には，当該定款の変更後の発行可能株式総数は，当該定款の変更が効力を生じた時における発行済株式の総数の4倍を超えることができない（113条3項1号）。

3 **正** そのとおり。公開会社は，取締役会を置かなければならない（327条1項1号）。株式会社が取締役会設置会社である場合には，株主総会の招集の通知は，書面でしなければならない（299条2項2号）。

596p

4 **正** そのとおり。株式会社が公開会社であり，かつ大会社である場合には，監査等委員会設置会社および指名委員会等設置会社を除き，監査役会および会計監査人を置かなければならない（328条1項）。監査等委員会設置会社および指名委員会等設置会社は，会計監査人を置かなければならない（327条5項）。

595p

5 **正** そのとおり。公開会社は，取締役が株主でなければならない旨を定款で定めることができない（331条2項本文）。

600p

ワンポイント・アドバイス

「大会社」とは，最終事業年度に係る貸借対照表に資本金として計上した額が5億円以上である会社，または，最終事業年度に係る貸借対照表の負債の部に計上した額の合計額が200億円以上である会社のことをいいます（2条6号）。

●商法・会社法

会社法／総合

問380 合名会社および合資会社（以下，本問において併せて「会社」という。）に関する次のア〜オの記述のうち，会社法の規定に照らし，誤っているものの組合せはどれか。なお，定款には別段の定めがないものとする。

ア　会社は，定款に資本金の額を記載し，これを登記する。

イ　会社がその財産をもってその債務を完済することができない場合，社員は，それぞれの責任の範囲で連帯して会社の債務を弁済する責任を負う。

ウ　会社の持分は，社員たる地位を細分化したものであり，均一化された割合的単位で示される。

エ　会社の社員は，会社に対し，既に出資として払込みまたは給付した金銭等の払戻しを請求することができる。

オ　会社の社員は，会社の業務を執行し，善良な管理者の注意をもって，その職務を行う義務を負う。

1　ア・ウ
2　ア・オ
3　イ・ウ
4　ウ・エ
5　エ・オ

（本試験2016年問40）

●法令編

正答率 **26**%

合名会社,合資会社,合同会社をあわせて「持分会社」という(575条1項参照)。

ア **誤** 資本金の額は,持分会社の定款の絶対的記載(記録)事項ではない(576条1項参照)。また,資本金の額は,合名会社,合資会社の登記事項ではない(912条,913条参照)。 632p

イ **正** そのとおり。社員は,持分会社の財産をもってその債務を完済することができない場合には,連帯して,当該持分会社の財産をもってその債務を弁済する責任を負う(580条1項1号)。有限責任社員は,その出資の価額(既に持分会社に対し履行した出資の価額を除く。)を限度として,持分会社の債務を弁済する責任を負う(580条2項)。 633p

ウ **誤** 出資者が会社に対して有する地位を持分という。持分会社における持分は,1人の社員につき1個であり,各社員の有する持分の大きさは必ずしも均等ではない。なお,株式会社における持分(株式)は,均一に細分化された割合的単位の形をとる。 632p

エ **正** そのとおり。退社した社員は,その出資の種類を問わず,その持分の払戻しを受けることができる(611条1項本文)。 635p

オ **正** そのとおり。社員は,定款に別段の定めがある場合を除き,持分会社の業務を執行する(590条1項)。業務を執行する社員は,善良な管理者の注意をもって,その職務を行う義務を負う(593条1項)。 634p

以上より,誤っているものはア・ウであり,正解は**1**である。

第5編

基礎法学

●法令編

専任講師が教える
合格テクニック
基礎法学

日高正美 LEC専任講師

出題のウェイト
＊2021年本試験実績。多肢選択式・記述式を含む。

憲法	民法	行政法	商法・会社法	基礎法学	一般知識
9.3%	25.3%	37.3%	6.7%	2.7%	18.7%

❶法令科目上，最も「割り切り」を求められる科目である。

　基礎法学は，その名のとおり「法学」の「基礎知識」が出題されますから，この分野を網羅的に学習するというのは効率がよくありません。年度によって出題される範囲も難易度も統一性がなく，受験生泣かせの科目です。勉強をつめていこうとすると，学習範囲が際限なく広がってしまいますから，深入りするのはやめましょう。

●基礎法学

❷手を広げようとせず，過去問をしっかり頭に入れること。

　例年2問しか出題されないため，学習範囲を広げるメリットがありません。ただし，2問中1問は比較的易しめの問題が出題されます。そのような問題は，とりこぼしたくないところです。テキストに記載されている範囲に的を絞り，過去問をしっかり頭に入れておけば，必要にして十分でしょう。

❸傾向と対策

　近年の本試験では，一般知識や憲法の知識を絡める形で出題される傾向にありますが，基本的な法令用語や法原則等もよく出題されます。テキスト等で基礎知識を確認しておくことが重要です。

　各種の紛争解決制度に関する知識が問われることも少なくありません。紛争解決制度の知識は，憲法，民法，行政事件訴訟法の理解にかかわるものであり，丁寧に学習しておくべきところです。

117

●基礎法学

法とは何か／法の分類・法秩序

重要度 B

問381 「法」に関する用語を説明する次のア～オの記述のうち、妥当なものの組合せはどれか。

ア 自然法に対して、国家機関による制定行為や、慣習などの経験的事実といった人為に基づいて成立した法を「実定法」という。

イ 手続法に対して、権利の発生、変更および消滅の要件など法律関係について規律する法を「実質法」という。

ウ ある特別法との関係において、当該特別法よりも適用領域がより広い法を「基本法」という。

エ 社会の法的確信を伴うに至った慣習であって、法的効力が認められているものを「社会法」という。

オ 渉外的な法律関係に適用される法として、国際私法上のルールによって指定される法を「準拠法」という。

1 ア・イ
2 ア・オ
3 イ・ウ
4 ウ・エ
5 エ・オ

(本試験2018年問2)

●法令編

正答率 **45**%

合格基本書

ア **妥当である** そのとおり。自然法に対して，国家機関による制定行為や，慣習などの経験的事実といった人為に基づいて成立した法を「実定法」という。　651p

イ **妥当でない** 手続法に対して，権利の発生，変更および消滅の要件など法律関係について規律する法を「実体法」という。　651p

ウ **妥当でない** ある特別法との関係において，当該特別法よりも適用領域がより広い法を「一般法」という。　653p

エ **妥当でない** 社会の法的確信を伴うに至った慣習であって，法的効力が認められているものを「慣習法」という。　650p

オ **妥当である** そのとおり。渉外的な法律関係に適用される法として，国際私法上のルールによって指定される法を「準拠法」という。

以上より，妥当なものはア・オであり，正解は**2**である。

ワンポイント・アドバイス

　民法の規定によれば，法令中の公の秩序に関しない規定（任意規定）と異なる慣習がある場合において，法律行為の当事者がその慣習による意思を有しているものと認められるときは，その慣習に従います（民法92条）。

　刑法の分野では，犯罪と刑罰の内容はあらかじめ法律で定めなければならないという罪刑法定主義の観点から，慣習は刑法の直接の法源とはなりえない（慣習刑法の排除）とされていますが，慣習が刑罰法規の解釈や違法性の判断に関して補充的機能をもつことは否定されていません。

●基礎法学

法とは何か／法の分類・法秩序

重要度 B

問382 次のア〜オの記述と，それらの記述が示す法思想等との組合せとして，最も適切なものはどれか。

ア　法を現実に通用している制定法および慣習法等の実定法とする考え方

イ　人身の自由および思想の自由等の人格的自由とともに経済的自由を最大限に尊重し，経済活動に対する法規制を最小限にとどめるべきであるとする考え方

ウ　事物の本性や人間の尊厳に基づいて普遍的に妥当する法があるとする考え方

エ　法制度の内容は，その基礎にある生産諸要素および経済的構造によって決定されるとし，私有財産制度も普遍的なものではなく，資本主義経済によって生み出されたとする考え方

オ　法制度を経済学の手法を用いて分析し，特に効率性の観点から立法および法解釈のあり方を検討する考え方

	ア	イ	ウ	エ	オ
1	パンデクテン法学	リベラリズム	自然法	社会主義法学	利益法学
2	概念法学	リバタリアニズム	パターナリズム	コミュニタリアニズム	法と経済学
3	法実証主義	リベラリズム	善きサマリア人の法	マルクス主義法学	利益法学
4	概念法学	レッセ・フェール	善きサマリア人の法	コミュニタリアニズム	ネオリベラリズム
5	法実証主義	リバタリアニズム	自然法	マルクス主義法学	法と経済学

（本試験2017年問２）

●法令編

正解 **5**

正答率 **57**%

合格基本書

ア **法実証主義** 実定法（制定法，慣習法）のみを法とする思想を「法実証主義」という。「パンデクテン法学」とは，ローマ法を基礎に構築された19世紀のドイツの私法学をいう。「概念法学」とは，イェーリングが上記私法学を目的論的立場から批判した際に用いた表現である。

665p

イ **リバタリアニズム** 経済的自由主義を唱え，経済活動に対する法規制を最小限にすべきとする思想を「リバタリアニズム」という。「リベラリズム」とは，個人の自由を最大権尊重すべきとする思想をいう。「レッセ・フェール」とは，自由放任主義のことをいう。

ウ **自然法** 実定法に超越して普遍的に妥当する法を「自然法」という。「パターナリズム」とは，国家等が保護者的立場から私人の行動を規制することをいう。「善きサマリア人の法」とは，無償・善意の救助行為等は良識的・誠実なものである限り失敗しても責任を問わないとする考え方をいう。

651p

エ **マルクス主義法学** 私有財産制を否定し社会主義への移行を唱えたマルクス主義を基礎とした法律学を「マルクス主義法学」という。「コミュニタリアニズム」とは，個人主義的リベラリズムを批判し，コミュニティ（共同体）の価値を重視する政治思想をいう。

オ **法と経済学** 経済学の手法を用いて立法等の検討を行う学問を「法と経済学」という。「利益法学」とは論理よりも利益・目的に重きを置く法律学をいう。「ネオリベラリズム」とは，自由競争・市場原理等を重視する経済思想をいう。

以上より，アは「法実証主義」，イは「リバタリアニズム」，ウは「自然法」，エは「マルクス主義法学」，オは「法と経済学」であり，正解は**5**である。

122

●基礎法学

法とは何か／法の分類・法秩序

重要度 A

問383 次の文章の空欄 ア ～ エ に当てはまる語句の組合せとして，正しいものはどれか。

　明治の日本が受容した西洋法のなかでとくに重要な意味をもったのは，民法である。第一に，日本は ア の時代に中国を手本とした成文法をもったが，その内容は刑法と行政法だけであって，民法は含まれていなかった。法は基本的に，支配者が秩序を維持するための手段であり，互いに対等な関係に立つ人々が相互の関係を規律するための民法を―少なくともその原型を―生み出すことはなかったのである。第二に，明治以降の日本が手本とした西洋でも，ドイツやフランスのいわゆる「 イ 」諸国では，すべての法分野のなかで民法が最も長い伝統をもつものであった。「 イ 」の歴史は古代 ウ に遡る。その ウ 法の主要部分を成したのは， ウ 市民（当初は大部分農民であった）が相互の関係を規律するために生み出した市民法（ius civile）であって，これが後の民法の出発点となったのである。日本法に始めから欠けていたものが西洋法では始めから中心的な意義をもっていた，と言ってもよい。この違いがあればこそ，後にイェーリングが『 エ 』（初版は1872年）において「諸国民の政治的教育の本当の学校は憲法ではなく私法である」と喝破しえた一方，明治の自由民権運動では「よしやシビルは不自由でもポリチカルさへ自由なら」と唄われるという，正反対の現象が見られたのである。

（出典　村上淳一「＜法＞の歴史」1997年から）

	ア	イ	ウ	エ
1	律令制	大陸法	ローマ	権利のための闘争
2	律令制	判例法	ギリシア	犯罪と刑罰
3	武家法	大陸法	ギリシア	近代国家における自由
4	武家法	ゲルマン法	ガリア	法の精神
5	律令制	ゲルマン法	ローマ	ローマ人盛衰原因論

（本試験2018年問1）

●法令編

正答率 **84**%

- ア **律令制** 我が国では，701年に刑部親王や藤原不比等らによって大宝律令が完成し，律令制による政治のしくみがほぼ整った。「律」は今日の刑法に当たり，「令」は行政組織・官吏の勤務規定や人民の租税・労役などの規定である。
- イ **大陸法** ドイツやフランスは，いわゆる大陸法諸国である。大陸法は，ヨーロッパ大陸の法をいい，英米法との対立概念である。 650p
- ウ **ローマ** 大陸法は，ローマ法の伝統を承継していることや成文法主義などを特色としている。ローマ法とは，紀元前8世紀中ごろから6世紀前半までの千数百年に及ぶローマ社会において形成された法をいう。 650p
- エ **権利のための闘争** イェーリングは，19世紀ドイツ最大の法学者の一人である。イェーリングが著したのは，「権利のための闘争」（1872）である。

以上より，アには「律令制」，イには「大陸法」，ウには「ローマ」，エには「権利のための闘争」が入り，正解は**1**である。

 ワンポイント・アドバイス

大陸法（ドイツやフランスなどのヨーロッパ大陸の法）は，ローマ法の伝統を承継した成文法を主要な法源とするものです（成文法主義）。
英米法（イギリスやアメリカの法）は，イギリスの古来の慣習から発展した判例法を主要な法源とするものです（不文法主義）。

●基礎法学

法とは何か／法の分類・法秩序

重要度 B

問384 次の文章の空欄 ア ～ エ に当てはまる語の組合せとして，妥当なものはどれか。

　もとより，わが国におけるヨーロッパ法輸入の端緒は，明治以前に遡り，わが留学生が最初に学んだヨーロッパ法学は ア 法学であった。又，明治初年に イ が来朝して，司法省法学校に法学を講じ又1810年の ウ 刑法を模範として旧刑法を起草するに及んで， ウ 法学が輸入されることとなった。そうして，これらの ア 及び ウ の法学は自然法論によるものであった。……（中略）……。しかし……解釈学の立場からは，一層論理的・体系的な エ 法学が ウ 法学よりも喜び迎えられることとなり， エ 法学の影響は漸次に ウ 法学の影響を凌駕するに至った。 イ の起案に成る旧民法典の施行が延期された後，現行民法典の草案が エ 民法典第一草案を範として作られるに至ったことは，かかる情勢を反映する。

（出典　船田享二「法律思想史」1946年から
＜旧漢字・旧仮名遣い等は適宜修正した。＞）

	ア	イ	ウ	エ
1	オランダ	ボアソナード	フランス	ドイツ
2	イタリア	ロエスレル	イギリス	フランス
3	オランダ	ボアソナード	ドイツ	フランス
4	イタリア	ボアソナード	オランダ	ドイツ
5	オランダ	ロエスレル	イギリス	ドイツ

（本試験2019年問1）

●法令編

正答率 **57**%

ア **オランダ** 明治以前に，日本の留学生が最初に学んだヨーロッパ法学は，オランダ法学であった。

イ **ボアソナード** 明治初期の1873（明治6）年に，フランスの法学者ボアソナードが来日した。ボアソナードは，司法省法学校において法学の講義を担当した。

ウ **フランス** ボアソナードは，フランス刑法（1810年のナポレオン刑法典）を模範として，旧刑法を起草した（1880（明治13）年公布，1882（明治15）年施行）。

エ **ドイツ** ボアソナードは，フランス民法（1804年のナポレオン民法典）を模範として，旧民法の財産法部分を起草した。1890（明治23）年に旧民法が公布されたが，民法典論争が起こって施行が延期された後に，ドイツ民法を模範とする現行民法が制定された（1896（明治29）年公布，1898（明治31）年施行）。

以上より，アには「オランダ」，イには「ボアソナード」，ウには「フランス」，エには「ドイツ」が入り，正解は**1**である。

ワンポイント・アドバイス

憲法については，権利に対する法律の留保を明記したドイツ憲法（プロイセン憲法）を模範として，臣民の権利について「法律ノ範囲内ニ於テ」「法律ニ定メタル場合ヲ除ク外」という法律の留保を明記した大日本帝国憲法が制定されました（1889（明治22）年公布，1890（明治23）年施行）。

●基礎法学

法とは何か／法の分類・法秩序

重要度 B

問385 第二次世界大戦後に日本で生じた法変動に関する次の記述のうち，誤っているものはどれか。

1 敗戦後の住宅難に対応するため借地法と借家法が制定された。

2 労働者の権利を拡張するものとして労働組合法が制定された。

3 公正で自由な経済的競争を促進する目的で独占禁止法＊が制定された。

4 地方自治を強化するものとして地方自治法が制定された。

5 英米法的な観点を加えた新しい刑事訴訟法が制定された。

（注） ＊ 私的独占の禁止及び公正取引の確保に関する法律

（本試験2015年問1）

●法令編

正答率 **48**%

合格基本書

1 誤 借地法・借家法は，第二次世界大戦以前の 1921（大正 10）年に制定された。 653p

2 正 そのとおり。労働組合法は，第二次世界大戦後の 1945（昭和 20）年に制定され，1949（昭和 24）年に全面改正された。 653p

3 正 そのとおり。独占禁止法は，第二次世界大戦後の 1947（昭和 22）年に制定された。 653p

4 正 そのとおり。地方自治法は，第二次世界大戦後の 1947（昭和 22）年に制定された。 653p

5 正 そのとおり。英米法的観点を加えた新しい刑事訴訟法は，第二次世界大戦後の 1948（昭和 23）年に制定された。 653p

ワンポイント・アドバイス

　第二次世界大戦後に制定された法律として，教育基本法（1947（昭和22）年），国家賠償法（1947（昭和22）年）などがあります。国家賠償法は，日本国憲法17条を実施するための法律として制定されました。

●基礎法学

法とは何か／法の効力

重要度 A

問386
法令の効力に関する次の記述のうち，妥当なものはどれか。

1 法律の内容を一般国民に広く知らせるには，法律の公布から施行まで一定の期間を置くことが必要であるため，公布日から直ちに法律を施行することはできない。

2 法律の効力発生日を明確にする必要があるため，公布日とは別に，必ず施行期日を定めなければならない。

3 日本国の法令は，その領域内でのみ効力を有し，外国の領域内や公海上においては，日本国の船舶および航空機内であっても，その効力を有しない。

4 一般法に優先する特別法が制定され，その後に一般法が改正されて当該特別法が適用される範囲について一般法の規定が改められた場合には，当該改正部分については，後法である一般法が優先して適用され，当該特別法は効力を失う。

5 法律の有効期間を当該法律の中で明確に定めている場合には，原則としてその時期の到来により当該法律の効力は失われる。

（本試験2021年問2）

●法令編

正解 5

正答率 **78**%

1 妥当でない 法律は，公布日から直ちに施行することもできる。

2 妥当でない 法律は，その法律で施行期日を定めないときは，公布の日から起算して20日を経過した日から施行される（法の適用に関する通則法2条）。 654p

3 妥当でない 刑法は，日本国外にある日本船舶または日本航空機内において罪を犯した者についても適用される（刑法1条2項）。 655p

4 妥当でない 本記述の場合には，当該改正部分については，特別法である前法が優先して適用される。 653p

5 妥当である そのとおり。法律の有効期間を当該法律の中で明確に定めているものを「限時法」という。 655p

ワンポイント・アドバイス

　法律の「公布」の日と「施行」の日との間には，国民への周知という観点から，一定の期間を置くことが通常です。しかし，法律を「公布」の日から直ちに「施行」することもできます。例えば，国家賠償法は，1947（昭和22）年10月27日の「公布」と同時に「施行」されました。

●基礎法学

法とは何か／法の解釈

問387 次の文章にいう「第二段の論理の操作」についての説明として，妥当なものはどれか。

　成文法規の解釈は，まず「文理解釈」に始まり，次いで「論理解釈」に移る。文理解釈は，成文法の文章および用語について法規の意義を確定し，論理解釈は，成文法の一般規定をば具体的な事件の上に当てはめるための論理的の筋道を考察する。論理解釈を行うに当っては，第一に「三段論法」が活用される。三段論法による法の解釈は，法規を大前提とし，事件を小前提として，結論たる判決を導き出そうとするのである。しかし，いかに発達した成文法の体系といえども，絶対に完全無欠ではあり得ない。故に，特殊の事件につき直接に三段論法を適用すべき明文の規定が欠けている場合には，更に第二段の論理の操作が必要となる。

1　甲の事件につき規定がなく，類似の乙の事件に関しては明文の規定がある場合，甲にも乙の規定を準用しようとするのは，「反対解釈」である。

2　乙についてのみ規定があり，甲に関する規定が欠けているのは，甲に対する乙の規定の準用を排除する立法者の意志である，という理由から，甲に対しては乙の場合と反対の解釈を下すのは，「勿論解釈」である。

3　甲の事件につき規定がなく，類似の乙の事件に関しては明文の規定がある場合，甲にも乙の規定を準用しようとするのは，「類推解釈」である。

4　乙についてのみ規定があり，甲に関する規定が欠けているのは，甲に対する乙の規定の準用を排除する立法者の意志である，という理由から，甲に対しては乙の場合と反対の解釈を下すのは，「拡大解釈」である。

5　甲の事件につき規定がなく，類似の乙の事件に関しては明文の規定がある場合，甲にも乙の規定を準用しようとするのは，「縮小解釈」である。

（本試験2013年問１）

●法令編

正解 **3**

正答率 **95**%

合格基本書

1 **妥当でない** 甲の事件につき規定がなく，類似の乙の事件に関しては明文の規定がある場合，甲にも乙の規定を準用しようとするのは，「類推解釈」である。

656p

2 **妥当でない** 乙についてのみ規定があり，甲に関する規定が欠けているのは，甲に対する乙の規定の準用を排除する立法者の意志である，という理由から，甲に対しては乙の場合と反対の解釈を下すのは，「反対解釈」である。なお，「勿論解釈」とは，類推解釈の一種であり，ある事項について法が規定していることを他の同一属性をもつ事項に当てはめることが，常識上，当然とされる場合をいう。

657p

3 **妥当である** そのとおり。「類推解釈」とは，法規に規定された事項の意味を法規にない類似の事項に拡充する方法によって，法規の定めた事項を超えて類似の事項にも解釈を推し及ぼすことをいう。

656p

4 **妥当でない** 乙についてのみ規定があり，甲に関する規定が欠けているのは，甲に対する乙の規定の準用を排除する立法者の意志である，という理由から，甲に対しては乙の場合と反対の解釈を下すのは，「反対解釈」である。なお，「拡大解釈」とは，法規範を解釈する場合に，用語，文字等を，法目的に照らして，日常一般に意味する以上に拡大して広く解釈することをいう。

657p

5 **妥当でない** 甲の事件につき規定がなく，類似の乙の事件に関しては明文の規定がある場合，甲にも乙の規定を準用しようとするのは，「類推解釈」である。なお，「縮小解釈」とは，法規範を解釈する場合に，用語，文字等を，法目的に照らして，日常一般に意味する以上に縮小して狭く解釈することをいう。

656p

132

●基礎法学

紛争解決／裁判上の紛争処理

重要度 B

問388 裁判の審級制度等に関する次のア〜オの記述のうち，妥当なものの組合せはどれか。

ア　民事訴訟および刑事訴訟のいずれにおいても，簡易裁判所が第1審の裁判所である場合は，控訴審の裁判権は地方裁判所が有し，上告審の裁判権は高等裁判所が有する。

イ　民事訴訟における控訴審の裁判は，第1審の裁判の記録に基づいて，その判断の当否を事後的に審査するもの（事後審）とされている。

ウ　刑事訴訟における控訴審の裁判は，第1審の裁判の審理とは無関係に，新たに審理をやり直すもの（覆審）とされている。

エ　上告審の裁判は，原則として法律問題を審理するもの（法律審）とされるが，刑事訴訟において原審の裁判に重大な事実誤認等がある場合には，事実問題について審理することがある。

オ　上級審の裁判所の裁判における判断は，その事件について，下級審の裁判所を拘束する。

1　ア・イ
2　ア・オ
3　イ・ウ
4　ウ・エ
5　エ・オ

（本試験2019年問2）

●法令編

正答率 **68**%

合格基本書

ア **妥当でない** ①民事訴訟においては，簡易裁判所が第1審の裁判所である場合は，控訴審の裁判権は地方裁判所が有し（裁判所法24条3号），上告審の裁判権は高等裁判所が有する（裁判所法16条3号）。②刑事訴訟においては，簡易裁判所が第1審の裁判所である場合は，控訴審の裁判権は高等裁判所が有し（裁判所法16条1号），上告審の裁判権は最高裁判所が有する（裁判所法7条1号）。 659p

イ **妥当でない** 民事訴訟における控訴審の裁判は，第1審の裁判の審理を引き継いで，新たな証拠調べの結果を加味して審理するもの（続審）とされている。

ウ **妥当でない** 刑事訴訟における控訴審の裁判は，第1審の裁判の記録に基づいて，その判断の当否を事後的に審理するもの（事後審）とされている。

エ **妥当である** そのとおり。刑事訴訟においては，上告裁判所は，判決に影響を及ぼすべき重大な事実の誤認があって原判決を破棄しなければ著しく正義に反すると認めるときは，判決で原判決を破棄することができる（刑事訴訟法411条3号）。

オ **妥当である** そのとおり。上級審の裁判所の裁判における判断は，その事件について下級審の裁判所を拘束する（裁判所法4条）。 650p

以上より，妥当なものはエ・オであり，正解は**5**である。

●基礎法学

紛争解決／裁判上の紛争処理

重要度 B

問389 裁判には,「判決」,「決定」および「命令」の形式上の区別がある。これらの裁判の形式上の区別に関する次の記述のうち,明らかに妥当でないものはどれか。

1 「判決」とは,訴訟事件の終局的判断その他の重要な事項について,裁判所がする裁判であり,原則として口頭弁論(刑事訴訟では公判と呼ばれる。以下同じ。)に基づいて行われる。

2 「決定」とは,訴訟指揮,迅速を要する事項および付随的事項等について,「判決」よりも簡易な方式で行われる裁判所がする裁判であり,口頭弁論を経ることを要しない。

3 「命令」は,「決定」と同じく,「判決」よりも簡易な方式で行われる裁判であるが,裁判所ではなく個々の裁判官が機関としてする裁判であり,口頭弁論を経ることを要しない。

4 「判決」には,家事事件および少年事件について,家庭裁判所がする審判も含まれ,審判は原則として口頭弁論に基づいて行われる。

5 「判決」の告知は,公開法廷における言渡し,または宣告の方法により行われるが,「決定」および「命令」の告知は,相当と認められる方法により行うことで足りる。

(本試験2015年問2)

●法令編

正解 4　　　　　　正答率 **37**%

合格基本書

1　明らかに妥当でないとはいえない　そのとおり。判決とは，訴訟事件の終局的判断その他の重要な事項について，裁判所がする裁判であり，原則として口頭弁論に基づいて行われる（民事訴訟法87条1項本文，刑事訴訟法43条1項）。　658p

2　明らかに妥当でないとはいえない　そのとおり。決定とは，訴訟指揮，迅速を要する事項および付随的事項について，判決よりも簡易な方式で行われる裁判所がする裁判であり，口頭弁論を経ることを要しない（民事訴訟法87条1項ただし書，刑事訴訟法43条2項）。　658p

3　明らかに妥当でないとはいえない　そのとおり。命令とは，決定と同じく判決よりも簡易な方式で行われる裁判であるが，裁判所ではなく個々の裁判官が機関としてする裁判であり，口頭弁論を経ることを要しない（民事訴訟法87条1項ただし書，刑事訴訟法43条2項）。　658p

4　明らかに妥当でない　家事事件の審判は，非訟事件手続の一種であり，少年事件の審判は，刑事訴訟法上の口頭弁論に基づいてする決定手続に類似する。すなわち，「判決」には，家事事件および少年事件について，家庭裁判所がする審判は含まれない。

5　明らかに妥当でないとはいえない　そのとおり。判決の告知は，公開法廷における言渡し（民事訴訟法250条），または宣告（刑事訴訟法342条）により行われる。民事訴訟では，決定および命令の告知は，相当と認める方法で行うことができる（民事訴訟法119条）。なお，刑事訴訟では，決定の告知は，公判廷においては宣告により，その他の場合には決定書謄本の送達により行うものとされており（刑事訴訟規則34条本文），宣告以外の方法により行われる場合もある。

●基礎法学

紛争解決／裁判上の紛争処理

重要度 C

問390
「判例」に関する次の記述のうち、明らかに誤っているものはどれか。

1 判例は、一般的見解によれば、英米法系の国では後の事件に対して法的な拘束力を有する法源とされてきたが、大陸法系の国では法源とはされてこなかった。

2 英米法系の国では、判決のうち、結論を導く上で必要な部分を「主文（レイシオ・デシデンダイ）」、他の部分を「判決理由」と呼び、後者には判例法としての拘束力を認めない。

3 判例という語は、広義では過去の裁判例を広く指す意味でも用いられ、この意味での判例に含まれる一般的説示が時として後の判決や立法に大きな影響を与えることがある。

4 下級審が最高裁判所の判例に反する判決を下した場合、最高裁判所は申立てに対して上告審として事件を受理することができる。

5 最高裁判所が、法令の解釈適用に関して、自らの過去の判例を変更する際には、大法廷を開く必要がある。

（本試験2012年問1）

●法令編

正解 **2**

正答率 **48**%

合格基本書

1 明らかに誤っているとはいえない 英米法系の国では、判例が法源とされて、後の事件に対して法的な拘束力を有する（判例法主義）。大陸法系の国では、判例は法源とされてこなかったが、現在では、判例は事実上の拘束力をもち、事実上法源として機能すると考えられている。

2 明らかに誤っている 判決の結論（主文）を導く上で必要な部分を「判決理由（レイシオ・デシデンダイ）」、他の部分を「傍論（オビタ・ディクタム）」と呼び、後者には判例法としての拘束力を認めない。

650p

3 正 そのとおり。判例という語は、広義では過去の裁判例を広く指す意味で用いられる。判例に含まれる一般的説示が後の判決や立法に影響を与えることがある。

4 正 そのとおり。①民事訴訟に関して、上告をすべき裁判所が最高裁判所である場合には、最高裁判所は、原判決に最高裁判所の判例と相反する判断がある事件その他の法令の解釈に関する重要な事項を含むものと認められる事件について、申立てにより、決定で、上告審として事件を受理することができる（民事訴訟法318条1項）。②刑事訴訟に関して、高等裁判所がした第一審または第二審の判決に対しては、「最高裁判所の判例と相反する判断をしたこと」を理由として上告の申立をすることができる（刑事訴訟法405条2号）。

5 正 そのとおり。最高裁判所は、「憲法その他の法令の解釈適用について、意見が前に最高裁判所のした裁判に反するとき」は、小法廷では裁判をすることができない（裁判所法10条3号、柱書）。

658p

138

●基礎法学

| チェック欄 | | | |

紛争解決／裁判上の紛争処理

重要度 C

問 391
簡易裁判所に関する次のア～オの記述のうち、正しいものの組合せはどれか。

ア　簡易裁判所は、禁固刑および懲役刑を科すことができず、これらを科す必要を認めたときは、事件を地方裁判所へ移送しなければならない。

イ　簡易裁判所における一部の民事事件の訴訟代理業務は、法務大臣の認定を受けた司法書士および行政書士にも認められている。

ウ　簡易裁判所で行う民事訴訟では、訴えは口頭でも提起することができる。

エ　少額訴訟による審理および裁判には、同一人が同一の簡易裁判所において同一の年に一定の回数を超えて求めることができないとする制限がある。

オ　簡易裁判所判事は、金銭その他の代替物または有価証券の一定の数量の給付を目的とする請求について、債権者の申立てにより、支払督促を発することができる。

1　ア・イ
2　ア・ウ
3　イ・オ
4　ウ・エ
5　エ・オ

（本試験2020年問2）

●法令編

正解**4**

正答率 **15**%

合格基本書

ア　**誤**　簡易裁判所は，その管轄に属する事件（裁判所法 33 条 1 項 2 号）について，罰金以下の刑または一定の場合における 3 年以下の懲役刑しか科することができない（裁判所法 33 条 2 項）。簡易裁判所は，この制限を超える刑を科するのを相当と認めるときは，事件を地方裁判所に移送しなければならない（裁判所法 33 条 3 項）。

イ　**誤**　簡易裁判所における一部の民事事件の訴訟代理業務は，法務大臣の認定を受けた司法書士に認められている（司法書士法 3 条 1 項 6 号，2 項）が，行政書士には認められていない。

ウ　**正**　そのとおり。簡易裁判所で行う民事訴訟では，訴えは，口頭で提起することができる（民事訴訟法 271 条）。

エ　**正**　そのとおり。簡易裁判所においては，訴訟の目的の価額が 60 万円以下の金銭の支払の請求を目的とする訴えについて，少額訴訟による審理および裁判を求めることができる（民事訴訟法 368 条 1 項本文）。ただし，同一の簡易裁判所において同一の年に最高裁判所規則で定める回数（10 回／民事訴訟規則 223 条）を超えてこれを求めることができない（民事訴訟法 368 条 1 項ただし書）。

オ　**誤**　金銭その他の代替物または有価証券の一定の数量の給付を目的とする請求については，裁判所書記官は，債権者の申立てにより，支払督促を発することができる（民事訴訟法 382 条本文）。

以上より，正しいものはウ・エであり，正解は**4**である。

140

MEMO

第5編 基礎法学

| チェック欄 | | | |

紛争解決／裁判によらない紛争処理

問392 次の文章の空欄 ア ～ エ に当てはまる語句の組合せとして，正しいものはどれか。

　現代の法律上の用語として「 ア 」というのは，紛争当事者以外の第三者が イ の条件（内容）を紛争当事者に示して，当事者の合意（ イ ）によって紛争を解決するように当事者にはたらきかけること，を意味する。このような意味での ア は，法律上の用語としての「 ウ 」とは区別されなければならない。「 ウ 」というのは，紛争解決の手段として，紛争当事者以外の第三者たる私人（ ウ 人）……が紛争に対し或る決定を下すこと，を意味する。

　「 ア 」は，紛争当事者の合意によって紛争を解決すること（ イ ）を第三者が援助し促進することであって，紛争を終わらせるかどうかの最終決定権は当事者にあるのに対し，「 ウ 」においては， ウ 人が紛争について決定を下したときは，紛争当事者はそれに拘束されるのであって……，この点で ウ は エ に似ている……。

（中略）

　しかし，このような用語法は，西洋の法意識を前提としそれに立脚したものであって，わが国の日常用語では，「 ア 」と「 ウ 」という二つのことばの間には明確な区別がない。『広辞苑』には，「 ア 」ということばの説明として，「双方の間に立って争いをやめさせること。中に立って双方を円くまとめること。 ウ 」と書かれている。そうして，奇しくもこの説明は，日本の伝統的な紛争解決方法においては ア と ウ とが明確に分化していなかったという事実を，巧まずして示しているのである。

　　　　　　　　（出典　川島武宜「日本人の法意識」1967年から
　　　　　　　　　　　　＜送り仮名を改めた部分がある。＞）

●基礎法学

	ア	イ	ウ	エ
1	調停	和解	仲裁	裁判
2	仲裁	和解	調停	裁判
3	和解	示談	仲裁	調停
4	示談	仲裁	和解	調停
5	調停	示談	和解	仲裁

（本試験2020年問1）

第5編 基礎法学

●法令編

正答率 **55**%

合格基本書

　調停は，紛争当事者間の和解による紛争の解決を，第三者が援助・促進するものである。　660p

　仲裁は，第三者（仲裁人）が紛争について決定をするものである。紛争当事者が第三者の判断に拘束される点で，裁判に似ている。　661p

　以上より，アには「調停」，イには「和解」，ウには「仲裁」，エには「裁判」が入り，正解は**1**である。

　ワンポイント・アドバイス

　和解，調停，仲裁のように，「訴訟手続によらずに民事上の紛争の解決をしようとする紛争の当事者のため，公正な第三者が関与して，その解決を図る手続」のことを，裁判外紛争解決手続（ＡＤＲ／Alternative Dispute Resolution）といいます（裁判外紛争解決手続の利用の促進に関する法律［ＡＤＲ法］1条参照）。

　裁判外紛争解決手続（ＡＤＲ）には，①裁判所が行う民事調停，家事調停，裁判上の和解などの「司法型ＡＤＲ」，②公害等調整委員会や国民生活センターの紛争解決委員会などの行政機関・行政関連機関が行う「行政型ＡＤＲ」，③士業団体（弁護士会や司法書士会など），業界団体，消費者団体，ＮＰＯ法人などの民間のＡＤＲ事業者が行う「民間型ＡＤＲ」があります。

●基礎法学

紛争解決／総合

重要度 A

問 393
第二次世界大戦後の日本の法制度に関する次のア～オの出来事を年代順に並べたものとして正しいものはどれか。

ア　行政事件訴訟特例法にかわって，新たに行政事件訴訟法が制定され，その際，無効等確認訴訟や不作為の違法確認訴訟に関する規定が新設された。

イ　それまでの家事審判所と少年審判所が統合され，裁判所法の規定に基づき，家庭裁判所が創設された。

ウ　環境の保全について，基本理念を定め，環境の保全に関する施策の基本となる事項を定めることなどを目的とする環境基本法が制定された。

エ　民法の改正により，従来の禁治産・準禁治産の制度にかわって，成年後見制度が創設された。

オ　裁判員の参加する刑事裁判に関する法律が制定され，国民の中から選任された裁判員が裁判官と共に刑事訴訟手続に関与する裁判員制度が導入された。

1　ア→エ→イ→オ→ウ
2　ア→イ→エ→ウ→オ
3　ア→イ→ウ→エ→オ
4　イ→ア→ウ→エ→オ
5　イ→エ→オ→ア→ウ

（本試験2014年問1）

●法令編

正答率 **50**%

ア **2番目** 行政事件訴訟法は、1962（昭和37）年5月16日に公布され、同年10月1日に施行された。

イ **1番目** 家庭裁判所は、1949（昭和24）年1月1日に創設された。

ウ **3番目** 環境基本法は、1993（平成5）年11月19日に公布・施行された。

エ **4番目** 1999（平成11）年民法改正により禁治産・準禁治産制度が廃止され、成年後見制度が導入された（1999（平成11）年12月8日公布、2000（平成12）年4月1日施行）。

オ **5番目** 裁判員の参加する刑事裁判に関する法律は、2004（平成16）年5月28日に公布された。その後、2009（平成21）年5月21日に裁判員制度が開始された。

662p

以上より、年代順に並べるとイ→ア→ウ→エ→オであり、正解は**4**である。

ワンポイント・アドバイス

「裁判員の参加する刑事裁判に関する法律」の定める裁判員制度の対象となるのは、地方裁判所で行われる刑事裁判（第一審）のうち、原則として、①死刑または無期の懲役もしくは禁錮に当たる罪に係る事件、または、②裁判所法26条2項2号に掲げる事件（法定合議事件）であって故意の犯罪行為により被害者を死亡させた罪に係るものです（裁判員の参加する刑事裁判に関する法律2条1項）。

●基礎法学

| チェック欄 | | | |

司法制度改革

重要度 B

問394 司法制度改革審議会の意見書（平成13年6月公表）に基づいて実施された近年の司法制度改革に関する次のア～オの記述のうち，明らかに誤っているものはどれか。

1 事業者による不当な勧誘行為および不当な表示行為等について，内閣総理大臣の認定を受けた適格消費者団体が当該行為の差止めを請求することができる団体訴訟の制度が導入された。

2 一定の集団（クラス）に属する者（例えば，特定の商品によって被害を受けた者）が，同一の集団に属する者の全員を代表して原告となり，当該集団に属する者の全員が受けた損害について，一括して損害賠償を請求することができる集団代表訴訟の制度が導入された。

3 民事訴訟および刑事訴訟のいずれにおいても，審理が開始される前に事件の争点および証拠等の整理を集中して行う公判前整理手続の制度が導入された。

4 検察官が公訴を提起しない場合において，検察審査会が2度にわたって起訴を相当とする議決をしたときには，裁判所が指定した弁護士が公訴を提起する制度が導入された。

5 日本司法支援センター（法テラス）が設立され，情報提供活動，民事法律扶助，国選弁護の態勢確保，いわゆる司法過疎地での法律サービスの提供および犯罪被害者の支援等の業務を行うこととなった。

（本試験2013年問2改題）

第5編 基礎法学

147

●法令編

正解 3

正答率 **31**%

1 正 そのとおり。内閣総理大臣の認定を受けた適格消費者団体は、事業者による不当な勧誘行為や不当な表示行為等について、差止めを請求することができる（消費者契約法12条、景品表示法30条等）。

2 明らかに誤っているとはいえない 同種の消費者被害が拡散的に多発し、被害にあった者が泣き寝入りすることが多く、消費者の権利の実効性を確保するため、個々の消費者が、簡易・迅速に請求権を主張することができる新たな訴訟制度を創設することが必要となった。そこで、「消費者の財産的被害の集団的な回復のための民事の裁判手続の特例に関する法律（消費者裁判手続特例法）」が、2013（平成25）年12月4日に成立し、同年12月11日に公布された。消費者裁判手続特例法は同種の被害が拡散的に多発するという消費者被害の特性に鑑み、消費者被害の集団的な回復を図るための二段階型の訴訟制度を設けるものである。この制度は、日本版クラスアクションとも呼ばれる。消費者裁判手続特例法は、2016（平成28）年10月1日に施行された。

3 明らかに誤っている 公判前整理手続は、刑事訴訟における制度である（刑事訴訟法316条の2〜316条の27）。なお、同様の制度として、民事訴訟においては「争点及び証拠の整理手続」（民事訴訟法164条〜178条）がある。

662p

4 正 そのとおり。検察審査会で起訴を相当とする議決がなされた後、検察官が再度不起訴とし、検察審査会が再度審査して、起訴相当と判断すると起訴議決（検察審査会法41条の6第1項）がなされ、これにより指定弁護士が公訴を提起する（検察審査会法41条の9以下）。

5 正 そのとおり。日本司法支援センター（法テラス）の業務は、情報提供活動、民事法律扶助、国選弁護の態勢確保、司法過疎対策および犯罪被害者の支援等である（総合法律支援法30条）。

662p

148

●基礎法学

司法制度改革

問395 次の文章は、裁判員制度に関する最高裁判所判決の一節（一部を省略）である。空欄 ア ～ エ に当てはまる語句の組合せとして、妥当なものはどれか。

　裁判は、証拠に基づいて事実を明らかにし、これに法を適用することによって、人の権利義務を最終的に確定する国の作用であり、取り分け、刑事裁判は、人の生命すら奪うことのある強大な国権の行使である。そのため、多くの近代 ア 国家において、それぞれの歴史を通じて、刑事裁判権の行使が適切に行われるよう種々の原則が確立されてきた。基本的人権の保障を重視した憲法では、特に31条から39条において、……適正な刑事裁判を実現するための諸原則を定めており、そのほとんどは、各国の刑事裁判の歴史を通じて確立されてきた普遍的な原理ともいうべきものである。刑事裁判を行うに当たっては、これらの諸原則が厳格に遵守されなければならず、それには高度の イ が要求される。憲法は、これらの諸原則を規定し、かつ、 ウ の原則の下に、「第6章　司法」において、裁判官の職権行使の独立と身分保障について周到な規定を設けている。こうした点を総合考慮すると、憲法は、刑事裁判の基本的な担い手として裁判官を想定していると考えられる。

　他方、歴史的、国際的な視点から見ると、欧米諸国においては、上記のような手続の保障とともに、18世紀から20世紀前半にかけて、 ア の発展に伴い、 エ が直接司法に参加することにより裁判の エ 的基盤を強化し、その正統性を確保しようとする流れが広がり、憲法制定当時の20世紀半ばには、欧米の ア 国家の多くにおいて陪審制か参審制が採用されていた。

（最大判平成23年11月16日刑集65巻8号1285頁）

	ア	イ	ウ	エ
1	民主主義	法的専門性	三権分立	国民
2	立憲主義	政治性	法的安定性	法曹
3	自由主義	法的専門性	三権分立	国民
4	民主主義	政治性	法的安定性	法曹
5	立憲主義	法的専門性	三権分立	国民

（本試験2016年問1）

●法令編

正解 **1**

正答率 **69**%

合格基本書

662p

　本問は，裁判員制度の合憲性に関する最高裁判決（最大判平23.11.16）を素材としたものである。

　「裁判は，証拠に基づいて事実を明らかにし，これに法を適用することによって，人の権利義務を最終的に確定する国の作用であり，取り分け，刑事裁判は，人の生命すら奪うことのある強大な国権の行使である。そのため，多くの近代(ア)民主主義国家において，それぞれの歴史を通じて，刑事裁判権の行使が適切に行われるよう種々の原則が確立されてきた。基本的人権の保障を重視した憲法では，特に31条から39条において，(中略) 適正な刑事裁判を実現するための諸原則を定めており，そのほとんどは，各国の刑事裁判の歴史を通じて確立されてきた普遍的な原理ともいうべきものである。刑事裁判を行うに当たっては，これらの諸原則が厳格に遵守されなければならず，それには高度の(イ)法的専門性が要求される。憲法は，これらの諸原則を規定し，かつ，(ウ)三権分立の原則の下に，「第6章司法」において，裁判官の職権行使の独立と身分保障について周到な規定を設けている。こうした点を総合考慮すると，憲法は，刑事裁判の基本的な担い手として裁判官を想定していると考えられる。

　他方，歴史的，国際的な視点から見ると，欧米諸国においては，上記のような手続の保障とともに，18世紀から20世紀前半にかけて，(ア)民主主義の発展に伴い，(エ)国民が直接司法に参加することにより裁判の(エ)国民的基盤を強化し，その正統性を確保しようとする流れが広がり，憲法制定当時の20世紀半ばには，欧米の(ア)民主主義国家の多くにおいて陪審制か参審制が採用されていた。」

　以上より，アには「民主主義」，イには「法的専門性」，ウには「三権分立」，エには「国民」が入り，正解は**1**である。

150

| チェック欄 | | | |

●基礎法学

法令用語等／法令用語

重要度 B

問396 法律の形式に関する次のア～オの記述のうち，現在の立法実務の慣行に照らし，妥当でないものの組合せはどれか。

ア　法律は，「条」を基本的単位として構成され，漢数字により番号を付けて条名とするが，「条」には見出しを付けないこととされている。

イ　「条」の規定の中の文章は，行を改めることがあり，そのひとつひとつを「項」という。

ウ　ひとつの「条」およびひとつの「項」の中で用語等を列挙する場合には，漢数字により番号を付けて「号」と呼ぶが，「号」の中で用語等を列挙する場合には，片仮名のイロハ順で示される。

エ　法律の一部改正により特定の「条」の規定をなくす場合において，その「条」の番号を維持し，その後の「条」の番号の繰り上げを避けるときは，改正によってなくす規定の「条」の番号を示した上で「削除」と定めることとされている。

オ　法律の一部改正により新たに「条」の規定を設ける場合には，その新しい「条」の規定の内容が直前の「条」の規定の内容に従属しているときに限り，その新しい「条」には直前の「条」の番号の枝番号が付けられる。

1　ア・イ
2　ア・オ
3　イ・ウ
4　ウ・エ
5　エ・オ

（本試験2016年問2）

●法令編

正解 2

正答率 **49**%

合格基本書

ア **妥当でない** 法令は，その内容が平易に，かつ，できるだけ一義的に明確なものである必要があるから，その記述スタイルは箇条書きとなる。その箇条書きを「条」という。法令の本則は，極めて簡単なもの以外は，「第1条，第2条……」というように「条」を区分して，理解の容易さと検索の簡便さを図っている。戦後，原則として括弧書きで「見出し」を付けることとしている。「見出し」は，条文の内容を簡潔に表現したものであって，内容の理解と検索の便宜に供するためのものである。

イ **妥当である** そのとおり。1つの「条」を内容に応じて区分する必要がある場合，段落分けをする。この段落を「項」という。1つの「条」を「項」に分ける場合，2項以下に項番号を付ける。項番号を付けることは，検索の便を図るためであり，1948（昭和23）年頃から行われるようになった。

ウ **妥当である** そのとおり。「条」または「項」の中において多くの事項を列記する場合に，「号」を用いて分類する。「号」は，『一，二，三……』と漢数字で表し，「号」の中でさらに区分して列記する場合には，『イ，ロ，ハ……』，『(1)，(2)，(3) ……』，『(i)，(ii)，(iii) ……』を順次用いる。

エ **妥当である** そのとおり。法律の一部改正により特定の「条」の規定をなくす場合，①「第○条を削る。」とする方式と，②「第○条を次のように改める。」とした上で「第○条 削除」とする方式がある。①の方式を採った場合，削られた「条」は，欠番となるわけではなく，後ろに続く「条」について，その繰上げが行われる。これに対し，②の方式を採った場合，「第○条」はあくまでも「削除」としてその抜け殻が残るわけであるから，後ろに続く「条」の繰上げは必要でない。

152

●基礎法学

オ **妥当でない** 法律の一部改正により新たに「条」の規定を設ける場合に，①「条」の番号が重なるのを避けるべく，既存の「条」の繰下げを行った上で「条」を追加するという方式と，②枝番号（例えば「第〇条の2」）を用いて「条」を追加し，既存の「条」の繰下げを避ける方式がある。<u>枝番号を用いた「条」とその前の「条」との関連は，論理的な序列を示したにすぎず，内容が従属しているわけではない。</u>枝番号を用いて新しい「条」を追加すると，いかにも後で付け加えたという印象を与えるが，既存の「条」の繰下げを行った場合には，他の法律でその「条」を引用している条文の整理をする必要も出てくるので，枝番号を用いれば，「条」の繰下げに伴う引用条文の整理を行わなくて済む。ただ，枝番号は，「条」や「号」については活用できるが，「項」については活用できない（新しい「項」を挿入する場合は，既存の「項」の繰下げを行う必要がある）。

以上より，妥当でないものはア・オであり，正解は**2**である。

ワンポイント・アドバイス

　「章」は，法令を区分する際に用いられるものです。複雑な法令の場合には「章」をさらに細分化して「節」を設け，「節」をさらに細分化するときは「款」を設けます。
　「別表」は，表の内容が膨大である場合や，表の内容が多数の条に関係する場合に，個々の条から切り離して設けられるものです。

●基礎法学

| チェック欄 | | | |

法令用語等／法令用語

重要度 B

問397 次に掲げる条文は、いずれも「みなす」の文言が含まれているが、正しい法律の条文においては「みなす」ではなく「推定する」の文言が用いられているものが一つだけある。それはどれか。

1 削除

2 移送の裁判が確定したときは、訴訟は、初めから移送を受けた裁判所に係属していたものとみなす。（民事訴訟法22条3項）

3 文書は、その方式及び趣旨により公務員が職務上作成したものと認めるべきときは、真正に成立した公文書とみなす。（民事訴訟法228条2項）

4 自己の財物であっても、他人が占有し、又は公務所の命令により他人が看守するものであるときは、この章の罪*については、他人の財物とみなす。（刑法242条）

5 試験事務に従事する指定試験機関の役員及び職員は、刑法その他の罰則の適用については、法令により公務に従事する職員とみなす。（行政書士法4条の7第3項〔一部省略〕）

（注） ＊ 刑法第三十六章の窃盗及び強盗の罪のこと。

（本試験2012年問2改題）

第5編 基礎法学

●法令編

正解 3

正答率 **60**%

合格基本書

665p

「推定する」と「みなす」は，日常用語と異なり，法令で用いられる場合には明確な違いがある。

「推定する」とは，当事者の間の取決めがない場合や，事実が不明で反対の証拠が挙がらない場合などに，法令がみずから「一応こうである」という判断を下し，法的効果を生じさせることをいう。これに対し，「みなす」とは，本来性質が違うものを，ある一定の法律関係において同一のものとして法律が認め，同一の法律効果を生じさせることをいう。

「推定する」が当事者間での取決めや反証があれば，法令上の推定が覆るのに対し，「みなす」は当事者間での取決めや反証があっても，あるいは事実がどうであっても，その法律上の認定と異なる判断がされることはない。

1 削除 2018（平成30）年の民法改正により，出題の意義が失われた。

2 「みなす」の文言が用いられている そのとおり（民事訴訟法22条3項）。

3 「推定する」の文言が用いられている 民事訴訟法228条2項は，「文書は，その方式及び趣旨により公務員が職務上作成したものと認めるべきときは，真正に成立した公文書と推定する。」としている。

4 「みなす」の文言が用いられている そのとおり（刑法242条）。

5 「みなす」の文言が用いられている そのとおり（行政書士法4条の7第3項）。

156

●基礎法学

法令用語等／法令用語

問398 法令における通常の用語法等に関する次の記述のうち、妥当でないものはどれか。

1 「及び」と「並びに」は、いずれもその前後の語句を並列させる接続語であり、並列される語句に段階がある場合には、一番小さな並列的連結にだけ「及び」を用い、他の大きな並列的連結には全て「並びに」を用いる。

2 「又は」と「若しくは」は、いずれも前後の語句を選択的に連結する接続語であり、選択される語句に段階がある場合には、一番大きな選択的連結にだけ「又は」を用い、他の小さな選択的連結には全て「若しくは」を用いる。

3 法令に「A、Bその他のX」とある場合には、AとBは、Xの例示としてXに包含され、「C、Dその他Y」とある場合は、C、D、Yは、並列の関係にある。

4 法令に「適用する」とある場合は、その規定が本来の目的としている対象に対して当該規定を適用することを意味し、「準用する」とある場合は、他の事象に関する規定を、それに類似する事象について必要な修正を加えて適用することを意味する。なお、解釈により準用と同じことを行う場合、それは「類推適用」と言われる。

5 「遅滞なく」、「直ちに」、「速やかに」のうち、時間的即時性が最も強いのは「直ちに」であり、その次が「遅滞なく」である。これらのうち、時間的即時性が最も弱いのは「速やかに」である。

（本試験2014年-問2）

●法令編

正解 **5**

正答率 **61**%

合格基本書

1 **妥当である** そのとおり。「及び」と「並びに」は，いずれもいくつかの複数の言葉を併合的に結びつける接続詞である。並列される語句に段階がある場合，1番小さい段階だけ「及び」を用い，それより大きい段階にはすべて「並びに」を用いる。 `664p`

2 **妥当である** そのとおり。「又は」と「若しくは」は，いずれも，複数の語句を選択的に結びつける接続詞である。選択される語句に段階がある場合，1番大きな段階だけ「又は」を用い，それより小さい段階にはすべて「若しくは」を用いる。 `664p`

3 **妥当である** そのとおり。「その他の」は，後ろに続く語句が前に置かれる語句を含む，より広い意味を示す場合に用いられる。これに対し，「その他」は，その前後の語句を並列の関係で並べる場合に用いられる。

4 **妥当である** そのとおり。「適用」とは，法令をその対象としている事項に当てはめることをいう。これに対し，「準用」とは，ある事項について定める法令の規定を，これと似た事項に借用して当てはめることをいう。 `664p`

5 **妥当でない** 「遅滞なく」，「直ちに」，「速やかに」のうち，時間的即時性が最も強いのは「直ちに」であるが，その次に時間的即時性が強いのは「速やかに」であり，最も弱いのは「遅滞なく」である。よって，本記述は，「速やかに」と「遅滞なく」の順序が逆である。 `665p`

158

| チェック欄 | | | ●基礎法学

法令用語等／法格言・法の一般原則等

重要度 A

問399 次の文章の空欄 ア ～ エ に当てはまる語句の組合せとして，妥当なものはどれか。

「『犯罪論序説』は ア の鉄則を守って犯罪理論を叙述したものである。それは当然に犯罪を イ に該当する ウ ・有責の行為と解する概念構成に帰着する。近頃，犯罪としての行為を イ と ウ 性と責任性とに分ちて説明することは，犯罪の抽象的意義を叙述したまでで，生き生きとして躍動する生の具体性を捉えて居ないという非難を受けて居るが，…（中略）… イ と ウ 性と責任性を区別せずして犯人の刑事責任を論ずることは，いわば空中に楼閣を描く類である。私はかように解するから伝統的犯罪理論に従い，犯罪を イ に該当する ウ ・有責の行為と見，これを基礎として犯罪の概念構成を試みた。

本稿は，京都帝国大学法学部における昭和7－8年度の刑法講義の犯罪論の部分に多少の修正を加えたものである。既に『公法雑誌』に連載せられたが，このたび一冊の書物にこれをまとめた。」

以上の文章は，昭和8年に起きたいわゆる エ 事件の前年に行われた講義をもとにした エ の著作『犯罪論序説』の一部である（旧漢字・旧仮名遣い等は適宜修正した。）。

	ア	イ	ウ	エ
1	罪刑法定主義	構成要件	違法	瀧川
2	自由主義	形成要件	相当	矢内原
3	罪刑専断主義	侵害要件	違法	澤柳
4	責任主義	構成要件	違法	矢内原
5	罪刑法定主義	侵害要件	必要	瀧川

（本試験2017年問1）

●法令編

正解 **1**

正答率 **84%**

合格基本書 665p

ア **罪刑法定主義** 行為の時に，その行為を犯罪とし，刑罰を科する旨を定めた成文の法律がなければ，その行為を処罰することはできないとする原則を「罪刑法定主義」という。

イ **構成要件** 構成要件とは，法律上，犯罪として規定された行為の類型のことをいう。

ウ **違法** 違法とは，刑法では，処罰に値する害悪をもたらし，法的に許容されないことをいい，構成要件該当性，責任と並ぶ犯罪成立要件である。

エ **瀧川** 1933（昭和8）年，自由主義的刑法学説を唱えていた京都帝国大学法学部教授の瀧川幸辰が文部大臣鳩山一郎の圧力で休職処分を受けたのに対し，同大学法学部教授会は全員辞表を提出して抵抗したが，敗北した（瀧川事件）。

以上より，アに「罪刑法定主義」，イに「構成要件」，ウに「違法」，エに「瀧川」が入り，正解は**1**である。

ワンポイント・アドバイス

　現代の一般的な刑法理論では，犯罪は，①構成要件に該当し，②違法，③有責（責任がある）である場合にはじめて成立します。例えば，①殺人罪の構成要件は「人を殺した」です（刑法199条）。AがBをナイフで刺して死亡させた場合，Aの行為は「人を殺した」という構成要件に該当します。次に，②Aの行為が正当防衛等でなければ，違法です。さらに，③Aが行為当時，心神喪失状態等でなければ，責任も認められます。このような考慮を経て，Aの行為に殺人罪が成立することになります。

●基礎法学

法令用語等／法格言・法の一般原則等

重要度 B

問400 次の文章の空欄 ア ～ エ に当てはまる語句の組合せとして，正しいものはどれか。

　そもそも，刑罰は ア 的に科すべきものであるか（ ア 刑論）あるいは イ を目的として科すべきものであるか（目的刑論）が，いわゆる刑法理論の争いである。 ア 刑論すなわち絶対論では，善因に善果あるべきが如く，悪因に悪果あるべきは当然とするのである。しかして，刑罰は，国家がこの原理に基づいてその権力を振るうもので，同時にこれによって国家ないし法律の権威が全うされるというのである。これに対して， イ 論すなわち相対論においては， イ の必要に基づきて国家は刑罰を行うというのである。たとい小さな犯罪といえども，それが ウ となれば重く罰する必要があろう。たとい重い犯罪といえども，それが偶発的な犯罪であるならば，刑の エ ということにしてよかろうというのである。

（出典　牧野英一「法律に於ける正義と公平」1920年から
＜適宜新かな新漢字に修正した。＞）

	ア	イ	ウ	エ
1	応報	社会防衛	故意犯	仮執行
2	教育	社会防衛	累犯	執行猶予
3	応報	国家防衛	故意犯	仮執行
4	教育	国家防衛	累犯	執行猶予
5	応報	社会防衛	累犯	執行猶予

（本試験2021年問1）

●法令編

正答率 **61**%

 刑罰については、(ア)応報的に科すべきであるという理論と、(イ)社会防衛を目的に科すべきであるという理論がある。(イ)社会防衛論では、小さい犯罪でも(ウ)累犯（犯罪を繰り返した場合）となれば重く罰する必要があり、重い犯罪でも偶発的であるならば刑の(エ)執行猶予ということにしてよいと考えられる。

 以上より、アには「応報」、イには「社会防衛」、ウには「累犯」、エには「執行猶予」が入り、正解は**5**である。

ワンポイント・アドバイス

 刑法によれば、懲役に処せられた者がその執行を終わった日またはその執行の免除を得た日から5年以内に更に罪を犯した場合において、その者を有期懲役に処するときは、再犯とされます（刑法56条1項）。再犯の刑は、その罪について定めた懲役の長期の2倍以下とされます（刑法57条）。三犯以上の者についても、再犯の例によります（刑法59条）。

第6編

多肢選択式・記述式

●法令編

専任講師が教える
合格テクニック
多肢選択式・記述式

日高正美 LEC専任講師

❶出題の状況

　例年，多肢選択式と記述式は，各3問ずつ出題されています。問題数こそ合計6問ですが，多肢選択式は1問8点，記述式は1問20点と高配点であり，得点ベースでは全体の28％ものウエイトを占めています。それぞれの内訳を見てみると，多肢選択式は憲法1問と行政法2問，記述式は行政法1問と民法2問となっています。

❷多肢選択式のポイント

　1問8点ですが，4つある空欄（ア〜エ）のうち1つでも正解すれば2点の得点になります。したがって，わかる空欄から確実に埋めていきましょう。また，空欄に入れるべき語句は当然20個の語群の中にありますから，語群をよく確認するようにしましょう。語群がヒントとなって，知識を思い出す可能性も十分にあります。さらに，法的知識だけではなく，

●多肢選択式・記述式

文章理解の問題を解く要領で空欄の前後の語句や文章の流れに着目することも大切です。

　憲法については，主に「判例」が題材となっています。行政法については，「判例」も出題されますが，2問中1問は基本的概念，訴訟類型等の基礎知識を問う問題がよく出題されます。

❸記述式のポイント

　まず問題を熟読し，事例の正確な把握に努めましょう。ここでの把握ミスは致命傷となるため要注意です。次に，何が問われているのか，出題の意図はどこにあるのかをじっくり考えてください。出題の意図がわかれば，解答を構成するキーワードがいくつか頭に思い浮かんでくるはずです。これらが，部分点につながる解答の核となるパーツです。また，解答に際しては，「問われていることに素直に答える」ということを意識しましょう。誤字・脱字等のないように，字は「明瞭かつ丁寧」に書きましょう。漢字で書くべき用語などは，間違えないようにしてください。ただし，必要以上に記述式を恐れる必要はありません。部分点があるため，理解に応じて得点がもらえる可能性があるからです。つまり，しっかり理解している方にとってはむしろ取り組み易いという面もあるのです。

165

| チェック欄 | | | |

多肢選択式／憲法

問401
公務員の政治的自由に関する次の文章の空欄 ア ～ エ に当てはまる語句を，枠内の選択肢（**1～20**）から選びなさい。

〔国家公務員法〕102条1項は，公務員の職務の遂行の政治的 ア 性を保持することによって行政の ア 的運営を確保し，これに対する国民の信頼を維持することを目的とするものと解される。

他方，国民は，憲法上，表現の自由（21条1項）としての政治活動の自由を保障されており，この精神的自由は立憲民主政の政治過程にとって不可欠の基本的人権であって，民主主義社会を基礎付ける重要な権利であることに鑑みると，上記の目的に基づく法令による公務員に対する政治的行為の禁止は，国民としての政治活動の自由に対する必要やむを得ない限度にその範囲が画されるべきものである。

このような〔国家公務員法〕102条1項の文言，趣旨，目的や規制される政治活動の自由の重要性に加え，同項の規定が刑罰法規の構成要件となることを考慮すると，同項にいう「政治的行為」とは，公務員の職務の遂行の政治的 ア 性を損なうおそれが，観念的なものにとどまらず，現実的に起こり得るものとして イ 的に認められるものを指し，同項はそのような行為の類型の具体的な定めを人事院規則に委任したものと解するのが相当である。……（中略）……。

……本件配布行為は， ウ 的地位になく，その職務の内容や権限に エ の余地のない公務員によって，職務と全く無関係に，公務員により組織される団体の活動としての性格もなく行われたものであり，公務員による行為と認識し得る態様で行われたものでもないから，公務員の職務の遂行の政治的 ア 性を損なうおそれが イ 的に認められるものとはいえない。そうすると，本件配布行為は本件罰則規定の構成要件に該当しないというべきである。

（最二小判平成24年12月7日刑集66巻12号1337頁）

●多肢選択式・記述式

1	従属	**2**	平等	**3**	合法
4	穏健	**5**	裁量	**6**	実質
7	潜在	**8**	顕在	**9**	抽象
10	一般	**11**	権力	**12**	現業
13	経営者	**14**	指導者	**15**	管理職
16	違法	**17**	濫用	**18**	逸脱
19	中立	**20**	強制		

（本試験2018年問41）

第6編 多肢選択式・記述式

●法令編

解答・解説

| 正答率 | ア-**98**%, イ-**61**%, ウ-**60**%, エ-**85**% |

合格基本書

【解答】 アー **19**, イー **6**, ウー **15**, エー **5**

【解説】

　本問は，目黒事件（最判平 24.12.7）を素材としたものである。目黒事件は，堀越事件とも呼ばれる。

17p

　「本法〔国家公務員法〕102 条 1 項は，公務員の職務の遂行の政治的(ア)中立性を保持することによって行政の(ア)中立的運営を確保し，これに対する国民の信頼を維持することを目的とするものと解される。

　他方，国民は，憲法上，表現の自由（21 条 1 項）としての政治活動の自由を保障されており，この精神的自由は立憲民主政の政治過程にとって不可欠の基本的人権であって，民主主義社会を基礎付ける重要な権利であることに鑑みると，上記の目的に基づく法令による公務員に対する政治的行為の禁止は，国民としての政治活動の自由に対する必要やむを得ない限度にその範囲が画されるべきものである。

　このような本法〔国家公務員法〕102 条 1 項の文言，趣旨，目的や規制される政治活動の自由の重要性に加え，同項の規定が刑罰法規の構成要件となることを考慮すると，同項にいう「政治的行為」とは，公務員の職務の遂行の政治的(ア)中立性を損なうおそれが，観念的なものにとどまらず，現実的に起こり得るものとして(イ)実質的に認められるものを指し，同項はそのような行為の類型の具体的な定めを人事院規則に委任したものと解するのが相当である。……（中略）……。

　……本件配布行為は，(ウ)管理職的地位になく，その職務の内容や権限に(エ)裁量の余地のない公務員によって，職務と全く無関係に，公務員により組織される団体の活動としての性格もなく行われたものであり，公務員による行為と認識し得る態

168

●多肢選択式・記述式

様で行われたものでもないから、公務員の職務の遂行の政治的(ア)中立性を損なうおそれが(イ)実質的に認められるものとはいえない。そうすると、本件配布行為は本件罰則規定の構成要件に該当しないというべきである。」

以上より、アには **19**＝「中立」、イには **6**＝「実質」、ウには **15**＝「管理職」、エには **5**＝「裁量」が入る。

 ワンポイント・アドバイス

　判例は、公務員がした行為について、「公務員の職務の遂行の政治的中立性を損なうおそれが実質的に認められるかどうかは、当該公務員の地位、その職務の内容や権限等、当該公務員がした行為の性質、態様、目的、内容等の諸般の事情を総合して判断するのが相当である。」としています（目黒事件／最判平24.12.7）。

チェック欄

多肢選択式／憲法

問402
次の文章は，最高裁判所判決の一節である。空欄 ア ～ エ に当てはまる語句を，枠内の選択肢（1～20）から選びなさい。

公立図書館は，住民に対して思想，意見その他の種々の情報を含む図書館資料を提供してその教養を高めること等を目的とする ア ということができる。

そして，公立図書館の図書館職員は，公立図書館が上記のような役割を果たせるように，独断的な評価や個人的な好みにとらわれることなく，公正に図書館資料を取り扱うべき イ を負うものというべきであり，閲覧に供されている図書について，独断的な評価や個人的な好みによってこれを廃棄することは，図書館職員としての基本的な イ に反するものといわなければならない。

他方，公立図書館が，上記のとおり，住民に図書館資料を提供するための ア であるということは，そこで閲覧に供された図書の ウ にとって，その思想，意見等を エ する ア でもあるということができる。

したがって，公立図書館の図書館職員が閲覧に供されている図書を ウ の思想や信条を理由とするなど不公正な取扱いによって廃棄することは，当該 ウ が著作物によってその思想，意見等を エ する利益を不当に損なうものといわなければならない。

そして， ウ の思想の自由，表現の自由が憲法により保障された基本的人権であることにもかんがみると，公立図書館において，その著作物が閲覧に供されている ウ が有する上記利益は，法的保護に値する人格的利益であると解するのが相当であり，公立図書館の図書館職員である公務員が，図書の廃棄について，基本的な イ に反し， ウ 又は著作物に対する独断的な評価や個人的な好みによって不公正な取扱いをしたときは，当該図書の ウ の上記人格的利益を侵害するものとして国家賠償法上違法となるという

170

●多肢選択式・記述式

べきである。

(最判平成17年7月14日民集59巻6号1569頁)

1 読者	2 客観的良心	3 制度的保障
4 公衆に伝達	5 道義上の責務	6 啓発施設
7 政治倫理	8 出版者	9 利用者
10 学習施設	11 研究者	12 世論に訴求
13 職務上の義務	14 図書館の自由	15 著作者
16 有効に批判	17 教育の場	18 無料で収集
19 公的な場	20 広汎に流通	

(本試験2015年問41)

 正答率 ア-**78**%, イ-**94**%, ウ-**83**%, エ-**83**%

【解答】 ア－**19**, イ－**13**, ウ－**15**, エ－**4**

【解説】

本問は，公立図書館での図書廃棄における著作者の人格的利益を扱った船橋市図書館図書廃棄事件最高裁判決（最判平17.7.14）を素材としたものである。

「公立図書館は，住民に対して思想，意見その他の種々の情報を含む図書館資料を提供してその教養を高めること等を目的とする(ア)公的な場ということができる。

そして，公立図書館の図書館職員は，公立図書館が上記のような役割を果たせるように，独断的な評価や個人的な好みにとらわれることなく，公正に図書館資料を取り扱うべき(イ)職務上の義務を負うものというべきであり，閲覧に供されている図書について，独断的な評価や個人的な好みによってこれを廃棄することは，図書館職員としての基本的な(イ)職務上の義務に反するものといわなければならない。

他方，公立図書館が，上記のとおり，住民に図書館資料を提供するための(ア)公的な場であるということは，そこで閲覧に供された図書の(ウ)著作者にとって，その思想，意見等を(エ)公衆に伝達する(ア)公的な場でもあるということができる。

したがって，公立図書館の図書館職員が閲覧に供されている図書を(ウ)著作者の思想や信条を理由とするなど不公正な取扱いによって廃棄することは，当該(ウ)著作者が著作物によってその思想，意見等を(エ)公衆に伝達する利益を不当に損なうものといわなければならない。

そして，(ウ)著作者の思想の自由，表現の自由が憲法により保障された基本的人権であることにもかんがみると，公立図書館において，その著作物が閲覧に供されている(ウ)著作者が有

する上記利益は，法的保護に値する人格的利益であると解するのが相当であり，公立図書館の図書館職員である公務員が，図書の廃棄について，基本的な(イ)職務上の義務に反し，(ウ)著作者又は著作物に対する独断的な評価や個人的な好みによって不公正な取扱いをしたときは，当該図書の(ウ)著作者の上記人格的利益を侵害するものとして国家賠償法上違法となるというべきである。」

 以上より，アには**19**＝「公的な場」，イには**13**＝「職務上の義務」，ウには**15**＝「著作者」，エには**4**＝「公衆に伝達」が入る。

ワンポイント・アドバイス

 判例は，「図書館は，『図書，記録その他必要な資料を収集し，整理し，保存して，一般公衆の利用に供し，その教養，調査研究，レクリエーション等に資することを目的とする施設』であり（図書館法2条1項），『社会教育のための機関』であって（社会教育法9条1項），国及び地方公共団体が国民の文化的教養を高め得るような環境を醸成するための施設として位置付けられている（同法3条1項，教育基本法7条2項参照）。公立図書館は，この目的を達成するために地方公共団体が設置した公の施設である（図書館法2条2項，地方自治法244条，地方教育行政の組織及び運営に関する法律30条）。」としています（船橋市図書館図書廃棄事件／最判平17.7.14）。

チェック欄

多肢選択式／憲法

重要度 A

問403
次の文章は，ある最高裁判所判決の一節（一部を省略）である。空欄 ア ～ エ に当てはまる語句を，枠内の選択肢（**1～20**）から選びなさい。

　確かに， ア は，民主主義社会において特に重要な権利として尊重されなければならず，被告人らによるその政治的意見を記載したビラの配布は， ア の行使ということができる。しかしながら，……憲法21条1項も， ア を絶対無制限に保障したものではなく，公共の福祉のため必要かつ合理的な制限を是認するものであって，たとえ思想を外部に発表するための手段であっても，その手段が他人の権利を不当に害するようなものは許されないというべきである。本件では， イ を処罰することの憲法適合性が問われているのではなく， ウ すなわちビラの配布のために「人の看守する邸宅」に エ 権者の承諾なく立ち入ったことを処罰することの憲法適合性が問われているところ，本件で被告人らが立ち入った場所は，防衛庁の職員及びその家族が私的生活を営む場所である集合住宅の共用部分及びその敷地であり，自衛隊・防衛庁当局がそのような場所として エ していたもので，一般に人が自由に出入りすることのできる場所ではない。たとえ ア の行使のためとはいっても，このような場所に エ 権者の意思に反して立ち入ることは， エ 権者の エ 権を侵害するのみならず，そこで私的生活を営む者の私生活の平穏を侵害するものといわざるを得ない。

（最二小判平成20年4月11日刑集62巻5号1217頁）

●多肢選択式・記述式

1	出版の自由	2	統治	3	集会の手段
4	良心そのもの	5	出版それ自体	6	良心の自由
7	管理	8	居住の手段	9	居住・移転の自由
10	表現の自由	11	集会それ自体	12	良心の表出
13	支配	14	集会の自由	15	出版の手段
16	居住	17	表現の手段	18	居住それ自体
19	所有	20	表現そのもの		

（本試験2013年問41）

第6編 多肢選択式・記述式

●法令編

正答率 ア-**97**%, イ-**92**%, ウ-**92**%, エ-**46**%

【解答】　ア―**10**，イ―**20**，ウ―**17**，エ―**7**

【解説】
　本問は，反戦ビラを配布するため集合住宅の共用部分に立ち入った行為を住居侵入罪として処罰することと憲法21条1項の表現の自由との関係が問題となった最高裁判決（最判平20.4.11）を素材としたものである。

　「確かに，(ア)表現の自由は，民主主義社会において特に重要な権利として尊重されなければならず，被告人らによるその政治的意見を記載したビラの配布は，(ア)表現の自由の行使ということができる。しかしながら，……憲法21条1項も，(ア)表現の自由を絶対無制限に保障したものではなく，公共の福祉のため必要かつ合理的な制限を是認するものであって，たとえ思想を外部に発表するための手段であっても，その手段が他人の権利を不当に害するようなものは許されないというべきである。本件では，(イ)表現そのものを処罰することの憲法適合性が問われているのではなく，(ウ)表現の手段すなわちビラの配布のために「人の看守する邸宅」に(エ)管理権者の承諾なく立ち入ったことを処罰することの憲法適合性が問われているところ，本件で被告人らが立ち入った場所は，防衛庁の職員及びその家族が私的生活を営む場所である集合住宅の共用部分及びその敷地であり，自衛隊・防衛庁当局がそのような場所として(エ)管理していたもので，一般に人が自由に出入りすることのできる場所ではない。たとえ(ア)表現の自由の行使のためとはいっても，このような場所に(エ)管理権者の意思に反して立ち入ることは，(エ)管理権者の(エ)管理権を侵害するのみならず，そこで私的生活を営む者の私生活の平穏を侵害するものといわざるを得ない。」

　以上より，アには**10**＝「表現の自由」，イには**20**＝「表現そのもの」，ウには**17**＝「表現の手段」，エには**7**＝「管理」が入る。

MEMO

第6編　多肢選択式・記述式

| チェック欄 | | | |

多肢選択式／憲法

問404 次の文章は，最高裁判所判決の一節である。空欄 ア ～ エ に当てはまる語句を，枠内の選択肢（**1～20**）から選びなさい。

　憲法二一条二項前段は，「検閲は，これをしてはならない。」と規定する。憲法が，表現の自由につき，広くこれを保障する旨の一般的規定を同条一項に置きながら，別に検閲の禁止についてかような特別の規定を設けたのは，検閲がその性質上表現の自由に対する最も厳しい制約となるものであることにかんがみ，これについては，公共の福祉を理由とする例外の許容（憲法一二条，一三条参照）をも認めない趣旨を明らかにしたものと解すべきである。けだし，諸外国においても，表現を事前に規制する検閲の制度により思想表現の自由が著しく制限されたという歴史的経験があり，また，わが国においても，旧憲法下における出版法（明治二六年法律第一五号），新聞紙法（明治四二年法律第四一号）により，文書，図画ないし新聞，雑誌等を出版直前ないし発行時に提出させた上，その発売，頒布を禁止する権限が内務大臣に与えられ，その運用を通じ ア な検閲が行われたほか，映画法（昭和一四年法律第六六号）により映画フィルムにつき内務大臣による典型的な検閲が行われる等，思想の自由な発表，交流が妨げられるに至つた経験を有するのであつて，憲法二一条二項前段の規定は，これらの経験に基づいて，検閲の イ を宣言した趣旨と解されるのである。

　そして，前記のような沿革に基づき，右の解釈を前提として考究すると，憲法二一条二項にいう「検閲」とは， ウ が主体となつて，思想内容等の表現物を対象とし，その全部又は一部の発表の禁止を目的として，対象とされる一定の表現物につき エ に，発表前にその内容を審査した上，不適当と認めるものの発表を禁止することを，その特質として備えるものを指すと解すべきである。

（最大判昭和59年12月12日民集38巻12号1308頁）

●多肢選択式・記述式

1	行政権	**2**	絶対的禁止	**3**	例外的
4	否定的体験	**5**	外形的	**6**	原則的禁止
7	形式的	**8**	制限の適用	**9**	抜き打ち的
10	積極的廃止	**11**	実質的	**12**	個別的具体的
13	警察権	**14**	法律的留保的	**15**	国家
16	網羅的一般的	**17**	司法権	**18**	裁量的
19	公権力	**20**	排他的		

（本試験2016年問41）

第6編 多肢選択式・記述式

●法令編

解答・解説

正答率 ア-**47**%, イ-**97**%, ウ-**85**%, エ-**66**%

合格基本書

【解答】　アー **11**，　イー **2**，　ウー **1**，　エー **16**

【解説】

　本問は，税関検査事件（最大判昭 59.12.12）を素材としたものである。

　「憲法二一条二項前段は，『検閲は，これをしてはならない。』と規定する。憲法が，表現の自由につき，広くこれを保障する旨の一般的規定を同条一項に置きながら，別に検閲の禁止についてかような特別の規定を設けたのは，検閲がその性質上表現の自由に対する最も厳しい制約となるものであることにかんがみ，これについては，公共の福祉を理由とする例外の許容（憲法一二条，一三条参照）をも認めない趣旨を明らかにしたものと解すべきである。けだし，諸外国においても，表現を事前に規制する検閲の制度により思想表現の自由が著しく制限されたという歴史的経験があり，また，わが国においても，旧憲法下における出版法（明治二六年法律第一五号），新聞紙法（明治四二年法律第四一号）により，文書，図画ないし新聞，雑誌等を出版直前ないし発行時に提出させた上，その発売，頒布を禁止する権限が内務大臣に与えられ，その運用を通じて (ア)実質的な検閲が行われたほか，映画法（昭和一四年法律第六六号）により映画フイルムにつき内務大臣による典型的な検閲が行われる等，思想の自由な発表，交流が妨げられるに至つた経験を有するのであつて，憲法二一条二項前段の規定は，これらの経験に基づいて，検閲の (イ)絶対的禁止を宣言した趣旨と解されるのである。

40, 41p

　そして，前記のような沿革に基づき，右の解釈を前提として考究すると，憲法二一条二項にいう「検閲」とは， (ウ)行政権が主体となつて，思想内容等の表現物を対象とし，その全部又

は一部の発表の禁止を目的として、対象とされる一定の表現物につき(エ)網羅的一般的に、発表前にその内容を審査した上、不適当と認めるものの発表を禁止することを、その特質として備えるものを指すと解すべきである。」

以上より、アには **11** =「実質的」、イには **2** =「絶対的禁止」、ウには **1** =「行政権」、エには **16** =「網羅的一般的」が入る。

 ワンポイント・アドバイス

判例は、税関検査について、「これにより輸入が禁止される表現物は、一般に、国外においては既に発表済みのものであつて、その輸入を禁止したからといつて、それは、当該表現物につき、事前に発表そのものを一切禁止するというものではない。また、当該表現物は、輸入が禁止されるだけであつて、税関により没収、廃棄されるわけではないから、発表の機会が全面的に奪われてしまうというわけのものでもない。」などとして、「税関検査は、憲法21条2項にいう『検閲』に当たらないものというべきである。」としています（税関検査事件／最大判昭59.12.12）。

| チェック欄 | | | |

多肢選択式／憲法

問405 次の文章の空欄 ア ～ エ に当てはまる語句を，枠内の選択肢（**1～20**）から選びなさい。

　その保障の根拠に照らして考えるならば，表現の自由といつても，そこにやはり一定の限界があることを否定し難い。 ア が真実に反する場合，そのすべての言論を保護する必要性・有益性のないこともまた認めざるをえないのである。特に，その ア が真実に反するものであつて，他人の イ としての名誉を侵害・毀損する場合においては， イ の保護の観点からも，この点の考慮が要請されるわけである。私は，その限界は以下のところにあると考える。すなわち，表現の事前規制は，事後規制の場合に比して格段の慎重さが求められるのであり，名誉の侵害・毀損の被害者が公務員，公選による公職の候補者等の ウ 人物であつて，その ア が ウ 問題に関する場合には，表現にかかる事実が真実に反していてもたやすく規制の対象とすべきではない。しかし，その表現行為がいわゆる エ をもつてされた場合，換言すれば，表現にかかる事実が真実に反し虚偽であることを知りながらその行為に及んだとき又は虚偽であるか否かを無謀にも無視して表現行為に踏み切つた場合には，表現の自由の優越的保障は後退し，その保護を主張しえないものと考える。けだし，右の場合には，故意に虚偽の情報を流すか， ア の真実性に無関心であつたものというべく，表現の自由の優越を保障した憲法二一条の根拠に鑑み，かかる表現行為を保護する必要性・有益性はないと考えられるからである。

（最大判昭和61年6月11日民集40巻4号872頁・裁判官谷口正孝の補足意見）

●多肢選択式・記述式

1 差別的表現	**2** 不公正な論評	**3** 私的領域
4 相当な誤信	**5** 公益的	**6** 社会的
7 人物評価	**8** 自己決定権	**9** 公的
10 誹謗中傷	**11** 表現手段	
12 ダブル・スタンダード		**13** 公的領域
14 公知の	**15** 自己実現	
16 明白かつ現在の危険		**17** 人格権
18 論争的	**19** 現実の悪意	**20** 表現内容

（本試験2017年問41）

第6編　多肢選択式・記述式

●法令編

解答・解説

正答率 ア-**90**%，イ-**87**%，ウ-**63**%，エ-**54**%

【解答】　アー**20**，イー**17**，ウー**9**，エー**19**

【解説】

　本問は，北方ジャーナル事件（最大判昭61.6.11）の谷口正孝裁判官の意見を素材としたものである。なお，問題文には「補足意見」とあるが，正しくは「意見」である。

41p

　「その保障の根拠に照らして考えるならば，表現の自由といつても，そこにやはり一定の限界があることを否定し難い。(ア)表現内容が真実に反する場合，そのすべての言論を保護する必要性・有益性のないこともまた認めざるをえないのである。特に，その(ア)表現内容が真実に反するものであつて，他人の(イ)人格権としての名誉を侵害・毀損する場合においては，(イ)人格権の保護の観点からも，この点の考慮が要請されるわけである。私は，その限界は以下のところにあると考える。すなわち，表現の事前規制は，事後規制の場合に比して格段の慎重さが求められるのであり，名誉の侵害・毀損の被害者が公務員，公選による公職の候補者等の(ウ)公的人物であつて，その(ア)表現内容が(ウ)公的問題に関する場合には，表現にかかる事実が真実に反していてもたやすく規制の対象とすべきではない。しかし，その表現行為がいわゆる(エ)現実の悪意をもつてされた場合，換言すれば，表現にかかる事実が真実に反し虚偽であることを知りながらその行為に及んだとき又は虚偽であるか否かを無謀にも無視して表現行為に踏み切つた場合には，表現の自由の優越的保障は後退し，その保護を主張しえないものと考える。けだし，右の場合には，故意に虚偽の情報を流すか，(ア)表現内容の真実性に無関心であつたものというべく，表現の自由の優越を保障した憲法二一条の根拠に鑑み，かかる表現行為を保護する必要性・有益性はないと考えられるからである。」

　以上より，アには**20**＝「表現内容」，イには**17**＝「人格権」，ウには**9**＝「公的」，エには**19**＝「現実の悪意」が入る。

MEMO

第6編　多肢選択式・記述式

チェック欄

多肢選択式／憲法

問406 次の文章は，ＮＨＫが原告として受信料の支払等を求めた事件の最高裁判所判決の一節である。空欄 ア ～ エ に当てはまる語句を，枠内の選択肢（**1～20**）から選びなさい。

　放送は，憲法21条が規定する表現の自由の保障の下で，国民の知る権利を実質的に充足し，健全な民主主義の発達に寄与するものとして，国民に広く普及されるべきものである。放送法が，「放送が国民に最大限に普及されて，その効用をもたらすことを保障すること」，「放送の不偏不党，真実及び ア を保障することによって，放送による表現の自由を確保すること」及び「放送に携わる者の職責を明らかにすることによって，放送が健全な民主主義の発達に資するようにすること」という原則に従って，放送を公共の福祉に適合するように規律し，その健全な発達を図ることを目的として（1条）制定されたのは，上記のような放送の意義を反映したものにほかならない。

　上記の目的を実現するため，放送法は，……旧法下において社団法人日本放送協会のみが行っていた放送事業について，公共放送事業者と民間放送事業者とが，各々その長所を発揮するとともに，互いに他を啓もうし，各々その欠点を補い，放送により国民が十分福祉を享受することができるように図るべく， イ を採ることとしたものである。そして，同法は， イ の一方を担う公共放送事業者として原告を設立することとし，その目的，業務，運営体制等を前記のように定め，原告を，民主的かつ ウ 的な基盤に基づきつつ ア 的に運営される事業体として性格付け，これに公共の福祉のための放送を行わせることとしたものである。

　放送法が，……原告につき， エ を目的として業務を行うこと及び他人の営業に関する広告の放送をすることを禁止し……，事業運営の財源を受信設備設置者から支払われる受信料によって賄うこ

186

ととしているのは，原告が公共的性格を有することをその財源の面から特徴付けるものである。

(最大判平成29年12月6日民集71巻10号1817頁)

1 国営放送制	2 党利党略	3 政府広報
4 特殊利益	5 良心	6 自由競争体制
7 品位	8 誠実	9 自律
10 二本立て体制	11 多元	12 国際
13 娯楽	14 全国	15 地域
16 部分規制	17 集中	18 免許制
19 自主管理	20 営利	

(本試験2019年問41)

●法令編

正答率 ア-**44**% イ-**62**% ウ-**17**% エ-**88**%

【解答】　ア－9，イ－10，ウ－11，エ－20

【解説】

　本問は，ＮＨＫ受信料訴訟最高裁判決（最大判平 29.12.6）を素材としたものである。

　「放送は，憲法 21 条が規定する表現の自由の保障の下で，国民の知る権利を実質的に充足し，健全な民主主義の発達に寄与するものとして，国民に広く普及されるべきものである。放送法が，『放送が国民に最大限に普及されて，その効用をもたらすことを保障すること』，『放送の不偏不党，真実及び(ア)自律を保障することによって，放送による表現の自由を確保すること』及び『放送に携わる者の職責を明らかにすることによって，放送が健全な民主主義の発達に資するようにすること』という原則に従って，放送を公共の福祉に適合するように規律し，その健全な発達を図ることを目的として（1条）制定されたのは，上記のような放送の意義を反映したものにほかならない。

　上記の目的を実現するため，放送法は，……旧法下において社団法人日本放送協会のみが行っていた放送事業について，公共放送事業者と民間放送事業者とが，各々その長所を発揮するとともに，互いに他を啓もうし，各々その欠点を補い，放送により国民が十分福祉を享受することができるように図るべく，(イ)二本立て体制を採ることとしたものである。そして，同法は，(イ)二本立て体制の一方を担う公共放送事業者として原告を設立することとし，その目的，業務，運営体制等を前記のように定め，原告を，民主的かつ(ウ)多元的な基盤に基づきつつ(ア)自律的に運営される事業体として性格付け，これに公共の福祉のための放送を行わせることとしたものである。

●多肢選択式・記述式

　放送法が，……原告につき，(エ)営利を目的として業務を行うこと及び他人の営業に関する広告の放送をすることを禁止し（20条4項，83条1項），事業運営の財源を受信設備設置者から支払われる受信料によって賄うこととしているのは，原告が公共的性格を有することをその財源の面から特徴付けるものである。」

　以上より，アには **9** =「自律」，イには **10** =「二本立て体制」，ウには **11** =「多元」，エには **20** =「営利」が入る。

ワンポイント・アドバイス

　放送法によれば，日本放送協会（NHK）の放送を受信することのできる受信設備を設置した者は，日本放送協会（NHK）とその放送の受信についての契約をしなければなりません（放送法64条1項本文）。判例は，「放送法64条1項は，受信設備設置者に対し受信契約の締結を強制する旨を定めた規定であり，原告からの受信契約の申込みに対して受信設備設置者が承諾をしない場合には，原告〔NHK〕がその者に対して承諾の意思表示を命ずる判決を求め，その判決の確定によって受信契約が成立すると解するのが相当である。」としたうえで，「放送法64条1項は，同法に定められた原告〔NHK〕の目的にかなう適正・公平な受信料徴収のために必要な内容の受信契約の締結を強制する旨を定めたものとして，憲法13条，21条，29条に違反するものではないというべきである。」としています（NHK受信料訴訟最高裁判決／最大判平29.12.6）。

| チェック欄 | | | |

多肢選択式／憲法

問407 次の文章は、公教育をめぐる２つの対立する考え方に関する最高裁判所判決の一節（一部を省略）である。空欄 ア ～ エ に当てはまる語句を、枠内の選択肢（**1**～**20**）から選びなさい。

　一の見解は、子どもの教育は、親を含む国民全体の共通関心事であり、公教育制度は、このような国民の期待と要求に応じて形成、実施されるものであつて、そこにおいて支配し、実現されるべきものは国民全体の教育意思であるが、この国民全体の教育意思は、憲法の採用する議会制民主主義の下においては、国民全体の意思の決定の唯一のルートである国会の法律制定を通じて具体化されるべきものであるから、法律は、当然に、公教育における ア についても包括的にこれを定めることができ、また、教育行政機関も、法律の授権に基づく限り、広くこれらの事項について決定権限を有する、と主張する。これに対し、他の見解は、子どもの教育は、憲法二六条の保障する子どもの教育を受ける権利に対する責務として行われるべきもので、このような責務をになう者は、親を中心とする国民全体であり、公教育としての子どもの教育は、いわば親の教育義務の共同化ともいうべき性格をもつのであつて、それ故にまた、教基法＊一〇条一項も、教育は、国民全体の信託の下に、これに対して直接に責任を負うように行われなければならないとしている、したがつて、権力主体としての国の子どもの教育に対するかかわり合いは、右のような国民の教育義務の遂行を側面から助成するための イ に限られ、子どもの ア については、国は原則として介入権能をもたず、教育は、その実施にあたる教師が、その ウ としての立場から、国民全体に対して教育的、文化的責任を負うような形で、……決定、遂行すべきものであり、このことはまた、憲法二三条における学問の自由の保障が、学問研究の自由ばかりでなく、 エ をも含み、 エ は、教育の本質上、高等教育のみならず、普通教

育におけるそれにも及ぶと解すべきことによつても裏付けられる，と主張するのである。

(最大判昭和51年5月21日刑集30巻5号615頁)

1 初等教育	**2** 教科書検定	**3** 諸条件の整備
4 教授の自由	**5** 教育公務員	**6** 第三者
7 教科用図書	**8** 学習指導要領	**9** 教育専門家
10 教育の内容及び方法		**11** 研究者
12 管理者	**13** 中等教育	**14** 学習権
15 懲戒権	**16** 私立学校の自治	**17** 大学の自治
18 公の支配	**19** 職務命令	**20** 指揮監督

(注) ＊ 教育基本法

(本試験2012年問41)

●法令編

解答・解説 | 正答率 | ア-**81**%, イ-**75**%, ウ-**60**%, エ-**89**%

合格基本書

【解答】　ア—**10**　イ—**3**　ウ—**9**　エ—**4**

【解説】

　本問は，旭川学テ事件（最大判昭51.5.21）を素材としたものである。

67p

　「一の見解は，子どもの教育は，親を含む国民全体の共通関心事であり，公教育制度は，このような国民の期待と要求に応じて形成，実施されるものであつて，そこにおいて支配し，実現されるべきものは国民全体の教育意思であるが，この国民全体の教育意思は，憲法の採用する議会制民主主義の下においては，国民全体の意思の決定の唯一のルートである国会の法律制定を通じて具体化されるべきものであるから，法律は，当然に，公教育における(ア)教育の内容及び方法についても包括的にこれを定めることができ，また，教育行政機関も，法律の授権に基づく限り，広くこれらの事項について決定権限を有する，と主張する。これに対し，他の見解は，子どもの教育は，憲法二六条の保障する子どもの教育を受ける権利に対する責務として行われるべきもので，このような責務をになう者は，親を中心とする国民全体であり，公教育としての子どもの教育は，いわば親の教育義務の共同化ともいうべき性格をもつのであつて，それ故にまた，教基法一〇条一項も，教育は，国民全体の信託の下に，これに対して直接に責任を負うように行われなければならないとしている，したがつて，権力主体としての国の子どもの教育に対するかかわり合いは，右のような国民の教育義務の遂行を側面から助成するための(イ)諸条件の整備に限られ，子どもの(ア)教育の内容及び方法については，国は原則として介入権能をもたず，教育は，その実施にあたる教師が，その(ウ)教育専門家としての立場から，国民全体に対して

●多肢選択式・記述式

教育的，文化的責任を負うような形で，その内容及び方法を決定，遂行すべきものであり，このことはまた，憲法二三条における学問の自由の保障が，学問研究の自由ばかりでなく，(ェ)教授の自由をも含み，(ェ)教授の自由は，教育の本質上，高等教育のみならず，普通教育におけるそれにも及ぶと解すべきことによつても裏付けられる，と主張するのである。」(最大判昭和51年5月21日刑集30巻5号615頁)

　以上より，アには **10** ＝「教育の内容及び方法」，イには **3** ＝「諸条件の整備」，ウには **9** ＝「教育専門家」，エには **4** ＝「教授の自由」が入る。

ワンポイント・アドバイス

【国民の義務】

子女に教育を受けさせる義務	すべて国民は，法律の定めるところにより，その保護する子女に普通教育を受けさせる「義務」を負う(26条2項)。教育を受ける権利の保障(26条1項)に対応するもので，同時に子女に教育を受けさせる保護者の義務を明らかにしたものである
勤労の義務	すべて国民は，勤労の権利を有し，「義務」を負う(27条1項)。勤労能力ある者はみずからの勤労により生活を維持すべきという建前を宣言するにとどまる(勤労能力がありながらその意思のない者には社会国家的給付が与えられないという趣旨を伴うと一般に解されている)
納税の義務	国民は，法律の定めるところにより，納税の「義務」を負う(30条)。基本的人権の確保，国家存立のため，国民がその能力に応じ国家の財政を支えるのは当然であり，その義務を明示するものである

第6編　多肢選択式・記述式

チェック欄

多肢選択式／憲法

問408 次の文章の空欄 ア ～ エ に当てはまる語句を，枠内の選択肢（**1～20**）から選びなさい。

　このような労働組合の結成を憲法および労働組合法で保障しているのは，社会的・経済的弱者である個々の労働者をして，その強者である ア との交渉において，対等の立場に立たせることにより，労働者の地位を向上させることを目的とするものであることは，さきに説示したとおりである。しかし，現実の政治・経済・社会機構のもとにおいて，労働者がその経済的地位の向上を図るにあたつては，単に対 ア との交渉においてのみこれを求めても，十分にはその目的を達成することができず，労働組合が右の目的をより十分に達成するための手段として，その目的達成に必要な イ や社会活動を行なうことを妨げられるものではない。

　この見地からいつて，本件のような地方議会議員の選挙にあたり，労働組合が，その組合員の居住地域の生活環境の改善その他生活向上を図るうえに役立たしめるため，その ウ を議会に送り込むための選挙活動をすること，そして，その一方策として，いわゆる統一候補を決定し，組合を挙げてその選挙運動を推進することは，組合の活動として許されないわけではなく，また，統一候補以外の組合員であえて立候補しようとするものに対し，組合の所期の目的を達成するため，立候補を思いとどまるよう勧告または説得することも，それが単に勧告または説得にとどまるかぎり，組合の組合員に対する妥当な範囲の エ 権の行使にほかならず，別段，法の禁ずるところとはいえない。しかし，このことから直ちに，組合の勧告または説得に応じないで個人的に立候補した組合員に対して，組合の エ をみだしたものとして，何らかの処分をすることができるかどうかは別個の問題である。

（最大判昭和43年12月4日刑集22巻13号1425頁）

●多肢選択式・記述式

1 統制	**2** 過半数代表	**3** 争議行為
4 指揮命令	**5** 政治献金	**6** 国民
7 地域代表	**8** 政治活動	**9** 支配
10 公権力	**11** 職能代表	**12** 経済活動
13 管理運営	**14** 自律	**15** 公益活動
16 純粋代表	**17** 利益代表	**18** 国
19 私的政府	**20** 使用者	

（本試験2020年問41）

第6編 多肢選択式・記述式

●法令編

解答・解説 | 正答率 | ア-**95**%, イ-**64**%, ウ-**35**%, エ-**79**%

【解答】 ア－**20**, イ－**8**, ウ－**17**, エ－**1**

【解説】

　本問は, 三井美唄炭鉱事件（最大判昭43.12.4）を素材としたものである。

　「労働組合は, 元来, 『労働者が主体となつて自主的に労働条件の維持改善その他経済的地位の向上を図ることを主たる目的として組織する団体又はその連合団体』である（労働組合法二条）。そして, このような労働組合の結成を憲法および労働組合法で保障しているのは, 社会的・経済的弱者である個々の労働者をして, その強者である(ア)使用者との交渉において, 対等の立場に立たせることにより, 労働者の地位を向上させることを目的とするものであることは, さきに説示したとおりである。しかし, 現実の政治・経済・社会機構のもとにおいて, 労働者がその経済的地位の向上を図るにあたつては, 単に対(ア)使用者との交渉においてのみこれを求めても, 十分にはその目的を達成することができず, 労働組合が右の目的をより十分に達成するための手段として, その目的達成に必要な(イ)政治活動や社会活動を行なうことを妨げられるものではない。

　この見地からいつて, 本件のような地方議会議員の選挙にあたり, 労働組合が, その組合員の居住地域の生活環境の改善その他生活向上を図るうえに役立たしめるため, その(ウ)利益代表を議会に送り込むための選挙活動をすること, そして, その一方策として, いわゆる統一候補を決定し, 組合を挙げてその選挙運動を推進することは, 組合の活動として許されないわけではなく, また, 統一候補以外の組合員であえて立候補しようとするものに対し, 組合の所期の目的を達成するため, 立候補を思いとどまるよう勧告または説得することも, それが単に勧

69p

告または説得にとどまるかぎり、組合の組合員に対する妥当な範囲の(エ)統制権の行使にほかならず、別段、法の禁ずるところとはいえない。しかし、このことから直ちに、組合の勧告または説得に応じないで個人的に立候補した組合員に対して、組合の(エ)統制をみだしたものとして、何らかの処分をすることができるかどうかは別個の問題である。この問題に応えるためには、まず、立候補の自由の意義を考え、さらに、労働組合の組合員に対する統制権と立候補の自由との関係を検討する必要がある。」

　以上より、アには **20** =「使用者」、イには **8** =「政治活動」、ウには **17** =「利益代表」、エには **1** =「統制」が入る。

ワンポイント・アドバイス

　判例は、労働組合が、地方議会議員の選挙にあたり、いわゆる統一候補を決定し、組合を挙げて選挙運動を推進している場合において、統一候補の選にもれた組合員が、組合の方針に反して立候補しようとするときは、その「統一候補以外の組合員で立候補しようとする者に対し、組合が所期の目的を達成するために、立候補を思いとどまるよう、勧告または説得をすることは、組合としても、当然なし得るところである。しかし、当該組合員に対し、勧告または説得の域を超え、立候補を取りやめることを要求し、これに従わないことを理由に当該組合員を統制違反者として処分するがごときは、組合の統制権の限界を超えるものとして、違法といわなければならない。」としています（三井美唄炭鉱事件／最大判昭43.12.4）。

| チェック欄 | | | |

●多肢選択式・記述式

多肢選択式／憲法

重要度 A

問409 次の文章は，ある最高裁判所判決の一節である。空欄 ア ～ エ に当てはまる語句を，枠内の選択肢（1～20）から選びなさい。

　右安全保障条約*は，その内容において，主権国としてのわが国の平和と安全，ひいてはわが国 ア に極めて重大な関係を有するものというべきであるが，また，その成立に当っては，時の イ は憲法の条章に基き，米国と数次に亘る交渉の末，わが国の重大政策として適式に締結し，その後，それが憲法に適合するか否かの討議をも含めて衆参両院において慎重に審議せられた上，適法妥当なものとして国会の承認を経たものであることも公知の事実である。

　ところで，本件安全保障条約は，前述のごとく，主権国としてのわが国の ア に極めて重大な関係をもつ ウ 性を有するものというべきであって，その内容が違憲なりや否やの法的判断は，その条約を締結した イ およびこれを承認した国会の ウ 的ないし エ 的判断と表裏をなす点がすくなくない。

（昭和34年12月16日刑集13巻13号3225頁）

(注)　＊　日本国とアメリカ合衆国との間の安全保障条約

（本試験2014年問41）

●法令編

解答・解説

正答率 ア-**75**%, イ-**83**%, ウ-**74**%, エ-**23**%

【解答】　ア—**1**，イ—**10**，ウ—**15**，エ—**5**

【解説】

本問は，砂川事件（最大判昭 34.12.16）を素材としたものである。

「右安全保障条約は，その内容において，主権国としてのわが国の平和と安全，ひいてはわが国(ア)<u>存立の基礎</u>に極めて重大な関係を有するものというべきであるが，また，その成立に当つては，時の(イ)<u>内閣</u>は憲法の条章に基き，米国と数次に亘る交渉の末，わが国の重大政策として適式に締結し，その後，それが憲法に適合するか否かの討議をも含めて衆参両院において慎重に審議せられた上，適法妥当なものとして国会の承認を経たものであることも公知の事実である。

ところで，本件安全保障条約は，前述のごとく，主権国としてのわが国の(ア)<u>存立の基礎</u>に極めて重大な関係をもつ(ウ)<u>高度の政治性</u>を有するものというべきであつて，その内容が違憲なりや否やの法的判断は，その条約を締結した(イ)<u>内閣</u>およびこれを承認した国会の(ウ)<u>高度の政治</u>的ないし(エ)<u>自由裁量</u>的判断と表裏をなす点がすくなくない。」

以上より，アには **1** ＝「存立の基礎」，イには **10** ＝「内閣」，ウには **15** ＝「高度の政治」，エには **5** ＝「自由裁量」が入る。

MEMO

第6編　多肢選択式・記述式

| チェック欄 | | | |

多肢選択式／憲法

問410 次の文章の空欄 ア ～ エ に当てはまる語句を，枠内の選択肢（1～20）から選びなさい。

問題は，裁判員制度の下で裁判官と国民とにより構成される裁判体が， ア に関する様々な憲法上の要請に適合した「 イ 」といい得るものであるか否かにある。

……（中略）……。

以上によれば，裁判員裁判対象事件を取り扱う裁判体は，身分保障の下，独立して職権を行使することが保障された裁判官と，公平性，中立性を確保できるよう配慮された手続の下に選任された裁判員とによって構成されるものとされている。また，裁判員の権限は，裁判官と共に公判廷で審理に臨み，評議において事実認定， ウ 及び有罪の場合の刑の量定について意見を述べ， エ を行うことにある。これら裁判員の関与する判断は，いずれも司法作用の内容をなすものであるが，必ずしもあらかじめ法律的な知識，経験を有することが不可欠な事項であるとはいえない。さらに，裁判長は，裁判員がその職責を十分に果たすことができるように配慮しなければならないとされていることも考慮すると，上記のような権限を付与された裁判員が，様々な視点や感覚を反映させつつ，裁判官との協議を通じて良識ある結論に達することは，十分期待することができる。他方，憲法が定める ア の諸原則の保障は，裁判官の判断に委ねられている。

このような裁判員制度の仕組みを考慮すれば，公平な「 イ 」における法と証拠に基づく適正な裁判が行われること（憲法31条，32条，37条1項）は制度的に十分保障されている上，裁判官は ア の基本的な担い手とされているものと認められ，憲法が定める ア の諸原則を確保する上での支障はないということができる。

（最大判平成23年11月16日刑集65巻8号1285頁）

●多肢選択式・記述式

1 憲法訴訟	**2** 民事裁判	**3** 裁決
4 行政裁判	**5** 情状酌量	**6** 判例との関係
7 司法権	**8** 公開法廷	**9** 判決
10 紛争解決機関	**11** 決定	**12** 法令の解釈
13 裁判所	**14** 人身の自由	**15** 立法事実
16 評決	**17** 参審制	**18** 議決
19 法令の適用	**20** 刑事裁判	

（本試験2021年問41）

第6編 多肢選択式・記述式

●法令編

解答・解説 | 正答率 | ア-**17**% イ-**31**% ウ-**43**% エ-**43**%

【解答】ア－ **20**，イ－ **13**，ウ－ **19**，エ－ **16**

【解説】

　本問は，裁判員制度の合憲性に関する最高裁判決（最大判平23.11.16）を素材としたものである。

　「問題は，裁判員制度の下で裁判官と国民とにより構成される裁判体が，(ア)刑事裁判に関する様々な憲法上の要請に適合した『(イ)裁判所』といい得るものであるか否かにある。

　……（中略）……。

　以上によれば，裁判員裁判対象事件を取り扱う裁判体は，身分保障の下，独立して職権を行使することが保障された裁判官と，公平性，中立性を確保できるよう配慮された手続の下に選任された裁判員とによって構成されるものとされている。また，裁判員の権限は，裁判官と共に公判廷で審理に臨み，評議において事実認定，(ウ)法令の適用及び有罪の場合の刑の量定について意見を述べ，(エ)評決を行うことにある。これら裁判員の関与する判断は，いずれも司法作用の内容をなすものであるが，必ずしもあらかじめ法律的な知識，経験を有することが不可欠な事項であるとはいえない。さらに，裁判長は，裁判員がその職責を十分に果たすことができるように配慮しなければならないとされていることも考慮すると，上記のような権限を付与された裁判員が，様々な視点や感覚を反映させつつ，裁判官との協議を通じて良識ある結論に達することは，十分期待することができる。他方，憲法が定める(ア)刑事裁判の諸原則の保障は，裁判官の判断に委ねられている。

　このような裁判員制度の仕組みを考慮すれば，公平な『(イ)裁判所』における法と証拠に基づく適正な裁判が行われること（憲法31条，32条，37条1項）は制度的に十分保障されている上，裁

●多肢選択式・記述式

判官は(ア)刑事裁判の基本的な担い手とされているものと認められ、憲法が定める(ア)刑事裁判の諸原則を確保する上での支障はないということができる。」

　以上より、アには **20** =「刑事裁判」、イには **13** =「裁判所」、ウには **19** =「法令の適用」、エには **16** =「評決」が入る。

ワンポイント・アドバイス

　2004（平成16）年に制定された「裁判員の参加する刑事裁判に関する法律」に基づいて、2009（平成21）年5月21日から裁判員制度が始まりました。裁判員制度は、一定の刑事裁判の第一審において、国民から選ばれた裁判員と職業裁判官が協力して、①被告人が有罪であるかどうか、②有罪の場合にどのような刑を科するか（量刑）を決める制度です。

多肢選択式／行政法

問411 次の文章の空欄 ア ～ エ に当てはまる語句を，枠内の選択肢（**1～20**）から選びなさい。

　ア 法上の基礎概念である イ は，大きく二つの類型に分類して理解されている。一つは，行政主体とその外部との関係を基準として捉える作用法的 イ 概念である。例えば，行政処分を行う ウ がその権限に属する事務の一部をその エ である職員に委任し，またはこれに臨時に代理させて，私人に対する権限行使を行うような場合，この ウ と エ という区分は，上記の作用法的 イ 概念に基づくものである。もう一つは，各々の イ が担当する事務を単位として捉える事務配分的 イ 概念である。この概念は，現行法制の下では，国家 ア 法のとる制定法上の イ 概念であって，行政事務を外部関係・内部関係に区分することなく全体として把握するとともに，さまざまな行政の行為形式を現実に即して理解するために適している。

1 行政指導	**2** 行政訴訟	**3** 損失補償
4 公務員	**5** 行政委員会	**6** 諮問機関
7 責任者	**8** 賠償	**9** 警察
10 行政庁	**11** 行政代執行	**12** 土地収用
13 内閣	**14** 行政手続	**15** 補助機関
16 行政機関	**17** 参与機関	**18** 行政救済
19 行政組織	**20** 法治主義	

（本試験2012年問43）

●法令編

解答・解説

| 正答率 | ア-**76**%, イ-**71**%, ウ-**88**%, エ-**90**% |

【解答】 ア—**19**　イ—**16**　ウ—**10**　エ—**15**

【解説】

　本問は，「行政機関」の概念に関する知識を問うものである。

　行政機関は，行政組織法上の基礎概念の１つである。これをどのように構成するか，また，その単位をどのようにするかについては普遍的なルールがあるわけではないが，大きく２つの類型に分類することができる。

　１つは，「作用法的行政機関概念」である。これは，行政機関を行政主体とその外部との関係を基準として捉えるものである。作用法的行政機関概念は，大日本帝国憲法下の日本の行政法学で展開されたものであり，行政主体のために意思を決定し，それを外部に表示する権限をもつ行政機関（行政庁）を中心に据え，その周辺に補助機関，諮問機関，執行機関を配置するものである。例えば，行政処分を行う行政庁がその権限に属する事務の一部をその補助機関である職員に委任し，またはこれに臨時に代理させて，私人に対する権限行使を行うような場合，この行政庁と補助機関という区別は，作用法的行政機関概念に基づくものである。

　もう１つは，「事務配分的行政機関概念」である。これは，各々の行政機関が担当する事務を単位として捉えるものであり，現行法制の下では，国家行政組織法のとる制定法上の行政機関概念である。事務配分的行政機関概念は，行政事務を外部関係・内部関係に区分することなく全体として把握するとともに，さまざまな行政の行為形式を現実に即して理解するために適しているといえる。

　以上より，アには**19** ＝「行政組織」，イには**16** ＝「行政機関」，ウには**10** ＝「行政庁」，エには**15** ＝「補助機関」が入る。

MEMO

第6編　多肢選択式・記述式

| チェック欄 | | | |

多肢選択式／行政法

問 412 次の文章は，学校行事において教職員に国歌の起立斉唱等を義務付けることの是非が争われた最高裁判所判決の一節（一部を省略）である。空欄 ア ～ エ に当てはまる語句を，枠内の選択肢（1～20）から選びなさい。

本件 ア は，……学習指導要領を踏まえ，上級行政機関である都教委*が関係下級行政機関である都立学校の各校長を名宛人としてその職務権限の行使を指揮するために発出したものであって，個々の教職員を名宛人とするものではなく，本件 イ の発出を待たずに当該 ア 自体によって個々の教職員に具体的な義務を課すものではない。また，本件 ア には，……各校長に対し，本件 イ の発出の必要性を基礎付ける事項を示すとともに，教職員がこれに従わない場合は服務上の責任を問われることの周知を命ずる旨の文言があり，これらは国歌斉唱の際の起立斉唱又はピアノ伴奏の実施が必要に応じて イ により確保されるべきことを前提とする趣旨と解されるものの，本件 イ の発出を命ずる旨及びその範囲等を示す文言は含まれておらず，具体的にどの範囲の教職員に対し本件 イ を発するか等については個々の式典及び教職員ごとの個別的な事情に応じて各校長の ウ に委ねられているものと解される。そして，本件 ア では，上記のとおり，本件 イ の違反について教職員の責任を問う方法も， エ に限定されておらず，訓告や注意等も含み得る表現が採られており，具体的にどのような問責の方法を採るかは個々の教職員ごとの個別的な事情に応じて都教委の ウ によることが前提とされているものと解される。原審の指摘する都教委の校長連絡会等を通じての各校長への指導の内容等を勘案しても，本件 ア それ自体の文言や性質等に則したこれらの ウ の存在が否定されるものとは解されない。したがって，本件 ア をもって，本件 イ と不可分一体のものとしてこれと同視することはできず，本件 イ を受ける教職員に条件付きで エ

を受けるという法的効果を生じさせるものとみることもできない。
(最一小判平成24年2月9日裁判所時報1549号4頁)

1	分限処分	2	処分基準	3	行政罰
4	同意	5	行政指導	6	指示
7	法規命令	8	職務命令	9	指導指針
10	下命	11	懲戒処分	12	監督処分
13	政治的判断	14	執行命令	15	告示
16	審査基準	17	裁量	18	勧告
19	通達	20	行政規則		

(注) ＊ 東京都教育委員会

(本試験2012年問42)

●法令編

解答・解説

正答率 ア-**70**%, イ-**76**%, ウ-**98**%, エ-**79**%

【解答】 アー**19** イー**8** ウー**17** エー**11**

【解説】

　本問は，学校行事において教職員に国歌の起立斉唱等を義務付けることの是非が争われた最高裁判決（最判平24.2.9）を素材としたものである。

　「本件(ア)通達は，……，地方教育行政の組織及び運営に関する法律23条5号所定の学校の教育課程，学習指導等に関する管理及び執行の権限に基づき，学習指導要領を踏まえ，上級行政機関である都教委が関係下級行政機関である都立学校の各校長を名宛人としてその職務権限の行使を指揮するために発出したものであって，個々の教職員を名宛人とするものではなく，本件(イ)職務命令の発出を待たずに当該(ア)通達自体によって個々の教職員に具体的な義務を課すものではない。また，本件(ア)通達には，……各校長に対し，本件(イ)職務命令の発出の必要性を基礎付ける事項を示すとともに，教職員がこれに従わない場合は服務上の責任を問われることの周知を命ずる旨の文言があり，これらは国歌斉唱の際の起立斉唱又はピアノ伴奏の実施が必要に応じて(イ)職務命令により確保されるべきことを前提とする趣旨と解されるものの，本件(イ)職務命令の発出を命ずる旨及びその範囲等を示す文言は含まれておらず，具体的にどの範囲の教職員に対し本件(イ)職務命令を発するか等については個々の式典及び教職員ごとの個別的な事情に応じて各校長の(ウ)裁量に委ねられているものと解される。そして，本件(ア)通達では，上記のとおり，本件(イ)職務命令の違反について教職員の責任を問う方法も，(エ)懲戒処分に限定されておらず，訓告や注意等も含み得る表現が採られており，具体的にどのような問責の方法を採るかは個々の教職員ごとの個別的な事情に

応じて都教委の₍ゥ₎裁量によることが前提とされているものと解される。原審の指摘する都教委の校長連絡会等を通じての各校長への指導の内容等を勘案しても，本件₍ァ₎通達それ自体の文言や性質等に則したこれらの₍ゥ₎裁量の存在が否定されるものとは解されない。したがって，本件₍ァ₎通達をもって，本件₍ィ₎職務命令と不可分一体のものとしてこれと同視することはできず，本件₍ィ₎職務命令を受ける教職員に条件付きで₍ェ₎懲戒処分を受けるという法的効果を生じさせるものとみることもできない。」

以上より，アには**19**＝「通達」，イには**8**＝「職務命令」，ウには**17**＝「裁量」，エには**11**＝「懲戒処分」が入る。

ワンポイント・アドバイス

【差止めの訴えの訴訟要件】

本判例は，行政事件訴訟法上の「差止めの訴え」の訴訟要件についても判示しています。

処分の差止めの訴えの訴訟要件については，当該処分がされることにより「重大な損害を生ずるおそれ」があることが必要であり（行政事件訴訟法37条の4第1項），その有無の判断に当たっては，損害の回復の困難の程度を考慮するものとし，損害の性質および程度ならびに処分の内容および性質をも勘案するものとされています（37条の4第2項）。

本判例は，「行政庁が処分をする前に裁判所が事前にその適法性を判断して差止めを命ずるのは，国民の権利利益の実効的な救済及び司法と行政の権能の適切な均衡の双方の観点から，そのような判断と措置を事前に行わなければならないだけの救済の必要性がある場合であることを要するものと解される。したがって，差止めの訴えの訴訟要件としての上記『重大な損害を生ずるおそれ』があると認められるためには，処分がされることにより生ずるおそれのある損害が，処分がされた後に取消訴訟等を提起して執行停止の決定を受けることなどにより容易に救済を受けることができるものではなく，処分がされる前に差止めを命ずる方法によるのでなければ救済を受けることが困難なものであることを要する」としています（最判平24.2.9）。

多肢選択式／行政法

問413 次の文章の空欄 ア ～ エ に当てはまる語句を，枠内の選択肢（1〜20）から選びなさい。

行政機関は，多くの場合，自らその活動のための基準を設定する。この種の設定行為および設定された基準は，通例， ア と呼ばれる。この ア には，行政法学上で イ と ウ と呼ばれる2種類の規範が含まれる。前者が法的拘束力を持つのに対し後者はこれを持たないものとして区別されている。 エ は，行政機関が意思決定や事実を公に知らせる形式であるが， ア の一種として用いられることがある。この場合，それが イ に当たるのかそれとも ウ に当たるのかがしばしば問題とされてきた。例えば，文部科学大臣の エ である学習指導要領を イ だと解する見解によれば，学習指導要領には法的拘束力が認められるのに対し，学習指導要領は単なる指導助言文書だと解する見解によれば，そのような法的拘束力は認められないことになる。また， エ のうち，政策的な目標や指針と解される定めは， ウ と位置付けられることになろう。以上のように， エ の法的性質については一律に確定することができず，個別に判断する必要がある。

1 行政指導指針	**2** 行政処分	**3** 行政規則
4 施行規則	**5** 定款	**6** 行政立法
7 処分基準	**8** 解釈基準	**9** 法規命令
10 職務命令	**11** 政令	**12** 省令
13 告示	**14** 訓令	**15** 通達
16 審査基準	**17** 委任命令	**18** 附款
19 裁量基準	**20** 執行命令	

（本試験2017年問42）

●法令編

正答率 ア-**43**%, イ-**56**%, ウ-**47**%, エ-**49**%

【解答】 ア－**6**, イ－**9**, ウ－**3**, エ－**13**

【解説】

　行政機関は，多くの場合，自らその活動のための基準を設定する。この種の設定行為および設定された基準は，通例，(ア)行政立法と呼ばれる。この(ア)行政立法には，行政法学上で(イ)法規命令と(ウ)行政規則と呼ばれる２種類の規範が含まれる。前者が法的拘束力を持つのに対し後者はこれを持たないものとして区別されている。(エ)告示は，行政機関が意思決定や事実を公に知らせる形式であるが，(ア)行政立法の一種として用いられることがある。この場合，それが(イ)法規命令に当たるのか(ウ)行政規則に当たるのかがしばしば問題とされてきた。例えば，文部科学大臣の(エ)告示である学習指導要領を(イ)法規命令だと解する見解によれば，学習指導要領には法的拘束力が認められるのに対し，学習指導要領は単なる指導助言文書だと解する見解によれば，そのような法的拘束力は認められないことになる。また，(エ)告示のうち，政策的な目標や指針と解される定めは，(ウ)行政規則と位置付けられることになろう。以上のように，(エ)告示の法的性質については一律に確定することができず，個別に判断する必要がある。

　以上より，アには**6**＝「行政立法」，イには**9**＝「法規命令」，ウには**3**＝「行政規則」，エには**13**＝「告示」が入る。

MEMO

第6編　多肢選択式・記述式

チェック欄

多肢選択式／行政法

問414 次の文章は，地方公共団体の施策の変更に関する最高裁判所判決の一節である。空欄 ア ～ エ に当てはまる語句を，枠内の選択肢（1～20）から選びなさい。

……　ア　の原則は地方公共団体の組織及び運営に関する基本原則であり，また，地方公共団体のような行政主体が一定内容の将来にわたって継続すべき施策を決定した場合でも，右施策が社会情勢の変動等に伴って変更されることがあることはもとより当然であって，地方公共団体は原則として右決定に拘束されるものではない。しかし，右決定が，単に一定内容の継続的な施策を定めるにとどまらず，特定の者に対して右施策に適合する特定内容の活動をすることを促す個別的，具体的な勧告ないし勧誘を伴うものであり，かつ，その活動が相当長期にわたる当該施策の継続を前提としてはじめてこれに投入する資金又は労力に相応する効果を生じうる性質のものである場合には，右特定の者は，右施策が右活動の基盤として維持されるものと　イ　し，これを前提として右の活動ないしその準備活動に入るのが通常である。このような状況のもとでは，たとえ右勧告ないし勧誘に基づいてその者と当該地方公共団体との間に右施策の維持を内容とする契約が締結されたものとは認められない場合であっても，右のように密接な交渉を持つに至った当事者間の関係を規律すべき　ウ　の原則に照らし，その施策の変更にあたってはかかる　イ　に対して法的保護が与えられなければならないものというべきである。すなわち，右施策が変更されることにより，前記の勧告等に動機づけられて前記のような活動に入った者がその　イ　に反して所期の活動を妨げられ，社会観念上看過することのできない程度の積極的損害を被る場合に，地方公共団体において右損害を補償するなどの代償的措置を講ずることなく施策を変更することは，それがやむをえない客観的事情によるのでない限り，当事者間に形成された　イ　関係を不当に破壊するものとして違法性を

●多肢選択式・記述式

帯び，地方公共団体の エ 責任を生ぜしめるものといわなければならない。そして，前記 ア の原則も，地方公共団体が住民の意思に基づいて行動する場合にはその行動になんらの法的責任も伴わないということを意味するものではないから，地方公共団体の施策決定の基盤をなす政治情勢の変化をもってただちに前記のやむをえない客観的事情にあたるものとし，前記のような相手方の イ を保護しないことが許されるものと解すべきではない。

(最三小判昭和56年1月27日民集35巻1号35頁)

1 信義衡平	2 私的自治	3 公平
4 信頼	5 確約	6 契約
7 財産	8 債務不履行	9 不法行為
10 団体自治	11 平等	12 刑事
13 住民自治	14 比例	15 権利濫用禁止
16 過失	17 期待	18 継続
19 監督	20 措置	

(本試験2018年問43)

第6編 多肢選択式・記述式

●法令編

解答・解説

正答率 | ア-**50**%, イ-**87**%, ウ-**68**%, エ-**54**%

合格基本書

【解答】 ア— **13**, イ— **4**, ウ— **1**, エ— **9**

【解説】

本問は，宜野座村工場誘致政策変更事件（最判昭56.1.27）を素材としたものである。

403p

「地方公共団体の施策を住民の意思に基づいて行うべきものとするいわゆる (ア)住民自治の原則は地方公共団体の組織及び運営に関する基本原則であり，また，地方公共団体のような行政主体が一定内容の将来にわたつて継続すべき施策を決定した場合でも，右施策が社会情勢の変動等に伴つて変更されることがあることはもとより当然であつて，地方公共団体は原則として右決定に拘束されるものではない。しかし，右決定が，単に一定内容の継続的な施策を定めるにとどまらず，特定の者に対して右施策に適合する特定内容の活動をすることを促す個別的，具体的な勧告ないし勧誘を伴うものであり，かつ，その活動が相当長期にわたる当該施策の継続を前提としてはじめてこれに投入する資金又は労力に相応する効果を生じうる性質のものである場合には，右特定の者は，右施策が右活動の基盤として維持されるものと (イ)信頼し，これを前提として右の活動ないしその準備活動に入るのが通常である。このような状況のもとでは，たとえ右勧告ないし勧誘に基づいてその者と当該地方公共団体との間に右施策の維持を内容とする契約が締結されたものとは認められない場合であつても，右のように密接な交渉を持つに至つた当事者間の関係を規律すべき (ウ)信義衡平の原則に照らし，その施策の変更にあたつてはかかる (イ)信頼に対して法的保護が与えられなければならないものというべきである。すなわち，右施策が変更されることにより，前記の勧告等に動機づけられて前記のような活動に入つた者がその (イ)信頼

220

●多肢選択式・記述式

に反して所期の活動を妨げられ，社会観念上看過することのできない程度の積極的損害を被る場合に，地方公共団体において右損害を補償するなどの代償的措置を講ずることなく施策を変更することは，それがやむをえない客観的事情によるのでない限り，当事者間に形成された(ｲ)信頼関係を不当に破壊するものとして違法性を帯び，地方公共団体の(ｴ)不法行為責任を生ぜしめるものといわなければならない。そして，前記(ｱ)住民自治の原則も，地方公共団体が住民の意思に基づいて行動する場合にはその行動になんらの法的責任も伴わないということを意味するものではないから，地方公共団体の施策決定の基盤をなす政治情勢の変化をもつてただちに前記のやむをえない客観的事情にあたるものとし，前記のような相手方の(ｲ)信頼を保護しないことが許されるものと解すべきではない。」

　以上より，アには **13** ＝「住民自治」，イには **4** ＝「信頼」，ウには **1** ＝「信義衡平」，エには **9** ＝「不法行為」が入る。

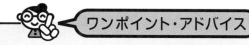

「住民自治」は，地方自治を「住民」の意思に基づいて行うという原則です。
「団体自治」は，国から独立した「団体」が地方自治を行うという原則です。

| チェック欄 | | | |

●多肢選択式・記述式

多肢選択式／行政法

重要度 A

問415 次の文章の空欄 ア ～ エ に当てはまる語句を，枠内の選択肢（**1**～**20**）から選びなさい。

行政上の義務違反に対し，一般統治権に基づいて，制裁として科される罰を ア という。 ア は，過去の義務違反に対する制裁である。

ア には，行政上の義務違反に対し科される刑法に刑名のある罰と，行政上の義務違反ではあるが，軽微な形式的違反行為に対して科される行政上の イ とがある。

イ は， ウ という名称により科される。普通地方公共団体も，法律に特別の定めがあるものを除くほか，その条例中に ウ を科す旨の規定を設けることができる。

ウ を科す手続については，法律上の義務違反に対するものと，条例上の義務違反に対するものとで相違がある。条例上の義務違反に対して普通地方公共団体の長が科す ウ は， エ に定める手続により科される。

1 強制執行	**2** 科料	**3** 強制徴収
4 過料	**5** 行政事件訴訟法	**6** 禁錮
7 行政罰	**8** 執行罰	**9** 即時強制
10 非訟事件手続法	**11** 直接強制	**12** 地方自治法
13 行政刑罰	**14** 代執行	**15** 課徴金
16 刑事訴訟法	**17** 罰金	**18** 懲戒罰
19 秩序罰	**20** 行政手続法	

（本試験2013年問42）

●法令編

合格基本書

解答・解説

正答率 | ア-**81**%, イ-**85**%, ウ-**89**%, エ-**70**%

【解答】 ア—**7**, イ—**19**, ウ—**4**, エ—**12**

【解説】

本問は, 行政上の義務違反に関する問題である。

行政上の義務違反に対し, 一般統治権に基づいて, 制裁として科せられる罰を行政罰という。よって, アには**7**＝「行政罰」が入る。なお, 一般統治権とは, 公権力と一般私人との関係のことである。したがって, 公務員関係等, 公法上の特別の関係における義務違反に対する制裁である懲戒罰とは区別される。

406p

次に, 行政罰は, 行政刑罰と秩序罰に分類される。行政刑罰とは, 行政上の義務違反に対して, 刑法に定めのある刑罰（懲役, 禁錮等）を科すものをいう。他方, 秩序罰とは, 行政上の秩序を維持するための罰として行政法規違反に過料を科すものをいい, 各種の届出, 登録, 通知等の手続を怠った場合等, 比較的軽微なものに対して科せられる。よって, イには**19**＝「秩序罰」が入り, ウには**4**＝「過料」が入る。

さらに, 秩序罰として科せられる過料の手続には, 次の２つがある。すなわち, 法令に基づく過料は, 裁判所が非訟事件手続法の規定によって科し, 一方, 地方公共団体の条例・規則違反に対して科せられる過料は, 地方公共団体の長が地方自治法（149条３号）の規定によって行政行為の形式で科す。よって, エには**12**＝「地方自治法」が入る。

以上より, アには**7**＝「行政罰」, イには**19**＝「秩序罰」, ウには**4**＝「過料」, エには**12**＝「地方自治法」が入る。

MEMO

第6編　多肢選択式・記述式

チェック欄

多肢選択式／行政法

問416 感染症法*の令和3年2月改正に関する次の会話の空欄 ア ～ エ に当てはまる語句を，枠内の選択肢（1～20）から選びなさい。

教授A： 今日は最近の感染症法改正について少し検討してみましょう。

学生B： はい，新型コロナウイルスの感染症防止対策を強化するために，感染症法が改正されたことはニュースで知りました。

教授A： そうですね。改正のポイントは幾つかあったのですが，特に，入院措置に従わなかった者に対して新たに制裁を科することができるようになりました。もともと，入院措置とは，感染者を感染症指定医療機関等に強制的に入院させる措置であることは知っていましたか。

学生B： はい，それは講学上は ア に当たると言われていますが，直接強制に当たるとする説もあって，講学上の位置づけについては争いがあるようです。

教授A： そのとおりです。この問題には決着がついていないようですので，これ以上は話題として取り上げないことにしましょう。では，改正のポイントについて説明してください。

学生B： 確か，当初の政府案では，懲役や100万円以下の イ を科すことができるとなっていました。

教授A： よく知っていますね。これらは，講学上の分類では ウ に当たりますね。その特徴はなんでしょうか。

学生B： はい，刑法総則が適用されるほか，制裁を科す手続に関しても刑事訴訟法が適用されます。

教授A： そのとおりですね。ただし，制裁として重すぎるのではないか，という批判もあったところです。

学生B： 結局，与野党間の協議で当初の政府案は修正されて，懲役や イ ではなく， エ を科すことになりました。こ

226

　　の エ は講学上の分類では行政上の秩序罰に当たります。
教授Ａ：　そうですね，制裁を科すとしても，その方法には様々な
　　ものがあることに注意しましょう。

(注)　＊　感染症の予防及び感染症の患者に対する医療に関する法律

1 罰金	2 過料	3 科料
4 死刑	5 公表	6 即時強制
7 行政代執行	8 仮処分	9 仮の義務付け
10 間接強制	11 課徴金	12 行政刑罰
13 拘留	14 損失補償	15 負担金
16 禁固	17 民事執行	18 執行罰
19 給付拒否	20 社会的制裁	

(本試験2021年問42)

●法令編

正答率 ア-**84**% イ-**83**% ウ-**92**% エ-**92**%

【解答】アー **6**，イー **1**，ウー **12**，エー **2**

【解説】

本問は，感染症法の改正を素材として，行政上の強制手段に関する知識を問うものである。

入院措置は，(ア)即時強制に当たるといわれている。　406, 407p
懲役や(イ)罰金は，(ウ)行政刑罰に当たる。
(エ)過料は，行政上の秩序罰に当たる。

以上より，アには **6** =「即時強制」，イには **1** =「罰金」，ウには **12** =「行政刑罰」，エには **2** =「過料」が入る。

ワンポイント・アドバイス

即時強制とは，あらかじめ義務を課す余裕のない緊急の必要がある場合，または事柄の性質上義務を課す方法では目的を達しがたい場合に，直接国民の「身体」または「財産」に実力を加えて行政上必要な状態を実現することをいいます。即時強制には，入院措置のような「身体」に対する強制と，消火・延焼防止のための土地物件の使用・処分のような「財産」に対する強制があります。

行政刑罰とは，行政上の義務違反に対して，刑法に定めのある刑罰（懲役，禁錮，罰金，拘留，科料）を科すものです。行政刑罰は，原則として，裁判所が刑事訴訟法の定める手続によって科すものとされています。

秩序罰とは，行政上の義務違反に対して，過料を科すものです。①国の法令に基づく過料は，裁判所が非訟事件手続法の定める手続によって科すものとされています。②地方公共団体の条例・規則に基づく過料は，地方公共団体の長が地方自治法の定める手続によって行政行為の形式で科すものとされています。

●多肢選択式・記述式

| チェック欄 | | | |

多肢選択式／行政法

重要度 A

問417 次の文章の空欄 ア ～ エ に当てはまる語句を，枠内の選択肢（**1**～**20**）から選びなさい。

　ア について イ の規定を設けない立法の合憲性が問われた事件において，最高裁は，次のように述べてこれを合憲と判断した。すなわち，憲法31条による保障は，「直接には ウ に関するものであるが， エ については，それが ウ ではないとの理由のみで，そのすべてが当然に同条による保障の枠外にあると判断することは相当ではない」。「しかしながら，同条による保障が及ぶと解すべき場合であっても，一般に， エ は， ウ とその性質においておのずから差異があり，また，行政目的に応じて多種多様であるから， ア の相手方に……告知，弁解，防御の機会を与えるかどうかは， ア により制限を受ける権利利益の内容，性質，制限の程度， ア により達成しようとする公益の内容，程度，緊急性等を総合較量して決定されるべきものであって，常に必ずそのような機会を与えることを必要とするものではないと解するのが相当である」。また，この判決に付された意見も，「 エ がそれぞれの行政目的に応じて多種多様である実情に照らせば，…… ア 全般につき……告知・聴聞を含む イ を欠くことが直ちに違憲・無効の結論を招来する，と解するのは相当でない」と述べて，法廷意見の結論を是認した（最大判平成4年7月1日民集46巻5号437頁）。とはいえ，この判決では， エ の重要な一部をなす イ が憲法31条に照らしてどのようなものであるべきかは，示されなかった。

1 立法手続	**2** 行政立法	**3** 行政訴訟
4 刑事手続	**5** 行政裁量	**6** 行政手続
7 司法権	**8** 営業の自由	**9** 財産権
10 基本的人権	**11** 司法手続	**12** 事前手続
13 適正手続	**14** 立法権	**15** 行政権
16 権利救済	**17** 破壊活動	**18** 人身の自由
19 行政処分	**20** 犯罪行為	

（本試験2016年問42）

●法令編

解答・解説

| 正答率 | ア-**78**%, イ-**42**%, ウ-**67**%, エ-**69**% |

合格基本書

【解答】　ア－**19**，イ－**12**，ウ－**4**，エ－**6**

【解説】

　本問は，成田新法事件（最判平 4.7.1）を素材としたものである。

57p

　(ア)行政処分について(イ)事前手続の規定を設けない立法の合憲性が問われた事件において，最高裁は，次のように述べてこれを合憲と判断した。すなわち，憲法 31 条による保障は，「直接には(ウ)刑事手続に関するものであるが，(エ)行政手続については，それが(ウ)刑事手続ではないとの理由のみで，そのすべてが当然に同条による保障の枠外にあると判断することは相当ではない」。「しかしながら，同条による保障が及ぶと解すべき場合であっても，一般に，(エ)行政手続は，(ウ)刑事手続とその性質においておのずから差異があり，また，行政目的に応じて多種多様であるから，行政処分の相手方に……告知，弁解，防御の機会を与えるかどうかは，(ア)行政処分により制限を受ける権利利益の内容，性質，制限の程度，(ア)行政処分により達成しようとする公益の内容，程度，緊急性等を総合較量して決定されるべきものであって，常に必ずそのような機会を与えることを必要とするものではないと解するのが相当である」。また，この判決に付された意見も，「(エ)行政手続がそれぞれの行政目的に応じて多種多様である実情に照らせば，……(ア)行政処分全般につき……告知・聴聞を含む(イ)事前手続を欠くことが直ちに違憲・無効の結論を招来する，と解するのは相当でない」と述べて，法廷意見の結論を是認した（最大判平成 4 年 7 月 1 日民集 46 巻 5 号 437 頁）。とはいえ，この判決では，(エ)行政手続の重要な一部をなす(イ)事前手続が憲法 31 条に照らしてどのようなものであるべきかは，示されなかった。

　以上より，アには **19** ＝「行政処分」，イには **12** ＝「事前手続」，ウには **4** ＝「刑事手続」，エには **6** ＝「行政手続」が入る。

230

多肢選択式／行政法

問418 次の文章の空欄 ア ～ エ に当てはまる語句を，枠内の選択肢（1～20）から選びなさい。

行政指導とは，相手方の任意ないし合意を前提として行政目的を達成しようとする行政活動の一形式である。

行政手続法は，行政指導につき，「行政機関がその任務又は ア の範囲内において一定の行政目的を実現するために特定の者に一定の作為又は不作為を求める指導， イ ，助言その他の行為であって処分に該当しないもの」と定義し，行政指導に関する幾つかの条文を規定している。例えば，行政手続法は，行政指導 ウ につき，「同一の行政目的を実現するため一定の条件に該当する複数の者に対し行政指導をしようとするときにこれらの行政指導に共通してその内容となるべき事項」と定義し，これが， エ 手続の対象となることを定める規定がある。

行政指導は，一般的には，法的効果をもたないものとして処分性は認められず抗告訴訟の対象とすることはできないと解されているが，行政指導と位置づけられている行政活動に，処分性を認める最高裁判決も出現しており，医療法にもとづく イ について処分性を認めた最高裁判決（最二判平成17年7月15日民集59巻6号1661頁）が注目されている。

1 通知	2 通達	3 聴聞
4 所掌事務	5 告示	6 意見公募
7 担当事務	8 基準	9 勧告
10 命令	11 弁明	12 審理
13 担任事務	14 告知	15 自治事務
16 指針	17 要綱	18 規則
19 所管事務	20 指示	

（本試験2020年問42）

●法令編

解答・解説　| 正答率 | ア-**82**%, イ-**90**%, ウ-**90**%, エ-**87**%

合格基本書

【解答】　アー**4**，　イー**9**，　ウー**16**，　エー**6**

【解説】

　本問は，行政指導に関する知識を問うものである。

　行政指導とは，相手方の任意ないし合意を前提として行政目的を達成しようとする行政活動の一形式である。

　行政手続法は，行政指導につき，「行政機関がその任務又は (ア)所掌事務の範囲内において一定の行政目的を実現するため特定の者に一定の作為又は不作為を求める指導，(イ)勧告，助言その他の行為であって処分に該当しないもの」（2条6号）と定義し，行政指導に関する幾つかの条文（32条〜36条の2）を規定している。例えば，行政手続法は，行政指導(ウ)指針につき，「同一の行政目的を実現するため一定の条件に該当する複数の者に対し行政指導をしようとするときにこれらの行政指導に共通してその内容となるべき事項」（2条8号ニ）と定義し，これが，(エ)意見公募手続（39条）の対象となることを定める規定がある。

428, 429p

411p

432p

　行政指導は，一般的には，法的効果をもたないものとして処分性は認められず抗告訴訟の対象とすることはできないと解されているが，行政指導と位置づけられている行政活動に，処分性を認める最高裁判決も出現しており，医療法にもとづく(イ)勧告について処分性を認めた最高裁判決（最二小判平成17年7月15日民集59巻6号1661頁）が注目されている。

401, 459p

　以上より，アには**4**＝「所掌事務」，イには**9**＝「勧告」，ウには**16**＝「指針」，エには**6**＝「意見公募」が入る。

232

MEMO

第6編 多肢選択式・記述式

|チェック欄|　　|　　|　　|

多肢選択式／行政法

問419

次の文章は，ある最高裁判所判決の一節である。空欄 ア ～ エ に当てはまる語句を，枠内の選択肢（1 ～20）から選びなさい。

　建築確認申請に係る建築物の建築計画をめぐり建築主と付近住民との間に紛争が生じ，関係地方公共団体により建築主に対し，付近住民と話合いを行って円満に紛争を解決するようにとの内容の行政指導が行われ，建築主において ア に右行政指導に応じて付近住民と協議をしている場合においても，そのことから常に当然に建築主が建築主事に対し確認処分を イ することについてまで ア に同意をしているものとみるのは相当でない。しかしながら，…関係地方公共団体において，当該建築確認申請に係る建築物が建築計画どおりに建築されると付近住民に対し少なからぬ日照阻害，風害等の被害を及ぼし，良好な居住環境あるいは市街環境を損なうことになるものと考えて，当該地域の生活環境の維持，向上を図るために，建築主に対し，当該建築物の建築計画につき一定の譲歩・協力を求める行政指導を行い，建築主が ア にこれに応じているものと認められる場合においては， ウ 上合理的と認められる期間建築主事が申請に係る建築計画に対する確認処分を イ し，行政指導の結果に期待することがあつたとしても，これをもつて直ちに違法な措置であるとまではいえないというべきである。

　もつとも，右のような確認処分の イ は，建築主の ア の協力・服従のもとに行政指導が行われていることに基づく事実上の措置にとどまるものであるから，建築主において自己の申請に対する確認処分を イ されたままでの行政指導には応じられないとの意思を明確に表明している場合には，かかる建築主の明示の意思に反してその受忍を強いることは許されない筋合のものであるといわなければならず，建築主が右のような行政指導に不協力・不服従の意思を表明している場合には，当該建築主が受ける不利益と右行政指導の

234

●多肢選択式・記述式

目的とする公益上の必要性とを比較衡量して，右行政指導に対する建築主の不協力が　ウ　上正義の観念に反するものといえるような　エ　が存在しない限り，行政指導が行われているとの理由だけで確認処分を　イ　することは，違法であると解するのが相当である。

(最一小判昭和60年7月16日民集39巻5号989頁)

1	強制	**2**	慣習法	**3**	社会通念
4	特段の事情	**5**	通知	**6**	悪意
7	事実の認定	**8**	法令の解釈	**9**	併合
10	衡平	**11**	善意	**12**	政策実施
13	任意	**14**	適用除外	**15**	却下
16	先例	**17**	拒否	**18**	審査請求
19	留保	**20**	信頼保護		

(本試験2015年問43)

第6編　多肢選択式・記述式

235

●法令編

正答率 ア-**97**%, イ-**92**%, ウ-**98**%, エ-**97**%

【解答】 アー **13**, イー **19**, ウー **3**, エー **4**

【解説】

本問は，品川マンション事件（最判昭60.7.16）を素材としたものである。

「建築確認申請に係る建築物の建築計画をめぐり建築主と付近住民との間に紛争が生じ，関係地方公共団体により建築主に対し，付近住民と話合いを行って円満に紛争を解決するようにとの内容の行政指導が行われ，建築主において(ア)任意に右行政指導に応じて付近住民と協議をしている場合においても，そのことから常に当然に建築主が建築主事に対し確認処分を(イ)留保することについてまで(ア)任意に同意をしているものとみるのは相当でない。しかしながら，…関係地方公共団体において，当該建築確認申請に係る建築物が建築計画どおりに建築されると付近住民に対し少なからぬ日照阻害，風害等の被害を及ぼし，良好な居住環境あるいは市街環境を損なうことになるものと考えて，当該地域の生活環境の維持，向上を図るために，建築主に対し，当該建築物の建築計画につき一定の譲歩・協力を求める行政指導を行い，建築主が(ア)任意にこれに応じているものと認められる場合においては，(ウ)社会通念上合理的と認められる期間建築主事が申請に係る建築計画に対する確認処分を(イ)留保し，行政指導の結果に期待することがあつたとしても，これをもつて直ちに違法な措置であるとまではいえないというべきである。

もつとも，右のような確認処分の(イ)留保は，建築主の(ア)任意の協力・服従のもとに行政指導が行われていることに基づく事実上の措置にとどまるものであるから，建築主において自己の申請に対する確認処分を(イ)留保されたままでの行政指導に

429p

は応じられないとの意思を明確に表明している場合には，かかる建築主の明示の意思に反してその受忍を強いることは許されない筋合のものであるといわなければならず，建築主が右のような行政指導に不協力・不服従の意思を表明している場合には，当該建築主が受ける不利益と右行政指導の目的とする公益上の必要性とを比較衡量して，右行政指導に対する建築主の不協力が(ウ)社会通念上正義の観念に反するものといえるような(エ)特段の事情が存在しない限り，行政指導が行われているとの理由だけで確認処分を(イ)留保することは，違法であると解するのが相当である。」

以上より，アには **13** ＝「任意」，イには **19** ＝「留保」，ウには **3** ＝「社会通念」，エには **4** ＝「特段の事情」が入る。

ワンポイント・アドバイス

1985（昭和60）年の最高裁判所判決（品川マンション事件／最判昭60.7.16）を受けて，1993（平成5）年に制定された行政手続法では，「申請の取下げ又は内容の変更を求める行政指導にあっては，行政指導に携わる者は，申請者が当該行政指導に従う意思がない旨を表明したにもかかわらず当該行政指導を継続すること等により当該申請者の権利の行使を妨げるようなことをしてはならない」（行政手続法33条）としています。

| チェック欄 | | | |

多肢選択式／行政法

問420 次の文章の空欄 ア ～ エ に当てはまる語句を，枠内の選択肢（**1**～**20**）から選びなさい。

　行政手続法14条1項本文が，不利益処分をする場合に同時にその理由を名宛人に示さなければならないとしているのは，名宛人に直接に義務を課し又はその権利を制限するという不利益処分の性質に鑑み，行政庁の判断の ア と合理性を担保してその恣意を抑制するとともに，処分の理由を名宛人に知らせて イ に便宜を与える趣旨に出たものと解される。そして，同項本文に基づいてどの程度の理由を提示すべきかは，上記のような同項本文の趣旨に照らし，当該処分の根拠法令の規定内容，当該処分に係る ウ の存否及び内容並びに公表の有無，当該処分の性質及び内容，当該処分の原因となる事実関係の内容等を総合考慮してこれを決定すべきである。

　この見地に立って建築士法……（略）……による建築士に対する懲戒処分について見ると，……（略）……処分要件はいずれも抽象的である上，これらに該当する場合に……（略）……所定の戒告，1年以内の業務停止又は免許取消しのいずれの処分を選択するかも処分行政庁の裁量に委ねられている。そして，建築士に対する上記懲戒処分については，処分内容の決定に関し，本件 ウ が定められているところ，本件 ウ は， エ の手続を経るなど適正を担保すべき手厚い手続を経た上で定められて公にされており，……（略）……多様な事例に対応すべくかなり複雑なものとなっている。

　そうすると，建築士に対する上記懲戒処分に際して同時に示されるべき理由としては，処分の原因となる事実及び処分の根拠法条に加えて，本件 ウ の適用関係が示されなければ，処分の名宛人において，上記事実及び根拠法条の提示によって処分要件の該当性に係る理由は知り得るとしても，いかなる理由に基づいてどのような ウ の適用によって当該処分が選択されたのかを知ることは困難であるのが通例であると考えられる。

●多肢選択式・記述式

（最三小判平成23年6月7日民集65巻4号2081頁）

1 公平	**2** 審査基準	**3** 名宛人以外の第三者
4 弁明	**5** 条例	**6** 意見公募
7 説明責任	**8** 根拠	**9** 慎重
10 紛争の一回解決	**11** 要綱	**12** 諮問
13 処分基準	**14** 利害関係人	**15** 議会の議決
16 規則	**17** 不服の申立て	**18** 審査請求
19 適法性	**20** 聴聞	

（本試験2021年問43）

第6編

多肢選択式・記述式

●法令編

正答率 ア-**30**% イ-**70**% ウ-**88**% エ-**75**%

【解答】 ア―**9**, イ―**17**, ウ―**13**, エ―**6**

【解説】

本問は，一級建築士免許取消事件（最判平 23.6.7）を素材としたものである。

「行政手続法 14 条 1 項本文が，不利益処分をする場合に同時にその理由を名宛人に示さなければならないとしているのは，名宛人に直接に義務を課し又はその権利を制限するという不利益処分の性質に鑑み，行政庁の判断の(ア)慎重と合理性を担保してその恣意を抑制するとともに，処分の理由を名宛人に知らせて(イ)不服の申立てに便宜を与える趣旨に出たものと解される。そして，同項本文に基づいてどの程度の理由を提示すべきかは，上記のような同項本文の趣旨に照らし，当該処分の根拠法令の規定内容，当該処分に係る(ウ)処分基準の存否及び内容並びに公表の有無，当該処分の性質及び内容，当該処分の原因となる事実関係の内容等を総合考慮してこれを決定すべきである。

この見地に立って建築士法 10 条 1 項 2 号又は 3 号による建築士に対する懲戒処分について見ると，同項 2 号及び 3 号の定める処分要件はいずれも抽象的である上，これらに該当する場合に同項所定の戒告，1 年以内の業務停止又は免許取消しのいずれの処分を選択するかも処分行政庁の裁量に委ねられている。そして，建築士に対する上記懲戒処分については，処分内容の決定に関し，本件(ウ)処分基準が定められているところ，本件(ウ)処分基準は，(エ)意見公募の手続を経るなど適正を担保すべき手厚い手続を経た上で定められて公にされており，しかも，その内容は，……多様な事例に対応すべくかなり複雑なものとなっている。そうすると，建築士に対する上記懲戒処分に

●多肢選択式・記述式

際して同時に示されるべき理由としては、処分の原因となる事実及び処分の根拠法条に加えて、本件(ゥ)処分基準の適用関係が示されなければ、処分の名宛人において、上記事実及び根拠法条の提示によって処分要件の該当性に係る理由は知り得るとしても、いかなる理由に基づいてどのような(ゥ)処分基準の適用によって当該処分が選択されたのかを知ることは困難であるのが通例であると考えられる。」

以上より、アには**9**＝「慎重」、イには**17**＝「不服の申立て」、ウには**13**＝「処分基準」、エには**6**＝「意見公募」が入る。

 ワンポイント・アドバイス

　行政庁は、不利益処分をする場合には、その名あて人に対し、同時に、当該不利益処分の理由を示さなければなりません（行政手続法14条1項本文）。
　ただし、当該理由を示さないで処分をすべき差し迫った必要がある場合は、この限りでない（14条1項ただし書）とされています。その場合においては、行政庁は、当該名あて人の所在が判明しなくなったときその他処分後において理由を示すことが困難な事情があるときを除き、処分後相当の期間内に、当該不利益処分の理由を示さなければなりません（14条2項）。
　不利益処分を書面でするときは、当該不利益処分の理由も書面により示さなければなりません（14条3項）。

多肢選択式／行政法

問 421 次の文章の空欄 ア ～ エ に当てはまる語句を，枠内の選択肢（**1**～**20**）から選びなさい。

　ア は，イ ではないから，抗告訴訟はもちろん，行政不服審査法による審査請求の対象ともならないとされてきた。しかし，ア についても，これに従わない場合について，ウ が定められている例があるなど，相手方の権利利益に大きな影響を及ぼすものが少なくない。そこで，行政手続法が改正され，エ に根拠を有する ア のうち，違法行為の是正を求めるものについては，それが エ に定める要件に適合しないと思料する相手方は，行政機関にその中止等を求めることができるとされた。この申出があったときは，行政機関は，必要な調査を行い，それが要件に適合しないと認められるときは，その ア の中止その他必要な措置をとるべきこととされた。もし，ウ がなされていれば，必要な措置として，それも中止しなければならないこととなる。また，これと並んで，違法行為の是正のための イ や ア がなされていないと思料する者は，これらをすることを求めることができる旨の規定も置かれている。

1 即時強制	**2** 命令	**3** 刑事処罰
4 過料の徴収	**5** 代執行	**6** 行政調査
7 法律	**8** 法規命令	**9** 行政指導
10 強制執行	**11** 契約	**12** 強制
13 処分	**14** 不作為	**15** 処分基準
16 条例	**17** 公表	**18** 要綱
19 規則	**20** 実力行使	

（本試験2015年問42）

●法令編

 正答率 ア-**93**%, イ-**89**%, ウ-**36**%, エ-**91**%

【解答】 ア－**9**, イ－**13**, ウ－**17**, エ－**7**

【解説】

本問は，2014（平成26）年行政手続法改正により新設された「行政指導の中止等の求め」（同法36条の2）に関する知識を問うものである。

(ア)行政指導は，(イ)処分ではないから，抗告訴訟はもちろん，行政不服審査法による審査請求の対象ともならないとされてきた。しかし，(ア)行政指導についても，これに従わない場合について，(ウ)公表が定められている例があるなど，相手方の権利利益に大きな影響を及ぼすものが少なくない。そこで，行政手続法が改正され，(エ)法律に根拠を有する(ア)行政指導のうち，違法行為の是正を求めるものについては，それが(エ)法律に定める要件に適合しないと思料する相手方は，行政機関にその中止等を求めることができるとされた（36条の2第1項本文）。この申出があったときは，行政機関は，必要な調査を行い，それが要件に適合しないと認められるときは，その(ア)行政指導の中止その他必要な措置をとるべきこととされた（36条の2第3項）。もし，(ウ)公表がなされていれば，必要な措置として，それも中止しなければならないこととなる。また，これと並んで，違法行為の是正のための(イ)処分や(ア)行政指導がなされていないと思料する者は，これらをすることを求めることができる旨の規定（36条の3）も置かれている。

以上より，アには**9**＝「行政指導」，イには**13**＝「処分」，ウには**17**＝「公表」，エには**7**＝「法律」が入る。

MEMO

第6編　多肢選択式・記述式

チェック欄

多肢選択式／行政法

問422 次の文章の空欄 ア ～ エ に当てはまる語句を，枠内の選択肢（**1**～**20**）から選びなさい。

　行政手続法は，行政運営における ア の確保と透明性の向上を図り，もって国民の権利利益の保護に資することをその目的とし（1条1項），行政庁は， イ 処分をするかどうか又はどのような イ 処分とするかについてその法令の定めに従って判断するために必要とされる基準である ウ （2条8号ハ）を定め，かつ，これを公にしておくよう努めなければならないものと規定している（12条1項）。上記のような行政手続法の規定の文言や趣旨等に照らすと，同法12条1項に基づいて定められ公にされている ウ は，単に行政庁の行政運営上の便宜のためにとどまらず， イ 処分に係る判断過程の ア と透明性を確保し，その相手方の権利利益の保護に資するために定められ公にされるものというべきである。したがって，行政庁が同項の規定により定めて公にしている ウ において，先行の処分を受けたことを理由として後行の処分に係る量定を加重する旨の イ な取扱いの定めがある場合に，当該行政庁が後行の処分につき当該 ウ の定めと異なる取扱いをするならば， エ の行使における ア かつ平等な取扱いの要請や基準の内容に係る相手方の信頼の保護等の観点から，当該 ウ の定めと異なる取扱いをすることを相当と認めるべき特段の事情がない限り，そのような取扱いは エ の範囲の逸脱又はその濫用に当たることとなるものと解され，この意味において，当該行政庁の後行の処分における エ は当該 ウ に従って行使されるべきことがき束されており，先行の処分を受けた者が後行の処分の対象となるときは，上記特段の事情がない限り当該 ウ の定めにより所定の量定の加重がされることになるものということができる。以上に鑑みると，行政手続法12条1項の規定により定められ公にされている ウ において，先行の処分を受けたことを理由として後行の処分に係る量

●多肢選択式・記述式

定を加重する旨の　イ　な取扱いの定めがある場合には，上記先行の処分に当たる処分を受けた者は，将来において上記後行の処分に当たる処分の対象となり得るときは，上記先行の処分に当たる処分の効果が期間の経過によりなくなった後においても，当該　ウ　の定めにより上記の　イ　な取扱いを受けるべき期間内はなお当該処分の取消しによって回復すべき法律上の利益を有するものと解するのが相当である。

（最三小判平成27年３月３日民集69巻２号143頁）

1	処分基準	**2**	合理的	**3**	衡平
4	適正	**5**	迅速性	**6**	公正
7	利益	**8**	侵害	**9**	授益
10	不平等	**11**	審査基準	**12**	不利益
13	解釈基準	**14**	行政規則	**15**	法規命令
16	解釈権	**17**	判断権	**18**	処分権
19	裁量権	**20**	決定権		

（本試験2019年-問42）

第6編

多肢選択式・記述式

247

●法令編

正答率 ア-**83**% イ-**95**% ウ-**88**%, エ-**90**%

【解答】 ア－**6**, イ－**12**, ウ－**1**, エ－**19**

【解説】

本問は, パチンコ店営業停止処分取消請求事件 (最判平27.3.3) を素材としたものである。

「行政手続法は, 行政運営における(ア)<u>公正</u>の確保と透明性の向上を図り, もって国民の権利利益の保護に資することをその目的とし (1条1項), 行政庁は, (イ)<u>不利益</u>処分をするかどうか又はどのような(イ)<u>不利益</u>処分とするかについてその法令の定めに従って判断するために必要とされる基準である(ウ)<u>処分基準</u> (2条8号ハ) を定め, かつ, これを公にしておくよう努めなければならないものと規定している (12条1項)。 　410p　420p

上記のような行政手続法の規定の文言や趣旨等に照らすと, 同法12条1項に基づいて定められ公にされている(ウ)<u>処分基準</u>は, 単に行政庁の行政運営上の便宜のためにとどまらず, (イ)<u>不利益</u>処分に係る判断過程の(ア)<u>公正</u>と透明性を確保し, その相手方の権利利益の保護に資するために定められ公にされるものというべきである。したがって, 行政庁が同項の規定により定めて公にしている(ウ)<u>処分基準</u>において, 先行の処分を受けたことを理由として後行の処分に係る量定を加重する旨の(イ)<u>不利益</u>な取扱いの定めがある場合に, 当該行政庁が後行の処分につき当該(ウ)<u>処分基準</u>の定めと異なる取扱いをするならば, (エ)<u>裁量権</u>の行使における(ア)<u>公正</u>かつ平等な取扱いの要請や基準の内容に係る相手方の信頼の保護等の観点から, 当該(ウ)<u>処分基準</u>の定めと異なる取扱いをすることを相当と認めるべき特段の事情がない限り, そのような取扱いは(エ)<u>裁量権</u>の範囲の逸脱又はその濫用に当たることとなるものと解され, この意味において, 当該行政庁の後行の処分における(エ)<u>裁量権</u>は当該

●多肢選択式・記述式

(ウ)処分基準に従って行使されるべきことがき束されており，先行の処分を受けた者が後行の処分の対象となるときは，上記特段の事情がない限り当該(ウ)処分基準の定めにより所定の量定の加重がされることになるものということができる。

以上に鑑みると，行政手続法12条1項の規定により定められ公にされている(ウ)処分基準において，先行の処分を受けたことを理由として後行の処分に係る量定を加重する旨の(イ)不利益な取扱いの定めがある場合には，上記先行の処分に当たる処分を受けた者は，将来において上記後行の処分に当たる処分の対象となり得るときは，上記先行の処分に当たる処分の効果が期間の経過によりなくなった後においても，当該(ウ)処分基準の定めにより上記の(イ)不利益な取扱いを受けるべき期間内はなお当該処分の取消しによって回復すべき法律上の利益を有するものと解するのが相当である」

以上より，アには**6**＝「公正」，イには**12**＝「不利益」，ウには**1**＝「処分基準」，エには**19**＝「裁量権」が入る。

ワンポイント・アドバイス

行政手続法は，「処分，行政指導及び届出に関する手続並びに命令等を定める手続に関し，共通する事項を定めることによって，行政運営における公正の確保と透明性（行政上の意思決定について，その内容及び過程が国民にとって明らかであることをいう。第46条において同じ。）の向上を図り，もって国民の権利利益の保護に資すること」を目的とします（行政手続法1条1項）。

行政手続法において「処分基準」とは，不利益処分をするかどうかまたはどのような不利益処分とするかについてその法令の定めに従って判断するために必要とされる基準をいいます（2条8号ハ）。行政庁は，処分基準を定め，かつ，これを公にしておくよう努めなければならない（12条1項）とされています。

チェック欄

●多肢選択式・記述式

多肢選択式／行政法

重要度 A

問 423 行政事件訴訟法 10 条は，二つの「取消しの理由の制限」を定めている。次の文章の空欄 ア ～ エ に当てはまる語句を，枠内の選択肢（**1～20**）から選びなさい。

第一に，「取消訴訟においては， ア に関係のない違法を理由として取消しを求めることができない」（10条1項）。これは，訴えが仮に適法なものであったとしても， ア に関係のない違法を理由に取消しを求めることはできない（そのような違法事由しか主張していない訴えについては イ が下されることになる）ことを規定するものと解されている。取消訴訟が（国民の権利利益の救済を目的とする）主観訴訟であることにかんがみ，主観訴訟における当然の制限を規定したものにすぎないとの評価がある反面，違法事由のなかにはそれが ア に関係するものかどうかが不明確な場合もあり，「 ア に関係のない違法」を広く解すると，国民の権利利益の救済の障害となる場合もあるのではないかとの指摘もある。

第二に，「処分の取消しの訴えとその処分についての ウ の取消しの訴えとを提起することができる場合には」， ウ の取消しの訴えにおいては「 エ を理由として取消しを求めることができない」（10条2項）。これは， エ は，処分取消訴訟において主張しなければならないという原則（原処分主義）を規定するものと解されている。

1 審査請求を棄却した裁決		**2** 処分を差止める判決	
3 訴えを却下する判決		**4** 処分の無効	
5 処分取消裁決		**6** 処分の違法	
7 法律上保護された利益		**8** 裁決の違法	
9 不作為の違法		**10** 裁決の無効	
11 自己の法律上の利益		**12** 審査請求を認容した裁決	
13 処分により保護される利益		**14** 請求を認容する判決	
15 処分を義務付ける判決		**16** 請求を棄却する判決	
17 処分取消判決		**18** 法律上保護に値する利益	
19 事情判決		**20** 裁判上保護されるべき利益	

（本試験2018年問42）

●法令編

解答・解説　正答率　ア-**86**%, イ-**48**%, ウ-**56**%, エ-**79**%

合格基本書

【解答】　ア－**11**，イ－**16**，ウ－**1**，エ－**6**

【解説】

　本問では，取消しの理由の制限について定めた行政事件訴訟法10条についての理解が問われている。

　取消訴訟においては，<u>自己の法律上の利益に関係のない違法</u>を理由として取消しを求めることができない（10条1項）。よって，アには「自己の法律上の利益」が入る。

466p

　10条1項は，原告適格があることを前提として，本案審理における違法事由を制限するものである。よって，自己の法律上の利益に関係のない違法事由しか主張していない訴えについては，<u>請求を棄却する判決</u>が下される。よって，イには「請求を棄却する判決」が入る。

　処分の取消しの訴えとその処分についての<u>審査請求を棄却した裁決の取消しの訴え</u>とを提起することができる場合には，裁決の取消しの訴えにおいては，<u>処分の違法</u>を理由として取消しを求めることができない（10条2項）。10条2項は，原処分主義を規定するものと解されている。よって，ウには「審査請求を棄却した裁決」が入り，エには「処分の違法」が入る。

466p

　以上より，アには**11**＝「自己の法律上の利益」，イには**16**＝「請求を棄却する判決」，ウには**1**＝「審査請求を棄却した裁決」，エには**6**＝「処分の違法」が入る。

252

●多肢選択式・記述式

多肢選択式／行政法

問424 次の文章の空欄 ア ～ エ に当てはまる語句を，枠内の選択肢（**1～20**）から選びなさい。

　行政事件訴訟法は，「行政事件訴訟に関し，この法律に定めがない事項については， ア の例による。」と規定しているが，同法には，行政事件訴訟の特性を考慮したさまざまな規定が置かれている。

　まず，「行政庁の処分その他公権力の行使に当たる行為については，民事保全法…に規定する イ をすることができない。」と規定されており，それに対応して，執行停止のほか，仮の義務付け，仮の差止めという形で仮の救済制度が設けられている。それらの制度の要件はそれぞれ異なるが，内閣総理大臣の異議の制度が置かれている点で共通する。

　また，処分取消訴訟については，「 ウ により権利を害される第三者」に手続保障を与えるため，このような第三者の訴訟参加を認める規定が置かれている。行政事件訴訟法に基づく訴訟参加は，このような第三者のほかに エ についても認められている。

1 関連請求の訴え	**2** 仮処分	**3** 訴訟の一般法理
4 当該処分をした行政庁の所属する国又は公共団体		**5** 訴えの取下げ
6 民事執行	**7** 適正手続	**8** 訴えの利益の消滅
9 処分若しくは裁決の存否又はその効力の有無に関する争い		
10 保全異議の申立て	**11** 行政上の不服申立て	**12** 強制執行
13 訴訟の提起	**14** 民事訴訟	**15** 執行異議の申立て
16 当該処分をした行政庁以外の行政庁		**17** 訴えの変更
18 保全命令	**19** 訴訟の結果	
20 公益代表者としての検察官		

（本試験2014年問42）

●法令編

正答率 ア-**93**%, イ-**76**%, ウ-**61**%, エ-**74**%

【解答】 ア―**14**, イ―**2**, ウ―**19**, エ―**16**

【解説】

行政事件訴訟法は，「行政事件訴訟に関し，この法律に定めがない事項については，(ア)民事訴訟の例による。」と規定しているが（7条），同法には，行政事件訴訟の特性を考慮したさまざまな規定が置かれている。

まず，「行政庁の処分その他公権力の行使に当たる行為については，民事保全法……に規定する(イ)仮処分をすることができない。」と規定されており（44条），それに対応して，執行停止（25条2項）のほか，仮の義務付け（37条の5第1項），仮の差止め（37条の5第2項）という形で仮の救済制度が設けられている。それらの制度の要件はそれぞれ異なるが，内閣総理大臣の異議の制度（27条，37条の5第4項）が置かれている点で共通する。

また，処分取消訴訟については，「(ウ)訴訟の結果により権利を害される第三者」に手続保障を与えるため，このような第三者の訴訟参加を認める規定（22条）が置かれている。行政事件訴訟法に基づく訴訟参加は，このような第三者のほかに(エ)当該処分をした行政庁以外の行政庁についても認められている（23条）。

以上より，アには **14** ＝「民事訴訟」，イには **2** ＝「仮処分」，ウには **19** ＝「訴訟の結果」，エには **16** ＝「当該処分をした行政庁以外の行政庁」が入る。

| チェック欄 | | | | ●多肢選択式・記述式 |

多肢選択式／行政法

問 425 次の文章は，ある最高裁判所判決の一節である。空欄 ア ～ エ に当てはまる語句を，枠内の選択肢（1 ～20）から選びなさい。

　旧行政事件訴訟特例法のもとにおいても，また，行政事件訴訟法のもとにおいても，行政庁の ア に任された イ の ウ を求める訴訟においては，その ウ を求める者において，行政庁が，右 イ をするにあたつてした ア 権の行使がその範囲をこえまたは濫用にわたり，したがつて，右 イ が違法であり，かつ，その違法が エ であることを主張および立証することを要するものと解するのが相当である。これを本件についてみるに，本件……売渡処分は，旧自作農創設特別措置法四一条一項二号および同法施行規則二八条の八に基づいてなされたものであるから，右売渡処分をするにあたつて，右法条に規定されたものの相互の間で，いずれのものを売渡の相手方とするかは，政府の ア に任されているものというべきである。しかるに，上告人らは，政府のした右 ア 権の行使がその範囲をこえもしくは濫用にわたり，したがつて違法視されるべき旨の具体的事実の主張または右違法が エ である旨の具体的事実の主張のいずれをもしていない……。

（最二小判昭和42年4月7日民集21巻3号572頁）

1	命令	2	無効確認	3	許可
4	重大	5	監督	6	取消し
7	承認	8	重大かつ明白	9	指揮
10	行政処分	11	明らか	12	裁決
13	真実	14	支給	15	明確
16	救済	17	釈明処分	18	審判
19	認定	20	裁量		

（本試験2016年・問43）

●法令編

正答率 ア-**97**％, イ-**85**％, ウ-**38**％, エ-**72**％

【解答】 ア－**20**, イ－**10**, ウ－**2**, エ－**8**

【解説】

本問は，裁量処分の無効確認訴訟における主張・立証責任に関する最高裁判決（最判昭42.4.7）を素材としたものである。

「旧行政事件訴訟特例法のもとにおいても，また，行政事件訴訟法のもとにおいても，行政庁の(ア)裁量に任された(イ)行政処分の(ウ)無効確認を求める訴訟においては，その(ウ)無効確認を求める者において，行政庁が，右(イ)行政処分をするにあたつてした(ア)裁量権の行使がその範囲をこえまたは濫用にわたり，したがつて，右(イ)行政処分が違法であり，かつ，その違法が(エ)重大かつ明白であることを主張および立証することを要するものと解するのが相当である。これを本件についてみるに，本件……売渡処分は，旧自作農創設特別措置法四一条一項二号および同法施行規則二八条の八に基づいてなされたものであるから，右売渡処分をするにあたつて，右法条に規定されたものの相互の間で，いずれのものを売渡の相手方とするかは，政府の(ア)裁量に任されているものというべきである。しかるに，上告人らは，政府のした右(ア)裁量権の行使がその範囲をこえもしくは濫用にわたり，したがつて違法視されるべき旨の具体的事実の主張または右違法が(エ)重大かつ明白である旨の具体的事実の主張のいずれをもしていない……。」

以上より，アには**20**＝「裁量」，イには**10**＝「行政処分」，ウには**2**＝「無効確認」，エには**8**＝「重大かつ明白」が入る。

MEMO

第6編　多肢選択式・記述式

多肢選択式／行政法

問426 次の文章の空欄 ア ～ エ に当てはまる語句を，枠内の選択肢（1～20）から選びなさい。

　行政事件訴訟法は，行政事件訴訟の類型を，抗告訴訟， ア 訴訟，民衆訴訟，機関訴訟の４つとしている。

　抗告訴訟は，公権力の行使に関する不服の訴訟をいうものとされる。処分や裁決の取消しを求める取消訴訟がその典型である。

　 ア 訴訟には， ア 間の法律関係を確認しまたは形成する処分・裁決に関する訴訟で法令の規定によりこの訴訟類型とされる形式的 ア 訴訟と，公法上の法律関係に関する訴えを包括する実質的 ア 訴訟の２種類がある。後者の例を請求上の内容に性質に照らして見ると，国籍確認を求める訴えのような確認訴訟のほか，公法上の法律関係に基づく金銭の支払を求める訴えのような イ 訴訟もある。

　 ア 訴訟は，公法上の法律関係に関する訴えであるが，私法上の法律関係に関する訴えで処分・裁決の効力の有無が ウ となっているものは， ウ 訴訟と呼ばれる。基礎となっている法律関係の性質から， ウ 訴訟は行政事件訴訟ではないと位置付けられる。例えば，土地収用法に基づく収用裁決が無効であることを前提として，起業者に対し土地の明け渡しという イ を求める訴えは， ウ 訴訟である。

　民衆訴訟は，国または公共団体の機関の法規に適合しない行為の是正を求める訴訟で，選挙人たる資格その他自己の法律上の利益にかかわらない資格で提起するものをいう。例えば，普通地方公共団体の公金の支出が違法だとして エ 監査請求をしたにもかかわらず監査委員が是正の措置をとらない場合に，当該普通地方公共団体の エ としての資格で提起する エ 訴訟は民衆訴訟の一種である。

　機関訴訟は，国または公共団体の機関相互間における権限の存否またはその行使に関する紛争についての訴訟をいう。法定受託事務の

258

●多肢選択式・記述式

管理や執行について国の大臣が提起する地方自治法所定の代執行訴訟がその例である。

1	規範統制	2	財務	3	義務付け
4	給付	5	代表	6	前提問題
7	客観	8	差止め	9	未確定
10	職員	11	審査対象	12	争点
13	要件事実	14	当事者	15	主観
16	国家賠償	17	保留	18	住民
19	民事	20	基準		

（本試験2019年問43）

第6編　多肢選択式・記述式

●法令編

解答・解説

正答率 ア-**96**%, イ-**43**%, ウ-**90**%, エ-**96**%

【解答】　ア－ **14**，イ－ **4**，ウ－ **12**，エ－ **18**

【解説】

　行政事件訴訟法は，行政事件訴訟の類型を，抗告訴訟，(ア)当事者訴訟，民衆訴訟，機関訴訟の４つとしている（行政事件訴訟法２条）。

　抗告訴訟は，行政庁の公権力の行使に関する不服の訴訟をいうものとされる（行政事件訴訟法３条１項）。処分や裁決の取消しを求める取消訴訟がその典型である。

　(ア)当事者訴訟には，(ア)当事者間の法律関係を確認しまたは形成する処分・裁決に関する訴訟で法令の規定によりこの訴訟類型とされる形式的(ア)当事者訴訟（行政事件訴訟法４条前段）と，公法上の法律関係に関する訴えを包括する実質的(ア)当事者訴訟（行政事件訴訟法４条後段）の２種類がある。後者の例を請求上の内容（の）性質に照らして見ると，国籍確認を求める訴えのような確認訴訟のほか，公法上の法律関係に基づく金銭の支払いを求める訴えのような(イ)給付訴訟もある。

482p

　(ア)当事者訴訟は，公法上の法律関係に関する訴えであるが，私法上の法律関係に関する訴えで処分・裁決の効力の有無が(ウ)争点となっているもの（行政事件訴訟法45条）は，(ウ)争点訴訟と呼ばれる。基礎となっている法律関係の性質から，(ウ)争点訴訟は行政事件訴訟ではないと位置付けられる。例えば，土地収用法に基づく収用裁決が無効であることを前提として，起業者に対し土地の明け渡しという(イ)給付を求める訴えは，(ウ)争点訴訟である。

　民衆訴訟は，国または公共団体の機関の法規に適合しない行為の是正を求める訴訟で，選挙人たる資格その他自己の法律上の利益にかかわらない資格で提起するものをいう（行政事件訴訟法５条）。例えば，普通地方公共団体の公金の支出が違法だ

483p

260

として(エ)住民監査請求（地方自治法242条）をしたにもかかわらず監査委員が是正の措置をとらない場合に，当該普通地方公共団体の(エ)住民としての資格で提起する(エ)住民訴訟（地方自治法242条の2）は民衆訴訟の一種である。

機関訴訟は，国または公共団体の機関相互間における権限の存否またはその行使に関する紛争についての訴訟をいう（行政事件訴訟法6条）。法定受託事務の管理や執行についての国の大臣が提起する地方自治法所定の代執行訴訟がその例である。

以上より，アには**14**＝「当事者」，イには**4**＝「給付」，ウには**12**＝「争点」，エには**18**＝「住民」が入る。

ワンポイント・アドバイス

争点訴訟（処分の効力等を争点とする訴訟）とは，私法上の法律関係に関する訴訟（民事訴訟）において，処分もしくは裁決の存否またはその効力の有無が争われている場合をいいます。

争点訴訟には，行政事件訴訟法の規定のうち，行政庁の訴訟参加（23条1項2項），釈明処分の特則（23条の2），職権証拠調べ（24条），訴訟費用の裁判の効力（35条），出訴の通知（39条1項）の規定が準用されます（45条1項4項）。

| チェック欄 | | | |

多肢選択式／行政法

問 427 次の文章は，インターネットを通じて郵便等の方法で医薬品を販売すること（以下「インターネット販売」と略する）を禁止することの是非が争われた判決の一節である（一部を省略してある）。空欄 ア ～ エ に当てはまる語句を，枠内の選択肢（1～20）から選びなさい。

「本件地位確認の訴え＊は， ア のうちの公法上の法律関係に関する確認の訴えと解することができるところ，原告らは，改正省令の施行前は，一般販売業の許可を受けた者として，郵便等販売の方法の一態様としてのインターネット販売により一般用医薬品の販売を行うことができ，現にこれを行っていたが，改正省令の施行後は，本件各規定の適用を受ける結果として，第一類・第二類医薬品についてはこれを行うことができなくなったものであり，この規制は イ に係る事業者の権利の制限であって，その権利の性質等にかんがみると，原告らが，本件各規定にかかわらず，第一類・第二類医薬品につき郵便等販売の方法による販売をすることができる地位の確認を求める訴えについては，……本件改正規定の ウ 性が認められない以上，本件規制をめぐる法的な紛争の解決のために有効かつ適切な手段として， エ を肯定すべきであり，また，単に抽象的・一般的な省令の適法性・憲法適合性の確認を求めるのではなく，省令の個別的な適用対象とされる原告らの具体的な法的地位の確認を求めるものである以上，この訴えの法律上の争訟性についてもこれを肯定することができると解するのが相当である（なお，本件改正規定の適法性・憲法適合性を争うためには，本件各規定に違反する態様での事業活動を行い，業務停止処分や許可取消処分を受けた上で，それらの ウ の抗告訴訟において上記適法性・憲法適合性を争点とすることによっても可能であるが，そのような方法は イ に係る事業者の法的利益の救済手続の在り方として迂遠であるといわざるを得ず，本件改正規定の適法性・憲法適合性につき，上記のよ

262

●多肢選択式・記述式

うな　ウ　を経なければ裁判上争うことができないとするのは相当ではないと解される。）。

　したがって，本件地位確認の訴えは，公法上の法律関係に関する確認の訴えとして，　エ　が肯定され，法律上の争訟性も肯定されるというべきであり，本件地位確認の訴えは適法な訴えであるということができる。」

（東京地判平成22年３月30日判例時報2096号９頁）

(注)　＊　第一類医薬品及び第二類医薬品につき店舗以外の場所にいる者に対する郵便その他の方法による販売をすることができる権利（地位）を有することの確認を求める訴え

1	訓令	**2**	表現の自由	**3**	民事訴訟
4	重大かつ明白な瑕疵			**5**	精神的自由
6	委任命令	**7**	公法上の当事者訴訟		
8	行政権の不作為	**9**	裁量の逸脱又は濫用		
10	原告適格	**11**	抗告訴訟		
12	狭義の訴えの利益	**13**	補充性	**14**	行政指導
15	営業の自由	**16**	国家賠償訴訟	**17**	既得権
18	確認の利益	**19**	通信の秘密	**20**	行政処分

（本試験2013年問43）

第6編　多肢選択式・記述式

●法令編

解答・解説

| 正答率 | ア-**61**%, イ-**80**%, ウ-**78**%, エ-**19**% |

合格基本書

【解答】　ア―**7**，イ―**15**，ウ―**20**，エ―**18**

【解説】

　本問は，下級審裁判例（東京地判平成22年3月30日）を素材とした実質的当事者訴訟に関する問題である。

　まず，アを検討する。アの後に「公法上の法律関係に関する確認の訴え」との記載があるところ，これは行政事件訴訟法4条後段の訴えといえる。このことから，アには行政事件訴訟法4条後段を含む総称が入るといえるので，アには「公法上の当事者訴訟」が入る。

482p

　次に，イを検討する。イは問題文に2つあるところ，イの後の文章が「　イ　に係る事業者の権利」「　イ　に係る事業者の法的利益」となっているため，イには実体法上の権利に関する単語が入るとわかる。そうすると，イに入るのは，「表現の自由」「精神的自由」「営業の自由」「既得権」「通信の秘密」のいずれかである。そして，1つ目のイの前の文章が，医薬品のインターネット販売についての記述となっている。インターネット販売は営業に関するものであることからすれば，イには「営業の自由」が入る。

　ウを検討する。ウは問題文に3つある。そのうち，1つ目のウの直後には「性」という文言から，処分性（行政事件訴訟法3条2項）という文言が想起され，ウには「行政処分」が入るのではないかとの考えが浮かぶ。そして，2つ目のウの前には「業務停止処分」「許可取消処分」との文言があり，更に2つ目のウの後には「抗告訴訟」（行政事件訴訟法3条1項）との文言がある。いずれも「行政処分」に関する記述であるから，ウには「行政処分」が入る。

264

●多肢選択式・記述式

　最後に、エを検討する。エの後は「肯定すべきであり」「肯定され」との文章となっている。これは、本件地位確認の訴えの問題点が解決したとの文章であると考えられる。そして、確認の訴えにおいて最も問題となるのは「確認の利益」である。なぜなら、確認の訴えは行政処分を（遡及的に）無効としない点で行政処分取消訴訟と比べ方法選択として不適当であり、「確認の利益」が否定されるのではないかと考えられるためである。この「確認の利益」の問題点が解決されたとの文章であるため、エには「確認の利益」が入る。

　以上より、アには **7** ＝「公法上の当事者訴訟」、イには **15** ＝「営業の自由」、ウには **20** ＝「行政処分」、エには「**18** ＝確認の利益」が入る。

ワンポイント・アドバイス

　公法上の当事者訴訟とは、①当事者間の法律関係を確認しまたは形成する処分または裁決に関する訴訟で法令の規定によりその法律関係の当事者の一方を被告とするもの（形式的当事者訴訟）および②公法上の法律関係に関する確認の訴えその他の公法上の法律関係に関する訴訟（実質的当事者訴訟）をいいます（行政事件訴訟法4条）。

チェック欄

多肢選択式／行政法

問 428 次の文章の空欄 ア ～ エ に当てはまる語句を、枠内の選択肢（**1～20**）から選びなさい。

　行政救済制度としては、違法な行政行為の効力を争いその取消し等を求めるものとして行政上の不服申立手続及び抗告訴訟があり、違法な公権力の行使の結果生じた損害をてん補するものとして… ア 請求がある。両者はその目的・要件・効果を異にしており、別個独立の手段として、あいまって行政救済を完全なものとしていると理解することができる。後者は、憲法17条を淵源とする制度であって歴史的意義を有し、被害者を実効的に救済する機能のみならず制裁的機能及び将来の違法行為を抑止するという機能を有している。このように公務員の不法行為について国又は公共団体が… 責任を負うという憲法上の原則及び ア 請求が果たすべき機能をも考えると、違法な行政処分により被った損害について ア 請求をするに際しては、あらかじめ当該行政処分についての取消し又は イ 確認の判決を得なければならないものではないというべきである。この理は、金銭の徴収や給付を目的とする行政処分についても同じであって、これらについてのみ、法律関係を早期に安定させる利益を優先させなければならないという理由はない。原審は、…固定資産税等の賦課決定のような行政処分については、過納金相当額を損害とする ア 請求を許容すると、実質的に ウ の取消訴訟と同一の効果を生じさせることとなって、 ウ 等の不服申立方法・期間を制限した趣旨を潜脱することになり、 ウ の エ をも否定することになる等として、 ウ に イ 原因がない場合は、それが適法に取り消されない限り、 ア 請求をすることは許されないとしている。しかしながら、効果を同じくするのは ウ が金銭の徴収を目的とする行政処分であるからにすぎず、 ウ の エ と整合させるために法律上の根拠なくそのように異なった取扱いをすることは、相当でないと思われる。

●多肢選択式・記述式

（最一小判平成22年6月3日民集64巻4号1010頁・裁判官宮川光治の
補足意見）

1	不当	2	損失補償	3	授益処分
4	撤回	5	住民監査	6	無効
7	執行力	8	強制徴収	9	既判力
10	課税処分	11	国家賠償	12	不存在
13	取立	14	形成力	15	差止
16	支払	17	不作為	18	不可変更力
19	通知	20	公定力		

（本試験2017年問43）

第6編 多肢選択式・記述式

●法令編

正答率 ア-**95**%, イ-**97**%, ウ-**90**%, エ-**62**%

【解答】 ア-**11**, イ-**6**, ウ-**10**, エ-**20**

【解説】

本問は，課税処分と国家賠償に関する最高裁判決（最判平22.6.3）の宮川光治裁判官の補足意見を素材としたものである。

「行政救済制度としては，違法な行政行為の効力を争いその取消し等を求めるものとして行政上の不服申立手続及び抗告訴訟があり，違法な公権力の行使の結果生じた損害をてん補するものとして……(ア)国家賠償請求がある。両者はその目的・要件・効果を異にしており，別個独立の手段として，あいまって行政救済を完全なものとしていると理解することができる。後者は，憲法17条を淵源とする制度であって歴史的意義を有し，被害者を実効的に救済する機能のみならず制裁的機能及び将来の違法行為を抑止するという機能を有している。このように公務員の不法行為について国又は公共団体が……責任を負うという憲法上の原則及び(ア)国家賠償請求が果たすべき機能をも考えると，違法な行政処分により被った損害について(ア)国家賠償請求をするに際しては，あらかじめ当該行政処分についての取消し又は(イ)無効確認の判決を得なければならないものではないというべきである。この理は，金銭の徴収や給付を目的とする行政処分についても同じであって，これらについてのみ，法律関係を早期に安定させる利益を優先させなければならないという理由はない。原審は，……固定資産税等の賦課決定のような行政処分については，過納金相当額を損害とする(ア)国家賠償請求を許容すると，実質的に(ウ)課税処分の取消訴訟と同一の効果を生じさせることとなって，(ウ)課税処分等の不服申立方法・期間を制限した趣旨を潜脱することになり，(ウ)課税

388, 489p

268

●多肢選択式・記述式

処分の(エ)公定力をも否定することになる等として，(ウ)課税処分に(イ)無効原因がない場合は，それが適法に取り消されない限り，(ア)国家賠償請求をすることは許されないとしている。しかしながら，効果を同じくするのは(ウ)課税処分が金銭の徴収を目的とする行政処分であるからにすぎず，(ウ)課税処分の(エ)公定力と整合させるために法律上の根拠なくそのように異なった取扱いをすることは，相当でないと思われる。」

　以上より，アには **11**＝「国家賠償」，イには **6**＝「無効」，ウには **10**＝「課税処分」，エには **20**＝「公定力」が入る。

第6編　多肢選択式・記述式

ワンポイント・アドバイス

　行政処分は，たとえ違法であっても，その違法が重大かつ明白で当該処分を無効ならしめるものと認められる場合を除いては，適法に取り消されない限り，完全な効力が認められます（最判昭30.12.26）。この効力を公定力といいます。これに対して，①違法が重大かつ明白で取消しを待つまでもなく当然に無効と評価される行政行為については，公定力は働きません。また，②行政処分が違法であることを理由として国家賠償請求をするために，あらかじめ行政処分の取消し等を求める必要はありません（最判昭36.4.21，最判平22.6.3）。さらに，③刑事事件において，ある行政処分があり，それがあることによってある行為が犯罪に問われているような場合であっても，裁判所は，その行政処分の取消しまたは無効を確認することなく，無罪を言い渡すことができます（最判昭53.6.16参照）。

| チェック欄 | | | |

多肢選択式／行政法

問429 次の文章は，普通地方公共団体の議会の議員に対する懲罰等が違法であるとして，当該懲罰を受けた議員が提起した国家賠償請求訴訟に関する最高裁判所の判決の一節である（一部修正してある）。空欄 ア ～ エ に当てはまる語句を，枠内の選択肢（1～20）から選びなさい。

本件は，被上告人（議員）が，議会運営委員会が厳重注意処分の決定をし，市議会議長がこれを公表したこと（以下，これらの行為を併せて「本件措置等」という。）によって，その名誉を毀損され，精神的損害を被ったとして，上告人（市）に対し，国家賠償法1条1項に基づき損害賠償を求めるものである。これは， ア の侵害を理由とする国家賠償請求であり，その性質上，法令の適用による終局的な解決に適しないものとはいえないから，本件訴えは，裁判所法3条1項にいう イ に当たり，適法というべきである。

もっとも，被上告人の請求は，本件視察旅行を正当な理由なく欠席したことを理由とする本件措置等が国家賠償法1条1項の適用上違法であることを前提とするものである。

普通地方公共団体の議会は，憲法の定める ウ に基づき自律的な法規範を有するものであり，議会の議員に対する懲罰その他の措置については， エ の問題にとどまる限り，その自律的な判断に委ねるのが適当である。そして，このことは，上記の措置が ア を侵害することを理由とする国家賠償請求の当否を判断する場合であっても，異なることはないというべきである。

したがって，普通地方公共団体の議会の議員に対する懲罰その他の措置が当該議員の ア を侵害することを理由とする国家賠償請求の当否を判断するに当たっては，当該措置が エ の問題にとどまる限り，議会の自律的な判断を尊重し，これを前提として請求の当否を判断すべきものと解するのが相当である。

（最一小判平成31年2月14日民集73巻2号123頁）

●多肢選択式・記述式

1	公法上の地位	**2**	一般市民法秩序	**3**	直接民主制
4	既得権	**5**	地方自治の本旨	**6**	知る権利
7	制度改革訴訟	**8**	行政立法	**9**	立法裁量
10	議会の内部規律	**11**	私法上の権利利益		
12	統治行為	**13**	公法上の当事者訴訟		
14	道州制	**15**	権力分立原理	**16**	当不当
17	自己情報コントロール権			**18**	法律上の争訟
19	抗告訴訟	**20**	司法権		

（本試験2020年問43）

第6編 多肢選択式・記述式

271

●法令編

正答率 ア-**45**%, イ-**86**%, ウ-**85**%, エ-**87**%

【解答】 ア― **11**, イ― **18**, ウ― **5**, エ― **10**

【解説】
　本問は, 名張市議会厳重注意処分事件（最判平 31.2.14）を素材としたものである。

　「(1) 本件は, 被上告人が, 議会運営委員会が本件措置をし, 市議会議長がこれを公表したこと（本件措置等）によって, その名誉を毀損され, 精神的損害を被ったとして, 上告人に対し, 国家賠償法1条1項に基づき損害賠償を求めるものである。これは, (ア)私法上の権利利益の侵害を理由とする国家賠償請求であり, その性質上, 法令の適用による終局的な解決に適しないものとはいえないから, 本件訴えは, 裁判所法3条1項にいう(イ)法律上の争訟に当たり, 適法というべきである。
　(2) もっとも, 被上告人の請求は, 本件視察旅行を正当な理由なく欠席したことを理由とする本件措置等が国家賠償法1条1項の適用上違法であることを前提とするものである。
　普通地方公共団体の議会は, (ウ)地方自治の本旨に基づき自律的な法規範を有するものであり, 議会の議員に対する懲罰その他の措置については, (エ)議会の内部規律の問題にとどまる限り, その自律的な判断に委ねるのが適当である……。そして, このことは, 上記の措置が(ア)私法上の権利利益を侵害することを理由とする国家賠償請求の当否を判断する場合であっても, 異なることはないというべきである。
　したがって, 普通地方公共団体の議会の議員に対する懲罰その他の措置が当該議員の(ア)私法上の権利利益を侵害することを理由とする国家賠償請求の当否を判断するに当たっては, 当該措置が(エ)議会の内部規律の問題にとどまる限り, 議会の自律的な判断を尊重し, これを前提として請求の当否を判断すべきものと解するのが相当である。」

　以上より, アには **11** ＝「私法上の権利利益」, イには **18** ＝「法律上の争訟」, ウには **5** ＝「地方自治の本旨」, エには **10** ＝「議会の内部規律」が入る。

| チェック欄 | | | |

●多肢選択式・記述式

多肢選択式／行政法

重要度 B

問430 次の文章の空欄 ア ～ エ に当てはまる語句を，枠内の選択肢（**1～20**）から選びなさい。

　地方公務員法の目的は，「地方公共団体の人事機関並びに……人事行政に関する ア を確立することにより，地方公共団体の行政の イ 的かつ ウ 的な運営並びに特定地方独立行政法人の事務及び事業の確実な実施を保障し，もつて エ の実現に資すること」（同法1条）にあると定められている。まず，これを，国家公務員法の目的規定（同法1条1項）と比べてみると， ア ， イ ， ウ という文言は共通であるが， エ は含まれていない。 ア という文言は，法律による規律は大枠にとどめ，地方公務員制度の場合には地方公共団体の，国家公務員制度の場合には独立行政委員会たる人事院の判断を尊重する趣旨である。次に，地方公務員法の目的規定を，国家行政組織法の目的規定（同法1条）と比べてみると，「 ウ 」という文言だけが共通に用いられている。この文言は，国民・住民の税負担に配慮した行政組織運営を心がけるべきことを言い表していると考えられる。なお， イ 的行政運営と ウ 的行政運営とはしばしば相対立するが，行政組織が国民主権・住民自治を基盤とすることに鑑みれば， イ 的な運営が優先されるべきであろう。さらに，地方公務員法の目的規定を，地方自治法の目的規定（同法1条）と比べてみると， イ ， ウ ， エ という文言が共通に用いられている。すなわち同法は，「 エ に基づいて，…… イ 的にして ウ 的な行政の確保を図るとともに，地方公共団体の健全な発達を保障すること」をその目的として掲げているのである。 エ は，これらの立脚点であるとともに，実現すべき目標でもあるということになる。

1 処分基準	**2** 基本的人権	**3** 一般	**4** 成績主義
5 根本基準	**6** 安定	**7** 系統	**8** 能率
9 健全な財政運営	**10** 総合	**11** 自主	**12** 職階制
13 一体	**14** 地方自治の本旨	**15** 地域	**16** 審査基準
17 科学的人事管理	**18** 民主	**19** 職域自治	**20** 権限配分原則

（本試験2014年問43）

●法令編

正答率 ア-**36**%, イ-**51**%, ウ-**49**%, エ-**77**%

【解答】 アー**5**, イー**18**, ウー**8**, エー**14**

【解説】
　地方公務員法1条は，次のように定める。
　「この法律は，地方公共団体の人事機関並びに地方公務員の任用，人事評価，給与，勤務時間その他の勤務条件，休業，分限及び懲戒，服務，退職管理，研修，福祉及び利益の保護並びに団体等人事行政に関する(ア)根本基準を確立することにより，地方公共団体の行政の(イ)民主的かつ(ウ)能率的な運営並びに特定地方独立行政法人の事務及び事業の確実な実施を保障し，もつて(エ)地方自治の本旨の実現に資することを目的とする。」
　国家公務員法1条1項は，次のように定める。
　「この法律は，国家公務員たる職員について適用すべき各般の(ア)根本基準（職員の福祉及び利益を保護するための適切な措置を含む。）を確立し，職員がその職務の遂行に当り，最大の(ウ)能率を発揮し得るように，(イ)民主的な方法で，選択され，且つ，指導さるべきことを定め，以て国民に対し，公務の(イ)民主的且つ(ウ)能率的な運営を保障することを目的とする。」
　国家行政組織法1条は，次のように定める。
　「この法律は，内閣の統轄の下における行政機関で内閣府以外のもの（以下『国の行政機関』という。）の組織の基準を定め，もつて国の行政事務の(ウ)能率的な遂行のために必要な国家行政組織を整えることを目的とする。」
　地方自治法1条は，次のように定める。
　「この法律は，(エ)地方自治の本旨に基いて，地方公共団体の区分並びに地方公共団体の組織及び運営に関する事項の大綱を定め，併せて国と地方公共団体との間の基本的関係を確立することにより，地方公共団体における(イ)民主的にして(ウ)能率的な行政の確保を図るとともに，地方公共団体の健全な発達を保障することを目的とする。」

　以上より，アには**5**＝「根本基準」，イには**18**＝「民主」，ウには**8**＝「能率」，エには**14**＝「地方自治の本旨」が入る。

| チェック欄 | | | ●多肢選択式・記述式

記述式／民法

重要度 A

問431 画家Aは，BからAの絵画（以下「本件絵画」といい，評価額は500万円～600万円であるとする。）を購入したい旨の申込みがあったため，500万円で売却することにした。ところが，A・B間で同売買契約（本問では，「本件契約」とする。）を締結したときに，Bは，成年被後見人であったことが判明したため（成年後見人はCであり，その状況は現在も変わらない。），Aは，本件契約が維持されるか否かについて懸念していたところ，Dから本件絵画を気に入っているため600万円ですぐにでも購入したい旨の申込みがあった。Aは，本件契約が維持されない場合には，本件絵画をDに売却したいと思っている。Aが本件絵画をDに売却する前提として，Aは，<u>誰に対し</u>，1か月以上の期間を定めて<u>どのような催告をし</u>，その期間内に<u>どのような結果を得る</u>必要があるか。なお，AおよびDは，制限行為能力者ではない。

「Aは，」に続け，下線部分につき40字程度で記述しなさい。記述に当たっては，「本件契約」を入れることとし，他方，「1か月以上の期間を定めて」および「その期間内に」の記述は省略すること。

（本試験2018年問45）

●法令編

【解答例①】
Cに対し，本件契約を追認するかどうかを確答すべき旨の催告をし，追認しない旨の確答を得る。　　　　　　　　　　（44字）

【解答例②】
Cに対し，本件契約を追認するかどうかを催告し，取消しの意思表示を得る必要がある。　　　　　　　　　　　　　（40字）

【解説】

本問は，制限行為能力者の相手方の催告権に関する知識を問うものである。

画家Aは，成年被後見人Bとの間で本件絵画の売買契約を締結したが，本件契約が維持されるか否かを懸念していたところ，Dから本件絵画を購入したい旨の申込みがあったため，本件絵画をDに売却したいと思っている。本問では，Aが本件絵画をDに売却する前提として，Aは，誰に対し，どのような催告をし，どのような結果を得る必要があるかが求められている。

本件契約の効力を否定するためには，成年被後見人Bの行為能力の制限を理由に，本件契約を取り消す必要がある（9条本文）。なお，本件契約は，500万円の絵画を目的物とするから，「日用品の購入その他日常生活に関する行為」（9条ただし書）にあたらない。行為能力の制限によって取り消すことができる行為は，制限行為能力者（他の制限行為能力者としてした行為にあっては，当該他の制限行為能力者を含む。）またはその代理人，承継人もしくは同意をすることができる者に限り，取り消すことができる（120条1項）。よって，Aは，1カ月以上の期間を定めて，その期間内にその取り消すことができる行為を追認するかどうかを確答すべき旨の催告をする必要がある（20条）。

135p

276

●多肢選択式・記述式

　本問では，Bは成年被後見人であり，その状況は現在も変わらないので，「その制限行為能力者が行為能力者……となった後」（20条1項前段）に当たらず，Aは，Bに対して催告することができない。この状況は，「制限行為能力者が行為能力者とならない間」（20条2項）に当たるから，Aは，成年後見人Cに対して催告することができる。

　AがCに対して催告をしたにもかかわらず，Cが催告期間内に確答を発しないときは，本件契約を追認したものとみなされ（20条2項・20条1項後段），本件契約が維持されてしまう。それゆえ，本件契約が維持されないことを望むAとしては，催告期間内にCから本件契約につき取消しの意思表示を受けること，あるいは，追認しない旨の確答を得ることが必要である。

ワンポイント・アドバイス

【制限行為能力者の相手方の催告権】

	催告の時期	催告の相手方	確答がないとき
未成年者成年被後見人	行為能力者となった後	本人	追認したものとみなされる（20条1項）
	制限行為能力者である間	法定代理人	単独で追認できる行為⇒追認したものとみなされる（20条2項）
			後見監督人の同意を要する行為（864条）⇒取り消したものとみなされる（20条3項）
被保佐人被補助人	行為能力者となった後	本人	追認したものとみなされる（20条1項）
	制限行為能力者である間	本人	取り消したものとみなされる（20条4項）
		保佐人補助人	単独で追認できる行為⇒追認したものとみなされる（20条2項）

第6編　多肢選択式・記述式

277

| チェック欄 | | | ●多肢選択式・記述式

記述式／民法

重要度 B

問432 Aは，Bとの間で，A所有の甲土地をBに売却する旨の契約（以下，「本件契約」という。）を締結したが，Aが本件契約を締結するに至ったのは，平素からAに恨みをもっているCが，Aに対し，甲土地の地中には戦時中に軍隊によって爆弾が埋められており，いつ爆発するかわからないといった嘘の事実を述べたことによる。Aは，その爆弾が埋められている事実をBに伝えた上で，甲土地を時価の2分の1程度でBに売却した。売買から1年後に，Cに騙されたことを知ったAは，本件契約に係る意思表示を取り消すことができるか。民法の規定に照らし，40字程度で記述しなさい。なお，記述にあたっては，「本件契約に係るAの意思表示」を「契約」と表記すること。

（本試験2020年-問45）

●法令編

【解答例】

Bが詐欺の事実を知り又は知ることができたときに限り，Aは，契約を取り消すことができる。　　　　　　　　（43字）

【解説】

本問は，意思表示に関する知識を問うものである。

本問では，Aが甲土地をBに売却する旨の契約を締結するに至ったのは，CがAに対して嘘の事実を述べたことによる。相手方（B）に対する意思表示について第三者（C）が詐欺を行った場合においては，相手方（B）がその事実を知り，または知ることができたときに限り，その意思表示を取り消すことができる（96条2項）。よって，Bが第三者Cによる詐欺の事実を知り，または知ることができたときに限り，Aは，契約を取り消すことができる。

148p

ワンポイント・アドバイス

詐欺または強迫による意思表示は，取り消すことができます（96条1項）。

相手方に対する意思表示について第三者が詐欺を行った場合（第三者による詐欺の場合）においては，相手方がその事実を知り（悪意），または知ることができた（過失があった）ときに限り，その意思表示を取り消すことができます（96条2項）。

相手方に対する意思表示について第三者が強迫をした場合（第三者による強迫の場合）には，相手方が善意無過失であったか否かにかかわらず，取り消すことができます（96条2項反対解釈）。

●多肢選択式・記述式

記述式／民法

重要度 A

問433 Aは，Bに対し，Cの代理人であると偽り，Bとの間でCを売主とする売買契約（以下，「本件契約」という。）を締結した。ところが，CはAの存在を知らなかったが，このたびBがA・B間で締結された本件契約に基づいてCに対して履行を求めてきたので，Cは，Bからその経緯を聞き，はじめてAの存在を知るに至った。他方，Bは，本件契約の締結時に，AをCの代理人であると信じ，また，そのように信じたことについて過失はなかった。Bは，本件契約を取り消さずに，本件契約に基づいて，Aに対して何らかの請求をしようと考えている。このような状況で，AがCの代理人であることを証明することができないときに，<u>Bは，Aに対して，どのような要件の下で（どのようなことがなかったときにおいて），どのような請求をすることができるか</u>。「Bは，Aに対して，」に続けて，下線部について，40字程度で記述しなさい（「Bは，Aに対して，」は，40字程度の字数には入らない）。

（本試験2013年-問45）

●法令編

【解答例】

Cの追認がなく，Aが制限行為能力者でなかったときは，履行又は損害賠償を請求できる。　　　　　　　　　　　　　（41字）

【解説】

本問は，無権代理人に対する責任追及に関する知識を問うものである。

他人の代理人として契約をした者は，<u>自己の代理権を証明したとき</u>，または<u>本人の追認を得たとき</u>を除き，相手方の選択に従い，相手方に対して<u>履行または損害賠償の責任を負う</u>（無権代理人の責任／117条1項）。117条1項の規定は，(i)他人の代理人として契約をした者が代理権を有しないことを相手方が知っていたとき，(ii)他人の代理人として契約をした者が代理権を有しないことを相手方が過失によって知らなかったとき（他人の代理人として契約をした者が自己に代理権がないことを知っていたときを除く。），(iii)他人の代理人として契約をした者が行為能力の制限を受けていたときには，適用しない（117条2項）。また，<u>相手方が無権代理契約を取り消した場合（115条）には，無権代理人に対しても117条の責任を問うことができない</u>。

すなわち，無権代理人に対する責任追及の要件は，①無権代理人が自己の代理権を証明できないこと，②本人の追認を得ることができなかったこと，③相手方が無権代理であることについて善意無過失であること（相手方が善意有過失の場合であっても，代理人が無権代理について悪意であればよい。），④無権代理人が制限行為能力者でないこと，⑤相手方が取消権を行使していないことである。そして，責任追及の内容は，契約の履行または損害賠償の請求である。

155p

●多肢選択式・記述式

　これを本問についてみると、Aは、Cの代理人であると偽り、Bとの間で本件契約を締結した無権代理人である。無権代理行為の相手方である「Bは、本件契約の締結時に、AをCの代理人であると信じ、また、そのように信じたことについて過失はなかった」のであるから、③を満たす。そして、「AがCの代理人であることを証明することができないとき」であるから、①を満たす。また、「Bは、本件契約を取り消さずに……」とあるから、⑤を満たす。

　この場合、<u>無権代理人Aが本人Cの追認を得ることができなかったこと</u>（②）、<u>無権代理人Aが制限行為能力者でないこと</u>（④）という要件を満たせば、相手方Bは、無権代理人Aに対して、履行または損害賠償の請求をすることができる。

第6編　多肢選択式・記述式

ワンポイント・アドバイス

　判例は、民「法117条による無権代理人の責任は、無権代理人が相手方に対し代理権がある旨を表示し又は自己を代理人であると信じさせるような行為をした事実を責任の根拠として、相手方の保護と取引の安全並びに代理制度の信用保持のために、法律が特別に認めた無過失責任である」るとしています（最判昭62.7.7）。

| チェック欄 | | | | ●多肢選択式・記述式 |

記述式／民法

重要度 B

問434 以下の［設例］および［判例の解説］を読んで記述せよ。

［設例］

A所有の甲不動産をBが買い受けたが登記未了であったところ、その事実を知ったCが日頃Bに対して抱いていた怨恨の情を晴らすため、AをそそのかしてもっぱらBを害する目的で甲不動産を二重にCに売却させ、Cは、登記を了した後、これをDに転売して移転登記を完了した。Bは、Dに対して甲不動産の取得を主張することができるか。

［判例の解説］

上記［設例］におけるCはいわゆる背信的悪意者に該当するが、判例はかかる背信的悪意者からの転得者Dについて、無権利者からの譲受人ではなくD自身が背信的悪意者と評価されるのでない限り、甲不動産の取得をもってBに対抗しうるとしている。

上記の［設例］について、上記の［判例の解説］の説明は、どのような理由に基づくものか。「背信的悪意者は」に続けて、背信的悪意者の意義をふまえつつ、Dへの譲渡人Cが無権利者でない理由を、40字程度で記述しなさい。

（本試験2020年問46）

●法令編

【解答例】
信義則上登記の欠缺を主張する正当な利益を有しないものであって，ＡＣ間の売買は有効であるから。　　　　　　　　　（45字）

【解説】
　本問は，不動産物権変動に関する知識を問うものである。
　判例は，「所有者甲（Ａ）から乙（Ｂ）が不動産を買い受け，その登記が未了の間に，丙（Ｃ）が当該不動産を甲（Ａ）から二重に買い受け，更に丙（Ｃ）から転得者丁（Ｄ）が買い受けて登記を完了した場合に，たとい丙（Ｃ）が背信的悪意者に当たるとしても，丁（Ｄ）は，乙（Ｂ）に対する関係で丁（Ｄ）自身が背信的悪意者と評価されるのでない限り，当該不動産の所有権取得をもって乙（Ｂ）に対抗することができるものと解するのが相当である。けだし，（一）丙（Ｃ）が背信的悪意者であるがゆえに登記の欠缺を主張する正当な利益を有する第三者に当たらないとされる場合であっても，乙（Ｂ）は，丙（Ｃ）が登記を経由した権利を乙（Ｂ）に対抗することができないことの反面として，登記なくして所有権取得を丙（Ｃ）に対抗することができるというにとどまり，甲丙（ＡＣ）間の売買自体の無効を来すものではなく，したがって，丁（Ｄ）は無権利者から当該不動産を買い受けたことにはならないのであって，また，（二）背信的悪意者が正当な利益を有する第三者に当たらないとして民法177条の『第三者』から排除される所以は，第一譲受人の売買等に遅れて不動産を取得し登記を経由した者が登記を経ていない第一譲受人に対してその登記の欠缺を主張することがその取得の経緯等に照らし信義則に反して許されないということにあるのであって，登記を経由した者がこの法理によって『第三者』から排除されるかどうかは，その者と第一譲受人との間で相対的に判断されるべき事柄であるからである。」としている（最判平 8.10.29）。

●多肢選択式・記述式

記述式／民法

問 435 権原の性質上，占有者に所有の意思のない他主占有が，自主占有に変わる場合として2つの場合がある。民法の規定によると，ひとつは，他主占有者が自己に占有させた者に対して所有の意思があることを表示した場合である。もうひとつはどのような場合か，40字程度で記述しなさい。

(本試験2015年問45)

●法令編

【解答例】
他主占有者が新たな権原により更に所有の意思をもって占有を始めた場合である。　　　　　　　　　　　　　　　　　（37字）

【解説】
　本問は，他主占有（所有の意思がない占有）から自主占有（所有の意思を有する占有）への占有の性質の変更に関する知識を問うものである。
　占有の性質の変更について，民法185条は，「権原の性質上占有者に所有の意思がないものとされる場合には，その占有者が，自己に占有をさせた者に対して所有の意思があることを表示し，又は新たな権原により更に所有の意思をもって占有を始めるのでなければ，占有の性質は，変わらない。」と規定している。

190p

　ワンポイント・アドバイス

【相続と新権原】
　他主占有者の相続人の占有が，どのような場合に新権原によって自主占有に転換するのかについて，判例は，他主占有を承継した相続人が，新たに目的物を事実上支配することにより占有を開始し，相続人に所有の意思が認められるときは，新権原により自主占有を有するに至ったものと解されるとしています（最判昭46.11.30）。

記述式／民法

重要度 A

問436 Aの指輪が，Bによって盗まれ，Bから，事情を知らない宝石店Cに売却された。Dは，宝石店Cからその指輪を50万円で購入してその引渡しを受けたが，Dもまたそのような事情について善意であり，かつ無過失であった。盗難の時から1年6か月後，Aは，盗まれた指輪がDのもとにあることを知り，同指輪をDから取り戻したいと思っている。この場合，Aは，Dに対し指輪の返還を請求することができるか否かについて，必要な，または関係する要件に言及して，40字程度で記述しなさい。

(本試験2013年問46)

●法令編

【解答例①】
Aは、盗難の時から2年間、Dが支払った代価を弁償して、Dに対し指輪の返還を請求できる。　　　　　　　　　　　　（43字）

【解答例②】
Aは、6カ月以内にDに50万円を支払って、所有権に基づき指輪の返還を請求することができる。　　　　　　　　　（45字）

【解説】
　本問は、即時取得の場合における盗品の回復（193条、194条）の要件に関する知識を問うものである。

　取引行為によって、平穏に、かつ、公然と動産の占有を始めた者は、善意であり、かつ、過失がないときは、即時にその動産について行使する権利を取得する（即時取得／192条）。

　①Cが善意かつ「無過失」で占有を始めたのであれば、Cが指輪の所有権を即時取得し、Dが承継取得する。②Cに「過失」があったのであれば、Cは即時取得しないが、Dが善意かつ無過失で占有を始めたことから、Dが即時取得する。

　しかし、192条の場合において、占有物が盗品であるときは、被害者は盗難の時から2年間、占有者に対してその物の回復を請求することができる（193条）。もっとも、占有者が盗品をその物と同種の物を販売する商人から、善意で買い受けたときは、被害者は、占有者が支払った代価を弁償しなければ、その物を回復することができない（194条）。193条・194条の「占有者」には、即時取得した者から転買した者も含まれる。

　本問では、Aが盗まれた指輪がDのもとにあると知り、指輪を取り返そうとしたのは、「盗難の時から1年6か月後」である。したがって、Aは、盗難の時から2年以内であれば、Dに対して、指輪の返還を請求することができる。

　もっとも、Aの指輪が盗まれたことにつき善意無過失のDは、宝石店Cから指輪を購入している。宝石店は、指輪などの宝石物を販売する商人である（「同種の物を販売する商人」）。したがって、AがDに対して指輪の返還を請求するには、Dが支払った代価（50万円）を弁償する必要がある。

189p

●多肢選択式・記述式

記述式／民法

問 437　Aは、木造2階建ての別荘一棟（同建物は、区分所有建物でない建物である。）をBら4名と共有しているが、同建物は、建築後40年が経過したこともあり、雨漏りや建物の多くの部分の損傷が目立つようになってきた。そこで、Aは、同建物を建て替えるか、または、いくつかの建物部分を修繕・改良（以下「修繕等」といい、解答においても「修繕等」と記すること。）する必要があると考えている。これらを実施するためには、<u>建替えと修繕等のそれぞれの場合について、前記共有者5名の間でどのようなことが必要か。</u>「建替えには」に続けて、民法の規定に照らし、下線部について40字程度で記述しなさい（「建替えには」は、40字程度に数えない。）。

なお、上記の修繕等については民法の定める「変更」や「保存行為」には該当しないものとし、また、同建物の敷地の権利については考慮しないものとする。

（本試験2019年問45）

●法令編

【解答例】

共有者全員の同意が必要で、修繕等には各共有者の持分の価格の過半数の同意での決定が必要である。　　　　　　　　（43字）

【解説】

本問は、共有物の変更および管理に関する知識を問うものである。

各共有者は、他の共有者の同意を得なければ、共有物に「変更」を加えることができない（共有物の変更／251条）。

共有物の「管理」に関する事項は、251条（共有物の変更）の場合を除き、各共有者の持分の価格に従い、その過半数で決する（共有物の管理／252条本文）。ただし、「保存行為」は、各共有者がすることができる（252条ただし書）。

これを本問についてみると、AがBら4名と共有している建物を建て替えることは、共有物の「変更」に該当することから、共有者全員の同意が必要である。

また、建物部分の修繕等については、共有物の「管理」に該当することから、各共有者の持分の価格に従い、その過半数で決する。

ワンポイント・アドバイス

各共有者は、その持分に応じ、「管理」の費用を支払い、その他共有物に関する負担を負います（253条1項）。共有者が1年以内にその義務を履行しないときは、他の共有者は、相当の償金を支払ってその者の持分を取得することができます（253条2項）。

●多肢選択式・記述式

記述式／民法

重要度 A

問438　Aは複数の債権者から債務を負っていたところ、債権者の一人で懇意にしているBと通謀して他の債権者を害する意図で、A所有の唯一の財産である甲土地を、代物弁済としてBに譲渡した。その後、Bは同土地を、上記事情を知らないCに時価で売却し、順次、移転登記がなされた。この場合において、Aの他の債権者Xは、自己の債権を保全するために、どのような権利に基づき、誰を相手として、どのような対応をとればよいか。民法の規定を踏まえて40字程度で記述しなさい。なお、上記代物弁済は、Aが支払不能になる前30日以内になされたものであるなど上記対応をとるために必要な要件をみたしているものとする。また、甲土地の価額は当該代物弁済によって消滅した債務の額より過大ではないものとする。

（本試験2014年問45改題）

●法令編

【解答例】

詐害行為取消権に基づき，Bを相手に，裁判上，代物弁済を取り消し，甲土地の価額償還を求める。　　　　　　　　（45字）

【解説】

本問は，詐害行為取消権に関する知識を問うものである。

Cが，Bから甲土地を転得した当時，Aがした代物弁済が債権者を害することを知らなかったので，Xは，転得者Cに対する詐害行為取消請求をすることはできない（424条の5第1号参照）。しかし，Aが懇意にしているBと相談の上，代物弁済をしているから，Bがその当時に債権者を害することを知っていたといえる（424条1項ただし書参照）。Xとしては，受益者Bに対する詐害行為取消請求（424条）をすることが考えられる。

受益者に対する詐害行為取消請求が認められるには，①債務者が債権者を害することを知ってした行為であること（424条1項本文），②財産権を目的とする行為であること（424条2項），③被保全債権が詐害行為前の原因に基づいて生じたものであること（424条3項），④被保全債権が強制執行により実現できるものであること（424条4項）が必要である。本問についてみると，AはBと通謀して他の債権者を害する意図でA所有の唯一の財産である甲土地を，代物弁済としてBに譲渡しているから①・②を満たす。Xは，詐害行為前からのAの債権者であるから③・④を満たす。

債権者は，①債務者がした行為の取消しとともに，②その行為によって受益者に移転した財産（逸出財産）の返還を請求することができる（424条の6第1項前段）。このように，逸出財産の返還は，詐害行為の目的物そのものの返還（現物返還）が原則となるが，受益者がその財産の返還をすることが困難で

●多肢選択式・記述式

あるときは、その価額の償還を請求することできる（424条の6第1項後段）。本問についてみると、Bは甲土地をCに売却し、移転登記を済ませているので、受益者Bが甲土地の返還をするのが困難である。そこで、Xとしては、代物弁済の取消しとともに、甲土地の価額の償還を請求することになる。

詐害行為取消権は、裁判上行使しなければならず（424条1項本文）、受益者に対する詐害行為取消請求に係る訴えの被告は、受益者（B）である（424条の7第1号）。

 ワンポイント・アドバイス

債権者は、債務者が債権者を害することを知ってした行為の取消しを裁判所に請求することができます（詐害行為取消権／424条1項本文）。ただし、その行為によって利益を受けた者（「受益者」）がその行為の時において債権者を害することを知らなかったときは、取消しを請求することはできません（424条1項ただし書）。

債権者は、受益者に対して詐害行為取消請求をすることができる場合において、受益者に移転した財産を転得した者があるときは、①その転得者が受益者から転得した者である場合には、その転得者が、転得の当時、債務者がした行為が債権者を害することを知っていたときに限り、詐害行為取消請求をすることができます（424条の5第1号）。②その転得者が他の転得者から転得した者である場合には、その転得者およびその前に転得した全ての転得者が、それぞれの転得の当時、債務者がした行為が債権者を害することを知っていたときに限り、その転得者に対しても、詐害行為取消請求をすることができます（424条の5第2号）。

●多肢選択式・記述式

記述式／民法

重要度 A

問439 AがBに金銭を貸し付けるにあたり、書面により、Cが保証人（Bと連帯して債務を負担する連帯保証人ではない。）となり、また、Dが物上保証人としてD所有の土地に抵当権を設定しその旨の登記がなされた。弁済期を徒過したので、Aは、Bに弁済を求めたところ、Bは、「CまたはDに対して請求して欲しい」と応えて弁済を渋った。そこで、Aは、Dに対しては何らの請求や担保権実行手続をとることなく、Cに対してのみ弁済を請求した。この場合において、Cは、Aの請求に対し、どのようなことを証明すれば弁済を拒むことができるか。40字程度で記述しなさい。

（本試験2012年問45）

●法令編

【解答例①】

Cは、Bに弁済の資力があり、かつ、執行が容易であることを証明すれば弁済を拒絶できる。　　　　　　　　　　　　（42字）

【解答例②】

Bに弁済の資力があり、かつ、Bの財産に対する執行が容易であること。　　　　　　　　　　　　　　　　　　　　（33字）

【解説】

　本問は、保証人の抗弁権に関する知識を問うものである。

　保証人は、保証債務の補充性に基づき、催告の抗弁権と検索の抗弁権を有する。

　債権者が保証人に債務の履行を請求したときは、保証人は、まず主たる債務者に催告をすべき旨を請求することができるのが原則である（催告の抗弁権／452条本文）。債権者が452条の規定に従い主たる債務者に催告をした後であっても、保証人が主たる債務者に弁済をする資力があり、かつ、執行が容易であることを証明したときは、債権者は、まず主たる債務者の財産について執行をしなければならない（検索の抗弁権／453条）。

　なお、「弁済の資力」については、債務の全部を弁済する資力があることを要せず、取引観念上相当な額と認められる程度の弁済をする資力があれば足りると解されている。また、「執行の容易なこと」については、債権者が執行のために格別の時日および費用を要することなく債権を実行しうることをいうが、具体的には各場合に応じて判断しなければならない。一般的には、金銭・有価証券などは執行が容易であるが、不動産はそうではない。

| チェック欄 | | | |

●多肢選択式・記述式

記述式／民法

重要度 A

問440 AはBに対して100万円の売買代金債権を有していたが、同債権については、A・B間で譲渡制限特約が付されていた。しかし、Aは、特約に違反して、上記100万円の売買代金債権をその弁済期経過後にCに対して譲渡し、その後、Aが、Bに対し、Cに譲渡した旨の通知をした。Bは、その通知があった後直ちに、Aに対し、上記特約違反について抗議しようとしていたところ、Cが上記100万円の売買代金の支払を請求してきた。この場合に、Bに、Cの請求に応じなければならないかについて、民法の規定に照らし、40字程度で記述しなさい。なお、本問においては、CがBに対し相当の期間を定めてAへの履行の催告をした事実はなく、また、Bが当該債権の全額に相当する金銭を債務の履行地の供託所に供託しないものとする。

（本試験2017年問45改題）

●法令編

解答・解説

合格基本書

【解答例①】

Bは，Cが譲渡制限特約につき善意かつ無重過失である場合には，請求に応じなければならない。 　　　　　　　　　　（44字）

【解答例②】

Bは，Cが譲渡制限特約につき悪意又は善意重過失であれば，債務の履行を拒むことができる。 　　　　　　　　　（43字）

【解説】

　本問は，譲渡制限特約付き債権の譲渡に関する知識を問うものである。

　当事者〔A・B〕が債権の譲渡を禁止し，または制限する旨の意思表示（「譲渡制限の意思表示」）をしたときであっても，債権の譲渡は，その効力を妨げられない（466条2項）。

　もっとも，譲渡制限の意思表示がされたことを知り，または重大な過失によって知らなかった譲受人〔C〕その他の第三者に対しては，債務者〔B〕は，その債務の履行を拒むことができ，かつ，譲渡人〔A〕に対する弁済その他の債務を消滅させる事由をもってその譲受人〔C〕その他の第三者に対抗することができる（466条3項）。よって，債務者Bは，①譲受人Cが譲渡制限特約につき善意かつ無重過失である場合には，請求に応じなければならないのに対し，②譲受人Cが譲渡制限特約につき悪意または善意重過失である場合には，債務の履行を拒むことができる。

　なお，債務者〔B〕が債務を履行しない場合において，上記の譲受人〔C〕その他の第三者が相当の期間を定めて譲渡人〔A〕への履行の催告をし，その期間内に履行がないときは，譲受人〔C〕は，債務者〔B〕に対して自己〔C〕に対する債務の履行を請求することができる（466条4項）。

300

| チェック欄 | | | | ●多肢選択式・記述式 |

記述式／民法

重要度 A

問 441 Aは，Bに対して100万円の売掛代金債権（以下「本件代金債権」といい，解答にあたっても，この語を用いて解答すること。）を有し，本件代金債権については，A・B間において，第三者への譲渡を禁止することが約されていた。しかし，Aは，緊急に資金が必要になったため，本件代金債権をCに譲渡し，Cから譲渡代金90万円を受領するとともに，同譲渡について，Bに通知し，同通知は，Bに到達した。そこで，Cは，Bに対して，本件代金債権の履行期後に本件代金債権の履行を請求した。Bが本件代金債権に係る債務の履行を拒むことができるのは，どのような場合か。民法の規定に照らし，40字程度で記述しなさい。

なお，BのAに対する弁済その他の本件代金債権に係る債務の消滅事由はなく，また，Bの本件代金債権に係る債務の供託はないものとする。

（本試験2021年問45）

●法令編

【解答例】

Cが，本件代金債権の譲渡制限の意思表示を知り，又は重大な過失により知らなかった場合である。（45字）

【解説】

本問は，譲渡制限特約付き債権の譲渡に関する知識を問うものである。

当事者〔A・B〕が債権の譲渡を禁止し，または制限する旨の意思表示（「譲渡制限の意思表示」）をしたときであっても，債権の譲渡は，その効力を妨げられない（466条2項）。

もっとも，譲渡制限の意思表示がされたことを知り，または重大な過失によって知らなかった譲受人〔C〕その他の第三者に対しては，債務者〔B〕は，その債務の履行を拒むことができ，かつ，譲渡人〔A〕に対する弁済その他の債務を消滅させる事由をもってその譲受人〔C〕その他の第三者に対抗することができる（466条3項）。

なお，債務者〔B〕が債務を履行しない場合において，上記の譲受人〔C〕その他の第三者が相当の期間を定めて譲渡人〔A〕への履行の催告をし，その期間内に履行がないときは，譲受人〔C〕は，債務者〔B〕に対して自己〔C〕に対する債務の履行を請求することができる（466条4項）。

ワンポイント・アドバイス

債権の譲渡は，譲渡人〔A〕が債務者〔B〕に通知をし，または債務者〔B〕が承諾をしなければ，債務者その他の第三者に対抗することができません（467条1項）。その通知または承諾は，確定日付のある証書によってしなければ，債務者以外の第三者〔C〕に対抗することができません（467条2項）。

●多肢選択式・記述式

記述式／民法

問442 Aは、自己所有の時計を代金50万円でBに売る契約を結んだ。その際、Aは、Cから借りていた50万円をまだ返済していなかったので、Bとの間で、Cへの返済方法としてBがCに50万円を支払う旨を合意し、時計の代金50万円はBがCに直接支払うこととした。このようなA・B間の契約を何といい、また、この契約に基づき、Cの上記50万円の代金支払請求権が発生するためには、誰が誰に対してどのようなことをする必要があるか。民法の規定に照らし、下線部について40字程度で記述しなさい。

（本試験2019年問45）

●法令編

【解答例】

第三者のためにする契約といい，CがBに契約の利益を享受する意思を表示することが必要。 （42字）

【解説】

本問は，第三者のためにする契約に関する知識を問うものである。

（A・B間の）契約により当事者の一方（B）が第三者（C）に対してある給付をすることを約したときは，その第三者（C）は，債務者（B）に対して直接にその給付を請求する権利を有する（<u>第三者のためにする契約</u>／537条1項）。Aを要約者，Bを諾約者，Cを受益者という。

第三者（受益者C）の権利は，<u>その第三者（受益者C）が債務者（諾約者B）に対して契約の利益を享受する意思を表示した（<u>受益の意思表示</u>をした）</u>時に発生する（537条3項）。

これを本問についてみると，A・B間の契約により，当事者の一方であるBが第三者Cに50万円を支払う旨を合意していることから，A・B間の契約は<u>第三者のためにする契約</u>に該当する。

そして，第三者（受益者）Cの代金支払請求権が発生するためには，<u>第三者（受益者）Cが債務者（諾約者）Bに対して契約の利益を享受する意思を表示する（受益の意思表示をする）</u>必要がある。

| チェック欄 | | | ●多肢選択式・記述式

記述式／民法

重要度 A

問 443 甲自動車（以下「甲」という。）を所有するAは，別の新車を取得したため，友人であるBに対して甲を贈与する旨を口頭で約し，Bも喜んでこれに同意した。しかしながら，Aは，しばらくして後悔するようになり，Bとの間で締結した甲に関する贈与契約をなかったことにしたいと考えるに至った。甲の引渡しを求めているBに対し，Aに，民法の規定に従い，どのような理由で，どのような法的主張をすべきか。40字程度で記述しなさい。なお，この贈与契約においては無効および取消しの原因は存在しないものとする。

（本試験2018年問45）

●法令編

【解答例①】
書面によらない贈与であるため，履行が終了していないことを理由として契約を解除できる。　　　　　　　　　　　（42字）

【解答例②】
書面によらない贈与であり，履行を終えていないことを理由として，解除すると主張すべきである。　　　　　　　（45字）

【解説】
　本問は，書面によらない贈与の解除に関する知識を問うものである。
　書面によらない贈与は，各当事者が解除することができる（550条本文）。ただし，履行の終わった部分については，この限りでない（550条ただし書）。民法が書面によらない贈与を解除できる（550条本文）としたのは，①書面によって権利移転の意思を明確化し，後の紛争を防止する点，および②書面を要求することで軽率な贈与を防止する点にある。
　本問をみると，「甲自動車（以下「甲」という。）を所有するAは，……友人であるBに対して甲を贈与する旨を口頭で約し」ているから，ＡＢ間の贈与契約は，書面によらない贈与（550条本文）にあたる。また，問題文に「甲の引渡しを求めているB」とあるから，Aが甲をBに引き渡していない（履行を終えていない）ことがわかる。よって，Aは，この贈与契約が書面によらない贈与であり，履行を終えていないという理由で，この贈与契約を解除すると主張すべきである。

279p

| チェック欄 | | | | ●多肢選択式・記述式 |

記述式／民法

問444 不法行為（人の生命又は身体を害するものを除く。）による損害賠償請求権は、被害者またはその法定代理人が、いつの時点から何年間行使しないときに消滅するかについて、民法が規定する２つの場合を、40字程度で記述しなさい。

(本試験2017年問46改題)

●法令編

【解答例】

損害および加害者を知った時から3年間,または不法行為の時から20年間,行使しないとき。　　　　　　　　　　　　（42字）

【解説】

本問は,不法行為による損害賠償請求権の消滅時効（724条）に関する知識を問うものである。

民法724条は,次のように定めている。

「不法行為による損害賠償の請求権は,次に掲げる場合には,時効によって消滅する。

一　被害者又はその法定代理人が損害及び加害者を知った時から3年間行使しないとき。

二　不法行為の時から20年間行使しないとき。」

ワンポイント・アドバイス

人の「生命」または「身体」を害する不法行為による損害賠償請求権の消滅時効についての民法724条1号の規定の適用については,同号中「3年間」とあるのは,「5年間」とします（724条の2）。

したがって,人の「生命」または「身体」を害する不法行為による損害賠償請求権は,①被害者またはその法定代理人が損害および加害者を知った時から「5年間」行使しないとき,または②不法行為の時から20年間行使しないときは,時効によって消滅します。

●多肢選択式・記述式

記述式／民法

重要度 A

問445 Aが所有する甲家屋につき、Bが賃借人として居住していたところ、甲家屋の2階部分の外壁が突然崩落して、付近を通行していたCが負傷した。甲家屋の外壁の設置または管理に瑕疵があった場合、民法の規定に照らし、誰がCに対して損害賠償責任を負うことになるか。必要に応じて場合分けをしながら、40字程度で記述しなさい。

(本試験2021年問46)

●法令編

【解答例】

Bが責任を負うが，Bが損害の発生を防止するのに必要な注意をしたときは，Aが責任を負う。　　　　　　　　　　（43字）

【解説】

　本問は，土地工作物責任に関する知識を問うものである。

　土地の工作物の設置または保存に瑕疵があることによって他人〔C〕に損害を生じたときは，その工作物の占有者〔B〕は，被害者〔C〕に対してその損害を賠償する責任を負う（717条1項本文）。ただし，占有者〔B〕が損害の発生を防止するのに必要な注意をしたときは，所有者〔A〕がその損害を賠償しなければならない（717条1項ただし書）。

322p

ワンポイント・アドバイス

　土地工作物責任の場合において，損害の原因について他にその責任を負う者〔X〕があるときは，占有者〔B〕または所有者〔A〕は，その者〔X〕に対して求償権を行使することができます（717条3項）。

| チェック欄 | | | ●多肢選択式・記述式

記述式／民法

重要度 B

問 446 民法の規定によれば，離婚の財産上の法的効果として，離婚した夫婦の一方は，相手方に対して財産の分与を請求することができる。判例は，離婚に伴う財産分与の目的ないし機能には3つの要素が含まれ得ると解している。この財産分与の3つの要素の内容について，40字程度で記述しなさい。

(本試験2016年問45)

●法令編

【解答例①】
婚姻中の共同財産の清算及び離婚後の一方の生計維持ならびに精神的損害の賠償を含む。（40字）

【解答例②】
婚姻中の夫婦財産の清算，離婚後生活に困窮する配偶者の扶養，離婚に伴う慰謝料を含む。（41字）

【解説】
　本問では，離婚に伴う財産分与の目的・機能に関する知識を問うものである。

　民法によれば，協議上の離婚をした者の一方は，相手方に対して財産の分与を請求することができる（768条1項）。

　判例は，「離婚における財産分与の制度は，夫婦が婚姻中に有していた実質上共同の財産を清算分配し，かつ，離婚後における一方の当事者の生計の維持をはかることを目的とする」としている（最判昭46.7.23）。

　さらに，別の判例は，「離婚における財産分与は，夫婦が婚姻中に有していた実質上の共同財産を清算分配するとともに，離婚後における相手方の生活の維持に資することにあるが，分与者の有責行為によつて離婚をやむなくされたことに対する精神的損害を賠償するための給付の要素をも含めて分与することを妨げられないものというべきである」としている（最判昭58.12.19）。すなわち，離婚に伴う財産分与の目的・機能には，①清算的要素（＝婚姻中に夫婦が協力して築き上げた財産の清算），②扶養的要素（＝離婚後に生活に困窮する他方配偶者の生計を維持させるための扶養），③慰謝料的要素（＝有責行為により離婚をやむなくされたこと自体についての慰謝料）の3つが含まれている。

335p

●多肢選択式・記述式

記述式／民法

問447 AとBは婚姻し、3年後にBが懐胎したが、その頃から両者は不仲となり別居状態となり、その後にCが出生した。Bは、AにCの出生を知らせるとともに、Aとの婚姻関係を解消したいこと、Cの親権者にはBがなること、およびAはCの養育費としてBに対し毎月20万円を支払うことを求め、Aもこれを了承して協議離婚が成立した。ところが離婚後、Aは、Bが別居を始める前から他の男性と交際していたことを知り、Cが自分の子であることに疑いを持った。

このような事情において、Cが自分の子でないことを確認するため、Aは誰を相手として、いつまでに、どのような手続をとるべきか。民法の規定および判例に照らし、とるべき法的手段の内容を40字程度で記述しなさい。

(本試験2015年問46)

●法令編

【解答例】

BまたはCを相手として，Cの出生を知った時から1年以内に，嫡出否認の訴えを提起する。　　　　　　　　　　（42字）

【解説】

　本問は，嫡出推定（772条）を覆す手段に関する知識を問うものである。

　問題文に「AとBは婚姻し，3年後にBが懐胎したが……別居状態となり，その後にCが出生した。」とあるので，Cは，Aの妻Bが婚姻中に懐胎した子であり，Aの嫡出子と推定される（772条1項）。

　嫡出子であることが推定される場合，夫は，子が嫡出であることを否認することができる（774条）。Cが自分の子でないことを確認したいAとしては，嫡出の否認をすることになる。

　この否認権は，子または親権を行う母（親権を行う母がいないときは特別代理人）に対する「嫡出否認の訴え」によって行う（775条）。そして，嫡出否認の訴えは，夫が子の出生を知った時から1年以内に提起しなければならない（777条）。

337p

ワンポイント・アドバイス

【父子関係を争う訴え】

婚姻から200日経過後または婚姻の解消・取消しから300日以内に出生	推定される嫡出子	推定の及ぶ場合	嫡出否認の訴え
		推定の及ばない場合	親子関係不存在確認の訴え
婚姻から200日以内に出生	推定されない嫡出子		
二重の推定がある場合	二重の推定が及ぶ子		父を定める訴え

314

| チェック欄 | | |

●多肢選択式・記述式

記述式／民法

重要度 B

問448 次の文章は遺言に関する相談者と回答者の会話である。〔　　　　　〕の中に，誰に対し，どのような請求をすることができるかを40字程度で記述しなさい。

相談者「今日は遺言の相談に参りました。私は夫に先立たれて独りで生活しています。亡くなった夫との間には息子が一人おりますが，随分前に家を出て一切交流もありません。私には，少々の預金と夫が遺してくれた土地建物がありますが，少しでも世の中のお役に立てるよう，私が死んだらこれらの財産一切を慈善団体Aに寄付したいと思っております。このような遺言をすることはできますか。」

回答者「もちろん，そのような遺言をすることはできます。ただし，相続人である息子さんは，〔　　　　　　　　　〕ができます。そのようにできるのは，被相続人の財産処分の自由を保障しつつも，相続人の生活の安定及び財産の公平分配をはかるためです。」

(本試験2012年問46改題)

●法令編

【解答例】
慈善団体Aに対し,遺留分侵害額に相当する金銭の支払を請求すること　　　　　　　　　　　　　　　　　　　　　　　（32字）

【解説】
　本問は,民法上の相続における「遺留分」に関する知識を問うものである。

　兄弟姉妹以外の相続人（子およびその代襲相続人,直系尊属,配偶者）は,遺留分として,①直系尊属のみが相続人である場合には,遺留分を算定するための財産の価額の3分の1を,②それ以外の場合には,遺留分を算定するための財産の価額の2分の1を受ける（総体的遺留分／1042条1項）。遺留分を算定するための財産の価額は,被相続人が相続開始の時において有した財産の価額にその贈与した財産の価額を加えた額から債務の全額を控除した額とする（1043条1項）。

　遺留分権利者およびその承継人は,受遺者（特定財産承継遺言により財産を承継または相続分の指定を受けた相続人を含む。）または受贈者に対し,遺留分侵害額に相当する金銭の支払を請求することができる（1046条1項）。

　これを本問についてみると,相談者が死亡した場合の相続人である息子さんは「遺留分権利者」であり,慈善団体Aは「受遺者」である。そうすると,相続人である息子さんは,<u>慈善団体Aに対し,遺留分侵害額に相当する金銭の支払を請求すること</u>ができる。

| チェック欄 | | | ●多肢選択式・記述式

記述式／行政法

重要度

問449 A市は，A市路上喫煙禁止条例を制定し，同市の指定した路上喫煙禁止区域内の路上で喫煙した者について，2万円以下の過料を科す旨を定めている。Xは，路上喫煙禁止区域内の路上で喫煙し，同市が採用した路上喫煙指導員により発見された。この場合，Xに対する過料を科すための手続は，いかなる法律に定められており，また，同法によれば，この過料は，いかなる機関により科されるか。さらに，行政法学において，このような過料による制裁を何と呼んでいるか。40字程度で記述しなさい。

（本試験2016年問44）

●法令編

【解答例①】
地方自治法に定められており，普通地方公共団体の長により科される。秩序罰と呼ばれる。　　　　　　　　　　　　　　（41字）

【解答例②】
地方自治法に定められており，A市の市長により科される。行政上の秩序罰と呼ばれる。　　　　　　　　　　　　　　（40字）

【解説】
本問では，①Xに対する過料を科すための手続がいかなる法律に定められているか，②その法律によれば，この過料は，いかなる機関により科されるか，③行政法学において，このような過料による制裁を何と呼んでいるかが問われている。

<u>秩序罰（行政上の秩序罰）とは，行政上の秩序に障害を与える危険がある義務違反に対して科される金銭的制裁をいう</u>。「過料」の名称を付されるのが一般的である。秩序罰には，法律違反に対する秩序罰と，地方公共団体の秩序罰とがある。

地方公共団体の秩序罰については，地方自治法に次のような規定が設けられている。すなわち，普通地方公共団体は，法令に特別の定めがあるものを除くほか，その条例中に，条例に違反した者に対し，2年以下の懲役もしくは禁錮，100万円以下の罰金，拘留，科料もしくは没収の刑または5万円以下の過料を科する旨の規定を設けることができる（地方自治法14条3項）。地方公共団体の条例違反に対して科される過料は，<u>普通地方公共団体の長が行政行為の形式で科す</u>（149条3号）。普通地方公共団体の長が過料の処分をしようとする場合においては，過料の処分を受ける者に対し，あらかじめその旨を告知するとともに，弁明の機会を与えなければならない（同法255条の3）。

本問では，「2万円以下の過料」がA市路上喫煙禁止条例に定められているので，地方公共団体の秩序罰の一例である（③）。Xに対する過料を科すための手続は，地方自治法に定められている（①）。地方自治法によれば，Xに対する過料は「普通地方公共団体の長」（A市の市長）により科される（②）。

| チェック欄 | | | |

●多肢選択式・記述式

記述式／行政法

重要度 A

問 450 私立の大学であるＡ大学は，その設備，授業その他の事項について，法令の規定に違反しているとして，学校教育法15条１項に基づき，文部科学大臣から必要な措置をとるべき旨の書面による勧告を受けた。しかしＡ大学は，指摘のような法令違反はないとの立場で，勧告に不服をもっている。この文部科学大臣の勧告は，行政手続法の定義に照らして何に該当するか。また，それを前提に同法に基づき，誰に対して，どのような手段をとることができるか。40字程度で記述しなさい。なお，当該勧告に関しては，Ａ大学について弁明その他意見陳述のための手続は規定されておらず，運用上もなされなかったものとする。

（参照条文）

学校教育法

第15条第１項　文部科学大臣は，公立又は私立の大学及び高等専門学校が，設備，授業その他の事項について，法令の規定に違反していると認めるときは，当該学校に対し，必要な措置をとるべきことを勧告することができる。（以下略）

（本試験2021年問44）

●法令編

【解答例】

行政指導に該当する。文部科学大臣に対し、勧告を中止することを書面で申し出ることができる。　　　　　　　　　（44字）

【解説】

本問は、行政手続法における行政指導に関する知識を問うものである。

行政手続法において「行政指導」とは、行政機関がその任務または所掌事務の範囲内において一定の行政目的を実現するため特定の者に一定の作為または不作為を求める指導、勧告、助言その他の行為であって処分に該当しないものをいう（行政手続法2条6号）。

428p

法令に違反する行為の是正を求める行政指導（その根拠となる規定が法律に置かれているものに限る。）の相手方は、当該行政指導が当該法律に規定する要件に適合しないと思料するときは、当該行政指導をした行政機関に対し、その旨を申し出て、当該行政指導の中止その他必要な措置をとることを求めることができる（行政指導の中止等の求め／36条の2第1項本文）。

430p

この申出は、①「申出をする者の氏名又は名称及び住所又は居所」、②「当該行政指導の内容」、③「当該行政指導がその根拠とする法律の条項」、④「前号の条項に規定する要件」、⑤「当該行政指導が前号の要件に適合しないと思料する理由」、⑥「その他参考となる事項」を記載した申出書を提出してしなければならない（36条の2第2項）。

●多肢選択式・記述式

記述式／行政法

問451 A所有の雑居ビルは、消防法上の防火対象物であるが、非常口が設けられていないなど、消防法等の法令で定められた防火施設に不備があり、危険な状態にある。しかし、その地域を管轄する消防署の署長Yは、Aに対して改善するよう行政指導を繰り返すのみで、消防法5条1項所定の必要な措置をなすべき旨の命令（「命令」という。）をすることなく、放置している。こうした場合、行政手続法によれば、Yに対して、どのような者が、どのような行動をとることができるか。また、これに対して、Yは、どのような対応をとるべきこととされているか。40字程度で記述しなさい。

（参照条文）

消防法

第5条第1項　消防長又は消防署長は、防火対象物の位置、構造、設備又は管理の状況について、火災の予防に危険であると認める場合、消火、避難その他の消防の活動に支障になると認める場合、火災が発生したならば人命に危険であると認める場合その他火災の予防上必要があると認める場合には、権限を有する関係者（略）に対し、当該防火対象物の改修、移転、除去、工事の停止又は中止その他の必要な措置をなすべきことを命ずることができる。（以下略）

（本試験2019年問44）

●法令編

【解答例】

何人も命令を求めることができ、Yは必要な調査を行い必要と認めたときは命令をすべきである。 (44字)

【解説】

本問は、行政手続法における「処分等の求め」に関する知識を問うものである。

何人も、法令に違反する事実がある場合において、その是正のためにされるべき処分または行政指導（その根拠となる規定が法律に置かれているものに限る。）がされていないと思料するときは、当該処分をする権限を有する行政庁または当該行政指導をする権限を有する行政機関に対し、その旨を申し出て、当該処分または行政指導をすることを求めることができる（処分等の求め／行政手続法36条の3第1項）。

上記の申出は、①「申出をする者の氏名又は名称及び住所又は居所」、②「法令に違反する事実の内容」、③「当該処分又は行政指導の内容」、④「当該処分又は行政指導の根拠となる法令の条項」、⑤「当該処分又は行政指導がされるべきであると思料する理由」、⑥「その他参考となる事項」を記載した申出書を提出してしなければならない（36条の3第2項）。

当該行政庁または行政機関は、上記の申出があったときは、必要な調査を行い、その結果に基づき必要があると認めるときは、当該処分または行政指導をしなければならない（36条の3第3項）。

これを本問についてみると、何人も、消防法等に違反する事実がある場合において、消防法所定の必要な措置をなすべき旨の命令がされていないと思料するときは、その命令をする権限を有する消防署長Yに対し、申出書を提出して、命令をすることを求めることができる。消防署長Yは、必要な調査を行い、その結果に基づき必要があると認めるときは、命令をしなければならない。

| チェック欄 | | | |

●多肢選択式・記述式

記述式／行政法

重要度 A

問452 A市は，市内へのパチンコ店の出店を規制するため，同市内のほぼ全域を出店禁止区域とする条例を制定した。しかし，事業者Yは，この条例は国の法令に抵触するなどと主張して，禁止区域内でのパチンコ店の建設に着手した。これに対して，A市は，同条例に基づき市長名で建設の中止命令を発したが，これをYが無視して建設を続行しているため，A市は，Yを被告として建設の中止を求める訴訟を提起した。最高裁判所の判例によれば，こうした訴訟は，どのような立場でA市が提起したものであるとされ，また，どのような理由で，どのような判決がなされるべきこととなるか。40字程度で記述しなさい。

(本試験2017年問44)

●法令編

【解答例】

もっぱら行政権の主体の立場からなされ,法律上の争訟に当たらず,訴え却下の判決がなされる。 （44字）

【解説】

本問は,宝塚市パチンコ条例事件（最判平 14.7.9）を素材としたものである。

宝塚市パチンコ条例事件において,最高裁判所は,「行政事件を含む民事事件において裁判所がその固有の権限に基づいて審判することのできる対象は,裁判所法3条1項にいう『法律上の争訟』,すなわち当事者間の具体的な権利義務ないし法律関係の存否に関する紛争であって,かつ,それが法令の適用により終局的に解決することができるものに限られる……。国又は地方公共団体が提起した訴訟であって,財産権の主体として自己の財産上の権利利益の保護救済を求めるような場合には,法律上の争訟に当たるというべきであるが,国又は地方公共団体が専ら行政権の主体として国民に対して行政上の義務の履行を求める訴訟は,法規の適用の適正ないし一般公益の保護を目的とするものであって,自己の権利利益の保護救済を目的とするものということはできないから,法律上の争訟として当然に裁判所の審判の対象となるものではなく,法律に特別の規定がある場合に限り,提起することが許されるものと解される。そして,行政代執行法は,行政上の義務の履行確保に関しては,別に法律で定めるものを除いては,同法の定めるところによるものと規定して（1条）,同法が行政上の義務の履行に関する一般法であることを明らかにした上で,その具体的な方法としては,同法2条の規定による代執行のみを認めている。また,行政事件訴訟法その他の法律にも,一般に国又は地方公共団体が国民に対して行政上の義務の履行を求める訴訟を提起するこ

●多肢選択式・記述式

とを認める特別の規定は存在しない。したがって，国又は地方公共団体が専ら行政権の主体として国民に対して行政上の義務の履行を求める訴訟は，裁判所法３条１項にいう法律上の争訟に当たらず，これを認める特別の規定もないから，不適法というべきである。」と述べて，宝塚市の訴えを却下している。

ワンポイント・アドバイス

民事訴訟や行政事件訴訟では，訴えまたは上訴に理由がない場合，「棄却」されます（「請求棄却判決」，「控訴棄却判決」等）。これに対して，訴えまたは上訴が不適法であり，主張理由の判断をせずに退ける場合，「却下」されます（「訴え却下判決」，「控訴却下判決」等）。

宝塚市パチンコ条例事件（最判平14.7.9）において，裁判所が，宝塚市の提起した訴訟が法律上の争訟に該当しないため不適法であるとして，その訴えを退けた判決は，「訴え却下判決」です。

第6編　多肢選択式・記述式

325

●多肢選択式・記述式

記述式／行政法

問453 Xは、Y県内で開発行為を行うことを計画し、Y県知事に都市計画法に基づく開発許可を申請した。しかし、知事は、この開発行為によりがけ崩れの危険があるなど、同法所定の許可要件を充たさないとして、申請を拒否する処分をした。これを不服としたXは、Y県開発審査会に審査請求をしたが、同審査会も拒否処分を妥当として審査請求を棄却する裁決をした。このため、Xは、申請拒否処分と棄却裁決の両方につき取消訴訟を提起した。このうち、裁決取消訴訟の被告はどこか。また、こうした裁決取消訴訟においては、一般に、どのような主張が許され、こうした原則を何と呼ぶか。40字程度で記述しなさい。

（本試験2015年問44）

●法令編

【解答例】

被告はY県であり，裁決固有の瑕疵のみが主張でき，この原則を原処分主義という。 （38字）

【解説】

本問では，Xは，申請拒否処分取消訴訟と棄却裁決取消訴訟を提起している。

裁決取消訴訟の被告は，「当該裁決をした行政庁の所属する国又は公共団体」である（行政事件訴訟法11条1項2号）。本問では，審査請求を棄却する裁決をしたのはY県開発審査会であるから，Y県開発審査会が所属する「Y県」を被告とすべきである。

処分の取消しの訴えとその処分についての審査請求を棄却した裁決の取消しの訴えを提起することができる場合には，裁決の取消しの訴えにおいては，処分の違法を理由として取消しを求めることができない（行政事件訴訟法10条2項）。これを原処分主義という。原処分主義では，裁決取消訴訟において，裁決固有の瑕疵（違法事由）のみを主張することができる。

465p

466p

ワンポイント・アドバイス

例えば，裁決の「理由」の記載（行政不服審査法50条1項4号参照）に不備があることは，裁決固有の瑕疵（違法事由）に当たります。

| チェック欄 | | | ●多肢選択式・記述式

記述式／行政法

重要度 B

問454 A県内の一定区域において，土地区画整理事業（これを「本件事業」という。）が計画された。それを施行するため，土地区画整理法に基づくA県知事の認可（これを「本件認可処分」という。）を受けて，土地区画整理組合（これを「本件組合」という。）が設立され，あわせて本件事業にかかる事業計画も確定された。これを受けて本件事業が施行され，工事の完了などを経て，最終的に，本件組合は，換地処分（これを「本件換地処分」という。）を行った。

Xは，本件事業の区域内の宅地につき所有権を有し，本件組合の組合員であるところ，本件換地処分は換地の配分につき違法なものであるとして，その取消しの訴えを提起しようと考えたが，同訴訟の出訴期間がすでに経過していることが判明した。

この時点において，本件換地処分の効力を争い，換地のやり直しを求めるため，Xは，誰を被告として，どのような行為を対象とする，どのような訴訟（行政事件訴訟法に定められている抗告訴訟に限る。）を提起すべきか。40字程度で記述しなさい。

（本試験2020年問44）

●法令編

【解答例】

本件組合を被告として，本件換地処分を対象とする無効の確認を求める訴えを提起する。　　　　　　　　　　　　　　（40字）

【解説】

　本問は，行政事件訴訟法に定められている抗告訴訟に関する知識を問うものである。

　本問では，Xは，土地区画整理組合の行った換地処分の取消訴訟を提起しようと考えたが，取消訴訟の出訴期間がすでに経過していることから，換地処分の無効確認の訴えを提起することが考えられる。　　　　　　　　　　　　　　　　　　　　　474p

　処分の無効確認の訴えは，当該処分をした行政庁の所属する「国又は公共団体」を被告として提起しなければならない（38条1項・11条1項1号）。土地区画整理組合の行った換地処分については，土地区画整理組合が処分庁であると同時に「公共団体」として被告となる。　　　　　　　　　　　　　　465p

ワンポイント・アドバイス

　処分の取消しの訴えは，処分をした行政庁が「国又は公共団体」に所属する場合には，当該処分をした行政庁の所属する「国又は公共団体」を被告として提起しなければなりません（11条1項1号）。このような取消訴訟の「被告適格」に関する規定は，取消訴訟以外の抗告訴訟（無効等確認の訴え・不作為の違法確認の訴え・義務付けの訴え・差止めの訴え）について準用されます（38条1項）。

| チェック欄 | | |

●多肢選択式・記述式

記述式／行政法

重要度 B

問455 Xは，A県B市内に土地を所有していたが，B市による市道の拡張工事のために，当該土地の買収の打診を受けた。Xは，土地を手放すこと自体には異議がなかったものの，B市から提示された買収価格に不満があったため，買収に応じなかった。ところが，B市の申請を受けたA県収用委員会は，当該土地について土地収用法48条に基づく収用裁決（権利取得裁決）をした。しかし，Xは，この裁決において決定された損失補償の額についても，低額にすぎるとして，不服である。より高額な補償を求めるためには，Xは，だれを被告として，どのような訴訟を提起すべきか。また，このような訴訟を行政法学において何と呼ぶか。40字程度で記述しなさい。

（本試験2012年問44）

●法令編

【解答例】
B市を被告として、補償の増額を求める訴訟を提起すべきであり、形式的当事者訴訟と呼ぶ。　　　　　　　　　　　　　　（42字）

【解説】
　本問は、行政事件訴訟法上の「当事者訴訟」に関する知識を問うものである。
　「当事者訴訟」とは、「当事者間の法律関係を確認し又は形成する処分又は裁決に関する訴訟で法令の規定によりその法律関係の当事者の一方を被告とするもの」（形式的当事者訴訟）および「公法上の法律関係に関する確認の訴えその他の公法上の法律関係に関する訴訟」（実質的当事者訴訟）をいう（行政事件訴訟法4条）。

　このうち「形式的当事者訴訟」の典型例として、土地収用法上の収用委員会の裁決のうち「損失の補償に関する訴え」（土地収用法133条2項3項）がある。収用委員会の行う権利取得裁決（同法48条）は行政行為であり、これについては取消訴訟の排他的管轄が及ぶのが原則であって、収用委員会の帰属する都道府県を被告として権利取得裁決の取消しを求めることになるはずである。しかし、損失補償の部分については当事者間での解決に委ねて差し支えないと考えられる。そこで、損失補償額について不服を有する起業者（公共公益事業を行う主体）は、土地所有者または関係人を被告として減額請求訴訟を提起し、同様に、損失補償額について不服を有する土地所有者または関係人は、起業者を被告として増額請求訴訟を提起することとしている（同法133条3項）。実質的に処分または裁決に関する不服の訴訟であるから抗告訴訟としての性質を有するが、形式的には当事者間の権利義務に関する訴訟として争わせることとしているため、形式的当事者訴訟と呼ばれる。

　本問では、起業者は「B市」であるから、「B市を被告」として提起する。

| チェック欄 | | | ●多肢選択式・記述式 |

記述式／行政法

重要度 A

問 456　Aが建築基準法に基づく建築確認を得て自己の所有地に建物を建設し始めたところ，隣接地に居住するBは，当該建築確認の取消しを求めて取消訴訟を提起すると共に，執行停止を申し立てた。執行停止の申立てが却下されたことからAが建設を続けた結果，訴訟係属中に建物が完成し，検査済証が交付された。最高裁判所の判例によると，この場合，①建築確認の法的効果がどのようなものであるため，②工事完了がBの訴えの訴訟要件にどのような影響を与え，③どのような判決が下されることになるか。40字程度で記述しなさい。

（本試験2013年問44）

●法令編

【解答例】
工事を適法に行わせる法的効果であるため、狭義の訴えの利益が失われ、訴え却下判決が下される。（45字）

【解説】
　本問は、工事が完了した場合における建築確認の取消しを求める訴えの利益につき争いとなった最高裁判決（最判昭59.10.26）を素材としたものである。最高裁判所は、以下のように述べて、訴え却下判決を支持した。

　「建築確認は、建築基準法6条1項の建築物の建築等の工事が着手される前に、当該建築物の計画が建築関係規定に適合していることを公権的に判断する行為であつて、それを受けなければ右工事をすることができないという法的効果が付与されており、建築関係規定に違反する建築物の出現を未然に防止することを目的としたものということができる。しかしながら、右工事が完了した後における建築主事等の検査は、当該建築物及びその敷地が建築関係規定に適合しているかどうかを基準とし、同じく特定行政庁の違反是正命令は、当該建築物及びその敷地が建築基準法並びにこれに基づく命令及び条例の規定に適合しているかどうかを基準とし、いずれも当該建築物及びその敷地が建築確認に係る計画どおりのものであるかどうかを基準とするものでない上、違反是正命令を発するかどうかは、特定行政庁の裁量にゆだねられているから、建築確認の存在は、検査済証の交付を拒否し又は違反是正命令を発する上において法的障害となるものではなく、また、たとえ建築確認が違法であるとして判決で取り消されたとしても、検査済証の交付を拒否し又は違反是正命令を発すべき法的拘束力が生ずるものではない。したがつて、建築確認は、それを受けなければ右工事をすることができないという法的効果を付与されているにすぎないものというべきであるから、当該工事が完了した場合においては、建築確認の取消しを求める訴えの利益は失われるものといわざるを得ない。」（最二小判昭和59年10月26日民集38巻10号1169頁）

| チェック欄 | | | | ●多肢選択式・記述式 |

記述式／行政法

重要度 A

問 457　Xは，A県B市内において，農地を所有し，その土地において農業を営んできた。しかし，高齢のため農作業が困難となり，後継者もいないため，農地を太陽光発電施設として利用することを決めた。そのために必要な農地法4条1項所定のA県知事による農地転用許可を得るため，その経由機関とされているB市農業委員会の担当者と相談したところ，「B市内においては，太陽光発電のための農地転用は認められない。」として，申請用紙の交付を拒否された。そこで，Xは，インターネットから入手した申請用紙に必要事項を記入してA県知事宛ての農地転用許可の申請書を作成し，必要な添付書類とともにB市農業委員会に郵送した。ところが，これらの書類は，「この申請書は受理できません。」とするB市農業委員会の担当者名の通知を添えて返送されてきた。この場合，農地転用許可を得るため，Xは，いかなる被告に対し，どのような訴訟を提起すべきか。40字程度で記述しなさい。

（参照条文）

農地法

（農地の転用の制限）

　第4条　農地を農地以外のものにする者は，都道府県知事（中略）の許可を受けなければならない。（以下略）

　2　前項の許可を受けようとする者は，農林水産省令で定めるところにより，農林水産省令で定める事項を記載した申請書を，農業委員会を経由して，都道府県知事等に提出しなければならない。

　3　農業委員会は，前項の規定により申請書の提出があったときは，農林水産省令で定める期間内に，当該申請書に意見を付して，都道府県知事等に送付しなければならない。

（本試験2018年問-4）

●法令編

【解答例】
A県を被告とし、不作為の違法確認の訴えと農地転用許可処分義務付けの訴えを併合提起する。　　　　　　　　　　（43字）

【解説】
　本問は、申請に対する行政庁の不作為がある場合の訴訟選択に関する知識を問うものである。

　農地を農地以外のものにする者は、都道府県知事の許可を受けなければならない（農地法4条1項）が、この許可を受けようとする者は、申請書を、農業委員会を経由して、都道府県知事に提出しなければならない（農地法4条2項）。

　行政庁は、申請がその事務所に到達したときは遅滞なく当該申請の審査を開始しなければならない（行政手続法7条）。この規定は、申請書の不受理や返戻が違法であることを明確にし、これを認めない趣旨である。

　そうすると、申請者Xが郵送した申請書が農業委員会に到達した以上、A県知事には、当該申請につき審査・応答義務が生ずる。

　A県知事は、Xの申請に応答すべきであるのにこれをしていない。この場合、処分・裁決が存在しないので、取消訴訟（行政事件訴訟法3条2項3項）を提起することができない。行政事件訴訟法は、申請人の救済のために、不作為の違法確認の訴え（3条5項）を設けている。

　A県知事が、Xの申請に対し、相当の期間内に何らかの処分をすべきであるにもかかわらず、これをしないので、Xは、不作為の違法確認の訴えを提起することができる。しかし、不作為の違法確認訴訟において、申請人Xが勝訴しても、判決では、A県知事の不作為の違法が宣言されるのみである。つまり、Xの提起した不作為の違法確認の訴えでXが勝訴しても、Xは農地転用許可を得られるわけではない。

●多肢選択式・記述式

Xが農地転用許可を得るためには，<u>申請型の義務付けの訴え</u>
（37条の3）を提起する必要がある。申請型の義務付けの訴え
には，不作為型（37条の3第1項1号）と拒否処分型（37条
の3第1項2号）がある。本問では，XがA県知事に対し農地
転用許可を求める旨の申請がされた場合において，A県知事が
その処分をすべきであるにもかかわらず，相当の期間内にこれ
がなされないので，Xの提起すべき申請型義務付けの訴えは，
不作為型である（37条の3第1項1号参照）。不作為型の申請
型義務付けの訴えを提起するときは，<u>当該処分に係る不作為の
違法確認の訴えを併合提起しなければならない</u>（37条の3第
3項1号）。よって，Xは，不作為の違法確認の訴えと農地転
用許可処分義務付けの訴えを併合提起することになる。

478p

不作為の違法確認の訴えおよび申請型義務付けの訴えの被告
は，原則として<u>行政庁の所属する国または地方公共団体である</u>
（38条1項・11条1項）。よって，Xは，A県知事の所属する
<u>A県を被告として</u>，不作為の違法確認の訴えと農地転用許可処
分義務付けの訴えを併合提起すべきである。

465p

ワンポイント・アドバイス

　申請型の義務付けの訴え（2号義務付け訴訟）は，行政庁に対し一定の処
分または裁決を求める旨の法令に基づく申請または審査請求がされた場合に
おいて，当該行政庁がその処分または裁決をすべきであるにもかかわらずこれ
がされないときに，行政庁がその処分または裁決をすべき旨を命ずることを
求める訴訟です（3条6項2号）。

　申請型の義務付けの訴えは，①「当該法令に基づく申請又は審査請求に対
し相当の期間内に何らの処分又は裁決がされないこと」（不作為型），②「当
該法令に基づく申請又は審査請求を却下し又は棄却する旨の処分又は裁決が
された場合において，当該処分又は裁決が取り消されるべきものであり，又
は無効若しくは不存在であること」（拒否処分型）のいずれかに該当すると
きに限り，提起することができます（37条の3第1項）。

第6編 多肢選択式・記述式

| チェック欄 | | | |

●多肢選択式・記述式

記述式／行政法

問458 A市は，同市内に市民会館を設置しているが，その運営は民間事業者である株式会社Bに委ねられており，利用者の申請に対する利用の許可なども，Bによってなされている。住民の福利を増進するためその利用に供するために設置される市民会館などを地方自治法は何と呼び，また，その設置などに関する事項は，特別の定めがなければ，どの機関によりどのような形式で決定されるか。さらに，同法によれば，その運営に当たるBのような団体は，何と呼ばれるか。40字程度で記述しなさい。

（本試験2014年問44）

●法令編

【解答例①】

公の施設と呼び，A市市議会により条例で決定される。Bのような団体は指定管理者と呼ばれる。　　　　　　　　　　（44字）

【解答例②】

公の施設と呼び，普通地方公共団体の議会により条例で決定される。Bは指定管理者と呼ばれる。　　　　　　　　　　（44字）

【解説】

　本問は，公の施設の管理に関する知識を問うものである。

　公の施設とは，住民の福祉を増進する目的をもってその利用に供するため，普通地方公共団体が設ける施設をいう（地方自治法244条）。公の施設の例として，市民会館のような箱物施設や福祉・教育施設が挙げられる。したがって，住民の福利を増進するためその利用に供するために設置される市民会館などを地方自治法は「公の施設」と呼ぶ。

　普通地方公共団体は，法律またはこれに基づく政令に特別の定めがあるものを除くほか，公の施設の設置およびその管理に関する事項は，条例でこれを定めなければならない（同法244条の2第1項）。条例を設けることは，普通地方公共団体の議会の権限である（同法96条1項1号）。したがって，公の施設の設置などに関する事項は，特別の定めがなければ，普通地方公共団体の議会（A市市議会）により条例で決定される。

　指定管理者制度は，公の施設の管理について，公の施設にかかる管理主体の範囲を民間事業者等まで広げることにより，住民サービスの向上とともに経費削減等を図ることを目的とした制度である（同法244条の2第3項）。本問では，A市が，民間事業者である株式会社Bに市民会館の運営を委ねているから，Bは「指定管理者」に当たる。したがって，地方自治法によれば，その運営に当たるBのような団体は，「指定管理者」と呼ばれる。

出る順行政書士シリーズ

2022年版 出る順行政書士 ウォーク問 過去問題集　**1**法令編

1994年 6 月20日　第 1 版　第 1 刷発行
2022年 2 月10日　第29版　第 1 刷発行

編著者●株式会社　東京リーガルマインド
　　　　LEC総合研究所　行政書士試験部

発行所●株式会社　東京リーガルマインド
　　　　〒164-0001　東京都中野区中野4-11-10
　　　　　　　　　アーバンネット中野ビル
　　　　LECコールセンター　　0570-064-464
　　　　　受付時間　平日9:30 ～ 20:00 ／土・祝10:00 ～ 19:00 ／日10:00 ～ 18 00
　　　　　※このナビダイヤルは通話料お客様ご負担となります。
　　　　書店様専用受注センター　TEL 048-999-7581 / FAX 048-999-7591
　　　　　受付時間　平日9:00 ～ 17:00 ／土・日・祝休み
　　　　www.lec-jp.com/

本文デザイン●エー・シープランニング　千代田 朗
本文イラスト●髙橋 雅彦
印刷・製本●情報印刷株式会社

©2022 TOKYO LEGAL MIND K.K., Printed in Japan　　　　　ISBN978-4-8449-5842-0
複製・頒布を禁じます。
本書の全部または一部を無断で複製・転載等することは、法律で認められた場合を除き、著作者及び出
版者の権利侵害になりますので、その場合はあらかじめ弊社あてに許諾をお求めください。
なお、本書は個人の方々の学習目的で使用していただくために販売するものです。弊社と競合する営利
目的での使用は固くお断りいたしております。
落丁・乱丁本は、送料弊社負担にてお取替えいたします。出版部（TEL03-5913-6336）までご連絡く
ださい。

行政書士 LEC渾身の書籍ラインナップ

万全のインプット！
初学者にもおすすめ

適切なアウトプット！

「行政書士 合格のトリセツ」シリーズ
見やすさ、分かりやすさ、使いやすさにこだわった2冊

基本テキスト
「独学者ファースト」で分かりやすい！科目別に分冊できて持ち運びにも便利

基本問題集
基本テキストに完全リンク。問題と解説が見開き形式で、取り組みやすい構成が特長

ウォーク問 過去問題集 ①法令編
過去10年分の本試験問題を分析し、各科目の体系項目別に分類

購入特典　行政書士試験徹底分析(PDF)

「出る順行政書士」シリーズ
目的に合わせた多彩なラインナップで学習効率アップ！

合格基本書
合格に必要な知識を凝縮。一項目「見開き完結型」で、効率学習に最適

購入特典　法改正情報(PDF)

合格問題集
合格基本書の過去問＋オリジナル問題を200問収録

購入特典　行政法 一問一答 条文ドリル(PDF)

良問厳選 肢別過去問題集
全2500肢で出題論点を総チェック！一肢ごとの明確な解説で重要度を表示

購入特典　最新年度プラスα問題(PDF)

合格水準ラインへ 》》》 直前総仕上げ！ 》》》

ウォーク問
過去問題集
②一般知識編

過去10年分の本試験問題を分析し、各科目の体系項目別に分類

購入特典 行政書士試験徹底分析(PDF)

最重要論点
250

近年の試験傾向を徹底的に分析。合格に必要な重要論点を250項目にまとめて収録

購入特典 重要事項100肢チェック(PDF)

当たる！
直前予想模試

模試で本試験の臨場感を本験！LEC講師陣による出題予想と重要論点も収録

購入特典 直前アドバイス(PDF)

40字記述式・
多肢選択式問題集

本試験出題科目のオリジナル問題を120問以上掲載。得点力を徹底強化！

購入特典 問題で学ぶ重要判例(PDF)

購入特典

「出る順行政書士」シリーズは
購入特典(PDFファイル)付き

QRコードからカンタンアクセス！
応募方法など、詳細は各書籍にてご確認ください。

 行政書士試験

試験日 11月第2日曜日

申込期間：例年7月下旬〜8月下旬

※特典の名称・内容は変更となる場合があります。
※書籍の内容・表紙デザイン等は、実際と異なる場合がございますので、予めご了承ください。

2022年合格目標 LEC行政書士講座のご案内

あなたにぴったりのカリキュラムが見つかる！選べる!!

おすすめコースラインナップ

初めて受験される方向け

開講コース名	回数	カリキュラム		
パーフェクトコース SP	87	初めて学ぶ！法律入門講座 オリエンテーション・基礎法学 1回 憲法 2回 民法 2回 行政法 2回 [全7回]	合格講座 憲法・基礎法学 11回 民法 22回 行政法 22回 商法・会社法 3回 一般知識 6回 [全64回]	記述基礎力養成講座 [全4回]	文章理解特訓講座 [全2回]
パーフェクトコース	80		合格講座 憲法・基礎法学 11回 民法 22回 行政法 22回 商法・会社法 3回 一般知識 6回 [全64回]	記述基礎力養成講座 [全4回]	文章理解特訓講座 [全2回]
合格講座スタンダードコース	67		合格講座 憲法・基礎法学 11回 民法 22回 行政法 22回 商法・会社法 3回 一般知識 6回 [全64回]		
法律系資格受験生コース	36		合格講座 行政法 22回 一般知識 6回 [全28回]		文章理解特訓講座 [全2回]

LEC行政書士講座をもっと知るための5つの方法

Webでチェックする

●**資格・勉強方法を知る**
① Webガイダンス
人気講師陣が資格や勉強方法について解説するガイダンスを見ることができます。

●**Web講義を体験してみる**
② おためしWeb受講制度
LECの講義って実際にどんな感じ？講義についていけるか心配！
そんな不安や疑問を解消してもらうために一部の講義をWebで受講できます。

	IN	IN & OUT	OUT
		科目別答練 憲法・基礎法学 1回 民法 2回 行政法 2回 商法・会社法 1回 一般知識 1回 [全7回]	全日本 行政書士 公開模試 [全2回]	ファイナル 模試 [全1回]
		科目別答練 憲法・基礎法学 1回 民法 2回 行政法 2回 商法・会社法 1回 一般知識 1回 [全7回]	全日本 行政書士 公開模試 [全2回]	ファイナル 模試 [全1回]
		科目別答練 憲法・基礎法学 1回 民法 2回 行政法 2回 商法・会社法 1回 一般知識 1回 [全7回] 教材配布のみ	全日本 行政書士 公開模試 [全2回]	ファイナル 模試 [全1回]
記述60問 解きまくり 講座 [全3回]			全日本 行政書士 公開模試 [全2回]	ファイナル 模試 [全1回]

充実のフォロー制度

●『Web(動画)＋スマホ視聴ー音声DL』or『DVDフォロー』が標準装備

通学講義はもちろん、自宅や外出先・移動中にポータブル機器で受講ができます！

●インターネットフォロー『教えてチューター制度』を完備

受講中の不安や、講義や教材に関する質問に専門スタッフがお答えします！

●費用面からもサポート各種割引制度

受講料がお得になる各種割引をご用意しています。

・本試験受験生30％割引
・他資格合格者20％割引
・LEC他資格受講生20％割引
・LEC再受講35％割引

近くのLECに行ってみる

●とりあえず話を聞いてみる
③受講相談
試験に精通したスタッフが試験や講座、教材などあらゆるご質問にお答えします。
お気軽にご相談ください。

●講師の話を聞いてみる
④無料講座説明会〈参加無料・予約不要〉
全国の本校にて資格の概要や勉強法をお話する説明会を開催しています。

●実際に教室で講義を体験してみる
⑤講義無料体験会〈参加無料・予約不要〉
開講日は無料で体験入学ができます。
実際の教室で、講義の雰囲気を体感いただけます。

LEC Webサイト ▷▷ www.lec-jp.com/

情報盛りだくさん！

資格を選ぶときも、
講座を選ぶときも、
最新情報でサポートします！

≫最新情報
各試験の試験日程や法改正情報、対策講座、模擬試験の最新情報を日々更新しています。

≫資料請求
講座案内など無料でお届けいたします。

≫受講・受験相談
メールでのご質問を随時受付けております。

≫よくある質問
LECのシステムから、資格試験についてまで、よくある質問をまとめました。疑問を今すぐ解決したいなら、まずチェック！

≫書籍・問題集（LEC書籍部）
LECが出版している書籍・問題集・レジュメをこちらで紹介しています。

充実の動画コンテンツ！

ガイダンスや講演会動画、
講義の無料試聴まで
Webで今すぐCheck！

≫動画視聴OK
パンフレットやWebサイトを見てもわかりづらいところを動画で説明。いつでもすぐに問題解決！

≫Web無料試聴
講座の第1回目を動画で無料試聴！気になる講義内容をすぐに確認できます。

スマートフォン・タブレットからはQRコードでのアクセスが便利です。 ▷▷

自慢のメールマガジン配信中！（登録無料）

LEC講師陣が毎週配信！ 最新情報やワンポイントアドバイス、改正ポイントなど合格に必要な知識をメールにて毎週配信。

www.lec-jp.com/mailmaga/

LEC E学習センター

新しい学習メディアの導入や、Web学習の新機軸を発信し続けています。また、LECで販売している講座・書籍などのご注文も、いつでも可能です。

online.lec-jp.com/

LEC電子書籍シリーズ

LECの書籍が電子書籍に！ お使いのスマートフォンやタブレットで、いつでもどこでも学習できます。

※動作環境・機能につきましては、各電子書籍ストアにてご確認ください。

www.lec-jp.com/ebook/

LEC書籍・問題集・レジュメの紹介サイト **LEC書籍部** www.lec-jp.com/system/book/

LECが出版している書籍・問題集・レジュメをご紹介	当サイトから書籍などの直接購入が可能(※)
書籍の内容を確認できる「チラ読み」サービス	発行後に判明した誤字等の訂正情報を公開

＊商品をご購入いただく際は、事前に会員登録（無料）が必要です。
＊購入金額の合計・発送する地域によって、別途送料がかかる場合がございます。

※資格試験によっては実施していないサービスがありますので、ご了承ください。

LEC 全国学校案内

*講座のお問合せ、受講相談は最寄りのLEC各校へ

LEC本校

■ 北海道・東北

札 幌本校 ☎011(210)5002
〒060-0004 北海道札幌市中央区北4条西5-1 アスティ45ビル

仙 台本校 ☎022(380)7001
〒980-0021 宮城県仙台市青葉区中央3-4-12
仙台SSスチールビルⅡ

■ 関東

渋谷駅前本校 ☎03(3464)5001
〒150-0043 東京都渋谷区道玄坂2-6-17 渋東シネタワー

池 袋本校 ☎03(3984)5001
〒171-0022 東京都豊島区南池袋1-25-11 第15野萩ビル

水道橋本校 ☎03(3265)5001
〒101-0061 東京都千代田区神田三崎町2-2-15 Daiwa三崎町ビル

新宿エルタワー本校 ☎03(5325)6001
〒163-1518 東京都新宿区西新宿1-6-1 新宿エルタワー

早稲田本校 ☎03(5155)5501
〒162-0045 東京都新宿区馬場下町62 三朝庵ビル

中 野本校 ☎03(5913)6005
〒164-0001 東京都中野区中野4-11-10 アーバンネット中野ビル

立 川本校 ☎042(524)5001
〒190-0012 東京都立川市曙町1-14-13 立川MKビル

町 田本校 ☎042(709)0581
〒194-0013 東京都町田市原町田4-5-8 町田イーストビル

横 浜本校 ☎045(311)5001
〒220-0004 神奈川県横浜市西区北幸2-4-3 北幸GM21ビル

千 葉本校 ☎043(222)5009
〒260-0015 千葉県千葉市中央区富士見2-3-1 塚本大千葉ビル

大 宮本校 ☎048(740)5501
〒330-0802 埼玉県さいたま市大宮区宮町1-24 大宮GSビル

■ 東海

名古屋駅前本校 ☎052(586)5001
〒450-0002 愛知県名古屋市中村区名駅4-6-23 第三堀内ビル

静 岡本校 ☎054(255)5001
〒420-0857 静岡県静岡市葵区御幸町3-21 ペガサート

■ 北陸

富 山本校 ☎076(443)5810
〒930-0002 富山県富山市新富町2-4-25 カーニープレイス富山

■ 関西

梅田駅前本校 ☎06(6374)5001
〒530-0013 大阪府大阪市北区茶屋町1-27 ABC-MART梅田ビル

難波駅前本校 ☎06(6646)6911
〒542-0076 大阪府大阪市中央区難波4-7-14 難波フロントビル

京都駅前本校 ☎075(353)9531
〒600-8216 京都府京都市下京区東洞院通七条下ル2丁目
東塩小路町680-2 木村食品ビル

京 都本校 ☎075(353)2531
〒600-8413 京都府京都市下京区烏丸通仏光寺下ル
大政所町680-1 第八長谷ビル

神 戸本校 ☎078(325)0511
〒650-0021 兵庫県神戸市中央区三宮町1-1-2 三宮セントラルビル

■ 中国・四国

岡 山本校 ☎086(227)5001
〒700-0901 岡山県岡山市北区本町10-22 本町ビル

広 島本校 ☎082(511)7001
〒730-0011 広島県広島市中区基町11-13 合人社広島紙屋町アネクス

山 口本校 ☎083(921)8911
〒753-0814 山口県山口市吉敷下東 3-4-7 リアライズⅢ

高 松本校 ☎087(851)3411
〒760-0023 香川県高松市寿町2-4-20 高松センタービル

松 山本校 ☎089(961)1333
〒790-0003 愛媛県松山市三番町7-13-13 ミツネビルディング

■ 九州・沖縄

福 岡本校 ☎092(715)5001
〒810-0001 福岡県福岡市中央区天神4-4-11 天神ショッパーズ
福岡

那 覇本校 ☎098(867)5001
〒902-0067 沖縄県那覇市安里2-9-10 丸姫産業第2ビル

■ EYE関西

EYE 大阪本校 ☎06(7222)3655
〒530-0013 大阪府大阪市北区茶屋町1-27 ABC-MART梅田ビル

EYE 京都本校 ☎075(353)2531
〒600-8413 京都府京都市下京区烏丸通仏光寺下ル
大政所町680-1 第八長谷ビル

【LEC公式サイト】www.lec-jp.com/

LEC提携校

＊提携校はLECとは別の経営母体が運営をしております。
＊提携校は実施講座およびサービスにおいてLECと異なる部分がございます。

■ 北海道・東北

北見駅前校【提携校】 ☎0157(22)6666
〒090-0041 北海道北見市北1条西1-8-1 一燈ビル 志学会内

八戸中央校【提携校】 ☎0178(47)5011
〒031-0035 青森県八戸市寺横町13 第1朋友ビル 新教育センター内

弘前校【提携校】 ☎0172(55)8831
〒036-8093 青森県弘前市城東中央1-5-2
まなびの森 弘前城東予備校内

秋田校【提携校】 ☎018(863)9341
〒010-0964 秋田県秋田市八橋鯲沼町1-60
株式会社アキタシステムマネジメント内

■ 関東

水戸見川校【提携校】 ☎029(297)6611
〒310-0912 茨城県水戸市見川2-3092-3

所沢校【提携校】 ☎050(6865)6996
〒359-0037 埼玉県所沢市くすのき台3-18-4 所沢K・Sビル
合同会社LPエデュケーション内

東京駅八重洲口校【提携校】 ☎03(3527)9304
〒103-0027 東京都中央区日本橋3-7-7 日本橋アーバンビル
グランデスク内

日本橋校【提携校】 ☎03(6661)1188
〒103-0025 東京都中央区日本橋茅場町2-5-6 日本橋大江戸ビル
株式会社大江戸コンサルタント内

新宿三丁目駅前校【提携校】 ☎03(3527)9304
〒160-0022 東京都新宿区新宿2-6-4 KNビル グランデスク内

■ 東海

沼津校【提携校】 ☎055(928)4621
〒410-0048 静岡県沼津市新宿町3-15 萩原ビル
M-netパソコンスクール沼津校内

■ 北陸

新潟校【提携校】 ☎025(240)7781
〒950-0901 新潟県新潟市中央区弁天3-2-20 弁天501ビル
株式会社大江戸コンサルタント内

金沢校【提携校】 ☎076(237)3925
〒920-8217 石川県金沢市近岡町845-1 株式会社アイ・アイ・ピー金沢内

福井南校【提携校】 ☎0776(35)8230
〒918-8114 福井県福井市羽水2-701 株式会社ヒューマン・デザイン内

■ 関西

和歌山駅前校【提携校】 ☎073(402)2888
〒640-8342 和歌山県和歌山市友田町2-145
KEG教育センタービル 株式会社KEGキャリア・アカデミー内

■ 中国・四国

松江殿町校【提携校】 ☎0852(31)1661
〒690-0887 島根県松江市殿町517 アルファステイツ殿町
山路イングリッシュスクール内

岩国駅前校【提携校】 ☎0827(23)7424
〒740-0018 山口県岩国市麻里布町1-3-3 岡村ビル 英光学院内

新居浜駅前校【提携校】 ☎0897(37)5356
〒792-0812 愛媛県新居浜市坂井町2-3-8 パルティフジ新居浜駅前店内

■ 九州・沖縄

佐世保駅前校【提携校】 ☎0956(22)8623
〒857-0862 長崎県佐世保市白南風町5-15 智翔館内

日野校【提携校】 ☎0956(48)2239
〒858-0925 長崎県佐世保市椎木町336-1 智翔館日野校内

長崎駅前校【提携校】 ☎095(895)5917
〒850-0057 長崎県長崎市大黒町10-10 KoKoRoビル
minatoコワーキングスペース内

沖縄プラザハウス校【提携校】 ☎098(989)5909
〒904-0023 沖縄県沖縄市久保田3-1-11
プラザハウス フェアモール 有限会社スキップヒューマンワーク内

※上記は2021年12月1日現在のものです。

書籍の訂正情報の確認方法と
お問合せ方法のご案内

このたびは、弊社発行書籍をご購入いただき、誠にありがとうございます。
万が一誤りと思われる箇所がございましたら、以下の方法にてご確認ください。

1 訂正情報の確認方法

発行後に判明した訂正情報を順次掲載しております。
下記サイトよりご確認ください。

www.lec-jp.com/system/correct/

2 お問合せ方法

上記サイトに掲載がない場合は、下記サイトの入力フォームより
お問合せください。

http://lec.jp/system/soudan/web.html

フォームのご入力にあたりましては、「Web教材・サービスのご利用について」の
最下部の「ご質問内容」に下記事項をご記載ください。

・対象書籍名（○○年版、第○版の記載がある書籍は併せてご記載ください）
・ご指摘箇所（具体的にページ数の記載をお願いします）

お問合せ期限は、次の改訂版の発行日までとさせていただきます。
また、改訂版を発行しない書籍は、販売終了日までとさせていただきます。

※インターネットをご利用になれない場合は、下記①〜⑤を記載の上、ご郵送にてお問合せください。
①書籍名、②発行年月日、③お名前、④お客様のご連絡先（郵便番号、ご住所、電話番号、FAX番号）、⑤ご指摘箇所
送付先：〒164-0001 東京都中野区中野4-11-10 アーバンネット中野ビル
東京リーガルマインド出版部 訂正情報係

・正誤のお問合せ以外の書籍の内容に関する質問は受け付けておりません。
また、書籍の内容に関する解説、受験指導等は一切行っておりませんので、あらかじ
めご了承ください。
・お電話でのお問合せは受け付けておりません。

講座・資料のお問合せ・お申込み

LECコールセンター 0570-064-464

受付時間：平日9:30〜20:00/土・祝10:00〜19:00/日10:00〜18:00

※このナビダイヤルの通話料はお客様のご負担となります。
※このナビダイヤルは講座のお申込みや資料のご請求に関するお問合せ専用ですので、書籍の正誤に関する
ご質問をいただいた場合、上記「②正誤のお問合せ方法」のフォームをご案内させていただきます。

出る順行政書士 ウォーク問 過去問題集

裏抜け防止シート

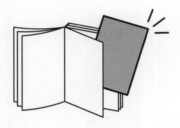

本書は表が問題，裏が解答・解説という形式です。
問題を解いている際に，裏面の正誤等が気になる方は，
ハサミ等で切り取り，下敷きとしてご利用ください。

破線にそってハサミ等で切り取ってご使用ください。

LEC 東京リーガルマインド